陕西省"十二五"古籍整理重大項目
陕西省社會科學基金重點項目

陝西古代文獻集成【第三十輯】

陝西古代文獻集成編纂委員會 編　主編◎賈三強

太白山人槲葉集　南遊草
葆淳閣集

〔清〕李柏　撰
馬伊笑　點校
賈三強　審校

〔清〕王杰　撰
孫靖　點校
賈三強　審校

陝西新華出版傳媒集團
陝西人民出版社

圖書在版編目（CIP）數據

陝西古代文獻集成. 第三十輯 / 賈三强主編. — 西安：陝西人民出版社，2021.3
ISBN 978-7-224-13962-4

Ⅰ. ①陝… Ⅱ. ①賈… Ⅲ. ①地方文獻－彙編－陝西－古代 Ⅳ. ①K294.1

中國版本圖書館CIP數據核字(2021)第028287號

《太白山人榯葉集》《南遊草》　馬伊笑　點校
　　　　　　　　　　　　　　　賈三强　審校
《葆淳閣集》　　　　　　　　　孫　靖　點校
　　　　　　　　　　　　　　　賈三强　審校

陝西古代文獻集成·第三十輯

編　者	賈三强
出版發行	陝西新華出版傳媒集團　陝西人民出版社 （西安北大街147號　郵編：710003）
印　刷	中煤地西安地圖制印有限公司
開　本	787mm×1092mm　16開　40印張　4插頁
字　數	695千字
版　次	2021年4月第1版　2021年4月第1次印刷
書　號	ISBN 978-7-224-13962-4
定　價	258.00元

陝西省古籍保護整理出版工作
領導小組編纂委員會

主　　任　方光華　陝西省人民政府副省長
副主任　高　陽　陝西省人民政府副秘書長
　　　　程寧博　中共陝西省委宣傳部副部長
　　　　任宗哲　陝西省文化和旅游廳廳長
　　　　司曉宏　陝西省社會科學院院長
委　　員　張曉光　陝西省發展和改革委員會主任
　　　　王建利　陝西省教育廳廳長
　　　　孫　科　陝西省科學技術廳廳長
　　　　王愛民　陝西省民族宗教事務委員會主任
　　　　丁雲祥　陝西省財政廳廳長
　　　　羅文利　陝西省文物局局長
　　　　徐　曄　陝西省文史研究館館長
　　　　雷　湛　陝西省地方志辦公室主任
　　　　明平英　陝西省檔案局局長
　　　　周天游　陝西省古籍整理專家委員會主任
　　　　白寬犁　陝西省社會科學院副院長、陝西省古籍整理
　　　　　　　　專家委員會副主任
　　　　賈二强　陝西省古籍整理專家委員會副主任
顧　　問　司曉宏　任宗哲　郭立宏
主　　編　吴敏霞
副主編　党　斌

《陝西古代文獻集成》編纂工作領導小組

組　　長　司曉宏　郭立宏
副 組 長　白寬犁　常　江
成　　員　吳敏霞　惠西平　馬朝琦　谷鵬飛　潘麗華　韋禾毅　党　斌

《陝西古代文獻集成》編纂委員會
特邀顧問

張豈之　趙世超

學術委員會

主　　任　周天游
副 主 任　白寬犁　賈二強
委　　員　周天游　周偉洲　閻　琦　白寬犁　賈二強　吳敏霞　張懋鎔
　　　　　惠西平　郭憲曾　李　浩　王煒林　向　德　張　弘　趙力光
　　　　　趙建黎　徐大平　史天社　淡懿誠

編纂委員會

主　　編　賈三強
副 主 編　吳敏霞　趙望秦
委　　員　賈三強　吳敏霞　趙望秦　張新科　谷鵬飛　霍有明　傅紹良
　　　　　周曉薇　郝潤華　李芳民　張　沛　張文利　趙小剛
主編助理　杜學林　李向菲　楊　瑞　李雲飛　張凱寧

前　言

　　陝西有着悠久的歷史，是文明隆盛之區。傳説中華夏民族的始祖炎帝和黃帝都曾在這片土地上活動，並且留下了相關的遺址遺跡。對今天中華文明和文化傳統影響最大的周秦漢唐王朝，肇興於這片土地，同樣留下了數不清的文物遺存。這些文化遺産雄辯地證明，陝西是中華民族的發祥地之一，也是中華民族一步步走向强盛的歷史見證。有越來越多的國内外人士來到這裏，觀賞半坡遺址、周原故地、秦兵馬俑、漢武帝陵、大夏統萬城、唐長安城以及終南風物等，領略這裏恢弘、悠遠、博大、精深的文化。

　　世界上很多地方的著名古跡，比如英國的史前巨石陣、復活節島上的巨人石像與秘魯納斯卡地畫，在相關的歷史文獻中，找不到絲毫的記載，因此只能是一個一個神秘的千古不解之謎，甚至有人將其解釋成外星人留下的奇跡，這當然大大影響了它們具有的文化意藴。而陝西的周秦漢唐遺跡和文物，絶大多數可以與傳世的文獻相印證。用文物與文獻相互印證研究歷史的方法，從漢代起就有學者運用。在清代乾嘉學者，尤其是後來的王國維先生那裏，成爲一種科學的學術研究手段，是歷史研究的利器。秦始皇陵兵馬俑坑棚木明顯被焚燒過，這在《史記》中有記載，是楚霸王項羽所爲；而遊客們在遊覽唐大明宫遺址，驚嘆其恢弘的氣勢時，也不由得會想到古代典籍中記載的發生在這裏的歷史事件，如盛唐時"九天閶闔開宮殿，萬國衣冠拜冕旒"的朝貢場面，大唐落日西沉時血雨腥風的"甘露之變"等，這些事件都深刻地影響了中國歷史的走向。設想一下，如果沒有文獻的佐證，這些文物古跡將會怎樣地黯然失色。因此，如果將這些可視的文物古跡視作壁上之龍，那些可讀的傳世文獻就如同龍的眼睛，一經點畫，飛龍就會騰起在天，活靈活現。

與文物文化相輔相成的是，這裏同樣有着深厚的文獻文化傳統。陝西存世文獻的品質之高，舉世罕有。《周易》極力探究宇宙產生和運行的根本法則，《周禮》爲萬世定立典章制度的企望，《史記》"究天人之際，通古今之變，成一家之言"的抱負，展示了早在西漢以前這片土地上志士仁人的闊大胸襟。這種特質對於秦地之人已經浹髓淪肌，融入血脈。而《詩經》中產生於周秦故地的諸多詩篇，從莊嚴的宗廟祭祀到民間青年男女嘹亮的情歌，無所不包，則又體現出這裏人民生活的豐富多彩。漢唐時代在這裏產生的諸多歷史、哲學和文學作品，至今仍有着典範意義，是中華民族精神寶庫中異常珍貴的遺產。

無論在陝西生活或者工作的人，不僅有責任將這塊中華民族風水寶地產生的文化遺產保護好，而且還要發揚光大。新中國成立後的20世紀50年代，我們國家幾乎還是一窮二白的時候，國家投入鉅資發掘了半坡遺址，並修建了保護性的建築。70年代又發掘了震驚世界的秦始皇陵兵馬俑，並在遺址上建立了博物館。改革開放以來，特別是近年來，陝西省提出建設文化大省、強省的戰略目標，而這對文化遺產的保護無疑是重要內容。近年來，隨着經濟的發展，政府在文化遺產保護方面的投入不斷加大，周原遺址、西安漢城遺址、曲江遺址、大明宮遺址、大唐西市遺址的發掘保護，爲世人矚目，已成爲陝西和西安古代文化的亮眼名片。

但是對於古代文獻的保護和整理，則稍顯落後。正是意識到了這一點，陝西省政府決定在"十二五"和"十三五"期間，在這些方面加大投入，進行建設。《陝西古代文獻集成》是其中的重大課題。這裏說的陝西古代文獻，指的或專寫陝事，或作者爲陝人，或書籍爲陝版。前兩者是主要的整理内容，陝版圖書除了在圖書史或版本目錄學史方面具有較重要的意義外，從内容方面來看，與其他地域出版的圖書並無本質區別的，不作爲此次整理的重點。由於人力、物力、財力的限制，這批整理的文獻，原則上只收錄那些没有經近人整理過的古籍或雖經近人整理，但是整理品質不高的古籍。這樣，一些多次經前人整理的古籍，雖然有很高的歷史意義和學術價值，如上述的《周易》《史記》等書，就不再進入整理者的視域。經過專家推薦，課題組嚴格篩選，選取了300餘種古籍作爲整理對象。這些古籍，絕大多數是宋、金、元、明、清人撰作的。

毫無疑問，在以周原、豐鎬、咸陽和長安爲中心的周、秦、漢、唐文明之後，隨着我國政治、經濟、文化中心的東移南下，從宋代開始，在整個中華文明中，陝地風光不再，逐步被邊緣化，整體上處於衰落之勢。但它仍是中華文明的重要組成部分，有時甚至引領風華。這可以關學、明清文學和戲曲的傳世文獻爲例。

北宋的關中大儒張載是早期的理學家，他"爲天地立心，爲生民立命，爲往聖繼絕學，爲萬世開太平"的宏偉誓言，激勵了數不清的中華民族志士仁人修齊治平的理想。張載是宋明理學中導夫先路式的學者，他創立的關學深刻地影響了"二程"的洛學、朱熹的閩學，而這三者構成了理學鼎立的三足。張載奠定的重實踐功夫而相對輕視繁瑣論證的關學傳統沾溉陝西學風民風甚深。從宋代至近代，宋代藍田"四吕"，元代楊奂、蕭斠，明代王恕父子、吕柟、馬理、馮從吾，清代"三李"、王思敬，直至近現代的劉光蕡、賀瑞麟、牛兆濂等，歷時近千年，構成了不絕如縷的關學體系。這種不尚空談而重實踐的傳統也培育出了關中諸多磅礴豪放的義士和勤敬忠孝的百姓。

— 3 —

明清時代陝西的文學成就也同樣值得大書特書。明代前期度過了慷慨悲歌的改朝換代短暫風光，中國文學進入了百年孤獨時期，充斥文壇的是歌功頌德、神仙道化和説教衛道之風。張廷玉主編《明史·文苑傳》稱之爲："永宣以還，作者遞興，皆冲融演迤，不事鉤棘，而氣體漸弱。弘正之間，李東陽出入宋元，溯流唐代，擅聲館閣。"正是對這段時期文學柔靡之風的概括。而到了明弘治、正德、嘉靖年間，中國文學進入了復興時期，其標志是前七子翩然登上文壇。前七子中的主要人物李夢陽是慶陽人，時屬陝西，康海是武功人，王九思是户縣人。而前七子中的另一位領軍人物何景明，雖是河南信陽人，但卻與上述三人交往密切，還擔任過陝西提學副使之職。繼唐代之後，陝西文學又一次進入亂花迷眼的大好時期。萬斯同《明史稿·文苑傳》説："關中自李夢陽、康海、王九思後，作者迭興，若吕柟、馬理、韓邦奇、邦靖、馬汝驥、胡纘宗、趙時春、王維楨、楊爵輩，彬彬質有其文，而（張）治道輩鼓吹之，一時號爲極盛。"這段文字中提到的絶大多數人，都是科舉中高第中進士的文人。例如康海和吕柟，分别在明弘治十五年（1502）和正德三年（1508）先後中狀元，這也是陝西科舉史中的佳話。這個文人群體詩文創作成就極高，當時在北京官場中流行的"西翰林"之説，就是指翰林院中陝人極多的盛况。500年後的今天，追憶當年，仍令人神往。明嘉靖三十四年十二月（1556年1月）關中發生大地震，當時身在關中的文壇領軍人物馬理、韓邦奇、王維楨等人罹難，使陝西文學盛况戛然而止。但是清代初年，王又旦和"三李""一康"爲代表的三秦詩派又異軍突起，爲陝西文學贏得了聲譽。這一文學現象近年來也受到了學界的關注。

戲曲是我國獨有的藝術。如果將"代言體"作爲其起源和本質特徵，從青海大通縣孫家寨出土的新石器時期陶盆上帶尾飾的群舞、周穆王時傳入中國的傀儡戲和產生於周幽王時的俳優藝術等資料看，完全可以説周秦之地也是中國戲曲的發源地之一。而宋代以後，陝西代言體類的表演藝術總體走下坡路。明代大戲曲家康海、王九思的橫空出世，使這一頹勢中止。而在明清之際作爲"亂彈之祖"的秦腔的出現，更是使流行了近400年之久的宮調聯曲體戲曲走向了窮途末路，而以秦腔爲代表的板腔體戲曲流行於大江南北、長城內外，成爲中國戲曲的主流。"花部亂彈"是清人對板腔體戲曲的俗稱，秦腔也因而被戲曲界稱爲"花部亂彈之首"，對包括京劇在內的近現代以板腔體爲主的各地戲曲影響深遠。

　　這些文獻，在這次整理中都有收錄。我相信，這批文獻的整理出版，將會使學界和廣大對古代文化有興趣的讀者朋友們獲益良多。

　　我要衷心感謝從事這項課題的100多位省內外專家學者，正是你們數年的艱苦努力，爲實現我們陝西建設文化大省、強省的戰略目標做出了卓有成效的貢獻，也爲我們陝西文化增添了一項標志性的成果，在此謹致深深的謝忱。

賈三强

丁酉年秋

目録

總凡例…………………………………………………………………… 1
太白山人槲葉集 南遊草 …………………………………………… 1
葆淳閣集………………………………………………………………… 289
後記……………………………………………………………………… 619

總凡例

一、《陝西古代文獻集成》收録範圍，爲傳統近代以前陝西傳世文獻。陝西爲清代版圖所轄區域。陝西文獻概指陝人著述或述論陝事者。

二、本叢書僅收録未經今人整理，或雖經今人整理，然而品質尚有提升空間之古代文獻。

三、本叢書以點校爲主要整理方式，亦有個別作者前期已完成校注本，且有較多史實箋證，於讀者有裨益者，亦適當收入。

四、諸書底本之墨釘"■"、闕字"□"均一仍其舊，空闕或漫漶之字亦示以"□"，部分殘缺之字外框以"囗"。

五、底本之誤，原則上不改，而在校記中説明。一些明顯之常識性錯誤，如古籍中常見"己、已、巳"不分者，則徑改，不出校記。

六、諸書各有特點，且其整理成於衆手，故點校前言、凡例和附録等不强求統一。

七、諸底本中原有之注，用小號字排印，置於原處。

八、本叢書多有一輯多種者，其前後排序按作者之生卒年月。

九、因本叢書諸作之整理完成時間不一，故每十輯爲一批次，按經、史、子、集和時代先後順序編排。

太白山人槲葉集
南遊草

[清]李 柏 撰
馬伊笑 點校
賈三强 審校

點校說明

  李柏，字雪木，號太白山人、白山逸人，陝西郿縣（今眉縣）槐芽鎮曾家寨人。生於明崇禎三年（1630），卒於清康熙三十九年（1700）。祖籍漢中褒城（今屬陝西省漢中市勉縣），其七世祖徙居於鳳翔府郿縣，遂為郿籍[一]。父李可教，母王氏。有兄弟三人，李柏居其仲。李柏是明末清初關中著名學者、文學家，是關學重要的傳人，有"道繼橫渠"之稱。在繼承關學衣鉢的同時，李柏思想亦兼取佛、道。同時也是當時隱逸遺民文人的代表之一，其文學創作成果斐然。李柏與盩厔李顒、富平李因篤以文交友，訂交通譜，世稱"關中三李"，享名於後世。李因篤讚其"學業文章，誠足羽翼六經，發矇振瞶"[二]清雍正《陝西通志·李柏傳》亦言"其學貫穿百家，勃窣理窟"，清代賀瑞麟《創修李雪木先生祠堂記》中則言"二曲理學、天生文學、雪木則高隱。成就雖各有不同，要其根本之地，未嘗不一"。李柏一生高隱於世，雖然"薦牘在廷"，他卻始終"橡栗在野"[三]。

  李柏之父李可教，頗有文學造詣，尤喜陶淵明之詩，一生未以舉業出仕，於郿縣故里曾家寨耕讀傳家。李柏從小受父親影響，喜陶淵明淡雅之詩，亦嚮往其高隱的生活，曾在屋前手植柳樹五棵，並題詩云："茅屋果然如斗大，詩風洒月度年華。客來陌荅不知處，五柳柴門第一家。"李柏九歲時，父李可教卒，家道漸衰。其母王氏奮力為其延師，希望李柏能獲得功名，重振家業。但李柏志不在此，偶讀小學，見古人嘉言嘉行，便焚去案頭科舉時文，發誓習古，曾二避童子試，後迫於母命，舉博士弟子。順治九年，母王氏病逝後，李

[一] 眉縣地方誌編纂委員會編《陝西地方誌叢書·眉縣誌》第841頁，西安：陝西人民出版社2000年。
[二] 王于京《〈槲葉集〉敘》。
[三] 高賡恩《重刊雪木李先生〈槲葉集〉序》。

柏守墓三年，最終選擇了"棄冠服入太白山"[一]。據《陝西通志·李柏傳》記載，李柏"九歲失怙，事母至孝，雖備歷艱辛而色養不衰。初入邑庠食餼，後避荒居洋縣。入太白山中屏跡讀書者數十年。性恬淡，甘貧樂志，自製府以下咸慕其才，希一顧以為重"，其選擇了隱逸的生活道路，與他的故國之思有直接關係。明朝滅亡時，李柏年僅十五歲，這場朝代的更迭，對其人生道路的選擇產生了巨大的影響，傳統漢族知識分子的氣節在此時迸發，於是，立志"歸老空林隱此身"，"存鐵心，養鐵膝，蓄鐵膽，堅鐵骨，以鐵漢老可也"，並以明遺民自居，後來更是舉家遷入太白山中。李柏高隱太白，並非與世隔絕，終其一生，曾遍訪關中人文勝跡。與李顒、李因篤等關學大儒，大興善寺憨休禪師、地方長官茹儀鳳和名士焦臥雲等各界人物交往，但始終堅持隱逸山林，不入仕途。李柏四十八歲時曾被舉貢太學，有機會出任地方雜職，但其謝而不就。"母寡兄幼，兵盜賦役旁午，蕭條四壁，饑寒四十餘年"，但"自信性能安貧且好讀書，好與客談山林，好看劍，好吟詩作文，好蒲團靜坐，好臨水把鉤，故終日樂有餘而尚未有戚戚不足之意"。他能安貧樂道，不愧以高隱著稱之名。李柏六十一歲時，應調任湖南衡州的好友茹儀鳳之邀，南遊洞庭、衡山等地。次年李柏歸鄉後，先因關中大旱，舉家遷至鳳翔西房村，後越秦嶺至漢中洋縣等地。三年後寓居樊川，繼而舉家歸里。七十歲時，坐館耀州李銓處，因酒醉墜床而病，為償其首丘之願，李銓將其送歸郿縣故里。七十一歲卒於郿縣。

李柏一生著作頗豐，據記載有《一笑集》、《勤學通錄》、《麟山十二詩》、《可以集》、《蕉窗墨戰》、《湘中草》、《漢南草》等等，今皆不存，或有個別詩文編入其《太白山人槲葉集》。李柏以高隱而享譽於當時後世，但是其隱逸的生活方式並未能掩蓋其成果斐然的文學創作。李柏在詩文中灌注了自己的哲學思想、史學思考、人生態度和生活感悟等許多看似細碎卻真摯而具有思辨色彩的思想內核，因此這些詩文無論從思想內容、文本樣式、意象使用或是寫作方式上都獨具特色。李柏存世詩文主要收錄於《太白山人槲葉集》和《南遊草》中，其中包含其大半生的各種題材的詩文和其南遊衡嶽、避難漢上等時期的詩文。這些詩文較為全面地体現了他的平生經歷，反映了他的文學風格與成就，也直接或間接地折射出他的思想和生活智慧。

就李柏《太白山人槲葉集》和《南遊草》中所錄詩文來看，其文學創作

[一] 錢儀吉《太白山人傳》。

的體裁非常豐富，幾乎涵蓋了所有的文學樣式，基本上以先文后詩，文和詩又各按体裁，依次編排。以收錄較豐《槲葉集》為例，有賦、論、敘、説、記、傳、跋、辯、解、語錄、雜著、圖、讚、銘、啟、祭文、書、疏、瑣言，以及各体詩歌等。在現存最早版本康熙五十一年（1712）的《太白山人槲葉集》中，詩文的編排順序與後來的重刻本等其他版本相同，但多了第一篇《白燕賦》，故多出了一個文體，同時，原本五卷本的《太白山人槲葉集》在此本中分為六卷裝冊，並且依次以吏部（含卷之一）、戶部（含卷之二上）、兵部（含卷之二下與卷之三上）、禮部（含卷之三下）、刑部（含卷之四）、工部（含卷之五與《南遊草、附刊》）命名。在本部分筆者將着重從各種文體的體例和康熙五十一年刊本的獨特編排樣式來探討《太白山人槲葉集》的特點。

劉勰在《文心雕龍·宗經》中言："故論說辭序，則《易》統其首；詔策章奏，則《書》發其源；賦頌歌贊，則《詩》立其本；銘誄箴祝，則《禮》總其端；記傳盟檄，則《春秋》為根：並窮高以樹表，極遠以啟疆，所以百家騰躍，終入環內者也。"這段話似言大部分古代文體都發源於五經，這種說法自然有些極端，如果從文體生成之思想文化的基礎和歷史而言，不排除其會與五經有着某些聯繫；但自文體體制的產生和發展而言，更多的應該還是與文學自身表情達意的內在需求和社會史實以及當時人們對於禮的合理的要求有關。古人所說的文體，其概念內涵比我們今天的認識要廣泛一些，其所包含的不僅僅是對文章體式的規定，同時還體現着相應的功能性要求和風格特色。

李柏的詩文幾乎涵蓋了除奏議詔策外所有的古代文體，除詩歌外，其作品按照文體大類可分為記敘文和議論文兩種，當然議論文所占比重較大。《太白山人槲葉集》康熙本中，吏部包含賦和論，戶部包含敘、說、記，兵部包含傳、跋、辯、解、語錄、雜著、圖、讚、銘、祭文，禮部包含書、疏、瑣言，刑部全部為詩歌，工部則包含詩歌及《南遊草》和附刊。賦僅一篇《白燕賦》，為表達志嚮之作，與論相通。"論者，議也。"可見論是一種議論文體。《昭明文選》中言："論有兩體，一曰史論，乃忠臣於傳末作議論，以斷其人之善惡。如《史記》後的'太史公曰……'；二曰政論，則學士大夫議論古今時世人物或評經史之言，正其謬誤。"李柏的二十八篇論則多因歷史事件、生活見聞引發，文筆犀利，思想內涵較為統一集中。敘則是述說、敘說、序言之意，李柏的二十六篇敘多以文集的序言為主，還有一些是記錄與友人交往時間的，大多篇幅較長，藴含哲理。"説者，釋也，解釋義理而以己意述之也。"[一]因此説是一種議論説明文，李柏共有此類文體作品十六篇，條分縷析，其中個別篇目足可媲美如今優秀的學術論文。《槲葉集》中的記都是作者一種對於人物和山川生活的雜記，記録的多是當地的重大事件，如重修廟宇碑殿、水利緑化等等。傳作爲人物傳記，李柏所寫的對象全部是孝子節婦，大體相似，與其思想有關。跋僅三篇，皆爲友人所作。辯是一種駁論文，雖今僅存一篇《升水石辯》，但記録了李柏與客辯論的全過程，甚爲生動有力。解，以辨釋疑惑，解剖紛難爲主的文體，僅存四篇，滲透了作者的思想傾向。語録是作者的日常感悟的隻言片語。雜著數量較多，篇幅較短，是李柏記録的生活瑣事。圖是作者寫的畫評，讚則多以人像爲主，銘寫器物、景物。啟爲上行公文的一種，祭文爲親友祭奠。書爲李柏與人交流溝通的書信，其間有許多對於實事和交遊情況的記載，數目較多。疏是募集捐款的文章，由於李柏思想兼采佛道，又隱居山林，故與方外之人交往較多，《槲葉集》中保留了一些這樣的文字，其中也包含一些作者對於儒釋道思想的理解與認識。《松窗瑣言》是作者所寫的關於生活感悟的詩體文字，其中既有類似《詩經》的四言體詩歌，又有似乎有意要教人傳唱的樂府歌謡，簡短卻特徵鮮明，明白如話，最短小的一篇《犧牛》只有"牛披繡，鸞刀就"六個字。李柏的詩歌則包含了古體、近體等各種詩歌樣式。

《太白山人槲葉集》中所收詩文，大部分作於康熙六年（1667）以後，是李柏三十八歲之後所寫，尤其是作者南遊衡嶽和避難漢上之時所作極多。究其原因，主要有如下幾個方面：

一是李柏青少年時期的詩文多是一時興起之作，隨着年齡的增長必然散佚。而且，李柏是高隱之人，並未有攫取名利的想法，故少年時期當無保存詩文之念想。再者，當時雖同學衆多，卻多以科考爲念，李柏好學古人，雖有才能與思想，其文字在當時的同學老師眼裏恐怕只是娛興小技，無益於功名，無用於當時，故隨風而散亦是情理之中的事。

二是李柏人生早期，恰逢明清易代，社會本身的動亂導致人們更多的是在關心其賴以生存的物質基礎。美國心理學家亞伯拉罕·馬斯洛把人的需求依次由較低層次到較高層次分成生理需求、安全需求、社交需求、尊重需求和自我

[一] 清·吳訥《文章辨體序説》第34頁，北京：人民文學出版社1998年。

實現需求五類。馬斯諾指出五種需要可以分為兩級,其中前三個需求通過外部條件就可以滿足,而尊重的需要和自我實現的需要是高級需要,他們是通過內部因素才能滿足的。同一時期,一個人可能有幾種需要,但每一時期總有一種需要占支配地位,對行為起決定作用。依據這一人類心理和行為學說的理論,我們可以瞭解,當社會動亂,民不聊生的時候,人們關注的必然是最基礎的生理和安全需求,自然也就不會有人關注所謂的文學與藝術這些形而上的精神領域,因此,筆者認為,動盪的社會背景也是李柏中早期詩文未能留存的主要原因之一。

三是《槲葉集》的載體導致了其散落和難以保存。前兩個原因主要是李柏青少年時期詩文不多的原因,而當其二十二歲隱居太白山以後,一個相對封閉的環境按理說應該有利於詩文的保存,但直到三十八歲,李柏詩文都較少存世,當與其最初的特殊載體有關。李柏自己所寫的《槲葉集敘》言:"山中乏紙,采幽巖之肥綠,浥心血之餘瀝,積久盈篋,遂為集名。"可見最初文字是寫於槲葉之上的。槲葉即槲樹的葉子,比較大的幾大如荷葉,由於其木不成材,葉不入藥,古人多將其采來生火做飯或任其自生自落。李柏將文章寫於其上,日久必腐。更有甚者,民間傳說最初即是有人在山間撿到寫有文字的槲葉,可見李柏有些詩文是邊寫邊留於山間各處,這些文章遺失也就是自然而然的了。

四是李柏中年之後以高隱日益顯名於世,其詩文也就相應的受到了一些關注,而作者往來交遊的亦皆通識文字之人,他們的聚集和贈答就需要文字的載體。而李柏自己似乎也不再甘心詩文埋沒山林,有了積累成集的意願。此外,李柏的坐館與交遊,在一定程度上也使得其自身不再窘迫以至無紙可書。正是這些原因,使得李柏中晚期的詩文相對保留得較為完整,後人刊刻的《太白山人槲葉集》自然也就以這些詩文居多。

最後,李柏中晚期詩文較多的原因中,最重要的當然是與其經歷有關。李柏在人生中晚期接觸社會的程度更深,三次坐館、遍遊關中、南下衡嶽、避難漢上等等這些事件,使得李柏的眼界更為開闊,看到了更多書本之外的現實,表現出了傳統知識份子憂民重生的責任感,因此寫下了許多發自肺腑的文字,正如其《南遊草序》中所言:"目擊明末盜賊焚劫遺跡,滿目傷心,不能無言。或曉拾一句,或暮搆一篇,墨以淚和,字以愁結,因成小草云。"而後來三年多的避難生活對於一個六十餘歲的老者而言,更是一種愁苦的經歷,因此正如韓愈所言"歡愉之辭難工，而窮苦之言易好"，李柏的暮年離鄉、友人欺詐、幾乎一無所有的窮苦自然也就全部化作指尖的舞蹈，慰藉著垂垂老矣卻堅如柏木的靈魂而外現為泣血的文字。

綜上可見，《太白山人槲葉集》所收詩文的數量和李柏的創作密集期都與當時的社會歷史環境以及李柏的思想與人生經歷有著密不可分的聯繫，這無疑也是其詩文的重要特色。

《太白山人槲葉集》中收錄了李柏所有的傳世詩文，其作品的一個顯著特點即是作者對於意象的選擇。李柏經常會選擇相對固定的意象群，甚至固定的歷史人物或人物類型作為描寫和討論的對象。筆者試將這些固定的意象歸納總結，並為李柏作品的主題研究做一個準備。

首先，在植物類意象中，李柏關注較多的是梅花、竹子、松柏、黃杉、桂花、楊樹、梔樹、幽蘭。當然，他給予這幾個意象的是一種正面評價，並常對其"盥手焚香、肅然長揖"。李柏在《癸酉元日記事》中言及這些植物"遇歲寒而青青，遭雪霜而吐英，吾愛之、敬之，不惟友之而相與師之"。眾花木之中，李柏最崇梅與竹，《梅竹隱》一詩言其"豈無桃李英，爛然照我屋？曰非冰雪姿，無以勵高躅。故取二友節，醫彼和光俗"，以之為化解世俗煩憂的守節之友，而《花之聖人》則是一篇將梅花寫到極致的讚美文章。同時，與之相對出現的意象則是牡丹、柳樹、桃、杏、石榴等等。當然，李柏在作品中並未將其作為前一組意象群的對立面來寫，畢竟作為一個高隱山林的人，他對於自然的一切都有一種本真的熱愛，因此李柏僅僅是說它們"逢春則榮，遇秋則零，骨瘁於嚴霜，氣餒於朔風。吾愛之、容之，但不敢尊為師而為友也"。

其次，在動物類意象中，受李柏關注度較高的有牛、黃鵠、虎、鶴、山雉、鳩、蜘蛛、蜂、鴻雁等等。在這些動物意象中，黃鵠是李柏傳記中最為常用的一個意象，這當然與其傳記絕大部分記錄物件是節婦烈女有關。黃鵠從漢代開始便與節烈女子有著密切的聯繫，典出劉向《列女傳·魯寡陶嬰》，其中記載："陶嬰少寡，不再嫁，作歌明己之不更二也，其歌曰：'悲黃鵠之早寡兮，七年不雙；鵠頸獨宿兮，不與眾同。'"李柏思想受傳統的關學影響較大，同時由於遺民的身份，非常推崇這些女子的品行，因此這個意象的使用率較高。上至太后、王妃，下至文人孝子之家眷，再及至普通節烈女子，李柏為之作傳皆甚多言及黃鵠，例如《關西三貞女傳》、《杜義繼母李媼傳》等等，甚至在描寫趙自勵之母時，直接使用了《趙鵠媼傳》為名。至於牛這一意象，李柏使用頻率較高的原因一是因為其以農耕為生，故與牛接觸較多，常坐臥其上，甚至稱之為"牛蒲團"，因此也就自然而然地寫入了詩文；二是李柏常常通過牛來反映普通人的生活處境，例如如遇荒年，牛以草為食尚且餓瘦而死，人更是十不存一，例如《元氣》一文，從牛寫起，引出對歷史的思考，最終作者得出"天下事有傷元氣，而漸至不可救者，比比然也"。虎、山雉、鳩、蜘蛛、蜂等意象則是與李柏山居生活有關，這些都較為常見，但是李柏也經常就這些動物或聯繫歷史，或關乎時事來闡發自己的觀點和認識，由此也產生了例如《殺蜘蛛說》、《鳩巢》、《山雉》等一系列特徵鮮明的議論文章。至於鴻雁意象，這幾乎已經成了中華民族的一個文化語碼，李柏離家在外之時，望歸之情便自然寄託其上。而鶴意象，則不得不說李柏對其情有獨鍾了。李柏的好友焦臥雲曾送鶴給李柏，李柏命其名為"松友"，並專門寫了一篇《松友名鶴說》，愛其至深，甚至魂牽夢想，後得其死訊，更是悲痛不已。可見，李柏愛鶴一如其愛松，他將它們作為一種組合，愛之友之甚至師之。

最後，自然是人物意象，李柏好古，因此關注度較高的也多是古人。李柏的思想雖然受到了儒、釋、道三家的共同浸潤，但其明顯地更加偏向和認可中國傳統士大夫的典型倫理道德學說，因此其思想的核心依舊是忠孝節義，甚至強調，聖人處亂世，則應當以隱逸而全忠節。正因為如此，李柏所傾向的人物意象選擇全部是以忠孝節義的標準來劃分的，其仰慕和貶斥的人物也相對比較固定，筆者將之歸類小結如下：

第一，李柏所仰慕的單個出現的人物意象主要有張良、屈原、陶潛、諸葛亮、關羽、賈誼、岳飛等等。李柏對張良評價極高，認為其"有龍之德"，既能在亂世中利用才學，成帝王師，輔佐劉邦安定天下，又能功成身退，隱身山林而終老，這種人生境界可以說是李柏這樣的傳統文人的共同追求。他對張良不僅僅是心嚮往之，更多的是將他作為了一種完美的存在來慰藉自己人生的理想，因此他幾度拜謁張良廟，並寫下《過留侯子房張先生祠》等專門讚美張良的文章，同時也常將其與蕭何、韓信對比，以凸顯其與眾不同的人生軌跡。對於屈原，李柏更多的是對其高潔品格的仰慕，對其懷才不遇的感傷，屈原的不得志在李柏看來甚至是楚國滅亡的主要原因之一。當然也有映照自身忠節的共通情感，以至於每年端午都會撰寫哭屈子的詩文。而陶淵明則是李柏作為一個高隱山林的人最仰慕的古人，他從小受到父親李可教的影響，推崇陶潛，甚至也在家門前種植了五棵柳樹，稱自己家是"五柳柴門第一家"。當然，李柏推崇陶淵明還有一個重要的原因，在《駁王維與魏居士書》一文中，他寫道："且淵明晉人也，志在為晉，恥食宋祿。"可見陶潛之忠，也必然是李柏推崇他的重要原因。諸葛孔明受到李柏鍾愛的原因，一是其作為智慧的化身，輔佐兩代君主開疆辟土、建國安邦，必然受到以做帝王師為最高理想的傳統士大夫的喜愛；二是李柏認為他堅持效力於微弱的漢室正統，是符合忠節倫理的，因此也就有了很多《謁武侯廟》等作品，李柏甚至認為"匹夫而補萬世之天，布衣而尊千古之王，由東周至於蜀漢，孔子後武侯一人而已"。賈誼一生懷才不遇，後因梁王夭折而愧疚致死，李柏認為其心懷蒼生，同時忠於君主，因此才會對賈太傅如此看重，並將其與屈原並提，過長沙而作《祭屈賈兩先生文》。關羽千百年來在中國人心中都是忠義的化身，李柏作為遺民，自然會仰慕其德行；岳飛是忠君愛國的千古名將，其忠烈之心，冤殺之禍必然讓李柏感懷於心。

第二，李柏貶斥的單獨出現的人物有王維、馮道、秦穆公、呂夷簡等。因為王維曾降安史叛軍，後來又以歸隱博名，與李柏自身隱士思想相背離，因而被認為是"壞名教者也"。李柏甚至專門寫了一篇《駁王維與魏居士書》，認為"是教天下後世士大夫盡喪廉恥、昧出處，如馮道之行，始為通儒。從其道，則魏之華歆、荀彧悉為通權達變之士，而漢之德公、幼安盡為執拗木強之人矣。惡乎可，惡乎可"。馮道歷任四朝十君，拜相二十餘年，在傳統士大夫眼中自然是不忠之臣，也只能承擔千古罵名。李柏曾幾次到過鳳翔的秦穆公墓，自然更深刻地體會到了《詩經·秦風·黃鳥》中所描繪的子車氏三兄弟因良材而殉葬的悲慘命運，自然也就寫下了多篇諷刺秦穆公的詩文。至於呂夷簡，李柏認為其絕非宰相之才，在《呂夷簡》一文中明確指出其"黜忠言、廢直道"，貶斥忠良，逼殺國母，故對其譴責頗多。

第三，群體人物意象及組合出現的人物意象。這類意象出現次數相對較多，而且構成組合的特徵非常明顯，具有突出的相似性或相對性。首先，相似的意象組合，以李柏的情感傾向而言，褒揚讚賞的主要有老子、孔子、孟子，許由和巢父，嚴陵子、范蠡和張良，管仲、樂毅、姜尚和周公旦，丹朱和商鈞，伯夷與叔齊，周文王與周武王，郭子儀、范仲淹及韓琦，以及貞女節婦意象群，隱逸高人意象群（林和靖等）；貶斥的則以曹操和王莽，褒姒、妹嬉、西施、趙飛燕和楊玉環，呂雉與武則天，華歆與荀彧，李自成與張獻忠，以及明末儒臣群體為典型代表。其次，相對的意象組合，這種組合一般都代表了李柏一抑一揚的態度，多出現在議論文中，典型的有如下幾組：劉向與金日磾，華歆與管寧，王安石與司馬光，美女禍水（西施、夏姬、妲己等）與賢德醜婦（嫫母、無鹽、孟光、孔明妻等），唐代長孫皇后、宋代高太后與呂雉、武則天。這些組合人物意象在很大程度上反映着李柏的思想和對歷史的見解與思考。

綜上，便是李柏作品的意象特徵，可以說，其作品意象的選取不僅反映了李柏的思想和情感傾向，而且代表了一個中國傳統文人，在改朝換代之際所展現出來的遺民隱士的處世觀。雖然特定的時代註定了其思想的局限性，但相對而言，李柏對待歷史與現實還是有比較理性的思考，擅於從不同的意象背後，抽離出一些理論性的思辨成分，使作品有了更高的內涵層次。但與此同時，就《太白山人槲葉集》整體詩文來看，我們不能否認，李柏文學作品的意象重復率過高，幾乎所有詩文關注的都是相似的意象，缺乏更廣泛的視野。當然，這與作者的生活方式和生存環境有關，更與其認識問題的角度和情感傾向有密不可分的聯繫，只是這種高頻使用的相似意象使李柏的許多作品看起了有一種似曾相識的感覺，降低了後人通讀其作品的興趣。

在《太白山人槲葉集》中有幾個李柏常常提及的主題，他們與高頻意象有關，也被作者反復地以同題或類似題目創作，顯現出較為明確的群體化和類型化特徵，當然，也就成為了李柏《太白山人槲葉集》中不容忽視的一個研究角度。

首先，思婦主題。李柏寫過許多《古別離》《望夫山》等同題古體思婦詩，且類似於古體樂府，語言通俗易懂，其內容與題目一致，即是單純的從怨女的角度思念征夫，有很多"妾身未登山，妾心已化石"之類的詩句。此主題中，李柏多次描寫的內容相似，且感情一致，其原因何在？首要原因是當時戰亂的時代背景，李柏生身逢亂世，改朝換代、民間起義屢屢發生，戰爭不再是一個陌生的主題，因此這樣的曠夫怨女、思婦征夫甚至就在李柏身邊，因此對其的描寫也就比較多見。其二，李柏注重節義，思婦怨女又多是節烈的代表，而在作者眼中，節烈的女子又與忠節的文人士大夫有着本質上的趨同性，因此這些思婦怨女也就自然而然地成了其關注的對象。第三，這一主題也從一個側面寫出了征人保國忘家的愛國之情，是李柏對忠義之士的讚美，對戰爭儘早結束，回歸太平一統的期望。此外，依據中國文化的古典語碼分析，思婦也可能是李柏的自比，歎惋自己生不逢時，懷才不遇，不能成為帝王師來匡扶天下。總之，李柏對這個主題具有非常大的興趣，組詩、樂府、歌行等各種詩歌樣式都涵蓋了這一主題。

其次，自述主題。李柏的詩歌中有大量自述的作品，李柏幾乎在其晚年每年都會作詩一首來描述自己，有些以《自述》為題，有些則以《問鏡中人》《述懷》為題，亦或是以某年的元日為題。自述主題的詩歌在很大程度上都是李柏以自嘲的口吻自問自答，有幾分閒適詼諧，也有幾分無奈感傷，例如《問鏡中人》中"鏡中一貧士，莫非李雪木"等等。李柏此類主題詩作較多的主要原因則是作為隱者對自身的關注，空老山林的隱者，相對接觸外界較少，於是就會更加關注自己的內心世界。當然，受到儒家慎獨自省的思想影響，李柏也時時刻刻要求自己的思想行為與修身的標準相一致，他甚至為自己制定了功過格。所以此類主題的詩歌更多的是一種他對自己的反思。此外，這些也是李柏安貧樂道的體現，他自足於這樣的隱逸生活，因此才會有這樣的閒適心情與苦中作樂的詼諧幽默。

最後，歸隱主題。李柏高隱於太白山間，卻不同於前人的隱逸，他本身並未進入仕途，是王朝的易代和其自身的價值標準讓他選擇了隱逸山林，從這個角度而言，李柏當是一位真隱者，因此其文學作品中自然也就少不了這個歸隱的主題。這一主題多與古代隱逸者的典故相關聯出現，既有文章，也有各種體裁的詩歌。李柏熱衷於描寫這一主題主要原因有如下幾個方面，首要原因當然是李柏自身的隱逸觀需要表達，典型代表即是《六則箴》："用之則行，舍之則藏。天有道則見，無道則隱。邦有道則仕，邦無道則可卷而懷之"。而另一處展現李柏隱逸思想的即是《駁王維與魏居士書》，篇中李柏引古聖賢之說："孔子曰：天下有道則見，無道則隱。易曰：高尚其事，不事王侯。詩曰：衡門之下，可以棲遲。嚴子陵曰：士故有志，志在山林，志在廟廊，因乎時也。"可見李柏的隱逸並非是單純的喜好山林，皈依釋道，而是以此六則為標準，認為當隱則隱，當出仕而利萬民時則要當仁不讓。可見李柏更多的是對現實無道的不認可，因此才會選擇高隱山林。第二個原因就是李柏對古代隱者的仰慕，常言"枕流擇潁水，采藥入秦山"。結合上文做的人物意象分析，可以說，李柏既是在這個主題下描寫自己的生活，同時也是在表達對古代高人逸士的追慕。

綜上，便是李柏文學作品中的幾個具有典型代表性且出現頻率極高的主題，當然，除此之外，《太白山人槲葉集》中還有一些比如哭弔屈原的主題、喜鶴懷鶴的主題、磻溪主題等常常出現，而且這些主題很多是李柏有意為之，例如懷念鶴的《用唐宮女結句憶松友》採用了一種結句組詩的形式，這絕非李柏信手而來。因此，筆者認為，高頻出現的主題與意象共同構成了一種相互關聯的關係，內涵着李柏的思想脈絡和文筆特徵。

關於李柏的思想，前人研究較為深入，介紹了李柏的儒釋道思想，和三種思想在其身上的融會貫通。筆者在此僅僅將從《太白山人槲葉集》文本中看到的，一些前人所未提出的李柏的思想印跡做一簡要分析。

首先，李柏的心學思想。心學強調的是一種生命靈動的體驗，實踐上要求從生活中的每一件小事做起，"人人皆可為聖賢""心即是理"。在明代經過王守仁的推行發展後，破除了朱熹將天理與人欲相對立的學說，也為普通人的自我提升提供了一條更容易實現的道路，因此更多的為人們所接受和認可。李柏生於明末清初，自然不可避免的會受到這種學說的影響，而且從其文學作品中來看，他雖是以理學作為主要思想，卻真心地接受並認同這個心學所提供的治學途徑，強調人作為主體的重要性。張豈之先生認識到了這一點，他在《陝西通史·思想卷》中說李柏的"'法天之學'不在語言文字，而是要'深思而自得'"，但是張豈之先生更多的是從釋道思想對李柏的影響來考慮這件事的，並認為沒有形成系統的理論。筆者認為，這些可以看做是心學思想對李柏的影響，就文本自身來看，有《夸父追日論》《前勸學篇》《後勸學篇》《遊宛在亭敘》《勤學通錄敘》等多篇文章都體現了這一思想。李柏在《夸父追日論》中言"夸父不以心逐而以身逐……有萬古之此天心，萬古此人心也，是一非二，無須臾離。一人逐之，一人不死；天下萬世人人逐之，人人不死。"在李柏語錄中有一首絕句："六經千萬言，古聖傳心訣。明目在天心，一字不能說。"他認為每個人都應該自己去學習聖賢，提升自我，這無疑是一種心學思想的體現。在《前勸學篇》中李柏甚至說"人人好學，人人可為聖賢；天下萬世人好學，即萬世人皆可為聖賢"。因此，筆者認為就文本而言，李柏的心學思想不可忽略。

其次，李柏文學作品中還體現了他在當時的時代背景下，較為廣闊的宇宙和世界視角，以及現代科學思想。李柏生活在林間，卻並不排斥新的思想與知識，他的作品中寫到了域外的動物，也寫到了一些對自然界的科學認識，可見他也是一個接受和認可新知識的人，具有唯物主義思想和廣闊的宇宙觀。最典型的代表作即是《獅子》與《月蝕》兩篇。前者李柏開篇即言"外國利未亞產獅子，殺物之獸王也……有鳥焉，名亞既剌，殺物之鳥王也"，這些記載在中國，僅在明代艾儒略撰寫的《職方外紀·卷三·利未亞總記》中出現過，李柏不僅僅只關注古人，他對這些域外的事件似乎也極有興趣，能熟練的用於創作，自然是十分熟知且認可接受的。而《月蝕》一篇中，李柏不僅詳細地記錄了這次天文現象的時間—"癸酉十二月十六日酉時"，還明明白白地寫出了月蝕發生的原因是"日天在上，月天在下，有地毬地影，障隔其間，月輪入地影，故食之"。這無疑是受到了西方天文學理論影響的表現。至於李柏的天地宇宙觀則集中體現在《遊鳳郡東湖序》中，李柏層層發問，追尋景物的來源，如"嘗其未有天地之始，吾不知山川於何寄也……"同時認識到花木山水本來無情，是人寄情其上，這些景物才有了情思有了意趣。文章後半部分，李柏又對比前人和來者相互的"不待"，來感歎時間的流逝，進而感歎山川花木也不一定永久，可見李柏的唯物主義和辯證思想，同時亦可見李柏的宇宙觀。文尾李柏將凡此種種都歸結於天地大父母收拾，當然有一些道家思想的影響痕跡，但始終還是蘊含了作者對於宇宙萬物的永恆運動的認識。因此，筆者認為廣闊的宇宙和世界視角，以及科學思想也是李柏思想的不可忽視的方面。

今所存《太白山人槲葉集》版本有三，一為康熙三十四年刻本（簡稱康熙本），共五卷，內附《南遊草》一卷，前有許孫荃、駱文、王于京、蕭震聲五人所作的序及李柏自識。其中一至三卷收其各個時期所作的文章語錄，按文體分類；第四卷全部為其詩歌作品，亦按詩體分類；第五卷亦收詩歌，同時另附李柏南遊衡嶽等地所作的《南遊草》與《補遺》各一卷，《南遊草》內含文一十四篇，詩四十五首，按體裁和創作時間排序。二為民國二年其後裔李象先重刻本，亦五卷，據康熙本覆刻，然個別文字有改動。重刻本所增《補遺》，輯錄了《鬼孝子傳》和《寄焦臥雲子書》兩篇文章；又有附刊一卷，輯錄王心敬《太白山人雪木李先生墓碣》、李元度《國朝先正事略》中關於李柏的記載[一]、賀瑞麟《創修李雪木先生祠堂記》、沈錫榮《邑侯沈公上學憲請刊槲葉集啟》、余堃《學憲余侯覆邑侯》、王步瀛《槲葉集跋》、李象

[一] 清·李元度撰《國朝先正事略》卷二十七《李二曲先生事略》。

先《重刻槲葉集後敘》等後人之作。此本卷首除康熙刻本前序言外，又增加王步瀛與高賡恩兩人的序言，同時附有校勘人員姓名。此外，現存的《太白山人槲葉集》還有一個六冊本，內容、作品順序以及作品卷數與民國二年李氏重刻本一致，但其卻將五卷分為六冊裝訂，並將六冊依次題為吏部、禮部、戶部、兵部、刑部及工部。康熙三十四年本傳世不多，北京出版社《四庫禁毀書叢刊》據以影印，然文字多有漫漶。故本次整理以民國二年李象先重刻本（簡稱李氏重刻本）為底本，以康熙三十四年本（簡稱康熙本）對校，並酌參以他書。底本沿康熙本，于每卷之目下有"太白山人李柏雪木著"，卷末加"太白山人槲叶集（或南遊草）卷之★終"，于閱讀並無意義，今一並刪去。

馬伊笑
于2015年9月

目錄

太白山人槲葉集卷之一
  賦
    白燕賦 …………………………………………………… 49
  論
    劉向 ……………………………………………………… 50
    夸父逐説 ………………………………………………… 50
    大寶篇 …………………………………………………… 51
    贈醫者 …………………………………………………… 52
    過樊河論 ………………………………………………… 52
    用權 ……………………………………………………… 53
    丹朱商均 ………………………………………………… 54
    得失篇 …………………………………………………… 54
    文武同源 ………………………………………………… 55
    用人 ……………………………………………………… 56
    人無不足 ………………………………………………… 56
    不如狗尾 ………………………………………………… 57
    過留侯子房張先生祠 …………………………………… 57
    過鴻門論 ………………………………………………… 58
    又贈醫者 ………………………………………………… 59
    瑞王故宮 ………………………………………………… 59
    月蝕 ……………………………………………………… 60
    操舟 ……………………………………………………… 60

花之聖人 …… 61
駁王維與魏居士書 …… 62
洋縣人物論 …… 62
過華清論 …… 63
元氣 …… 63
罷王德用 …… 64
呂夷簡 …… 65
有聲不鳴有引 …… 66
潼關 …… 66
前勸學篇 …… 67
後勸學篇 …… 67

太白山人槲葉集卷之二　上

敘

遊鳳郡東湖序 …… 69
贈商山一叟養老敘 …… 70
爲梅侯種柳敘 …… 71
華嶽集敘 …… 72
青門朱山人詩集敘 …… 73
遵研齋遊記敘 …… 73
一笑集敘 …… 74
遊宛在亭敘 …… 74
勤學通録敘 …… 75
哭子類編敘 …… 75
爲蕭長青號柳菴敘 …… 76
麟山十二詩敘 …… 76
永思録敘 …… 76
憨休和尚語録敘 …… 77
送憨休和尚敘 …… 77
憨休禪師《敲空遺響》敘 …… 78
奇樹齋詩集敘 …… 79
粵遊草後敘 …… 79
午夜鐘敘 …… 80

漢江櫂歌敘 …… 81
壽廣文牛先生德徵敘 …… 81
壽盩鋜劉先生敘 …… 81
贈馮大將軍敘 …… 82
可以集敘 …… 83
襄平張少文詩集敘 …… 84
鐵墨吟序 …… 84
題鄧尉看梅詩後 …… 85

説

説天字 …… 85
易名説 …… 86
松友名鶴説 …… 87
答焦卧雲亢龍説 …… 87
殺蜘蛛説 …… 88
忍齋説 …… 89
説蜂 …… 90
戰馬説 …… 90
敬菴説 …… 91
於陵仲子 …… 91
見山堂説 …… 92
虞仲翔知己説 …… 93
王天运屠勃律説 …… 93
岑園説 …… 94
遜山樓説 …… 94
亦山説 …… 95
陶貞白靈寶真靈位業圖説 …… 95
感舊説 …… 96
智永筆簏説 …… 96
瞽驢説 …… 97
青門隱客朱麗澤三癖説 …… 97

記

重修太白廟記 …… 98

創建少白山真武殿記 …………………………………… 99
　　潭谷河上堰水利碑記 …………………………………… 99
　　重修太白廟碑記 ………………………………………… 100
　　重修吾老洞廟碑 ………………………………………… 100
　　畫記 ……………………………………………………… 101
　　淡園記 …………………………………………………… 102
　　蕭氏宗圖記 ……………………………………………… 102
　　洎莊記 …………………………………………………… 103
　　蒲園記 …………………………………………………… 103
　　重修大興善寺大佛殿碑記 ……………………………… 104
　　歲寒齋記 ………………………………………………… 105
　　草菴記 …………………………………………………… 105

太白山人槲葉集卷之二　下

　傳
　　明漢中府瑞王夫人劉妃傳 ……………………………… 107
　　關西三貞女傳 …………………………………………… 108
　　趙鵠媪傳 ………………………………………………… 109
　　康孝子焦烈婦傳 ………………………………………… 109
　　苟節婦傳 ………………………………………………… 111
　　書奇孝格天傳後 ………………………………………… 111
　　張烈婦傳 ………………………………………………… 111
　　杜義繼母李媼傳 ………………………………………… 112

　跋
　　仲貞張公淡園跋 ………………………………………… 113
　　跋蕉窗墨戰後 …………………………………………… 113
　　回春圖跋 ………………………………………………… 113
　　重刻於陵子跋 …………………………………………… 114

太白山人槲葉集卷之三　上

　辯
　　升水石辯 ………………………………………………… 115
　解
　　為秦人太白山求福解 …………………………………… 117

萬味珍羞解 117
壽夭解 118
貧賤 118
語錄 118
續功過格 120
癸酉元日記事 121
月梅 121
當仁不讓於師 121
豫防 122
山雉 122
鳩巢 122
所見 122
防微 122
無才 123
文字 123
薪難 123
擬山中開義館教授題詞 124
虎 124
銅鐵 124
梟 125
柴關 125
與友人議砰地 125
聞笛 126
獅子 126
知人難 126
日月眼 127
耕難 127

圖

前題牽飲上流圖 128
後題牽飲上流圖 128
題錢叔寶深秋圖 128

讚
　　武侯讚 …………………………………… 129
　　蜀前將軍像讚 ……………………………… 129
　　文中子讚 …………………………………… 129
　　自山任先生像讚 …………………………… 129
　　商山一叟德徵牛先生像讚 ………………… 129
　　溫泉老人像讚 ……………………………… 129
　　箕簹主人仲貞張先生像讚 ………………… 130
　　鳳泉山石蓮讚 ……………………………… 130
　　先朝儒將讚 ………………………………… 130
　　明末文儒讚 ………………………………… 130
　　孟衡劉先生像讚 …………………………… 130
　　仙人圖讚 …………………………………… 130
　　岐陽清俠李顯吾讚 ………………………… 131
銘
　　杖銘 ………………………………………… 132
　　硯銘 ………………………………………… 132
　　且閒亭銘 …………………………………… 132
啟
　　請梅侯開渠堰啟 …………………………… 133
　　上鳳翔府尹楊公啟代作 …………………… 133

太白山人槲葉集卷之三　中
　祭文
　　祭楚客黃浮庵先生文 ……………………… 134
　　祭有蘚老人明徵張公文 …………………… 134
　　橫渠先生十七代孫茂才張君翰庵哀詞 …… 135

太白山人槲葉集卷之三　下
　書
　　與馮海鯤先生書 …………………………… 137
　　寄茹明府紫庭 ……………………………… 138
　　寄佟明府 …………………………………… 138
　　與奠石書 …………………………………… 138

與家徵君中孚先生 …… 139

寄明世 …… 139

寄靜齋 …… 139

答蕭柳菴孝廉 …… 139

辭修志與洋縣鄒大夫 …… 140

再辭修志書 …… 140

與張大將軍幼南 …… 140

復張大將軍幼南書 …… 141

與蕭柳菴及蒼二弟書 …… 141

太白山中寄友人杜海門 …… 141

寄趙子初 …… 141

寄袁永叔 …… 141

寄張素石 …… 141

寄茹公 …… 142

再寄茹公 …… 142

寄仝九摶 …… 142

寄輝玉 …… 142

寄滿老 …… 142

寄張蓋公 …… 142

寄翰垣 …… 143

寄趙靜齋 …… 143

復茹公 …… 143

答劉孟長先生 …… 143

復茹公 …… 144

答李三劍客 …… 144

寄焦臥雲 …… 144

謝茹侯饋麥 …… 144

答王周復先生送犬 …… 145

寄康孟諜 …… 145

寄張子餘秋元 …… 145

寄魏海陽 …… 145

寄岐陽琴俠李顯吾 …… 146

借梧桐	146
寄牛先生	146
餽人箋紙	146
答永叔先生	146
寄振宇楊老	146
寄牛商山	146
寄華川僑隱王將軍蠻公	147
與焦臥雲書	147
勸焦潛飛積粟疏	147
寄楚客黃老人書	147
寄康甥	147
寄滿老	148
答茹侯	148
寄宗弟仁侯	148
寄梁布衣質人	148
辞富平邑侯郭公	148
寄張明徵	149
寄茹司馬	149
答升軒書	149
答郭親	149
寄抗君德	149
寄仁侯將軍弟	150
復張子餘內翰	150
與憨休和尚書	150
與家徵君中孚先生書	150
寄臥雲	151
寄雲柯	151
寄焦臥雲	151
與蕭東始	151
寄門人仝九搏	152
為焦臥雲告松友之變 松友鶴名	152
與張少文書	153

重修周公廟募緣疏代岐令 ……………………………………… 153

　　重修岐山文廟疏 ………………………………………………… 154

　　重修蜀前將軍廟募緣疏 ………………………………………… 155

　　重修鍾呂坪募緣疏 ……………………………………………… 156

　　溫泉里重脩五瘟廟募緣疏 ……………………………………… 156

　　僧如定水陸募緣敘 ……………………………………………… 157

　　重修鳳泉山菩薩殿募緣敘 ……………………………………… 158

　　創建夢海寺募緣疏 ……………………………………………… 158

　松窗瑣言

　　士也貧 …………………………………………………………… 160

　　日喻 ……………………………………………………………… 160

　　有感 ……………………………………………………………… 160

　　戰兢歌 …………………………………………………………… 161

　　古意 ……………………………………………………………… 161

　　前題 ……………………………………………………………… 161

　　安貧 ……………………………………………………………… 161

　　有為 ……………………………………………………………… 162

　　言箴 ……………………………………………………………… 162

　　人無棄 …………………………………………………………… 162

　　犧牛 ……………………………………………………………… 162

　　勸學 ……………………………………………………………… 162

　　卜居 ……………………………………………………………… 162

　　窮語 ……………………………………………………………… 162

太白山人槲葉集卷之四　上

　五言絕

　　弔三閭大夫 ……………………………………………………… 163

　　漢宮鐘 …………………………………………………………… 163

　　碑 ………………………………………………………………… 163

　　白山有喬木 ……………………………………………………… 163

　　囑室戊申六月作於二曲客舍 …………………………………… 164

　　梅竹隱 …………………………………………………………… 164

　　說忍字 …………………………………………………………… 164

嘲秦穆	164
火鼠	164
賤士	165
感時	165
童子耕	165
觀中山	165
獨夜	165
詠巢許	166
丹穴	166
太白中峰坐月	166
南山行	166
古別離	166
穆公墓	167
蜀前將軍	167
立秋前一夕登南莊趙氏樓	167
或問"樂亦在其中矣"，義酷辨不喻，為賦短章迺喻	167
季元常先生有《峪泉阻雨》之什，同蕭雪山即席次之	167
鏡	167
太白山樵者	168
太白山雪月	168
壬戌九月過岐，茹明府署中邂逅諸友，為十日飲。予將還山，詩以別之	168
古意	168
田園吟	168
東湖	169
劍琴	169
詠史	169
丙辰夏日宿吳道士士洞	169
宿石壘	169
烏夜啼	169
有感	169
鑿山開渠贈梅明府品章	170

見月	170
懷故友屈二成裹	170
雜吟	170
訪李記室	170
庚申元日	171
問鏡中人	171
鏡中人答	171
冬日王青門至自寧王村，辱弁詩序，日午送歸。肖雪山、趙琇玉猥自田間，枉訪之，談至夕，既歸，詩以歌之，即柬三子	171
郊牛	171
雜吟	172
隱者不可富	172
弧矢	172
定情篇	172
伐木	172
士品	172
火鼠	172
有感	173
愁	173
自言	173
巳己五日哭屈子	173
湣節有引	173
獨坐	174
絕糧	174
憶舊	174
老人	175
甲子端陽日哭屈子	175

太白山人槲葉集卷之四　中

七言古

太白山月歌	176
愛松篇	176
書五丈原武侯廟碑陰	177

明月篇贈溫母唐節婦 ·············· 177
逍遙吟 ·············· 177
磻溪行 ·············· 178
梧宮 ·············· 178
知我吟 ·············· 178
題劉侍御安《劉先生表忠録》後 ·············· 178
老牛篇 ·············· 179
韓淮陰掛甲樹有引 ·············· 179
望夫山有引 ·············· 180
夢終南劍客趙静齋 ·············· 180
此間樂 ·············· 180
丁巳冬月王青門寄紫荆山人永叔袁子詩，索敘言也，賦此答之 ·············· 181
在頻山子德大弟宅喜晤子禎宋隱君，歌以贈之 ·············· 181
踏雪行 ·············· 181
古柏行 ·············· 182
鸚鵡歌 ·············· 182
古松行 ·············· 182
南莊古意 ·············· 182
萊竹篇 ·············· 183
冬日馮别駕邀飲，見羽扇懸壁，即席賦短歌志感 ·············· 183
西山行 ·············· 183
大鵬歌贈蕭一弟雪山 ·············· 184
登太白山東望長安有感 ·············· 184
代内贈郭貞媪 ·············· 184
贈彈琴老人李顯吾 ·············· 184
又贈彈琴老人居岐陽 ·············· 185
樵南花併序 ·············· 185
喬松篇爲商山牛先生壽 ·············· 185
長沙弔屈子 ·············· 186
簣簹行壽仲貞張翁 ·············· 186
彈鋏行 ·············· 186
六十四 ·············· 186

題周在豐松鶴圖	186
太白山房	187
贈杜海門	187
漁父辭	187
蒩園落花吟	187
壬申五日新遷漢上哭屈子	187
磨墨	187
生孫有引	188
題松堂坐語圖	188
五日哭屈子	188
轅門戟	189
紫柏山次趙文肅公韻	189
清明	189
輓張伯欽	189
除夕歌	189
少年行	189

四言

短歌行	190
立身	190
庚申十二月十九日偶成	190
愛山	191
磻溪	191
讀孝友傳詩有引	191

六言

知止吟	191
漁父詞	191
崔唐臣汴河舟	192
長安秋夕	192

太白山人槲葉集卷之四　下

七言絕

| 訪隱 | 193 |
| 磻溪 | 193 |

漢故鄉	193
文帝陵	193
幽居	194
夢	194
劉文靖墓	194
桃花	194
過未央宮	194
聞哭	194
漁父詞	194
昭陽殿	194
山居	194
山行	195
答山外人問家在何處	195
山中見月	195
鶉衣二絕	195
踏雪曲	195
渭水秋月	195
五丈西風	195
楓葉	195
秋閨	195
苦吟	196
登鄠邑大觀樓	196
雁字四絕	196
旅夜秋	196
聞蟋蟀	196
早梅	196
乙丑元日	196
懷太白山房	196
乙酉重過蒔園懷滿處士子咸五首	196
漁父詞	197
別竹	197
夢竹	197

關山月	197
有所思	197
秋閨	197
客窗夜雨	197
閣夜聞笛	198
阿那曲	198
二月同月谷趙山人、做堯劉子、康直楊子遊仙刹，漫賦二絕	198
即雪	198
未央宮朱草	198
池邊	198
哭先妣	198
客窗蕉雨	198
曉發郭令公舊第	198
韓信塚	198
山居	199
楊雄識字	199
見月	199
太白山房二首	199
題楚客盧中明墨竹圖	199
太白山	199
聞蟬	199
闌花	199
飲馬長城窟行	199
望五丈原有感	200
故園	200
登太白山	200
秋日送趙居士遊隴西二首	200
有感	200
山中	200
山中	200
潼關南城望大河有感	200
潼關南城望大河有感	200

避世	200
病中	201
聞笛	201
漢中	201
友人文學張子招飲宛在亭賞紅梅	201
壬申春岐陽客舍有懷	201
憶故園	201
題武侯廟	201
庚午入山	201
雪洞曉煙	201
松下	202
溪水	202
食筍	202
入少白山	202
詠梅四首	202
回雁峰別茹司馬。遊衡嶽，時雨雪兩月，登山次日，萬里開霽，得觀海日。下山，陰霾如故	202
穆公墓	202
乙巳秋聞隴西有警，思與室家遁入終南，遙憶山居樂事，故有此賦	202

太白山人槲葉集卷之五　上

七言律

潼關	203
五丈原弔忠武侯二首	203
和李子德寄鄂撫軍南安詩	203
自下板祠尋東溪洞天二首	203
峪泉春望	204
雁字	204
秋興	204
過文學楊獻章渭上別墅	204
秋思	204
登太白山	204

鳳泉別墅	205
岐陽郡蘇長公祠見蕭一壁間留題，即依韻次之	205
贈道人任長年	205
四嘴山	205
秋日曲江對酒	205
登吾老洞	205
四嘴山用前韻	206
割耳莊竹林	206
登鄠邑大觀樓	206
咸陽	206
有感	206
中南山	206
登興善寺太師閣	206
登慈恩寺浮屠	207
自岐徂渭阻舟	207
輓子咸滿子老人	207
山村火花二首	207
鸚鵡	207
鐘呂坪	207
延秋門外梁園有懷	207
秋日送趙居士遊隴西	208
長安	208
清湫	208
扶風	208
次憨和尚韻	208
山中	208
又韓韓先生招飲，籬下種菊一畦，即席賦之	209
梁園柳雪	209
又過梁園	209
梁園即事	209
春盡	209
戊午三月聞西園黃鸝有感	209

江上	209
洋州黃氏園林	210
樂城觀火山	210
拜將臺	210
登華嶽絕頂	210
思不堪	210
春日遊吾老洞偶成。東有邠張子七、二曲趙子一，用索來韻	210
山房詠懷	210
詠梅	211
岑園	212
題蘭若寺	212
詠松	212
釣臺	212
已未秋故園蜀前將軍廟前古柏為風雨所撥，詩以哀之	212
贈八仙庵道士任長年	212
雁塔	212
和月泉吟	213
茹明府新遷別駕，因卜居河東	213
岳武穆	213
詠蘭和鄒明府韻	213
洋洲	213
定軍山謁武侯廟	213
故園古柏	213
謝焦臥雲送鶴	214
松窗鶴友	214
山中盜警	214
古漢臺	214
岐陽秋	214
夜泊渭川望秦漢故都率然成興	215
謁武侯廟	215
題門人仝九摶壁間釣臺圖	215

五言絕句

潼關	215
秋思	215
聞砧	215
看劍	215
峪泉春雪	215
挑燈	216
念別離	216
太白積雪	216
漢上秋思	216
灞橋新柳	216
無題	216
蜻蟀	216
早梅	216
梵刹鐘月	217
登大雁塔絕頂	217
秋日再至鳳泉道逢騎牛者	217
古別離	217
丁卯少白山七月十五夜月	217
梅	218
古離別	218
送劉滄源出函谷	219
與客別大河雪洲	219
雜詠	219
鏡中見白髮	219
無題	219
五臺	219
寓洋城	219
問柳菴	219
古別離	219
長楊宮	220
聞蟬	220
古別離	220

尚友五首 ·· 221

曲江 ··· 221

嫁長女寒梅 ·· 221

三友詠 ·· 222

牧羊三首 ·· 222

漢大儒關西夫子之墓 ··· 222

山中 ··· 222

鳳嶺 ··· 222

竹孫 ··· 222

六十四 ·· 222

梅花 ··· 222

哭待興 ·· 223

閒吟 ··· 223

棧閣 ··· 223

洋州五日哭屈子 ·· 223

題王孝子盧墓壁間 ·· 223

馬 ·· 223

山中 ··· 223

農談 ··· 223

偶書 ··· 224

疇昔 ··· 224

幼子鶴齡 ·· 224

幼孫衡州 ·· 224

詠梅 ··· 224

崇禎儒將五首 ··· 224

太白山人槲葉集卷之五　下

五言律

己未春抄青門朱千仞招飲，即席得空字 ···································· 225

五陵 ··· 225

聞蟬 ··· 225

乙丑孟夏寓酒園曉聽黃鸝有感 ··· 225

浩然之氣 ·· 226

山村曉發	226
登説經臺	226
鐘吕坪	226
春日獨酌浴泉山	226
送馮别駕之湘南	226
松葉露	226
少白山房	227
安分	227
仙遊寺	227
秋杪同牛商山先生、僧無息遊王中丞受園分韻	227
泊渭川	227
客趙氏中南别墅	227
夏日客恒州，偶憶昔年卧雪太白，悠然有感	228
述懷十首	228
湖南	229
望月臺	229
早春	229
長安早秋	229
送馮别駕之湘南	229
秋杪遊峪泉口號贈惠處士含貞	229
山中	230
草堂坐月	230
春杪經蘇一别墅	230
與蕭雪山一泛舟東湖	230
鳳泉即事	230
正月十四日夜宿静光寺，值大雪	230
題孫羽士草堂	230
磻溪	231
山窗雪竹	231
癸亥初夏有邰玄洲崔子、爾進張子洎弟十一、馬子三洎弟八，招飲耿園，即登西城野眺	231
過有蘂	231

丁未仲夏同牛德徵東湖分韻 ·················· 231

贈醫者王老人 ······························· 231

鳳泉山口號 ································· 232

腐儒二首 ··································· 232

晚度梁園 ··································· 232

五丈原和大復山人韻 ······················· 232

秦太學德英藥室 ···························· 232

九壠寺 ····································· 232

戊申客中南趙一書樓，值春雪 ············· 233

鳳山刹 ····································· 233

太白山 ····································· 233

和孫太初退宿雲庵韻 ······················· 233

即事 ······································· 233

過陳倉道次韻弔韓淮陰 ···················· 233

元日試筆 ··································· 233

柏子樹 ····································· 234

遷於漢 ····································· 234

夢以詩哭松友，覺而書之 ·················· 234

用唐宮女結句憶松友 ······················· 234

遊新寨有引 ································· 235

九壠寺 ····································· 235

西岩雪洞 ··································· 235

再登鍾呂坪 ································· 235

答人 ······································· 235

即事辛未 ··································· 236

西邁辛未 ··································· 236

十月見梅花 ································· 236

有懷 ······································· 236

長短句

天河 ······································· 237

塹峪行 ····································· 237

行路難 ····································· 237

寓恒州聞歸雁有感 ………………………………………………… 237
　　天王家 ……………………………………………………………… 238
　　表商閭 ……………………………………………………………… 238
　　明妃 ………………………………………………………………… 238
　　大言 ………………………………………………………………… 238
　　釣竿 ………………………………………………………………… 238
　　仇指 ………………………………………………………………… 238
　　感秋篇 ……………………………………………………………… 238
　　溫泉篇 ……………………………………………………………… 239
　　老槐行 ……………………………………………………………… 239
　　漁父辭 ……………………………………………………………… 239
　　題蕭一書穴 ………………………………………………………… 239
　　家常吟 ……………………………………………………………… 240
　　挽義姊林氏烈婦 …………………………………………………… 240
　　閱耕者 ……………………………………………………………… 240
　　同社弟雪山醉後書懷 ……………………………………………… 240
　　螻蟻歌在太白絕頂，北望五陵道上，車馬滾滾於紅塵白浪之中，因感而作歌 … 240
　　明妃 ………………………………………………………………… 240
　　詠古 ………………………………………………………………… 240
　　雜詠 ………………………………………………………………… 241
　　輓靜虛魏先生此老有知人之哲 ……………………………………… 241
　　過李青蓮、陳希夷騎驢處，憮然有懷，因成口號 ……………… 241
　　菜根 ………………………………………………………………… 241
　　書所見 ……………………………………………………………… 241
　　晚出北門行 ………………………………………………………… 241
　　蒼龍嶺觀韓退之大哭辭家、趙文備百歲笑韓處 ………………… 242
　箴
　　六則箴 ……………………………………………………………… 242
　　言箴 ………………………………………………………………… 242
南遊草序 ………………………………………………………………… 243
南遊草卷一
　　過函谷關論 ………………………………………………………… 244

過熊耳山空相寺	245
過韓城	247
問山中老人	249
南召	250
抬頭	250
南陽臥龍岡謁武侯廟	250
光武故里	252
流賊張獻忠破襄陽説	254
祭屈賈兩先生文	258
蕉葉雨敍	259
荆王創建護國寺	259
洞庭	262
蕉牕拾粹小引	263

南遊詩草

詩

函谷關　五言絕	265
渡伊川	265
所見	266
江上夜放佛燈	266
舟行尋江上釣磯	267
江上	267
題明長沙太守忠烈蔡江門先生墓碑	267
聞鐘	268
曉發　五言律	268
舟中即事	268
遇洞庭	269
泛舟湘江　七言律	269
金陵	270
回雁峰	270
湘江月　七言古	271
晚泊	271
贈田二鷟寰	271

襄陽歌 ………………………………………………………… 272

長沙弔屈子 …………………………………………………… 273

自述 …………………………………………………………… 273

洞庭 …………………………………………………………… 274

秋林 …………………………………………………………… 274

衡峰望日歌柬紫庭茹司馬 …………………………………… 274

衡麓道上 七言絶 …………………………………………… 275

鄞侯書屋 ……………………………………………………… 276

望日臺見海氣晦暝須臾清霽 ………………………………… 276

祝融峰 ………………………………………………………… 277

衡峰即雪 ……………………………………………………… 277

嶽頂泉 ………………………………………………………… 277

冰柱 …………………………………………………………… 277

湘上除夕 ……………………………………………………… 278

湘東懷太白山房 ……………………………………………… 278

望日臺 五言絶 ……………………………………………… 278

衡峰書懷 ……………………………………………………… 278

舟中 …………………………………………………………… 279

楚江秋和崔唐臣韻 …………………………………………… 279

漢水 …………………………………………………………… 279

陽臺 …………………………………………………………… 279

過洞庭思岳武穆戰功 ………………………………………… 280

湘陰 …………………………………………………………… 280

洞庭 …………………………………………………………… 280

謁屈三閭賈太傅祠 …………………………………………… 280

夜坐 …………………………………………………………… 281

湘潭 …………………………………………………………… 281

補遺

鬼孝子傳 ……………………………………………………… 281

寄焦臥雲子書 ………………………………………………… 282

附刊

太白山人雪木李先生墓碣 …………………………………… 283

國朝先正事略 …………………………………………………… 285
創修李雪木先生祠堂記 ………………………………………… 285
邑侯沈公上學憲請刊《槲葉集》啓 …………………………… 286
學憲余公覆邑侯 ………………………………………………… 286
槲葉集跋 ………………………………………………………… 287
重刻槲葉集後敘 ………………………………………………… 287

太白山人槲葉集五卷

附南游草一卷

重刻雪木李先生槲葉集序

　　世稱雪木先生之文曰奇，夫非好奇也，蓋其胸有萬古，小視天地，其識力高出恆流百倍，雖欲不奇其文而不得也。故人則奇之，而吾竊以爲常。其事親與師也，不學今、不就試，奇矣，而實常也；其事君也，雖死不二，未嘗仕勝國而終爲勝國之遺民，薦牘在廷，橡栗在野，奇矣，而仍常也。始則見朱子《小學》而燔時文，既則學業文章誠足羽翼六經、發矇振瞶，李天生亦稱之。夫何異於爲儒耶？而世之論者，若謂其不專習程朱之書，刻程朱之集，襲程朱之語錄而爲書，攻其稍異於程朱者，以張吾道之門戶，遂不許爲名儒，而屏之關學之外，蓋有不可解者矣。吾嘗考之，國初以來，關輔名流輩出，如雪木先生暨李天生、王山史其最著者，三李四賢於是稱焉。天下名集鮮不著錄，而獨佚於關學之編，欲起先儒而問之，亦不可得矣。今其後裔象先，肄業吾校久之，乃與同學諸友商訂，先生全書於其舊板之燬於兵燹者，出祕籍而重梓之，以公海內。從此先生之文著，即先生之行著，而先生之爲儒，將與李天生、王山史諸先生，皆大爲表章於正學缺微之日，此關學再起之一機也。鄙人於此拭目俟之矣。至其文詩之奇，無往不關乎世道人心之大，則有斯集與前人之論在茲，不贅述云。

　　　　　　　　　　　　宣統辛亥孟秋，寧河高賡恩謹識

重刻槲葉集序

郿縣東南太白山，《志》謂即《禹貢》"惇物"。盛夏積雪，人蹤罕至。清初李雪木先生嘗往來山中數十年，卧明月，嚼冰雪，讀書樂道、屏絕榮利，嘗自號太白山人，所著《槲葉集》自敘云，"山中無紙，采槲葉書之"，故以名集。頗聞故老相傳，先生生於明季，大清龍興，隱居求志。鄉人有入庠者，母艷之。先生乃一應試補諸生，博堂上歡。旋棄去，布衣終身，泊如也。同治甲子，余年十三，隨諸兄謁先生墓，讀王灃川先生所爲《墓碣記》，知關中三李齊名爲不誣。既讀先資政手鈔先生詩一卷，求其文不可得。久之，琴溪六弟始從友人借錄一通。又久之，乃以重值搜得全集。旋爲三原賀復齋先生借去，復齋歿，書遂佚。聞昔年《槲葉集》刻甫成，文網嚴密，故傳世絕少云。憶壬辰歲，先松亭兄約同志創建先生祠宇，置祭田，丐復齋先生作記，彼時先兄即議重刻斯集，以廣其傳，復齋先生亦亟贊成，卒以人事，不果。今先兄下世，忽忽三年矣，兄子謙樞，乃與先生裔孫象先及同學諸友謀，釀金重鋟板，遂乃父志。予聞之，欣然寄三十金促其成。刻將竣，象先書來問序。嗟呼！先生抱不可一世之概，志潔行芳，皎然絕俗，嘗詠梅花，詩云："三冬無此物，四海盡雷同。"正先生自爲寫照。而《淡園》一記，尤見先生學道得力，抗節孤高，足維名教。視世之攖情華膴，初終易操者，固高出萬萬。今先生集具在，誦其詩、讀其文，可以論世知人。乾隆《郿志》乃稱先生"奇服詭行、任情放誕"，豈果爲定論哉？先生生平大節，詳於王灃川《墓記》及《先正事略》，錢衎石儀吉《太白山人傳》、賀復齋《祠記》，并屬象先刊附卷末，俾後世有所徵信。而先兄未遂之志，九原有知，其亦少慰矣乎，是爲序。

時在辛亥仲春，同邑後學王步瀛謹撰於西涼郡署

太白山人槲葉集　敘

往余初入關中，與頻陽李子德太史揚榷關中隱逸，載及太白山人，始知有其人矣，而未得其詳也。已而行部周原，進諸學官弟子，諮詢文獻，頗得其詳矣，而未見其人也。嗣奉御書之役，獲至橫渠，屏騶過訪，見其葛巾草服，如野鶴閑雲，所居容膝，僅蔽風雨。而圖書萬卷，四壁縱橫，進歌草蟲，退詠白駒，於是見其人矣，而猶未窺其深也。遲之又久，始得其《槲葉集》，讀之

不禁撫卷歎曰："若山人者，庶幾古隱君子之流乎！"夫君子埒草木，以盡天下之色；鼓雷霆，以盡天下之聲；闡幽隱，以盡天下之蘊；互日月、交山川、錯鳥獸，以盡天下之變。其志定者，其言簡以秀；其志儉者，其言質以實；其志剛者，其言果以斷；其志直且廉者，其言坦易以揚厲。山人庶幾古隱君子之流乎。抑又聞山人嘗大雪中直走太白山巔，萬壑冰霜，晶瑩四射，獨歌散髮高臥，其中一片清寒沁入肺腑，故作爲詩文，無復人間煙火氣。異日者，蓋將鞭靈窿、驅霤霸、乘翔風、擎白日、摩皓月，觀天地之倚附，掘陰陽之屈伸，於是山人齊猶龍之變化而不可物色矣。

康熙二十六年歲次丁卯仲冬，淝水同學弟許孫荃題

序

間嘗披覽輿圖，盯衡史冊，見夫鄒魯多文學，吳越多俊髦，燕趙多感慨悲歌之士，而殽函梁豫間，往往多幽人隱君子焉。心竊嚮往者久之。及攬轡入京華，恭逢我皇上稽古右文，嚴師重道，一時鴻儒碩彥師濟盈廷。煌煌乎，文明之盛，洵足媲唐虞而軼三代哉。尤復雲漢作人，拔尤羅致，謂當代固多夔、龍、周、召之才，而山林不乏巢、許、皓、光之輩，由是徵書四出，遍選名賢。而雪木李先生，其最著也。乃先生於弓旌下賁之時，矯矯自好，僵臥恬如。先生殆高尚其志者欤？歲辛未，余奉簡命來牧茲土。鄙為先生桑梓地，余嚮往恆殷，入境即以得見先生爲幸。先生秉先幾之哲，避荒漢上，與余願適相左。今春歸自漢南，不以余爲弇鄙，謬相過從，盤桓匝旬日。仰天耳熱，掀髯劇譚。十五國之貞淫正變，千百年之治亂興衰，靡不刺刺言之，燎如指掌。更出其所爲詩、古文、詞數萬言，皆能豎立鐵脊，自成錦織，不屑屑拾人牙慧。而奇思偉論，則一空前後作者。嗟乎，於山見太華之高，於水見黃河之大且深，於人得見太尉而後可以無憾。今余之獲與先生遊也，其亦可以無憾矣乎。後之學者，讀先生之文章，景先生之芳躅，想太白峰頭，當有雲煙繚繞、鬼怪百出、風雨飛來、雷電交作之狀，然後知先生之浩落襟懷，與天地爲徒，與煙霞爲侶，與山川草木、鹿豕禽魚爲居遊者，共有千古矣。而余亦藉以慰嚮往之初心矣。是為序。

時康熙三十有四年，歲次乙亥夏六月上浣之吉，鄂州駱文譔

太白山人檞葉集敘

京家居時，聞同里子德李先生曰："關中三李，余行季，素以虛聲聞於人，自問恆多過情之耻。行伯中孚李先生，行仲雪木李先生，學業文章，誠足羽翼六經，發矇振聵。"自此親炙之望，拳拳服膺。庚午冬，叩膺簡命，職任鄜庠。雪木李先生桑梓鄜邑，食祿於鄜，睹青之願酬矣。甫至境，聞先生因秦地大飢遷於漢南，自恨腐草朽木之質，終非教澤所得加也。乙未春暮，先生以拜掃旋里，邑侯駱簡菴先生聞而招之，館於南禪，請啓先生之篋，出先生之文章，命梓入布告海內。時京幸得侍側焉，接其道範，聆其講論，所謂"羽翼六經、發矇振聵"，子德先生之言不虛也。乃欣然曰，自今以始，京見先生，得見先生之文章。海內之士見先生之文章，如見先生矣。人人見先生，先生提命之功，豈淺尟哉？

頻陽弟王于京頓首拜

太白山人檞葉集敘

寶劍將出豐城而斗間有氣，美珠將出洛浦而水邊生光，良玉將出崑山而石上吐英。賢人才士將出於草澤[一]，必先滋少小，豎起脊梁，露出頭角。吾友雪木李先生，束髮受學，嘗步觀九原，顧墟墓累累，嘆曰："百年後化為荒煙蔓草，學者當爲身後計。欲爲身後計，當別有正學。若頻首芸窗，營營科目，不見源本，是謂章句名利之學。"由是竊讀小學，見古人嘉言懿行，豁然悟曰："道在是矣。"遂盡燒所讀帖括，潛讀古書。家赤貧，膏火不給，或升高照月，或爇香燭字，至雞鳴方寢。師禁毋學古。恆得一斷簡殘編，秘枕中，弗令師見。會童子試，先生志在山林，避不就。或日暮投古廟坐，達旦不寐；或深入眢井三日夜；或潛走曠野，危坐連宵不歸；或出亡於外，西渡汧水，南入雲棧，東登首陽，拜夷齊墓，其兄既之回。塾師朴曰："汝學古人，吾必令汝學今人也。"先生曰："願學古人。"再朴，曰："學古人乎？學今人乎？"先生曰："願學古人。"又朴，曰："汝還欲學古人乎？"先生曰："必學古人。"數問而辭不變，由是遠近之人，見其踪跡太奇，語言汗漫，或曰鬼物憑胸，或曰病狂喪心，或曰愚駭下賤、祿命不豐。訕笑百出，先生皆不顧也。後奉孀母命舉博士弟子，累試高等。母歿，憤然棄冠服，服法服，結廬太白山。

讀書學道，麤糲食，藍褸衣，山僧蒲饌，道人擇冠。人以爲陋，而先生安之如故也。深山之中，每遇一古木、一怪石，則必曰"可悟文章"；每遇松風澗響，則必曰"可悟文章"；每遇枝頭啼鳥，水面落花，則必曰"可悟文章"。張旭看劍悟書，伯牙入海悟琴，皆此類也。故先生爲文多得之山水清音，不作人間絲竹矣。或曰："身將隱，焉用文之？"先生曰："言之無文，行而不遠。"故欲知先生者，嘗於先生之人求之，不當於先生之文求之。衡州茹少府，素善先生者，以書招之去。先生挾一騾奴篋書過潯陽、涉江夏、泛洞庭、渡瀟湘，發江北之雲，宿江南之夢，哀屈原於湘鄆，哭賈誼於長沙，謁武侯於隆中，瞻岣嶁於衡嶽，酹帝子於蒼梧，弔湘君於南浦，懷子房於古邳，想黃綺於商山，講韜略於襄陽，議戰守於函關。此一遊也，收盡東南之勝，是以有《湘中草》。歸而移家漢南，入雲驛有感，抑褒城有感，登漢王之臺，尋與可之蹟，眺五雲之宮，躧念佛之岩，採箐篔幽谷之竹，釣汋陽丙穴之魚。此一遊也，收盡西南之勝，是以有《漢南草》。昔史遷之文以周覽而奇，蘇軾之文以累謫而奇，先生破萬卷、行萬里而文益奇，又不止太白山中所聞見者。或問先生於文爲《左》《國》與？《史》《漢》與？唐宋八大家與？先生曰："我學八家，我居何等？"先生不爲八家而自成一家言，此如劍出豐城，珠出洛浦，玉出崑山，在當時已騰其氣、耀其光、吐其英。今入五都之市，光怪者不啻若照乘、若夜光，古色者不啻若欹器、若壽夢，鼎珍錯者不啻若岱畎絲枲、若瑤琨篠簜。愚賈過市而不顧焉，智賈入其肆而物色焉，富賈不惜千萬金羅致之，而懷寶者弗售焉。何也？先生非徒以文爲寶也：先生之文，道之菁華；溢而爲詩爲字，文之糟粕。余故序其人，因及其文，使人知求先生之文，不若求先生之人。然則賢先生之人、傳先生之文者，衡州司馬茹公、郿之大夫駱公也，兩公均可謂知人能得十矣。

同學弟蕭震生敬題

【校記】

[一]"草"，集中多作"艸"，均改作正字。

太白山人槲叶集叙

山中乏紙，采幽巖之肥綠，浥心血之餘瀝，積久盈篋，遂爲集名。

太白山人李柏自識

太白山人槲葉集卷之一

賦

白燕賦[一]

太極渾以涵三兮，陰陽判於鴻濛。濁亭物以潛淵兮，清乎孳而翔空。鵾出海乘扶搖兮，鶯鳩遊於嵩蓬。知鷦鷯之為大鳥兮，泂鳳雛產於鴳巢之中。智哉鶄䴊，家於溟東。遺卵肇商，入夢誕公。翼不褻雲，頸異采翁。乘春秋以去來兮，唧泥落花之叢。擇玳梁以高栖兮，狎主人於簾櫳。侶玉京以終節兮，繫紹蘭之詩封。同君子之忘機兮，類佳人之殊容。語不解人以玲瓏兮，剪不割雲而裁桐。分漢越以大小兮，岐生發以雌雄。時睍睆其巧舌兮，咸憑服而紫胸。胡乃羽毛一變，緇素不同。飛出烏衣之巷，集乎瑤臺之宮。傍珠樹而翩翩，依瓊鬖而顛顛。慕羅浮之淡妝，舞霓裳之肅離。托月魄而難缺兮，孕靈魂而不融。得皓鶴之一體兮，曳縞衣而上沖。遺塵坌以不染兮，脫埃煤其奚蒙。粉黛兮三千，對之而金釵失色；煙花兮八百，近之而胭脂退紅。鳳凰原頭，掠斷青山疊疊；鸚鵡谷日，點破綠水重重。問君何以如此？特變采於馬樞之高風。至若翡翠以文章致羅，孔雀以錦尾受罝。黃雀啄粟兮，來公子之金丸；烏烏止屋兮，墜丁孫之離弓。斯皆昧於出處之義，暗於幾先之聰。故吾獨含章而抱貞兮，永希志於冥鴻。止幽人之几案兮，三十年忘其窮通。

【校記】

[一] 按：本篇李氏重刻本脫，據清康熙三十四年本補。

論

劉向

嬖人之子州吁，弒衛桓公，石厚與焉。其父石碏使其宰獳羊肩殺厚於陳。君子曰："石碏，純臣也。惡州吁而厚與焉，大義滅親，其是之謂乎？"劉向，漢之宗親也。成帝元舅大將軍王鳳專政，兄弟七人封侯。向知其將篡也，陳《洪範五行志》，數上封事言王氏將不利於劉氏，可謂忠矣。獨其處子歆，君子有遺議焉。歆附王氏，有石厚黨吁弒君之罪，向無石碏大義滅親之舉。此所謂當斷不斷，舐犢養奸也。或曰："厚黨吁弒君，其惡已著，碏得而殺之。歆附王氏，王未代漢，歆罪未彰，向惡得而殺之？"曰："成帝河平間，詔歆與向同校書天祿，向數上封事，而歆無一言及王氏，其志可見也。且其著書持論每與向反，向存即不尊家學，向歿能保守其家法乎？為向計者，燕居過庭，問歆國事，為劉則忠，為王則賊。縊歆鴆歆權在我也，孰得而撓之？金日磾，休屠降奴也。其子弄兒與宮人戲，日磾即殺弄兒。楊彪曰："愧無日磾先見之明。不謂向之勤苦好學，感降太乙，習《穀梁春秋》，而反無日磾先見之明也。"穿弒靈公，盾不討賊，董狐書曰："趙盾弒其君。"天若假向一十三年，親見王氏之篡漢而不殺附莽之劉歆，則趙盾不討之罪，向何逃焉？祁奚老，晉侯問嗣，對曰："午也可。"《春秋》不以為比。藉曰："歆賢，向必不能自舉，以不殺歆知之也。"然則天下後世之為人臣子者，子忠吾君當如奚之舉午，子欺吾君當如碏之殺厚。慎無如劉向，忠於漢室而不殺謟附王莽之子歆也。

夸父逐說

愚哉，夸父之以逐日而渴死也。夸父非無心也，夸父不以心逐而以身逐，身未死而心先死。未有心死而身不死者也，天人一也。天之日天之心也，天之心人之心也，以人心逐天心，以心逐心也。以心逐心何不及之？有萬古此天心，萬古此人心也，是一非二，無須臾離。一人逐之一人不死，天下萬世人人逐之人人不死。夸父死夸父之不善逐日也。古之善逐日者曰"自強不息"，曰"不顯亦臨"，曰"學有緝熙于光明"，曰"念茲在茲"，曰"惜寸陰"，曰

"惜分陰"。不行跬步,不出門庭,我欲逐日即及日矣。夸父用身不用心,心死身能存乎?所以愈逐愈遠而渴死嵎谷也。非日疾而夸父遲也,心不至也。

大寶篇

或問之曰:"瑚璉、干將可以為寶與?"曰:"寶也。""隋之珠、和之璧,可以為寶與?"曰:"寶也。""羲之字、虎頭畫,可以為寶與?"曰:"寶也。"曰:"易之若何?"曰:"寒蟬一翼,螳螂一股。"客驚曰:"吾所言寶,皆谷量牛馬,城稱珠玉,萬家之邑,五都之市,不能易者也。今曰寒蟬之翼,螳螂之股,無乃稱物非平與?"曰:"平甚。"客怒目攘臂曰:"是數寶者,天下之至寶也,子賤之,天壤之間,更有何寶?"曰:"有寶於此,其大,則括囊天地,而空無一物;其小,則蝴蝶眉睫,能寓全體;其重,則億萬烏獲,難移尺寸;其輕,則嬰兒肩之如不知也;其發也,則雷霆海潮之音,不能擬其鏗鈜,龍宮蛟室之產,不能方其光華,天廚侯鯖之珍,不能比其芳香;其斂也,師曠聽之而無聲,離婁視之而無形,易牙嘗之而無味。"客曰:"如子所言,乃寶之無用者。古諸侯之寶,有照夜者,有辟塵者,有辟水辟火者,有辟寒熱者,是以蛟龍欲之,鬼神歆之。如其無用,則亦蟬翼螳股耳。"曰:"此寶非無用者也。無時與人,故藏於九地之下,淪於九淵之中。苟得其人,又遭其時,此寶一出,能使五星順序;能使四海不揚波,黃河清;能使麟遊郊,鳳來巢閣;能使山出器車而地湧醴泉;能使虎豹為騶虞,茅為荃蕙;能使家有孝子、悌弟,朝滿忠臣,無邪佞;能使天下萬國,永息兵革。是寶也,即海量珠貝,積崑崙高金玉億萬庫,亦不能易也。"客驚顧曰:"是寶也,誰其有之?"曰:"三代以前,帝王之貴有之,韋布之賤亦有之。三代以後,韋布有之,帝王時或亡之矣。"曰:"有名與?"曰:"蕩蕩乎,民無能名焉?無能名者,帝王之大寶也。"曰:"有是大寶,無以守之,盜斯奪之矣,必也。河山設險以守其遠,金城湯池以守其近,期門羽林以守其內,則無盜吾寶者。"曰:"恃此守寶乃喪寶也。昔者聖帝明王之守寶也:堯以欽明安安,舜以恭己無為,禹以惜寸陰,湯以聖敬日躋,文以緝熙敬止,武以敬勝義勝,其操存人人殊,而歸於主敬,則一也。"客默然久之,忽爽然謝曰:"吾今而知帝王之道在守寶,守寶之學在主敬。"

贈醫者

儒者得志為宰相，不得志為隱相，孫思邈即其人也。思邈隱太白山，以醫術濟世，其所師友，皆一時名士，其論疾病，則以天地日月、雷霆雲霞、草木山川為喻，蓋言王道也。由是知醫之為術，小壽一國，大壽天下。故程子曰："我亦有丹君知否？用時還作壽斯民。"吾鄉某子，居太白山下，私淑思邈，壽一方矣。如曰得志，壽斯民。如明道，言蓋有命焉？不可強也。

過樊河論

壬申四月四日于雲棧樊河，見石碑大書曰："蕭相國追淮陰侯韓信至此。"追者何，薦信也。信從高帝入漢中，坐法當斬。呼滕公曰："主上不欲取天下耶？奈何殺壯士？"滕公奇其貌，壯其言，言于上，釋之弗用也。信亡去，蕭何追之。漢王以為何亡也，如失左右手。何至，嫚罵曰："若亡何也。"曰："臣不亡，追亡者。""亡者誰也？"曰："韓信。"曰："諸將亡者多矣，不追，追信，詐也。"曰："諸將易得，至如韓信者，國士無雙。大王欲長王漢中，無事于信；如欲取天下，非信無可計議者。"漢王因築壇拜為大將。于是出陳倉、定三秦、渡夏陽、斬龍且、虜魏王豹、破趙、下燕、襲齊、擒羽，皆信功也。蕭何可謂能知人矣，能以人事君矣。及信之死也，或曰："何紿信入賀，鐘室難作，以為何死信也。"予曰："不。"或曰："信請假王，張良躡足，以為良促信死也。"予曰："不。"或曰："陳兵出入，功高震主，信自取死也。"予曰："不。"或曰："與帝論將，多多後善。帝忌信死也。"予曰："不。"或曰："與豨通謀，舍人告變，信以反死也。"予曰："不。"曰："班、馬《列傳》志，信死不出此。"予謂："舉不足以死信。而信竟死，信誰死耶？"曰："呂嬃死信也。嬃乃樊噲之妻，高帝之姨，呂雉之妹。雉，淫妒讒邪人也，嬃出同母，性必鷙害。信曾請噲，噲跪迎曰："大王乃肯臨臣。"信鞅鞅曰："生乃與噲等為伍。"其睥睨傲慢，呂嬃必知之，知必恨，恨必讒，人情也。天下豈有姊為皇后，夫為大將，跪拜迎客而嫚罵折辱，不恨入骨髓、讒愬媒孽者乎？況雉為產、祿，陰欲叛漢，以為諸將易伏，惟信才高難制，其欲殺信非一日矣。而嬃又讒之，雉火也，嬃風也，火得風斯然之矣。故曰呂嬃死信也。雉之殺信也，皆曰舍人告信反也。嗚呼！

韓信，智將也，才將也。自定三秦以至滅項，用兵如神。孫子所謂動于九天之上，藏于九地之下，惟信為然。即欲反漢，何事陳豨？即與豨謀，舍人何從知之？予以為舍人即雉陰布腹心人也。故一告變，即使何紿信，信入即斬。古者刑有八議：一曰議功，信即有罪，其功當議。罪不可赦，囚待高帝可也，其不待高帝，恐帝議功赦信也。何以知信不反也？信臨刑曰："悔不聽蒯徹之言。"當信破趙下齊之日，徹知高帝為人，可與共患難而不可共安樂。往說信曰："相君之背，貴不可言。"此時兵權在信，一納徹言，三分天下，誰能制之？信曰："漢待我厚，不忍背之。"信不反漢明矣。豈有天下已定，茅土已錫，乃與陳豨反乎？然而史氏作《信傳》，以為信反，則又何也？曰，史氏為尊者諱，不著信反，則漢有枉殺功臣之過矣。然則信死無罪乎？曰有罪，罪在不讀《老子》也。《老子》曰："功成名遂身退，天之道。"信之功成矣，名遂矣，而身不退，反天道也。嘗項王死後，信若上書告歸田里，辭其王爵，歸其兵柄，亦如子房從赤松子，高帝必不畏惡其能，高帝不畏惡，則嫛不得讒、雉不得殺，故曰："信死有罪，罪在不讀《老子》也。"

用權

程子曰："權者，聖人之大用而亦常人之大用也。"蓋聖人用權，可以濟世；常人用權，可以濟身。康熙七年二月，虎出南山，有眾逐虎，溫泉男子黨氏者，為虎所攖，黨氏懼，委一臂于虎口，虎得臂，不及頭項，救者即至，黨氏獲生。李柏曰，若黨氏者，可以行權矣。臂與命孰重？安與危孰迫？安則一髮匪輕也，危則一臂可舍也。此權道也。經，常也；權，變也。變以通常之沮，而權以濟經之窮也。雖然，仁要也，知次之。譬之山：仁，崑崙也，知，南條、北條、中條也，有崑崙以為祖，而後有三條紆廻之龍；譬之水：仁，星宿海也，知，黃河也，有星宿海以為源，而後有黃河曲折之流。故曰：惟仁者，為能守經；惟智者，為能用權。何也？仁者樂山，山主靜，靜與經合；智者樂水，水主動，動與權應。仁知有相成之術，經權有互用之時。雖然，不可不辨也。有深仁者，必有大智用權，而權在經內；有私智者，先之以小仁用權，而權在經外。權在經內，放南巢而非篡也，誅獨夫而非弑也；權在經外，假周公而新室興也，託文王而漢祚斬也。蓋湯、武遵經用權，功在天下，道行萬世。曹、莽叛經任權，利歸一家，賊在天下。此用權公私之辨也。夫豈無專經棄權者乎？曰："有之。尾生守橋下之信，子臭堅執中之操，不惟棄權并棄經矣。"

丹朱商均

尭、舜以天下傳舜、禹，先儒辨之詳矣。至以朱、均為不肖，亦當有辨。中人百金之產，其父一旦舉而讓之他人，而子不爭，非人情矣，況天下耶？朱、均果不肖也，當居攝之日，默窺君父，意不在我，勢必私交諸侯大臣以為黨援，雖不即發，殂落之後亦必不安。是以揖讓啟干戈也。而朱也、均也，竟安之也。《傳》曰："知人則哲。"又曰："人苦不自知。"尭舜傳賢，知人也，且知子也。朱、均退守，自知也，且知人也。故傳者安于前而受者安于後也。且人之所難者，德量也。朱、均之德，不如尭舜禹之德，人之所知也。朱、均之量，亦如尭舜禹之量，人之所不及知也。尭舜有傳天下之量，舜禹有受天下之量，而朱也、均也苟非其量？人為天子，我守侯服，其誰能安？而丹朱、商均終身安之，無一怨言。非如尭舜禹之量，不足以容之也。以此論，朱、均非不肖者也。子輿氏以為不肖，蓋為不肖尭舜耳。後世隨以不肖為不肖。以不肖為不肖者，經生之談也。

得失篇

春秋戰國之世，諸侯戰伐攻取皆有欲得天下之心，可謂雄矣。惜乎其未講於得失之數也！周之興也，封建千八百國；其衰也，五霸迭為盟主。如霍、陽、樊、鄧、虞、虢、焦、滑、漢上、泗上諸小國吞并殆盡，其心皆欲得天下也，而孔子生於其時，則修道德而已矣；戰國七雄交閧，今日斬首二十萬，明日坑卒四十萬，其心皆欲得天下也，而孟子生於其時，則談仁義而已矣。然孔孟血食萬年，五霸七雄子孫為戮。得耶？失耶？果誰屬耶？蓋五霸七雄之術，可以殺天下、亂天下、以侯王而爭一時之天下；孔孟之道，則生天下、治天下、以匹夫而教萬世之天下。以德、以力，用心不同，故得失亦異也。擴而論之：尭舜揖讓相禪，巢由耕于箕下；光武中興漢室，子陵釣於富春；商紂酒池肉林，而伯夷則採西山之薇；秦政虎吞六國，而仲連則辭趙國之封；曹瞞挾天子令諸侯窺竊神器[一]，而幼安獨坐遼東之榻，皆無欲得天下之心也。自後世觀之，尭舜、光武功滿乾坤，巢由、子陵節高日月。蓋尭舜以焦勞治天下，而巢由之在山中不越鼎俎，得萬世間天下也。光武以憂勤治天下，而子陵之在江上，不事王侯，得萬世高尚天下也。此六人者，帝王與匹夫中分而立，有得而無失者也。商辛，天下稱暴；秦政，天下稱虐；曹瞞，天下稱賊：暴虐殘賊俱失天下。而伯夷以不食周粟，得萬世清天下也；仲連以不肯帝秦，得萬世貞天下也；幼安以不仕魏吳，得萬世節義廉恥天下也。此六人者，帝王與匹夫，此則俱得，彼則俱失者也。蓋七雄之殺人類紂，而五霸之用術如曹，均欲以戰伐攻取得天下，旋踵即亡。惟孔孟以道德仁義教天下傳萬世，所謂舟車所至，人力所通，天之所覆，地之所載，日月所照，霜露所隊，凡有血氣者，莫不尊親，此孔孟之天下也。即堯舜尚有遜焉，況下焉者乎？或曰："如子所言，湯武征誅，得耶？失耶？"曰："不。湯武得志則君天下，孔孟不得志則師天下。世無湯武則桀紂之虐不熄，世無孔孟則五霸七雄之罪不著。君也，師也，其得一也。"或曰："湯武不得志則如何？"曰："如孔孟。"

【校记】

[一] "令"，底本作"合"，據康熙本改。

文武同源

自《河圖》《洛書》出，而宓戲因之以成八卦，箕子因之以陳九疇。卦、疇者，文德之祖，而亦武備之源。故六經莫先於《易》象，陳法即寓於井田，衣冠制度肇於黃帝。然不五十二戰，則文治不成，故曰："飭治以文者，戡亂以武。"自周、秦、兩漢以來，凡聖賢豪傑功名震世之人，未有有文德而無武備者也[一]。故周公之制禮作樂，文也，而東山之役則以武；太公之鷹揚牧野，武也，而義勝之箴則以文。至如管子著書立言，文章鉅公而內軍之寄，遂制天下諸侯，不敢窺周者數十年。他如武侯之抱膝隆中，高吟二桃，儼然少年隱書生也，而一出茅廬，妙用八陣，聊曹瞞、司馬稱用兵如神，終難取益州一隅耳。侯雖才，非武備，固莫支矣。嗣後羊叔子之輕裘緩帶，祭征虜之雅歌投壺，傅修期之上馬殺賊，下馬作露布文，是皆立功以武，濟武以文，所謂兜鍪之下有生人，詩書之間多帥氣也。至後世分科取士，而文武兩途始分疆界，文以武為麤人，武以文為白面，兩相齟齬，以致星宿移于天上[二]，龍蛇起于陸地。豈有他哉？虛文盛而武備弛也，故古之帝王每于天下一統之後，益修明文德，嚴講武備，務期將相調和，國中閫外，一體并重，于以鞏苞桑而憲萬邦，真可為有天下者，萬世法也。

【校记】

[一]"備",底本作"德",據康熙本改。
[二]"于",康熙本作"乎"。

用人

馬戰、牛耕、鼓聲、旗麾,四者相與,用於兵制,不相易也;桐琴、檀車、松棟、桑弧,四者相與,用於工材,不相易也;耜耕、鎛耨、鬴爨、臼舂,四者相與,用於農器,不相易也。有人於此牛戰而馬運,旗聲而鼓麾,易其制也;桐車而檀琴,松弧而桑棟,易其材也;耜耨而鎛耕,鬴舂而臼爨,易其器也。器易則不能獲効,材易則不能程物,制易則不能立功。功不立則兵非其兵也,物不程則工非其工也,効不獲則農非其農也。至於農荒、工隳、兵潰,而後咎馬牛旗鼓之不宜於制,桐檀松桑之不中於材,耜鎛鬴臼之不適於器也。是豈物之情也哉?故古之善用物者,戰取諸馬,運取諸牛,聲取諸鼓,麾取諸旗,琴取諸桐,車取諸檀,棟取諸松,弧取諸桑,耕取諸耜,耨取諸鎛,爨取諸鬴,舂取諸臼,是謂能盡物之器也,能盡物之材也,能盡物之制也。制盡而兵雄,材盡而工良,器盡而農治。農治則効可獲,工良則物易程,兵雄則功易立,凡此皆用物之道也。用人如何?曰:用人猶用物也。

人無不足

客有蹙額戚戚而來者,坐未久,長歎息者四五。予曰:"何為其然也?"曰:"履霜而身無絮,枵腹而糟糠不克口,妻子嗷嗷,日用不足。"予曰:"貧也,非不足也。"曰:"何故?"曰:"爾有耳乎?"曰:"有。""爾有目乎?"曰:"有。""爾有口乎?爾有心乎?"曰:"有。""爾有手足乎?"曰:"有。""耳能聽乎?"曰:"然。""目能視乎?口能言乎?心能思乎?手足能動乎?"曰:"然。"曰:"爾有耳而足于聽也,爾有目而足于視也,爾有口、有心而足于言、足于思也,爾有手足而足于動也,何為其不足耶?且也爾此耳目,堯舜亦此耳目;爾此心口手足,堯舜亦此心口手足。爾以堯舜之聽為耳,堯舜之視為目,爾以堯舜之言語、思惟、動作,為心口手足,則堯舜非有餘而爾非不足也。何也?其得于天一也。"曰:"梁武有天下而餓死,鄧通有銅山而餓死,況于匹夫!"曰:"梁武、鄧通之餓死,以其人非堯舜耳。有人於于此視聽、言動、思惟皆法堯舜，自開闢來，未聞人如堯舜餓死者。或有之，命也，安之而已。"客嗎然笑曰："我固至足也，向謂不足，未聞君子之達道也。"

不如狗尾

華歆，字子魚，漢平原高唐人也。少與管幼安為友，鋤菜遇金，幼安揮鋤不顧，歆捉而擲之。冠蓋過，歆每驕視，幼安知其不能守節，遂割席。孫伯符略地江東，歆服巾奉迎，伯符待以上賓。曹操徵歆代荀彧為尚書令。曹征孫權，表歆為軍師；曹建魏國，以歆為御史大夫。曹丕即王位，拜歆為相國，封安樂鄉侯；曹丕篡漢，改歆為司徒。按漢獻帝伏皇后以曹操既殺董貴妃，由是懷懼，乃與父完書，言操殘逼之狀，令密圖之。事泄，操大怒，使御史大夫郗慮持節策，收皇后璽綬，以尚書令華歆為副。歆勒兵入漢皇后宮，收漢皇后，漢皇后閉戶藏壁中，華歆壞戶發壁就牽漢皇后出。時漢獻帝在外殿引慮于坐，皇后被髮徒跣行泣過，與漢天子訣曰："不能復相活耶？"漢天子曰："我亦不知命在何時。"顧謂慮曰："天子寧有是耶？"歆將漢皇后下暴室，以幽死，所生二皇子皆鴆殺之，兄弟及宗族死者百餘人。蓋曹操之罪，罪在欺君；華歆之罪，罪同弒后。漢丞相孔明曰："漢賊不兩立。"賊者何，曹操也。歆為操用，亦賊也。陳壽《三國志》盛稱："歆才品德望，賞賊臣也。賞賊臣，壽可知也。"《魏略》曰："歆與北海邴原、管寧俱遊學，時號三人為一龍，歆龍頭、原龍腹、寧龍尾。"按寧遭逢漢室之亂，高蹈遼東，不仕濁世而稱龍尾；原為曹臣而稱龍腹；歆為漢人，輔曹欺漢天子，弒漢皇后，篡漢天下而稱龍頭。白山李柏讀史至此，評曰："以予觀華歆為人，殆不如狗尾也，況龍頭哉？"

過留侯子房張先生祠

壬申十月初九，自洋縣將如南鄭，過樂城東郭，見道旁石碑大書曰：漢留侯張子房辟穀處。李子曰：大哉留侯！其猶龍乎？其善學老子者乎？神龍能大能小，能屈能伸，能有能無，能物能人，能轟雷掣電而號令鬼神，能霖雨六合而彌綸。若留侯者，其有龍之德也。夫秦并天下，韓國為墟，關東豪傑，盡遷五陵。獨侯以少年布衣，狀如婦人好女，一似柔弱怯懦無能為者。乃東謁倉海君，得力士，狙擊始皇博浪沙中[一]，何其勇耶。老子曰："大勇若怯。"留侯有之。始皇大索天下，十日不得。邵堯夫曰："智哉留侯，善藏其用。"老子曰："大智若愚。"留侯有之。及其遊圯橋，三進履于黃石先生，折其少年英氣而教以撝謙，然後授以《素書》。老子曰："預先人則以其身後之。"留侯有之。漢王至嶢關，留侯曰："秦將屠者，子可啖以利，既而以兵襲之。"老子曰："將欲取之，必故與之。"留侯有之。項王入關，欲擊漢，子房教漢王謝罪鴻門，卒脫漢王。老子曰："柔弱者生之徒。"留侯有之。韓信請假王，高帝欲不許。侯曰："寧能禁信自王，不若封之。"帝曰："大丈夫當爲真王，何以假為？"老子曰："欲上人，則以其言下之。"留侯有之。鴻溝中分之約，漢帝許之，留侯不從。老子曰："天與不取，反受其殃。"留侯有之。及擒羽烏江，天下大定。侯曰："吾以三寸舌為帝者師，布衣之榮，于良足矣，願棄人間事，從赤松子遊耳。"老子曰："功成名遂身退，天之道。"留侯有之。故後世以辟穀相傳云。嗟乎！千古將相，成功難，保身亦不易，大夫種功成矣，而身不退，卒受鳥喙之誅。吳子胥功成矣，而身不退，卒賜屬鏤之劍。韓淮陰與子房比肩事漢，功成名遂而身不退，鐘室難作，同于越之種、吳之胥。子房不去，或不免于呂雉，惟幡然高舉，辟穀深山之中，與范少伯泛舟五湖之上者，同一道也。是道也，老子所謂功成名遂身退之道也。吾故曰：子房善學老子者也。老子者，猶龍也。子房其有龍之德也夫？

【校记】

[一] "狙"，底本作"徂"，據康熙本改。

過鴻門論

嗚呼！天人之際微矣哉。《傳》曰："王者不死。"王者非不死，天之所子，故不死也。故天以湯、武為子，桀、紂不能殺；天以秦王為子，建成、元吉不能殺；天以點檢為子，周主不能殺。即如楚漢鴻門之會，天實為之矣。說者曰："項羽不聽增謀，致失沛公。項伯以身翼蔽能衛沛公，樊噲擁盾入軍門能脫沛公。"此論人而不論天者也。當楚漢對壘時，楚營氣不吉，漢營氣結為龍文，天意有定屬矣。暨羽背關擊漢，項伯夜告子房，天啟項伯告也。沛公謝罪，鴻門范增數目羽，羽不聽，天啟羽不聽也。當此之時，若天不子漢，使羽逞其叱咤之性，無敵之勇，席前成擒，何藉項莊舞劍？山亦可拔，豈懼樊噲擁盾？故沛公之脫鴻門，天也，非人也。當秦皇帝埋金鎮豐沛地，兆天子氣矣。醉斬白蛇，鬼物不能害天子矣。呂公相爲貴人，陵母稱其長者，人知其爲天子矣。五星聚于東井，天垂天子象矣。是天於鴻門未會之先，已篤視沛公如子矣。暨羽射其中胸而捫足安之，困於滎陽而紀信代之，圍於白登而閼氏解之，迫於柏人而心動覺之，是天于鴻門既會之後，愈篤視沛公如子矣。而謂一宴，頃刻盡出人謀，吾知其不然也。後世光武，謹厚布衣也。中興之初，王莽起兵八十餘萬，軍中談兵法者六十三家，驅虎豹熊羆以爲外陣，而昆陽之戰，弱卒數千，天作雷雨，大破莽賊。昭烈孤窮宗親也，帝賚良弼，伐曹討孫，紹漢正統。蓋天爲沛公，尚加意於數百年之子孫如此。其篤而謂鴻門宴上濟于伯之蔽劍，噲之擁盾，此皆不知天者也。或者曰："天命既在沛公，曷又生羽？"予曰："天生羽蓋深爲沛公也。譬之醫家參、苓固良，一遇沉痼之病，互用烏、雄、南星之屬。秦據百二河山，擁百萬虎狼之兵，催破不易。天生羽，使先爲沛公驅除耳，千載而下，論其背關弑心，則爲罪魁。論其爲漢驅除，則爲功首。鉅鹿之役，一戰破秦。天下諸侯，膝行轅門，不敢仰視，羽之勇可謂橫四海、亘古今一人矣。然羽不惟有過人之勇，且有過人之量。其不烹太公，不染呂氏，大有君人之度。而鴻溝中分之約，漢即背之，所以徐筆洞有'有成敗無是非'之說。所可惜者，羽之坑降新安，殺掠秦民，焚燒阿房，秦民皆怨。沛公不取子女玉帛，與父老約法三章，秦民皆喜。民之所喜，天必興之；民之所怨，天必亡之。楚亡漢興，雖繫天意，亦關人心。故曰，天人之際微矣哉！"

又贈醫者

醫和、醫緩皆秦人也，顯名於晉，左氏稱爲良醫。今某某生於秦，醫術精奧，豈今之和氏、緩氏耶？雖然，羿射雀，中右目，羿曰："吾志則左也。"終身不敢言射。養由基百步射楊葉，百發百中，人且教以善息，謂"一發不中則前功盡廢矣"。吾子由良醫而進神醫，尚當遊藝於羿與由基之間乎？

瑞王故宮

考古經史，堯茅茨土階，禹卑宮室，邈乎其不可尚已！始皇阿房，徒資一炬。漢高滅秦，殷鑒不遠，奈馬上得天下，不事詩書。蕭何吏才，不知王道，故建未央宮以壯麗威天下，談王道者羞言之。語曰："作法於儉，猶恐其奢。"西漢開國，奢邪儉邪？後世王者，創業艱難，及再傳之，后子孫驕逸，幾欲瓊其宮而瑤其臺矣。無論其主即藩封諸侯，宮室侈靡廣大，仙宮月殿，未足擬其巨麗也。予為秦人，少見秦王廢宮。及走長沙衡州，見荊襄諸王府遺基，想其建置所費，皆百萬貲也。洎入漢中，過瑞王遺宮，一望瓦礫鏝鐵。自甲申至今五十年，府城內外，百萬人家，其牆壁階砌，道路坑塹，園圃樊壟，佛刹道觀，官衙吏舍，皆瑞府材木瓦甓也，他可知矣。江文通曰："綺羅畢兮池館盡，琴瑟斷兮丘隴平。"郁離子曰："昔之龍樓鳳閣，今之荒煙蔓草也。"嗟乎！帝皇王伯，興廢不嘗，竭百姓數百萬家之產，經營數十年，終歸於荒煙蔓草，反不如茅茨土階之為愈也。

月蝕

癸酉十二月十六日酉時月食。《淮南子》曰："麒麟鬥而日月食。"天官家言，日天在上，月天在下，有地毬地影，障隔其間。月輪入地影，故食之。儒言日蝕變大，月蝕變小。余初見月色甚赤無光，半輪黑暗，蝕已竟夜，月色朦朧，全無精華。李子曰：以廣寒清虛之宮，九天空明之氣，七寶合成八萬兩千戶，修治者一時薄蝕，則終夜慘淡。人心方寸地耳，七情萬事，往來交攻，靈臺崩頹，七竅茅塞，終身薄蝕於名利是非之海而莫知登岸也，不亦悲乎？

操舟

庚午南遊衡嶽，自襄陽登舟，過洞庭瀟湘。辛未三月北還，取道荊州，至襄陽皆舟行，自樊、鄧入內鄉、商於至藍田，皆山行，五月抵鄖。七月以荒旱，鄖多盜，避地鳳翔。壬申三月，避地漢中。自陳、寶入雲棧至褒口，皆山行。寓沔一月。五月，東遷於洋。歷褒城、南鄭、城固，仍舟行。李子曰：操舟有大道，今始知之。深者淺者渦也，急者緩者浪也，寬者隘者涯也，開者合者峽也，險者夷者瀾也，曲者直者勢也，疾者徐者風也，卑者高者礁也。明明揚於上者，帆也；脈脈轉於下者，舵也；撐持前後者，楫也；鼓盪左右者，槳也；屹然獨立者，桅也；率然長挽者，䌫。毅然鄭重，一舟恃以為動靜行止者，將軍也；知深淺、酌緩急、量隘寬、衡開合、度險夷、較曲直、斟徐疾、審高卑、權帆舵、運槳楫、定桅檣、用將軍者，水師也。水師者，知行水之道者也，必聰明、忠信、敬慎、小心、剛毅之人。洞悉水性，竭股肱、心膂、五官之用，運智力於波濤風浪之際，然後可以利涉江河湖海而無咎。若水師孱弱，宴安醉飽，癡癡昏昏，以淺為深，以急為緩，以隘為寬，以合為開，以險為夷，以曲為直，以疾為徐，以高為卑，帆舵無準，楫槳失機，桅檣傾而不懼，將軍棄而不用，以此操舟，雖安必危；必也視深如淺，視緩如急，視寬如隘，視開如合，視夷如險，視直如曲，視徐如疾，視卑如高，用材中度，任器咸宜，颶風未至而豫為防之，波濤將震而先為備之，以此操舟，雖危必安。故曰操舟有大道。《書》曰："予臨兆庶如朽索之馭六馬。"水師操舟亦如之。

花之聖人

周茂叔曰："菊，花之隱逸者也；蓮，花之君子者也；牡丹，花之富貴者也。"淵明愛菊，茂叔愛蓮，世人多愛牡丹。李子曰：吾不敢謂牡丹不如菊、蓮，即以富貴、隱逸、君子辨之。孔子曰："不義而富且貴，於我如浮雲。"向子平曰："吾已知富不如貧，貴不如賤。"魯仲連曰："與其富貴而屈於人，寧貧賤而輕世肆志焉。"李太白曰："功名富貴若長在，漢水亦應西北流。"李嶠曰："富貴榮華有幾時，山川滿目淚沾衣。"方蛟峰曰："富莫富於蓄道德，貴莫貴於為聖賢。"由此觀之，牡丹之富貴安恃乎？世人愛富貴，於花之富貴者亦多愛之。惟學道之士，不以彼易此，故陶愛菊而周愛蓮也。然則愛梅者何人乎？林和靖、張功甫、高太素、宋廣平、田豐之徒，皆愛梅者也，猶未至也。李子曰："梅，花之聖人者也。"或曰："愛菊，方以隱逸；愛蓮，比之君子，可謂至矣。子以梅為聖人，過矣。"李子曰："予蓋愧天下之名園勝圃，萬花爛熳，逞豔鬪媚。一旦時移運去，夏日烈，斯凋殘矣；秋風起，斯搖落矣。惟梅也，萬國飛霜而獨傲霜，四海雨雪而獨凌雪。將向之所謂燁燁灼灼、欣欣向榮者，即一葉不保，而梅獨噴香舒英於冰霰凜冽之際，骨何勁而質何剛。孟子所謂浩然之氣也。譬諸忠臣義士，則西蜀之任永，東海之仲連也。擬之節婦，則令女之孤貞，陶嬰之高潔也。彼以為清友奇友，世外佳人，墜樓綠珠，皆唐突慢侮不知梅者也。昔武王克商，天下諸侯朝周者八百國，伯夷獨歌採薇，孔子以為古賢人，孟子以為聖之清。梅之清，夷之清也。何也？天下皆冬而梅無冬，與天下皆周而夷無周，同一清也。清之至，聖人之道也。故曰，梅，花之聖人者也。以視隱逸之菊，君子之蓮，又進而上之矣。若夫牡丹富貴，世人固多愛者，君子則存而不論也。"

駁王維與魏居士書

嵇康云："頓纓狂，顧逾思長林而憶豐草。"王維曰："長林豐草，豈與官署門闌有異乎？"淵明不束帶而見督郵，歸隱田園，叩門乞食。王維曰："曾一慚不忍而終身慚乎？"白山李柏聞之，勃然怒曰：王維，壞名教者也。孔子曰："天下有道則見，無道則隱。"《易》曰："高尚其事，不事王侯。"《詩》曰："衡門之下可以棲遲。"嚴子陵曰："士故有志，志山林，志廊廟，因乎時也。時可利見，辭煙霞而依日月；時可潛隱，棄軒冕而友鹿豕。山林廟廊其事異，其地遠，故巢、由與皋、夔不同道，而夷、齊與旦、尚不同跡。"而維則曰長林豐草不異官署門闌，則是楊雄之高閣不異子陵之釣臺。或曰："雄臣莽隱於仕也。"雄隱於仕，莽隱於篡，可乎？依阿立王氏之朝不得，託諸金馬避世，白衣山人也。且淵明晉人也，志在為晉，恥食宋祿。維則曰乞食叩門，一慚不忍而終身慚。是教天下後世士大夫盡喪廉恥、昧出處，如馮道之行，始為通儒。從其道，則魏之華歆、荀彧悉為通權達變之士，而漢之德公、幼安盡為執拗木強之人矣。惡乎可！惡乎可！

洋縣人物論

人居天地八萬四千里之中，羲、軒以上，如《荒史》《潞史》、軼史[一]，循蜚、《丘》《索》所紀，太乙、天祿所談，書難盡信矣。唐、虞之際，夏、商、姬周之盛，其見於《書》《詩》方策所歌詠記載者，如元、凱、皋、夔、鳩、房、伊陟、虺、說、微、鬲之倫[二]，周、召、畢、散，疏附後先之類，其泰交休風，令人於千載之下，猶夢寐見之，羹牆晤之矣。上下一德相需之殷，譬之於人，君，心也，臣，耳目股肱也。豈有心君不信耳目股肱乎？春秋以來，漢、唐、南宋之季，始魚水而終冰炭，比比然也。或元勳而忌以名高，或懿親而疏以猜嫌。孝子也，而申生以園蜂讒，戾太子以祝詛誣；忠臣也，而子胥有屬鏤之賜，淮陰有鐘室之難，武穆有莫須之罪；他如廉士也，而疑以竊金；節女也，而譏其欲嫁；義士也，而傳以盜名。覆盆齋志，何代無之！即高如范滂，而身關三木；賢如君實，而名魁黨人；正如退之，而八千是貶；忠如萊公，而萬里是遷。此皆古今天下所稱大儒名臣也，猶遭謗致毀，況中材耶？嗚呼！微顯闡幽，至人所尚。不有至德、求仁、三仁之論，則夷、齊、微、箕、比干、泰伯、文王之心，其何以大著於天下後世乎？洋邑僻在山南，雖蕞爾巖邑，然山水明秀，龍蟠虎踞，為播發歸隱之鄉，楊雍師友之所。以故唐宋以來，宦海名賢著績而為公卿，才人遊輅謳歌而勒金石。他如掇巍科、登賢書、聽講天子之學、銘勳帶礪之誓，代有其人。即窮檐陋巷之中，蓬茆圭竇之家，不乏竭力甘脆、茹齧冰霜者焉。且也林泉擅桃園之幽，魚鳥分武夷之產，是以辟世高蹈者，時匿姓字而來漁來樵焉。其最異者，老莊真人之子，古皇先生之徒，率視此為東土天竺、北方瀨鄉。賣藥市土，醫活枯柏，誦經山中，聲達長安，彼教何盛而吾道何衰！要亦吾黨引繩太刻，驅而歸之。言涉高妙，目為異端；文近清虛，指為邪說。業已配享廟庭，因一字之失而奪其血食。故曰："為佛老驅英雄者，暴君、佞臣、經生、禮法之士也。"更有甚者，以諸葛武侯之學問、經濟，猶曰"天民未粹"；以岳武穆之智勇忠蓋，猶曰"性麓愛廝殺"。如斯之論，則為善於後世者懼矣。吾論人物，於一善不遺、一才必錄者，有以哉，有以哉。

【校记】

[一] "《潞史》"，當為"《路史》"。按，《路史》四十七卷，南宋罗泌所撰杂史。记述上古以来历史、地理、风俗、氏族等方面的史事或传说，内容繁杂。

[二] "房"，當作"方"。《尚書》（亡篇）："伊尹去亳适夏，既丑有夏，复归于亳。入自北门，乃遇汝鸠、汝方。作《汝鸠》《汝方》。"《胡氏尚書詳解》注"汝鳩汝方"："湯二賢臣。"

過華清論

士不可以皮相，女不必以色取。嫫母、無鹽、宿瘤、孟光、孔明之妻、許允之婦，醜女也，皆有淑德；妺嬉、妲己、褒姒、西施、夏姬、飛燕，美女也，皆有穢德。蓋有德無色，可以為帝妃王后、隱士賢相之配；有色無德，殺身亡國亂天下。唐李三郎奪子婦而納之，祝曰："願世世生生為夫婦。"建華清於驪山，變溫泉為禍水。馬嵬坡下，六軍駐馬，太真縊死。三郎生前尚不能保妻子，況他生乎？艷妻妖姬，亂人國家，誠不如醜有德者之為帝王妃后、名士賢妃之流芳女史也。故曰：賢女不必以色取，猶名士之不可以皮相也。

元氣

有渾渾噩噩、窅窅冥冥、視之而無形、聽之而無聲、捫之而無物、辨之而無色，無色而色天下之色、無聲而聲天下之聲、無形而形天下之形、無物而物天下之物者，元氣是也。古人知元氣之當養也，朕兆未萌而凝其神，波流未行而濬其源。源濬，可以達四海；神凝，可以貞萬化。大本立，達道行，天地位，萬物育，自然之應也；若縱恣於隱微而餂之於聞見，放蕩於幽獨而摶之於廣眾，自敗之道也。數仞之墻，崩於蟻穴；百里之堤，壞於鼠竇。夫不滅星火者，原可燎也；不防繩鋸者，木必斷也；不絕水滴者，石將穿也。是以君子有防微杜漸之學也。戊辰七月，予買河東大牛，身高八尺，頭尾長丈二，雖不及南華犂牛垂天之雲，視秦牛大者，猶一歲犢也。形狀既偉，毛色亦美，性馴而馴，予愛之不啻支遯之於馬。故予來往田間，騎牛背，牛臥場圃，坐牛脅，呼為"牛蒲團"。牛噉芻荳，四倍常牛。辛未大旱，七月盜起，予避地鳳翔之西房村。野無青草，力不能飯牛，羸瘦骨立，筋力困憊，竟長臥死。牛死臘月，其元氣消耗，蓋自四五月時也。嗟乎！天下事有傷元氣而漸至不可救者，比比然也，一牛云乎哉。《易》曰："履霜堅冰至，漸也。"《詩》曰："肇允彼桃蟲，拚飛維鳥，小之可為大也。"《書》曰："予臨兆庶，如朽索之馭六馬，敬也。"主敬則造化生心，慎小則大亂不生，杜漸則事見幾先。虞廷自危微精一，以致地平天成，用是道也。後世因循苟且，不固苞桑。故宦寺熾而漢衰，清談起而晉弱，藩鎮強而唐微，科目盛而明亡。皆不知培元氣，振綱紀，輕根本而重末務也。

罷王德用

宋景祐三年，以王德用知樞密院事。寶元二年五月，罷。德用狀貌雄毅，面黑，頸以下白皙，言者論其貌類藝祖，得士心，不宜久典機密，遂罷。繼降知隨州，家人皆懼，德用言笑舉止自若，惟不接賓客而已。甚亦！仁宗之猜忌可羞也。藝祖事周為點檢，世祖於文書囊中，得木長三尺餘，題云："殿前點檢作天子。"張永德為都點檢，乃命藝祖代之。天命有在世祖，去一都點檢乃用一天子點檢，人謀不足以勝天也。明矣！德用如有天命，仁宗能去之耶？夫以狀貌去之，狀貌烏足以定人哉？禳明、公牛哀、子羽醜惡，皆有大德。跂之乳，籍之瞳，卓之臍，皆如聖人，何其暴也？晏嬰、田文皆短小，顯名於諸侯。春秋名公卿有禿者、眇者、跛者、僂者，蕭同叔子一笑能使齊國苦兵，防風身橫九畝戮於禹，智伯美鬚長大擒於趙，崔季珪貌如天神，北使英雄之目，乃在背後捉刀之人。盧杞面藍，欽若癭瘤，能為奸於唐宋。狀貌何足以定人耶？夫奸如欽若而真宗信任不疑，忠如德用而仁宗反生猜忌，謂之何哉？假如大臣有舜、禹之狀貌，亦罷去，使不得有臣如舜、禹乎？有成湯、文、武、周公之狀貌亦罷去，使不得有臣如成湯、文、武、周公乎？乃區區猜疑狀貌，罷德用，使不知樞密院，是誠何心哉？其後因乾元節上壽，德用立班，遼使見之，驚曰："黑王相公復起耶？"仁宗又拜樞使。夫遼使稱黑王，匪以其狀貌耶？前以狀貌而罷之，後以狀貌而起之，進退靡常，真有不可解者。故曰：仁宗之猜忌可羞也。

呂夷簡

宋真宗問呂蒙正曰："卿諸子孰可用？"對曰："臣子皆不可用，姪夷簡，宰相才也。"白山李柏曰：呂夷簡非宰相才也。宰相者，"其心休休焉，其如有容焉，人之彥聖，其心好之，不啻若自其口出，實能容之"，此之謂宰相。夷簡在仁宗朝平章政事，進用多出其門。范仲淹上《百官圖》，比夷簡如張禹，夷簡訴仲淹越職言事，離間君臣，引用朋黨，以是落職。余靖、尹洙、歐陽修皆上書救仲淹，貶於外。其後王曾、蔡齊亦以夷簡罷，且陷富弼使契丹，欲致死地。故孫沔上書，論夷簡曰："黜忠言，廢直道。柔而易制者，升為腹心；姦而可使者，保為羽翼。"觀其逐孔道輔，貶仲淹、陷富弼，則孫沔之言深切夷簡之罪。余謂夷簡大罪，在於謀廢郭后而致之暴卒。《周禮·大冢宰》，於歲終會宮中，百司費，"獨王、后、世子不會"，蓋以后與王同尊也。《大易》乾配君，坤配后，蓋以后與君並尊也。郭后母儀天下十年，且太后立者，無可廢之罪。仁宗好內，家法不正，故尚、楊二美人恃寵驕恣。尚於帝前以語侵后，后怒批其頰，帝自起救，誤中其項，非有心也。夷簡執友閻文應教帝以爪痕示夷簡，夷簡以前並罷私恨，遂勸帝以光武廢郭后事，且先敕有司勿受臺諫章奏。而一時中丞諫官如道輔、仲淹等十人皆以救后貶。道輔語夷簡曰："大臣事君后猶父母，順父逐母可乎？"夷簡對以漢唐廢后故事。嗚呼！夷簡為大臣，不以溈汭、《關雎》事君，獨以漢唐薄德為法；不與忠臣義士為友，而獨與媵妾宦寺為黨：此豈宰相之所為乎？故夷簡非宰相才也。后廢居瑤華宮，帝念之賜以樂府，后和答之，辭甚淒惋。帝悔，遣人密召后，后辭曰："若再召見，須百官立班受冊方可。"后不愧坤道如此。有小疾，帝遣內侍閤文應挾醫診視，后遂暴卒。説者以為文應恐后復立[一]，故毒之。焉知夷簡非主毒者也？仲淹劾應文[二]，帝不加誅，止竄嶺南，焉知非夷簡密為之地也？善乎，道輔之言！曰："大臣事后如母。"夷簡為宰相，黨媵妾宦寺，傾害母后，以致中毒暴卒，律以春秋趙盾弒君之法，史臣有董狐其人者，必直書曰："呂夷簡弒其后。"臣弒后，猶子弒母也。子弒母，梟鳥之道也。不謂夷簡堂堂宰相，蒙正猶子，而其立朝行事有類梟鳥。吾故曰："呂夷簡非宰相才也。"

【校記】

[一]"文應"，康熙本互乙作"應文"，誤。閤文應，《宋史》卷四百六十八《宦者》三有傳。

[二]"應文"，當作"文應"。

有聲不鳴 有引

不鳴必其無聲者也。有聲如何不鳴？其故可思也。

天，無聲者也，雷霆其聲乎？地，無聲者也，江河潮音其聲乎？木，無聲者也，風其聲乎？山，無聲者也，而呼萬歲；鬼神，無聲者也，而呼主上來。天地山林鬼神，無聲而有聲，有聲則鳴。鳥，飛物也；獸，走物也；蛩阜螽，動物也；蚯蚓，潛物也。皆有聲能鳴，或機動則鳴，或時至則鳴。天地不疑山林，能容鬼神不怒。故凡有聲之物皆能自鳴，無所顧慮，而況於人？人有聲則鳴，不鳴謂之病失音。故天下容有失音之人，必無有聲不鳴之人。有鳴於唐虞之人，有鳴於夏商周之人，有鳴於漢唐宋明之人，雖世代不同，各乘時出元音，鳴於天下，至後世猶聞其聲。即凡天地之間，山林鬼神飛潛走動微細之物，皆能隨時自鳴，無何狐鳴大澤矣，鵑鳴天津矣，當此之時，乃有人焉，兀坐空山，蓬首垢面，蒿目括囊至於白頭。我思其人，豈口中無舌耶？如其有舌，何為不鳴？韓子曰："物不得其平則鳴。"如斯人者，雖不平亦不鳴，豈無聲耶？抑有聲不敢自鳴耶？

潼關

潼關，秦險也。秦不修德而恃險，一失其鹿，天下共逐，亡秦者，險也。龍門、太行、上黨、井陘、孟門、洞庭、彭蠡、飛狐、劍閣、大江、渤海、長城，天下險也。王不一姓，霸不一氏，故曰"在德不在險"。無懷氏、葛天氏、燧人氏、伏羲氏、神農氏、軒轅氏、陶唐氏、有虞氏、夏后氏、殷人、周人修德之君，享世久遠。後世不修德而恃險，劉季、項羽、曹操、桓溫、劉裕、王鎮惡、李二郎之徒，躍馬操舟而入秦之險，險烏足恃也？潼關險稱金陡，近世逆闖至則破之，其故何也？兵法曰："城有所不守。旁有高山，下建城郭，登高下瞰，虛實洞見，未攻城而先攻心矣。"潼城犯之。孟子曰："天時不如地利，地利不如人和。"又曰："固國不以山谿之險。"傳曰："諸侯有道，守在四境；天子有道，守在四海。"誠哉是言也。

前勸學篇

麋食柏則香，蠶食桑則吐絲成文章，鸚鵡剪舌則能人言，鵾鵬化大鳥，燕巢產鳳，雞豹龍，此飛動之物能變者也；桃李柿棗梨，接以佳種則結佳實，此植物之能變者也；褐麻布帛絲紵，鐘氏染之而成五色，此衣物之能變者也；瓜菹魚蟹，漬以酒醬鹽醯蜜姜茱桂而成五味，此食物之能變者也。物尚能變，而況於人乎？然則學問詩書之能變凡人為聖賢也，不尤愈於潛、飛、動、植、衣、食之物乎？寧越，田間之農夫也；莊蹻，楚之大盜也；段干木，晉之大駔也；子張，魯之鄙家也；徐庶，漢之殺人者也；周處，晉之射虎者也；周小泉，皋蘭屯軍也；王心齋，海濱鹽丁也：皆能親師取友，折節讀書，改過遷善，卒為忠臣孝子大儒志士，成名於天下後世。然則詩書學問之能變凡人為聖賢為豪傑也，豈惟一人一時為？然人人好學，人人可為聖賢；天下萬世人好學，即萬世人皆可為聖賢。如以訓詁、辭章為學而志在干祿，始而徼倖得榮，繼而苞苴取辱，此猶白獺嗜鯔，鯛魚嗜牛，至於亡身不悔，斯人也，曾飛潛動植物類之不如，安望其能為聖賢豪傑耶？

後勸學篇

將旱，雲氣如風如煙如火如練；將雨，雲氣如波浪如鱗甲如龍頭海馬魚鱉。陰陽之氣感而成形，各以類應也。魚生於水，其鱗如水之波紋；鳥生於山，其羽毛文章如草木之英華。山水之氣感而成形，各以類應也。然則聖賢詩書之造就人，甚于陰陽之於雲氣，山水之於魚鳥。而今之學者，儒服儒冠，行非聖賢之行，言非詩書之言，不能如雲氣魚鳥感陰陽山水而變化者，何也？物欲害之也。人能遠去物欲，非詩書之言不敢言，非聖賢之行不敢行，踐履篤實久而左右逢源,睟面盎背,即堯舜可學而至,豈止陰陽之醞釀雲氣,山水之潤澤魚鳥,僅得其類、應形似而已乎?

太白山人槲葉集卷之二　上

敍

遊鳳郡東湖序

當其未有天地之始，吾不知山川于何寄也？當其未有山川之始，吾不知鳳城于何寄也？當其未有鳳城之始，吾不知東湖于何寄也？然則天地山川之始，寂然蕭然已耳，無城也，無湖也。無城而忽有城，無湖而忽有湖，且以一郡之城，一湖之水寄于天地，寄于山川，其猶曠野無花而忽有花，空山無木而忽有木邪？而我之來遊于湖也，誰使然也？花在曠野，木在空山，湖在鳳城，俱無情者也。然曠野有花，而蜂自遊之；空山有木，而鳥自遊之；鳳城有湖，而我自遊之。是此花此木此湖，本無情也而忽若有情。非此花此木此湖之有情，而實生于遊之者之有情之多情也。蜂遊于花，是有情蜂；鳥遊於木，是有情鳥。而且栩栩翩翩焉，而且嚶嚶喈喈焉，斯又蜂鳥之多情也。而我之遊于湖也，筆焉墨焉詩焉賦焉，月歌而風嘯焉，則是我之有情我之多情。不且與曠野之蜂，空山之鳥，不能忘情于一花一木者同一遊戲于天地間邪？彼天地者，豈得不一為拘攝而聽其恣情遊戲焉？甚矣，天地之無情也。孰知天地者，最寬之父母；而我者，最愛遊戲之小兒也。父母之于小兒，一飽之後，聽其遊于東鄰西鄰而未嘗區區拘攝也；天地之于蜂鳥，成形之後，聽其遊于平原曠野南山北山而亦未嘗區區拘攝也。然天地父母雖不為之拘攝，亦必為之收拾。日落天暝無不歸家之小兒，日落天暝無不歸宿之蜂鳥，其歸家也，其歸宿也，是即所以收拾之也。然而且有一大收拾之權焉。自有天地山川以來，吾不知其幾何年矣；自有鳳城東湖以來，吾不問其幾何年矣。但覺古之人有先我而遊者，何其不少待我邪？後之人有繼我而遊者，何其不及見我邪？而一思之：古人之不待我，猶我之不待後人也；後人之不及見我，猶我之不及見古人也。古人何往，是必天地大父母于日落天暝之時一大收拾，使歸于家而不聽其長久遊戲于外也。以天地父母之收拾，古人可必將來于日落天暝之時亦收拾我，又必將來于日落天暝之時亦收拾後人，使之各各歸家而不聽其長久遊戲于外，而此城此湖固如故也；而古人後人與我之各各歸家也，其亦蜂鳥之各有所歸宿邪？其亦過去之蜂鳥不少待現在之蜂鳥，而現在之蜂鳥不少待未來之蜂鳥邪？而此花此木固如故也。雖然，吾又安知天地之不並此城此湖收拾去也。《詩》曰："高岸為谷。"高岸既變為谷，吾安知此湖之不變為高岸邪？則是異日之天地，亦能收拾此湖歸去。凡湖上之遊人，遊人之筆墨詩賦、月歌風嘯同歸于盡，不且與春老花落、蜂蝶斷影、山寒木脫、禽鳥無聲者，同一千古悲涼邪？而我今日之遊于湖，真大夢也。既為大夢，則凡湖上之蜂，是謂夢蜂；湖上之鳥，是謂夢鳥；湖上之筆墨詩賦、歌月嘯風，是謂夢筆、夢墨、夢吟詩、夢作賦、夢歌于月下嘯于風前也。吾又安知湖上之蜂鳥非夢遊湖上乎？夢遊湖上而夢中見湖，夢中見湖上之我空自拈筆弄墨，空自吟詩作賦，空自嘯歌風月，是我夢蜂鳥，蜂鳥亦夢我，而我與此蜂此鳥同在夢中遊也。然千萬年後之蜂鳥，未必非今日夢鳥之我；而千萬年前之我，未必非今日夢我之蜂鳥：是我化蜂鳥，蜂鳥亦化我，而我與此蜂此鳥又在化中遊也。遊于化中，化即是夢；遊于夢中，夢即是化。是古往今來世界皆幻夢也，皆幻化也。古人隨化而往，後人隨化而來，古人方才出夢，後人又來入夢。而我于中間，以古人視我，則我為隨化入夢忽焉而來之人；以後人視我，則我為隨化出夢忽焉而往之人。以忽焉而來，忽焉而往之人，又忽焉而為此遊，則亦幻遊而已矣。既為幻遊，則凡遊時見蜂見鳥之眼，即為幻眼；聽風聽月之耳，即為幻耳；齅花齅墨之鼻，談詩談賦之舌，即為幻鼻幻舌，眼耳鼻舌既都是幻，則我亦幻人而已矣，以幻人而為幻遊則亦無益之甚也。然而非無益也，世界，萬丈淤泥也；湖水，空中湛露也；湖蓮，不染道心也。作吉夢者覺而快樂，作兇夢者覺而疑懼。吾欲把彼空中露，洗我蓮花心，不使染於淤泥，以待天地大父母收拾歸去，則我之吉夢大覺，長享快樂，永絕疑懼，如是之遊，獲大利益。

贈商山一叟養老敘

商之州學食餼三十人，叟家群從兄弟食餼十五人，增廣附學三十餘人，題名雁塔者六人，宴杏園者一人，可謂盛矣。叟以數奇不與公車，而僅以明經起家，五任廣文，不具論。論其任潼關衛學者。關在秦晉周三國之衝，明末盜賊仰關而攻之，官兵據關而守之，盈城之殺凡兩見矣。學宮荒涼，博士俸無升斗之粟。甲寅兵興，官軍頓城中，西征將士往來絡繹，即一畦苜蓿入於戰馬之腹，而廣文盤中曾不得一枝一葉焉。此杜少陵所謂寒無氈、官獨冷、飯不足者也，叟之窮可謂至矣。有楚客黃老人者，年八十，去家三千里，久客秦關。叟聞而謁之，事以師禮。生徒有餽叟者，叟以所餽養老人。束菜升粟，老人未食叟不食；卮酒椀茗，老人未啜叟不啜；霜日雪月，老人未衣叟不衣，蓋八年如一日也。昔者信陵君為侯生引車，卒獲刎頸之報。侯生，戰國捭闔之流，其所知交如朱亥輩，乃市井鼓刀之人，尚報信陵。老人，荊南舊家，不樂仕進：在《易》之《乾爻》，則"潛龍勿用"者也；在《詩》之《國風》，則"泌水樂飢"者也。他日報叟，當不讓信陵客矣。自王侯不揖客，而後平原、孟嘗、春申、信陵四公子始以好客聞於天下。食客嘗三千人，而雞鳴狗盜、跛矮椎埋之屬，亦與其選。衣食劍履半出公家之祿，半出私門之貨，觀馮驩討債于薛可知矣。由此觀之，四公子各養三千人易，而叟在今日養一人難也。何也？窮之至也。唐之鄭虔，駙馬潛曜之叔、而協律郎瓘之祖也。明皇愛其才，置廣文舘，以虔為博士。貧約自守，杜少陵贈以詩曰："才名三十年，坐客寒無氈。"其七言詩曰："諸公衮衮登臺省，廣文先生館獨冷。甲第紛紛厭梁肉，廣文先生飯不足。"叟為廣文，既不受知於當事，而又無駙馬侄、協律孫以左右之，叟之貧約十倍鄭虔。虔不以好客聞，而叟之養老人，不惟勝虔，且勝四公子矣。何也？四公子養三千人易，而叟養一人難也。俸無公家之粟也，貨無私門之債也，而能養老。宜其家之服儒服者濟濟也。老人名節字浮菴，楚之黃州人。叟姓牛氏名維晃，字德徵，商山一叟，其別號也。

為梅侯種柳攷

天下有佳木焉。荄於太極，芽於陰陽，湛以甘露，涵以天和者，木之元氣也；仁以為根，義以為幹，禮以為節，信以為心者，木之天性也；積寸而尺，積尺而尋，積尋不已，至於干雲者，木之長養也；老者蔭其養，少者蔭其教，男得蔭而耕，女得蔭而織，木之廣庇也；雷出穴而四海震，風生竅而萬物動，木之號令也；日月升而天下明，鄉雲凝而川岳媚，木之光華也；鳳凰巢其上，麒麟遊其下，木之禎祥也；蟻蟲不能齧，嚴霜不能落，野火不能燒，秋風不能檽，木之堅剛也；工倕不施刃而明堂以為棟，虞姁不運斤而宗廟以為梁，輸班不執削而社稷倚以安，木之本領也。凡東海之扶桑，江南之嘉林，西方之若木，龍門之孤桐，皆輔弼之材也；南華之大椿，金仙之菩提，皆方外之交也。至如桓溫琅琊之柳，王莽墳中之梓，對之，皆立莔矣。是木也，亦有隱見焉：為九棘、為三槐，得時而駕之義也；為五柳、為七松，蓬蘽而修之道也。是木也，亦有春秋焉，五百年為春，五百年為秋。堯、舜、湯、武逢春之盛而有其土，故即其土而種之；伊尹、周、召逢春之盛而有其主，故佐其主而種之；仲尼、子輿逢秋之衰，既無其土又無其主，不得不借萬世之土而種之。是木也，又能隨時變化而易其名。召奭種於南國，化而為棠；仲尼種於東魯，化而為杏；潘岳種於河陽，化為桃李；沈瑀種於建德，化為栗桑。然而李也，葉也，則又分蔭於召棠而發脈於魯杏者也。然則先生之種柳於鄠邑也，其慕南國之棠、東魯之杏，而寄意於柳也乎？其聞河陽建德之風，隨時變化而易之以柳也乎？柳之成也，老者於斯蔭其養，少者於斯蔭其教，男得蔭而安於耕，女得蔭而安於織，士得蔭而安於學，商得蔭而安於市。其始也，種於一邑；其終也，偏於天下，傳之後世。後世之人，將目之曰："此非叔夜之柳、淵明之柳，而梅侯之柳也。"

華嶽集敘

謂山水非詩耶，古人賦何以登高作詩，何以臨流咏也？謂山水盡詩耶，又何為言志道性情也？蓋性情不可見而託詩以見，詩不能直言而託山水以為言，此其事極博而道至微也。學憲泒水生洲許先生則得其道之至微者矣，所著《華嶽集》，道性情之書也，然不直言性情而託之乎山水。生平足跡所至，見名山大川而詩之，見寸山尺水亦不遺焉。人知一家之書數萬言也，而不知祇山水二物；人知詠山詠水數千篇也，而不知祇道性情；人知性情好惡美刺多端也，而不知一本於道。是道也，至精至微，而古今之人品類別焉。蓋廟廊之與山林，地異而興殊也。先生身在廟廊，情鈡山水，蓋于道至精至微者有得也。故足跡所至，見山非山，山即詩；見水非水，水即詩。人見先生之詩非直見詩，實見山水；非見山水，實見性情。或曰："如子所言，山也非山，水也非水，詩也非詩，請聞其說。"柏應之曰："如何可說？將說其耳觀山色，目聽水聲，聞見俱融，不滯形跡，卻明明是山是水；將說其見山吟山，見水吟水，詩成千卷卻空無一字；將說其終日登山而忘乎山，終日臨水而忘乎水，終日吟詩而忘乎詩，卻莖須誰斷，心血誰乾，何曾忘得？"先生聞而笑曰："我都不知也，然子雖不說詩而詩說盡於此。"

青門朱山人詩集敘

天地為逆旅，光陰為過客，而我以一身寄于其間，朝槿而蜉蝣而亦易了也。雖然，因我有身，斯有眼、有耳、有口、有心。心生思，口生言，耳生聞，眼生見，因根生塵不易了也。眼自無塵，見塵障眼；耳自無塵，聞塵障耳；口自無塵，言塵障口；心自無塵，思塵障心。古人知塵之為我障也，則尋一了塵之法，法在塵外，亦在塵中。若以塵外之見了塵中眼，塵外之聞了塵中耳，塵外之言了塵中口，塵外之思了塵中心，則莫如詩。我嘗眼見君子之行則歡喜。心不了也，必口之為詩，以了我歡喜君子之心；我嘗耳聞小人之行則怒罵，心不了也，必口之為詩，以了我怒罵小人之心。嗟乎！以朝槿、蜉蝣之身而寄于逆旅過客之間，又有幾番歡喜，幾番怒罵，則我聞見愈多，塵障愈深，而惟詩可以了之。故詩為了塵法也，此其道青門朱山人得之矣。山人生於青門，長于青門，種瓜于青門，行年六十有四，惟瓜是務。瓜田之外，眼無所見，耳無所聞，口無所言，心無所思。無思而偶有思，詩了塵思；無言而偶有言，詩了塵言；無見無聞，而偶有所見，偶有所聞，詩了塵眼，詩了塵耳：此一了俱了者也。己未三月，余過青門，謁山人於瓜田，山人出詩若干卷，請余為敘。余曰："山人之詩，了山人者也。若敘則又不了矣。"山人笑曰："子不敘，非了我，又了子矣。"各飲一斗，別去。

遵研齋遊記敘

天地山川，何以至今不老耶？以忠孝節烈之人存之也；忠孝節烈何以全今不死耶？以文人才子之筆生之也。長安自漢唐來，瑰意奇行之人不可勝數。使無文人才子之筆以發明之，將古之所謂瑰意奇行者沒於天地，亦猶草木蟲魚之腐於山川矣。青門韓子又韓，深為此懼，己未三月，偕予遊長安城南，過古名賢邑里祠墓，慷慨流連，為予指示曰，某某者，補天浴日焉；某某者，傭書躬耕焉；某某者，瓢笠雲水焉；某某者，茹蘗冰雪焉；某某者，何代之弋林釣渚，何時之歌樓舞榭焉。長言之不足歌哭之，歌哭之不足又吟詠之。要以今日之筆墨詩賦，生千古之忠孝節烈，因以存千古之天地山川也。嗟乎！慨前賢于既往，歷終古之茫茫，而文人才子生於其間，使其蕩精神于風花，付倫紀於蔓草，則是忠孝節烈之人，天地山川生之而文人才子死之也。今幸矣，青門有韓子矣，韓子有筆墨詞賦矣，凡瓌意奇行之人，已往者至今不死，將來者感而復興矣。此天地所以不老乎？

一笑集敘

一笑云者，一見必笑也。蕭同叔子笑列卿，笑其禿也眇也；平原君美人笑客，笑其跛也。若不禿不眇不跛，又何笑耶？余不能文而謬為文，不敢使人見，一見必笑。如紫雲不可以聞紅粉，而藍面不可以對佳人。雖然干將非銍，而農人得之刈禾；拳毛不駑，而麪家以之輓磨。人雖目昏，未有不知牛之毛；人雖至愚，未有不辨鴉之羽。海大鳥止魯東門，則以為神而祀之；麟遊魯郊，則以為夭而傷之。牛、鴉常見，而麟、大鳥不多覯也。然麟不以人不識而牛其毛，大鳥不以人不知而鴉其羽，吾之文不以人不識而不編諸集。其集也，則禿者、眇者、跛者也，又何恤蕭同叔子、美人一笑哉？

遊宛在亭敘

癸酉八日[一]，北郭老人文靜張子邀遊宛在亭，亭在洋州北郊柳園中。余登其亭，怡然曰："大矣哉。"張子曰："吾園不滿二畝，水一泓，石一卷，竹柳桃杏數十株耳，何為大？"余曰："小大無定位，顧見趣何如耳。簡文遊華林曰：'會心處，不在遠。'人能會心，遠近大小皆可寄吾遊也。故黃帝、華胥則以夢為遊也；少文山水，則以畫為遊也；王績《醉鄉》，陸羽《茶經》，則以酒為遊，茗為遊也；陳季卿登《寰瀛》，則以葉為遊也；徐奮鵬擴性地，則以天為遊也。故古之善遊者，即近見遠，即小見大。見小則無往不小，太華亦卷石也，渤海亦涓滴也；見大則無往不大，雖一泓碧水而有四瀆七澤之雄，一峰小山而有三島五嶽之奇。"張子曰："子所言，惟有道達觀者能之。吾何人哉？"余曰："人無聖凡，顧自致何如耳。生人之初，東海、西海、南海、北海，均人也，無聖名，無賢稱，渾渾而噩噩，而無惡無善，故聖賢無名。孔子曰：'惟天為大，惟堯則之。'堯亦人也，人可則天，天非大而人非小也，人非小則人皆可具達觀矣。達觀古今，可以修晷刻而促萬紀；達觀大小，可以巨芥子而眇崑崙。故曰：歛之，不盈一掬；放之，可彌六合。茲園亦若是矣。"張子曰："古之大園，如梁園、辟疆、平泉、獨樂，或數十里數百里，視吾園猶大鵬之于螟蠓。"余曰："否。陶淵明曰：'審容膝之易安。'苟能容膝，即可安也。況茲園日月星辰臨其上，風雷雨露生其中，名都大邑在其旁，高山長江環其外，彼之園亦若是焉已矣。西方給孤黃金布滿八十頃，荒唐汗漫，反不若容膝易安者，約而易為也。故曰：易簡而天下之理得矣。吾自束髮，力築一園，不杵、不版、不榆、不畚，不終日而成。園在混沌方寸之丘，玲瓏七竅之壑，以天為屋，以地為基，以四海為池塘，以五嶽為牆壁，以日月為燈燭，以飛潛動植為園中鳥獸虫木，以東西南北父老子弟為園中往來遊客，二亥不能步其延袤，偃輸不能造其物象，視辟疆、給孤，則芥子也，彼園為芥子，則予園可作崑崙觀矣。故曰：大小無定位。"張子嗒然曰："自吾有茲園，吾小吾園，客亦從而小之。未有大吾園者也，子以為大，大以天乎？"曰："然，地有窮而天無盡也。"

【校记】

[一]"八日"，康熙本作"人日"，是。按，人日謂正月初七。癸酉年為康熙三十二年（1693），其時李柏避難寓居洋州，文中"張子邀遊宛在亭，亭在洋州北郊"句可證。參見附錄《李柏年譜補正及詩文繫年考》。

勤學通錄敘

窮天下亙萬世，第一等事，豈非學耶？貴為天子，此學；賤為匹夫，此學；智如聖賢，此學；愚如凡民，亦此學。凡民能學，雖不至天子之貴，而可以及聖賢之品，故天下萬世，惟學為第一等事也。凡格、致、誠、正、修、齊、治、平，皆學也，所謂"吾道一以貫之"也；凡出、處、隱、見、吉、兇、動、靜，皆學也，所謂"知進退存亡而不失其正者"也。故人須學也，學須勤也。不學非人，不勤非學，故捃摭古今勤學之人，輯為一書，以勤天下人人皆學，人人皆勤學，以求入于聖賢之域云爾。

哭子類編敘

哭子者何？有邰張淡菴哭其子伯欽也；哭伯欽何？孝而好學蚤夭。淡菴哭之慟，如顧況哭子泣血，知其無可奈何，付一哭耳。吾黨亦哭之，哀輓祭誄彙為一卷。額曰"哭子類編"。傳哭也。傳哭者何？傳其子之可哭耳。

為蕭長青號柳菴敘

菴何以柳名也？蕭子菴寄意于柳也。其寄意于柳，何也？昔陶淵明宅邊有五柳樹，因號五柳先生，蕭子之寄意于柳也，乃蕭子之寄意于陶也。鄭少師種七松于里第，自號七松處士，嘗曰"使異代可對五柳先生"，蓋鄭之寄意于松也。鄭寄意于松，即寄意于柳，以寄其寄意于陶之意也。然則蕭子之寄意于柳也，即謂之寄意于松可也；蕭子之寄意于陶也，即謂之寄意于鄭可也。何也？寄柳亦寄，寄松亦寄，寄陶亦寄，寄鄭亦寄，均之以物寄人也，均之以人寄我也。然則蕭子之寄意于柳也，謂之以柳寄蕭可也，謂之以陶寄蕭可也，謂之以蕭寄蕭可也。知蕭子者，遂以柳菴號焉。

麟山十二詩敘

"夏五""郭公"闕文也，而《麟經》因之，學邯鄲步者，匍匐不悔。麟山詩題，刱自前人。麟大夫賦詩十二章，屬予和，予勉續貂。顧舊題未穩，不敢竄易。匪竊比夏五郭公，亦學步邯鄲云爾。

永思錄敘

為桓公者，碏也，而厚黨吁，碏無子也；為劉氏者，向也，而歆附莽，向無子也。談之子遷也，洵之子軾也：成談史者遷也，談有子也；傳洵文者軾也，洵有子也。說者謂鳳也有毛，毛亦鳳也；麟也有角，角亦麟也。吾鄉雲門蕭先生泛槎藝海，父也；孝廉君震生鼓枻文江，子也。子將葬父，手撰行狀，竝擬志誄表墓諸作，蓋先生實錄也。哭父招魂諸什，蓋家廟樂章也。額曰"永思錄"，言孝思也。孝思永，文思苦也；文思苦，孝思永也。遷思談也，軾思洵也，厚也、歆也，獨非人之子也耶？何弗思也？忠孝大於文史。碏也忠，向也忠，碏有厚而無子，向有歆而無子，父子不相似也；談也史，而洵也文，談之子遷，洵之子軾也，似也。先生子震生，文如先生而持論過之。吾不慕震生能傳先生文，而慕其能為先生子也，鳳之毛也，麟之角也；吾不慕震生能為先生子，而慕先生之為震生父也，毛生于鳳，而角生于麟也。

憨休和尚語録敘

白雲端禪師《蠅子透牎偈》："為愛尋光紙上鑽，不能透出幾多難。忽然撞着來時路，始覺平生被眼瞞。"太陽玄禪師《典客偈》："一兔橫身當古路，蒼鷹才見便生擒。後來獵犬無靈性，又向枯樁舊處尋。"此足證西來大義，不立文字。後世學者從語言文字求，無生消息，皆紙光瞞眼，枯樁尋兔者也。既無文字，然宗門代有語録，則又何也？蓋不見洞口桃花，難逢源上秦人；不升空中橋杖，難見廣寒嫦娥；不持牧婦書信，難入洞庭龍宫；不因引路火光，難得阿婆焦衣。初學之士，屏棄文字，因斷緣絶，四顧傍徨，何路可適耶？若止難逢、難見、難入、難得，其害猶淺；若彳亍一錯，未免黑風吹舡，飄隨鬼國。予讀書太白山中，見長安寡婦劉氏子採藥深山，雷雨暴發迷路錯走，遂至亡身渭陽；進香少婦踏翻危石，遂至墮胎隕軀；岐山李叟妻誤走樵蹊，失路不返。此三人者，只緣一步錯走，一腳錯踏，遂至母子夫妻大相失散。烏呼危哉！生物有萬歷恒沙劫，始得為人。為人最親，無過母子夫妻。然跬步少錯，遂至子棄其母，妻抛其夫，母墮其子，骨肉離析，如風火散。故曰："一失腳為千古恨，再回首是百年身。"誠可憫也，誠可懼也。此憨休禪師所以憂後世子孫失腳迷路，不能頓悟西來大義，而權以語言説無字法也。

送憨休和尚敘

語云："英雄回首即神仙。"天生英雄豈輕回首？回首云者，此必英雄不得志于時者之所為也。《易》曰："雲從龍，風從虎。聖人作而萬物睹。"故世有軒轅，而風后、力牧得以展其才；世有文王，而兔罝、鷹揚得以宣其用。雲龍風虎會合一時，蓋千百年而一見者也。又曰："天地閉，賢人隱。"故三川竭而伯陽去，杜鵑鳴而堯夫隱。此又英雄回首之驗歟？又有生逢帝王，若可有為而終必去者，蓋以器與時違，道與世異，不得不去。陶淵明曰："巢父、許山，皇者之佐也，而生于帝代；伯夷、叔齊，帝者之師也，而產于王時：猶且飲牛穎水，乳鹿西山，況後世乎？"子陵遇光武而釣老富春，徐魴避太祖而肥遯終身。良有以也。至如幼安膝穿木榻，元亮情寄麯糵。胸中片氣磊落，口不能自言，手不能自寫。一段傷心，可泣鬼神；一聲長嘆，可聞千載。此蓋中有所為，不得已而回首作隱淪者也。然單豹巖居谷飲，而虎食其外；牛缺捐棄車馬，而盜殺其身。此又隱士不可為矣。于是後世懷抱英雄器略者，托而逃禪，或宰官而披緇學佛，或將軍而沿門持缽，此蓋不得已而回首作諸佛眷屬者也。以予所見，憨休上人者，殆所謂英雄回首，托而逃禪者乎？師生長蠶叢，參禪金粟，飛錫五陵。歲戊午，予訪師于敦煌禪院，雙目炯炯，聲如洪鐘。與之談儒學，則源溯象山，派分東越；談經濟，則石補青天，淵浴白日；談文章，則水傾三峽，星煥一天；談禪，則舌分廣長之辯，口吐青蓮之香。予不覺爽然曰："自栖遲山林四十年來，所接方外瓢笠高朋，未有英雄若此者也。以如此之才而身着壞衣，手握錫杖，上則帝古皇之臣，王如來之佐；下亦不失蒲團管樂，衲衣良平，而乃以空門老也。此可以觀世變矣。"昔人謂泉石膏肓，此譏無益世道者。師自學成德立以來，身兼禪、律、講三種之教，口說過、現、未三世之法。苦海無邊，慈航度登彼岸；火宅廣大，法雨濕為冷灰。無論良馬見鞭影而千里，即蹄齧小駟，莫不受銜勒範其馳驅。昔郭有道人倫東國，陶通明山中宰相，師之道可謂空門宰相，物外人倫者矣。昔之悲隱者曰："掩芳風于萬壑[一]。"夫亦風不芳耳，果爾，萬壑能掩乎？師之風不可掩矣，請以一言送師曰："劍在豐城生寶氣，龍在深淵出玉光。勸師袖盡青雲片，莫放虛空蔚豹章。"

【校記】

[一]"于"，康熙本作"千"。

憨休禪師《敲空遺響》敘

歲屠維大荒落，冬十月，大興善寺憨休禪師過太白山房，持所著《敲空遺響文集》若干卷，俾予敘之。予曰："空可敲乎？"師曰："不可。視之頇頇洞洞，聽之窅窅冥冥。棒不能打，刀不能割，火不能燒，水不能溺，我欲敲空，卻于何處著敲，故空不可敲也。""然則空卒不可敲也？"曰："可敲。鐘也、鼓也、筑也、木魚也，皆空物也，敲之斯響。其未敲也，窅窅冥冥，沉寥無聞。確然一敲，小敲小應，大敲大應，聲滿天地，響振山谷，通幽明，和神聽，郊天而祭地，祫祖而禰宗，鳳凰儀而麒麟遊，皆空中之響所致也，故空可敲也。"予聞師言，憬然曰："空之時義大矣哉，三教聖人皆以空為欋柄者，是故孔子曰'空空如也'，空無知也；老子曰'空無所空'，空無物也；佛曰'萬法歸空'，空無法也。無法而與諸大菩薩，阿羅漢，一切比丘、比丘尼千二百人，或說《四十二章》，或說《圓覺》，或說《妙法蓮花》，所說皆法也。有說，即不空也，然因問有說，說已即空。亦猶有敲即響，響絕即空。孔子講'六經'、說《魯論》；老子說《道德》，皆因敲有響，響絕即空，執以為空，空能生響，空不空也。以為不空，敲罷響絕，不空，空也。空，不空；不空，空。是一是二，孰辯之耶？"師豎拂子笑曰："究竟是空。"又笑曰："究竟非空。天空空耳，倏然而雷霆震；山空空耳，倏然而萬木鳴。木之鳴孰敲之，風飆敲之也；雷之震孰敲之，陰陽敲之也。倏然而雷止風歇，天復空空，山復空空，過去空空，現在空空，未來空空，故曰：'究竟是空。'然谷神不死，萬響攸生，故曰：'究竟非空。'"予曰："凡天地間有形之物有壞，無形之物無壞。陰陽風飆無形者也，無形即空。陰陽敲雷霆，風飆敲木竅，是以空敲空，空生響，空無盡，響亦無盡；空無壞，響亦無壞。故歷恒河沙劫以來，打空無棒，割空無刀，燒空無火，溺空無水，故三教聖人欛柄在空。或曰無知空空，或曰空無所空，或曰萬法歸空。空之時義大矣哉。"師笑而不答。予送師，師空去，予空歸。

奇樹齋詩集敘

陶無意為詩而詩獨至，余謂陶詩非至也，有陶之節而詩斯至也。不然精如摩詰，少氣骨矣。余友永叔袁子，願學陶先生者也。好讀書陶之學，清羸陶之體，真率陶之品，高尚陶之節，而詩詞則陶之文也。先正有言，晉無文章，止有《歸去來辭》。陶之歸去，蓋為腰難折耳。永叔高臥紫荊山數十年，養陶腰也。後世猶操汝南評者，不以詩盡陶先生，而永叔豈盡於詩耶？

粵遊草後敘

庚戌春，友人終南杜子，聞東南山水之勝，將葦遊吳越，聽歌郢中，望高唐雲氣，登君山，醉堯酒，率南水滸，至于柳潯，拾柳柳州遺跡而歸也。白山李柏往送之，為唱《陽關》一曲。杜子曰："嗟萬里北客，奚堪此煙波，江上日暮時乎？"余曰："不。昔友白先生泛舟文江，誕登于岸。吾子以不羈之才，生長文獻之家，蓋不啻孟堅之有叔皮也。誠能'縱一葦以自如，凌萬頃之茫然'，收天地灝渺之氣，藏之胸中，吐為奇書，斯亦天下之至樂也。況'吳楚東南坼，乾坤日夜浮'，又為君家少陵歌詠者乎？"杜子馬首遂東，自是目斷天涯，徒深春山暮雲之恨。今年辛亥五月，杜子使使召余曰："來，客歸矣。"隨至曲溁精舍，出《粵遊草》示。余受之，卒業，見其洶湧澎湃，涵太虛而撼岳陽者，曾是瀟湘、雲夢之曲也；見其嵯峨杈枒[一]，曳虹霓而掛南斗者，曾是衡陽、蒼梧之吟也。至於過長沙哭屈子，感深怨極，悠悠沅湘，流不盡也；渡龍城弔伏波，慷慨悲歌，蕭蕭秋風吹不去也。他如草木雲鳥之什，投滿湘篋，譬行瑤林，觸目皆玉。其大者，如屈子之忠，伏波之勳，湖湘衡桂之勝，皆天下奇也。古今遊人凡幾，未必好古如吾子耳。今也，墨湧千江之浪，筆流五嶽之雲，淚灑孤臣之血，可謂少陵有孫，友白有子。而江上煙波，真不足使客愁已。

【校记】

[一] "杈"，底本、康熙本皆作"权"，径改。

午夜鐘敘

石令人古，茶令人淡，梅令人貞，蓮令人清，此無聲動物者也；聞驢鳴悟道，聽擊竹參禪，聆杜鵑啼識治亂，此有聲而無情者之動物也；飛土逐宍，歌之而孝思生，麥蕲稷穗，吟之而忠懷奮，黃鵠紫燕，詠之而節烈振，此有聲有情者之動物也。古人知聲之易動物也，於是有陽春白雪、絲竹歌罢、刻商引羽、雜短怨誹之聲。其言近，其旨遠，要以補百家之所不足，而助六經之所不及，蓋以聲為教也。汪直作威福，公卿大臣相為結舌。一灑掃微賤之阿丑，口吐謔詞，身作酒態，足以回萬乘而有餘。然則劇談諷刺之關于聲教也，大矣。郿陽孟太和少年講劍術，長而隱奕酒，目擊時事，感慨牢騷，然而笑之不可，罵之不敢，哭之或無淚，怨之或無詞。煩勞管城，託于傳奇，哭笑怒罵，委之古人，是欲以聲教天下後世也。然八音之數，金為首，金聲之洪鐘為大。書成而自題其額曰《午夜鐘》，蓋以大聲自鳴也。唐人之詩曰："夜半鐘聲到客船。"吾不知船何泊？客何人？鐘聲誰敲？夜半誰聞？知其說者，可以讀《午夜鐘》矣。蓋古往今來，夜半時也；都邑聚落，江上船也；王侯廝役，客中人也；前言往行，寺鐘聲也。鐘聲到船，則客惺矣。夜半客惺，烏啼霜落，寒山寂寂，似此景色，誰復能寐，則長夜漫漫，可以待旦矣。要非午夜鐘，不足驚客夢也。

漢江櫂歌敘

以六十二歲之老農，南客漢上，食漢江魚，飲漢江水，泛舟鼓櫂而為櫂歌。歌曰："漢有老叟，釣於江口，漢水滔滔，在前在後。朝獨歌來，暮獨歌去，朝朝暮暮，蘆花深處。其釣維何？漢江之鮀。其歌維何？漢江櫂歌。"

壽廣文牛先生德徵敘

古稱商山多隱君子，而德徵先生則世居商山者也。其太翁文華先生雅志高尚，卻掃一切，獨與東暘禪師數相往還，互參所學，猶淵明之與遠公也。一日告師以披剃意。師曰："汝與峨眉有緣，何得在此？"公亦未信。後以明經謁選，補雙流令。予告，遊峨眉三月，日與空山老禪究竟三昧，如東暘言。生五才子，德徵先生實五，常白眉，少有俊才。下帷絕跡，可謂"三食神仙字"矣。奈棘闈路滑，七入而七躓，劉蕡下第，士論惜之。後起家太學、考授廣文。初任河州，次麟遊，次鄜，次鳳翔、潼關，所至風勵多士，以力行為考課，以實踐為誦讀。樂育之效，徵於人文，走馬聽鶯，相繼蔚起。而且才饒辭賦，興逸登涉[一]，如河之積石，曳湖，麟之仁壽，醴泉，鄜之渭水、太白，鳳、潼之旱麓、卷阿、太華、黃河，皆天下奇也。足跡所至，遍投奚囊。嘗曰："家在商山深處，兩世薄宦，率近名勝之區，不可謂不遇矣。"而且雅好名賢，於麟得陽初劉子，於鳳得永淑袁子，此皆讀書樂道、養晦林泉，有商山東黃太素之風焉。先生一見，結為金蘭，茶鐺詩瓢，樂與晨夕，蓋不啻九老之會香山，而耆英之在洛社矣。昔范宣子侈世祿以為不朽，而穆叔則以為立德、立功、立言，乃不朽耳。若先生者，造士弘多，是謂立德；著述富美，是謂立言；德言立而功亦在中，穆叔三不朽，先生萃之矣。春王正月五日，先生皇覽之辰，欲歌詩為壽，詩不成聲，姑取先生之所為不朽者，以壽先生云。

【校記】

[一]"涉"，康熙本作"陟"。

壽螯鐸劉先生敘

有虞氏命夔典樂，教胄子《周官》，有保氏、師氏。漢、宋有祭酒、司業。近世設國子祭酒，教胄子於內府，蓋古師氏教於虎闈遺意。太學六堂俊秀，先王廣教胄之義，而取之天下郡國者也。六堂俊秀，受業祭酒，歲月既深，學優而德成者，選為師儒，分教天下郡國鄉邦俊秀。賢關國脈，胥此為係？故先王重之，每幸學，親發策題，御案講書。每遇大禮，祭酒率諸生朝賀。雖民間子弟，得蒙天子之燕饗。其鄉國民間俊秀，貢入太學，所用米、肉、椒、油、腐、粉、醬菜、果餌之類，衣服、衾裯、水陸道路之費，悉關支戶部。其升堂會講、會饌三次，不精則處膳夫以極刑。其所讀五經子史、百家之書，悉頒自御府。其將出學，先王命丞相往國子學考校，命御史臺精選，命翰林院考選，命吏部嚴加考試，中者方送陛考，取中選用，方任天下郡邑師儒之仕。其設南廱北廱也，亦取西周豐廱、鎬廱遺意。今之二曲，昔之周南畿內，地去豐鎬、辟雍數舍耳。官師政教，不無今昔之異。某翁劉老先生，實從六堂俊秀，陛試選中，分教天下郡國鄉邦，式鐸二曲。嘗曰："道不可師而有其名，教不修舉而居其職。我其瘝曠也哉。"於是身先諸生，每講背課藝堂上，習射澤宮，考鐘伐鼓，揖讓登降，俱從太學成規，使多士肄習之。日就月將，鏟礦成器，有不知時雨之化矣。某月某日先生初度，邑多士欲賦詩介眉壽。予聞而告之曰："祝詞無庸新聲也。邑之外巖巖高者，終南山也。古人有以南山致祝者，其詩曰'如南山之壽'。子亦曰'如南山之壽'。蓋以山為壽，即以《詩》為詩而已。"

贈馮大將軍敘

孫子曰："將者，知、信、仁、勇、嚴也。"岳武穆曰："信、仁、知、勇、嚴五字，缺一不可。"為將雖然，仁、信要焉，將有仁、信，而復濟之以知、勇、嚴，謂之賢將。將有知、勇、嚴而不本於仁、信，謂之才將。才將易求，賢將難得。漢唐而後，三秦名將非一人矣。求其成大功、立大名，謳歌遍於當時，姓字香於後世，則唯漢之班定遠，唐之郭汾陽，宋之韓魏公、范文正公為最著者。仁、信之道盡，而濟之以知、勇、嚴也。今馮大將軍，其慕名賢將之風而興起者乎？大將軍前功不具論，姑論其駐節寶雞者。國家以秦州、平涼之役既畢，念寶雞為三秦重地，南對雲棧，西接秦隴，北延扶岐，東連斜峪、黑水諸峪。峪中敵人盤踞，視雲棧為進退。雲棧震撼則三秦為之搖動。於是特簡大將軍帥師鎮之。凡秦隴以東，黑水以西綠旗諸將，咸受節制大將軍。既至寶雞，下令於軍曰："民以養兵，兵以衛民。衛民而反害民，非兵也。自令以往,敢有奪民資物,蹂民田苗者,按軍法。"又下令於民曰:"我來雖治兵,實撫百姓也。爾百姓之饑寒,我饑寒之也;爾百姓之疾苦,我疾苦之也。自今以往,凡有利害,悉陳勿隱。我盡一分之心,爾百姓即受一分之福矣。"於是寶雞百姓日陳情於大將軍,一如家人子弟日陳情於父兄之前,而大將軍之待百姓,一如待其家人子弟也。是以寶雞雖當南北用武之地,而三五年來士安於學、農安於野、工安於肆,商旅安於市者。要皆大將軍仁、信、撫字之恩,有以及之也。而且以撫寶雞者,西暨秦隴,北訖鳳岐,東漸盩厔。時下嚴令節制,諸將不敢縱兵虐民。即或大將軍涉獵山澤,或以休浴入會省,百姓望見旌旗,以為他將軍,欲避去,及聞是大將軍,咸相慶曰"我大將軍來何驚避",為爭持壺漿迎拜馬首,大將軍以溫言勸令安業,百姓稽首,謳歌而去。白山李柏,潛身草茅,萬事忘懷,所不忘者,憂民之心耳。每曳杖田間,見道上人,必殷勤致問曰:"方今多壘之秋,尚有士安於學者乎?"必曰:"寶雞尚有。""農聚於野者乎?"必曰:"寶雞尚有。""工安於肆,商旅安於市者乎?"必曰:"寶雞。"問:"何以致此?"則曰:"馮大將軍推仁、信之心以及之也。"柏聞之,加手於額曰:"秦中多名將,率以知、勇宣威邊疆,求其仁、信撫民而嚴明馭兵者,其惟漢定遠、唐汾陽、宋韓范數人而已。今馮大將軍躬行仁、信,其空谷足音,絕無而僅有者乎。雖然,昔人有言,事者難成易毀,名者難立易廢。伏願大將軍仁而益求其仁,信而益求其信,而又濟之以知、勇、嚴,則功名所就,當與班、郭、韓、范同不朽矣。至於將略之妙,籌畫之奇,則有紀功之書在,故不及。"

可以集敍

可以者何?可以,樂也。何樂乎?而《詩》曰:"泌之洋洋,可以樂饑。"饑不可樂而云樂饑,蓋中有所樂,而見泌之洋洋,雖饑亦樂也。古之人有七日不火者,有三旬九餐者,有併日而炊者,有食木子橡栗者,有采薇茹芝者,有屑榆者,有咬菜根者,有一食長坐者,有餐氈齧雪十九年者。蓋有主於中不動於外、抱節仗義、不忘溝壑者之所樂也。若等閒之人,一遇窮約,咨嗟涕洟,戚戚愁怨,故曰:"人當六極之時,不惟賓朋疏絕,亦且骨肉棄置;不惟顏色漸沮,亦且神情悅悴。"惟天性超曠之士,歷窮愁而著書,遭厄抑而高歌。蓋境愈逆,情愈曠;時益艱,操益固也。故曰:"疏水曲肱,樂在其中;

簞食瓢飲，不改其樂。"後世有一日三餐菜粥，敬謝天賜清福，是亦能尋孔、顏之樂者也。予九歲孤，母寡兄幼，兵盜、賦役旁午，蕭條四壁，饑寒四十餘年。至五十三，賴岐侯紫庭茹公、有邠豪士臥雲焦子均有資給，衣食粗足者八年耳。庚午荒旱，避地岐陽，日唯菜粥兩餐。壬申三月，避地漢中，亦日惟菜粥兩餐而已。自信性能安貧且好讀書，好與客談山林，好看劍，好吟詩作文，好蒲團靜坐，好臨水把釣，故終日樂有餘而未嘗有戚戚不足之意。所不足者，好飲無酒。然漢南山水亦自醉人。雖非泌之洋洋，可以樂而忘饑，然漢山蒼蒼，漢水湯湯，亦可以醉而忘憂也。

襄平張少文詩集敘

《三百篇》，率於性者也。故見鳥吟鳥，見獸吟獸，見草木吟草木，見忠臣孝子吟忠臣孝子，見勞人思婦吟勞人思婦，如造化生物，無心而成，悉出於天機自然。因物之色而色之，因物之聲而聲之，因聲與色而韻之，此《三百篇》所以為天下萬世詩祖也。至唐以詩取士，而海內學士人人能詩。至人人能詩而天下遂無詩，何也？斷須鏤肝，雕之琢之，斧之鑿之，干祿也，非為詩也。鑿混沌者，七竅生而混沌死。有唐人干祿之詩，而《三百篇》亡矣。吾友少文張子心知其故，不法三唐而法《三百》，故生平足跡所至，見物之色，因以色其色，見物之聲，因以聲其聲。因物之色與聲而韻之以為詩。故詩成千篇，卻無一字盜唐人口珠。噫，難矣！人謂少文年正壯，詩之多已如此，若至終身，千萬篇不足限也。吾謂少文終身為詩人，實終身非詩人；終身詩有千萬篇，實終身詩無一字。何也？率性而成，意不在詩也。

鐵墨吟序

五金之屬，唯鐵性最堅。人之堅貞剛果者，每取意於鐵，故宋廣平為鐵心宰相，薛文清為鐵漢侍郎，馮子仁為四鐵御史，謂鐵口鐵膝鐵膽鐵骨也。余友少文張子，遼海人也。今遼海世家子弟，年束髮，學足記姓名，即綰授為百里長，或食兩千石祿，肘印將三軍者，比比也。少文生長簪纓之家，才高而學富。年三十六矣，猶棲遲不仕，優遊林泉，豈其痼疾丘園者乎？蓋中有所為也。戊寅夏，與余邂逅於衱五臺山中。余問不仕之故，少文笑而不答，但撫心捫膝而已。既而西遊湟中，歷允吾、酒泉、金城、玉塞、南安、武威，出入長城黃河，觀漢武斷匈奴右臂與夫趙充國、班定遠屯田立功處，並李將軍解鞍射雕之所。慷慨激烈，發為詩歌，如紫電青霜，凜不可犯。又如山寒水冷，孤鴻高飛，矰繳莫加，蓋其氣剛毅故也。余讀其詩，始悟向之撫心捫膝，蓋謂心如鐵而不可變，膝如鐵而不可屈，故棲遲林泉，猶不仕也。余為進一說曰："大丈夫貴乎知時。時若可為，則為渭水之玉璜，傅巖之監梅，慎無痼疾丘園；時不可為，則存鐵心、養鐵膝、蓄鐵膽、堅鐵骨，以鐵漢老可也，慎無捷徑於終南。"少文應之曰："監梅、玉璜則吾豈敢？見在生涯無可藏身，吾其藏身於鐵乎？"余振然笑曰："少文，吾之鐵友也。"遂名其詩為《鐵墨吟》云。

題鄧尉看梅詩後

《葩經》多言草木，非言草木也，言心也。心無字，故託之草木也。後世志士明明有其心，明明可對日月，可告鬼神，而獨不可與人明言，故託草木以為言。是以王子獻有愛竹之言，陶淵明有愛菊之言，鄧少師有愛松之言，周茂書有愛蓮之言，察其本心，非愛竹也，非愛菊也，非愛松也，非愛蓮也，蓋我心如蓮之淨，如菊之淡，如松之貞，如竹之勁，不能明言而託之於松菊蓮竹也。友人少文張子，磊落堅貞士也。有《鄧尉看梅詩》六章，蓋三百三十六字，評者曰："字字得梅之骨，得梅之品，得梅之韻，得梅之神。"余反覆吟詠之，歎曰："三百三十六字，何曾一字是梅。"又曰："三百三十六字，何曾一字非梅。"以為是梅，卻明明非言梅；以為非梅，卻明明是言梅。此中消息，張子自知之，梅花自喻之，而獨不可與人明言之也。

説

説天字

《説文》曰："一大為天。"此不知天者也，以其離人而說天也。說天不說人，則天不全；說人不說天，則人不生。蒼聖作字，取義至精至深，後人以粗淺釋之，不知聖人之心也。是謂迷天而亡道，迷天則人不法天，亡道則人不入教。臣作亂而子為賊，三網解而五倫斁，職此故耳。聖人憂天下後世，即一字亦寓明道立教之義。故作天字，即以人字結構，謂無人則非天，無天則非人，無極而太極，太極動而生陽。陽，乾道也。乾為天，故乾卦三畫皆一，天字之上畫即乾之一畫也，天字之二畫即乾之中畫也，天字中含人字，即乾之下一畫，左右對待而分立者也。且《河圖》天一地二，天字上橫二畫，地數也。一字而蘊三才之義者也，故曰："天得一以清，地得一以寧，王侯得一以為天下宗。"易卦六爻，初二曰地，三四曰人，五六曰天，亦三才類聚之義也。推三才而廣其名，曰"天皇、地皇、人皇"，曰"天統、地統、人統"，曰"天極、地極、人極"，人原不離乎天地也。故人字象形，一頭兩腳，有冠天履地之義。故人身荷天之一則為大人，大人頭上戴一則為天人，亦猶海不離水，地不離土，松不離木，鳳不離鳥之類也。故士人之士，太一之太，元炁之元，與夫三四五六七八九十奇偶之數，皆天之變化錯綜而生成之者也。天一而已。孔子曰："吾道一以貫之。"老子曰："知其一，萬事畢。"故學不主一者，離天者也。故聖人事天精一之學，曰敬天、曰法天、曰希天、曰承天、曰順天、曰則天、曰畏天、曰欽天、曰知天、曰應天、曰達天、曰崇天、曰荷天、曰父天、曰律天、曰戴天、曰樂天，此以人合天者也；曰天人、曰天民、曰與天為徒、曰與天為一、曰天人合發，此以天合人者也。以天合人者，以天合天者也；以人合天者，以人合人者也。以人合人則至易，以天合天則至簡，易簡而天道全矣，地道盡矣，人道備矣。故《易》曰："聖人，與天地合其德"，"先天而天弗違，後天而奉天時。"又曰："天地相似"，"範圍天地而不過"，此萬世之通義也。如以一大說天，義孤而辭單，得天之半。

易名說

童試名"如泌"，學使者田以硃筆改為"密"。余曰："非密也，取唐名臣李泌義耳。"學使者曰："唐無李泌，惟《陳情表》有李密。汝名'如密'則可，若'如泌'則不通矣。"余不敢辯，即歸思之。李密《陳情表》曰："臣少事偽朝，官至郎署。"偽朝者何？密蓋斥漢為偽朝也；郎署者何？密蓋仕漢為尚書郎也。漢亡密歸晉，晉滅漢，則晉為漢之仇讎，不待賢智，即奚奴下賤，是非燎然，密獨昧之。且密本蜀人，蜀漢為密之桑梓父母之邦。昭烈父子，帝室之胄，紹漢正統，大非曹操、孫權僭竊可比。密之仕漢，可謂得其主矣。為密計者，方晉人緣崖破蜀之時，當如諸葛瞻效綿竹之戰；不，則如北帝王盡廟中之哭；不，則如姜伯約灑心痛之血。家之孝子，即國之忠臣，不亦俠烈大丈夫哉！乃計不出此，袖手旁觀，視國家之興廢如秦人視越人之肥瘠，而且行同雀鼠，東家有粟則就之，西家无粟則去之，罪可逭乎？或曰："密之陳情，乞終養耳。書詞稍亢，所請不遂。"余曰："不然。孝者，美德也。成人之孝，美名也。密書若曰'臣在蜀漢，官至郎署'，則晉人亦必聽之也。且言者，心聲也。書者，寫心者也。密獨何心忍於斥漢？天理滅，人心死，此与莽大夫美新之罪又加一等矣。《語》曰'求忠臣必於孝子之門'。若李密者，固天下後世共稱為孝子順孫者也。密為孝子，忘君事仇是謂不忠，彼既不忠，安得謂孝？不忠不孝，《春秋》之所謂'亂臣賊子，人人得而誅之者也'。"而余名如之，言之不順，稱之不美，致遠則泥，行近亦礙，故易名曰"柏"，字曰"雪木"。所以如此者，恐天下後世為人臣者，借蹊李密歸晉背漢，而猶得以孝子順孫聞也。

松友名鶴説

有鰲豪士焦臥雲，自華嶽買鶴，遣使遺太白山李子，李子名之曰"松友"。客曰："古人呼鶴為仙禽，今曰松友，義何取？"柏曰："畫家有松鶴圖，詩人以松鶴屬比對。曰'鶴巢松樹遍'；曰'松暝鶴飛回'；曰'養雛成大鶴，種子作高松'；曰'鶴巢松樹煙籠玉'；曰'松寺曾同一鶴棲'；曰'看院只留雙白鶴，入門惟見一青松'；曰'擬服松花無處學，嵩陽道士忽相教，今朝試上高枝採，不覺傾翻仙鶴巢'。此皆青白相兼，飛植对待，友之義也。故不以仙禽呼而以松友名焉。"客曰："盤古先生有竹鶴癖，子之癖，其在松鶴乎？"柏笑而應之曰："不知其癖也。但有鶴不可無松，有松不可無鶴；有松鶴不可無我，有我不可無松鶴。不知其癖也。"

答焦臥雲亢龍説

來書《乾》卦"亢龍"之論，以周公、霍光為論，誠為確見。光不學，知進而不知退，亢也，故有悔。周公善用龍德，不至於亢，故無悔，此不易之談。然愚推廣言之，龍隨時變化，神物也。《易》道隨時變化者也，聖人亦隨時變化者也，故曰"孔子聖之時"。"亢"字亦隨時而用之者也，要活看，不可執一。時當用亢而不亢，時不可亢而亢，均致有悔。何也，孔子之微服過宋，程嬰之潛蹤屠氏，相如之引避廉頗，梁公之屈身女主，卒之保身全道，克濟大事，乘風雲而上天，此龍德之不當亢而不亢者也，終無悔；禰正平嫚罵孟德，稽叔夜睥睨鍾會，此龍德不當亢而亢者也，有悔。天下皆周，而伯夷之西山無周；天下無宋，而文信之樓頭有宋：此龍德有似於亢者也。然綱常立，名教正，亢亦無悔。莽大夫知《易》而美新，元祭酒講道而應聘，此龍德有似不亢者也，然辱身遺臭，悔孰大焉；東漢之季，王綱解紐，龍當潛而不當亢，乃激濁揚清，橫議執政，卒致黨禍蔓延；西晉強敵側目，朝政陵夷，龍當亢而不當潛，乃高談清淨，玉麈竹林，卒致神州陸沉。此不當亢而亢，當亢而不亢，其悔一也。故善用龍德者，潛見躍飛，無所不可。龍之時，聖人之時也，故曰"孔子聖之時"者也。學者貴乎知時，則知龍德矣，則知《易》矣。

殺蜘蛛說

李子曾有詩云："茆屋果然如斗大，詩風酒月度年華。客來陋巷不知處，五柳柴門第一家。"蓋余少慕淵明之為人，故於齋前手種五柳而題之以詩焉。又種苦竹百餘竿。窮齋小院，竹柳交映森如也。竹根置三蜂房，而蜂之掇花者往來於竹柳之罅，蛛網罅中，日殺數十蜂。李子嘗持竿承蛛移他所。明日，蛛網罅中，殺蜂如故也。既而思曰："馭天下物在乎斷，能斷一物者，必其能斷萬物也；處天下事在乎權，能權小事者，必其能權大事也。叔敖殺兩頭之蛇，斷也；溫公擊沉嬰之甕，權也。以殺蛇之斷，斷天下之萬物，必有至當之斷；以擊甕之權，權天下之大事，必有至當之權。簷前蜘蛛，雖非蛇之兩頭；而蛛網殺蜂，一似甕之沉嬰。然存蛛必無以處蜂，愛蜂又何以處蛛；在姑息者為之，則亦付之無可如何而已矣。何也，彼固不能斷也，彼固不知權也。豈知事雖介於兩難，理必有其至當。殺一蛛而生多蜂，理之至當者也。問之叔敖，必曰'蛛可殺也'；問之溫公，必曰'蛛可殺也'。蓋叔敖能斷，而溫公知權故也。"或曰："叔敖、溫公，古之有德人也，皆曰'殺蛛'，得無過於忍與？"曰："生一蛛而殺多蜂，是小不忍以成大忍也；殺一蛛而生多蜂，是小忍以成其大不忍也。叔敖移殺蛇之斷斷蜂蛛，則蛛在可殺，而蜂在可生；溫公移擊甕之權權蜂蛛，則蛛在可殺，而蜂在可生。事雖介於兩難，理則有其至，當殺一物而生多物，可謂權之以當之理矣。"李子曰：馭天下物無二斷，一物此斷，萬物亦此斷也；處天下事無二權，小事此權，大事亦此權也。石顯，漢之蜘蛛也，元帝姑息不能斷，則為網於漢天下矣；秦檜，宋之蜘蛛也，高宗姑息不能斷，則為網于宋天下矣。與其留一人而網天下，何如殺一人而生天下？

使元帝有叔敖之斷，則石顯為兩頭之蛇，何至網漢以肥身；高宗知溫公之權，則秦檜為沉嬰之斃，豈能網宋以飽腹？漢帝宋宗舉祖宗數百年之天下，誤落于奸雄之網者，豈有他哉！不能斷也，不知權也。故曰："當斷不斷，反受其亂。"又曰："熒熒不滅，炎炎奈何。"李子於是乎慕叔敖之斷，而悟溫公之權矣，知殺蛛矣。

忍齋說

客問於余曰："蘇子瞻云：'讓人一步，行安樂法。'何謂乎？"曰："是'忍'字注疏也。夫忍者，修身之法。凡帝之所以帝，王之所以王，莫不由忍以生其大業，故忍勝不忍，不忍終制于忍。勾踐、漢高，能忍者也；夫差、項羽，不能忍者也。當其棲會稽，宴鴻門，孰不曰吳強越弱、楚強漢弱。而漢則忍於謝罪，越則忍於稱臣，嗣後陷吳差于余杭，沉楚項於烏江，豈非忍能勝不忍，不忍終制忍之徵與？而儒者之修身，亦莫不然。衛叔寶曰：'人有不及，可以情恕；非意相干，可以理遣。'其說殆與子瞻合。而凡人於人之所不及，意之所不合，便睚眥喑嗚，叱吒咄嗟，憤然快意而止。或緣瑣事而致大故，甚至決裂不可收拾，過此則此悔心生焉。蓋事後之思，且無益也。與共無益而有事後之悔，何如初發而有懲憤之力。孔子曰：'忿思難。'難生於忿，君子所當思也。雖然，待其已發而後懲之，則為力甚難。君子于此靜以養之，靜以持之，誠以察之，仁以存之，萬物一體之道也。物與我一體，而我忿之，是以我忿我也。捽我髮以快我手之忿，齮我臂以快我齒之忿，鄉人自好者不為。何也，孔子曰：'己所不欲，勿施於人。'又曰：'小不忍則亂大謀。'昔者漢有忍人，是謂子房；唐有忍人，是謂行儉；宋有忍人，是謂聖功、穉圭。之四人者，豈非當世所謂賢豪者乎？然而納履之呼則辱甚，碎瑪瑙盤則忽甚，參政之歎則譏甚，燒安撫鬚則不敬甚。當此之時，即加以睚眥喑嗚，叱吒咄嗟，亦非過舉，而或甘為役使，或撫以燠言，或不問姓字，或作書如故，是皆立功勳於當時，垂芳名於來葉，豈非其量優者，其享厚耶？且中和之性，惟聖為然。下此者多流於偏，能矯其偏，則無偏矣。故西門偏於暴，則佩韋以矯之；安于偏於緩，則佩弦以矯之。亦猶醫家藥病，視衰旺為權衡，而攻其要緊者。"客曰："善哉，吾今而知忍之果可為修身法也。"

説蜂

七月朔日，客有出山鬻蜜蠟者。余曰："土窟與？樹腹與？石穴與？"曰："石穴耳。""偶得之與？"曰："是裹糧遠行而求之于深山窮谷者也。""有術與？"曰："有。大凡物無欲者，不可得而致也。龍虎，人之所畏也。龍有欲而劉累豢之，虎有欲而梁鴦養之。蜂有欲，在草木之花。吾見花，偵蜂去也來也，有方向跡之，則見房矣。"曰："可盡得與？"曰："其可得者，必可取者也。藏窠於絕壁斷岸之間，鳥不能飛，猨不能陟，莫之取矣。""其取之也，不畏螫毒與？"曰："莫暴於虎，人入穴而探子；莫變於龍，人批鱗而取珠。人有欲，不畏龍虎；龍虎有欲則為人所豢養：況微物哉？"李子聞之，意惘然而若失，色沮然而若喪。旁有哂之者曰："何為其然也？"曰："余蓋傷夸父追日而渴死道傍，刑天爭帝而失其口目，其狥欲者乎？射者見文章而制虎豹之命，羅者見羽毛而隕翡翠之身，其不善藏者乎？《乾》之'初九'曰'潛龍勿用'，《文言》曰：'龍德而隱者也，不易乎世，不成乎名，遁世无悶，不見是而無悶。樂則行之，憂則違之，確乎其不可拔，潛龍也。'"

戰馬說

丁巳終南戍兵，有戰馬一騎，其色駠、其齒駟、其足馬，其神駿，嘗馳驅沙場，臨陣無敵。一日圉人不謹，蹉跌坎埳，跛一足矣。召馬醫視之。醫曰："馬胯骨縈脫矣，非藥餌可療。"兵士愴然，以為殺之則不忍，養之則難用也。有老農王氏揣知兵意，請曰："馬命真可惜。養之則阡陌一力耳，不如賜之農家。"兵士許之。王氏出銀二兩，買馬以歸。養三月而馬愈，但可牛行，不能馬馳。王氏遂配老牛一隻，與馬並耕於野者五年矣。每見道傍行人，昂首長嘶，若有所訴者。曹孟德曰："老驥伏櫪，志在千里。"吾安知此馬雖服犁，其志不嘗在千里邪？烏乎！吾聞良馬之生，多在風雨晦明之際，謂之龍種。一遇千金買駿之主，命方皋、薛公之徒，求諸沙丘，取諸大宛，以之駕路車、鳴和鸞、升崑崙、遊黃澤，直一舉足耳。及其入於國門，齒馬有禁，蹙芻有罪，養以天閑，一食石粟。馬亦矜寵顧盼，驤首雲衢，何其樂也！今也沙丘、大宛如故也，何無馬也？即有之矣，而路遠金門，服違帝輦，放浪蒼莽之野，遊息寂寞之濱，偕三羸而為友，侶五駑而成群。烏乎，馬一也，昔何貴而今何賤，豈馬之時命亦与世運為汙隆邪？吾又聞騏驥之服鹽車也，伯樂哭之於轅下；拳毛騧之在朝邑也，太宗訪之於麵家。馬之衰而憊也，管夷吾用其智，田子方憐其老。烏乎！世無伯樂、太宗、夷吾、子方其人，總有騏驥、拳毛千里之足，亦必長困鹽車，終陁麵家，誰用其智？誰憐其老？及一朝僵臥，壟竈為槨，銅鏿為棺，薦以姜桂，葬以人腹，所必然矣。白山李柏偶見戰馬服犁，作《戰馬說》，憐馬也與。

敬菴說

聖人之學，敬而已矣。堯、舜敬而帝，禹、湯、文、武敬而王，孔子敬而聖，顏、曾、思、孟、周、程、張、朱敬而賢。敬也者，聖學之要領也。曰道德、曰事業、曰氣節文章。主於敬者，乃可為萬世法。外此，老、莊之虛，豈道德耶？桓、文之假，豈事業耶？荊、聶之激，豈氣節耶？楊、劉之誇，豈文章耶？無他，不敬故也。文王之為伯，周公之為相，敬也。王莽假周公而不知敬，則篡西漢；曹瞞假文王而不知敬，則篡東漢。故敬則為純臣、為良相，不敬則為亂臣賊子。敬也者，聖學之要領也。身何以修？修之以敬；家何以齊？齊之以敬；國何以治？治之以敬；天下何以平？平之以敬。故不平由於不治，不治由於不齊，不齊由於不修，不修由於不敬。敬也者，聖學之要領也。存之於幽獨，著之於威儀，達之於施為，不斷一刻，不間一息，知可能也，愚亦漸可能也，徹上徹下之道也。自古帝王、聖賢之所由出，道德、事業、氣節、文章之所由成，純臣良相之所由貞，未有不主於敬者也。故曰：聖人之學，敬而已矣。然則後之學聖人者，豈有他哉？主敬而已矣。

於陵仲子

余讀《於陵仲子》十二篇，慨然歎曰："陳仲子，聖之廉者也。"伯夷清之至，柳下惠和之至。孟子曰："伯夷，聖之清者也；柳下惠，聖之和者也。"仲子之廉，可謂至矣。獨不可謂聖之廉也乎？或曰："聖人，人倫之至也。仲子，廢人倫者也。天下豈有倫外之聖哉？"曰：此孟子之微詞也。孟子曰："仲子不義。與之齊國而弗受，人皆信之。是舍簞食豆羹之義也，人莫大焉。忘親戚、君臣、上下[一]，以其小者信其大者，奚可哉？"自孟子有此說，而經生家始有矯廉之譏，不知孟子當日蓋為後世學仲子而失之者，立之戒也。陳氏以陰謀奪姜，是亡君臣上下之分也。仲子生於數代之後，難諫已往之失，而支又近本，兄為大夫，仲子于此，蓋有難為言者也。託隱於陵，心本為親戚而跡似亡親戚，心本存君臣而跡似亡君臣，心本維上下而跡似亡上下。譬之人家父兄攘羊，為子弟者心知其非，勢不能諫，口不敢言，又不屑襲其業而肖其行，憤而逃去，雖有避兄離母之嫌，究其心則亦有可取者。仲子之行，蓋隱為後世為人臣而奪人國者，立一戒也；孟子之論，蓋隱為後世學仲子而至有證父攘羊者，立一戒也。然孟子固已許之矣，於儀衍則曰"妾婦"，於仲子則曰"巨擘"[二]，其意概可識矣。然則趙威后以仲子為可殺，則又何也？曰：以其不臣天子也，以其不友諸侯也。故曰"何為至今不殺也"。千古而下，以威后之言為是，必以仲子之行為非，豈知仲子未可非，而威后未可是也。仲子可殺則儀衍之不可殺明矣。儀衍在所不可殺，是天下後世之凡為妾婦者，皆不可殺也。毋怪庖魚相染、嘗糞捧足、拂須吠犬之妾婦，接跡於世也。彼若曰"吾不如是，恐其行同仲子耳"。行同仲子，則威后之所謂可殺也。獨不聞堯舜之世，有不臣天子、不友諸侯者乎？許由、善卷是也。堯不以許由為可殺，舜不以善卷為可殺，威后何獨以仲子為可殺也？由、卷，比堯舜之大聖，則亦高蹈之士已耳；比儀衍之妾婦，則聖矣。仲子者，由、卷之徒也，廉之至也。杜甫之詩至矣，謂之詩聖；張旭之草至矣，謂之草聖。雕蟲小技，至則為聖。仲子者，廉之至也。伯夷清之至，則為聖之清；柳下惠和之至，則為聖之和；陳仲子廉之至，則非聖之廉也乎？蓋清非聖，而清之至則聖；和非聖，而和之至則為聖；廉非聖，廉之至則為聖。亦猶詩非聖，而詩至則聖；草非聖，而草至則聖之義也。故曰：伯夷，聖之清者也；柳下惠，聖之和者也；陳仲子，聖之廉者也。

【校記】

[一]"忘"，傳世《孟子》諸本作"亡"，是。下文言及亦作"亡"。

[二]"擘"，底本、康熙本皆作"臂"，據《孟子·滕文公下》"孟子曰：於齊國之士吾必以仲子為巨擘焉"改。

見山堂説

宗少文愛山水，老而圖群山於壁間，題曰"臥遊"。不能遊山而臥遊山，真能愛山者也。淵明詩曰："采菊東籬下，悠然見南山。"籬下無山，而興會所至，如見南山，真能愛山者也。古人山水情深，足不遊山而臥遊山，目不見山而意中見山，相傳以為佳話。況日日見山，年年見山，終身見山者耶？吾友長人孫子，居渭上元象山麓，柴扉南向，每一啟戶、一開眼、一舉步，千峰入座，萬木當窗，渭河繞右，聖水環左，昔人所謂"怪來詩思清入骨，門對寒流雪滿山"，將無同耶？乙亥二月，余遊渭上，訪孫子于南山之麓，孫子請堂名，余題之曰"見山"，蓋有山見山以眼，無山見山以心。古人圖山水於壁間，見南山於籬下，皆以心見山者也。況一啟戶開眼，舉步所見，無非山者乎，題曰"見山"，孰云不宜？雖然，山以眼見，眼有盡而山亦有盡；山以心見，心無窮而山亦無窮。孫子見山，請勿以眼見，而以心見。以心見山，此所謂"仁者樂山"也。而"智者之樂水"，亦在其中矣。

虞仲翔知己說

虞仲翔曰："天下有一人知己者，可以不恨。"李子曰："天下無一人知己者，愈可以不恨。"孔子曰："人不知而不慍。"又曰："遯世不見知而不悔。"又曰："遯世無悶，不見是而無悶。"又曰："知我者其天乎？"老子曰："知我者希，則我者貴。"楊震曰："天知地知。"《易》曰："大人者，與天地合其德。"夫人立身，特患德不足以合天地。德合天地，知己即天地也。故天下有萬世不知己之人，必無一時不知己之天地。張子曰："乾稱父，坤稱母。"傳曰："知己莫若父母。"人，父天母地者也。父母知我，又何計人之知不知耶？為善而必求人知，則其所以事父母者，亦有間矣；為善而不求人知，則其所以事父母者，必無遺恨。蓋善事父母，即為孝子。父母憐愛孝子，故知孝子者無過父母。父母而外，即無一人知己，亦當順受。其正豫悅安樂之不暇，而暇恨乎？仲翔求一人知己不恨，即有一人知己，則一人之外可恨者抑又多矣。何也？以其有恨根在也。

王天運屠勃律說

《易》曰："師出以律，否臧凶。"孔子繫《易傳》曰："神武不殺。"孫子曰："將者，智、信、仁、勇、嚴也。"岳鄂王武穆曰："仁、信、智、勇、嚴，缺一不可為將。"曹彬下江南不妄殺一人，子孫貴顯，蟬聯於朝，仁也；宋高宗怒虔城，密旨令武穆屠之，武穆請誅首惡而赦協從，不許，請至三四，帝乃曲赦，人感其德，繪像祠之，仁也。漢武名將智勇絕倫，當以李將軍廣為第一，為隴西太守，誘殺降羌五百，以故終身不侯，迷路自刎，傷仁道也。唐玄宗以五色寶玉之故，遣王天運將四萬人並番兵討勃律。勃律君長懼，謝罪請降，願貢寶玉，天運不許，屠其城，虜三千人，取其寶玉珠璣。勃律有術者言："將軍不仁嗜殺，鬼神震怒，天將大風雪矣。"兵至小海，大風起，雪片如翼，風激小海泛溢成冰柱，或立或欹，王與四萬人一時凍死，坐者立者滿身厚着冰介，瑩澈可數。其得活者，僅番漢兩人逃歸。李子曰：上帝好生惡殺，聖人仁愛萬物。曹岳兩將軍，仁將也，不妄殺一人，青史垂令名無窮。李將軍殺降五百，不侯自刎何物。王天運不仁嗜殺，屠勃律已降之城，殺人無算，上帝震怒，假威冰雪，凍殺四萬人，蓋亦天道好還哉。玄宗以珠玉方物，委中原赤子於冰海魚腹之中，亦可為黷武勤遠略者之一戒也。

岑園說

園無岑也，而以岑名，袁子寄意於岑也；東坡之堂無雪，而以雪名，東坡寄意於雪也。寄意於雪，無之而非雪也；寄意於岑，無之而非岑也。昔人願遊盡天下好山好水，笠叟以為好山水何時遊盡，但擴性地耳，此主興會而言之也。興會既真，金馬亦避世也，朝市亦大隱也。不然，隨駕處士，豈隱者也？馬首巢許，豈高士也？故有冰雪之操者，不必松島柏谷也。有幽人之性者，不必鶴友猿朋也。庖丁解牛，所見無非牛也；方皋相馬，所見無非馬也。以是知袁子所見，無非岑；東坡所見，無非雪。故雪可名堂，而園可名岑也。

遜山樓說

趙氏為樓於終南之陰，名曰遜山。遜山者何？因傲山也。傲山屏國，先生之所建也，茲曰遜山，反之也，非因也。曰："善反者，以因寄反；善因者，以反寄因。"遜固傲之反也。然必有傲山，斯有遜山，遜反乎傲，而亦因乎傲者也。歐陽六一之守滁也，名其亭曰"醉翁"；夏公育才之守邠也，名其亭曰"醒翁"。醒者醉之反也。而林氏以為醒翁之醒，不害同於醉翁之醉；然則遜山之遜，又奚害同於傲山之傲耶？故曰："因傲山也。"要之名勝所在，寄託非一。醉者見之謂之醉，醒者見之謂之醒，傲者見之謂之傲，遜者見之謂之遂。反耶，因耶；是一，是二：孰辨之耶？

亦山説

山中何所有？有草、有木、有石、有竹、有花、有雪、有風、有月，蓋無所不有也。園無山也，則非無所不有，亦非無所有。何有乎？而亦草、亦木、亦石、亦竹、亦花、亦雪、亦風、亦月、亦琴、亦書、亦酒、亦詩、亦良辰美景、亦賢主嘉賓，蓋無之而不亦也。無之而不亦，則亦無之而不有也。雖然，山園異名也。園之所有，或為山之所無，則山非園也；山之所有，或為園之所無，則園非山也。今也山之所有，而園亦有之。園之所有，而山亦有之。山非園也，亦非非園；園非山也，亦非非山。山也、園也，一而二，二而一者也，故曰亦山。

陶貞白靈寶真靈位業圖説[一]

言而世為天下法。言不足法，非法言也。自有天地以來，聖帝、明王、忠臣、孝子，其生也，捍大災、御大患、有大功勞於民物；其死也，在帝左右，正位列宿，書契所載彰彰也。陶貞白所纂《靈寶真靈位業圖》，邪正混淆，薰蕕同器，吾不得而知之矣。其曰太極金闕帝君[二]。左位：太極上真公孔丘，明晨侍郎三天司真顏回[三]，元圃真人軒轅黃帝，元帝顓頊，王子帝嚳、帝舜、夏禹、周穆王、帝堯、風后。其曰酆都北陰大帝[四]。左位：北帝上相秦始皇、北帝太傅魏武帝、西明公領北帝師周公、南明公召公奭。右位：司馬華歆、曹洪、盧龍公曹仁[五]，賓客荀彧[六]，賓友晉宣帝、漢高皇[七]，右位：韋編郎莊周、老聃[八]，左位：河北侯劉備、韓遂，鬼官北斗君周武王。夫君子著書立言，不過嚴立賞罰以告天下後世。曰某某者善，可法也。某某者惡，可戒也。使大憝極凶之人有所畏懼，而不敢肆。若好惡一乖，貞淫紛拏，人亦何憚而不為惡耶？貞白《位業圖》如黃帝、顓頊、帝嚳、堯、舜、禹、武王、周公、召公、孔子、顏淵、老聃、莊子、漢高、昭烈，皆天下萬世所謂聖帝明王，大聖大賢，可師可法者也。而乃與暴君、奸雄、亂臣、賊子雜列品位。如秦政、曹瞞、司馬懿、華歆、荀彧、曹洪、曹仁，皆天下萬世所謂暴君、權奸、亂臣、賊子，人人得而誅之者也，而乃與古帝先王、至聖、仁賢同升天宮，並列仙真。信斯言也，是使天下後世有盜心者，何所憚而不為亂臣賊子耶？若出奸人偽作，托陶以傳，陶無罪也。果是陶書，則得罪名教之書也，火之可也。

【校记】

[一]"陶貞白"句：按，元陶宗儀《説郛》卷五十七上録陶弘景《真靈位業圖》，列"玉清三元宫上第一位上合虚皇道君應號元始天尊"以下至"第七中位"者統領之各路神仙。李柏所摘引者皆出是圖，然位次左右前後有錯亂。陶弘景，南朝梁人，卒謚貞白。

[二]"太極"句：按，《説郛》圖謂"第三中位，太極金闕帝君姓李"，注云："壬辰下教太平主"。

[三]"明晨侍郎"句：《説郛》卷七下："顔回受書，初為明泉侍郎，後為三天司真。"

[四]"酆都"句：按，《説郛》圖謂"第七中位，酆都北陰大帝"，注云："炎帝，大庭氏，諱慶甲。天下鬼神之宗，治羅酆山，三千年而一替。"

[五]"司馬"句：李柏所引有誤。按《説郛》圖，三人雖皆為司馬，然華歆在左位中。

[六]"賓友荀彧"，按《説郛》圖，此句在左位中，"客"作"友"。

[七]"漢高皇"，按《説郛》圖，漢高皇在左位中。

[八]"韋編郎"句，按《説郛》圖，韋編郎莊周、老聃在第三中位之右位中。

感舊説

甲戌除夜，寓長安城南輝玉劉生家，寒燈獨坐，淚濕羊裘者久之。或曰："椒杯在手，可以怡情，何悲乎？"余曰："人無定情，隨感而見，樂者自樂，悲者愈悲。太上忘情，情之所鍾，正在我輩。"十五年前東遊長安，一時訂交皆閥閲名家，如晉王謝、唐韋杜舊子弟也。列其姓字，則有子咸蒲子、挺伯李子、奎垣王子、溥其韓子、鼎鉉朱子、千仞朱子、廣文柴子、廣文劉子、正始葛子。其武紳則有君德杭子、子猷張子。其方外則有長年任子、華隱趙子、憨休和尚。或尊前吐膽，或花下談劍，或醉中尋真，或喧裏習禪，均有不可一世之思。孰知日月征邁，逝者如斯。昔者吾友不見一人，風火飄然散去，溪山磨盡英雄。山陽笛里，不得不哭殺人也。

智永筆簏説

佛坐雪山四十年，達摩面壁九年，脅尊者身不至席，為求道也。智永，學佛者也。居永欣寺閣上三十年，惟臨法書。所退筆頭置竹簏，簏受一石餘，而五簏皆滿。臨《真草千文》八百餘本，可謂精勤矣。吾聞釋氏之學，不三宿桑下，無着故也。智永三十年學書不下閣樓，着耶否耶？移此精勤坐進，佛道可成正果。況西來大意，不落文字。《千文》八百本，非玩物喪志，即求身後名矣。"釋氏門外漢"，智永之謂矣。

瞽驢說

康熙七年，余館於恒州。九月館主以瞽驢迎。余曰："道路百里，歷陵谷、涉溪橋，躓我哉？"僕曰："嘻，猶不瞽也。"余問其說。其僕曰："物無目而有知，人以轡御為權衡，聲音為進退，而以意投物之知，物受制於轡御聲音，而以其知解人之意，故人知物意，物如人意，兩相習，則兩相用也。"余曰："嗟，物之不可輕棄也如是哉？顧人有以善用之，不然，雖有目則亦黔山蹄耳。吾聞鳥有比翼，魚有比目，獸有比肩。不比不能飛，比之而飛；不比不能遊，比之而遊；不比不能走，比之而走。比之而飛，鳥之善用鳥也；比之而遊，魚之善用魚也；比之而走，獸之善用獸也。獸善用獸以成其走，魚善用魚而成其遊，鳥善用鳥以成其飛。而況人之善用夫物者耶？又聞海魚有以蝦為目者。余謂魚之以蝦為目也，其猶人之在晝則以日為目，入夜則以月為目乎？然則物之瞽而適於用也，非以日為目也，非以月為目也，非以蝦為目也，而實以人之善用為目也，而況於人之善用夫人者耶！"

青門隱客朱麗澤三癖說

孟夏四月廿五，河東李生持一紙展几上，有老字蕭蕭數行，閱之，乃《青門隱客三癖引》：一曰好掃地，一曰好沐浴，一曰好獨臥。其文淡拙古樸如隱客貌，其癖瀟灑脫略如隱客品。予以為隱客之癖，雖出性情，未滿其量，遂授筆書其後曰："掃有數義：掃室、焚香、禮寒星，此仙掃也；竹影掃階塵不動，此禪掃也；更有不掃一室，而為掃除、掃清、掃蕩、掃平、電掃、迅掃之說者，此兵掃也。而隱客曰'好掃地'，則與古人異矣。古之人有洗心者、滌慮者、淨洗靈臺者，有不洗面唾者，有洗足退官者。"又曰："烏不染而黑，鵠不浴而白，言本體天然潔淨也。隱者曰'好沐浴'，則與洗靈臺不浴而白者，有淺深矣。大雄氏曰：'煩惱毒蛇藏在汝心，驅盡毒蛇乃可安眠。'晦菴曰：'未睡眠先睡心。'隱客曰'好獨臥'，吾不知其能睡心驅毒蛇否耶？"予與隱客密友也，故於其三癖各進一說焉。

記

重修太白廟記

太白山，雍州巨鎮也。圭峰在左，褒斜在右，倒視敦物，橫絕峨眉。祀其山，則於唐、於宋、於元、於明；秩其爵，則曰侯、曰公、曰王；隱其山，則有胡僧老人、田游巖、孫思邈、孫太初諸人；詠其山，則有李青蓮、蘇子瞻、何大復諸人。其登之也，始傍溪以穿林，繼攀蘿於鳥道，枯槎續其斷岸，石棧勾折於危島，其險也如此；及登絕頂，萬緣俱空，日瘦月小，星寒雲低，遠眺東南，天山一色，頫瞰北渭，渺然一帶，五將九嵕，俱為培塿，其高也如此；群山環衛，如星拱極，區其形狀，有欹者、側者，僂而探者、蹙黛倚者、似龍蟠者，虎踞者、似鳳鷟翼者、堆似牛首者、並峙似熊耳者，有鳴聲鏗鞳似石鐘者，有峰巖相等似楚山九嶷、齊山七十二峰者，其山形之異也如此；或阿香轟於澗底，或長虹勒乎山腰，或狂飆乍逝、板屋有秋葉之危，或霧鏁大壑、白晝有下春之冥，兼以晴雨倏忽、揮霍萬狀者，其氣象之變化有如此。至於禱應桴鼓，草木不生，積雪不解，湫池文章，變化陸離，俗皆譁以怪說。余以為非怪也，西方之帝是謂少皞，其神太白，其獸白虎，其野井鬼，於卦為兌，於風為閶闔，於律為夷則，於干為上章重光，於五行為金。金色白，殺物為權，木老於火而死於金，故草木不生；金壯水生，故積雪不解。古者五嶽視三公，遇大旱、大疫、大災、大螟，積誠以禱，未或不應。太白為秦嶽最，有禱輒應，其職然也。湫池之內，文章變化者，蓋山無草木，精華在水故耳。不然[一]，漳水蝃蝀之觀，龍淵玉英之說耳，此則太白山之大略也。山陰古清湫有太白行宮，然歲深傾圮。岁在戊戌，池陽人某等荐蘋於山，復謁行祠，感其棟摧塓頹，乃鳩集鄉人好善者各輸金，重修殿廡若干楹，丹堊雕繪，極其壯麗。閱歷數載，往來勤勞，不阻於鑠金之暑，折膠之寒。嗚乎！可謂大功德矣。於是清湫居民相與謂曰："比年神靈既妥，風雨以時。池陽人之功，不有所述，何以勸善？"遂乞言於余，余嘉池陽人之樂善有成也，首狀太白山大觀，次敘修葺巔末如右，庶幾使後之視今，亦猶今之視昔云而。

【校记】

[一]"然"，康熙本作"則"。

創建少白山真武殿記

少白者何？因太白也。何因乎？而少白，太白支山也。《易》有太陽、少陽，太陰、少陰數之對待者。故山有太室、少室，太華、少華。有太白何可無少白也，故曰"因也"。先是，順治初，有道士吳真元居太白山小閣集，仰見西山奇峭，攀藤登巔，愛其風景幽曠，乃建上帝殿三楹。嗣是郿人某某來山中，仰見南山諸峰，羅列峭拔，如錦繡屏障空，乃捫蘿梯石陟其巔，得奇峰焉，似銳筆刺天，松檜森鬱，爰鑿石伐木，寸削尺鏟成樸窩，建真武殿一楹。土木其像，黃金衣裳，四方攜香火遊山者，遂以神事之矣。戊辰夏四月，丐柏言為記。時有楚客聞而譁曰："真武成道太和，何得祠郿？"柏曰："獨不觀雲在天，水在地，本無方所，安有一定？事真武者，當求真。真武所在真，真武不必在上下四方、深山長林，而在乎人心方寸之內也。先儒曰'箇箇人心有仲尼'，則亦箇箇人心有真武。不可像也，不可像而求諸像，是土木黃金之真武而非真真武。何也？真真武在人心方寸之內，而不在乎深山長林、土木黃金也。"客以柏言為近於道也。書之以勒少白山。

潭谷河上堰水利碑記 代邑侯作

郿本陸海之邑，而水田居其少半者，則以泉與河交相利也。泉之大者，如槐芽、龍舞、柿林等泉，潆繞於稻棉果蔬之間，一望狳狳，田家籬落相錯，竹木陰鬱，有水鄉澤國之風焉。雖河有九，灌溉資益僅達於傍岸沙磧之田，而村落壤壟遠至二三里，曾不得沃涓滴。豈吏茲土者，高尚清淨，不欲以興作損臥治耶？抑雍州之人，世居陸土，其於水利或未講耶？或泰西水法，如龍尾、恒升、玉衡諸制尚未傳於中土耶？不佞以康熙三年承乏來郿，值明年乙巳春大旱，爰步禱太白，獲澎雨尺餘。既而思之，天澤莫如雨，地澤莫如河，故於六年丁未建議興斜谷之役。斜谷既治，再擇水勢地勢之便者，務多方引浚以利民生。信地之富於河，可以補天地之窮於雨也。今年壬子，賈生琬等復有潭谷河渠之請。夫潭谷，太白咽喉也。舊設上中下三堰，諸生所請上堰耳。故有渠道，止旁引曲通於石罅岩竇之中，僅給山前諸衛屯戍汲飲耳。然而湛則流，旱則絕。不佞知其艱飲，乃減驂如山，上下岩壑，遂得全河大勢。乃屬士民告曰："治潭谷水較難於諸河，蓋沿渠大石如崇崗巨阜，嵯峨於連嶁屬嶼之間，所謂'萬牛回首丘山重',非盡五行之用不可治也。"因指畫方略,曰:"某石某石,須用火攻。蓋石性頑冷,若煉以巨火,沃以寒水,陰陽相薄,斯魄然斷裂矣;某石某石,鑿以鐵,撞以石,抗以木,輓以索,邪許之聲震山谷,斯轟然委落矣。"其餘鑿鑊奮铲之用,陂埧閘樁之度,一一授以機宜,民夫歡呼踴躍赴事。役起二月中旬,竣於三月中旬。渠面深闊四尺,北流三十里,左右聚落莫不沾足焉。近山諸村不得私自穿決堙遏。此治潭谷河之大略也。蓋全鄠境內,河有九,泉亦有九,潭谷河治而九河之利始全,九河既開而九泉之利益溥,泉與河交相利而鄠無剩水矣。

重修太白廟碑記

昔秦襄、公劉為諸侯,居西,自以為主少昊之神,作西畤,祠白帝;厥後櫟陽雨金,獻公自以為得金瑞,作畦畤於櫟陽,祠白帝。漢文帝郊,見渭陽五帝;武帝郊,見五畤。其一白帝。白帝之神,太白也。《淮南子》曰:"西方金也,其神太白,其獸白虎。"[一]鄠有太白山,意白帝之神所托棲歟?出雲雨濟萬民。漢唐以來,秩以封爵,視諸公侯。祠以春秋,近世關以西所在山落水聚,家奉而戶事,不啻忠臣之敬君,孝子之愛親。舉國如是,不亦過乎?曰:"大鳥、黃蛇、金馬、碧鵝,無益於天下,且祠之,況乎其出雲雨濟萬民耶?"鄠西南十五里第五村,舊有太白廟,歷年久,桷楹三灌,村民張某鳩眾庀材重葺之。經始於甲寅七月,落成於戊辰五月,問記於柏。柏曰:"衣者祠先蠶,食者祠先農,不忘本也。太白出雲雨衣食秦人,秦人肅俎豆以迓神貺,勤農桑以安耕鑿,此王道之原而教化之本也。宜書之以告來者。"

【校記】

[一]"《淮南子》曰"四句:出《淮南子·天文訓》。原文作:"西方,金也。其帝少昊,其佐蓐收,執矩而治秋,其神為太白,其獸白虎,其音商,其日庚辛。"

重修吾老洞廟碑

終南山有說經臺,臺西八里,有山曰吾老洞。林泉幽勝,秦中一大洞天也。上有老子廟,其刱造顛末,詳對山康太史碑誌。明末盜起,禍及山林,紺殿紫宮,半屬焦土。丙辰,吳人章公泰來宰鄠邑,捐俸修葺正殿。事竣,勒諸豐碑。住持道人石鶴鳴,復募眾繕修左右長廊十八楹,金碧丹青,煥然一新。

工始於癸亥二月，落成於甲子正月，命其徒季常清問記於栢。栢曰："世儒闢黃老道家者流，專祀老子，其義云何？"曰："道家師老子耳。"栢曰："不然。孔子為天下萬世師，以予觀於老子，則亦天下萬世師也。孔子嘗贊堯、舜、禹、湯、文、武、周公為聖人，猶未離乎人也。及見老子，退而歎曰：'其猶龍乎！'蓋尊禮推服之至也。道流徒以長生清虛學老子，見其一節而遺其全體也。老子之道，三皇五帝修身、治國、平天下之道；孔子之道，二帝三王修身、治國、平天下之道。聖人因時變化，道非有二也。老子曰：'君子得時則駕，不得時則蓬藟而修。'孔子用之，為'有道則見，無道則隱'矣。老子曰：'法令滋彰，盜賊多有。'漢高用之，為約法三章，與民休息矣。老子曰：'聖人欲上人，則以其言下之。'漢文用之，致南越王稱臣矣。老子曰：'功成名遂身退，天之道。'子房用之，興劉亡秦滅楚，卒從赤松子遊矣。老子曰：'知足不辱，知止不殆。'二疏用之，爵位榮歸；淵明用之，不為五斗折腰矣。老子曰：'堅強者，死之徒。'智伯、項羽剛強貪得，則亡國殺身矣。曹參，漢之賢相也，用蓋公清淨之言，相齊齊治，相漢漢治。張釋之，漢之賢廷尉也，即天子之令有所反，獨為王生老人結韈於公廷。王生、蓋公，善言黃老者也，能使名公卿尊禮如此，而況老子自三川竭而度流沙，其遺波剩瀝，能使後世王侯將相用其道，則身可修，國可治，天下可平。違其道，則殺身亡國。故曰：'孔子為天下萬世師，老子亦天下萬世師也。'"曰："韓退之《原道》闢老子，則又何也？"曰："彼懼後世逃儒而歸老子清虛之道，置天下、君臣、父子於度外也，故闢之。然韓之《三上宰相書》，乞憐委曲，又老子之所不為矣，況孔子之徒與？"

畫記

太白村有瓦殿一間，制作鄙陋，蓋農樵合建以祀山神者也。辛酉七月，予避雨殿中。仰觀壁間，有畫墨，東西各分兩圖。一圖：平野敞曠，柳堤桑陰之餘，一人椎髻、短衣、邪幅、綦屨，耦牛而耕，陶陶如也。一達官朝衣朝冠、鞠躬立停兩車，車駕駟馬，徒從隊而侍，或執節、或執旗常、或捧幣帛塼罍，或控馬，竚視耕之人。予諦觀之，靜思，以意辨之，曰："是謂莘野聘尹。"一圖：田家籬落雞犬，一人钁土，一人投土於垣，一人科頭戴笠，衣敝絮，跣足執杵操作，旁一人高冠束帶，身前頫，頰輔微含笑，以兩手箝展畫軸。圖中一人狀如執杵者，側捧玄纁二人，擎香爐二人，執干旌、干旄、旗幢各一人。馬一、駟車一，兩立。而挽索馭馬者二人。馬之鞍而齕草者三十二蹄。予諦觀之，靜思之，以意辨之，曰："是謂版築舉説。"東壁畫一圖：松峰巀嶭。峰前群山岢巍，回合溪水，曲流溪邊。老人童頭，豐髭髯，偉貌長衣，兀坐磐石上，垂綸釣魚。後一人着侯王冕服，肅然長揖。左右車馬、旌旗、甲士、徒旅十倍勝《版築圖》。予諦觀之，靜思之，以意辨之，曰："是謂文獵渭水。"一圖：山遠近大小絡繹如鳳舞、如鸞翔、如獅象臥。檜柏鬱鬱，下有茅屋數椽，一少年書生仰臥竹榻之上，一童子擁帚柴門，門前流水小橋，橋外騎客三人，執轡甚恭。予諦觀之，靜思之，以意辨之，曰："是謂三顧茅廬。"西壁畫[一]。

【校記】

[一]"西壁畫"，按，此三字錯簡，應移置於文首"一圖，平野敞曠"之前。與文中"東壁畫一圖：松峰巀嶭"成對舉。

淡園記

仲貞張先生有園一畝，館余其中。問園名焉。余曰："淡園。"或曰："何取於淡？"余曰："淡之時義大矣哉。子思子曰：'君子之道，淡而不厭。'諸葛孔明曰：'淡薄足以明志。'邵康節曰：'玄酒味方淡。'莊子曰：'虛靜恬澹。'又曰：'遊心於淡。'淡之時義大矣哉。擴而論之，登高不止作粘壁枯、鑽核、擷袴擺尾哀呼，此不淡者之所為也；辭天位而耕箕山，謝宰相而隱蒙陽，棄三公而灌園於陵，却諫議而釣魚富春，此淡者之所為也。淡則心逸而日休，不淡則心勞而日拙，是以學道君子為此不為彼。"

蕭氏宗圖記

人千家，日中為市，而在乎山水之間。市不言山水，胡為乎山水？曰："垣，太白也；沼，渭川也。故曰'山也水也，山水之間'。"高士隱者之居，胡為市也？曰："隱者居而後為市也。"幼安居遼東而從者萬家，其例也。隱者誰？奉天維斗蕭先生也。先生其先北海人，仕秦中，遂為奉天人。胡為在鄠？曰："避亂讀書南山也。子孫日繁，居渭水南濱，四方漸移居者千餘家，遂為市也。"其子孫百餘家，有耕者、讀者、樵而牧者、仕為府尹者，有明經、有茂才、有登賢書者：先生有後矣。雖然，由一人身而百餘家，不統於宗法，則親者趨於疏也，聚者趨於散也。宗法圖立，則散者聚，疏者親，千百家而可為一家，千萬人身而皆如一身。且使世世子孫仰而謂曰："某也，耕而勤；某也，讀而苦；某也，仕而廉；某也，樵牧而安分。"亦所以為戒也。包孝肅《家訓》云："後世子孫仕宦有犯贓濫者，不得放歸本家；亡沒之後，不得葬於太塋之中。不從吾志，非吾子孫。"刻石堂屋東壁，以詔後世。《蕭氏宗圖》，其亦包氏刻石遺意歟？

汕莊記（汕音伯[一]）

元象山西塹，洒水出焉。明南冢宰弦圃公之別業也。鏊石為城，引水為池，蓋山中菟裘，云滄桑之變，誠有如《郁離子》所云"昔之龍笙鳳笛，今之蛙鳴蟲響"也。今為孫孝廉長人購得之。乙亥二月。孫子導余入山盤桓久之，以莊名請余，曰："汕莊。"曰："於義何取？"曰："子之莊皆山也，皆水也。山可樵，水可釣也。子年方壯，可廟廊，可司牧，樵釣非其事也。他日功成名遂，身退歸營，菟裘而老焉。樵於山，釣於水，白髮皤然，白髮皓然，有汕之義，命曰汕莊。莊寓於汕，人隱於莊，一任世間或呼為崆峒道士，或呼為江湖散人，或呼為皎然、瞿曇。將古所謂高山流水貞白之風，一汕足以蔽之。昔白樂天香山九老會，亦不過於佳山勝水中作風月主人也。今之汕莊，有山可樵，結樵社；有水可釣，聚釣友；有田可耕，偕耕朋。耕朋必沮溺之流，釣友必崑徽之儔，樵社必四皓之侶，以視香山九白髮老人為何如耶？

【校記】

[一]汕："岶（pó）"的異體字。作者注"音伯"，是秦地方言讀法。

酒園記

青門子咸滿子家有一畝之園，問記於予。予曰："古之名園多矣，如芳林、金谷、獨樂、辟疆，其中木石魚鳥必聚天下之奇，而子園無一焉，如之何其記之也？"滿子曰："子飲酒乎？請以酒喻：吾之園，酒之蒢也；彼之園，酒之醨也。醨與蒢，亦各從其志而已矣。是故錦綉綺紈、膾金切玉，醨於衣食者也，而吾蒢不與焉；朱輪華轂、結駟連鑣，醨於車馬者也，而吾蒢不與焉；雕牆銀帶、畫棟飛甍，醨於居室者也，而吾蒢不與焉；斷須嘔肝、刻商引羽，醺於文章者也，而吾蒩不與焉。蒩則短褐菜根已耳，柴轅款段已耳，竹籬茆舍、质言俚词已耳，無俟乎彼之醺也！"予曰："子雲擬《易》而尚白，吾子隱酒而酸蒩，無以解嘲矣。"滿子曰："不，醺能醉人，蒩能醒人。眾人醉於醺而醒於蒩，吾乃醉於蒩而醒於醺。醒醉在我，惟意之適，吾身隱於蒩之中，而吾園不在蒩之外。"予聞而歎曰："天下好醺，酒池肉圃；天下好蒩，風靡俗厚：蒩之時義大矣哉。請與子遊於蒩之中，而書其言於園之壁。"

重修大興善寺大佛殿碑記

長安城南大興善寺，即晉武帝所建遵善寺也。隋開皇初，有梵僧居寺，譯經數百卷，詔名大興善寺。唐肅宗朝，召終南山惟政禪師居之。文宗食蛤蜊見觀音菩薩變相，問師，奏對稱旨，移大內天王閣於寺中，俾師居焉。宋元無聞僧。明天順間，有德滿禪師居此，振興禪宗。其後子孫衰微，習為袈裟院子。迨順治十三年丙申，乃有雲峨禪師飛錫關中，西安太守陽公家禎迎主此剎，大闡宗門西來大義，稱中興焉。師寂滅四十年，其徒憨休和尚演法中州新蔡縣金粟禪林，西安當道士庶好善者，具書幣迎，請主此剎，以續雲峨一燈。於甲子仲春入剎住持。西安太守董公紹孔過訪，見佛殿棟楹天人三灌，倡始修葺，爰捐清俸若干金，為陶梓費。而一時文武宰官諸長者，咸樂輸無倦。工興於戊辰季春十三日，落成於孟秋二十五日。越明年己巳冬十月，師西入蘩池，訪予太白山房，來言勒文記石之事。予曰："天有三光，治有三統，教有三種。柏也，山林而儒服者，若夜棹扁舟，渡過他溪，未免越俎治庖。"師曰："不然。請與子觀天，蒼蒼萬里同色也；與子觀水，灝灝九江同源也；與子觀南條、北條、中條，萬里東行而同祖崑崙也：故教有三而天則一。陽明記月潭寺碑，龍谿記三教堂報恩寺臥佛碑，何所罣碍。王者中天下而立，必要服荒服，九重譯而來。或驅馳道路三十年，鐵車剛輪轢海而至，始謂大一統。若曰東不過江黃，西不過氐羌，南不過蠻荊，北不過朔方，一切遠賓閉關不通，無外之謂，何其忍絕之耶？"曰："柏誦法先王，何知西來遺教？"師曰："義不二也。白沙與太虛詩曰：'年來雖闡蓮花教，只與無言是一般。'故孔曰：'欲無言。'佛曰：'無一字。'既曰'無言'，復刪修六經，不知其幾千萬言也，其幾千萬言不過言其無言而已。既曰'無一字'，何為說經八萬四千？其說經八萬四千，不過說其無一字而已。其存心也，儒曰'愛人'，佛曰'慈悲'，儒曰'萬物一體'，佛曰'昆蟲草木皆有佛性'；其用功也，儒曰'戒慎恐懼毋自欺'，佛曰'念起即覺，以智慧劍斬斷葛藤'；其成功也，儒曰'不勉而中，不思而得'，佛曰：'出有入無，法輪常轉，自在無邊'。所謂教有三種，道歸一致也。"柏聞其説，豁然有解，因並書之。

歲寒齋記

《易》曰："履霜堅冰至。"孔子曰："歲寒，然後知松柏之後凋也。"皆聖人教天下以善處歲寒之道也。天下草木多矣，皆零落於歲寒，而松柏獨鬱鬱含翠於觱發栗烈之際。噫，危矣！孰知歲不寒，松柏與凡草木無異。惟歲寒之後，一望宜春、上苑，昔日之青青安在耶？獨松柏蒼然如故。所謂風急天寒時，身磊砢以多節，葉青葱而標色，此松柏得志於歲寒之日也。故歲寒不足以困松柏，而松柏反足以傲歲寒，此其氣與骨視凡草木何如？而人之有氣骨者亦然。華下友人爾泰韓子，生今之世，學古之道，額其藏修之齋曰"歲寒"。使其子、門人、國、佃、丐一言以志之。余曰："有心哉。歲寒之為齋也，齋中何所有，獨有松柏耳。天下無歲寒，則松柏無以自見，歲寒然後見松柏。是苦松柏者，歲寒也；而養松柏者，亦歲寒；老松柏者，歲寒也；而堅松柏者，亦歲寒；冷落松柏者，歲寒也；而馨香松柏者，亦歲寒：歲寒之時義大矣哉。伯夷，遇歲寒於周者也；龐德公、管幼安，遇歲寒於漢魏之際者也；陶淵明，遇歲寒於晉宋者也。今爾泰復以'歲寒'名其齋，倘所謂松柏其骨者，是耶？非耶？"

草菴記

庚戌二月初八日，草菴成。明日，隨記之曰："古之草堂多矣，惟西蜀、南陽、浣溪、東坡為後世樂傳。余之菴雖不敢抗鑣古人，亦既采茆於山，伐木於林，葺之覆之而塗墍之，客遂以草菴名焉。一老榴，敧菴之簷；廿百竿竹，森菴之左右堦；五楊柳樹，裊菴後短墻。一蒻笠，一節杖，一山瓢，一破琴，一瓦爐，一篋書，一蒲團，一逸人在菴之中。逸人閒居，常閉關坐蒲團，肱篋讀書，憑弔古人。遇屈大夫、賈長沙、諸葛武侯，則慷慨悲歌，咨嗟流連；遇郭林宗、管幼安、陶淵明輩，則景行高節，從青史遺文，想見其為人；遇王右丞、馮道輩，則怒目抛書，唾罵繼之。已而撥火瓦爐，焚柏子香，酌酒山瓢中，彈無譜琴一曲兩曲。琴罷，徒倚竹榴之下[一]，倩月入吟，約風赴嘲，星煙雲鳥，悉加月旦。倦則蒻笠芒鞋，緩步柴門，倚杖柳陰，對農談耕，逢漁説釣，雲臺煙閣，非逸人事，則絕口未嘗道及。日暮掩關，則焚香謝曰：'皇天后土，借我無用人一席地，葺茲斗室，容得兩膝，何其仁耶！'客有過我者，動以美詞嘉之，或曰'子雲居耶'，或曰'諸葛廬耶'，或曰'子美亭耶'、'東坡堂耶'。余曰：'否，謹謝客。古今不相及，山川不相連，架數椽以托足，資把茅以蓋頭。非西蜀子雲之居也，非南陽諸葛之廬也，非浣溪子美之屋、東坡居士之堂，而白山逸人之菴也。'"

【校記】

[一] "徒"，疑當作"徙"。

太白山人槲葉集卷之二　下

傳

明漢中府瑞王夫人劉妃傳

野史氏曰："娥、英以上無論已。夏興涂山后、緡，殷啟簡狄，周姜嫄。嫄之後，則有太姒、太姒，邑姜八百年，王道風化，肇造門內。"故《周禮·天官·大冢宰》王之宮內"三夫人、九嬪、二十七世婦，八十一御妻"，統于中宮一皇后。非幽貞賢淑、才德寬弘足敵天子者，不足正位坤宮也。東周以降，漢雉唐瞾，女中曹、莽。即長孫皇后，惟德過於才。宋多賢后，高太后為最著。垂簾八年，裁抑外家，罷熙寧青苗、保甲諸法，進用群賢，如司馬光、富弼、文彥博、韓琦、程、蘇諸人，神宗退之，太后用之，盡革弊政。不惟有貞順之德，且具剛果之才，故有女中堯舜之稱。先朝明德馬后，德為帝配，才裕王佐，故徽音垂後，終明之世，不聞牝雞。即藩邸王妃，亦皆淑慎之選，如瑞府劉妃，蓋貞順而剛果者也。王在潛邸當婚，神宗以妃良家子也，備六禮聘為王妃。王賢而痴，性好佛，不近女色。妃亦賦性貞潔，居王宮數十年，處子也。及王就藩國，朝夕禮佛，口喃喃念梵唄經書，如沙門比丘，時坐蒲團，儼然空山枯禪。一切藩政，罔聞知也。妃剛斷明決，親閱書奏，大小政務，妃總攬處分，咸中規則。即馭閹人宮妾，嚴肅清慎，鰲有條格。一點閹欲求某宮人為配，上書白妃，妃大怒，即召母弟劉某與諸官吏，促草書上之。閹懼，逃亡沔邑，妃設計擒，斬之。其交通宮人，以不首賜死餓殺。漢國遠近聞之，皆服其智勇。以妃之德，求諸上古，則嗣徽姒、姒。求諸近代，則仿佛高、馬。惜乎其處陽九百六之運，國亡家破，間關出犇，而妃之才未得究竟也。癸甲之變，聞有總兵趙鷂子者，脅王入蜀，妃亦隨之，王遇害，妃投江水死。癸酉，予在黃沙遇范姓者，其父燕京人，隨王入蜀，為予言妃投江。後蜀賊滅，妃之神付人曰："我瑞王妃也，上帝憐我貞烈，命我為江神，其立廟祠我。"

關西三貞女傳

夫高士亮純白之操，烈女凜貞潔之志。此冰天雪海似一清冷自全者，然聞其風，可以廉頑而立懦。《易》曰："女子貞，不字，十年乃字。"未聞終身不字者也。然北宮嬰兒、子徹、環瑱養父母，終身不嫁矣。古人有之，後世則否。然《列女傳》所稱洪武以後，石孝女、陳烈女、張義姑、潘聖姑三十餘人，皆未嫁夫婿，烈處子也。然史書傳聞，或多貴耳。近得關西三貞女，則見而知之。劉氏，華州大張里人，父大器，母陳氏。女三歲，父歿，母年二十有四，守節。女十二，母病，日夜號泣禱神，誓曰："願終身茹蔬不嫁。"母病愈，勤勞紡績。媒妁至，輒憤欲自經。薄田三畝，陋屋三間，與兩兄三分之。無何兄嫂俱亡，遺子皆幼，女事母撫孤。母年八十而終，三孤亦各成立，而女亦享年九十有奇。女死，有司上其事於朝，建祠墓，列女史矣。甲子三月，華州楊時若訪予太白山麓。予詢劉氏事，時若曰："華州烈女與劉同時更有一人，則明萬曆庚辰探花王庭撰裔孫庠生王通儒妹。許聘庠生黃元炳男，未嫁，元炳子被流寇擄去，影響斷絕。及笄，或有勸其別適者，女泣曰：'我之不獲與黃郎偕老，命也。黃郎不返，舅姑無子，我其子也，願歸黃門。'通儒知其志堅，聽歸於黃。卸去鉛華，竭力織紝，事舅姑以壽終，氏年四十。歿之日，異香滿室。"野史氏聞而嘆曰："難矣哉！天無二日，臣無二主，此古孤貞之士，委質舊君，則然非所論於輔遺腹、朝委裘者也。王氏未見夫子，事舅姑終身不二。此其事又非輔遺腹、朝委裘之可比矣。歿之日，異香蒸蒸，天之所不死夫人乎？"因歌詩二章，其詞曰："貞日月，靜乾坤，乾坤不壞，日月不昏，夫人道尊。巍巍太華，滾滾黃河，河竭山崩，如夫人何？"癸酉夏，余客漢中之洋縣。庠生李某女許聘楊某男，某未嫁而某子亡。女聞訃，晝夜哭，不食，欲自經以殉。父母嚴護之，不獲死，請於父母入某家。哭其婿，即持服執子婦禮，事舅姑，誓以終身。縣大夫南宮鄒公旌其門曰"冰姿玉骨"。余過楊氏陋巷，見寂寂數椽，蕭然窶也。女不為窶，乃甘心荊布操作，誓死不改。野史氏曰："古之烈者多矣。或有夫，中道夭，如夏侯令女，節以恩也；或有子，冀其成立，如章綸母金，撫側室兒成進士，節以子也；或家豐饒如巴寡婦清，節以財也。三女無夫無子而家貧甚，顧冰雪其操，金石其志，其女中鐵丈夫乎？嗚呼難矣！使生為男子，則與古之存趙孤、報韓仇、秉漢節、死宋室者，可伯仲也。傳三貞女，所以愧天下後世為人臣而忘君事仇者。"

趙鵠媼傳

鵠媼者何？愍趙母也；愍趙母而書以鵠何？媼之節似鵠也。媼既節矣，其似鵠何？魯國陶門寡婦嬰，曾歌《黃鵠》也。其歌曰："黃鵠之早寡兮，七年不雙。宛頸獨宿兮，不隨眾翔。寡婦念此兮，泣下數行。嗚呼哀哉兮，死者不可忘。"魯人聞之，不復求嬰。嬰之節，媼之節也，故曰"鵠媼"也。媼，二曲歡樂里人。幼端嚴凝重，其歸趙氏文吾也。媼笄而趙未冠，進飲食案齊眉也。數年舉一子，即自勵也。一子在娠而趙忽逝，彌月誕矣。媼撫二孤，泣曰："吾不獲從良人地下遊者，為趙氏兩塊肉耳。"於是朝督僕耕，暮督婢織，身操作紡，績勞如也。自勵鬐髯矣，命就傅，嘗以紡瓶燈火佐讀，弗懈也。自勵弱冠有遠志，棄諸生業，結客少年場中，鼓琴、彈劍、歌詩，家雖貧，未嘗口哼嚅而足趑趄，故門多長者車轍。媼年八十七殂矣。迹其高行，當從古婦女烈者等也。雖然，古婦女烈者有矣，世或清平也，家或饒財也，子或朱衣也。媼之節自少而老，世兵火，家清苦，子貧且賤。筆洞生曰："窮簷蓽戶中，未嘗無割股之子、截耳之妻，而家無青蚨，嗣非紫衣，遂令千古節義掩於塵土，蓋傷之也。巴寡婦清，家有丹穴賷，與陶、猗、卓、程等饒，始皇為立女懷清臺，此以財衛節者也；章綸母金，詞詩言志，名垂女史，然綸正統進士，官至侍郎，此以貴彰節者也。悲夫，媼之家貧而子又賤，始終茹蘗一節老死，始知後世笄褘丈夫，鐵石心腸，如魯陶門黃鵠寡婦而名湮沒者，比比然也，悲夫！"

康孝子焦烈婦傳

《易》曰："有天地然後有萬物，有萬物然後有男女，有男女然後有夫婦，有夫婦然後有君臣。"舜使契教以人倫：君臣、父子、夫婦、長幼、朋友，此所謂天經地義也。先王往矣，後世彝倫攸斁，臣弒君，子弒父，妻妾乘夫，鬩牆操戈，面朋面友而背相傾者何多也？然乾坤淑氣，間鍾草澤，若有邰康茂才夫婦，則可謂人倫關西者也。茂才名呂賦，字乾因，民部繼山先生之季子，生而孝友性成。年三四歲，即知承父母歡慼為喜懼，依膝下，不逐群兒戲。兩兄或攜之出，持衣裾隨行，無褻語惰容。或遺之棗、栗、桃、榛，必擇其嘉者，奉親及兄，而後噉其餘。九歲，民部公捐館，從兩兄居苫塊，面枯髮槁，失童子顏。服除，每於春秋霜露哀容沮喪，益悽愴不能為懷。見父之茶、竈、筆、床、琴、劍、杖、履，輒痛哭失聲，或終日不食。事寡母禮如《內則》，母憐其少孤，每令同食飲。公先噉家人常食數簋，恐分母饌，弗克也。既受室抱子，猶孺慕如嬰兒，日夕侍母榻，為展衾裯。恐母有問，侍坐良久，母令去，闔其寢門曰："兒去矣。"乃默立限外，候睡熟乃去。雞未鳴，復至寢門，久立俟母覺，乃啟扉問安。母曰："天寒，起太早。"應曰："天已明矣。"洎母疾，侍湯藥五十日，吞泣不解帶。母歿，三日粒米不入口，墨面骨立如居父喪時，斷葷茹素三年。民部公世稱清白吏，伯兄呂賜，好古篤學，不治家人產，生計蕭條，無以塟。公出母所遺己釵釧環瑱易百金，伐石治宅，兆塋如禮。嗣是家益落，祀先不能供籩豆。公太息曰："有薄田二百畝，艱於祭，惰也。"乃率亞旅勤耕耘，採黍稷之早熟者，以為粢盛薦新，四時祭如儀，康氏之鬼不餒矣。姊早寡，有子女二人，誓為良人養姑撫孤，弗嫁也。以貴家女貧而節，艱於日用。公與兄事寡姊禮，降事母僅一等耳。其周旋門戶，衣食又餘事矣。以故，姊以節壽終。而公之事兄禮，降事父一等耳。而兄之視公，嚴而慈，愛而有禮，一體連枝三十餘年，曾不聞一言稍涉乖戾也。難矣哉！初娶同邑張氏，繼娶二曲焦氏。焦四世乙榜詩禮家。氏年十五歸公，相敬如賓。及公疾，焦以簪珥延醫，侍湯藥四十日未交睫。疾劇，誓以身殉。公歿，焦哭便絕，絕而復蘇者數矣。家人知其必殉，防之嚴，焦故為不死狀，復事膏沐。家人信之，疏其防，焦乘間縊死。死後五七日，面渥丹，如生也。其安貞之德，直內方外之應與？嘗讀李北地《祥符烈女傳》所載，魏相妻萬氏，相死萬縊死，蓋年二十一也。焦之死也，年亦二十一。其聞祥符烈女之風而興起者耶？抑生而性成者耶？孔子以殺身成仁為美，曾子以大節不奪為君子，孟子以獨行其道為丈夫，男子讀書至此，以義氣自許者多矣。及大故當前，主辱而臣不死，且夜抱琵琶過他船矣。若焦氏者，豈非閨門君子、女中丈夫哉？吾聞康氏自對山太史以來，諸姑伯姊姪娣無再嫁者，今又得焦，倘所謂方以類聚者耶？

野史氏白山李柏曰："人生五倫之內，春秋以來，君臣、父子、兄弟、夫婦之間，缺限者何多也。若康季子乾因公，為子則孝，為弟則悌，為夫則刑於寡妻。移此道以事君，則蹇蹇王臣無疑也。世有朝為君臣而暮為仇讎者，不惟愧於丈夫，且有愧於焦氏女子矣。"

苟節婦傳

節婦咸寧苟聞庭女也。生有異質，甫三齡，其嬉戲不愛綵線花草而好弄小石。其父見之，每曰："石者，貞介樸素之物，女獨愛之，吾恐他日孤孀難免矣。"年十五為盧家婦，未一年，盧生死。遺三月腹，誕男。氏抱孤泣曰："吾不從良人於地下者以此。"自誓撫孤事舅姑，不更嫁。年二十五死。關西能言之士，咸為賦序詩歌弔之。

書奇孝格天傳後

孝不可以奇言，奇者何？志變也。孝，庸行也。庸行而出於變，命也；遇變而命復全，天也。當其鞭抶拷掠，既魚肉之，復挫抑之，俾不得伸，則人之權重而天之權輕也；既而出於萬難無可奈何之中，不惟得以伸吾志，且全吾命，則天之權重而人之權去矣。臣之事君，子之事父，一也；願為良臣，不願為忠臣，常也。至不得已，而時窮勢困，委身濟國，則忠臣烈士之名起焉。與夫為子不得全天倫之樂於膝下，而事處其變同於刺客豪暴之行，委厥身命，屠驪龍於不測之淵，此人生之大不幸也。人殺其父而子不報，是無父也；報之，其勢赫赫熱炙手也，可奈何毋寧入虎口而食其肝，雖死甘心也。河間孝子李世傑報父仇，擒總管趙福於數百人中，挾之墓門，碎其首，自詣有司抵罪。事移秋官，乃福之內親。犴狴在牢，虎豹守戶，猰貐磨牙，窮奇朵頤，世傑萬無生理矣。乃圖固冤滯，致天變其災荒，爰書從寬，配流岐鳳。此與憲宗元和六年，富平梁悅為父報仇殺人，自投縣請罪，議從減死配流循州事同，可謂古今兩奇孝子矣。然趙烈婦以女子殺人報父仇，眡男子抑又過之。

張烈婦傳

烈婦，渭南隱村郭許里人張某之女。年十七，歸於王仁寰之次子某。僅三年，某夭死，氏無出，欲以身殉。伯兄命其嫂防護周密，氏故為不戚容，托歸寧父母，實生別也。復歸家，與所抱兄子眠一榻，子熟寐，氏自殺。子覺，急呼生母，趨救之，氏頸血淋灕，未殊死，見嫂來救，即以手絕脰而死。乙亥二月，孫孝廉長人言氏殉夫狀。余問其父家，蕭然窮也，夫家亦蕭然窮也。蓋閭閻綠窗貧女，目未睹詩書，耳未聞旌表，乃率其貞剛之性而能殉夫，可謂烈矣。時同閭又有剡氏，孫錫光妻也。年二十，錫光死，遺孤三。氏泣曰："我所不從地下者，以有藐諸孤。"家赤貧，父母勸之別適，氏以一天絕之。勤紡績以養諸孤，衣裙藍褸，糠籔充飢，十指破裂，哭眼矇矓，三十年如一日也。予昔聞華川王烈女、劉烈女皆未嫁，處子終身，可謂奇矣。又聞張、剡之烈，一殉夫殺身，一苦節白頭。其聞王劉之風而興起者乎？抑各行其志耶？世之男子立人之朝，朝為君臣而暮事異姓者，抑獨何心耶？

杜義繼母李媼傳

甲寅六月，余如岐陽，道經杜生關賢家，憩余蜀前將軍關子祠。祠距生家，半百武也。日夕雷雨大作，生攜酒脯跣足淖中，余忸怩，生曰："母命也。"余曰："賢哉！"旁有蔡生曰："繼母耳。"余聞之愕然，曰："人間姥盡母也，而彤管所計，何落落也。其有傳者，如孟之斷機，陶之剪髮，柳之丸熊，歐之畫荻，生母也；他如令伯之相依為命，玄晏之三牲不歡，祖母也，叔母也，而非繼母也。至如繼母，能使伯奇化鳥矣，能使子騫服蘆矣，能使王祥求魚矣，賢則未聞也。亦有賢者如隨子遊學以成其名，如己子抵罪以生前子，可謂賢矣。於古有之，今未聞也。若杜生者，可謂有母矣。"蔡生曰："媼名家子，年十六，歸杜翁，年三十，杜翁捐館舍。媼盛年，有容且賢，富貴家多求之，族人亦有欲奪其志者，媼以死拒。躬績紡佐杜生讀，數十年如一日也。"杜生既成名矣，媼可無傳乎？余隨因蔡生之言，為媼傳以俟後之續列女者。

跋

仲貞張公淡園跋

園以淡名，何淡乎？而味淡也；味何淡乎？而人淡也；人何淡乎？而心淡也。故古之儒者，簞瓢陋巷，不改其樂，非淡何以能樂也；躬耕力學，歌出金石，非淡何以能歌也；蓬蓽蕭然，屢空宴如，非淡何以能宴如也；行無不得，全無所着，非淡何以能不着也。淡之風清，淡之韻高，淡之用簡，淡之致閒，淡之情靜，淡之氣穆，淡之思定，淡之操嚴，淡之行廉，淡之量弘。弘則不忮、廉則不貪、嚴則不濫、定則不擾、穆則不浮、靜則不躁、閒則不勞、簡則不煩、高則不俗、清則不污。不污不俗，得淡之品；不煩不勞，得淡之性；不躁不浮，得淡之養；不擾不濫，得淡之體；不貪不忮，得淡之神：蓋神淡則無往不淡也。萬物一淡景也，萬世一淡時也，天下一淡局也，淡之德至矣。吾安知天下之至淡，其中有不淡者乎？吾安知天下之不淡，其中有至淡者乎？故知淡味者。遂以淡為號，即以淡為園也。以淡為園，其亦古之以淡為庵者耶？

跋蕉窗墨戰後

古今學書者，則以漢魏晉唐宋人名書為法。予生平多在山中，希覯法書却好書。然山中有聲，聲共我聞，聞非法也，亦非非法。故聞獅吼、虎哮、龍吟、鹿鳴、猿啼、鳥語、蟲響，法其猛烈、蹈厲、悠揚、宛轉之致焉；聞轟雷、狂飈、驟雨、瀑布、海潮、江濤、崩崖、裂石、折木、藁葉、松風、瓦雹，法其雄壯、迅駛、險怪、激切之致焉。山中有色，色共我見，見非法也，亦非非法。故見鳳舞、鸞翔、鷹擊、鷳拏、檣杙之死鬭、火兔之齧鐵，法其飄搖、回旋、駿快、剛勁之致焉；見翡翠、孔雀、豹斑、彪皪、卉木之華、日月之光、星斗之文、云霞之彩、溪水之漣漪、峭壁之煙嵐、古木之劍戟、权枒怪石之奇詭獰獰，法其文章錯落、往來循環、變化氤氳、離合穿插之致焉。故予之書多以山為骨，水為肉，點畫勾裹，率倔強錯戾，而於漢唐以來書法一無似也。

回春圖跋

一片焦墨圖，獰獰二十鬼，或牽虎、或臂鷹、或騎馬、或持兵，仗前獵後，一鬼手擎梅枝，愚謂梅陽之發也，鬼陰之聚也，群陰極而一陽復生，其消其長，造化成焉。為此圖者，其有密抑潛扶之思乎？

重刻於陵子跋

八行之七曰：廉廉之品，冰棱玉角，居之者，色腊體胴，匪竪鐵脊，弗安也。仲子之廉，安之也。孟子曰："惡能廉？"闢之也。吾謂仲子不可謂不廉也。陳氏以陰謀奪姜，搯齊國而渾，噭之不義也。仲子恥之。托於隱避，不義也；辭相，清操也；辟壚，苦节也。仲子廉士，妻亦廉女也。孟子胡為闢之也？昔七雄閧而王道闕，齊，大國。孟子尚欲倚以安天下，世家、貴戚肥遁焉，固也，故闢之。經生謂之矯廉，非也；趙威后律仲子以可殺，過也。岐陽袁永叔，靜者也，重刻《於陵子》十二篇，傳廉也。自五帝鑿民心，凡假仁襲義盜而國者，悉貪婪也；仲子不受種瓠術，廉也；至夢拔句氏葵而畫遺其直，廉之至也。於陵子重刻，直欲挹北溟波浣柬陵穢也。

太白山人槲葉集卷之三　上

辯

升水石辯

　　受園有升水石，傳是渭濱絕品。余偕客往觀，見其巖洞玲瓏，上下沮洳，遂流連不能去。客曰："水與石有同乎？"曰："有同。同而未嘗不異也。""水與石有異乎？"曰："有異。異而未嘗不同也。"客曰："不然。孔子謂'知者樂水，仁者樂山'，知者動，仁者靜，蓋謂知與仁異好，山與水異體，故各以類屬之。水主動，山主靜。石者，山之餘也。而物以石名，雖一卷，亦靜也；物以水名，雖一勺，亦動也。而其著於用也，有即石而求火，即水而求魚者矣。必無鑿石以求魚，擊水而求火者也。此水石不同之驗歟。"余曰："否。子獨不聞周子之說乎？太極動而生陽，靜而生陰，以陰陽立天之道，以剛柔立地之道。《皇極經世》謂：日月星辰盡乎天，陰陽是也；水火土石盡乎地，剛柔是也。太柔為水，少剛為石。由是言之，石靜物也而剛，應乎陽，靜中有動也。水動物也而柔，應乎陰，動中有靜也。故曰：一動一靜，互為其根。而水之與石，蓋亦相得而有合者。子必因水石之形，岐動靜之理，是欲破太極而兩之不倫甚矣。"客曰："非是之謂也。箕子之衍範數也，曰'水潤下，蒙之'。象曰'山下出泉'。是水以下為性也，而何其反之也？藉曰'相得而合'。則禹之治水，過龍門積石，將不刊不鑿，直引而度其巔，則玄圭告成，當無俟八年之久也。"余曰："禹之治水，高高下下，注百川於海若，順其性也。苟遠其性而引之山，雖百禹不能治一川，而況天下之水乎？雖然，山澤之氣，亙古相通，故寒潭百尺之下有石，而喬嶽千尋之上有水。水為石引，石為水升，猶之陽燧向日以致火，方諸承月而得水，亦從乎其類耳。"客曰："水與石既以類相從矣，天地間磊磊錯錯，石之數其無涯耶？而升水者，不能居十之一，則又何也？"曰："天下之物，有同有異。就其異而言之：猶是水也，弱水不能浮羽毛[一]，而黑水則獨向南流矣，水之異有如此者；猶是石也，海南之石能引鐵，廬山之石能致云，而邯鄲之石則又能凝水矣，石之異有如此者。故石之不能升水者，同也；而石之能升水者，異也。若推以二氣交感之理，五行相生之數，蓋異而不失其同者也。而子何疑乎？"客之說於是乎窮矣。園中人以余言為稽於古也，請筆之以存其辯。

【校记】

[一] "弱"，底本作"溺"，據康熙本改。《海内十洲記·鳳麟洲》："鳳麟洲在西海之中央，地方一千五百里，洲四面有弱水繞之，鴻毛不浮，不可越也。"

解

為秦人太白山求福解

秦人登太白者何多也，率泥於鬼神而惑於福果也。《詩》曰："永言配命，自求多福。"夫福不自求而求諸神，則異端誤之也。予臥太白山有年矣，多福之求，惟取諸物。曰湫池，曰冰雪，曰岩石，曰松柏。若夫穠華灼灼於陽春，詩酒熙熙於芳辰，則桃李榮矣；至江空山枯，而後萬物凋喪，獨鬱鬱蒼蒼於嚴霜密霰之際，則松柏有貞守焉；嵌空玲瓏以呈奇，松文雪浪以表異，則袖石貴矣；至大風拔木而不撼，洪水浮天而砥柱，則岩石有剛氣焉。山有湫池，撓之不見天光，澄之可鑒毛髮，是宜靜而不宜動者，其清德也；山有冰雪，蒙塾則皓魄如煤，远塵則素光沁月，是宜淨而不宜污者，其潔操也。故欲人心潔，則取諸水雪；欲人心清，則取諸湫池；欲人心剛，則取諸岩石；欲人心貞，則取諸松柏。貞可以矯天下之淫，清可以勵天下之濁，潔可以愧天下之污，剛可以振天下之懦。能剛、能潔、能清、能貞。舉凡松柏、岩石、湫池、冰雪之類，皆吾胸中之物，而太白山不得獨有，此清福也，抑多福也。詩曰"自求多福"，蓋言福在我而不在彼也。

萬味珍羞解

《傳》曰："肉食者鄙。"顏斶曰："晚食以當肉。"《雪庵清史》曰："藜口莧腸者[一]，多冰清而玉潔；膏粱玉食者，多形勞而神悴。"李子曰："此皆古之知味者也。"吾家自七月初一絕麥，八月初一絕盐，日惟淡食黍粥兩餐而已。至八月十五，賣黃牛之革易盐，胡麻易油，蒸黍米為飯，佐以園韭，合家欣然一飽。女梅曰："諺云'百味珍羞'，吾家亦有之。"余笑而應之曰："此吾家'萬味珍羞'也。"蓋品以淡而增濃，物以儉而倍豐，非抗節山林久處貧約者，不知此味。世傳八珍、五侯鯖，石季倫一食萬錢，厭飫之後，不如菜羹。人當飢渴困頓之際，掘鼫鼠肉，压飲糞汁，吞紙丸而實腹，望粱糯其奚有。當此得一食，可以緩死矣。奚暇擇味哉？故翳桑餓夫、蘆中貧士、淮陰王孫、滹沱天子，俱不能忘情於一飯也。嗟乎，處富貴即犬馬易厭粱肉，遭貧賤雖王侯難覓糟糠，況乎其為陋巷編蓬之人邪？孔子絕糧於陳蔡，孟子絕糧於邹薛；子思居衛，三旬九餐；陶潛归里，扣門乞食：彼大聖大賢猶有此阨，況以闔茸而遭叔世之飢歲乎？雖然，窮達有定，命也；飲食無定，味也。桀紂肉圃脯林，詛咒淵籔；而西山之薇，商山之芝，到今芬芳：味在此而不在彼。飲食之人，多不知此，孔子所以嘆鮮能也。善乎，真西山論菜根曰："百姓不可一日有此色，士大夫不可一日不知此味。"彼辨雞塒而識龍肉，特知肉耳，又焉得為知味哉？

【校記】

[一] "莧"，底本作"寬"，據康熙本改。宋陳師道《後山集·答魏衍惠朱櫻》詩云："莧腸藜口未良圖。"

壽夭解

郿東師氏，同母兄弟四人：伯仲季剛，早死；叔柔，年七十餘矣，尚健。蕭氏，同母兄弟四人：仲叔季剛，早死；伯柔，年八十餘矣，尚健。李子曰："舌柔而壽，齒剛而夭，豈獨師、蕭？"或曰："顏夭跖壽，不以剛柔。"李子曰："為善如顏子，三十壽也；為惡如盜跖，百歲夭也。況善如顏子不多夭，惡如盜跖不多壽乎？"

貧賤

李青蓮曰："功名富貴若長在，漢水亦應西北流。"富貴如王侯，至矣。禹會諸侯於塗山，執玉帛者萬國。至周初，則千八百國，萬國安在耶？至春秋，見於正朔編年二十三國，八百國安在耶？至戰國，七氏稱雄，二十三國安在耶？秦併天下為一國，七國安在耶？漢滅秦，天下一國四百年。至於今，漢又安在耶？故曰：富貴無常。虞氏富盛，腐鼠中俠客之肩。而虞氏滅嬴政，子孫求為黔首而不可得。故福不降者禍不酷，榮不極者辱不至。苗扈雖虣，不奪潁水之牛；曹莽雖奸，難篡首陽之蕨。故富貴如春華，而貧賤之清風，則山高而水長。

語錄

吾道可以包天地，轉日月，運古今，壽帝王，育萬物，達幽明，一生死。

聖人之道，損而益、翕而昌、謙而尊、柔而剛、淡而濃、弱而強、隱而見、圓而方、微而顯、闇而章、簡而繁、伏而翔、約而博、晦而光，至貧而富不可量，至賤而貴不可當，至無而萬有張皇。

堯舜不仁，湯武不武，孔孟無道德仁義；堯舜行天之仁，湯武用天之武，孔孟法天之道：皆因時奉天而已。己何與焉？以萬古為一時，以萬國為一家，以萬物為一體，以萬聖為一心。

齊生死，忘人我，泯得失，一寤寐。

蔗不甘不齧，荷不秀不折，蘭不馨不蓺。

天之高，無物不覆；地之厚，無物不載；日月之明，無物不照；滄海之大，無物不容。學者存心覆物不如天，載物不如地，照物不如日月，容物不如滄海。人曰："學君子。"曰："弗學也。"

遍乾坤皆金玉寶器，人對面不識，是不明也，故智為第一；識得是寶，則必用力取之，非勇莫取也，故勇次之；取斯得之，則必守而勿失，非仁莫守也，故仁又次之。何謂守而勿失，曰主敬。何謂主敬？曰戒慎乎，其所不睹；恐懼乎，其所不聞。

欲為天下第一等人，須做天下第一等事；欲做天下第一等事，須受天下第一等苦；能受天下第一等苦，然後能享天下第一等樂。

天下有道則見，無道則隱；邦有道則仕，邦無道則可卷而懷之；用之則行，舍之則藏。須看六則字是何等決絕，何等勇斷。今人却因循苟苴，以為通達權變，故終身不濟事。

大丈夫，人品上為皇者友，次為帝者師，次為王者佐。若管、乐、蘇、張，定霸才也，不足為矣。

观李將軍之不封侯，始知數奇者雖才高不偶；觀謝皇后之位正中宮，始知富貴在天。

若以天地為一身，則萬物皆吾所有，何言貧富貴賤；若以性命還陰陽，太虛歸於無極，則無始以前、無終以後皆吾壽，何有脩短生死。

人為三才之一，故天非大而人非小，惟聖人為能法天；人能希聖，則凡人亦可法天也。

法天之學，不在語言文字。孔子曰："天何言哉？"當深思而自得之。

三皇無有文字，五帝所讀何書？然開物成務為書契以來，文章之祖，後世人君，亦有丙夜觀書，博通典籍者。至有疆域日蹙，身危國亂，何也？其所學非帝王之學也。帝王之學，只是虞廷十六字。

大禹惜寸陰，眾人當惜分陰，予謂學者當惜一呼一吸。一吸不根於天，一呼不還於天，非事天也，以心與天有間斷歇絕也。微有歇絕，則人欲入之矣。如童子擊毬，甲棒起，乙棒入，危莫危於斯也。故曰："人心惟危，道心惟微。"

操存舍亡即生死人鬼關：操存，雖一夕死，猶萬年生。天理存輕清陽氣，天之生機也。生機萃，雖死不死，天長在也。舍亡，雖萬年生，猶一夕死。物欲肆濁欲貪妄，人之死趣也。死趣凝，雖生不生，天早滅也。

續功過格

功過格，何以云續也？仿了凡袁子之意而續之也。年凡一冊，冊之葉數如年之月數，為葉十二；葉之格數如月之日數，為格三十。繫年於冊，繫月於葉，繫日於格，格之所○皆日之所為，功則白○，過則墨●，別善惡也。繁則繁○○○，簡則簡○，無則不　，著多寡也。功及物方○，過蒙慮即●，謹微也，亦克量也。遠期之百年，不倦也；近約之一息，罔懈也。苟能自息而刻，自刻而時、而日、而月、而一年、而十年、而百年，絲粟必察，脈脈相屬，亦不息之道也。雖然，慎獨其要也。凡人成功難，隳功易；有過易，無過難；一過掩百功易，百功掩一過難。見其難而阻之，過也；見其易而忽之，亦過也。蓋入於過則出於功，出於功則入於過，理不易也。自古王業不偏安，漢賊不兩立，一絲而青黃其色，一途而南北其步，危莫危於斯也，微莫微於斯也，故曰："慎獨要也。"

癸酉元日記事

洋城東南隅為友人秦子德英精舍。有垂柳三株，杏二株，桃大小三十株，胡桃一株，榴八株，綠竹二百竿，黃楊、杉各二株，蠟梅、老紅梅各二株，桂四株，小松一株，柏大小十五株，栀樹三株，幽蘭四五叢。壬申六月，余入精舍，嘗孤吟坐臥其下。癸酉元日，雞鳴起，盥手焚香，率兒崧，步松、杉、桂、柏、黃楊、栀下，幽蘭叢旁，各插香一炷，肅然長揖。兒崧曰："柳、杏、桃、榴，無香可乎？"余曰："孺子來，吾語汝。吾所焚香敬禮者，松也、柏也、杉也、梅也、桂也、黃楊也、栀也、竹也、蘭也，遇歲寒而青青，遭雪霜而吐英，吾愛之、敬之，不惟友之而相與師之。柳也、桃也、杏也、榴也，逢春則榮，遇秋則零，骨瘁於嚴霜，氣餒於朔風，吾愛之容之，但不敢尊為師而與為友也。"

月梅

坐月觀梅，有隱者之德四焉。空山無人，抱一守純，隱者之幽情也，月梅如之；迥出物表，不受塵埃，隱者之淡致也，月梅如之；萬緣俱息，虛室生白，隱者之靜機也，月梅如之；冰雪沍寒，精神乃見，隱者之貞骨也，月梅如之。

當仁不讓於師

李謐初師小學孔璠，後璠還就謐請業，當仁不讓於師也；華歆黨曹，管寧高節不仕，當仁不讓於友也；管叔叛，周公輔成王東征討罪，當仁不讓於兄也；鯀無功，禹平水土，當仁不讓於父也；紂無道，文王惠鮮懷保，當仁不讓於君也；惟天為大，惟堯則之，當仁不讓於天也。

豫防

牛有角則觸，象有鼻則捲，鱷有尾則擊，虎有爪則搏，犯所恃，害及之。然則羿、羿之勇，苏、張之辯，曹、莽之奸，弘恭、石顯之讒，甚於角、鼻、尾、爪也，可不慎耶？

山雉

南山有雉，三三兩兩翱翔於煙霞之表，徜徉於泉石之際。予讀書山中，嘗坐而玩之如籬下雞。客有人谷子者過而嘆曰："異哉此雉！不陸而山，終身無稻粱之食矣。"予曰："嗟！予之角者缺其齒，予之翼者兩其足。子不見世之所謂田雉乎，百穀是飽，相呼相喚，怡怡然自以為樂也。然而王孫、公子、牧豎、耕夫彈之、繳之、畢之、羅之，蓋田雉豐其穀而危其身，山雉艱於食而全其生，孰得孰失，孰損孰益，子將奚從？"客不答。時群雉遊戲草間，忽聞獵者噪而逐鹿，一雛飛去，不知其處。客仰視良久，遂揖。予曰："子殆雉隱乎？"

鳩巢

齋前疏竹百餘竿，有鳩焉，往來飛鳴不止。李子曰："是殆將巢也。"而惡其疏，乃索絢約竹密之。三日巢成，五日卵生，十有五日而母子依依得其所矣。李子曰："物之不得所而待人以安集者，寧獨鳩也哉？蓋天下一巢也，萬物一鳩也。周宣中興，安集鴻雁，則亦代鳩營巢耳。彼攀其巢而食其卵，棄鳩也。棄鳩也者，鳩亦棄之厲之，所以流兢乎。"

所見

立四刃為斗門，人赤身出入門中，擲身如梭，刃去身不盈一寸，而飛來飛去，絕無挂礙，难矣，人反易之；竿百尺也，人進步竿頭，騰踏顛倒，左右旋舞，危矣，人反安之。人之於道也，無鋒刃之逼而有枕席之安，人以為危且難。噫，愚矣。

防微

橋，行人者也，而有機之時見《武備志》；地，載人者也，而有穿之時；

門，通人者也，而有閉之時；舟，濟人者也，而有膠之時；魚，食人者也，而有劍之時；酒，飲人者也，而有鴆之時；藥，醫人者也，而有毒之時；筑，悅人者也，而有鉛之時。是以君子憂谗畏譏之心，在中古尚不可無，況後世乎？

無才

翡翠羅以文章之身，鸚鵡籠以能言之舌，神龜灼以前知之殼，鷹鶻紲以擊博之力，此以才災其身者也。君子處世，露才不如斂才，有用不如無用，故瞽者鮮坑长平之土，而躄者不焚赤壁之火。

文字

岳武穆曰："陣而後戰，兵家之常。變化之妙，存乎一心。"李子曰："學者之作文寫字，亦復如是。"

薪難

家世業農田二百畒，去太白山麓十五里，豐年麥稭荳萁，家人炊爨，擇美薪，色黃短爛者，不以焚，餘則與鄉鄰之借飼牛馬者，不足則遣家僮以牛驢運，日一車。故余家穀或絕於兌季，而薪則歲有餘。辛未七月避地鳳翔之西房村，僑居亢氏書室，去南山遠，樵不及，北山赭，無薪。大旱十四月，郊遼赤土，米薪真如珠桂矣。家人煨牛糞以爨，一人撥火，一人鼓扇，久乃飯熟。嗣後糞盡，則剪牡丹葉；葉盡，則扳薔薇枯枝；枝盡，則掘竹根；根盡，則折老梅幹；幹盡，則催梧桐朽柯；柯盡，則掃筀葉，剝筍籜，摘樗葉、楮葉，葉盡，則攬摭乾菜，斯楊柳粤條。或併日而炊，或日不舉火。亢氏憐之，遺一柳樹，遣兒望興伐之，則傷其脅，痛不能動。可謂窮於薪矣。五羖大夫之妻，烹伏雌，炊扊扅，則客舍無扊扅也；張志和之婢，蘇蘭薪桂，則客舍無蘭桂也。彼正月進儺之夜，設火山數十，山焚沉香數車，或燭不盡跋，或以燭代薪，抑何窮奢至此哉？豈知空郊貧士，連根之野菜時挑，帶葉之生柴莫斫也。憶昔居太白山，豐草長林、千峰蓊蔚，舉帚則落葉盈車，運斤則長柯頹山。雪嶂雖寒，爇棓柹則陽春冉冉；冰窟總烈，燒松節則暖香馥馥。興言及此，感生今昔，安得風雨調和，歸我家山，樵雲釣月老焉。如其不靖，則移向燃石山去。

擬山中開義館教授題詞

窃思賦性維均，当初原无分別；秉质各異，后来斯有参差。有物有則之烝民，懿德同好；上達下達之殊品，趨向攸分。若能善爲提撕，便可人皆堯舜。柏本村落癯儒，草野一介，苦南山椿落，早違教子一經之恩；幸北堂萱青，深荷擇鄰三遷之德。丸熊話荻，尝期鷦鷯作鵬，雪寫月哦，曾學蠹魚食墨。舞象之後，不羨身居要地，朝朝碧水醮門；弱冠以來，自知骨非封侯，夜夜白雲入夢。到處山爲詩稿，吟瘦吉鬼莲仙；有時月當酒瓢，酌滿海濤江浪。洎一朝悟得，猛地回頭；將多年狂行，一齊撒手。或膝着冷齋木榻，或身在小院蒲團。瞑目看烏雞飛帶天雪璘璘，掩耳聽黄鶴唳徹溪風颼颼。意中高山流水，彈來真箇無絃；眼前斷簡殘編，説去何嘗有字。從此無始消息，已期窺見半斑；由是源頭根苗，殊覺尋通一線。感古賢嘗恥獨爲君子，念先民不言世無好人。德必有隣，善宜及物。思興河汾之館，須下廣川之帷。第勤紙上舌耕，匪誇户外履滿。狼煙百丈飛山外，任渠蝸戰蚌持；螢火一囊照案頭，共君鐵穿韋絶。先器識而後文藝，昔人已有成言；内性命而外經綸，吾黨豈無定訓。干木大駔，師子夏而成儒；周處兇人，學陸雲而立節。良才不擇地，玉每藏諸石中；大寶鍾於天，珠恒產自蚌腹。類無分於貴賤，山中木鐸之聲；教必化乎智愚，林下司徒之職。

虎

虎性猛烈，生三日即有食牛氣，虎强矣；駮食虎，駮又强矣；豹食駮，豹又强矣；獅食虎豹，獅又强矣；犴食獅，犴又强矣。强之不可恃也如此。

銅鐵

銅鐵，天下之至堅至剛者也，物莫能勝。然貘以舌舐銅鐵，頓進數十斤，溺消銅鐵爲水。又有崑吾國之大獸、昔吾國之雙兔、吐火羅國之大獸，皆食銅鐵。銅鐵之堅剛安在哉？近古才騫氣雄者，據蜀而蜀亡，據吳而吳滅，據河西而河西失，據洞庭而洞庭破。據關中而關中之王者，不一姓焉。故曰"在德不在險。"

梟

梟食母，獍食父，食父母者，子亦食之；蝮蛇破母腹而出，破母腹者，子亦破其腹。故取天下於寡婦孤兒者，人亦取其天下於寡婦孤兒。曹、馬之毒，則亦梟、獍、蝮蛇而已矣。

柴關

乙亥十二月初三日午過柴關。關前後多漆樹，滿身刀痕。其餘雜木萬本，無一斧斤創。莊子曰："物以不材，得享天年。"漆之割，以其材可黏器也。李子曰："桂以香伐，桐以聲斬，翡翠以毛羅，鸚鵡以舌籠，麝以臍灾，猩以血擒，自古然矣，豈徒漆林哉？"

與友人議辟地

圖識云："早棄漢上神仙路。"多年不悟，近清夜獨坐，偶得一解：蓋漢上即漢水上也，猶云泗上、河上、江上、湖上、海上、川上、淇上、灞上、易水上、汾水上也。《禹貢》："嶓冢道漾，東流為漢。"《山海經》曰："嶓冢之山，漢水出焉。"如淳曰："北方人謂漢水為沔水。"至漢中為漢水。鄭樵曰："漢水出興元府西縣嶓冢山，為漾水，東流為沔水。又東至南鄭，為漢水。有褒水從武功來入焉。南鄭，興元治。興元，故漢中郡也。"《華陽國志》曰："漢有二源，出武都氐道漾山，因名漾，《禹貢》'流漾為漢'是也。"祝穆曰："天下之大川以漢名者二，班固謂之東漢，西漢。東漢則《禹貢》之'導漾自嶓冢山'，逕梁、洋、金、房、均、襄、郢、復，漢陽入江者也[一]。"向在署中與明府披覽輿圖，略知漢中形勝。歸山，詳考《山經》《水註》，始知漢上是漢中無疑。若欲避地其入於漢乎？何大復《雍大記》曰："余觀漢中形勢，險固四塞，若納諸匱中，此可以為門戶之扼，而不可以為宮安居也。其北至褒，西至沔，東至城固，方三百餘里，崖谷開朗，有肥田、活水、修竹、魚稻、棕櫚、橘柚，美哉其地乎。而據巴蜀之粟，出秦隴之馬，通荊襄之財，由來利之矣。然地遠而求多，民雜而賦繁，害來於所產，災生於所聚。信然哉！信然哉！"[二]

【校記】

[一] "漢陽"，祝穆《方輿覽勝》原文此前有"至"字，是。
[二] "災生於"三句，《雍大記》卷七作："災取於所聚。然哉然哉。"

聞笛

謂笛有聲而不自聲，謂笛無聲而已有聲。有聲聲滅，無聲聲生。生滅者誰？總非笛情。此既有聲，彼必有聞。不知誰聞，誰不能聞？墻壁、瓦石、蟣虱、蟲蚊、草木之類，奚不能聞？是誰能聞？曰："惟人聞。"胎中之人如何不聞？陵中之人如何不聞？彼人無聞，此人胡聞？彼此無聞，是誰聞耶？

獅子

外國利未亞產獅子，殺物之獸王也，最有情，受人德必報之；有鳥焉，名亞既刺，殺物之鳥王也，亦最有情，受人德必報之。寇萊公荐丁謂，謂得志，傾萊公，以怨報德，視鳥獸有愧色矣。

知人難

《書》曰："知人則哲，惟帝其難之。"唐堯其知如神，尚以知人為難，況中人耶？後世亦有知人者，如武侯之知魏延、九齡之知祿山、汾陽之知盧杞、老泉之知安石是也；亦有不知人者，寇準不知丁謂、趙鼎不知秦檜是也。賢奸易辨也，奸而似賢則難辨。鷗似鳳，碈似玉，物亦有之，何況於人？孔子曰："言忠信，行篤敬。"孟子曰："居之似忠信，行之似廉潔。"真似之際，賢奸之界。余少年，交鳳翔程名世，家有百金之產，亦耕亦讀，取予不苟。交遊三十年，聽其言，言則忠信，觀其行，行則篤敬，予以為真忠信篤敬也，而不知其似也。辛未荒旱盜起，予避地鳳翔，欲糴麥於秦州，而難其夥伴，欲擇一忠信篤敬之人。遍觀交遊，無如名世者，托之糴麥，與銀十五兩。名世見利忘義，陽為代勞，而陰實奪之，十五金遂成泥牛入海矣。予始知名世言行忠信，蓋孟子之所謂似忠信，似廉潔也。久交三十年不能辨奸，使身居臣僚，薦賢於朝，則必誤舉謂、檜之徒，使居要地，妨賢病國，遺害天下，可不畏與？燕居書此，恐世有易言知人者，當以予為戒也。

日月眼

天以日月為眼，人眼明者亦謂之日月眼，若漢丞相諸葛忠武侯孔明先生之眼，其即天之日月乎？荀彧、華歆、孔融、楊脩，皆依曹為漢相，先生獨目之曰"漢之賊"，如日月之照妖狐，爪尾俱見。先主當流離瑣尾之際，天下謂之孤窮，先生獨目之曰"漢正統"。劉鼎將覆，隻手扶起，地雖三分，天歸一統。君臣交泰，成堯、舜以後之小唐虞；征討合義，嚴哀、定以來之漢春秋。見始知終，見微知顯，此所謂窮天下、亘萬世侯之光明眼、天之日月眼也。關、張、趙、姜各具明眼，如景星北斗之麗於天，代日月而併明者也。彼荀、華、孔、楊輩渾敦無別，認賊為主，其雙目瞶瞶者乎？

耕難

耕非難，貧而耕難；貧耕非難，貧而耕異鄉難。予在鄠太白山麓，嘗將亞旅耕薄田二百五十畝，有童僕牛馬，不知其難也。壬申避地漢之洋縣，至癸酉春二月，以為不耕則不得食，乃過江入南山，覓牟氏沙河山田二十畝。貧無牛，洋俗租牛。有吳二者，荒年貧病，春雨絕糧，攜衣質米，予不受衣，借米六升，直銀二錢，許耕地十畝。至四月廿日，偕吳入山。遇雨，二日晴，始耕。吳滿面傲色，視其牛如騄虞麒麟，天下無雙；自視如五丁三士，人間希覯。怒而去者三，予笑而留者三，乃知小人伎倆。未遠先怒，近愈不遜，全不念荒疫併興、雨中絕糧、竈冷煙寒、攜衣求米時也。昔廉將軍在楚，思用趙人，予耕洋，亦思用鄠人耳。

圖

前題牽飲上流圖

有名墨一幅，圖古柳二、古松三、山遠近大小四五峰、水一溪、人二、牛一。其一人坦坐石上，以手臨流扢耳。其一人牽一牛，牛圖貪意，人圖瞋意，說者謂是古高士許由聞堯讓位，洗耳潁水，友人巢父恐污牛口，牽飲上流是也。京兆滿子咸得是圖於南國，藏數十年矣，至是遣猶子某攜過白山草堂乞予一言。予曰："巢、許在唐虞之世，亦兩自了漢耳。在春秋高矣，在秦漢則愈高。孟子以伯夷為百世師，以聞其風者，頑廉而懦立也。巢、許之風，亦自山高水長耳。故太史公《伯夷傳》及於許由，而皇甫謐《高士傳》托始巢、許，其旨微矣。

後題牽飲上流圖

淵明先生曰："巢父、許由，皇者之佐也，而生於帝代。"意謂生皇代則不隱也。元儒劉靜脩曰："堯天萬古更無隣，何地容君作外臣。莫占箕山最深處，後來恐有避秦人。"意謂君如堯則不宜隱也。二者皆失。蓋士固有志，志在丘壑，無論生帝代，即生皇代，亦隱也。善乎莊生"日月爝火"之喻，可以得巢、許之心矣。為我謝陶、劉諸君曰："若巢、許者，聖天子在上，可以不出而仕矣。"

題錢叔寶深秋圖

予嘗五登太白，得皎潔絕塵意；兩登太華，得峭削拔俗意。庚申五月，客青門，夜夢一老衲揖予曰："明日與君東遊太華，西遊太白，可乎？"予曰："諾。"覺而疑之。詰旦，金湯郭先生招飲。先生古貌嚴雅，則夢中所見老衲也，予又疑矣。已而出錢叔寶《深秋圖》，其一派皎潔峭拔之致，則合太白、太華而為之者也。予恍然悟曰："至人無夢，夢亦是覺；常人多夢，覺亦是夢。太白也，太華也，《深秋圖》也，主人也，柏也，真也，畫也，夢也，覺也：孰辨之也？"

讚

武侯讚

在唐、虞，稷、契之友；在商、周，伊、呂之流，在孔門，顏、曾之亞；在李唐、宋、明，伊誰云儔？晦庵謂"天民未粹"，吾不知粹者孰愈於侯。

蜀前將軍像讚

孔門如冉求，不足言矣。子路以剛果明決之才，尚稱臣季氏。曹孟德視季氏何如？漢末名士如荀彧、楊脩、孔融、華歆，爭為臣妾，公則曰："漢之賊。"觀其對張遼："劉主舊義，未可忘也。"即此一言，可以血食萬年矣。後世有忘君事仇者，對之寧不汗顏邪？

文中子讚

子曰子曰，孔子子曰，文中子曰，子曰子曰。

自山任先生像讚

曰有相，士不可以皮相；曰無相，古何云法相？吾無以相，於胸腹得賢豪湖海相，於眼耳鼻口得聰明辨相，於月面廣額得美丈夫相，於衣冠得君子儒相，於鬚眉得仙相。吾無以相，乃於有相而求先生於無相。

商山一叟德徵牛先生像讚

以人言其陶先生之清羸，即以物言鶴之癯，即松之占耶？而不知矯矯於風塵之表者，其遊神於虛而靜者也。

溫泉老人像讚

皤其須，絳其衣。藹然者胸，坦然者腹，不可見而可見者，笑容微微。曾戴堯天，曾仰舜暉；曾耕禹甸，曾宅周畿。列襄陽、洛社耆舊、耆英座中，吾不知其是與非。老人生于萬曆中年

箆簹主人仲貞張先生像讚

數間瓦屋，一院綠竹。薔薇為籬，松杉謖謖。開逕三三，箆簹之谷。一琴一劍，一鶴一鹿；一甌一床，一磬一筑。有一老人，經史笥腹。布袍筇杖，散誕林麓。以儒教子，以農教僕。耕讀之暇，以漁以牧。有客至止，燒笋淪蔌。甕頭濁醪，葛巾是漉。瓷碗瓦盆，對飲瞠目。山中八十，人間百六。安命樂天，知足便足。

鳳泉山石蓮讚

東千國土，蓮半恒沙。小根小蒂，一年一花。菩薩種是，永劫而葩。泉如毛孔，能藏娑竭之海；山似芥子，長開陁羅之華。

先朝儒將讚

蘊經濟已矣焉哉，負韜略之乎也者。夫蓋甚運籌帷幄，意若且奠定朝野。

明末文儒讚

蒼蠅鼓翼，以支大廈。蠖曰之乎，蟻曰者也。三千王丁，八百史賈。督師登壇，意態瀟灑。王之大將，待以牛馬。五嶽飛塵，萬國解瓦。朝廊之盜，而送天下。

孟衡劉先生像讚

似箇酒漢，科頭岸然，顏赭而神全。也不荷伶之鍤，也不手持一線。坐磐石，高於山；握纨扇，大於天。遊五嶽，珍惜兩腳；破萬緣，只用一拳。一絲不掛，千慮可蠲。不可須臾離者，酒與書篇。斯人也，謂之仙而實是儒，謂之儒而卻是仙。

仙人圖讚

出世在世，而儒而仙。一輪天月，而印萬川。

又

是大將軍,是大神仙。風動鬚髯,邀遊九天。

又

髮長於江,扇大於天。十洲三島,在拄杖前。

又

松耶柏耶結吾屋,霞耶氣耶果吾腹。鶴耶鹿耶侶吾獨,雲耶煙耶着吾服。《易》簡乾坤,無往不復。

岐陽清俠李顯吾讚

少年好兵,中年好琴。偉幹長髯,氣象幽沉。衣冠劍履,總不如今。清俠醫隱,一塵槐陰。琴弟子輩,皆非知音。廣陵一曲,絕響至今。

銘

杖銘

義扶傾，仁憐老，冠天履地毋顛倒。

硯銘

維厚乃壽，維堅乃不穿。動而悔也，故默然守吾太玄。

且閑亭銘

勿謂一枝，且以吟詩。勿謂如斗，且以飲酒。勿謂一席，且以容膝。有鶴一雙，有鹿一隻；有琴一匣，有書一袠。讀書彈琴，且永朝夕。冥心是非，忘懷得失。人曰違今，我且從昔。

啟

請梅侯開渠堰啟

恭惟云云：南國祥麟，西京瑞鳳。德教洋溢，桃李花滿三城；和氣流通，楊柳風清二月。學雕龍預探龍珠，臥泛藝海仙槎；氣食牛早執牛耳，坐定文壇寶鼎。廉泉心洗，廉水泉乘秋風灑作桂露；白雪操嚴，白山雪會春雷化為梅霖。深仁挹彼而注茲，厚德損上以益下。某微如偃鼠，窮似涸魚。飲水於河，望斷九萬南溟；煦濕於轍，尚冀升斗西江。道在潤枯沛法雨，或亦東注；志切待澤仰慈雲，祗候南飛。謹占仲春吉日，載瞻天上德星，固知霓旌出郊，應有雙鹿隨輦，驄馬行部，願效群雉傍車。

上鳳翔府尹楊公啟代作

恭惟云云：系出雀玉，學受雪門。四知銘心，嗣漢家關西夫子；五經敷教，續宋代道南大儒。著作滿於蘭臺，以風以雅；爵命出自宣室，惟要惟清。念四百里重鎮乏股肱，鰲二千石顯秩待心腹。鳳皇客尹鳳皇，郡沐恩波，特拜岍城；文章府司文章，衡掌絲綸，復裁製錦。某全牛未食，半豹罕窺。十年舌耕，敢期青出藍澤；三冬面命，孰知刀是鉛華。寶劍固莫遁於薛評，巴曲量難入於裏耳。冀弘獎勸之典，廣開搜羅之門。木屑竹頭，拾來或可備用；杏紅桃碧，種之皆可逢春。倘溲渤稍堪注收，則雲露益切瞻仰。

太白山人槲葉集卷之三　中

祭文

祭楚客黃浮庵先生文

嗚乎！先生竟客於死秦矣。先生楚人也，胡為乎客死於秦邪？以方輿言，秦楚相去三千里，先生客也；以道言，秦與楚總在乾坤內耳，往古來今孰非客，而獨客先生哉？先生往矣。死秦猶死楚矣，死秦猶死楚則非客矣。

祭有斄老人朙徵張公文

韓子有言："人不識，惟有天翁知。"嗟乎！人生斯世，終身不為人所識，至老死不悔，不亦苦且難乎？雖然，人患不為天所知耳，天翁知我，又何恤人之識不識也。筆洞生曰："欲求合空中天，無以對塵中人；欲求合塵中人，無以對空中天。夫人欲對空中天，則必有一事焉，為人所不為而我獨為之，則此一事，乃天翁所知而人不識者也。故人見以為苦而我以為樂，人見以為難而我以為易，故終身守之，老死不悔。如有邰老人朙徵張公是已。"老人家世係五陵甲第望族，少業儒不成，復講孫吳之學。自黃帝以來如《陰符經》《龍豹韜》《虎鈐》《太白陰經》，及近世茅氏、王氏、戚氏所著諸兵家言，莫不究極根氐，推而至於陰陽術數諸書，莫不叩其門而升其堂。每與客談忠孝節烈事，則諄諄切切，惟恐人不為忠孝節烈。或及於亂臣賊子，則拍案嫚罵，髯張髮指，恨不得其人而手刃之。眼前時貴熱可炙手、呼吸可通帝坐者，鄉曲武斷惡少、所謂生不怕京兆尹者，公視之蟻蠓如也。有匹夫匹婦，即微賤如卑田院乞兒，一言合於忠孝，則又手舞足蹈，喜生眉睫矣。癸甲之變，避世東郊三家村中，薄田數畒，荒園一區，破冐單衫，往來阡陌。春夏耕耘，秋冬手一卷弗釋也。或經日不火，經冬不棉，二三友人憐其貧，復憚性嚴不敢輕為衣食。嘗醉以酒，褫其緼，易之以新酒，醒喇喇叱咤，友人笑而慫恿之，乃已。滿院蓬蒿，氣味蕭然，四十年如一日也。昔都山老人居南北之衝，全身遠害，得年八十，劉靜脩以為得於天、厚於養。今有邰老人如此，又據都山上座矣。晚喜導引，居太白山麓土洞百日，鬚髮復鬖鬖黑也。今年八十有八，談笑而逝，所謂嗇於遇而豐於壽者乎。一尺鐵面冷冷，終身滿腔熱血，揮灑無地。嗟乎，嗟乎！匹夫有志，定於蓋棺。生也人不識，而天翁知之，其死也天翁知，而人始識之。故鄉里友朋始敬老人之德，服老人之操，為之荐蘋藻而哭老人焉。

橫渠先生十七代孫茂才張君翰庵哀詞

橫渠張子十五代孫後裔張公嫡孫翰庵君，十歲就傅於爾攀蘇子。時其祖與余為忘年友，實詔予在坐云。酒將闌，其祖呼君出拜蘇子。予一見，驚曰："橫渠有後矣。"君時方垂髫，著大紅袍，進退從容，坐客咸嘖嘖稱羨。或曰石麟，或曰神驥，或曰衛家一玠，或曰張家一緒。客咸舉酒賀。乃祖曰："不愁公孫不富貴，但恐富貴逼公孫耳。"就傅之後，性既聰穎，更兼勤苦，舞象就童子試。時鄜庠應錄四人，而君為首。洎葉文宗較士關西，君列前矛。辛酉科試，君試冠軍。君工帖括，一下筆，滔滔如大河東注，一曲千里；又如武夷九曲，一曲一勝。秋八月，君點額西歸。念四日，君偕學友于生袖扇六秉來索予書，予時家無升粟，一茶清談而已。日西，君別歸。越數日，君祖與予痛飲槐市。後二日，仍相見槐市，君祖曰："孫男有疾，吾甚恐。"予慰之曰："以若孫福德相，偶失和，可勿藥也。"揮別十日，予至槐市，市中老友啾然嘆曰："張子夭矣。"斯人也而夭乎？初聞不信，詢君鄰人，鄰人曰："如是，如是。"予大詫曰："以貌取人，失之張君。君有貴人相，未貴而夭乎？君有壽者相，不壽而夭乎？"吾嘗究《心神相全編》等書，其言夭相也，曰"目綏神弱"，曰"豬脂牙光"，曰"面皮崩急"，曰"肉多骨少"，有一於此，夭相也；其言壽相也，曰"眉目高聳"，曰"年壽豐隆"，曰"垂珠朝海"，曰"筋骨堅老"，曰"精神有餘"，有一於此，壽相也。君於夭無一而壽咸備，乃不壽而夭乎？則《麻衣》《柳莊》諸書可焚也。《武王帶銘》曰："火滅脩容，戒慎必恭，恭則壽。"君言訥訥不出口，君行兢兢自持，所謂恭也。恭宜壽而反夭，武王欺我哉！昔者顏子年三十二，孔子以為不幸短命，君年去顏子尚少八歲，而竟早夭，此亦天壤間大不幸、大不幸也。昔桓子野每聞人清歌，輒喚"奈何，奈何"，吾於君夭，夫復何言，則亦輒喚"可奈何，可奈何"而已。

太白山人槲葉集卷之三　下

書

與馮海鯤先生書

我兩人老矣。老而貧且病，老而貧且客，何天之困人至此乎？雖然，天能困我身，不能困我心，何也？心大於天，天能困乎？生可也，死可也，貧賤可也，飢寒可也，不貧、不賤、不飢、不寒亦可也，所謂無入而不自得也。但放開皺眉，展開曲腸，從天主張我，可也；從我主張天，可也。不然，終日愁窮而窮來，終日愁死而死至，竟何益哉？死生有命，富貴在天，天主張我之説也；趨吉避凶，君子立命，我主張天之説也。信天則以天為主，信我則以我為主，此工夫需從戒慎恐懼、不睹不聞時參入[一]。若只在訓詁、文字中討生活，邊見偏聞，濟得甚事。究之七情橫發，妄念恣睢，其好惡未有不同於凡夫俗子者也。試思普天下、亘萬世，有不好富貴者幾人乎？有不惡貧賤者幾人乎？好富貴而富貴不遂，是徒好也；惡貧賤而貧賤不免，是徒惡也。徒好徒惡何如不好不惡，不好不惡，生亦可，死亦可，貧賤飢寒亦可，富貴溫飽亦可，所謂無可無不可也，所謂無入而不自得也。人能自得，貧也而富在其中，賤也而貴在其中。方蛟峰曰："富莫富於蓄道德，貴莫貴於為聖賢。"能為聖賢，則無位而貴矣；能蓄道德，則無財而富矣。又曰："貧莫貧於不聞道，賤莫賤於不知恥。"與其有位而不知恥，何如無位而為聖賢；與其有財而不聞道，何如無財而蓄道德。向子平曰："富不如貧，貴不如賤。"其斯之謂歟？魯仲連曰："與其富貴而屈於人，寧貧貴賤而輕世肆志焉。"曰"肆志"，此得志於貧賤者也；曰"屈於人"，此不得志於富貴者也。田子方曰："安往而不得吾貧賤。"其斯之謂歟？我兩人生逢斯世，貧極矣，賤極矣，由方蛟峰、魯仲連、向子平、田子方諸君子言之貧也，而實不貧賤也。而實不賤，此謂帝鄉之富貴也。普天下萬世人皆知富之為富，而不知富而不能蓄道德者之大貧也；皆知貴之為貴，而不知貴而不能為聖賢者之大賤也；皆知貧之為貧，而不知貧而蓄道德者之大富也；皆知賤之為賤，而不知賤而知恥能為聖賢者之大貴也。我兩人年已七十餘，年已六十餘，冉冉老矣，將安歸乎？其歸老於帝鄉之富貴焉可也。

【校記】

[一]"入"，底本為"人"，據康熙本改。

寄茹明府紫庭

如何一年不見音書，豈衡陽雁斷歟，抑關山遙阻歟？時從五陵道上問晉商人，或云泛槎吳越，或云走馬燕趙，都無確信。西方離人惟目斷天涯，積思成境，積境成見，登太白則姑射如黛，涉渭川則平水如漣，望秦天則晉雲如龍，道範巖巖在眼，即之縹緲不見。一聲長歎，石人動色。以明府之才、之學、之品，即在南海、北海、東海、西海，無往不合。然杞人之心，不能了了者，太君春秋高，寅官稚弱，合家百口，萍寄堯都，晉中人情，大異秦俗。而三四知己，遠在關西，所以耿耿不能釋諸懷也。秦中去歲夏收一分，秋收二分，賴臥雲先事調濟，不至大窘。山中無聊，寄書遙問。又不知何日風馬雲車，吹聚會合，黃河變酒，痛飲一醉也。

寄佟明府

干旄出郊，載美《鄘》什；菊籬送酒，留芳《晉書》。五季以來，大夫不揖客久矣。明府猥自減驕，光賁丘園山澤之癯，過沐隆禮，敢不拜登偃室？但念生平性近麋鹿，跡遠州郡。更以田間野服，不宜踐履公庭；欲着儒冠，則又身是農人。再四躊躇，不敢徑造。恃明府覆載高厚之量，或不以往來曲禮，切切與迂拙老傖較也。

與奠石書

"水滿清江花滿山，深林二月孤舟還。借問故園隱君子，來來往往住人間。"此唐人譏隱者之詩。來往人間尚且不可，況出入郡縣乎？是以自做秀才時，斗大鄘城近在眉睫，亦未嘗數數晉謁官長，況今衣冠去身，白髮蒙頭乎？昨佟公辱顧茅廬，此皆奠石為不佞作"曹丘生過於遊揚"所致也。禮宜答拜，但皓首老樵，衣冠違俗，一入郡城，則物議紛紛矣。此種苦情，惟奠石為能解之，況佟公豁達之度，綏煩言之，亦必見聽。若抹殺山林本色，曳裾達官之門，此與馬首巢許、隨駕處士相去幾何？非不佞所以自處，亦非奠石所素望於不佞者也。

與家徵君中孚先生

兇荒大劫，吾家南北老幼亞旅數十口，俱獲平安，此天佑，非人力也。弟在他鄉，日惟舉手謝上蒼耳。遊子思故鄉，漢高帝不學猶能言之，況弟稍知詩書，微解道理乎？太白終南，猿鶴寂寂；丘園鄉井，桑梓依依。況西風吹漢水，白雲滿秋山。千里孤客，豈能忘情？但道路悠遠，山川間隔，蹣跚老腳，難於彳亍，是以留滯彼土耳。

寄明世

青松白雪，蕭索久矣。若得吾兄作主人，則山靈庶不寂寂耳。

寄靜齋

武陵桃花，久待秦人，阿兄不來，則風月誰主？某等閒人，豈敢獨當青山家耶？

答蕭柳菴孝廉

來翰謂"樗木不蔽采菖興"。嗟，盍歸乎來？非愛我深者，不及此，但因久臥客窗，靜觀有得，時時藉以自解人生，俯仰上下，環視八方，不過此天、此地、此日、此月、此山川、此草木、此雲霞、此鳥獸、此風雨、此春夏、此秋冬、此城郭邑里、此男婦老幼、此貧富貴賤。謾說四海之內，即在東海之東、西海之西、南海之南、北海之北，總在乾坤內耳。若言人生如寄天地為逆旅，則無論他鄉故鄉，盡人客也；若言隨時隨地於佳山秀水中，為風月作主人，則他鄉故鄉，盡可作主人觀也。故古之達者，謂此身到處，便是家鄉。是以久客三載，雖咬菜食蘗，亦足自遣。春風童冠，得浴沂之曠懷；敲針釣魚，追濠梁之逸致。即窮死，亦不戚戚也。

辭修志與洋縣鄒大夫

太白山癯,辟地漢南,幸以蒲柳,叨蔭松桂。昨蒙瑤章下頒,欲纂修邑志,濫竽及柏。夫《周官》小史,掌邦國之志。邑志,史類也,必也胸羅百代,識兼三長,然後可耳。柏也何人也,而敢膺斯役耶?柏九歲孤,家徒壁立,寡母弱子,力田糊口,耕多讀少,是以空疏無聞。即今稍稍識字,不過輟耕之餘,拾得殘簡餘唾。況自十八歲,別去同學少年,燒卻八股時文,理亂不入於耳,是非不挂於齒者,四十有六載矣。迄今六十四歲,老耄龍鐘,復入是非場乎?知柏成柏,是在明府,若過聽虛文,物色及於豎儒,則東海之東,無翼而飛,北山之北,有足可入矣。

再辭修志書

捧讀翰教,不覺愧汗淫淫下矣。柏聞好玉之國多瑉,好鳳之國多鷗。明府不知柏之不肖,而辱以蒐輯典故之命,此以瑉為玉、以鷗為鳳,在柏則得矣。但惜明府炯炯法眼,欲修曠典,濫錄贗質,使瓦缶秦聲,向白雪臺前,仰歌烏烏。柏雖至愚,豈敢唐突?前聞本朝欲開史局,廟廊之上,將薦崑山顧寧人先生為總裁。寧人以書辭曰:"七十老翁,於世無求,所欠惟死。如不得已,使不令之子追隨老母於地下,此亦人生不可多得之遇合也。"寧人南國大儒,天下學海,尚不敢謬膺大典。柏之固陋,何敢比擬?若一味模糊,率爾應令,則捧腹之噸,於今復見。明府慈悲寬弘,一切民物,咸在矜恤,龍鐘如柏,反不見憐耶?

與張大將軍幼南

自別長安城南,大將軍龍躍天門,柏蟄伏草莽。雖出處異轍,而霖雨蒼生之志,則不間於潛見也。聞將軍建牙以來:武備森嚴,海上六鰲入釣;文教修舉,南邦多士談經。羊叔子之輕裘,杜征南之武庫,兩兼之矣。秦中大旱四五年,赤地數千里,恐不免溝壑,攜家入漢,僑居洋川。以六十三歲之山癯,為一千餘里之孤客,其伶仃艱苦,甚於古之風雪閉戶者。泊令叔先生自南歸,一見如生平故舊,凡事所需,皆先意綢繆。皋伯通之於梁鴻,孫賓碩之於趙岐,劉荊州之於仲宣,嚴鄭公之於子美,古有其四,今見其一矣。

復張大將軍幼南書

古人一日不見如三秋，今則一別九載矣。古人千里命駕，今則萬里各天矣。興言及此，心飛海山。

與蕭柳菴及蒼二弟書

屈指辛未七月廿四日去我故鄉，過二年矣。鬱鬱南客，文章雖好，難遮縕袍之寒；詩字總佳，不療枵腹之飢。猶幸飢不至餓殺，寒不至凍殺，此是莫遮福利，無邊吉祥，況人口平安，不為劫縛乎？王子安云："窮且益堅，老當益壯。"我既如是，弟亦宜然。自今以往，酒破愁城，水滅火宅，凡一切吉凶悔吝，視如太虛浮雲，任其升沉往來。而我之天光湛然，天體泰然，及風靜雲散，依舊是萬里碧霄清似水，一輪皎月挂松峰。何樂如之？

太白山中寄友人杜海門

茫茫四海，無事可做。千里萬思，惟向青山作主人可耳。雖屬迂闊，然採藥彈琴，亦可以消磨歲月矣。

寄趙子初

借山作枕，懶漢故套耳。二十年來，懶未如願。今在山中，早起而紅日三竿，遲眠而夕陽在山。生平志願，於此少酬。

寄袁永叔

入山後，書亦懶讀，文亦懶作，魚亦懶釣，鶴亦懶調。朝夕間太甚耳。古云："不是閒人閒不得，閒人不是等閒人。"某等閒人，獨得閒趣，僭矣僭矣。

寄張素石

宇宙事業有兩，曰山林，曰廟廊。廟廊非吾事也。以山林言：茹草，葛天食也；草服，神農衣也；茆茨，帝堯居也；耕稼，大舜業也。四帝王日用過活，一野人兼而有之，可謂榮矣。孰謂"山中兮，不可以久留"哉？

寄茹公

六月二日，登太白山，小結茆茨。忽有老樵說別有洞天，在白雲深處，松壁萬仞中。開石室，有石柱、石窗、石榻，皆自然天成；泉水清冽，可鑑毛髮。此李青蓮所謂"別有天地非人間"者也。樵今病足，遲數日，潛引至彼，果是佳境，可以老矣。

再寄茹公

寒山枯木，自分斷在溝中，明府薰以南風，膏以春雨，不覺浡浡然，生氣復萌矣。但質在樗櫟，雖遇郢斤裁成，無地乃為愧耳。向者羊裘一襲，厚於綈袍之溫；今日薪米有資，重於漂母之飯。蚊背蠖腰，何以圖報？但願明府大行其道，祿米分炊。則委巷編蓬之士，待以舉火者，豈僅齊大夫及於三百家耶？

寄仝九搏

千峰白雪，坐月無人，猿鶴笑之矣。乃於六月二日負笈入山，覓得秦人舊居，伐茅作屋，如九苞。念及故人，當相訪於清泉白石之間。

寄輝玉

六月登山，占得一峰，白雪不忍獨臥，思與輝玉共之。不識可踏破白雲，一來相訪否？

寄滿老

藍田偕隱之約，敬聞命矣。但太白山別有一幅真洞天，不忍遽別。

寄張蓋公

桂樹叢生兮山之幽，此等景色，豈可令閒猿野鶴獨享受耶？某今僭作主人矣，愧甚。

寄翰垣

今夏南登太白，於水雲窩里，覓得桃花洞口，風景頗佳，覺秦人仙源，不在武陵而在吾鄉矣。君如能來，某當平分。

寄趙靜齋

自入太白，雖云空山清寂，然漁樵以我為師，猿鹿以我為友，清風以我為故交，明月以我為知己。此山家之榮，於某足矣，兄若發憤為林下雄，自當並驅煙霞，未知鶴調誰手？

復茹公

今春又在春風中坐了十日，分袂出門，三月如秋矣。明府以風雲不羈之才，跼蹐百里轅下，此豈大丈夫得志於時，彰君之賜，以養多士之秋乎？然祿米分炊及於中茆，不惟衣食是資，抑且門戶是賴。在明府不以為德，在布衣不以為惠，所謂相與於無相與者乎？

答劉孟長先生

柏生也晚，前不見古人，然好尚論古人。韶齡稍知讀書，每見古人遭逢不偶，高尚其志者，恨不捧置上座，北面百拜而師事之。偶於小學見故人嘉言善行，即取案頭時文焚燒一空。先師大怒，樸挾六七十，令從今人章句、諸生習帖括取科第。但答以"願學古人，雖死不悔也"。一時同會人聞之，或曰："病狂喪心，可延醫投藥"；或曰："鬼物入胸，宜延術士驅除"；或曰："愚駿卜賤命，合飢寒。"遠近傳聞咸驚為怪之怪、異之異矣。從此三避童試，四渡洴，束適晉南，如棧，出而復入。不敢長往者，以先妣在堂故也。柏九歲孤，先妣孀居以來，門戶衰弱，更兼赤貧，受盡鄉曲武斷之苦。學使者至，或教先妣命之就試，柏不敢達，雖濫竽頭巾，如鳥在籠，終鬱鬱耳。先妣見背，脫去敝屣，了初念耳，非有異也。蹉跎半世，前不見古人，後不見來者，一身踽踽，未嘗不嘆吾道之孤也。前丙辰歲，避兵太白山中，偶遇臨潼采藥者，松窗夜話，始知秦中有先生矣。暨壬戌六月，入太白山，遇梓人劉氏，敬問先生起居。渠為口悉，雖素不謀面，遙通姓名者，蓋有以也。柏生平為人，如志不同，道不合，雖共眠一榻，如南海一人焉，北海一人焉。如聞有道長者，即千里，亦同堂也。況近在吾鄉乎？投以小詩，出於至誠，實非佞舌。所可恨者，少年病狂，中年病傲，老年病懶，昏昏悶悶，如瞽人獨行大荒，四面荊棘，莫知所適。何幸先生高山在望，今之古人，奉以景行，可以寡過。近以家弟新亡，不遑束謁，他日華山渭水之間，有樺冠鶉衣、面黑如鐵、將杖扣門者，即柏至矣。

復茹公

劉青田曰：「大寒之後，必有陽春。」自西風吹雁以來，而履霜而堅冰日寒。一日悵望關河，不知春在何處？而明府一函，遙頒溫言如玉，徐徐春風，拂四座矣。小女于歸，綠窗貧女，荊釵出自圜莽，布裙又須賣犬。明府念及寒微，遺之禽粟，既行古人婚嫁相恤之義，又成蓽門淡素之風。用心曲折，至於如是，闔家感佩，筆頭墨汁吐不盡也。

答李三劍客

足下以燕趙義俠，西遊五陵，與不佞相遭於他鄉。草澤之際，愧無寶劍駿馬，分手脫贈，以結平生一片心耳，顧反以兒女瑣屑，遺以奩資。此在燕山寶長者行之，固分內事；年少劍客宜氣象潤略，疏枝大葉，乃是本色。若留心細小，反似三家村中冬烘先生矣。開匣領受，亦不言謝。

寄焦臥雲

向日積穀之說，非為臥雲，廚無粟也，隱為鄉黨荒年故耳。范少伯之散千金，馬伏波之賑河西，青史載之，後世傳之。臥雲，關西男子，亦宜如是。此中意味，難為俗人言，而可為英雄道也。茹紫老已開粥廠一月，可謂先著祖鞭矣。

謝茹侯饋麥

向偕王將軍南歸次日，大雨滔天，簷花落處，點點是愁。天道人事，如何如何。近來鄉村四月，小麥青青，大麥未黃，正值山窮水盡之際，忽承老明府命五丁力士，挾山超海，突起一峰，不覺雲蒸霞蔚，氣象萬千矣。

答王周復先生送犬

其聞贈壯士以劍，贈故人以綈袍。某山中人也，劍與綈袍，山家不需，所需惟犬。故唐人之詩曰："寂寂孤鸞啼杏園，寥寥一犬吠桃源。"又曰："犬隨鶴去遊諸洞，龍作人來問大還。"又曰："風動葉聲山犬吠，幾家松火隔秋雲。"詩人吟犬如此，而先生以義犬相遺，某戲為一詩續之曰："長年採藥少人群，山犬遺來毛色纁。鸚鶴不孤龍有伴，桃源深處吠秦雲。"

寄康孟謀

前了凡使者來，遺以和章。薔薇露浣手，然後捧讀，如對空山松鶴，能使五百年塵土腸清涼似水[一]，服其文矣，尚未知其人也。洎華川張子老云："與社臺相逢蓮花峰上，其志略沉雄似西漢進履、宰肉二少年，其介節剛嚴似東漢申屠蟠、管幼安二處士，其急人之難，濟人之溺，則又似魯之朱家、鄭家。"當時某所聞於張子老如此，知其人矣，尚未沐其教也。一東一西，山川間隔，不知何日，始得巖邊對嘯，尊前吐膽也。

【校記】

[一]"土"，康熙本作"上"。

寄張子餘秋元

先生一戰而席捲三秦，弟在田間一聞捷音，千歡萬喜，萬喜千歡。望東遙賀，如李藥師望東南遙拜張虬老得志於扶餘時也。古者贈人以言，弟辱班荊，敢進一言：我輩岑寂半世，豈無胯淮陰的惡少，浴重耳的傖父，阻將軍的亭長，役高士的小史？望先生涵以汪度，張如可罰，頭上青天，明而且嚴，所謂恢恢不漏也。不如付渠等於此老，聽其遲早判斷了也。狂夫之言，或可採焉。

寄魏海陽

客臘十七日，空山一晤，清風俠腸，迥出物表。意者，得伯陽之傳而成一海陽乎？

寄岐陽琴俠李顯吾

別老人矣。長思老人，因思老人之琴，因思老人之年。老人今年七十八矣，猶愛彈琴，故作《彈琴老人詩》，遙遙寄來。欲使老人知白山李柏相別之後，長有一老人在其意中也。

借梧桐

名園碧梧，此杜少陵所謂"棲老鳳凰"者也。不識肯賜鷦鷯一枝不？

寄牛先生

九月念日，在恒州客舍始聞先生立子矣。鳳毛麟角，知不為陶家栗棗兒也。

餽人箋紙

吳箋三十葉，雖不及薛濤手製，亦光澤可愛。某得此，全無用矣。肅寄文案，以供起造五鳳樓時一採用耳。

答永叔先生

《朱子》節钞録畢，餘諸理學集徐容借閱。磻溪行固不足以盡先生，譬搇蠡飲海，幾曾盡海？然水味在海猶在蠡，孰謂一蠡水味非一海水味耶？

寄振宇楊老

草堂無恙耶？柴扉無恙耶？梅竹桃李無恙耶？黃鳥鳴春時候，柏必偷間[一]臥聽其中，不識主人肯出斗酒雙柑，一療遊客牢騷不？

【校記】

[一]"間"，據文意，疑為閒。

寄牛商山

先生久客岐陽，兩歌鼓盆，一感西河。自非太上忘情，何以堪此？去歲八月，辭舌耕而就躬耕，菜羹米汁，差可消遣。報聞見麟人時，代候劉隱君有道。

寄華川僑隱王將軍巒公

餘不必問，年老人只要身體矍鑠足矣。

與焦臥雲書

臘雪分手又至夏杪，寒暑相催，添人白髮。驥齒加長，尚齕枯草之根；虬甲已成，徒蟠蹄涔之水。自比管、樂，生平之画餅何多；神遊唐、虞，畢世之夢魂空結。哀也長歎，淚流比干之心；老矣增悲，聲咽李耳之舌。面上之唾，時時令其自乾；背後之嘲，日日任爾叢集。劍山星斗，漸蔽塵埃；硯海蛟龍，無復飛躍。田間作苦，惟偕犢子蠢蠢；澤畔行吟，祇共蛙兒小小。一腔怨恨，滿腹傷心，匪臥雲莫可告者，惟臥雲始為知者。

勸焦潛飛積粟疏

龍，神物也，而馴擾于劉累，飲食之也；虎，暴物也，而搖尾於梁鴦，飲食之也。魯國之人不歸昭公而歸季平子，以隱民就食者眾也；齊人不歌舞姜氏而歌舞陳氏，以豆區釜鐘之惠及人深也。由此觀之，則積粟之説，無乃今日急務乎？

寄楚客黃老人書

桓子野每聞人清歌，輒喚"奈何奈何"。先生獨客秦關，弟獨臥太白，一東一西，三載不面，可奈何，可奈何？

寄康甥

老夫年三十五，始舉長女。從許大飢寒塲中，寸養尺育，朝誨夕訓，心血不足喻其親，掌珠莫能比其愛。生於甕牖華門，歸於文人孝子。方慶付託得所，不謂芳蘭未茂，秋風春生，一段天緣，竟成幻夢。渡渭而南，荊妻臥榻，兒女悲號，遺髮殘帨，觸處是恨。歲月恨時，草木恨色，山嶽恨骨，江河恨淚。開卷遣愁，遣去復來；對客強笑，笑亦是哭。生者如此，死者可知？靜言思之，不如就木。

寄滿老

問津驪山以來，曾幾日月？又更一年。回想灞橋風雪，驢子背上，猶依依如昨也。但願舊疾不作，飲噉平善，與王、韓、鄭、唐，三四好鄰，日日調笑雲鳥，嘲侮花木。人間老頭，福如是足矣。

答茹侯

恭惟明府以龔黃、卓魯之才，仕文物、周召之里。渭水清波，溢為霖雨；南山翠嶂，蒸為卿雲。某在鄰治，與蒙膏澤焉。昨驅犢田間，忽承瑤函下頒，擬以非倫，惶愧無地，即當奉教。偃室奈新雨，一犁乘時播種，不敢輟耕。俟野務稍閒，岐陽道上，有竹杖芒鞋逍遙徒步者，即某至矣。

寄宗弟仁侯

憶與將軍定交以來，將軍客也，我猶秦人；至於今日，將軍固客，而我亦客矣。同病相憐，在他人，萍水之交，尚亦關心，若誼屬骨肉者，何以為情？歲未凶，憂將軍病；歲既凶，憂將軍貧。今者歲豐，不憂將軍貧，而還憂將軍病。雖然，病可醫也，若因病中為客，消磨義氣，委靡健骨，此不可醫者也。功名富貴，將軍享過。舊物留得傲骨在，功名遇合，徐俟之耳。古之豪傑，謂三寸舌在，尚可有為，況將軍七尺長軀乎？金石利病之藥，勿謂噉之大苦也。

寄梁布衣質人

一春一秋，一日一月，將古今黑髮少年，都被風輪轉老，可為太息。弟落拓一生，空山無事，胡嘲樵歌，書之槲葉，奇零散碎，邇來收拾成帙。向在湖南，曾求大序，已蒙允諾，今可賜教。使秦人缶聲，不同荒煙蔓草、樹蟬砌蛩，轉眼斷絕者，先生椽筆之外，更屬何人耶？諦思諦思。

辭富平邑侯郭公

蟻陂吏隱在峨松藍田時，耳之熟矣。頻陽邂逅，尤今日事耳。本擬登龍，但樵采之足，不宜城市。辱蒙厚貺，義當飽德，而還山期迫，不遑下咽。高明如先生，可以原其心矣。

寄張明徵

以八十五齡之白頭翁，益貞晚節。吾道長城，屏翰萬里。彼都山老人，不過尋尺短垣，而劉靜修誇詡滿口，是不知後世五陵舊家，別自有一種老豪傑耳。

寄茹司馬

五千里外，聯榻四月，開雲衡山之巔，望日高臺之上，樂何如也？已而分手星沙。祝融峰頭，雁行別南北之影；瀟湘江上，瑟音異秦楚之聲。如荊州笑孔明，不以子龍副雲長；過武關憐昭王，祇為青山死秦地。曉渡藍關，悲大儒遭貶於佛骨；暮宿霸陵，哭將軍受辱於亭長。千古不平，行人掩袂。四月晦日晤焦臥雲，一喜天涯客歸，一喜石交如故。兩狂奴鐏前吐膽，月下談天，至使坐客驚倒欲死，侍者瞠目如癡。此時此際，惜無湘南司馬公同一掀髯大笑也。

答升軒書

不覺又是一春，高蟾云："人生莫遣頭如雪，總得春風亦不消。"這段傷心，古人不免，況於我輩？但恨天公無情，既使春來，又教春去，春風送人耶？人送春風耶？吾兄精研岐黃，此中妙道，能留春住。果爾留得，不妨平分與我。

答郭親

菜根腐儒，只緣飢寒債深，以故挺身貧賤場中，遊戲一番，直待風火散時，任他世上呼作甚麼人也。

寄抗召德

人生幾何，別離多年，不得相見，一見卻又別離，此情何堪？生於五月初四到家，五陵生火，三川無水，庚午、辛未、壬申三年不見五穀。百姓逃走者、餓死者、病死者，自縊死、自藥死者，大約十去七八。傷心酸目，言之淚下。生於昨年七月迁鳳翔，今年三月迁漢中之洋縣，家山田園，盡行拋去。他鄉風霜，又是一番飢寒撤骨。此時即有良、平之知，蘇、張之舌，亦不免艱難二字。況闖茸如生者耶？命也，命也。安之而已。生既歸秦，君德在楚，書不可不讀，劍不可不看，氣不可不養，志不可不存。古人相贈以言，柏也今人而學古者，故以言為贈也。

寄仁侯將軍弟

聞將軍在城南新買田園，俾童僕耕耘其中。將軍衣於斯，飲於斯，食於斯，歌詠於斯，偃仰於斯，可無求於人間矣。功名之偶不偶，付諸天；世情之美不美，付諸人；是非得失之當不當，付諸無心；蝸角之戰不戰，螳陣之鬪不鬪，鷸蚌之持不持，付諸物。若田園之治不治，身心之檢不檢，子孫之賢不賢，斷不可以他諉也，求之己而已矣。

復張子餘內翰

無端旱魃作怪，終南千嶂樹無葉，關西三川草無根。先生想已稔聞之矣。弟於庚午九月為紫庭茹司馬邀，遊南嶽。辛未五月還山。麥禾百畝，僅收五石。舉家十五口，知不可活。於是西遷鳳翔，咬菜根於客邸者九閱月。遣人入鄠，種麥一百三十畝。冬無雪，春不雨，晝夜朔風不歇，麥根之穿土中者枯三尺，又知不可活。於壬申三月，南遷漢上，旱魃又來作怪，千里赤土不異關中，舉家嗷嗷，如何可活？想先生聞之亦必為之悽然太息矣。前於辛未十一月，始得先生翰教，沐手細讀，乃知先生一別十餘年，道路三千里，尚有太白峰頭白髮故人在其意中也。江雁北飛，繫帛雙足，欲使先生知關西老李生，昔為太白樵叟，今為漢上漁父矣。

與憨休和尚書

日者葦航南渡，覺太白峰頭，全是法雲布濩。深山野人，逢此奇緣，五百年火宅塵土腸，不得不化為清涼世界也。但愧家貧山居，惟筍一味，將昔人所謂情深應不笑家貧者，是耶非耶？

與家徵君中孚先生書

憶昔與兄相見於沙河東村，兄年廿二，弟年十九。兄十四少孤，弟九歲失怙：命之苦同。兄一寒徹骨，弟貧無立錐；兄菜色而登山，弟枵腹而臨水；兄縕袍而見客，弟鶉衣而訪友：境之困同。兄囊螢而讀書，弟爇香而照字：學之勤同。兄企慕於先民，弟亦不屑為今人：志之遠同。爾時自以為年正富，力正強，學之五十六十，其成就或有可觀。至於今日，兄髮戴雪，弟頭蒙霜：年之老同。中有不同者，吾兄學成名立，天之北斗，地之泰山。至於弟者，踉蹌田園，混跡魚樵，年與時去，竟成枯落，奈何奈何。

寄臥雲

蹉跎岐陽，釜無米汁，竈無炊煙。於三月廿四日登車西行，越陳寶、入雲棧，一路酸風苦雨、山色江聲，盡貯奚囊。蛍蛍行客，不識人龍。晚憩茅店，枕石臥薪，舍者爭席矣。南出褒斜，山川明秀，別開一境。次日同君衡登漢王臺，觀拜將壇，慷慨悲歌，心折席捲之才，淚落鐘室之難。暮歸客舍，仰觀北斗，俯憶故人。既憐關西，復愁湖南，紫庭匏繫下位，大鵬垂翅，搏風無期。

寄雲柯

天地不仁，偏困老儒。百畝之田，歲歲不見一粒；十口之家，常常度日如年。西歸兩月，盜賊橫起，徙居鳳翔，米珠薪桂。南陽之躬耕不遂，西山之薇蕨難採。不得已於前三月廿四日，南遷漢上。故山草堂，空餘一輪明月；他鄉破屋，只有數點殘星。所可喜者，仲子就傅，乃是梁洋明經，言行可法。所謂經師易遇，人師難得也。

寄焦臥雲

四月如漢南，常以溝壑不免為憂。近能尚友古餓者，自爾灑樂無邊。鄧通、亞夫為餓諸侯；梁武帝為餓天子；楊無敵三日不食，為餓將軍；文天祥一十八日不食，為餓宰相。柏也何人也，至貧至賤人也。以至貧至賤之人，得與天子、諸侯、將軍、宰相同為餓夫，此亦往古來今飢困塲中窮豪傑、窘丈夫，攀龍鱗、附鳳翼，得志於餓者之所為也，又何溝壑之足憂？

與蕭東始

僑居洋縣城東南隅，乃秦太學德英精舍。花木、池塘、桂樹、竹林，極其幽爽。時時狂生毫端，或吟一詩，或構一文，惜無吾弟月旦，好與否都付篁林、鸚鵡品評，道衡氣骨而已。且喜洋北諸山，連亙太白，回視雪峰，依稀如見，客舍不甚寂寂者賴此。

寄門人仝九摶

黃鳥不啄粟而粟盡，碩鼠不害苗而苗枯。此邦不可居，聊以適樂土，故千里不言遠也。聞秦川疫厲流行，十去五四，如欲擇地而蹈，當相待於天臺漢水之間。

為焦臥雲告松友之變 松友鶴名

向無端而東遊，徒令我恨殺、悔殺、怨殺，明知無益而益自恨、自悔、自怨。人心宜無偏而此獨偏，宜無着而此獨着。偏與着皆心病，不能自遣，則太偏太着之過也。過咸陽，悲燕丹之為布衣；經未央，弔淮陰之死女子。此二事，足令英雄短氣。既而微服入青門，遇雲柯於馬首，他鄉故人，慰我愁懷。抵劉輝玉家，乃十二月初一日也。二之夜，夢回草堂，連呼松友不應，尋覓竹下亦不見，怪問家僮，答以松友壞矣。夢中大怒，誚讓老妻，鞭打僮僕兒子輩，怒罵而惺。即與蕭及蒼、劉輝玉言之，答以鐘愛太深，此思夢非正夢也，予心已有所疑。三之夜夢如前，四之夜夢如前，去家三百里外，三夢如一，予已知為松友凶兆。脈脈愁腸，日愈百回，酒味如水，肉味如蠟。平生舊友來訪，對之目瞪口吃，人問其故，托以他詞，不忍明言松友入夢不吉之故。十二月八日還家，一入柴門，連呼松友，寂然無聲，遍覓竹根，闃然無蹤，窗前牆下，惟有寒霜落葉而已。疾趨後院，呼覓再三，形聲杳然。良久，小孫女云："松友折一足矣，養之幽房。"予始悟青門之夢乃正夢非思夢也。開門視之，但見垂頭臥地，予呼其名，翹首長鳴三聲，哀怨淒其，即鐵石人見其苦狀，未有不動色者。痛罵老妻，誚讓家人，髮衝冠而目裂眥，宛然夢中光景。然松友自此不食穀餅。次日買豬肉飼之，不多食；次日羅黃雀飼之，不多食；次日殺雌雞飼之，不多食。次日殺一豬飼之，命宰夫未脫毛先斷豬舌，予捧舌入門而松友氣奄奄矣。少割一片納入口中，而松友昏然氣絕，蓋十二月十九日也。痛矣哉，松友不負予而予負松友。蚤知如此，即將軍令下，宰相書來，亦不出門，況小事耶？千悔萬悔，悔何及哉？曾記出門之時，遍呼一家小大十五口，囑以善養松友，倘有蹉跌，予歸不輕爾等恕矣。孰知一朝別去，便爾永訣。煢煢一身，獨臥木榻，長夜難寐。茅棟寂寂，甕牖冷冷，一片寒心，無所聊奈。

步出簷前，不見松友，相思殊甚。見月思唳，見風思舞，見雪思立，見雲思飛。叢篁節上，空餘剝啄之痕；枯松根旁，尚有跡印之字。猶憶松友渡渭水入雪山，予得之，笑不合口，舞不歇手。自以為林下愛子，可以伴老孤山；塵外拙妻，於焉隱終蘭谷。而孰知其中道相拋耶？漫説家貧，即有金錢聘來，安得馴擾聰明如我松友也者？近為家侄畢姻，不遑埋瘞。俟來春練以白布，葬之太白山麓，以沙書石題曰：松友之墓。而終不足以解我自恨、自悔、自怨之心也。

與張少文書

秋到五臺，應知天盡頭絕塞邊城，秋風更早至也。來翰謂歷盡行路之難。因思西漢忠臣志士秉節北海十九年，鎮定西域四十年，讀《漢書》至此，猶令人魂消沙漠也。別後下院酷暑如火，乃白晝移坐太玄洞。日微有一線清涼世界，然蚊黨縱橫，聲勢成雷，晨搔暮爬，不得安穩，戲作《蚊祟賦》一千六百字，將千古來負虛文而蘊蠱蟲者，誅死筆舌之下。見時呈教。昔司馬太史歷覽名山大川，乃成漢史；先生西遊所經李將軍誅羌處，趙充國屯田處，段先生講學處，觸目感懷，發為文章。及其歸期，又在涼風九月蕭關道，西風吹斷天山草時也。江山助筆，集為奇書，他日東歸，弟以菊花露沐手讀之。西行諸什，一縷清風，孤行紙上，尋不出人間半點煙火。祝刺史穆庵李公文汪洋一大篇，脱盡截江網，祝松祝鶴，羔雁介壽，料子真正一卷，冰雪文也。小集豈敢言文，不過斜陽衰草，三兩牧童浪歌牛背者，先生褒許太過，益增愧汗。

重修周公廟募緣疏 代岐令

道生天，天生堯、舜，堯、舜以所得於天之道，傳之禹、湯、文、武。禹、湯、文、武傳之周公，周公傳之孔子，則是周公之道上承堯、舜而下啓孔子者也。承堯、舜，則堯、舜無子而公其子；啓孔子，則孔子無師而公其師。何以知其然也，聖人之生時位不同，而道則一，故前之聖人或為帝、或為王，而公獨為相。後之聖人，不得為帝、為王、為相而得為儒，公蓋有位聖人之終而無位聖人之始也。其終也，上承堯、舜之心法，故堯、舜無子而公其子，即祖季歷而父文王，兄武王而弟康叔，可勿論也；其始也，下啓孔子之道統，故孔子無師，而公其師，即回也，復而參也，宗伋也，述而軻也，亞亦在中也。公之道大何如也？日月光華，公道明也；江河灝瀚，公道行也；山嶽巖嵦，公道峻也；雲漢昭回，公道章也。公之道大何如也？宜天下後世廟食之報，當與孔子同也。何也？古今道統之歸，不曰周公，則曰孔子，尊孔子，即尊周公也；古今廟食之報，在聖人之為相者，莫盛於周公，在聖人之為儒者，莫盛於孔子，報孔子，即報周公也。孔廟郡國都有，而要當以曲阜為重。曲阜，孔子之父母邦也；公廟始於東魯，而還當以岐山為本，岐山，公之湯沐邑也。邑有廟，在卷阿中央，即《雅詩》成王與召、康公遊歌處也。建置顛末，載在邑乘。歲庚申，丕佞承乏來岐，越數日，以少牢展禮公廟，一望蒼涼。昔之朝陽梧桐，今之荒山蔓草也；昔之壁雝鐘鼓，今之廢井鳴蛙也。乃啾然嘆曰："昔狄梁公毀吳楚淫祠千七百所，獨存泰伯季扎廟。公廟之係於周，更重於泰伯季扎廟之係於吳也，乃吳廟存而周廟廢，黍離之感，豈獨行役大夫為然也。"況公之道大，即帝如堯舜，可為祖考，聖如孔子，可列門牆。先儒曰"箇箇人心有仲尼"，則是箇箇人心有周公，何也？周公者，孔子夢寐見之者也。如曰人心可以無周公，則天可無日月星漢而地可無江河山嶽也。其道之散見於《詩》《書》《易》《禮》《樂》，治之垂統於天下後世，古人詳言之，今不覶縷。即以關西論，生乎公之前者，如伏羲、神農、蒼頡、岐伯、伊尹諸所行之道，孰承之？公承之也；生乎公之後者，如橫渠、容思、小泉、默齊、涇野、少墟諸所聞之道，孰啓之？公啓之也。且孔子未嘗入秦，而七十二賢，天水、汧水之間，有秦、壤、石、燕四子焉，蓋西人師孔，而就學於東，亦猶東人愛公而恐其留相於西也。向非周公啟迪於前，安知四子不以秦民老也？公之道大如此，即廟貌輝煌，俎豆萬世，未足云報，而忍使二南蘋蘩之鄉，八百漆沮之旁，春秋烝嘗之地，神靈陟降之堂，徒餘殘山剩水、枯木寒鴉而已乎？故敬書一言以告夫人心之有公者，作新公廟云爾。

重修岐山文廟疏

今之岐學，古之周學也。周自太王荒山邑岐以來，歷三世，文王生，敬承十四王之道，思進成人小子而造之，是以有靈臺辟雍之役，遂與虞膠、夏校、殷序三代之學相終始。東遷後，大雅不作，秦風歌焉。菁莪棫樸之化，一變而為車轔鐵駟，再變而為擊缶炊炭，故東周大夫見西周黍稷，不得不悲歌留連於其際也。迨軹道繫嬰，而後兩漢人才，右輔為盛。唐宋以降，大則公侯將相，小則郎史守令，雲蒸霞騫，豈非文王辟雍之化有以維持於不替耶？癸甲之變，不惟村郊絕桑柘之社，即壁雝亦無芹藻可采，數十年鹿鳴絕響，杏苑無春。教道中衰至此極矣。恭逢燕山茹公，美秀而文，牧我岐周，首重教化，引德水於橋門，進多士而講業。庚酉秋薦，遂得二人譽髦斯士，已有成效。侯曰："不。登山者必陟崑巔，雖不至，猶勝丘垤也；觀水者必窮海瀾，雖未盡，猶勝行潦也。爰割縣魚之甲，以養龍門之鯉，創建兩廡若干檻，七十子血食有地矣。"乃立櫺星、廼立儀門，博士弟子升降有序矣。齋房、射圃、名宦、鄉賢、啓聖等祠，尚欲次第成之。不佞思侯清白吏，書數卷，琴一匣耳，凡在我輩，縶豈無心！乃為文一帙，告我生徒，合眾腋而為裘，約百絲以成縞，使學宮一新，化枳棘而梧桐之，則今之岐學，不惟上接古之周學，抑且紹休有虞氏、有夏氏、殷人三代之學矣。如曰篳門圭竇，財力殫亡，我躬不閱，遑恤其他？是重負侯之心也夫，重負侯之心也夫？

重修蜀前將軍廟募緣疏

大哉，蜀前將軍雲長關壯繆之為人也！其私淑孔子者乎？孔子，作《春秋》者也；壯繆，讀《春秋》者也。孔子不得志於時，懼亂臣賊子之橫行於天下後世也，以匹夫而操二百四十年之賞罰，是以筆削代斧鉞，此孔子之善用其權也；壯繆不得志於時，懼亂臣賊子之橫行於天下後世也，托威武而定西蜀三分之漢業，是以刀馬代筆削，此壯繆之善用其權也。壯繆之威猛雄武，勇冠三軍，號萬人敵，世之所知也；壯繆之學問精邃，見道分明，世之所不易知也。何以知其然也？春秋時，魯國權奸，莫過季氏。勇如子路，藝如冉求，俱稱聖門高弟，皆臣事季氏，惟顏、曾、閔子，則非季氏之所得臣也，故後世俱稱大賢。孫權割據江東，南面稱孤；曹操位極宰相，挾天子令諸侯，此其勢十倍季氏，而壯繆獨視權如狗，視曹如鼠，若生春秋，則其視季氏不啻蟲蚤蚊虻而已，豈能為之臣耶？使列孔子門牆，則其學問人品卓然與顏、閔諸人相為伯仲。而季路、冉求之稱季氏曰"夫子"，自稱曰"二臣"，此壯繆之所身羞為而口羞道者也，孟子之所為大丈夫也。生平心存漢室，而天子孱弱，乃驅馳於蜀先主，以定三分之鼎，為蜀所以為漢也。亦如孔子心存周室而天王孱弱，乃周旋於魯哀、定之間，以明君臣之義，存魯所以存周也。故曰壯繆，私淑仲尼者也。郿東舊有壯繆廟三檻，歲久圮矣。不葺是侮壯繆也，葺之，則居人二十家，寥寥窮也。於是彙一廟之費而募鄰村之緣。

重修鍾呂坪募緣疏

鏊太白陰石，骨蛻《洛書·離位》，化木巔樸窩一殿，像鳥爪。女子貌仙人，列雙壁侍，壁各一四。東坪坪西偏，鳥道百餘武，下越𡺲，復鳥道百餘武，上得樸窩西坪。坪腦髮峪，左腋泉色味玉女。右偏三祠：一祀鐘仙人、呂仙人，一祀三清，一空。在昔雕罔丹薆，枚如實如，山前人捃摭蘋蘩時薦焉。明季晉銅錕魏侯，欲據險筑山郭營，黔首兔窟，功三靷已。今薪火斷絕。念季歲柔兆敦牂，道人某入坪修聃道，顧壝垣匦圮，桷楹悉天地人灌。思葺，知廟非禹非麻，棟樑之須，不復僥倖阿香車。山非峽山，谷非崿谷，材木必不飛來。陰生也，雖腦林峪峪，不桄榔奚麰，不文欀奚米？故丐文乞檀那為拙鳩了家緣計。但山前人窮矣，今日之募，其毋多千錢喜[一]，其毋少一粒嗔乎！

【校記】

[一]"毋"，為"毋"之古字。下"毋"同。

溫泉里重脩五瘟廟募緣疏

五者，天地之樞紐，陰陽之門戶，造化之根氐，人物之宗祖也。《易》曰："河出圖，洛出書，聖人則之。"《河圖》五數居中，《洛書》五數亦居中，自五而之一、之二、之三、之四生數也，五生之也；自五而之六、之七、之八、之九、之十成數也，五成之也。一三五七九為天數，天亦五也；二四六八十為地數，地亦五也：故五為天地樞紐。天數奇，奇屬陽，陽極則陰生；地數偶，偶屬陰，陰極則陽生：故五為陰陽門戶。虛五而冥於無，則為無極；實五而麗於有，則為萬有。分五而析其理，則為一氣、為二儀、為三才、為四象、為六律七政、為八卦九宮十干；合五而概其義，則為五氣、五嶽、五常、五典、五行、五星。造化於是乎出，人物於是乎生，故五為造化根氐、人物、宗祖。《漢書》曰："五星者，五行之精，五帝司命。"註曰："五帝即五星，在太微垣中。"《酉陽雜俎》亦志五帝名號：曰東方蒼帝靈威仰，曰南方赤帝赤熛怒，曰西方白帝白招拒，曰北方黑帝協光紀，曰中央黃帝含樞紐。尚主人間生死、禍福、善惡、報應。然則五瘟者，其即五帝之大臣乎？或曰："五，陽數也；瘟，天刑也。陽德物，陰刑物。瘟而祀，毋乃以刑為德乎？"李白山曰："刑之，乃所以德之也。

子不見深山之草木乎？不霜雪零落於秋冬，則不能雷雨長養於春夏。今有拔山扛鼎之男子，自謂生不怕關內侯矣。一聞禍福報應之説，則惕然改色。由是遷善改過，貽休無窮，豈非刑天即德天耶？故五而繼之以瘟，亦猶王不足則伯，道德不足則繼之以刑罰也。"溫泉舊有五瘟祠，久歷年所，堍垣盡圮，桷楹三灌。里中長者鳩集鄉人，補葺破壞，丐余文以疏其説。余應之曰："時無須達多，誰布金為園？輸錢粒米，益釜益費，滔天洪流，涓涓之積。雖然，凡人始事易，終事難，簣土為山，豈一朝夕之力？"咨而善輩其有終。

僧如定水陸募緣敘

　　僧人如定，佛門之英。少肄三農，長歸五律。愛水漲撼嶽之浪，曾經慧劍指回；火宅飛迷天之煙，卻教唾珠噴滅。眉毛挽起，是非不桂眼逍遙[一]；肚皮放開，風月長隨身散誕。挹西方天竺法雨，心上靜洗蓮花；翻東漢蘭臺古經，口中嚼爛貝葉。依慈悲教，廣方便門。慮渭水東西波濤，一綫隔千里小海；斷行人南北來往，跬步限九折太行。坐下木杯，難周閻浮之渡；腳底蘆草，豈遍恒河之沙？於是會同高年，創設義舉。取木於藪，不借麻姑叱雷；運石於川，無煩嬴政鞭血。架虹霓於飲龍之脊，絕勝天鵲羽梁；跨黿鼉於長蛇之腰，奚卜海神醋字。更憐酷暑焦石，日鏡磨火山之輪；大寒折膠，冰粟綴玉樓之花。是以遇樵丐薪，逢農乞米。夏之日，冬之霜，伊蒲散香積之供，楊柳灑甘露之潤。濟遠亦濟近，任他朝四暮三；施粥亦施漿，進我一匕半鉢。凡他鄉孤客，遠道遊子：來者來望荻灣，如就樂土；去者去離鳧渚，似失故園。曾幾何時，三年願滿，西辭秦水，南渡吳江。半斤衲衣，孤雪野鶴三千里；一根藜杖，水月空花六七年。既參報恩老禪，復別天目名剎。黃鶴華表語，知是令威還鄉；青松簷前低，卜得玄奘反國。其鄰里舊友，桑梓故人，以當年作橋餘資、施粥羨物，欲建水陸以祀河神。蓋祈鼉徙鯨眠，永絕子胥之怒；蛟馴蚪蟄，不作陽侯之波。恐法壇一開，費用難給。文穰不產三輔，豈取麥於樹皮；桄榔不生五陵，安采米於木葉？故抱楮帙，乞檀那：分千樹一柯之陰，並結因果；普大海一滴之水，共作道場。

【校記】

[一] "桂"，按文義當為"挂"。

重修鳳泉山菩薩殿募緣敘

敬太白山陰而東為鄘鳳泉山，唐史永徽、天寶間，高宗、玄宗駐蹕鳳泉。泉有三，煎可脫牲。明長安王孫浴於此，建祠祀河伯，且為歌行勒石。敬泉而東，高原連山，名七頃原。原築千家之聚，前建菩薩殿五楹，雕冏彩壁，居咫濯濯，蓋亦山中道場哉。然歲深傾圮，瓔珞綴空中白露，衣裳着天外素雲。荒山破殿之下，墮乾行人之淚。和尚普安一見浩嘆，奮思修葺，手募緣一帙，謂余曰："鳳山剎崩，菩薩之相露處矣。"余曰："嗟，菩薩果有相耶？無相耶？其以相為相耶？其以無相為相耶？"普安不答。余曰："凡有所相，皆是虛妄。眼耳鼻舌皆相也，亦皆妄也。眼耳鼻舌既是妄，又以土木相為相，是相外生相，妄外生妄耳。西方之法從無相始，無相之相，乃是真相。棒不能打，刀不能割，火不能燒，水不能濕，諸如是相，何有破壞？子所謂相，風之斯剥，煙之斯煤，斧之斯斷，雨之斯泐，諸如是相，不是真相。既非真相，豈是菩薩？"普安笑曰："吾非不知有相皆妄也，吾非不知土木之相皆妄中妄也。但見世人墮落，皆因相見。既生相見，斯有我相、人相、是非相。菩薩無一切相見，是以有永劫不壞之相，是以世界有土木菩薩之相，世人見土木相，能苦尋不壞相，是土木相亦不壞相法門也。且人皆可以成菩薩，如何不皆成菩薩？緣不著力故。我願世人見此土木菩薩，猛然省曰：'此固槁焉之木、塊然之土，一着人力修為，便可立成菩薩。人具眼耳鼻舌，如何墮落，反讓此槁木塊土耶？'緣是即妄以尋真，即有以尋無，亦覺世意也。然無相何以見菩薩，無殿何以位菩薩，無募緣何以有殿？"余曰："和尚既要募緣，亦當憫人窮乏，勿少一粒嗔，勿多千錢喜，施與不施，聽其自然，勿生癡相。和尚能如是乎？"普安首肯。書以為敘。

創建夢海寺募緣疏

僧實法者，俗姓陳氏，有田百五十畝，中年感白駒之易逝，悟萬緣之悉空，遂捐棄妻子，薙髮為諸佛眷屬，平分田產入於常住。乙卯星紀之月，過白山草堂，丐余文為募緣弁。予詰之曰："何所修建？"曰："古海觀。"予曰："觀者，玄門棲真之地。僧而觀，得無玄之尚白乎？"僧曰："不。疇昔之夜，曾夢長橋如虹，橋有遊人。數人載金兜鍪[一]，衣金鎧，乘金鞍白馬，自東而西。"僧曰:"此何福地?"答曰:"古海觀也。"覺而憶之,遂起建修之志,即取夢所見聞,為榜署定名。"予笑問之曰:"汝身幻耶?真耶?汝夢幻耶?真耶?"僧默然。"汝現在身汝身耶?夢中誰耶?謂現在身與夢中身一耶?汝作夢時,汝家床上應無汝身,謂現在身與夢中身二耶?汝現在身眼觀我色,耳聽我聲,舌說汝夢,鼻聞香臭,眼耳鼻舌,現具汝身。則夢中之聞見言語何所從來,何所歸去耶?"僧又默然。予笑而釋之曰:"汝夢,幻識也;汝身,幻形也。覺而憶夢,夢中憶夢也;今日說夢,夢中說夢也。一夕是夢,一劫亦夢也;一劫夢不覺劫,劫夢相續也。故必有大覺者,而知此乃是大夢也。烏乎!無始以前,不知誰先入夢;無終以後,不知誰先出夢。中間流浪生死,無人不夢,無夢不異。王侯將相,富貴夢也;牧圉廝養,貧賤夢也;簾前金釵十二,堂上珠履三千,繁花夢也;松下茅屋半間,釜中菜根一升,清冷夢也;王喬千齡,殤子數年,修短夢也;六郎似蓮,杞面如藍,妍媸夢也。而且夢中歌,夢中哭,夢中安樂,夢中恐懼。以百年旦暮之身,顛倒迷惑於幻夢塲也,不亦悲乎!獨怪淳于之夢槐安也,既領南柯郡守,又贅金支公主,可謂榮矣。既得榮夢,即當久享,而無如苦惱,隨其後也。此亦人世之缺陷也,更可悲矣。要之夢不留人,人自羈夢。汝夢古海金人矣,古海金人亦夢汝,總幻夢也。謂之夢海可也,且古人亦嘗假夢以覺世矣。莊生之夢蝴蝶,鄭人之夢蕉鹿,盧生之夢黃粱,是皆寓得失於一枕,齊百年於須臾。欲使人因夢得生覺照,一覺不復入夢。故曰:至人無夢。"實法唯唯,明日書以為序。

【校記】

[一]"載",按文義當為"戴"。

松窗瑣言

士也貧

金石堅其骨，江漢濯其身。烏乎！士不貧誰則貧。

又

頭顱照以日月，衾影凜以鬼神。詩書養其百骸，聖賢責以五倫。其進也，伯夷揖於門闑；其退也，盜蹠觸於東鄰。烏乎！士不貧誰則貧。

日喻

日在天上，以升以沉。不著一物，不息分陰。虛明廣大，萬象以森。烏乎！天之日，人之心。

有感

維鳥有梟，維獸有獍。父兮母兮，不考終命。

又

封為虎，哀為虎，李為虎，人之化也。麟也，鳳也，孰化之也？

又

松之槮槮，蔭彼九皋。彼狡童兮，偃仰蓬蒿。

又

荊山之璞，土如苴如。彼狡童兮，寶彼砰磼。

又

狐之先虎，鹿之倚主。莫或爾侮，終為爾苦。

又

枳也者，橘也，化而之不美也；鷹也者，鳩也，化而之不仁也。物亦然也。

又

青青平林，弩伏於旁。坦坦原隰，烈火於藏。

又

馬陵之寵，井陘之旗。蹈彼樞紐，兵潰身危。

又

餌之於魚，酒之於猩。非醉飽汝，其中有情。

又

軋機所伏，依稀微茫。勿謂千里，而有蹶張；勿謂庭堦，平如康莊；勿謂梧桐，惟棲鳳皇；勿謂枳棘，不產室堂。

又

杜漸於微，易言履霜。繩鉅木斷，水鑿石傷。鼠牙之穿，頹爾垣墻。凡百君子，念茲莫忘。

又

鳥啄牛背，角尾莫傷。鼠可投也，器在其傍。嘬人肌膚，蠅蚋蚊虻。禍不在大，蜂蠆文欀。

百尺之竿，危之斯安。東門之礫，驊騮傷肝。

勿謂魚肉，劍匣魚腹。勿謂酒德，鴆巢醹醁。

戰兢歌

穴一尺，起霹靂；雲一握，蔽山嶽。

古意

天下霜柏蒼蒼，天下雪松青葉。

前題

虎不人益，萬夫辟易；牛不人損，屠門不遠。

安貧

貧賤在我，抑有其門。出我門死，入我門存。曹莽如土，顏憲益尊。所知者時，所守者道。食虆衣縕，身名以保。一食萬錢，禍一何早。

有為

堯若臘，舜若腒，後世隱者肥崇車；堯鹿裘，禹惡服，後世隱者衣羅縠；堯茆茨，禹卑宮，後世隱者第如公。

言箴

石不言而自堅，蘭不言而自芳，海不言而自深，乾不言而自剛。

人無棄

冷冷菜根，飢作肉吞；荒荒蘆花，寒作綿遮。

犧牛

牛被繡，鸞刀就。

勸學

龜骨可灼，鐵鍔可削。人不學，不若物。

卜居

烏乎！兔營窟。烏乎！鳥擇木。烏乎！人居火屋。

寤語

雪厚霜濃，吾木不落；海汐江潮，吾淵不混；山走谷移，吾石不轉；霧障雲遮，吾月不暗；颶吼雷轟，吾巢不墮；峽險浪狂，吾舟不汨；水濁泥汙，吾蓮不淬；地覆天反，吾鼎不仄。

太白山人槲葉集卷之四　上

詩

五言絕[一]

【校記】

[一] 古籍原版類目皆为五言绝，实为五言诗体。

弔三閭大夫

廢生于忠良，讒生于文章。憤發于騷經，怨流于瀟湘。君不我感悟，臣不我同行。皇天兮蒼蒼，后土兮茫茫。楚山兮崔嵬，汨水兮洋洋。

漢宮鐘

戊申居恒州趙氏書樓，西隣之婦有子而殤，苦慟凄切，客不能堪，詩以志之。

漢宮未央鐘，弗鼓而自鳴。鳴聲悲以切，廼感銅山崩。金石有母子，脈脈通一誠。亦有南山猿，將子南山行。子殤母腸斷，幽怨塞蒼冥。皎皎雙白鶴，高巢避羅罾。使者征羽毛，為鵝自拔翎。在物尚如此，而況婦人情。

碑

貞介莫如石，而今乃復假。問石石不知，誰是任咎者。塗澤真盜蹠，唐突偽柳下。天地既無口，鬼神亦癡啞。哀哉不能言，悲風響松檟。予木有心人，感此淚空灑。焉得郭林宗，庶不愧風雅。

白山有喬木

白山有喬木，其高五百尋。上枝拂月窟，下根潛極深。日月宿其巔，霜雪不敢侵。千年一卷葉，九垓失其陰。千年一開花，香傳天地心。他山有蔓草，芳花繡石衾。瑣瑣含春意，妬殺松柏林。

囑室 戊申六月作於二曲客舍

盈盈兩歲女，而我心頭血。岐嶷亦堪愛，如何成遠別。思之不得見，脈脈意偏切。對人難為言，強抑心如鐵。汝既兒之母，豈可輕挫折。飢寒固當恤，衣食亦須節。勿教多出門，出門恐蹉跌。勿教近雞犬，雞犬恐啄齧。勿教戲井臼，勿教坐雨雪。勿教弄刀剪，勿教噉土屑。千萬珍惜意，不能盡言說。但得兒平安，窮愁亦怡悅。

梅竹隱

林靖隱于梅，張薦隱于竹。鄭薰隱于松，陶潛隱于菊。彼苗本無心，胡為伴幽獨？豈無桃李英，爛然照我屋？曰非冰雪姿，無以勵高躅。故取二友節，醫彼和光俗。

説忍字

我面容人唾，人胯俛我身。卓哉忍辱力[一]，玉成二大臣。儂本鄉曲士，讀書混風塵。是非固在我，毀譽終由人。花開蝶自媚，羶存蟻競親。物情咸有托，各以類為隣。人心一粒米，何處容怒嗔？有客呼牛馬，不必應麒麟。仰視中天月，圓缺無定輪。

【校記】

[一]"哉"，康熙本作"在"。

嘲秦穆

人道穆公非，我道穆公是。死而棄良人，終非真好士。五帝與三王，何曾計及此。所以秦穆公，好士直至死。

火鼠

火鼠不知熱，冰鳥不知寒。海外億千國，不知周秦韓。何年經神醫，易其心與肝。代馬忽思越，越鳥慕燕山。來來復遄遄，誰曰道路難。歎息黃河水，萬古不西還。

賤士

周之士何貴，秦之士何賤。貴賤無定名，吾道終不變。鳳鳴岐山頭，麟來魯何求？趙殺寶鳴犢，仲尼不西遊。物情惡傷類，桂伐蘭自愁。

感時

風生于虎嘯，雲起于龍吟。是故文武世，兔罝亦腹心。殆至威烈後，道喪德日沉。洪鐘成毀棄，瓦缶作雷音。君門遠復遠，桃洞深復深。去去將何之？王侯驅山林。

童子耕

李柏貧且病，乃命兩童耕。大童年十四，小童方七齡。小者引牛鼻，大者扶犁行。柏也桑下坐，頫首吟《葩經》。《葩經》曰三百，數篇愜我情。桑扈閒閒者，考槃在阿陵。泌之樂饑人，棲遲於茆衡。伐檀河之干，河水漣且清。惟此數什義，守之如箴銘。在家連連誦，在野吟不停。朝吟心如醉，暮吟忘我形。吟來復吟去，吟去吟復生。童子曰夕矣，行吟返柴荊。鄰人笑我吟，我吟愈高聲。山妻止我吟，我復索篝燈。杯酒酹古人，相與對寒檠。我吟古人和，古人呼我名。與子結今友，千秋勿寒盟。夜深古人去，送之於門屏。一榻黑甜久，在牖兩三星。古人去復來，自謂是淵明。葛巾與竹杖，長髯抱羸形。見之驚且疑，稽首拜草亭。先生百世師，聞者奮焉與。我今得親炙，敢不奉典型？先生曰孺子，入道貴至誠。齒髮易枯落，日月易邁征。聞言生慚沮，背汗如雨零。覺來不見人，明月穿松欞。

觀中山

耳觀山無色，眼聽水無聲。而欲成觀聽，聲耳目色精。石人耳目具，如何不聰明。以此識六根，發機由主盟。

獨夜

涉世良非易，獨夜恒捫心。豈云薄軒冕，所志在山林。匪持白雪曲，而藐巴人音。學道數十載，難與世浮沉。棄捐馮道膝，鄭重比干心。進退遵時命，是非付古今。有懷不敢吐，寫在無絃琴。

詠巢許

猗嗟巢許氏，而逢唐堯宰。日月出東方，爝火熄其彩。萬國親考妣，遁世終不悔。出亦匪我功，處亦匪我罪。士生蒼姬後，石隱真成怠。納我于清涼，置物于鼎鼐。賢哉忠武侯，不鄙從政殆。民物吾胞與，安忍膜外待。近古誰有情，寄懷知何在？天下古天下，四海今四海。

丹穴

鸞鳳生丹穴，歌舞珍羽翰。來遊黃虞周，隱以哀定亂。喆人貴知幾，慎莫嬰禍難。魯西狩獲麟，仲尼發浩歎。所以孟虧氏，翩翩絕羈絆。

太白中峰坐月

皎皎天上月，湛湛巖下水。水月遙相望，何啻千萬里。月既出於天，如何在水裏。天月為之母，水月為之子。月子如月母，圓缺亦如是。譬如形與聲，影響隨滅起。萬物各有本，乾元為資始。

南山行

東壚酒正醨，沽來佐獨步。深秋挂杖頭，挑向衰草路。行行三五里，路旁逢古墓。蕭蕭老白楊，紛紛藤蘿附。其上巢烏鳥，其下穴狐兔。嗟我徘徊久，恍然如有悟。酹酒問死者，誰教此中住，子孫相望極，何不一反顧。以此感我心，淚下如雨注。舉頭見南山，雲光橫布濩。山巔寒猿嘯，山麓行人度。前人去不歸，後人來無數。去來如波浪，南山永如故。

古別離

十歲期偕老，未偕君遠別。別時桃李顏，今已成哀歇。曉起理機杼，夜來坐明月。獨坐無一言，思君一何切。思君君不見，一日腸九結。妾若不思君，火井生白雪。妾若不思君，冰海成炎熱。並刀剪長江，水不為之絕。擁箒掃月色，光不為之滅。提筐出採蘋，鶴鳴于蟻垤。雙飛入南林，草木亦清越。

穆公墓

秦穆居西陲，奚蹇為之傅。能起非子疆，式廓大駱步。國計富且強，西征復東渡。救荊一何烈，置晉復其祚。河山既百二，重以虎狼戍。開關噴欬唾，諸侯皆西顧。雄風吹落日，遺命多錯誤。不復為盟主，以殉三良故。哀哉秦之人，徒為黃鳥賦。千載隴山下，浮雲空布濩。霸業一片石，書曰穆公墓。

蜀前將軍

大哉關雲長，私淑孔仲尼。匹馬孔子車，寶刀孔子筆。扶漢尊周法，討賊賤霸律。孫曹強晉楚，靈獻威赧匹。將軍仗大義，心如天之日。結髮事先主，乃心在漢室。君臣盛高光，征伐天子出。百折志益壯，但恨賊不黜。百戰非好鬭，戡定需勇帥。赤精運雖衰，之死吾事畢。仲由為葅醢，為輒豈無失。將軍讀《春秋》，見義精且密。富貴不能淫，威武不能屈。烈烈大丈夫，漢代人第一。

立秋前一夕登南莊趙氏樓

天下暑將盡，先從心上秋。況復西風起，吹月度南樓。樓高疑近月，伸手直其鉤。捉之不可得，挂起通宵愁。

或問"樂亦在其中矣"，義酷辨不喻，為賦短章迺喻

魚以水為家，鳥以空為路。飛天與潛波，樂亦與之俱。問魚魚不知，問鳥鳥不悟。

季元常先生有《峪泉阻雨》之什，同蕭雪山即席次之

之子臥空山，清隱似巢許。結茅白雲鄉，數椽歆險阻。種石傍春林，釣月臨秋渚。偕隱曾有約，松窗共夜語。朗誦《北山文》，細評《盤古序》。清晨騎鹿遊，重攜猿鶴侶。看山已自醉，況復酌春醑。

鏡

自見眼所難，因鏡以自見。見面不見心，鏡即眼之瑱。我有鏡無形，照心如照面。既能照而惡，亦能照而善。照來固不辭，照去亦不戀。不敢墮于井，

不敢懸于殿。塵土不敢侵，古今不能賤。光芒如明月，能照天下遍。

太白山樵者

今年斬老松，明年斬小松。小松正青青，斬之如切薪。三年山如赭，斤斧何處庸？

太白山雪月

夜坐山中月，月光復映雪。雪因月更白，月以雪增潔。月如雪之夫，雪如月之妾。雪月兩不礙，一體無分別。

又

我愛月下雪，我愛雪上月。月光蕩雪花，乾坤胥白徹。高士懷素心，寧與雪月別。一滴飲貪泉，雪殘月亦缺。

壬戌九月過岐，茹明府署中邂逅諸友，為十日飲。予將還山，詩以別之

四明毛石臺，而為五陵客。頭放二丈焰，胸藏萬斛血。河東許子秀，西遊秦冀闕。沽酒咸陽市，鼻頭如火熱。浙濱盧甸仙，浩歌彈長鋏。揚帆過大海，探珠驪龍穴。青門杜雲柯，道與楚狂垺。玩世嘗談天，筆花飛騷屑。華下王戀功，老面冷于鐵。結髮將三軍，勇氣江河決。主人燕趙士，慷慨延豪傑。築臺岐山下，日與鄒郭接。劍履無珠玉，賓客亦怡悅。柏也披裘人，聾瞶兼啞拙。長揖謝我友，而臥太白雪。

古意

霧雨隱玄豹，頮首岩穴間。七日不飲食，羽毛澤成斑。是以古大人，十載不出關。其清如秋水，其靜如深山。一朝補元化，霖雨遍九寰。損然後能益，勞然後能閒。攘攘誇毗子，徒令二毛頒。

田園吟

半世居田舍，嘗與老農遊。農以酒觴我，我吟詩以酬。守門惟一犬，耕地有雙牛。更為子孫計，木奴千百頭。

東湖

湖在鳳城東，月在湖水中。水能涵月相，月能印水空。水月兩不礙，人天如是同。

劍琴

劍是莫邪劍，琴是焦尾琴。琴中春雪白，劍上星斗森。二物蔽塵土，志士為傷心。

詠史

楚鼎烹漢父，中山飲樂嗣。布以妻言困，紹以子病遲。事後觀成敗，君子宜審機。

丙辰夏日宿吳道士士洞

吳子開山日，李生弱冠年。餐霞臥一樹，採藥烹三田。莊惠濠梁上，遠明溪水邊。笑聲猶未已，真役有後先。萋萋舊隱處，綠草幕寒煙。

宿石壘

路出白雲上，忽在白雲下。四面碧峰合，祺殿無古瓦。風聲溢木竅，吹息如野馬。北望飲龍川，東流自瀟灑。但恨百年後，誰是來遊者？

烏夜啼

不知南林鳥，何以事霄征。碧虛不見月，天河三兩星。長夜如萬古，寥寥復冥冥。幽人竹窗下，忽聞啼烏聲。啼烏午夜啼，啞啞杜陵西。上林樹已兀，誰復借爾棲？勸子歸南山，將子復將妻。

有感

鷹鵰性本鷙，猘貐性本虣。物不慎趨避，殺之何其暴。失水海大魚，螻蟻欣所好。盧口不惜力，均克田夫竈。以此感我心，卻步長安道。萊子辭楚相，魯連欲海蹈。豈不懷蒼生，末俗達吾操。

鑿山開渠贈梅明府品章

大哉水之德，浩浩淼難測。萬物資生始，奇功在稼穡。無人為疏瀹，委流荒山側。先生富水學，家世居南國。抱此濟川才，握符宰西北。駕言巡所部，憑軾長太息。深山藏大澤，何以嗟艱食。爰召邑父老，諏日以興力。戴星之南山，手闢荆與棘。相勢鑿巉巖，水火兩相逼。鏊鎝動雲根，險阻無不克。次第治八溪，阡陌浥禾稷。百里無石田，萬家樂耕織。感此功德深，路巷豐碑勒。千載酃陽道，行人歡顏色。

見月

但恨在天月，其光未照徹。鴟鳶上雲霄，黃鵠六翮折。既以臨下土，胡為有圓缺？問月月朦朧，問天無言說。更問諸鬼神，兀兀而泄泄。徒令悲歌士，淚枯雙瞳血。所賴經與史，返鑑堪怡悅。功罪生晻曖，瑕瑜死昭雪。千年紛俎豆，崢嶸多豪傑。纍纍義士壟，草木自苾烈。向見廁中鼠，啾唧在一穴。

懷故友屈二成寰

十歲為君友，二十與君離。君長我一歲，我兄同學師。作字君先妙，為文我較遲。君貌姥擲果，君才泌賦綦。芝蘭正欲茂，秋風忽敗之。二老三幼子，泣血徒漣洏。里巷隕涕泗，草木鬱淒其。于今三十載，悠悠繫我思。

雜吟

心如一碗泉，文似萬種花。引泉澆花樹，花成泉可嗟。何如濬泉眼，源深流無涯。

又

松柏無名花，牧勺懼秋霜。所以學道者，所急非文章。仰觀天在上，於穆而蒼蒼。無口說雕蟲，萬物亦張皇。

訪李記室

杜二唐十八，合之為一族。嗟我仙李根，遠蟠在鴨綠。雨露湛天和，枝葉何郁郁。五千演玄言，九流探天祿。四海風雲際，經綸實其腹。仗劍西入秦，吏隱學蠖伏。俠烈干氣象，義聲達空谷。聞之不能寐，雞鳴飯脫粟。訪子如郇城，應門兩童僕。呼童達姓氏，君以王事趣。室邇人則遠，彷徨以躑躅。春遊十畝園，君詩題墻屋。見詩不見君，松風空謖謖。

庚申元日

蹉跎年五十，悲憤足千秋。拳曲溝中斷，溯洄浟內鰌。時危髮易白，道重骨難柔。六極莫言極，四休真可休。老非丁令鶴，大類景升牛。學術懷三策，形骸穢九州。棲遲柳宅茂，徙倚松窗幽。公子辭秦去，大夫懷楚憂。瓢縣無柏葉，爐焚有松毬。暫適鷦鷯性，終期汗漫遊。

問鏡中人

鏡中一貧士，莫非李雪木？聞汝少年時，汝欲老空谷。汝髮已斑白，汝行尚碌碌。覿面一唾汝，汝慎毋瞋目。秦越汝鄉黨，冰炭汝骨肉。父母汝薄葬，兒女汝枵腹。荊棘生汝田，風雨頹汝屋。汝衣恒藍縷，汝食恒糲糗。汝年四十九，汝壽非鶴鹿。汝不歸山去，唾汝恨不足。

鏡中人答

我既是雪木，不知汝是誰？汝貌酷是我，我形真似伊。汝我二而一，出入不相離。我年既老大，汝豈少壯時。我行不努力，汝志亦委靡。汝我一發憤，南山即東籬。

冬日王青門至自寧王村，辱弁詩序，日午送歸。肖雪山、趙琇玉猥自田間，枉訪文，談至夕，既歸，詩以歌之，即柬三子

一送邵平去，兩迓求羊來。野服咤雞犬，文談鄰舍猜。共抱樵采癖，兼矜農圃才。麟獲鳳不至，泪溺在蒿萊。杖履識猿鶴，松月狎酒杯。天道私聾瞶，月旦寬癡騃。涉世利攸往，欽此銘靈臺。不桎風雲足，誰別捕鼠材。

郊牛

郊牛甘鼷鼠，烏鳥嗜烏賊。物各恣所貪，貪者為所食。差也踐擒之，智也裹所殛。我貪人之土，人滅我之國。吉凶生乎動，倚伏安可測。

雜吟

巢由一山富，堯舜四海貧。桃花三月秋，梅花臘月春。見荄知花品，獨有羲皇人。

隱者不可富

堯為貧天子，缺為富隱士。菀與枯所集，禍與福所起。前軌折其轊，後車可以止。不然輿説輹，云何其吁矣。

弧矢

竹飛土逐宍，羿也藝神奇。九日烏雙目，落而左右之。夙聞蒙衛養，棘鋒墮猿兒。後世有大巧，中蝨戟牛皮。技也至於此，大道乃可為。聖人既已死，大盜復不止。小則殪一禽，大則射王子。

定情篇

寒燠雖殊序，榮悴互乘期。蒼蒼岩下柏，烈烈歲寒時。磈塿殖枯槁，薰風亦淒其。採蕨西山顛，牧羝北海湄。天地自板蕩，吾道愈坦夷。

伐木

登山而伐木，求得百圍樹。近根成地灌，其梢蝕風露。其身十餘尋，還堪匠氏顧。或以數寸朽，寘之在中路。鬼神具冥識，風雷千里路。遷之麻姑廟，雕楹龍鳳附。惚怳生精靈，卿雲日布濩。昔為溝中斷，今中廊廟度。

士品

楚不刖卞和，所抱非真璞。漢不屈賈誼，行止定諧俗。宋人寶燕石，魯人傷麟足。玄豹在深山，霧雨七日伏。

火鼠

冰鼠蟄冰溫，火鼠食火涼。二鼠無所畏，性定體自剛。庖刃解千牛，以神遊鋒鋩。因知人間世，嶮巇而康莊。

有感

哀清嚴化虎，食人而跳梁。一嘯風生峒，賁育不敢行。哀哉田家犢，孿孿漬桂薑。

愁

日月度愁海，天地寄愁城。憂亦在此世，樂亦在此生。松柏遭霜雪，青青復青青。

自言

雨雪紛霏日，雷電震長空。鳳鳥歸丹穴，海內起大風。少孤貧且賤，竄身草莽中。力微難舉鼎，數奇莫求通。即今髮白後，山林矢自終。不窮不是我，是我何言窮？！白石不堪羹，紫芝正芃芃。

巳己五日哭屈子[一]

我恨屈三閭，何以生楚國。先生既生楚，墨守乃可則。枳棘克四郊，明哲宜默默。辭賦身之災，忠義反貽賊。吾為先生計，丹山潛鳳色。九州歷相君，焉往不黜直。毒哉上官氏，蓄意那可測。讒言傾國士，令我淚沾臆。遙拜汨羅江，秦山隔異域。手劍劚佞人，事往不可得。徒挹硯海水，泣灑雪山黑。

【校記】

[一]"巳己"，底本、康熙本皆如此。當為"己巳"。

潛節 有引

楊氏、舒氏，鄅東農家女也，笄而俱為吾鄉婦。楊歸王受，舒歸曾三省，省與受亦農家子也。二氏相夫以禮，後皆無出。迺勸夫各買一妾，妾各生一子。才數歲，而夫與妾俱逝。二氏居霜，正值崇禎末年，寇盜竊發，兵饑相仍，二氏各負一塊肉逃竄，葡匐菜色。道路見者，莫不鼻酸，而二氏皆自若也。洎二孤長成，甫能耕田為養，而二氏相繼逝矣。苦節如此，而竟以貧賤，故遂令冰霜大節蕪沒於綠草黃土之中。使在朱門高第，其旌表當何似哉？李子閒居，偶憶此事，不禁拍案傷心，遂為五言弔之，詞之粗拙，不遑計也。

郿東兩貞婦，俱嫁小家壻。出身俱微賤，性情俱聰慧。數年俱無出，俱向夫壻說。俱為夫買妾，俱求宗祧繼。數年饑疫起，夫與妾俱逝。妾俱生一子，伶仃俱數歲。二氏矢靡他，俱誓不解帨。俱無舅與姑，俱鮮兄與弟。數年俱遭兵，負兒南山憩。數年俱遭飢，兒肥母粗糲。兩兒漸長成，耕田為生計。兩兒甫得力，兩母忽焉斃。州縣不以聞，俱向黃土瘞。節俱鐵石堅，名俱貧寒蔽。借是朱衣母，俱饗春秋祭。所以感我心，潸然頻出涕。古今非無才，多在空山閉。

獨坐

乞食漢淮陰，釣魚周呂望。天下布衣人，由來隱上將。當其貧且賤，舉止多骯髒。吾聞雲夢鷹，狐兔匪所向。鵬雛徙南濱，聳身霄漢上。全力擊大鳥，天地亦震宕。毛血落雨雪，猛氣何其壯。神物抱絕技，鷦巧豈足尚。譬彼江湖潮，不可沼沚狀。君子遇寒士，慎勿以皮相。

絕糧

孔孟亦絕糧，在鄒薛陳蔡。聖賢大宗師，貧豈我之害。天道有剝復，人道盡否泰。

文

心如一碗泉，文似萬種花。引泉澆花樹，花成泉可嗟。何如濬泉眼，源深流無涯。重出[一]

【校記】

［一］"重出"，二字康熙本無。

憶舊

落落荒村耳，儂生初在此。五歲能記憶，百家叢一里。賊盜時竊發，走避似奔兕。聞人說太平，如在夢寐裡。生來不曾見，向前細問彼。父老為我言，一齊都提起。伊昔宗與祖，種成桑與梓。風俗淳而樸，依稀華胥氏。欄阱豚鴨肥，阡陌禾麻美。謳歌填衢巷，門外無公使。兒童皆讀書，間亦出佳士。治極還生亂，兵燹從此始。鳩糞五岳石，鯨簸四海水。天下事可知，禍亂不遽已。而今憶其言，句句關治理。而今過其地，步步牽棘枳。不知何王世，乃得復舊只。仰面看青天，云何其吁矣。

老人

道傍大哭人，老有八十歲。頭髮成白雪，面皮浮垢翳。衣裳甚藍褸，齒牙亦毀敝。相逢忽相驚，問其奚隕涕。自言有兩兒，大兒遠贅壻。小兒年四十，家貧無伉儷。老妻赴黃沙，子耕為活計。近年為欠租，囹圄久械繫。父子恩雖深，無力相救濟。昨聞無完膚，拼老欲代替。行來數十里，人傳杖下斃。輸納無所出，不敢去收瘞。老牛思舐犢，返哺阿誰繼？此苦是何苦，吾亦願速逝。儂聽老人言，為之數掩袂。眼餘千淚落，囊乏一錢惠。諺云嘗甕酒，唯將一滴嚌。今日觀此老，可知天下勢。

甲子端陽日哭屈子

不喜田文生，但惜屈原死。原生楚有國，原死楚滅祀。秦王方按劍，楚子疏國士。楚人壞方城，秦人渡漢水。

太白山人槲葉集卷之四　中

詩

七言古

太白山月歌

我年廿二入雪岑，老母倚門戒山客。是兒健步心膽觕，勿教險岩攀松柏。我隨山客入深山，深入深山路二百。白晝披裘六月寒，夜來燃火冰雪宅。我在山中見白雪，白雪之白白於月。須臾月出白雪上，白月之白更皎潔。雪白月白山亦白，又見白鶴立白石。我著白衣白接䍦，雪中看鶴踏月出。白鶴向我舞，白月照我室；白雪沒我足，白石盤我膝。手持白玉杯，笑將白酒啜。山中之客喧笑語，笑我面頰冷如鐵。倚杖回言君莫笑，我將山月為君説。山中之月宜在昏，嫦娥素服窺松門；山中之月宜在曉，水晶簾捲桂輪小；山中之月宜在春，花神冠玉侍幽人；山中之月宜在夏，瑤琴初鼓薰風罷；山中之月宜在秋，霜華坐破石林幽；山中之月宜在冬，梅花枝上看玉容。我見山月思渭川，一竿釣周八百年；我見山月思首陽，清風吹動蕨薇香；我見山月思商山，輕別紫芝出藍關；我見山月思漢江，龐馬相逢把酒缸。我見山月有所思，悠悠今古思無期。不如無心渾忘卻，兀坐山月但亹亹。有時夢逐松風去，長揖葛天與伏羲。

愛松篇

君不見，太白山頭之老松，老松夭矯如老龍。愛松老人來松下，倚松為屋老其中。風動松兮松有韻，伐松為琴勝梓桐。有琴不於松下撫，玉匣鳳池塊如土。有鶴不於松下舞，清唳三聲哀怨苦；有酒不於松下醉，瑤草琪花春憔悴；有茶不於松下烹，銀瓶金鼎徒膨脝；有香不於松下爇，椒蘭枯朽芳澤輟；有棋不於松下敲，子聲確然如擊匏；有劍不於松下彈，干將斗文半凋殘；有鹿不於松下騎，寒猿升木見人疑；有雲不於松下眠，繩床瓦枕鬱蒼煙；有雪不於松下賞，青女笑人頻鼓掌；有月不於松下看，嫦娥蹙眉愁廣寒；有書不於松下讀，萬斛俗塵眯雙目；有詩不於松下哦，白石清泉奈爾何。所以吾生愛松柏，為愛古松家太白。一入松島四十年，蝴蝶莊周共松宅。我愛松兮松愛我，結就松實垂顆顆。采而服之延松齡，高臥松頭弄雲朵。我愛松兮松愛我，愛松之外無一可。知己惟有山之松，撫松盤桓絕煙火。自我束髮適松林，行吟坐嘯在松陰。松邊槐棘匪所愛，千愛萬愛松一岑，與松盟老歲寒心。

書五丈原武侯廟碑陰

大賢爭天不爭地，大盜爭地不爭天。爭地萬里無尺土，爭天一日天萬年。一統三分何足評，忠漢篡漢身後名。漢地三分曹爭一，漢天一統讓先生。嗚呼，萬世奸雄誰敢爭？

明月篇贈溫母唐節婦

明月山頭明月明，明月明明照山城。山前淑女鍾明月，愛看明月月下行。山有明月輝草木，人見明月豈無情。明月捫來入懷抱，此身可比明月清。笄為明月山前婦，夫婿明月山之英。祇期月滿山長峙，孰知月缺山如傾。月出山邊泣黃鵠，月落山門燕不鳴。我今為歌山月曲，明月皓皓山青青。富平有明月山

逍遙吟

虛虛實實自家知，是是非非更問誰。水水山山真可樂，名名利利欲何為？兩三酒酒詩詩友，一二歌歌舞舞兒。賦賦離騷看看劍，書書科蚪彈彈棊。身居寂寂寥寥地，心作兢兢戰戰思。欲語語時還默默，方愁愁處更怡怡。榮榮辱辱有天命，攘攘熙熙莫逐時。炎炎到頭成冷冷，盈盈未幾即虧虧。分分寸寸勤吾業，聖聖賢賢是我師。子子孫孫教以善，夫夫婦婦莫相欺。磽磽瘠瘠田三畝，歲歲年年雨一犁。童僕耕耕婢織織，藥苗采采蠶絲絲。低低茅屋深深巷，小小松窗破破籬。世上機機巧巧好，山中悶悶淳淳宜。人人事事要如意，古古今今希有之。

磻溪行

吾聞鳳城東南古磻溪，鐵壁敞空色如漆。上有不老之喬松，下有仙人之石室。石室窅冥星斗寒，仙人紺髮玉葉冠。天女裁衣碧瑤壇，剪破白雲為素紈。夜燃松火煮琅玕，曉騎蒼鹿吹紫鸞。暫時高臥幾千秋，人間甲子但掉頭。丹竈看老雙白鶴，藥臼馴守二青虬。匣中寶劍光如練，屠鰲解鵬似截線。前年醉舞瑤池宴，誤削崑崙落半片。乘酒遨遊星宿海，戲曲黃河為佩帶。既借青鳥駕羽輪，又倩飛瓊驚霞蓋。須臾歷覽大荒遍，叱馭復向三島外。海若聞之驚且怒，蕩漾惡浪鼓煙霧。鼉鼓龍馬列水面，霓旌電旆連天布。海嶽震動日月昏，氛埃障斷御風路。仙人瞋目發浩歎，何物蝘蜓敢作亂。一揮鏌鎁飛雲漢，轟然霹靂吼天半。鼃群蛟黨忽星散，鯨背鱷腰寸寸斷。仙人仰面笑不輟，萬里碧霄復澄徹。此時舉手辭天闕，歸來還弄磻溪月。

梧宮

梧宮臺上梧桐花，古人歌舞梧宮下。只今宮老梧桐死，野草連天嘶牧馬。

知我吟

鐘期云徂，伯牙胡為怒而破琴乎？吾自知我我知吾，吾我之外一任牛馬呼。予既無心，渠亦糊塗，六合豈無知我者？天有日月吾不孤。日月皦皦曜雙輪，往來送盡古之人。山河大地都照徹，肯遺深山老頑民？日月天眼明於火，照我心如丹砂顆。或有尺霧來障之，照見亦可，不見亦可。我自知吾吾知我。

題劉侍御安《劉先生表忠錄》後

張賊殺活天下士，乃是鳳翔劉夫子。當時一日不求生，至今夫子何嘗死。憶昔逆闖犯闕時，文武調笑如不知。先皇本是神明主，洞晰時勢不可為。蒼黃批髮煤山上，龍去鼎湖弓髯垂。先朝養士三百年，摧朽拉枯多披靡。豈知輶軒採風人，乃是死義報國臣。君死社稷臣死君，阿咸死叔節嶙峋。君恩家訓兩得矣，大忠大孝一門真。他年君臣同閟宮，烝嘗俎豆秋復春。

老牛篇

　　盡萬物之類而生死於苦者，其牛也。牛壯之時，有力如虎，歲歲年年，為主力土。力土十年牛已老，齒衰半減去年草。羸骨如削毛如掃，猶教負車泥水道。老牛負車如負山，眼哭口喘百般艱。主人心忙鞭欲死，血濺黃塵點點殷。點點黃塵老牛血，老皮禿裂皆瘢凸。明知主怒不易犯，只緣力盡敢臥輒。共言牛病不言老，誰容空將芻粟齧。芻絕粟斷皆相向，皆言可殺不可葬。壯兒饞眼無全牛，春然支解投火浪。火浪千沸相煎急，但聽牛在釜中泣。烹牛還將骼為薪，骨成烈焰肉成汁。汁截相和飽家人，又呼兒童招鄉鄰。一半分羹結意氣，一半博錢濟家貧。憶昔家貧貧不愁，百畝薄田有耕牛。麥隴犁破月千頃，黍陌曳動雲一丘。雲丘月隴都耕了，主人還嫌牛力小。努力荒田為飽人，忍饑輒下誰復曉。輒下忍饑苦莫訴，朝朝暮暮耕如故。一粒亦關千鞭苦，力得君家衣食足。君家衣食自牛生，牛老忍教牛遭烹。一切苦惱憑他受，生食其力死食羹。可憐生苦死亦苦，誰將物情比人情。人鷖一飯報千金，耕牛飯人刀斧尋。試將物情一反推，如此報君君何心。君不見，殺牛牛角刺其腹，嫁人殺牛自貽賊。老秼生芻君之恩，死瘞黃土君之德。君不見，楊氏門閥甲天下，宋家科第冠古今。一編竹橋渡螻蟻，一藥黃雀放山林。放雀渡蟻果報明，況乃牛是星宿精。我願世間人，率爾好生性，勿食牛之肉，勿殺牛之命。

韓淮陰掛甲樹 有引

　　洋州西北二十五里，有鄧都山，建三清廟。廟前古柏礧砢，蓋數千年物。相傳為淮陰侯掛甲樹。侯自登壇以後，或講武射獵山中，掛甲樹上亦不足異。但侯以年少奇才用力於孫吳而未嘗奉教於黃石，故及於禍。予為此詩，蓋悲侯之功成名遂而身不退也。

　　蚪耶龍耶？即而視之，乃是山巔千尺夭矯古柏樹。宮殿逼仄橫布濩，問之山中老人，亦不知其生於何代、歷年之數，傳是開漢大將淮陰韓侯掛甲處。掛甲樹老將臺古，棟梁高榮天漢路。根盤社稷四百年，葉覆三秦捲煙霧。山魈木石逞魍魎，飆發窾穴霹靂怒。杈牙烏號棻戟列，枯棒星點劍鍔露。蒼杉結陣風雲變，霜皮溜墨書露布。大材偉幹吐精神，赤帝庇蔭穩玉步。重陰可供麒麟臥，苦心不免螻蟻妒。哀哉淮陰絕代功，英雄底事空復空。出陳倉而略雍廢，渡夏陽以定關東。固已勳名赫赫，震耀寰中；及其大戰垓下，摧滅楚雄。何不辭王爵而謝元戎，偕子房長往於深山，從遊於赤松。同乎冥冥之飛鴻，顧乃陳兵，出入鞅鞅，然恥伍噲等庸庸。以致嫛也讒攻，雉也交訌。為呂篡漢，畏將軍才高知洪，陰使舍人誣以反蹤。哀哉！淮陰以用兵如神，百戰百勝之英風，乃為蛾眉女子紿入未央宮。不聽蒯通，鳥盡藏弓，英雄底事空復空。幸有三歲孤兒還賴相何寄南越，至今韓半傳無窮。萬世精誠感天公，陽甲城裡草色紅。信不背漢，此事可憑。徒令行人過之，淚灑荒叢。吾願天下後世抱淮陰之孤忠者，功成身退，善其始終，而儀刑乎猶龍。

望夫山 有引

辛未十月廿三日，寓岐陽客舍，夜不能寐，偶有所思，隨吟《望夫山》一篇，曉起淚硯磨墨，舉書之。

望夫山上望夫還，望夫不還空登山。前年望夫至酒泉，今年望夫入玉關。年年登山為望夫，望夫不見見雙鸛。賀蘭山上霧冥冥，鳳凰山上雲閑閑。千山萬山皆雲霧，雲霧之外絕人寰。萬里沙漠冰雪裏，妾夫衣铁戍其間。憶別時，不贈玦，贈以環，手折文無插鬢鬟，誰忍視妾如草菅。望之不見，愁損妾顏，山草青青妾髮斑。望夫山，望夫還，夫未還，空望山。若教妾不登山望，化作石頭亦不頑。雖然化為石，猶且望夫君。泣涕成雨，幽怨結雲，眉黛慘慘鎖秋雯。萬年翹首為望夫，腸斷石妻口難云。

夢終南劍客趙靜齋

乾坤老去鬼神死，壯士頭白草莽裡。憶昔君下終南山，仗劍西遊鳳泉里。君年正少我束髮，一見心知是國士。醉後吐膽口談天，刺虎斬蛟爭不已。或云煉石補青天，或云釣鰲出海水。不然屠牛朝歌邑，不然賣藥長安市。潛學鷦鷯棲蓬蒿，欻化大鳥萬里起。誰知天意正糢糊，滔滔逝水東去矣。日月征邁四十年，君鬢如霜我雪顛。千卷詩書博貧賤，薄天意氣散浮煙。我在漢江登漢山，東望長楊思杳然。千峰萬壑白雲滿，鴻雁不到五柞邊。

此間樂

乃公馬上定三分，乃子座上棄三分。漢官威儀出劍閣，錦城無如魏土樂。

豫州之牧英雄姿，功名未立嘆髀肉。誰知生子豁達度，此間安樂不思蜀。才如武侯難補天，而況伯約之孤獨。堪兮堪兮徒一哭。

丁巳冬月王青門寄紫荆山人永叔袁子詩，索敘言也，賦此答之

不才多病故人疏，抱琴臥枕白山麓。自從風雪閉柴門，十年客不到空谷。無端青門老王郎，覓得石徑穿紫竹。授以紫荆山人詩，字字血嘔陶潛腹。李柏讀之妬欲死，何物老子風雅士。恨他盜飲柴桑酒，大醉淋漓吐滿紙。王郎含笑酌大斗，勸我以酒跋其後。柏也嫚罵不絶口，瞋目瀝墨但信手。短章廖落辭鄙俚，王郎謂是作敘已。

在頻山子德大弟宅喜晤子禎宋隱君，歌以贈之

甘泉高士年六十，老骨如鶴山頭立。攜楮易種出煙霞，足跡復不至城邑。與我相逢頻陽道，不言不揖但大笑。吾弟引手指其人，云是谷口之子真。谷口有田一百畝，躬耕嘗與漁樵隣。近日愁見石壕吏，掉臂東來陟嶙峋。一臥西堂十餘載，青鞋布韈折角巾。胸藏千卷不知富，家徒四壁不知貧。世間萬事非所好，惟有硯田可隱身。柏也聞之發浩歎，仰視浮雲過霄漢。幡然欲辭太白雪，與君約釣硯海畔，研海洋洋大無岸。

踏雪行

十萬白龍戰玄天，亂落鱗甲滿大千。片片悄下似茶芽，樵青曾蓄活火煎。冷腸幾碗澆菜園，呼童背錦踏渭川。渭川迢迢何所見，珠樹瑤樹色如練。青女絡霧繫銀繩，天孫牽風織玉線。玉線銀繩嫋抑陌[一]，雁字寫斷南山白。江郎高臥擁破絮，呂子東閣笑詩客。君不見，雞窗讀書貧家子，拾得六花映寒几。吐盡虬甲不知止，姓字琳琅馥青史。又不見，子卿仗節大漠北，牧羝齧氈枯顔色。十有九年餘老鬢，南還秩比典屬國。義重報輕古有之，丈夫烈烈盡爾秩。赤腳凳疊望坰野，五陵豪貴驅白馬。接䍦鶴氅，意氣瀟灑。問葛疆以何之？遙指瑤樓醉也。吁嗟兮，鄭衛嬴娥圍肉屛；吁嗟乎，暖藹獸炭爇大廈；吁嗟乎，癯儒短褐皮膚皴：則思天下有寒者。

【校記】

[一]"抑"，底本作"抑"，據康熙本改。"抑"爲"柳"之異體。

古柏行

白山之麓有古柏，霜鱗雪甲映渭川。石根穿地經幾劫，銅柯刺天數千年。宛似扶桑生碧海，恍覷若木灰野巔。蒼虬大吼雷電起，翠螭爪繫星斗縣。風來輕搖隴鸚夢，月出淡籠楊鶴眠。山東王孫空留恨，趙州老僧勘破禪。五陵劍俠正年少，道傍勒馬嗎然笑。或云偷種茂陵邊，或云移向錦城廟。當日僧繇畫傳奇，鋪素三日欲窮妙。幾回臨池寫不成，投研閣筆徒長嘯。

鸚鵡歌

有鳥有鳥號隴客，錦腦翠翮，嘴舌睍睆，於彼夕陽之柏。啄盡南枝踏罝羅，主人擎歸楊柳陌。楊柳陌頭客無數，擲地好辭吐煙霧。杜甫敲成別離句，禰衡裁就鸚鵡賦。笠叟著作駕龍門，惜爾能言被籠樊。古槎舊巢千里別，雕梁新恨五更吞。羽毛殺盡伊誰怨，夢裡家山月夜魂。鸚鵡兮，聰明唧愁向晚啼，故人吳嶽應獨棲。艱難離析歸未得，當年祇應宛頸忍飢高臥松壁之西。<small>時友人馮海鯤有桂林之役，故篇中三致意焉。</small>

古松行

曾見支離老叟，傴僂雛顏，似憨如顛。隱入太白，不知其幾多年。太白去天三百尺，奎宿掩映山之脊。白龍爪擎寒山霜，青鳳翼遮暮天碧。更有綠髮蓑笠翁，結茅偃臥松林中。松底白犬伏如虎，往來馴擾青衣童。元神靈異胡如斯，翁道不是盧家樹。朝元飛過天臺山，石橋怪枝鑠層霧。袖來培得剛梢堅，撥雲刺天挹白露。實延偓佺千萬齡，葉覆褒斜八百路。伊昔老禪入天竺，十萬程途回幾時？鹿菀鷲峰消息斷，歸來忽爾卜松枝。夙聞少師冰雪守，曾種七松對五柳。五柳先生傳高節，七松處士名齊斗。幾時褰裳入空山，柳為鄰兮松為友。

南莊古意

平原老樹掛村煙，耕鑿人傳幾百年。卯童擊缶遊舜日，白頭鼓腹歌堯天。每到歲臘社甕熟，打鼓吹笛張幾筵。款段馱醉歸南隴，黃犢牧雨下西阡。村翁七十不見官，里胥經年不討錢。但恨太平不千歲，一治一亂成往還。鯨魚橫簸四海水，攙搶生角犯星躔。星躔天上垂乖異，豺虎人間爭作祟。哆口大嚼生靈骨，漸致弓刀遍天地。秦房漢苑成焦土，山落水聚亦毀棄。伊昔比屋連松廊，而今蓬蒿滿堂出。後園金井堙破瓦，其上銀床蔓薛荔。薛荔菁菁帶露垂，豚阱鴨欄穴狐狸。雀啄短墻剝蝸篆，風走破戶斷蛛絲。無限荒涼棲野鳥，帶血啼上夕陽枝。

蒹竹篇

山中之人食無肉，山中之人居有竹。有肉無竹非山居，山人種竹滿山谷。森森綠玉蔣翊徑，菁菁籜龍張薦屋。屋邊徑邊竹無數，看花看子看不足。又坐竹林看竹譜，乃知此君出處故。此君出處大奇異，大節高標世所棄。湘箬飽經凡草妬，彤竿那顧閒花忌。共道腹空老荒山，豈止刺虎如犀利。為舡截斷江海浪，為柱廣將天下庇。天荒地老成抛擲，終有化龍騰空意。騰空化龍飛上天，老髯殘瓜墮渭川。劉季冠皮為天子，離妻餌汁成神仙。運退人遺申池火，時來客識高遷橡。高遷之橡鳳聲藏，爰伐為笛鳳聲揚。一吹白石裂，再吹鴻鷹翔。雖有異響等昭華，不遇中郞終枯簹。君不見，帝俊竹林在共谷，中散竹林在山陽。紺族綠筒今已矣，猶將嘉種志縹緗。縹緗紛紛竹枝辭，怪狀靈跡不一詞。枝銜異鳥活夫婦，音出齩管分雄雌。湘山揮淚怨帝女，豚水浣衣收王兒。削片作甲起霸圖，插葉引車思君時。思君引車不相見，寶鏡寂寞芙蓉面。願將此身化為竹，來世生長白虎殿。白虎殿前生竹苗，漢臣作頌頌漢朝。嶭折蓬山聞鐘磬，路回磐石聽管簫。管簫紗紗山風送，一陰一陽律呂中。玉花珠粒非無用，長為明王養丹鳳。君不見，紅桃白李人所艷，繁華空作三春夢。

冬日馮別駕邀飲，見羽扇縣壁，即席賦短歌志感

十月雪堂白於練，大寒削肌風割面，冷壁胡爲縣羽扇。羽扇羽扇，今非其時，胡不深藏而淺見？幾許過客冷眼看，惟余爲君發長歎。高聲狂叫主人翁，珍重牢封篋笥中。莫作無用漫棄置，會須得志於時，掌上日前，號令清風逐炎吏。

西山行

吞聲苦誦採薇歌，當年餓活士兩箇。周家戰歸天下小，夷齊死後西山大。西山一片高嵯峨，鯨柏石篆老荒坡。度鮮身叛則殺之，信達心叛其奈何。大名中天縣星月，高義凜凜壯山河。試問忘君事仇之賊子，從此過之其思也麼。

大鵬歌贈蕭一弟雪山

君不見，北海有鵬鳥，爪如鐵石眼如星。靜裡養成垂天翼，背負日月到南溟。羽毛㲄毸濯天池，獨立陽阿以暴之。君不見，斥鷃亦有得意時，飛來飛去榆枋枝。

登太白山東望長安有感

我登太白望長安，白雪紅塵分炎寒。如掌秦川千里小，巉巖三峰汗漫寬。山有胡僧雙碧眼，山有仙人鐵作冠。嗟爾瀛洲蘭臺之客，何不褰裳一盤桓。咸陽西來三百里，一步回頭生羽翰。或云太白去天但尺五，鳥道淩空，莫陟瓊巒。豈知漢唐之季，物華凋殘。長安城中，不見人行，野老悲歌行路難。

代內贈郭貞嫗

關西隴東八百里，南有太白北渭水。名山大川鬱磅礡，二南風化被女士。漢有列女名孟光，彤管姓字馥青史。後有郭家康貞嫗，嫠德高行續芳趾。蔓結絲蘿五百年，華開桃李三月美。齊眉案舉蓬蒿屋，承塵鵩叫秋風起。荆布偕老老未偕，盛年芳容良人死。此時欲從地下遊，其如一女復一子。一女一子兩塊肉，獨行出入獨顧腹。故琴舊劍封塵土，呱呱那堪繞膝哭。屈指貧三十年，心血半枯鬢欲禿。女已稼，男能讀，莫負陶門歌黃鵠。兒已娶，復有孫，莫負隻飛老燕門。微賤如妾忝葭孚，親見貞嫗說撫孤。別來一水兩隔絕，登高悵望鄜國都。

贈彈琴老人李顯吾

彈琴老人七十七，師襄衣冠伯牙質。性情成連移東海，俠烈魯陽挽西日。使氣不因郭解勢，罵座猶將灌夫叱。邇來白眼傲禮俗，抱琴大笑入石室。石室橫拖石欄幹，羽絃一鼓六月寒。霜飆凍裂鐵如意，桃李衰颯草蒲團。忽然改絃奏角音，春滿蓽門花滿岑。先生此技少人知，古來惟一終子期。近聞子期老將死，天下從此無山水。

又贈彈琴老人居岐陽

彈琴老人七十八，霜白虬髯雪白髮。鳳凰喈喈鳴絃上，陽春冉冉走指甲。掀髯劇譚少年事，任俠結客長安市。一擲千金家未貧，殺人報仇身不死。前年老去壯心在，老拳欲擊太行碎。今年老去壯心灰，曾學淵明賦歸來。三逕松風吹瓦枕，東皋巾車輾青苔。山中鶴子松前舞，世外梅妻傍月開。詩百篇、酒千杯，聊乘化以歸盡兮，樂夫天命奚疑哉。

樵南花併序

戊午二月，長安子咸滿先生觴余家園東籬之下。先生世冑清俠，農隱西郊，好延賓客，種花木以娛老。籬邊花樹一叢，初發蓓蕾，清香遠襲。余異之，問此何花？答曰："此所謂樵南花也。"崇禎初，秦王好花木，客有樵南杜生者，輦移中人。中人植於內苑，王愛之問所從來，中人對曰："此樵南杜生所獻也。"王佳其名，即以名花，至今長安有樵南花焉。余聞之，以酒酹地曰："吾鄉先達往矣。名寄草木，古有淵明菊、茂叔蓮，得無類乎？"感而賦之，用闡幽異。

秦王宮裡千樹花，遍搜深山與郊野。關輔名園數百區，買根乞子無遺者。鱉池明經杜樵南，淹貫經史稱大雅。太學六館推才名，初牧平度駕五馬。一朝掛冠東門外，曳杖歸老太白下。習聞秦王愛園林，輦來花樹僅拱把。秦王素重樵南名，師取姓字為花榮。內苑流鶯啼二月，異香飛滿長安城。自從鼎湖墮龍髯，留得佳話傳西京。西京野老隱桑田，長髯白面以坡仙。平生獨愛樵南花，惜花移種杜曲邊。樵南遠祖出杜曲，花發杜曲豈偶然。杜曲主人世冑賢。子咸，前朝指揮

喬松篇為商山牛先生壽

君不見，喬松千尺高，月冷空山漲翠濤。寒木不辭春華妬，鐵幹惟宜老鶴巢。人言老鶴千年壽，喬松之壽更不朽。商山夫子冰雪骨，歲寒結為喬松友。松頭餐霞齧雲芽，松根讀書空二酉。商山蟠踞六百里，其下東流丹江水。山頭明月善丹青，曾貌喬松江心裏。江水東流不知止，商山嵯峨長如此。江有月兮山有松，吾歌喬松壽夫子。

長沙弔屈子

李柏五日哭屈子，年年滴淚弔以詩。今日南至長沙地，高聲呼君君不知。呼君勸君君勿怨，吳國大江流鴟夷。越國范蠡不去越，應與先生共水湄。萬載汨羅江水寒，令我至今怨上官。重出[一]

【校記】

[一]"重出"，康熙本無此二字。

箕箒行壽仲貞張翁

漢山蒼蒼漢水綠，松柏繚繞箕箒谷。谷中主人志和子，以竹為樓山之麓。林下闃寂何所有？一琴一鶴與一鹿。漁童鼓枻蘆花塢，樵青蘇蘭烹野蔌。壁上丹霞噴五嶽，床頭素書緘一簏。求道感得老邅邅，為君手授長春籙。絳縣甲子何足數，從此添籌滿海屋。我本終南採藥人，與君長醉箕箒竹。

彈鋏行

公子好客田孟嘗，馮驩彈鋏事可傷。彈鋏以前食無魚，彈鋏以後乘車行。古人肝膽傾貧賤，相逢如故青天見。若待彈鋏始知心，賓主輕薄友道變。絕交成論千餘春，一諾千金尚有人。君不見，管鮑貧交盡人倫，分金戰北情益親，愧殺紛紛儀與秦。

六十四

狀士老矣六十四，嗜酒不知老將至。匣中鐵龍吼霹靂，寶氣騰作斗牛瑞。一十八歲號健兒，豈有白頭反自棄？君不見，夷門老監年七十，風輝猶動魏公子。市井交遊鼓刀人，鐵錘出袖殺晉鄙。談笑立解邯鄲圍，戰國侯生尚爾爾。吾之家世隴西李。

題周在豐松鶴圖

胡為乎，堂上蒼鱗老扶疏，鐵幹磵砢交蟠紆。又若九皋驚露唳天衢，崩雲裂石乍有無。即而視之，乃是江南周生潑墨醉寫松鶴圖。鶴出青城山，羽毛翩翩霜雪俱。松是天臺樹，青鳳白龍互號呼。松梢掛月葉綴露，山房清晝蔭團蒲。不羨秦帝封大夫，雙鶴盤空報客罷。拳足刷毛啄綠蕪，不向衛國乘軒輿。吾生愛鶴又愛松，四十年臥太白峰。為鶴吟詩幾千首，為松入山幾萬重。邇來做客山城裏，夢魂當與松鶴逢。何幸周生寫石墨，與我相值瀁水東。兀坐終日對松鶴，鶴亦不翔空，松亦不凋風，恨不結茅畫圖上，撫松調鶴老其中。

太白山房

四海吾今無以家，來向山中采松花。千松萬松冰雪窟，一瓢一笠冷生涯。此中大有滄洲趣，何必斗牛去泛槎。

贈杜海門

戴髮老僧杜陵杜，老腳踏翻曹溪路。歸來口吐曹溪波，養成一箇菩提樹。枝枝葉葉放光明，不增不減亦不住。

漁父辭

百丈虹霓竿頭絲，繫得月鉤沉水腹。一釣六鼇出海底，手折扶桑烹其肉。五島不動波不揚，乘槎直到織女屋。

蒩園落花吟

朝爲卿相暮田家，昨日黑髮今霜華。人生大笑能幾日，九十春光不我賒。無錢沽酒春亦去，勸君典衫醉流霞。君不見，蒩園花，昔日爛熳今泥沙。

壬申五日新遷漢上哭屈子

我在周南山居時，年年五日哭屈子。汨羅江上草芃芃，屈子此日死江水。鄭袖緩頰張儀欺，懷王還貪六百里。青山六里石巉巖，楚子走死武關裏。直臣底事是逐臣，空賦離騷怨楓芷。我在漢洋懷沅湘，王孫芳草何茫茫。家貧靡獲棟葉米，掩淚長吟招魂章。

磨墨

半世藏名古墨莊，馱磯石硯金星光。朝磨千山之松煙，暮磨萬杵之麝香。我磨墨兮一池黑，墨磨我兮兩鬢霜。磨到秋風吹幽蘭，不然虬車駕雲翔。地下宜佐脩文史，天上題遍白玉堂。雲漢黃河水茫茫，墨汁浪翻鳥魚狂。稱觴河西織機女，捧硯河東牽牛郎。道士醉後灑毫芒，一天星斗煥文章[一]。

【校記】

[一]"煥"，底本作"喚"，據康熙本改。

生孫 有引

甲戌八月癸丑，長男崧婦生子。婦，青門老友子咸滿先生之孫女也。先生歿十餘年矣。余在客舍，因喜懷舊，思我故人，詩以哭之。

我在洋州憶青門，泣下沾襟口難云。當年垂涕媖姻約，殘燈黯淡酒半醺。予將卜居深山，先生苦留不得，因以孫女許聘長男。我以家貧靳一諾，三年俠氣散秋雯。別三年，先生歿於家園。素車白馬入龍首，蒿里薤露歌送君。余自鄠至青門會葬。明日以情告厥子，子遵父命為許婚。韓子又韓在冰下，紅繩雙綰絲蘿痕。余友韓又韓欣然自許為冰人。蹉跎歲月十餘載，遭荒西徙岐周原。有邠豪士臥雲子即焦潛飛，僕馬黃金如酒園酒園，先生精舍。蕭條旅邸略成禮，荊為釵兮布為裙[一]。明年避地漢水上，牛缺之子讓草軒謂秦德英。後有張家賢太守，為結茆屋雙梧根園有老梧桐二株。甲戌之年秋八月，汝孫今已誕我孫。攢眉遙思故人義，老淚潸潸雨落盆。他日曳杖長安道，炙雞絮酒拜孤墳。衰草冷魄知何處，野馬習習吹遊魂。

【校記】

[一]"裙"，底本作"裠"，據康熙本改。

題松堂坐語圖

江空山靜似牛渚，幽人對坐爾與汝。阿誰曳杖抱琴來，遙知亦是山水侶。行行雙眸射蓽門，隔溪高叫不聞語。錦鱗不躍浪無聲，草木長茂山色古。山中人不知春秋，恒以松花卜寒暑。長松落落覆茆茨，障斷紅塵山外土。

五日哭屈子

戊辰五日日辰時，菜根入口哭屈子。悽然落箸難下嚥，南望汨羅哭不已。強秦在北吳在東，楚人放逐天下士。悲哉直道難為容，故往今來皆如此。

轅門戟

為天下者不顧家，漢高分羹事可嗟。為天下者不顧友，坐上之客亦可醜。不記轅門射戟時，哀怨悲壯氣沖斗。我讀漢書心不平，縛虎不言促其生。擠井下石心何忍？令人欲廢月旦評。

紫柏山次趙文肅公韻

雲棧八百芝蘭道，客子來往疾於鳥。鐘鳴漏盡不知老，石泉何似金馬好。茫茫宦海事未了，他生還期對侯早。君不見，紫柏山頭白雲深，太虛一點任浮沉。

清明

數處紙錢飛芳甸[一]，秦人採藻陳春薦。東風吹淚泹青草，舊鬼新鬼杳難見[二]。人生一似大江水，逝者來者疾如箭。告汝壟頭大哭人，君去哭人在後面。

【校記】

[一] "數處紙錢"，康熙本此處漫漶難辨，似為"煙景爛熳"。
[二] "舊鬼"句，底本作"舊事蒼茫心難見"，據康熙本改。

輓張伯欽

君不見，太白山頭有白雪，光射渭水之秋月。山雪水月相掩映，寒氣蕭森風栗烈。又不見，邠城西山柏蒼蒼，逢對南山松千尺。松頭老鶴出雪山，橫渭翔集邠城柏。柏梢掛月月皎潔，渭水寒沙湧金屑。正可垂綸釣玉璜，月落渭水水聲咽。兼葭寂寞魚龍隱，空令孤鶴唳欲絕。

除夕歌

西家夜半燒鬼錢，東家椒酒醉偈偈。村巷燈火如白日，贏得菓餌過新年。古人德與年具醇，古人雪與年具新。儂年正三十，德與學何如？百年三萬六千日，儂已空過一萬餘。後來二萬知多少？力耕心田忙讀書。

少年行

少年不知何許人也，皮膚粗樸骨頭剛。白山冰雪砌心坎，蜀山銅鐵鑄脊梁。髫卯之年學筆墨，結髮以來舞干將。干將何所試？終南虎豹迎刃僵。筆墨何所似？雷電杳冥虬龍翔。兄事淇園竹萬箇，師事徂徠松千章。東陵大盜寇靈臺，主人戒嚴備戎裝。羽檄飛下榆林塞，中貴賚詔入洛陽。急拜敬子為方伯，又擢誠氏任元良。右秉白旄左黃鉞，陳師問罪如鷹揚。後車嚴成公私門，前鋒擊破是非鄉。旌旗繚繞金鼓振，天地慘澹日無光。臨陣酣戰三十六，渠魁生擒小醜亡。南仲既獻馘，吉甫已勤王，然後泰宇清明恣遊行。漢家蒲梢周家駿，不如雲車驂龍翔。沐髮天池側，釣鰲冥海傍。東道主人方壺仙，西行傳舍王母堂。痛飲玄酒數千石，細嚼琅玕似蔗漿。一天星斗親手種，八方網維次第張。丈夫在世須如斯，磊磊落落度幾時，莫學陶家栗棗兒。

四言

短歌行

十五入學，五十白首。厥生不辰，遭逢陽九。文儒為亂，筆弒哲后。引盜入室，逐昭殺斜。釀成厲階，四海奔走。偷生苟全，耕牧糊口。茆屋三楹，山田百畝。古人既往，來者在後。藐焉一身，太湖蜉蚍。明明在天，南辰北斗。嶽嶽在地，九華二酉。仰觀俯察，萬物速朽。槿華蜉蝣，其何能久。蹉跎半世，空垂兩手。惕然內省，多尤多咎。如衣縕袍，露膺見肘。靦焉對人，顏一何厚。中夜撫心，憶新感舊。告我良朋，別以卮酒。我徂深山，牲牲鹿偶。

立身

先咬石铗，後齧冰雪。先蹈火湯，後臥露霜。

庚申十二月十九日偶成

士固宜貧，抱一守真。堯為天子，布衣掩身。

又

世界自寬，任之斯安。堯為天子，鹿裘御寒。

又

已而已而，遊斯息斯。堯為天子，不剪茆茨。

愛山

山如吾骨，水如吾血。骨血身體，如何可別。天大愁城，遇山崩裂。地大火宅，遇水盡滅。種一畝菘，臥一林雪。釣一溪水，采一彎蕨。水調一曲，山歌一闋，書卷雖殘，劍鋒勿折。看劍讀書，而消歲月。已而已而，有口難說。

磻溪

圓天為笠，方地為磯。明月為鉤，落霞為衣。魚不在水，熊亦能飛。伸手垂綸，而釣周歸。

讀孝友傳詩 有引

傳曰：化自北而南，故《風》有《周南》《召南》。江漢南之遠，渭水南之近。陳倉瀕渭，"二南"風所先采也，孝友化所自出也。周有張仲雅歌之矣，熙如張君其苗裔邪？讀其傳，猶有《周南》《召南》之風焉，是又可歌也。

我行周野，言采其苴[一]。我行渭水，言釣其魚。所謂伊人，蒹葭為廬。

有鳥集於樊，鸒鳿集於原。所謂伊人，宜爾子孫。

我歌周南，其風穆穆，我歌召南，其風肅肅。所謂伊人，在渭之澳，在南山之麓，其德如玉。

《孝友》三章，一章章六句。二章章四句。三章章八句。

【校記】

[一]"采"，康熙本作"菜"，誤。

六言

知止吟

平平安安足矣，淡淡泊泊何妨。籌來名名利利，翻成苦苦忙忙。熙熙攘攘華屋，清清靜靜山房。明明白白放着，仔仔細細思量。

漁父詞

白髮江鄉釣叟，卜居七里灘頭。磯下半輪水月，門前萬畝蘆洲。斜陽一斗春色，鼓棹長歌不休。孤舟明日何處，依舊蒲衰鐵鉤。

崔唐臣汴河舟

暮暮朝朝斗酒，年年歲歲羊裘。山山水水佳處，往往來來扁舟。

長安秋夕

上林雲鎖松瞑，下苑風敲竹斜。贏得秦樓一醉，任他月落誰家。

又

琪樹風飄上苑，珠簾月掛西棚。長安一夜秋思，半是寒砧搗成。

太白山人槲葉集卷之四　下

詩
七言絕

訪隱

聞說伊人久閉關，經年獨臥水雲間。柴門寂寂無車馬，劍倚長天鶴掛山。
披髮狂歌臥石關，妻梅子鶴兩閒閒。怪來三謝丹書詔，玉洞琪花滿舊山。

磻溪

野水長天一色秋，荒臺小徑穿蘆洲。明王一獵非熊夢，八百經綸出釣鉤。

其二

屠牛老叟適西周，等是尋常把釣流。自古大人能虎變，漁翁談笑取封侯。

其三

先生白髮且垂綸，蠖伏神龍潛隱身。牧野陳師七十萬，倒戈八十釣魚人。

其四

一戰功成革有商，功名節義兩分行。夷齊諫罷登山去，死後何人問首陽。

漢故鄉

楚炬秦房焦土傳，鳳城鵲觀更蕭然。終南山上雲霞氣，散作漢宮日暮煙。

文帝陵

鳳集高崗儀九京，溪毛潤芷野人情。儒言黃老難為用，文帝熙熙致太平。

幽居

數間茅屋倚枯槎，釣水樵雲只一家。篋有藏書三兩卷，黃庭周易與南華。

夢

把夢思量夢更長，覺為蝴蝶夢為莊。因緣說破真堪笑，悔在邯鄲做一場。

劉文靖墓

煬帝南巡尚未還，英雄決策在機先。太原一遇李公子，便定唐家三百年。

桃花

拂面紅塵散狹斜，春城萬戶映朝霞。芳林別有潛根處，爭似人看枝上花。

過未央宮

落落荒城積雪寒，農煙牧火遍長安。笑他蕭相非王佐，壯麗徒迎漢帝歡。

其二

漢家城闕壯關中，臺榭層層聳碧空。今日相逢惟塞雁，晚來飛入未央宮。

聞哭

客窗風雨夜三更，坐久獨聞腸斷聲。五十餘年孤苦事，一天愁怨滿江城。

漁父詞

鸚鵡洲邊綠水波，湘潭寂寂落花多。漁家正近黃陵廟，獨釣楓江雨一蓑。

昭陽殿

曉日瞳眬燕舞斜，昭陽春雨泡桃花。苧蘿有女顏如玉，猶在溪頭學浣紗。

山居

自攜猿鶴入深山，嶂雨溪風獨閉關。記得前年春雪後，借盡沽酒到人間。

山行

漫道桃源路不通，溪行十里道心空。鳥啼流水落花外，人在春山暮雨中。

答山外人問家在何處

岩前無限長松樹，樹下蒙茸野草花。花外小橋橫綠水，水邊石徑入桑麻。

山中見月

磵戶寥寥猿嘯哀，松堂寂寂好風來。拋書自捲湘簾看，雪滿千峰月在梅。

鶉衣二絕

渭陽秋老雁南飛，傲骨崚嶒着破衣。半被蘆花渾不寐，臥看山月上柴扉。一云：抱膝蒲園渾不寐，坐吟山月上柴扉。

菊花冷落霜花飛，風動松堂半掩扉。攬鏡自憐詩骨瘦，權將米桶作溫衣。

踏雪曲

才向騷擅白戰餘，又為梅花策蹇驢。湖天有箇裘羊叟，醉臥雪舡不釣魚。

渭水秋月

八百秦天倒渭河，空明水月天如濯。寒聲晝夜下東溟，流盡興亡人不覺。

五丈西風

漢相出師討魏賊，龍吟虎嘯不可測。只今五丈吼松風，殺氣吹遮渭水黑。

楓葉

秋染楓林醉一山，西風剪葉下松灣。拾來試與松梢比，誰道青紅得一般。

秋閨

一自西風吹妾襟，妾心長在望夫岑。咸陽門外無青草，白雪鐵山多少深。

苦吟

花睡闌幹鳥睡枝,孤吟人挽綠楊絲。夜深睁得天邊月,掛在山門苦釣詩。

登鄠邑大觀樓

天外曾聞彩鳳吟,長空雲盡見遙岑。九峻黛色老松桂,三殿寒煙變古今。

雁字四絕

塞上飛來江上遊,水寒山冷客深秋。揮毫叫落衡陽月,寫斷天涯一陣愁。
滿眼牢騷客異鄉,銜蘆橫掃楚天長。但教明月穿雲看,未許西風吹斷行。
抹山掠水過南樓,翰影斜涵漲海秋。寫到星寒月落處,一聲高叫和天愁。
紙有長空硯有山,毫端蘸雨出雲間。季季絕筆衡峰下,剩得南天萬里閒。

旅夜秋

去歲他鄉秋思苦,今年客舍又逢秋。書從邊雁影中寄,人在寒蟬聲裡愁。

聞蟋蟀

三徑霜寒黃菊老,一廉月落玉鉤空。客情正是秋風夜,況復蛩聲過枕東。

早梅

行盡空林不見春,鐵冠照冷梅花神。晨霜夜雪黃昏月,看老孤山有幾人。

乙丑元日

酌盡松窗酒一卮,茜茆三灌告天知。殷勤為謝寒冬雪,養得梅花香滿枝。

懷太白山房

家山深處雪重重,長夏翻書曝夕舂。磵戶猿啼松萬壑,蘿堂鶴唳月千峰。

乙酉重過蒩園懷滿處士子咸五首

燕去梁空樹集鳥,牡丹亭外是薜蕪_{亭前牡丹數十種}。酒徒自別高陽後_{子咸雄飲},

露滴花梢月到梧。

尚有園林傍帝都，思君不見見雙梧。池塘近日生春草，入夢莊周化蝶無？

瓜種青門藥貯壺先生長施藥，龍山家世宅皇都。草玄人去雲亭寂，牽飲空餘巢許圖亭縣《巢父許由圖》，題曰"牽飲上流"。

夢裡風光憶得真，鬚眉舊是葛天民。覺來無限懷人意，夜雨孤燈一老身正月夢子咸而哭之。

驅馬南遊值暮春，杜陵花落錦成茵。半醒半醉閒行處，三笑溪邊少一人余與韓二蒲三同遊。

漁父詞

漢水江邊一老叟，年年把釣坐江口。悠然無語看江波，波浪在前又在後。

別竹

葉蘸離人酒一巵，斑痕苦點鳳凰枝。此行早擬思君處，月院雪房獨坐時。

夢竹

記得山房萬個竹，分明月下對哦詩。覺來一院他鄉雪，橫壓客窗梅幾枝。

關山月

羌笛關山月正秋，征人遙戍隴西頭。因思少婦深閨裏，為寄寒衣夜搗楱。

有所思

流水落花總斷魂，溪門筇杖倚黃昏。如何目盡江南路，一片寒雲帶雨痕。

秋閨

翹首西風吹漢關，顰蛾獨上望夫山。蟬吟渭北秋先至，人在遼西雁未還。

客窗夜雨

太白倚天掛雪屏，竹籬茆舍故園情。鄉思正是秋風夜，夜半又聞秋雨聲。
涼雲如水蘸丹楓，山雨隔簾響井桐。莫怪秋聲徹夜苦，瀟瀟客淚在其中。

閣夜聞笛

山閣沉沉掩半扉，風簾裊裊捲深暉。終南九月梅花落，吹入東墻不見飛。

阿那曲

石頭曾是古人妻，望夫不見空留跡。天下卻少望妻山，總然望妻不化石。

二月同月谷趙山人、倣堯劉子、康直楊子遊仙剎，漫賦二絕

燒痕雨斷綠苔新，兩岸桃花千嶂春。世外武陵行欲盡，不知何處遇秦人。
石徑盤空鳥道斜，虎溪南畔有人家。老僧揖問客來處，笑指北山一片霞。

即雪

萬里雲深鳥不飛，微茫煙樹映村扉。何人獨步溪橋上，罷釣歸來雪滿衣。

未央宮朱草

呂雉陰圖諸呂安，誅劉大將必誅韓。天公欲白淮陰事，草色千年血尚丹。

池邊

長江潮汐一杯水，幽谷小塘自大觀。潭影倒吞千樹靜，波光翻插萬峰寒。

哭先妣

庭前萱草霜前冷，眼中病骨夢中還。痛殺倚門人不見，願得相逢入夜泉。

客窗蕉雨

幽窗獨夜雨三更，一枕芭蕉滿院聲。太華松濤太白雪，悠然千里落江城。

曉發郭令公舊第

舊是汾陽歌舞宮，蒼涼古道水煙空。三峰旭日秦天曉，臘月蓮花映雪紅。

韓信塚

塚在長安東門外。戊午正月，訪青門遺址，因拜其下，黯然傷心，為書

二絕。

良弓高鳥已堪愁，可惜將軍死女流。隆準子孫千載後，咸陽青草覆荒丘。
程嬰為趙趙孤留，信客抱兒史未收。南越尚餘韓半在，呂公一族問虛侯。

山居

群籟無聲夜未央，青山入夢是蒙陽。覺來依舊終南月，萬壑千峰似水涼。

楊雄識字

共道楊雄識字奇，客來載酒餉茆茨。龍書鳥跡皆能辯，漢字當前到未知。

見月

門掩溪風動晚涼，繩床瓦枕舊茆房。覺來松際見初月，萬里無雲在上方。

太白山房二首

綠樹叢中雲靄靄，白雲堆裏樹濃濃。雲光樹色遙相映，隔斷紅塵路幾重。
天邊白雪傲高春，洞口玄冰結古松。白雪不消松不老，瑤臺月滿一峰峰。

題楚客盧中明墨竹圖

楚狂八十臥空谷，種竹不成又畫竹。四海一身何處家，長將筆底竹為屋。

太白山

太白去天三百尺，山椒古雪皓西極。若教伯夷居上頭，山是蟻垤雪如墨。

聞蟬

碧樹寒蟬萬里秋，不堪愁聽夕陽樓。一年一度西風裏，能使少年早白頭。

鷃花

撚花不語笑東風，獨鷃芳魂坐碧叢。誰遣幽香聞蛺蝶，紛紛只覓指頭紅。

飲馬長城窟行

漢家雁塞秦長城，城下窟寒飲馬行。戰骨千年堆白雪，不知何代始休兵。

望五丈原有感

赤精衰歇已多年，盡瘁報劉那問天。曹馬封疆何處是，此原猶屬漢山川。

故園

村斷荒煙樹散鴉，梁空海燕落泥沙。黃昏碎語東風裡，似覓尋常百姓家。

登太白山

尋真採藥入嶙岣，偶遇樵夫問隱淪。説在寒猿吟雪處，松窗曾見讀書人。

秋日送趙居士遊隴西二首

離恨一天逐客舟，白雲黃葉滿川秋。渭城休唱陽關疊，斷絕肝腸是隴頭。
枯桑八月落漁磯，哀颯涼風度客衣。萬里愁雲吹不散，隨君直向隴西飛。

有感

盡道玉京遠石泉，牽牛誰再飲堯天。巢由老去箕山在，借與閑猿野鶴眠。

山中

金馬誰云避世塵，空山寂歷道心真。華胥國裏清涼夢，多是飡霞臥雪人。

山中

雨雪深山早閉門，忽聞孤鶴唳松軒。客來手把青藜杖，笑指床頭老瓦貧。

潼關南城望大河有感

九曲河流一曲回，高嵩手劈巨靈開。津樓一片秦時月，曾照關東六國來。

潼關南城望大河有感

萬里黃河絕塞來，接天兩岸日邊開。古人競渡關門水，直到於今棹不廻。

避世

十月移家太白巔，千峰白雪一峰煙。煙光不冷雪花暖，月在水心人在天。

其二
一入深山抱月眠，華胥國裡夢年年。覺來白眼看浮世，楓化老人海變田。

病中
萬點傷心淚破書，不看回憶少年孤。口中無限江淹恨，說與東風知也無？

聞笛
長簟怯昏枕未安，梅花夜落五陵寒。誰家玉笛高樓上，吹斷關山月影殘。

漢中
禹貢梁州漾沔東，關河割據幾英雄。王侯老去風雲散，水在長江月在空。

友人文學張子招飲宛在亭賞紅梅
莫望鄉關動遠愁，乾坤何處不風流。花神解得遊人語，笑倚欄杆幾點頭。

壬申春岐陽客舍有懷
花鳥深山二月春，松堂薜荔自抽新。寒流帶雪杳然去，岩下誰為洗耳人。

憶故園
空梁有燕巷無人，花鳥家山各自春。為問草堂門外柳，葉眉如黛為誰顰。

題武侯廟
星隕營中漢隕天，赤精灰冷斷殘煙。惟將尼父尊王義，力盡漢家四百年。

庚午入山
五陵無地閉柴扉，老至龍鍾與世違。惟有畫眉狎野客，飛來直卜薜蘿衣。
鐘呂坪畫眉馴擾衣裾。

雪洞曉煙
爐中燒葉渝冰華，風引煙光檻外斜。惹得樵人間指點，青雲堆裏有人家。

松下

萬頃綠天在樹梢，松濤徹夜響蓬茅。科頭據着胡床聽，月下聲聲鶴唳巢。

溪水

乾坤白浪日優遊，送盡春花與葉秋。一出出門落陸海，曾無涓滴復源頭。

食箴

飲食當忘細與麤，菜羹飢啖勝酥酥。即今脫粟田家飯，開闢皇王一粒無。

入少白山

露濡林光連翠滴，雲涵雨意帶秋飛。舉頭遙見青天外，千尺孤松一鶴歸。

詠梅四首

夢裏繁花夢裏香，夢中美酒酌西涼。醒來倚着闌幹看，惟有梅花敢傲霜。
百花明媚鬥三春，未到深秋委土塵。盡說歲寒凋萬物，卻於梅蕊助精神。
絕代幽姿不染塵，凝眸歛笑解迎人。月明歌舞梅村曉，始識霜花自有神。
雪自紛飛花自開，暗香瘦影自徘徊。溪山深處無人到，有客孤吟驢背來。

回雁峰別茹司馬。遊衡嶽，時雨雪兩月，登山次日，萬里開霽，得觀海日。下山，陰霾如故

雪積衡陽別雁群，湘山湘水弔湘君。五千里外六齡客，七十峰開萬里雲。

穆公墓

鳳凰城下草萋萋，秋山秋水接隴西。三良遺恨知何處，木落棘門鳥自啼。

乙巳秋聞隴西有警，思與室家遯入終南，遙憶山居樂事，故有此賦

荊妻漉酒兒割雞，空山松火照幽棲。闔家共酌草堂月，棋聲驚起宿鳥啼。

太白山人槲葉集卷之五　上

詩

七言律

潼關

雄關巀嶭鞏西京，險甲中原天府名。三國封疆分一水，五陵鎖鑰寄孤城。王侯老去河山在，揖讓風衰戰伐生。割據由來非一姓，豈徒失鹿是秦嬴。

五丈原弔忠武侯二首

荒原絕塞接西岐，諸葛北征數駐師。壁壘風雷傳號令，松杉日月耀旌旗。君臣德比唐虞際，將相才兼伊呂奇。當日天心重祚漢，治功應盛沛公時。

龍飛渭水中原震，虎嘯祁山司馬驚。地畫江河分寶鼎，劍揮星斗斷長鯨。兩朝社稷八門陣，六出勤勞三顧情。雙手補天功未遂，寒猿野鳥亦吞聲。

和李子德寄鄂撫軍南安詩

輪臺西望大荒連，威遠先推司馬賢。龍鳥陣開藏九地，風雲席捲靖三邊。戍樓畫角關山月，羌管落梅雨雪天，欲進伊州增樂府，直須青海絕狼煙。

又

武皇西顧欲開邊，拊髀長思上見賢。詔下嫖姚出絕塞，功成班史勒燕然。日中飲馬長城窟，月下吹笳紫雁天。莫謂勳高辭上賞，漢家早已起淩煙。

自下板祠尋東溪洞天二首

胡麻飯罷恣幽情，步下東谿半日程。風撼山飛龍馬遁，雷轟天破鬼神驚。

寒猿失路聞三嘯，野鶴尋巢不一鳴。招隱儒林空作賦，且將杖履共譚生。

欲尋松壁掛長劍，託向煙溪采杜蘅。雪嶂晴飛花萬樹，柏岩曉滴翠千莖。幽從太古無人跡，靜到深春有鳥聲。此地曾經仙客臥，丹砂點就石華明。

峪泉春望

硯格酒鎗一杖縣，呼童荷入小壺天。有無山色青天外，遠近溪聲白石邊。林散花香穿雨落，谷喧鳥語倩風傳。野人素有林泉癖，被髮登臨更浩然。

又

煙鏁松門砂逕小，夕陽山殿隔南橋。虹梁絢綵垂春澗，鳥爪拖雲上碧霄。隱隱石鐘淘鐵壁，迢迢玉□勒山腰。科頭把酒滄浪側，一曲滄浪酒一瓢。

雁字

雁門野史著文章，太乙休然藜火光。爪跡縱橫龍塞雪，毫端披拂鶴樓霜。雄關羽檄傳邊將，上苑帛書寄漢王。春到南州江水暖，峴山翰影抹寥陽。

秋興

終南木落千峰瘦，薊北草枯萬里秋。漢柝擊霜驚旅夢，蘆笳吹月動邊愁。誰家沽酒黃花逕，何處敲詩燕子樓。七貴繁華成底事，滄江滿眼一浮漚。

過文學楊獻章渭上別墅

霜連楓樹雁連天，園外秋聲遍野田。穿竹鳥窺遊客醉，繞籬花伴主人眠。門環渭曲雲千頃，簾捲終南月一弦。茶竈呼童燒落葉，松風吹斷夕陽煙。

秋思

千家砧杵過牆頭，寂寂松堂一片秋。水靜魚吞湘浦月，天空雁度岳陽樓。紅堆露島楓林醉，白散霜郊野草愁。隱計十年今始決，乘槎直欲老滄洲。

登太白山

鐵壁噴煙關鳥道，石門嵐靜敞空霄。龍拖五色雲歸洞，僧曳九環杖過橋。霞彩曉飛瓊嶂足，星光夜點玉峰腰。渭川縹緲橫如帶，界破秦疆八百遙。

又

層峰深處類瀛島，寒壓空山久不毛。日月東西曾墮險，燕鴻南北不過高。池涵星斗翻銀漢，龍挐雲雷漲雪濤。閶闔未開君莫叫，臥看板屋讀離騷。

鳳泉別墅

斗室無塵竹逕幽，柴扉晝夜掩寒流。日沉澗底魚窺鏡，月上松梢鶴踏鉤。才薄羞陳三禮賦，家貧難買五湖舟。乘閒且看南飛鳥，歸宿層峰最上頭。

岐陽郡蘇長公祠見蕭一壁間留題，即依韻次之

一鏡當空檻外明，東湖一似西湖清。沙堤古木連霜落，石徑孤煙向晚生。兩賦文章傳逸事，六橋花柳繫詩情。奇才絕代成春夢，祇合當年薦二程。

贈道人任長年

早歲離家事道君，空窗靜點赤霄文。鐵鐺煉碎寒溪石，芒履靫開古洞雲。華表暮歸孤鶴老，廣州曉度五羊群。藥苗一洗東山雨，長鑱穿泥仔細耘。

四嘴山

獨騎蒼鹿上松灣，平見峰南白日閒。樹密掛雲雲掛樹，山空啼鳥鳥啼山。嚴兵戰鼓轅門靜，飲渭老龍峽口還。何處可藏角里竈，樵人指點斷虹間。

秋日曲江對酒

獨攜斗酒坐江磐，江上秋山對酒看。繡嶺雲埋蘆渚白，上林日射木蓉丹。石蹲虎豹風岩吼，松偃虬龍霧島蟠。想像東曹為椽者，蓴羹鱸膾思漫漫。

登吾老洞

天半孤峰鳥道盤，山門爐鎖老松寒。石橋秋水沉雲黑，鐵壁殘霞抹日丹。岩靜風生玄豹窟，峽深木抱老龍蟠。遊人醉倒斜陽裡，一枕溪聲海嶽寬。

四嘴山用前韻

風牽蘿帶裊叢彎,皂鶴依巢睡正閒。酒客杯吞掌上月,詩豪筆吐眼中山。林餘積翠鳥銜去,天漏飛星螢帶還。怪得漁郎輕舍棹,桃花又綻武陵間。

割耳莊竹林

誰家萬個玉成群,似向箕簹聘此君。杖化葛陂龍甲動,管裁嶰谷鳳聲聞。漢宮有雪竿挑月,秦苑無春拂雲。裘鹿吹簫人已去,空傳一卷逸民文。

登鄠邑大觀樓

紗紗終南此共齊,層樓天半鎖丹梯。捲簾眼底乾坤小,開牖空中日月低。玉雁毛髡山鳥怨,金龍甲落野猿啼。憑欄忽墮幽人淚,卻為王孫麥飯悽。

咸陽

山河仍是古關西,彩鳳樓空野鳥棲。燕客咸陽悲馬角,齊人函谷學鳴雞。阿房一日生燎火,曉鏡群星墜土泥。惆悵祖龍成底事,驪山風雨夜淒淒。

又

皇帝空期萬世長,蜀山木盡建阿房。三千男女浮滄海,百二河山聚虎狼。金鐵鋒銷鹿上殿,詩書火冷狐稱王。子嬰軹道為禽僕,爭似關東六國亡。

有感

滔滔今古事無窮,願買山田學種菘。浪捲江河流過客,輪飛日月轉英雄。戰歸蝸角王侯老,夢斷槐根將相空。金井一朝藏玉匣,石麟千載吼松風。

中南山

分得崑崙石骨雄,星河長架半虛空。鳳皇天險蜂腰瘦,虎豹重關鳥道通。峰湧千年浪不動,松蟠百丈未飛龍。白山極目天窮處,秦蜀遙分一氣中。

登興善寺太師閣

空外層樓天半開,秦山秦水接天來。山關四塞控金壘,水繞五陵鎖錦臺。

主第侯家封野草，蓬宮御宿長青苔。夕陽影裡邊鴻度，行斷孤村處處哀。

登慈恩寺浮屠

東風屐齒破蒼苔，抬級梯雲上梵臺。世界三千掌上盡，河山百二眼中開。長天日月閒今古，絕塞風雲自往來。繡嶺笙歌成底事，夕陽老樹鳥聲哀。

自岐徂渭阻舟

山勢北來水向東，浪花滾滾古今同。伯才帝佐成功處，獵馬牧牛落日紅。鴻雁彌天來塞上，蒹葭滿地老秋風。孤舟橫野無人渡，坐見波濤漾碧空。

輓子咸滿子老人

系出青門裔胄雄，菀枯嘗與世窮通。千金季布垂然諾，一語酇明定始終。劍佩每遺燕趙士，農桑猶帶月泉風。知君緩步玉京上，神付微星氣變虹。

山村火花二首

雪山萬古照咸東，此夜悠然見赤峰。樹樹瓊花開野火，絲絲炎蕊爍春空。雷車拔地曳紫電，星斗煥天鬥燭龍。仙子如知鐵豔巧，韓園不點牡丹紅。

白雪寒消綠酒樽，春光搖曳動荒村。龍騰不借風雲力，花發豈憑雨露恩。道界金繩續復斷，樹棲火鳥吐還吞。誰教隋帝開螢斛，浪擬空山星斗繁。

鸚鵡

隴口深山問上皇，何年南渡過瀟湘。中原故主憐銅馬，世外新交有鳳皇。話裡金釵終是夢，洲邊芳草枉悲傷。分明記得漢宮事，買賦徒延司馬郎。

鐘呂坪

武陵久已絕人煙，惟許漁郎一往還。二澗中分瓊玉觀，三泉側湧紫金天。長安日遠浮雲蔽，閶闔門高白雪連。桃花流水依舊在，不知何處遇秦賢。

延秋門外梁園有懷

落花流水舊梁園，四面荒煙散野村。池水倒吞巢鶴樹，林巒橫掩曝書軒。

蛙驚陳井夢投轄，雀避翟羅影斷門。滿地殘英春不管，蟻拖紅雨上頹垣。

秋日送趙居士遊隴西

冉冉楓林曳客旌，絲絲楊柳繫離情。磧鳴畫角塵沙迴，穴冷秋山鳥鼠並。邊雪馬嘶風萬里，塞鴻人聽月三更。丈夫自有壯遊志，君去蕭關我渭城。

長安

長安自古帝王州，故國風華逐水流。蒿棟何年巢紫燕，旄頭無地付青牛。漢秦天地俄隋晉，苻趙河山忽魏周。泛酒曲江春一望，揚花落盡使人愁。

清湫

楊柳孤城鳥弄青，建牙傳是歹驢庭。弓留烏號月孤影，劍落芙蓉斗七星。舊壘燐光燒戰血，荒屯牛鐸振鐃鈴。山靈如響今難問，鼓角行軍晝不停。

扶風

漢國周京漆沮傍，五陵王氣鬱蒼蒼。龍川露湛兼葭渚，鳳嶺蓬生薑莽崗。卜雨有天連太白，採風無地覓甘棠。行人未度隴頭水，東望長安亦斷腸。

又

陵廟潛移新俎豆，河山猶帶舊風華。煙銷絳帳鶯歌碎，日暖錦臺燕剪斜。兄妹二難著漢史，夫妻一德隱梁家。只今惟見畤原上，羽騎千群起暮笳。

次憨和尚韻

野色空濛散曲臺，松花未落石花開。種瓜人傍青門老，採藥客從紫閣回。華下長歌五噫去，關門誰駕一牛來。相逢莫賦文通恨，且盡葡萄酒一杯。

山中

石門雨歇草蕭蕭，半壁衡茅鎖寂寥。青白隨人憐阮眼，行藏由我養陶腰。笑看星斗落棋局，愁挹江湖入酒瓢。為約求羊同採藥，開籠放鶴上層霄。

又韓韓先生招飲，籬下種菊一畦，即席賦之

長夏愜眠枕簟清，山童雨霽植秋英。捲簾靜看風無色，開戶閒聽月有聲。流品從來躭隱逸，清標何處着浮名。世人欲識凌霜種，須向甘源水畔行。

梁園柳雪

漢宮漫說柳三眠，春老梁園雪滿天。有意牽絲風片片，無心逐浪水潺潺。驚看硯海玄生白，俄見藍田玉吐煙。道韞自吟飛絮後，至今誰似女才賢。

又過梁園

咫尺延秋天一涯，當年太傅此為家。圖麟閣下槐柯夢，逐鹿原上柳絮花。樹老前朝濡雨露，客閒近代臥煙霞。無才慚作平臺賦[一]，斗酒黃鸝聽日斜。

【校記】

[一] "慚"，底本作"懶"，據康熙本改。

梁園即事

龍首山邊百畝園，昔人歌舞散禽言。鵰知好客穿花語，鶯解催詩傍柳喧。池影小山空寫黛，蝸書古壁亂留痕。梁園賓客知何處，門鎖鴉還白日昏。

春盡

三川花雨老紅顏，窈窕終南獨閉關。丘壑易還詩酒債，衣冠難借水雲閒。志和把釣仍非釣，巢父歸山不買山。層嶂如簾門外掛，紅塵隔斷五陵間。

戊午三月聞西園黃鸝有感

鶴髮如絲墮錦茵，綠蕉似翣障紅塵。雙柑路入園林近，斗酒山藏湖水春。蝴蝶南華誰不夢，衣冠楚相何人真。古來萬物為芻狗，黃鳥以鳴誤此身。

江上

月上蘆林光淡淡，舟停梟渚水渾渾。十年運甓心精健，蚤歲談兵鬢雪繁。水鏡括囊天地默，君平賣卜鬼神言。菜根已飽山癯債，又說漁樵教子孫。

洋州黃氏園林

舊是烏衣王謝堂，西風草木半凋傷。樹連城外江雲動，鳥和墻邊梵韻長。絳帳燈傳山月影，青緗蠹化草螢光。長安聞説爭戰後，鵲觀鳳池麥秀香。

樂城觀火山

山城二月鬥芳菲，萬戶煙花似帝畿。火樹燒天星斗燦，丹砂落地燭龍飛。浮雲響遏笙簫沸，雜佩聲隨士女歸。何處貧姬居漆室，誰分餘燼照幽微。

拜將臺

無情風雨入荒臺，黯淡愁雲鎖不開。一統山河平上將，萬邦奠定忌雄才。天憐國士存韓半，地顯丹心赤草萊。莫怪子房耽避穀，良弓高鳥正堪猜。

登華嶽絕頂

誰鑿鴻濛種石蓮，黃河萬里藕根穿。馬龜鼓氣騰雲雨上有飛龜石、白馬石，日月磨崖入洞天日月室、鑿石洞。柱老乾坤擎掌上，局寒星斗散枰邊。今來為問扶搖子，一笑墜驢更幾年。

思不堪

憶得當年九歲孤，母如黃鵠子如雛。兒聞母哭吞聲泣，母懼兒啼強笑呼。兒瘦還須待母哺，母飢尚思使兒腴。此情一向杜鵑訴，啼破愁雲血欲枯。

春日遊吾老洞偶成。柬有邠張子七、二曲趙子一，用索來韻

探勝尋幽可悟真，漫勞扃戶閉浮塵。空心潭影時時靜，悅鳥山光日日新。楊柳宅邊逢晉士，桃花源上見秦人。有涯生計憑天付，一錇還多贅伯倫。

山房詠懷

貧賤休嗟隱者骨，山家富貴世無如。茹毛口御三皇膳，結草身安五帝居。浩蕩地天輿蓋共，廣長江漢瑟琴舒。客來如論玄纁事，笑指飛鴻過太虛。

其二

莫笑老農負性疏，一丘一壑樂何如。運逢湯武征誅後，道在祁姚揖讓初。不盡鼓吹蛙出水，無窮絲竹鳥依盧。幽芳勝概誰同賞，記在數行蝌蚪書。

其三

迂儒性癖愛岩居，誰謂清貧體若臞。懷葛域中吾稼穡，黃農世上我樵漁。不須杯酒山堪醉，無用一錢蕨可茹。今古雖云南面樂，野人只有一床書。

其四

悠悠世路轉崎嶇，且向煙霞雪賦徂。奕局天開星斗燦，琴師地薦海山虛。柴桑飲酒非貪酒，渭水釣魚豈為魚。此道由來知者少，松風水月兩如如。

其五

少小看山情自娛，於今性命寄山居。閒雲野鶴全歸我，文馬澤車盡付渠。春雨隴頭巢父播，秋風江上子陵漁。衰年贏得身無事，坐臥長攜種植書。

其六

雲山何處結吾盧，窈窕終南即華胥。多病難酣七貴酒，不才莫御五侯車。任他宇宙呼牛馬，我自林泉樂鳥魚。矯枉從來憂過直，不夷不惠更何如。

其七

林下風流未是貧，休將岩穴遜他人。曾聞許子辭堯位，那見嚴光作漢臣。靈鳳難羈鸚鵡紲，神虯不落紫龍津。天涯覓得薜蘿友，連袂同耕谷口春。

其八

身世百年何所為，此生惟與水雲期。寧隨曠野噉萍廡，忍逐郊壇被繡犧。四皓茹芝皆白首，二疏辭爵共龐眉。曾聞東漢多名士，若箇見幾學鳳麒。

詠梅

世外佳人淺淡粧，煙姿瓊質出雲房。生來骨待三分傲，老去心含一點香。商館枝頭題冷豔，羅浮夢裡醉霞觴。自從偕隱林和靖，肯問姚家有紫黃。

岑園

遲日風回宿雨收，晴光一半接延秋。種花每共林和靖，賣藥曾同韓伯休。牛飲清流上穎水亭有《牽飲上流圖》，索予為題，鳳聞簫管下秦樓。中南對酒掀髯笑，似為當年捷徑羞。

題蘭若寺

古寺蕭蕭環碧山，幽深如對虎丘閒。孤雲塔映雙林斷，秋水天連一鳥還。錫杖行空驅鶴影，陀花落室點衣斑。謁來為問三乘義，柏子亭前臥白鷴。

詠松

化石三千復化人，一身鱗甲老嶙峋。巖梅直是先天友，苑李難為世外隣。只有鳳毛凝白雪，更無龍瓜惹紅塵。層陰何處怡清賞，徂徠峰頭月半輪。

釣臺

孤村落日影微微，宛在中央立一磯。秋水天連雙鳥度，荒祠樹映片雲飛。浮萍似墮煙霞笠，長葛如垂雨雪衣。石室有基誰借問，茲泉浩浩鱖魚肥。

己未秋故園蜀前將軍廟前古柏為風雨所撥，詩以哀之

將軍古廟柏參天，烈烈高標氣浩然。扶漢棟樑懸赤日，安劉楨幹壯淩煙。冰雪老共松筠節，鸞鳳難棲枳棘顛。誰使元神歸造化，馨香永託閟宮傳。

贈八仙庵道士任長年

簪星曳月舊仙翁，靜裡觀空無所空。渤海鄉關千里夢，鹿門妻子五更風。茹芝直學商山叟，結草還如河上公。一自金蓮開瑞象，仍隨羽客入關中。

雁塔

雁王昔墮雁沙頭，塔以雁名為比丘。雁去春江塔影寂，塔縣故國雁聲秋。平吞七曜連山落，倒掛三川接漢流。翊運不資諸佛力，如何海寶湧皇州。

和月泉吟

結髮騎牛入石關，牧雲直至二毛斑。莧腸藜口味非淡，抱甕緯蕭意自閒。可以采蘭可種藥，或然釣水或樵山。吾今久斷槐根夢，只恐兒孫點鵷班。

其二

一點燕泥落屋梁，深山凍解塢邊塘。白衣人問陶門柳，黃鳥聲喧鄌國桑。野老行藏天不管，田家耕鑿地相忘。漫言泉石隔人世，夢裡華胥是故鄉。

茹明府新遷別駕，因卜居河東

白水青松十載盟，忽驚去住雁分行。日邊鶯囀金門曉，月下猿啼雪嶂清。風物五陵君入夢，河山三晉我關情。中原屈指評交道，結綬彈冠浪得名。

岳武穆

作賦招魂魂不返，題詩寫恨恨尤深。江河地湧英雄血，日月天懸父子心。墨字元期寶鼎穩，金牌故蹙將星沉。古今痛惜孤臣死，一死誰知生到今。

詠蘭和鄒明府韻

絕代幽芳世莫知，獨依瑤草與瓊芝。不侵塵坌如含智，久戀溪山豈是癡。韻勝煙寒雲淡處，神閒風靜月來時。奇香不入花王國，空谷長林寄所思。

洋洲

乾坤到處是蓬萊，水際蓽門長綠苔。山共求羊同採藥，地偕沮溺耦耕來。老妻夜夜勤機杼，稚子朝朝陟釣臺。六十衰翁何所事，行吟梁父坐觀梅。

定軍山謁武侯廟

山上松杉鬱夕陰，龍蟠虎踞氣蕭森。奉天討賊春秋義，定鼎尊干孔孟心。羽扇經天懸海月，陣雲滿地抱江岑。赤精未冷星先隕，隕後光輝直到今。

故園古柏

太白山前渭水鄉，銅柯依倚似扶桑杜《古柏行》"柯如青銅根如石"。老幹雙竦，盤屈如龍。少騎竹馬陰邊戲予四五歲時嘗遊戲柏下，長賦木龍葉下觴年二十後，恒與客觴詠於此。奇古人驚神力怪杜"扶持元賴神明力"[一]。枝柯奇詭怪異，實秦川第一，清幽餅作老僧糧僧元珪日噉柏餅一枚。誰教造化貪靈物，風雨霄移到上方龍王移嵩山樹木。

【校記】

[一] 杜甫《古柏行》原句作"扶持自是天地力"。

謝焦臥雲送鶴

獨臥空山四十春，林皋思爾倍傷神。夢歸華表迷遼塞，醉入南湖脫道巾。月過松巢偏有色，雪飛梅屋迥無塵。故人知我煙霞癖，肯使凡禽伴老身。

松窗鶴友

野服皎然淡月光，丹山彩鳳老同行。室家自保松篁岫，魂夢終達燕雀堂。動舉雙翎翀碧落，靜拳一足立寒塘。縱然緩步江湖上，絕勝乘軒入帝鄉。

其二

鳴陰夜半九天聞，曾在孤山伴隱君。欲舞梅根閒待月，為探丹信豫窺雲。夫妻蘭嶂魂仍偶，父母青田影未分。養得年盈千六後，此身可與鳳凰群。

山中盜警

歸老空林寄此身，山中魚鳥自相親。煙霞洞鎖琴書靜，松柏壇眠鶴鹿馴。自謂紅塵違薜荔，豈知蒼鼠齧梅筠。曠岩久積長源葉，濟卻茹芝臥雪人。

古漢臺

紫臺絳闕太薇連，漢業先開四百年。王氣光吞秦日月，龍文雲捲楚山川。地隣西蜀安劉鼎，水繞南陽啟貨泉。帝里皇居星聚處，風華遙帶五陵煙。

岐陽秋

落花落葉已堪愁，況是蘆笳滿戍樓。烽堠漢關嚴鎖鑰，河山秦塞控咽喉。飛熊夢斷雞祠冷，彩鳳銷龍尾秋。地老天荒文物盡，孤城瘦日野煙浮。

夜泊渭川望秦漢故都率然成興

渭川東下赴咸東，葭葉蒼蒼木葉紅。隔岸野人耕漢苑，倚艫遷客牧秦宮。星河一雁秋天外，煙水孤舟明月中。經過英雄得鹿處，霜華醉殺五陵楓。

謁武侯廟

孔明古廟在梁洋，嚴雅清高肅繡裳。王佐有才卑管樂，帝臣開國協關張。八門陣擁河山壯，六出氣騰日月光。竊據孫曹成底事，中原江左兩茫茫。

題門人仝九摶壁間釣臺圖

石痕隱隱齧雙腓，傳是姜公舊釣磯。文物尚然資廟略，畢榮何敢望光輝。三千虎旅百王有，八十鷹揚萬古稀。聞說唐臣漁汴水，終身煙雨老簑衣。

五言絕句

潼關

截斷黃河水，削平太華山。侯王若有道，四海盡雄關。

秋思

秋來秋滿空，秋月掛秋桐。秋士多秋思，長歌秋水東。

聞砧

雲去月輝清，風來簾影動。誰家夜半砧，搗入秋思夢。

看劍

壁上鐵龍吼，匣中寶氣生。遙知新發日，破浪斷長鯨。

峪泉春雪

霜寒樵徑絕，雲暗鳥聲歇。把酒臨山泉，浩然歌白雪。

挑燈

君戍雁門雪，妾吟湘浦冰。冰心何處寄，憶雪剔殘燈。

念別離

雁斷衡陽雪，魚沉湘浦雲。金錢時暗擲，而為卜束君。

太白積雪

素光寒星斗，皓色老巖阿。向夜初來客，卻道月山多。

漢上秋思

新月上簾鉤，寒蟬吟樹頭。蟬聲與月色，共是異鄉愁。

灞橋新柳

輕抹風前綠，淡勻雨後黃。依依灞岸柳，曾送古人行。

其二

搖曳河邊柳，柔條綠欲新。年年曾有約，早報關西春。

無題

本是荊山璞，蘊玉已多年。不雕亦不琢，乃得反其天。

蜣螂

蜣螂不自憐，生涯在溷邊。不知身已穢，猶自矜成圓。

早梅

骨帶三分傲，心含一點香。年年冰雪裡，片片吐奇芳。

其二

孤山梅幾樹，早發向南柯。人間風雪妬，其如玉骨何？

梵刹鐘月

梵月下蒼苔，梵鐘動夜臺。聲從何處去？色從何處來？

登大雁塔絕頂

掌上日月度，眼底乾坤空。八代興亡事，一時指顧中。

秋日再至鳳泉道逢騎牛者

寒雲粘壁間，野水響松灣。牧叟閒如我，騎牛獨往還。

古別離

獨夜拜旻天，向月又獨立。妾身未登山，妾心已化石。

丁卯少白山七月十五夜月

早秋三五夜，扶杖陟高峰。可憐清冷月，獨掛萬山松。

其二
清猿啼絕嶂，黃鶴唳喬松。月下法卿臥，知在第幾峰。

其三
歷歷天上星，湛湛水中月。萬象涵空明，有口如何說。

其四
危橋長二丈，絕壑深千尋。我在群山裡，往來只獨吟。

其五
疏星四五點，童子兩三人。知我孤吟意，松稍月一輪。

其六
冷笑北原上，尚有人夜行。客路三千里，何時到玉京？

其七
林下難求友，峰頭但獨行。何處多情鳥，中宵鳴一聲。

其八
非干吞沆露，豈是採紫芝。愛此山中月，高唱出茆茨。

其九
六經千萬言，古聖傳心訣。明月在天心，一字不能説。

其十
山月何皎皎，岩花何馥馥。萬籟無聲時，一人吟草屋。

梅
萬物無顏色，寒花始有香。自非真玉骨，那得傲冰霜？

古離別
本上望夫山，駕言採谷蘭。谷中蘭已老，何曾一採還？

其二
十歲許字君，未字君遠別。待君年若何？妾髮已蒙雪。

其三
思郎曉出卜，思郎夜爇香。思郎郎不見，不如不思郎。

其四
送伯桃花岸，桃花似妾顏。近見花樹老，春殘結子難。

其五
匣琴不再鼓，奩鏡不對妝。日日登山望，關塞路茫茫。

其六
有蠶妾獨繅，有田子獨耕。君子四方志，宜其萬里行。

其七
聞説白登戰，積甲浩無窮。妾身何所似，霜天秋一鴻。

送劉滄源出函谷

長安老劍俠，驅馬出函關。臨別無所贈，黃河水一灣。

與客別大河雪洲

別離千古恨，況復在他鄉。愁淚化為雪，片片沾衣裳。

雜詠

我有明月珠，得之日南國。藏在名山中，恐為人所識。

其二

龍劍直千金，埋在豐城土。人眼不如雷，寶氣何必吐。

鏡中見白髮

吾面成老醜，吾髮成太素。回照吾胸中，丹心還如故。

無題

萬愁結一生，千卷卒吾歲。身世兩悠悠，不知何所際。

五臺

人道五臺高，我道五臺低。人心才方寸，其高與天齊。

寓洋城

天清江漢夾，地秀峰巒起。雖居城邑中，卻在深山裡。

問柳菴

燕趙豪傑地，遊子遍相親。借問誰知己，還是五陵人。

古別離

折柳送君行，遠赴黃花塞。言念投筆人，但願貧相對。

其二

去秋塞雁來，今春塞雁去。雁亦有春秋，良人知何處。

其三

夫壻之關隴，臨別炊爨廖。封侯總覓得，不如不別離。

其四

自伯之盧龍，妾髮亂於蓬。髮上有青帛，曾是伯手封。

長楊宮

山荒日影瘦，野濶鳥聲微。武皇遊獵處，惟見白雲飛。

聞蟬

剪卻夕陽樹，莫使寒蟬吟。蟬聲自不苦，何以悽客心。

古別離

低語問歸鴻，幾時到海岸。為我遠寄書，不如借羽翰。

其二

寒衣催刀尺，欲剪卻又住，但恐久別離，腰腹不如故。

其三

只見海燕去，不睹塞鴻來。夜深無一語，明月滿蒼苔。

其四

床頭一尺枕，勝於千里雁。雁令長相思，枕令長相見。

其五

崑刀解玉環，一解永難併。不怨郎負儂，但悲妾薄命。

其六

妾髮初鬌髻，良人之桂林。妾今頭已白，不作白頭吟。

其七
送君折柳枝，思君行柳陌。柳色年年青，妾髮漸漸白。

其八
閭左同時發，三年戍玉關。出門問丘嫂，嫂上望夫山。

其九
妾家南海岸，夫戍北冀州。妾顏雖未悴，堂上雙白頭。

其十
遺子才三歲，今能耕一丘。憶別河梁日，攜兒進酒甌。

十一
軒轅戰阪泉，用兵自上古。良人不遠征，焉得王事盬。

尚友五首
達則士有事，窮則士有志。大哉管幼安，嚼然以自異。

其二
春豔蒲柳姿，寒知松柏節。大哉蘇子卿，其道能餐雪。

其三
逢堯可薦天，卻秦不受賞。大哉魯仲連，一嘯海天蕩。

其四
天子友布衣，布衣友天子。大哉嚴子陵，清風長江水。

其五
有道黻且佩，無道負且戴。大哉陶淵明，悠然松菊對。

曲江
為問前朝事，石人不點頭。興亡千古恨，江水自悠悠。

嫁長女寒梅
荊釵園有木，竹筍園有竹。含淚送之門，登車顧貧屋。

三友詠

天下歲寒時，喬松貞晚節。鬱鬱南澗濱，滿身是冰雪。
天下歲寒時，幽篁植勁節。萬物盡凋零，此君乃傲雪。
天下歲寒時，梅花芳菲節。草木正寂寥，玉骨偏宜雪。

牧羊三首

卜式牧山澤，十年致千羋。天子問其術，水美草芃芃。
春秋慎霜露，寒暑順陰陽。幾番調燮意，用之於牧羊。
深山無箇事，終日牧水雲。佳種宜芻養，非種勿敗群。

漢大儒關西夫子之墓

蒼蒼太華山，洋洋黃河水。聖人百世師，關西楊夫子。

山中

乘駒入空谷，伐茅作一屋。深山不見人，但有麋與鹿。

鳳嶺

千峰環四面，萬壑繞群溪。石補青天近，劍衝牛斗低。

竹孫

高節尚未著，虛心已有之。一段凌霜志，便在出土時。

六十四

吾年六十四，作客漢之陽。身在即桑梓，何勞憶故鄉。

其二

萬物為一體，萬國括一囊。共遊大造內，何處是他鄉。

梅花

林下長松友，山中高士妻。萬花總豔麗，孰敢與之齊。

哭待興

三尺薄小棺，一塚聰明骨。千秋萬歲後，知汝惟明月。

閑吟

可以行則行，可以止則止。靄靄楚山雲，湛湛吳江水。

其二

火烈不求明，水激不求行。掛帆江陵道，一日千里程。

棧閣

金牛通蜀道，木馬出秦川。昔人爭百戰，今日是荒煙。
皇者如天地，帝者無內外。後世阻河山，盜賊憂方大。
棧閣金城峻，鳳嶺玉壘堅。如何王者起，一姓不千年。

洋州五日哭屈子

三閭天下士，豈曰楚無雙。云誰知屈子，湛湛汨羅江。
萬里瀟湘水，東流入海洋。海水有時竭，屈子怨無疆。

題王孝子盧墓壁間

四壁蔽風霜，數椽遮雨露。問誰居於斯，王子盧母墓。

馬

冀北馬千群，龍鍾亦無幾。誰憐拳手駒，朝邑脫驥尾。

山中

不知晉與魏，那識宋齊梁。世風雖五季，吾道自三皇。

農談

南野老農老，東皐春復春。乘時勤播種，盡悴救吾貧。
智能辨菽麥，勇足剪荊榛。吾生真事業，農圃老此身。

又

天公善藻鑑，使我任農桑。得志行吾道，一犁老渭陽。

偶書

湯武無事功，伊呂寡經濟。道德開地天，三皇與五帝。

疇昔

賭命安貧賤，信天臥石林。菜根生涯冷，十齡咬至今。
十歲失所怙，六十尚貧窮。無限傷心事，都付與東風。

幼子鶴齡

幼子才四歲，便能咬菜根。喜他淡泊性，伴我老松門。

幼孫衡州

生人未十月，嬉戲吮菜根。草堂無箇事，含菁弄幼孫。

詠梅

天下歲寒日，嶺梅吐雪中。三冬無此物，四海盡雷同。
昔曾列十友，今獨植霜壇。為抱幽貞志，不知天下寒。

崇禎儒將五首

蕭娘與呂姥，權峕閫外師。縱盜遍天下，君王猶不知。
高冠而大袖，揚眉而掀鬚。滿腹蘊韜略，者也與之乎。
白面朱衣郎，孫吳未入夢。奇謀遙尾之，敵曰免勞送。
朽木本樗材，而為大廈棟。棟摧廈亦傾，徒使賈生慟。
說起前朝事，至今恨不平。大將稱走狗，膝行見書生。

太白山人槲葉集卷之五　下

詩

五言律

己未春抄青門朱千仞招飲[一]，即席得空字

不見邵平宅，瓜田有路通。桃殘紅散雨，麥老綠生風。鳲鵲星河淡，龍池水月空。布衣藏斗酒，還與故人同。

【校記】

[一]"抄"，當作"秒"。

五陵

悵望五陵道，百憂集我懷。銅人絃管歇，玉虎爪牙摧。唐井龍辭水，秦苑鹿遊臺。近聞關吏語，紫氣自東來。

聞蟬

萬古淒涼月，年年最是秋。一聲蟬在樹，兩鬢雪盈頭。雲白天應老，草黃地亦愁。悲歌動壯士，淚落百川流。

乙丑孟夏寓蒪園曉聽黃鸝有感

驚心花外鳥，啼過客牕幽。夢斷槐根月，人眠掛劍丘。星搖天欲曙，露冷草如秋。莫道山陽笛，聞聲憶舊遊。

浩然之氣

我有浩然氣，寥寥結石林。辭賦空懷古，牧樵半友今。愧乏補天手，且安避地心。無人知此意，松月在高岑。

山村曉發

獨步空山裏，荒村斷岸分。杖縣松嶺月，衣惹柳塘雲。野色花千片，秋聲雁一群。鼓吹不到處，天籟有時聞。

登說經臺

仙臺何所有，晝夜丹丘明。雲點山中色，風傳木外聲。青牛傍月臥，黃鶴橫空鳴。杳矣猶龍子，徒思望氣迎。

鐘呂坪

一徑通幽島，山花處處芬。穿嵐鳥影沒，傍岸水聲聞。丹竈明松火，菜畦繞鹿群。道人橫鐵笛，吹斷嶺頭雲。

春日獨酌浴泉山

白雲曾有約，引我入松門。欲覓溪邊句，先開石上罇。水澄花寫貌，林霽鳥爭言。解得空山意，剪蘿結小軒。

送馮別駕之湘南

一瓢離別酒，千里雁魚心。宦路衡山遠，鄉思渭水深。湖光印楚月，江色倒荊岑。何以贈吾子，囊中有素琴。

松葉露

深山綠髮叟，珠玉餙明妝。瓔珞迎風動，弁星戴日光。鮫人千眼淚，琪樹萬花香。若化竹林米，留為鳳鳥糧。

其二

萬斛松梢露，清光對石樓。空懸子的的，寂照影幽幽。泉迸雹難墜，桂飛月不秋。三珠樹未老，結粟在枝頭。

少白山房

南山有一士，卜築碧峰西。蘿月侵松戶，蕙風動柳溪。山看青眼老，雲撲白眉齊。不識春將盡，楊花已落泥。

安分

一身寓四海，蠛蠓賦鵬鶂。露穎終須折，先花必早凋。蝸牛宜在殼，尺蠖莫伸腰。吾舌與吾齒，壽夭是所招。

仙遊寺

行入山深處，蕭蕭古木疏。板橋虹臥險，書壁鶴飛虛。葉覆春殘藥，雪埋讀罷書。誰將火宅焰，移到古皇居。

其二

破寺幽林下，紺園秋水傍。露明瓔珞色，松吐旃檀香。界道金繩斷，飛山錫杖亡。乾坤生劫火，靈鷲亦荒唐。

秋抄同牛商山先生、僧無息遊王中丞受園分韻

行到林深處，溪回竹逕斜。寒禽驚落葉，瘦日淡黃花。門掩遙山雪，棟飛天半霞。誰知歌舞地，一似野人家。

泊渭川

渭水秋風夜，漁舟罷釣竿。得魚不得下，偃仰在河幹。山色楓林暗，邊聲雁陣寒。非熊夢卜後，蘆荻滿江灘。

客趙氏中南別墅

空齊多古意，清曠似桃源。松菊分三徑，漁樵合一村。山橫窗外枕，竹掩澗邊門。客有舌耕者，聊云代素飱。

夏日客恒州，偶憶昔年臥雪太白，悠然有感

少年耽隱逸，終歲在山阿。日月白雙眼，乾坤老一螺。奕開星斗陣，酒飲漢湘波。不識蒲團上，何緣見雪峩。

述懷十首

行年四十九，盡室入中林。魚釣富春水，虱捫太華陰。一寒松柏骨，百折雪霜心。孰謂桃源路，蕉迷不可尋。

其二

行年四十九，身世兩茫茫。亂恨乾坤小，貧安日月長。屠龍朱漫誤，歌鳳陸通狂。羨彼孤山士，妻梅滿屋香。

其三

行年四十九，貧日萬三千。蠹富神仙字，蚨窮子母錢。蓬蒿仲蔚宅，瓜瓞邵平田。即此歸休處，寥然別一天。

其四

行年四十九，益動知非心。為慕黃農古，卻忘魏晉今。功名謝竹帛，事業在山林。去去休淹滯，桂叢待綠陰。

其五

行年四十九，方外覓幽真。緱嶺吹笙子，長安賣藥人。江湖萍一葉，雨露花三春。自古蘿衣上，不飛帝里塵。

其六

行年四十九，前路斷青雲。擊碎邯鄲枕，追隨鹿豕群。阮途那可哭，鄭谷尚堪耘。菀彼幽蘭草，空山自芯芬。

其七

行年四十九，七十古稱稀。烏足螭龍駕，蚊眉蠛蠓飛。昨非不可諫，今是貴知幾。越相鴟夷子，五湖早早歸。

其八

行年四十九，衰颯鬢雙斑。始悟南柯夢，若教北郭閒。韶華嗟逝水，歲月

老空山。黽勉躬耕事，龐公庶可攀。

其九

行年四十九，舉手謝塵寰。三願終難遂，二毛近已斑。枕流擇穎水，採藥入秦山。覓得霸陵路，迢迢不復還。

其十

行年四十九，老至愛幽閒。一去煙霞裏，重尋水石間。三開竹繞徑，對樹桂臨關。遁世不如意，秦人應出山。

湖南

洞庭木業落，四面起秋音。獨坐江潭聽，如聞澤畔吟。清湘帝子淚，白日大夫心。楚水流無盡，離騷怨至今。

望月臺

西極崑丘峻，湖南嶽與齊。玉峰天一柱，雲竇雪千溪。俯視扶桑日，仰聞閶闔雞。夜來望皎月，桂樹露淒淒。

早春

臈盡寒猶在，春光逐曉還。人顏老歲月，物色變山川。梅落五陵雨，柳含八水煙。鄉村社甕熟，白眼看青天。

長安早秋

殘暑銷秦苑，新涼滿漢宮。山容未瘦雪，林意欲凋風。露冷籬邊菊，蟬吟月下桐。秋聲徹夜起，愁殺白頭翁。

送馮別駕之湘南

薊北初歸日，終南再別時。征鞭帶雪起，去馬嘶風遲。臥聽湘靈瑟，行歌漁父辭。襄陽逢故老，須問峴山碑。

秋杪遊峪泉口號贈惠處士含貞

谷口似桃源，溪聲林外徹。樵歌隔岸聞，鶴影入雲滅。瘦日淡荒村，落霞明遠雪。空山一枕流，永洗是非絕。

山中

空山松月冷，夜坐未央時。濱老顏如鐵，長愁髮是絲。君親兩岡極，忠孝一何虧。欲問青天意，浮雲橫縱馳。

草堂坐月

草堂一片月，長與故人期。永夜彈琴後，焚香獨坐時。梧桐不解語，楊柳亦無知。只此南山叟，愛吟醉白詩。

春杪經蘇一別墅

誰家雙紫燕，話裏恨春還。紅老花熏日，碧凝水蘸天。泉噴石鏪雨，香裛艾窗煙。竹里藏深館，不知是輞川。

其二

春老荒城下，東風已餞還。畦中針出土，水底叟耕天。萬事花間露，百年柳際煙。小舟如可買，長釣飲龍川。

與蕭雪山一泛舟東湖

酌酒東湖上，鏡開水不流。風亭寒白日，煙柳隱孤舟。城廓沉波底，荇縈長畫樓。客懷多少恨，獨此不知愁。

鳳泉即事

曳杖南村路，斜通白石間。林幽禽語靜，川遠櫂歌閒。綠沁橋邊水，青來寺外山。華清三百里，流禍尚潺潺。

正月十四日夜宿靜光寺，值大雪

晚向城南寺，北窗枕石眠。一燈傳佛火，片雪濕茶煙。蝴蝶鐘敲夢，松杉鳥語禪。此中方寸地，猶是太平天。

題孫羽士草堂

結草青山下，開門碧水邊。雪渾雙鶴色，松暝一爐煙。濯魄冰壺月，洗心玉井蓮。吾將婚嫁畢，採藥共林泉。

磻溪

東辭太白雪，西謁玉璜宮。一水蘆花外，兩山翠柏中。周南熊夢遠，秦國鳳樓空。歷歷斜陽草，秋光自昔同。

山窗雪竹

望後春霄半，山窗雪一林。迎風不折節，待月本無心。瘦映梅花骨，清飛玉鶴襟。淒涼太古意，栝柏是知音。

癸亥初夏有邰玄洲崔子、爾進張子洎弟十一、馬子三洎弟八，招飲耿園，即登西城野眺

孤嶂曾城裡，巖疆綠水邊。稷祠釐國古，嫄廟世妃賢。天倚秦王劍，文流漢史川。雝原一日飲，上下數千年。

過有邰

勝帶五陵聚，邰城瑞應全。真人天子貴，師道大儒賢。水繞龍行地，山環鳳落天。英雄鍾間氣，不盡萬斯年。

其二

公卿前代盛，內則至今傳。蘇女天孫巧，姜妃聖母賢。孕開周八百，詩織錦三千。更有孟光女，篤生渭水邊。

丁未仲夏同牛德徵東湖分韻

步出鳳城東，煙溪繞碧叢。湖將天作底，雲以水為空。人醉瀟湘月，馬嘶楊柳風。星河如可度，直泛一槎通。

贈醫者王老人

老人年八十，醫隱灞洋間。濟物資神水，養丹煉大還。前朝衣冠古，近代是非閒。問子何師友，叔和譜系攀。

鳳泉山口號

十里煙霞路，一灣水竹村。榮枯隨化育，俯仰在乾坤。古木風生籟，野燒雨斷痕。兵氛充海嶽[一]，谷口尚耕耘。

【校記】

[一]"充"，康熙本作"克"，誤。

腐儒二首

乾坤大父母，容我腐儒身。混俗應牛馬，感時泣風鱗。文章俟後世，學術法先民。陋巷雖寥落，漁樵有二隣。

青山歲歲舊，白髮年年新。鏡裡觀今我，老顏似別人。乃卜林泉地，以藏釣牧身。優遊無一事，何必問麒麟。

晚度梁園

七里延秋路，西通百衇園。煙雲寒入袖，星月冷侵門。蝸篆銀書斷，蛛絲玉露繁。興亡難借問，樹上鳥能言。

五丈原和大復山人韻

丞相出師處，陣雲千載陰。河山分鼎足，日月正天心。原上長星隕，域中大漢沉。英雄不盡淚，渭水亦悲吟。

秦太學德英藥室

半衇越人宅，山城受一塵。茶烹春橘露，酒醉老篁煙。畫葉江湖湧，懸壺島嶼連。籠中存變理，泰道合坤乾。

其二

儒珍為隱相，席上又團蒲。損益三才理，觀占八卦圖。海山藏墨帳，日月入冰壺。野鳥呼名姓，藥廬一酒徒。

九壠寺

野寺青峰下，嵐岩傍晚晴。雨花連月墜，飛錫帶雲行。衲掛有緣樹，松吟無字經。應從盧嶽社，戴髮了三生。

戊申客中南趙一書樓，值春雪

別業南山下，幽如玄宴居。燈寒千嶂雪，人醉一樓書。風動松微偃，冰消竹半舒。願言學董仲，聊以樂三餘。

鳳山刹

七里鳳山寺，飛來落遠天。溪雲寒古木，徑草宿荒煙。鳥說經無字，風吟柏是禪。如何三笑地，一水自涓涓。

太白山

危峰千尺雪，潭水六泓湫。冰結炎皇夏，日寒赤帝秋。燒餘松似墨，狎後鹿如牛。此地有樵叟，長披五月裘。

和孫太初退宿雲庵韻

極目中峰上，皎然古雪存。毒龍出鐵鉢，鬪虎解松門。半榻容雙膝，九年靳一言。惟餘柏子樹，偃蓋倚南軒。

即事

五陵老壯士，就食漢陽川。種荳南山下，雨多成萊田。年幾過七九，才愧將三千。命也既如此，安貧莫怨天。

過陳倉道次韻弔韓淮陰

築壇漢水上，搆禍未央宮。天欲臣心白，地留草色紅。將軍九鼎重，呂雉一門空。猶幸兒三歲，曲成賴相公。

元日試筆

四海家何在，微軀借隱淪。筆花寒雪椀，劍氣動星辰。日貫丹心舊，霜凝白髮新。閒將無用手，江上理絲綸。

柏子樹

余於家園手植一柏，高七尺，曲柯如蓋，重陰丈餘，余出山嘗臥吟其下。避亂漢上三年，田宅井里皆可忘，所不忘者，柏子樹耳。懷之以詩，示愛不能割也。

蒼柏家園舊，青柯偃蓋披。枝曾懸屈賦，葉每入劉卮。五柳分春雨，七松共雪姿。主人如鳳嶺，誰詠歲寒詩。

遷於漢

昔臥終南雪，今漁漢水煙。鄉關千里遠，日月寸心懸。大塊從蓬轉，長林任鳥遷。乾坤同逆旅，何處不悠然。

夢以詩哭松友，覺而書之

華城初邂逅，太白侶經年。立破篔林雪，舞回甕牖煙。書山生逸韻，硯海泛清漣。此夜仙禽夢，淚痕溢渭川。

用唐宮女結句憶松友

遇子弘農道，攜歸太白巔。老冰渾素羽，旭日映朱顛。入夢欣相見，消魂別黯然。今生過去也，重結後生緣。

其二

方外求良友，孤山鶴子憐。開籠知報客，聞嘯解迎仙。月下三聲唳，雪中一足拳。今生過去也，重結後生緣。

其三

林下盟偕老，谷中有羽仙。呼名應似響，教舞走如旋。繞案啣書卷，就床避野煙。今生過去也，重結後生緣。

其四

冬仲浮潼水，騰初渡漧川。竹林依舊在，柳宅尚儼然。一別草立屋，大歸羽化天。今生過去也，重結後生緣。

其五

乍憶如相見，久思卻寂然。荷裳穿淚雨，松髮挽愁煙。爾反清涼國，我羈離恨天。今生過去也，重結後生緣。

遊新寨 有引

新寨，山中古村名也。自外言之，村在山腹；自内言之，村在山麓。相傳數百年，桑麻茂美，風俗淳樸，有古朱陳村意。雪木遊焉，羨其幽也，故賦之。

荒村寂寂耳，宛在山中央。墅靜桑麻美，岩幽桂柏香。兒童多古意，雞犬異尋常。桃洞猶秦世，人間魏已亡。

其二

八月西風裏，騎馬入山門。鐵壁封蝸篆，沙洲印鳥痕。客遊懷葛世，主醉朱陳村。別時數致意，莫與外人言。

九壠寺

夕陽林下寺，迤在褒斜東。花墜天為雨，經翻洞有風。雲封半塔碧，楓老萬岩紅。秋意忽搖落，方知色是空。

西岩雪洞

古洞西岩下，雪消瀑水來。氣寒千嶂雨，浪吼半天雷。雲破星懸戶，山空月掛梅。寥寥人境外，到處是蓬萊。

再登鍾呂坪

萬木陰臺榭，十年臥雪霜。書眉雙遠尼甲申盡居訓授，燕子一棲簷已巳燕子集頭。衣惹煙霞氣，劍噴牛斗芒。重來茹蕨處，可是舊雲房？

答人

問我岩棲意，凝眸無所云。手持蕉葉扇，笑指鹿麋群。林密天無日，山高地出雲。丘園希束帛，白賁自成交。

即事辛未

獨坐荒園裡，柴扉盡日扃。人憐梧樹老，天縱竹林青。斷雁悲秋塞，亂鴉集客亭。悠悠岐國路，行者哭靡寧。

西遷辛未

青山辭白鶴，皓首走紅塵。魂夢丘園舊，風華異地新。萬方誰樂土？四顧盡流民。秋水兼葭老，伊人何處詢？

又辛未

客入西京路，千村萬戶扃。雲生天似火，川竭地無青。赤鳥瞻周廟，甘棠憶召亭。美人如可遇，處處歌盈寧。

十月見梅花

十月梅花發，先天賦性剛。歲寒方見色，雪撲始聞香。鶴子依仙侶，竹孫友異芳。華林千萬樹，遜此不凋傷。

又

曾借孤山種，仍移處士家。傲分松柏骨，清吐雪霜花。淡月偏憐影，勁風不動槎。廣平初作賦，芳譽滿天涯。

又

太素逍遙館，梅英發早冬。紅塵將一染，白雪護千重。傲骨難容世，清心可友松。山靈如有意，長使野雲封。

又

空山種片玉，寒谷少知音。骨帶冰霜性，香傳天地心。黃鸝何處宿，粉蝶不相侵。惟有林和靖，湖山日詠吟。

有懷

去家已六月，落拓只孤身。晝夢黃農國，夜交沮溺倫。有懷甘蠖伏，無志躍龍鱗。偃臥周原上，晨昏思故人。

詩

長短句

天河

天上有大河，夜夜煥其章。海底有白日，人人見其光。君但後名而先實，實之骨，名之色。

塹峪行

塹者城郭溝洫之名，茲何以名南山之谷口？將母鐵壁削空，顛倒牛斗。日月恐墮而側度，虎豹愁險而空吼。或排田疆力，或開五丁手。然後梯虛棧危，通人行走。行人走峪如走塹，老樹枒枒倚長劍。塹下鬼火乍明滅，塹上仙燈發光焰。仙燈鬼火燒寒山，驚得遊人遊魂斷。疑是天上天河破，漏下小星敢作亂。鶴啷破幘冠松頂，虹馱危峰駕天半。天半危峰插太乙，羽人木客在石室。洞門風曳水晶簾，如掛吳門練一疋。石髮蓬空陰挽雲，峽口哆險晴噉日。日瘦雲淡溪聲苦，揮霍一變無所睹。霧巢幽壑神遷木，黑堆長峽鬼移土。雷電晦冥老蛟戰，怪物出入雜風雨。雨絕風斷雲吐松，乃見老人踞松峰。綠髮高丫雙日月，野服藍褸裂芙蓉。揖問先生何代隱，自言臥雪八百冬。錫杖東山解鬪虎，金鉢南潭貯毒龍。毒龍已伏虎已擒，開山種石白雲深。太白之句我不和，太初之詩我不吟，唯有蒲團坐空林。如意一撥浮雲散，中天白月是禪心。

行路難

行路難，前日行路難，今日行路路更難。小路枳棘充，大路龍蛇蟠。路之左右，斷岩絕壑，險不可言，幾人到此摧心肝。進亦難，退亦難，世間亦有行路人，阿誰如我行路難。掩袂高歌行路難，斷魂落魄客心寒。

寓恒州聞歸雁有感

春歸雁，過錦臺，雁已歸，儂又來。塞北雪消春草深，終南書傭兔毛穎。徒將海日屈屈歌，一歌屈屈一徘徊。爾方歸，儂方來，儂來儂來，胡爲乎來哉？

天王家

貧思富，賤思貴，孰知富貴反多畏。富貴無如天王家，來世勿生真可嗟。若非強臣逼，還思不死吞丹砂。向天拜，求天知。為帝子，為王嗣，須及王家承平時。

表商閭

商容識周王，聰明自非常。舊臣而新君，禮賢羅四方。死者封其墓，生者表其鄉。獨有扣馬進諫人，白骨秋風淒榛莽。此義士也，去之何方？薇不採兮水不飲，空使民到於今傷。公望公望，侯於齊疆。

明妃

在大漢之世，文武多士。帝戒匈奴，鏊爾女子。

大言

噫嘻嗟哉！安能一拳槌平天下山，一氣吸盡千江並四海。通關塞，堙戰壘。不願聞黃帝有涿鹿之戰，不願見殷湯周武吊民而伐罪。但願盤古不老三皇在，茹毛衣皮長不改。蒼書處卦都不用，於於睢睢億萬載。

釣竿

釣竿釣竿在河濱，暑往寒來春復春。江湖地迥集漁者，漁不在魚是良人，綠草芃芃，白石粼粼。

仇指

罙仇魚，網羅仇鳥獸。斧仇薪樵，盜仇富。

感秋篇

秋秋。荊南薊北，甬東隴西，山秋水秋，月秋雲秋，無處不是秋。衡陽行斷南來雁，湘浦歌滿採蓮舟。逐客新添去國恨，佳人蹙顰燕子樓。四運何時淒楚？古來惟秋。金風殺物時候，載酒荒丘。極目野望，浩渺平收。眼底無數桃李，枝髡葉落，凋盡風流。斜陽一色菁菁者，知是松柏不秋。

溫泉篇

伊昔溫泉春，鳴琴酌酒泉之濱；於今溫泉秋，岸巾高歌泉水頭。泉水漉漉流澗中，黃葉迷天下寒空。玄霜不剪石蓮碧，白露早凋楓樹紅。石門封字篆銀蝸，鐵壁現色勒玉蝀。黃裳小鳥啄翠柏，黑衣老猿上枯桐。枯桐翠柏吼狂吹，杖頭百錢曾買醉。潦倒糊塗呼山公，主人扶歸荔蘿蓬。蝶夢栩栩桃源洞，夜半敲醒山寺鐘。星河一雁秋天外，破月倒掛澗底松。荒洲暗分長河水，老鶴暝踏白雲峰。雲陣橫掩太白雪，河勢斜通渭水溙。種瓜驪山空留恨，獻賦甘泉時未逢。緬惟沂水與滄浪，派衍洙泗欲朝宗。

老槐行

噫，咄嗟怪哉！汾州之側，不見禿髮仙槐。何時風雨夜移來，千年山村欹岸栽。咄嗟怪哉！淳於夜守南柯郡，麻姑夢借海上材。風輕露白月滿苔，隱隱絲竹奏荒臺。咄嗟怪哉！當日老朽如刳舟，於今蕭森不忍摧。主人親說回公至，手拈丹粒投枯胎。六月扶疏蔽原野，斯立吟哦綠陰下。其上五橚，凌摩星斗；其下五枸，不知其何所之也。胡爲乎皮甲錯戾不剪伐？只為天子曾系馬。

漁父辭

渭川有漁父，自謂善於漁。巨網結小孔，不漏三寸魚。攜向絕流處，一網得百魚。小者既入網，大者焉往與？嗟彼渭川叟，為漁良非哲。焚林以為獵，從此獸必絕。竭川以漁之，從此魚必缺。君不見，漢家結網漏吞舟，江海河漢魚滿流。

題蕭一書穴

蕭子不懷居，故將土為房。月丸補破牖，風帚掃書床。竹梅老紙帳，山水上短墙。門外千稍瘦，只為一夜霜。其間後凋者，歲寒正蒼蒼。上有五色鳥，結巢對草堂。三年養得翮影老，一日扶搖入帝鄉。東家壞壁穴黃雀，偷入西家啄其糧。主人麾去復還來，只求果服謁山桑。

家常吟

米汁幾碗，菜根一簟。木棉之袍，箬皮之冠。雲犁白山塢，月釣渭水干。更喜數椽清寂，前簾飛瀑，後屏大磬。客到山家筍一味，客去松枕日三竿。誰道茅茨小如斗，中有乾坤許大寬。

挽義姊林氏烈婦

噫，咄嗟悲哉！白山之麓，渭水之鄉，迺有奇婦人，烈烈丈夫行。生前信誓，期以偕亡。死不寒盟，心嚴白霜。謝林風將歇，口絕九日之粒；顧家秀已摧，頭懸五夜之梁。素手挽風化，白練繫網常。一點鐵心，九曲石腸。伊誰可比，磨笄之芳？

閔耕者

農無穀，不農則肉；農無服，不農則穀；農蔽惡木，不農則渠渠夏屋。

同社弟雪山醉後書懷

一身家四海，兩腳歷千山。千年古道行人絕，一杖荷月獨往還。

螻蟻歌在太白絕頂，北望五陵道上，車馬滾滾於紅塵白浪之中，因感而作歌

螻蟻螻蟻，汝何不幸，而為螻蟻。母螻蟻，子螻蟻，兄弟螻蟻，孫螻蟻，世世螻蟻傳螻蟻。生於螻蟻，長於螻蟻，死於螻蟻，尚不知身是螻蟻。螻蟻螻蟻，汝何不幸，而為螻蟻。

明妃

紆不如安命，賂不如守正。去紫臺兮怨而不怒，妃之性。塞外青塚，宮人斜中。永耶促耶？千古流風。辭人騷客，嘆惋無窮。杜陵延壽，於妃有功。

詠古

嬌何為而遠行，衡何為而早傾？爾才爾貌，生也枯，死也榮。

雜詠

人之宦仕，可以贍親戚而輝閭里。況乎妻子？人不宦仕，啼飢號寒先自妻子，而況親戚與閭里。故愛我者勸之隱，而利我者勸之仕。非不仕也，吾見馬騎人，吾見虎入市，惡乎仕。

輓靜虛魏先生_{此老有知人之哲}

君年八十九，我年四十九。七十古來稀，與君別不久。君不見，法虔支道林，一死一生，一先一後，追隨地下作冥友。

過李青蓮、陳希夷騎驢處，憮然有懷，因成口號

太崋山前華陰路，古今騎驢之人，不知其億萬數。惟有學士仙翁，騎驢墜驢，使人懷慕。萬仞山立，大河東注，告爾往來之人，職思其故。

又

熙熙攘攘而來者，誰耶？往者，誰耶？大海浮萍逐浪花，爭似詩人與仙家。事偶然耳，萬載聲華。悲哉！此日我所見，驢背人骨亂如麻。

菜根

舌能堅鍊石，齒可冷冰霜。知我淡泊味，入我貧賤塲。貧賤多出仁義門，歲歲年年咬菜根。菜根不鄙肉食鄙，玉堂何似草堂尊。我思古人獲我心，君平向平有至論。

書所見

馬食粟，犬食肉，農夫耕耘食苜蓿。馬錦鞦，奴錦襠，蠶婦織作無衣裳。

晚出北門行

昔日出北門，香輪寶馬如雲屯；今日出北門，塚書燐火斷燒痕。昔日北門王孫道，今日北門蘼蕪草。此義誰向翁仲說，故園衣冠道傍列。春秋雨露泣成血，九曲石腸空斷絕。

蒼龍嶺觀韓退之大哭辭家、趙文備百歲笑韓處

華之險，嶺為要。韓老哭，趙老笑，一笑一哭傳二妙。李柏不笑亦不哭，獨立龍頭但長嘯。

箴

六則箴

子曰："用之則行，舍之則藏"；"天下有道則見，無道則隱"；"邦有道則仕，邦無道則可卷而懷之。" "六則"因乎時者也。時者，無可無不可也。可以行則行，可以藏則藏，可以見則見，可以隱則隱，可以仕則仕，可以卷懷則卷而懷之：因乎時也。先民有言曰："學者，貴乎知時。"時可有為，而無則行、則見、則仕之才；時不可為，而無則藏、則隱、則卷而懷之之志：此皆不知時者也。或曰："堯治天下，而洗其耳；漢之季天下大亂，出隆中而許人馳驅：其亦不知時矣乎？"曰："否。有許由之志則可，無許由之志則不可也；有武侯之才則可，無武侯之才則不可也。為可為於不可為之時，則辱也；為不可為於可為之時，則固也。不辱不固，是謂知時。故"六則"因乎時者也，時者無可無不可也。

言箴

日月無言而萬古明，天地無言而萬物生，陰陽無言而萬化行，蓍龜無言而萬事靈。故孔子欲無言，而老氏貴守中也。

南遊草序

庚午九月[一]，茹司馬紫庭約遊南嶽[二]。出關由熊耳，鴉路至襄、鄧、瀟湘、洞庭、長沙數千里[三]，目擊明末盜賊焚劫遺阯，滿目傷心，不能無言。或曉拾一句，或暮搆一篇，墨以淚和，字以愁結，因成小草云[四]。

太白山人李柏識

【解題】

此序為李柏自識，作於南遊歸來，將作品整理成冊之時，當是康熙三十年辛未五月前後。李柏一路由關中至衡嶽，見到明末李自成、張獻忠之亂及朝代更迭造成的民不聊生慘狀，感傷不已，作《南遊草》。

【校注】

[一] 庚午：指清康熙二十九年（1690），是年李柏六十一歲。

[二] 茹紫庭：據《鳳翔府志》及《岐山縣誌》，茹儀鳳，字紫庭，清代宛平河內縣人，監生出身，工詩文，有膽識。康熙十八年任岐山知縣。至岐後數上書，奏明岐地苦狀，力請蠲免荒田之賦。岐地士民深為感激，為立生祠。又在斜峪關石頭河修建引水管道，人稱"茹公渠"。並在周公廟創立朝陽書院。康熙二十一年，任衡陽同知。康熙四十二年，任雲南楚雄知府。康熙四十三年，任廣南知府。康熙四十八年，至甘肅任整飭肅州道。

[三] 熊耳：即熊耳山。位於陝西商州西五十里處金陵寺鎮，兩峰直豎，恰似熊耳，人稱"熊耳山"，北依黃河，南接伏牛山，東臨洛陽，西連西安。考查李柏從陝西到衡嶽的路線，所云熊耳山當指後者。　襄：古州名，治今湖北襄陽。　鄧：古州名，治今河南。　瀟湘：湘江與瀟水的並稱，借指今湖南地區。

[四] 小草：謙稱己作。草，草稿。《漢書·淮南王劉安傳》顏師古注："草謂爲文之藁草。"

南遊草卷一

過函谷關論[一]

《易》曰："王公設險以守其國。"[二]予謂王公守國，不在設險。三代以後[三]，兵莫强於秦，地莫險於秦，內外六十四關而崤函居一[四]。左氏謂崤有二陵[五]，史志孟嘗君雞鳴出函谷關[六]，杜甫謂"東來紫氣滿函關"[七]，駱賓王謂"皇居帝里崤函谷"[八]。秦據崤函，六國之兵仰關而卻步。秦出虎狼之師，次第削平六國，説者謂秦四塞之國，據函谷之險，然而恃險不脩德。戍卒叫，函谷舉[九]，安在乎其設險守國也？故王公之險不在關。親賢臣、遠小人，雖無險可至千萬世也。親小人、遠賢臣，雖有險不能一再傳也。故周曆八百而秦亡二世，後世王者親賢，則五服為守而九譯來王[十]；近奸，則呼朋引類，傾覆我城郭，堙莽我關隘[十一]，揖盜賊而入門矣。近世嘉靖、天啟以來[十二]，篤實君子在草野，虛文小人滿朝廷。上欺其君，下虐其民，民不堪命，聚而為盜，盜滿天下由盜滿朝廷也。卒之六龍失御[十三]，社稷丘墟，秦關燕城[十四]，無一可守，則王公之設險安在乎？茅元儀曰[十五]："疆場之小盜易滅，廟廊之大盜難除。"王者能使廟廊無盜，則省會無盜，則郡邑閭里亦無盜，是築天下人心為函谷也，又何設險守國之足云？

【解題】

作於庚午九月，李柏有感於秦恃險不修德致亡的史實，繼承了古代士人勸君主親賢遠佞的傳統，聯繫明朝滅亡的現實，指斥廟廊之大盜亡國。筆鋒犀利。

【校注】

[一] 函谷關：古關名。最初為戰國時期秦國所置，在今河南靈寶市境內。因其路在谷中，深險如函而得名。漢元鼎三年，關口移至今河南新安縣境，距故關約三百里。

[二] "《易》曰"二句：語出《周易·坎卦第二十九》"天險不可升也，地險山川丘陵

也。王公設險以守其國,險之時用大矣哉。"

[三] 三代:指夏、商、周三個朝代。《論語·衛靈公》:"斯民也,三代之所以直道而行也。"邢昺疏:"三代,夏、殷、周也。"

[四] 崤函:中國古地名,指崤山與函谷關,兩者大致都在今河南省靈寶市、陝縣範圍。此處地勢險要,函谷關有"一夫當關,萬夫莫開"之稱,是中國古代兵家爭奪的要塞。

[五] 崤有二陵:即指崤山二陵,在今河南省境內。《左傳·僖公三十二年》載:"崤有二陵焉,其南陵夏后皋之墓也,其北陵文王之所避風雨也。"

[六] "史志"句:指《史記·孟嘗君列傳》所記載的孟嘗君依靠食客學雞鳴以順利出函谷關事。

[七] "杜甫"句:語出杜甫《秋興八首》其五:"西望瑤池降王母,東來紫氣滿函關。雲移雉尾開宮扇,日繞龍鱗識聖顏。"

[八] "駱賓王"句:語出駱賓王長詩《帝京篇》:"山河千里國,城闕九重門。不睹皇居壯,安知天子尊。皇居帝里崤函谷,鶉野龍山侯甸服。五緯連影集星躔,八水分流橫地軸。"

[九] "戍卒"二句:指秦末陳勝、吳廣起義反秦之事。

[十] 五服:古代王畿週邊,以五百里為一區劃,由近及遠分為侯服、甸服、綏服、要服、荒服,合稱五服。服,服事天子之意。《書·益稷》:"弼成五服,至於五千。"孔傳:"五服,侯、甸、綏、要、荒服也。服,五百里。四方相距為方五千里。" 九譯:原指輾轉翻譯。《史記·大宛列傳》"重九譯,致殊俗。"張守節《正義》:"言重重九遍譯語而致。"引申指邊遠地區或外國。《晉書·江統傳》:"周公來九譯之貢,中宗納單於之朝。"

[十一] 埋薶:指荒草埋沒。

[十二] 嘉靖、天啓:為明世宗朱厚熜和明熹宗朱由校的年號。

[十三] "六龍"句,意指天子無法保住江山。 六龍:古代天子的車駕為六馬,馬八尺稱龍,因此六龍為天子車駕的代稱。漢代劉歆《述初賦》:"總六龍於駟房兮,奉華蓋於帝側。"

[十四] 秦關:指函谷關。 燕城:指明皇城北京。

[十五] 茅元儀:生於萬曆二十二年,卒於崇禎十二年,字止生,號石民,又署東海波臣、夢閣主人、半石址山公,浙江歸安(今浙江吳興)人。明代大將,文武雙全,著作頗豐,代表作為《武備志》。

過熊耳山空相寺[一]

九月十六日,自磁鐘鎮東行七十里[二],宿於山村。村東五里許,孤峰插天,滿林黃葉,而山麓百畝草木皆青,予疑為古塋域[三]。村人曰:"此熊耳山空相寺也。"予曰:"熊耳兩山對峙,今止一峰。"曰:"一峰在東。"

十七日昧旦起,東行入林,霜白如月,衰中彌望[四],此地猶是綠天。一僧雛驅牛出耕,一僧年五十餘,聞犬吠山門,披短衣出視,揖予入一古塔。破裂殘碑縱橫臥階砌,字磨滅不可辨。雖旃檀香微[五],金繩斷絕[六],而剎古山幽,知為一大道場也。

- 245 -

予曰："昔全盛時僧眾幾何？"曰："八百人。自明季盜賊數萬[七]，屯據兩月，僧房佛龕化為焦土，今所存者，灰燼之餘也。"遂導予登藏經閣。僧曰："經焚半，吾師刊補之；閣焚半，師葺之[八]。"予曰："東海行復揚塵，山河大地終歸劫火[九]，閣何必葺？佛說經八萬四千[十]，不出四十二章[十一]；四十二章，不出般若心經[十二]；般若心經，不出無字[十三]，經何必補？"西廊有黃面瞿曇[十四]，聞予言，出相見。予問僧臘幾何[十五]。僧曰："安問歲臘，吾身尚是壞相。"予曰："惟空不壞。僧若四大非有，五蘊皆空，[十六]空無所空，即空諸相，是為空相[十七]。"僧曰："空相者，因達磨入涅槃葬此山，人從蔥嶺來，復見隻履西還，其名空相以此。[十八]"予遂高吟曰："空空空相寺，相空萬法通。不空不是法，是法空不空。"僧默然。予出山東行，夜宿韓城[十九]。

【解題】

本篇是李柏康熙二十九年庚午九月十七日過熊耳山空相寺時所作。字裏行間，可見先生對明末損毀的空相寺的惋惜，但更多的則是他本人對佛學思想的理解與運用。

【校注】

[一] 熊耳山：見《南遊草序》校注[三]。　空相寺：原名定林寺，又稱熊耳山寺，位於今河南省陝縣西李村鄉的熊耳山下。空相寺因其為佛教禪宗初祖菩提達摩大師安葬之處，多為帝王將相及佛家弟子所重視，鼎盛時期，寺內擁有僧徒八百，各種殿房四百餘間，占地八十餘畝。歷代對該寺多次修葺，今可考的有：明洪武二十八年重修達摩殿和部分殿宇，明景泰五年（1454）重修達摩殿並立"菩提達摩圓覺大碑"，明嘉靖四十二年（1563）重修轉角樓。清康熙十一年（1572）、雍正十一年（（1733））兩次重修，乾隆、道光年間也曾修葺。

[二] 磁鐘鎮：今屬河南省三門峽市。

[三] 古塋：即指古代陵墓

[四] 屮（chè）：草（艸）木初生也。象｜出形，有枝莖。凡屮之屬皆從屮。古文或以為艸字。

[五] 旃檀：即旃檀木，可制香。唐代王維《薦福寺光師房花藥詩序》："焚香不俟於旃檀，散花奚取於優鉢。"

[六] 金繩：佛經謂離垢國用以分別界限的金制繩索。

[七] "自明季"句：指明末以張獻忠為首的民變。

[八] "經焚半"四句：即指空相寺的修繕工作，當指清康熙十一年事。

[九] 劫火：佛教語。謂壞劫之末所起的大火。《仁王經》："劫火洞然，大千俱壞。"唐·張喬《興善寺貝多樹》詩："永共終南在，應隨劫火燒。"

[十] 佛說經八萬四千：指佛教所說的八萬四千法門，如習進行法修度無極、光曜度無極、世度無極、為眾生故行度無極等等，《楞嚴經》中的二十五聖圓通法門，其中記載的基本上便是這八萬四千法門的大意。

[十一] 四十二章：即指《四十二章經》，東漢明帝永平十年印度人竺法蘭和迦葉摩騰所譯。乃連綴大小乘佛法而成，包含四十二篇短經文。一般認為是最早的漢譯佛經。"四十二章"者，一經之別目；以此經分段為義，有四十二段故。"經"者，梵語修多羅，此云契經，凡佛所説真理皆可曰經。經又訓為常，以所説為常法故。此經以四十二段經文，攝佛説一切因果大義，故名四十二章經。

[十二] 般若心經：即指佛教中最短的《般若波羅密多心經》，簡稱《般若心經》，是六百部"大般若經"之精要。在佛經中，帝釋天王為了制服阿修羅等邪魔，恆持般若波羅蜜多心經，消靡傷害，所以修持"般若心經法門"可以驅魔避邪，掃穢除障。般若，梵語的譯音，意為智慧，佛教用以指如實理解一切事物的智慧，為表示有別於一般所指的智慧，故用音譯。大乘佛教稱之為"諸佛之母"。

[十三] 無字：即指佛家所謂無字真經。大乘佛教認為，世上語言和文字雖然廣泛，卻無法把真正的佛法表達完整，能説出來的和寫出來的，都只能是佛法當中的一小部分。佛法真諦在于無可説處。所以金剛經又講："如來所説法，皆不可取，不可説，非法，非非法"，"所謂佛法者，即非佛法"，"是故如來説一切法皆是佛法"。

[十四] 黃面瞿曇：猶言黃面老禪。《薩遮迦大經》言"時有諸人見我如是（按釋迦修道時，曾嚴格節食，因此身體極度虛弱），有作斯念，沙門瞿曇是黑色，有作斯念，沙門瞿曇非黑色，乃是褐色；有作斯念，沙門瞿曇非黑色，亦非褐色，沙門瞿曇是黃金色。"故稱黃面瞿曇或黃面老。此處指修行多年的老僧人。

[十五] 臘：佛教戒律規定比丘受戒後每年夏季三個月安居一處，修習教義，稱一臘。亦特指僧侶受戒後的歲數或泛指年齡。晉·法顯《佛國記》："比丘滿四十臘，然後得入。"《景德傳燈録·智岩禪師》："壽七十有八，臘三十有九。"

[十六] 四大非有，五蘊皆空：即所謂的"四大本空，五蘊非有"，這是佛陀成道後，對宇宙世間諸法萬象的説明。所謂四大：是指組成物體的四種元素：地、水、火、風。四大和合形成的物質現象，佛法名之曰"色"，其本性為空；五蘊又稱五陰。《大乘廣五蘊論》説："蘊者，積聚義。"意指物質現象和精神現象是由色、受、想、行、識等五法積聚而成，色從四大和合而有；受、想、行、識，由妄想分別而生，本質上并無實體，故稱"非有"。"四大本空，五蘊非有"，是佛教對"無我觀"的詮釋。

[十七] 空相：諸法皆空的相狀。因緣生的一切法，無有自性，此即是空的相狀。

[十八] "空相者"五句：指達摩西歸的佛教傳説。傳説西域高僧達摩於東魏孝靜帝天平三年坐逝，葬熊耳山，於定林寺（即此云空相寺）造塔紀念。東魏使臣宋雲於達摩死後兩年，從西域返，經蔥嶺時，見達摩一手拄錫杖，一手掂一隻鞋，由東往西而來，説往西天去。宋雲歸告孝靜帝。掘墓驗之，僅有隻鞋。

[十九] 韓城：此處指韓城鎮，即今河南省洛陽市宜陽縣韓城鎮，位於宜陽城西25公里處的洛河北岸，因戰國時期韓國二次遷都於此而得名。

過韓城

九月十七日，自熊耳山東行八十里，複嶺重巒，絡繹不絕，四面遠山如黛，溪水環流。驢背遙望，如牛眠、如鳳儀、如蛇蟠、獅象蹲者累累也。其中皆天垣大局，局內或數千家、數百家聚落舊基，皆黃沙蔓草，寂無人煙。嗚呼！此固盜賊焚劫之餘也[一]。盜必有所由起，誰為厲階而使至此乎[二]？逶迤東南，忽見平洋敞豁、天地散朗、千山拱翠、群溪繞碧，予告同行者曰："此地龍虎盤踞，為王都則不足，為侯國則有餘，必戰國關東諸侯之一國都也。"薄暮遇父老，年七十餘。予揖問曰："此何地？"曰："韓城。"曰："古之韓國乎？[三]"曰："然。""今何屬？"曰："宜陽[四]。"曰："韓相張氏故基安在？[五]"曰："基不可考。而子房墓在東北。"夫子房以家世相韓，秦滅韓，子房散家產，得滄海君力士狙擊始皇，不中[六]。後相漢滅秦，報滅韓也[七]。及項羽殺韓王成[八]，追羽固陵，逼羽烏江，報殺韓王也。故曰張良始終為韓。予過韓哭張良，非哭良也，哭後世無為韓報仇者。日夕市北關壯繆祠[九]，演伎扮程嬰存趙氏孤[十]。予觀伎哭程嬰，非哭嬰也，哭後世無存趙氏孤者。

【解題】

此文作於康熙二十九年庚午九月，李柏訪張良故里，文字表達了對忠義之士的讚歎，以及其作為一個明朝遺民對無忠義之士救國的歎惋。

【校注】

[一] 此固盜賊句：當指明末李自成之亂。

[二] 厲階：指禍端；禍患的來由。《詩·大雅·桑柔》："誰生厲階，至今為梗。"毛傳："厲，惡。"《詩·大雅·瞻卬》："婦有長舌，維厲之階。"鄭玄箋云："階，所由上下也。"

[三] 韓國：戰國七雄之一，國土主要包括今山西南部及河南北部，初都陽翟（今河南省禹州），滅鄭國後遷新鄭（今河南鄭州新鄭）。但由於地處中原，韓國被魏國、齊國、楚國和秦國包圍，無發展空間，國土亦七國之中最小，故首先為秦所滅。

[四] 宜陽：即今河南省宜陽縣。宜陽縣位於河南省西部，今屬洛陽市。

[五] 韓相張氏：指張良。據《史記·留侯世家》和《漢書·張良傳》等記載："（張良）其先韓人也。"即其先祖原為韓國潁川郡貴族，其祖三代為韓丞相，本姓姬。

[六] "秦滅韓"四句：即指張良結交刺客在古博浪沙狙擊秦始皇事。秦滅韓國後，張良為報國仇家恨，到東方拜見倉海君，制定謀殺秦始皇的計畫。散盡家資，覓得力士，在秦始皇東巡路過古博浪沙時以鐵椎擊始皇未遂。張良遂逃亡至下邳（今江蘇徐州市睢寧縣古邳鎮）。

[七] "後相漢"二句：指秦末天下大亂中，張良率部投奔劉邦，不久遊說項梁立韓貴族為韓王，後協助其滅秦事。

[八] 及項羽殺韓王成：韓王成後來被項羽所殺，張良復歸劉邦，為其重要謀士。楚漢戰爭期間，"長計謀平天下"，提出不立六國後代，聯合英布、彭越，重用韓信等策略，主張追擊項羽，殲滅楚軍。都為劉邦所採納。

[九] 壯繆祠：即關帝廟。關壯繆（繆同"穆"），即關羽，字雲長，死後追諡壯繆侯。

[十] "演伎扮"二句：即所演劇為《趙氏孤兒》。

問山中老人

九月二十二日，自河南府汝州魯山縣曉發入山[一]。南行四十五里，一路老木黃草，楓葉染醉，悉是廢井荒村，絕無人煙。午至山店，茅屋八九間，鳩面鵠形、衣服襤褸男婦十餘人[二]，賣餅飯行客。旁一老人，年幾八十。予問李自成殺掠河南故事[三]。老人指所居山村曰："昔為山市，居人一百二十家。李自成作亂，男婦老幼，盡於鋒鏑[四]，止留一傴僂老叟，非僂背，亦殺之矣。"時予食方半，餅不能下嚥[五]，反袂拭淚者久之。嘗聞天地終劫之後，劫火燒遍世界[六]，有黑風洪水飄泛世界[七]，人物皆盡。闖賊之禍，何異劫終？漢之黃巾[八]，唐之祿巢[九]，無此酷也。誰胚禍胎而使名城大都、山落水聚千里無煙乎？明季文臣不能無罪矣。

【解題】

作於康熙二十九年庚午九月二十二日。此文描寫戰亂之後河南一帶山中的慘像，作者對于各種民變一直持否定態度，但同時認為明亡的主要原因在於明代之文臣。

【校注】

[一] 河南府：府名，唐代始設，府治洛陽（在今河南省）。明代下轄一州十三縣。汝州：州名。在今河南省。 魯山縣：位於河南省中部伏牛山脈中。故作者言其"曉發入山"。

[二] 鳩面鵠形：亦稱"鳩形鵠面"。鳩形，斑鳩的形狀，腹部低陷，胸骨突出；鵠面，黃鵠的面色。形容身體消瘦，面容憔悴。

[三] 李自成殺掠河南故事：指明崇禎後期李自成之亂兵至河南，燒殺搶掠之事。據彭孫貽《流寇志》卷七，明崇禎十六年河南巡撫秦所式奏："闖曹踩躪中原，中州五郡八十餘城盡為瓦礫。"

[四] 鋒鏑：代指兵器。鏑，箭頭，箭。《文選·潘嶽〈射雉賦〉》："仢丁中輟，礛焉中鏑。"徐爰注："鏑，矢鏃也。"

[五] 嚥：同"咽"。

[六] 劫火：佛教語，謂壞劫之末所起的大火，是大三災之一，燒到初禪天，一切都變成灰燼。此處借指兵火。

[七] 黑風：暴風；狂風。後亦指妖風、歪風。

[八] 漢之黃巾：指漢代黃巾軍起義。漢代張角得《太平要術》，後以施送符水為名，招收徒眾，見漢靈帝昏庸，百姓困苦，即召集百姓以黃巾抹額，自稱天公將軍，率眾起義。後被諸侯鎮壓。

[九]唐之祿巢：指唐代的安祿山之亂和黃巢之亂。分別發生在盛唐和晚唐。均歷時十年左右，對國家造成巨大破壞。

南召

二十二日宿南召[一]。南召者，舊巖邑也[二]，其城郭遺址猶存。問逆旅，主人云在明太平時，居人千餘家，亂後祇有二三十家，山陝貿易者半之。土曠人稀，不堪設官，寄治南陽矣[三]。

【解題】

作於康熙二十九年九月二十二日。描寫李柏所見之戰亂後衰敗的景象。

【校注】

[一]南召：即今南召縣，位於河南省西南部，隸屬於南陽市。
[二]巖邑：險要的城邑。《左傳·隱公元年》："制，巖邑也，虢叔死焉。"
[三]"不堪設官"二句：南召在明成化十二年復置縣，因縣城東北隅的南召店是宛洛大道上商旅息居的名驛，故以"南召"名縣，清順治十六年再廢縣，併入南陽縣，雍正十二年又復置。李柏此句當指清順治十六年廢縣事。

抬頭

二十三日，自南召南行四十里，村名"抬頭"。茆店二三十間，老媼賣餅街頭。予歎其人家蕭條，媼曰："在昔盛時，此地人家一千二百。大亂之後，僅遺數十人，漸次生聚今有二十家矣。"予抆淚歎曰："天乎？地乎？氣耶？數耶？使百姓至此極者誰耶？殺人者，李自成；致自成殺人者，誰為為之耶？

【解題】

作於康熙二十九年庚午九月二十三日。

南陽臥龍岡謁武侯廟[一]

匹夫而補萬世之天，布衣而尊千古之王，由東周至於蜀漢，孔子後武侯一人而已。周末天下無周[二]，孔子以周為天，故明天道以尊周室。周室，王也，尊王所以尊天也；桓文，霸也[三]，賤霸所以尊王也。故《春秋》書成[四]，使天下萬世知尊王如天者，孔子之道也。漢末天下無漢，武侯以漢為天，故明天道以尊漢室。漢室，王也，尊王所以尊天也；孫曹，賊也[五]，討賊所以尊王也。故茅廬一出，使天下萬世知尊王如天者，武侯之道也。孔門顏、曾、閔子不仕權門[六]，所謂見而知之者也。若武侯，則聞而知之者也。顏子稱王佐才，使侯，生哀定之間，則孔門有兩王佐矣。

漢之名士前乎武侯者，楊雄、劉歆也[七]。雄號知《易》，為莽大夫；歆為向子，家傳《穀梁春秋》，諂附王莽[八]。雄所知者何《易》？歆所學者何《春秋》也？與武侯同時者，荀彧、荀攸、邴原、華歆也[九]，皆號人龍，皆臣曹。曹，漢賊，臣賊，豈賊龍乎？處潛見飛躍而不失其正者，臥龍也。臥龍者，猶龍也。故司馬德操以龍目侯[十]，猶孔子之以龍目聃也[十一]。

大哉孔子！生周之末，使天下萬世知正統如周，尊為天王，霸如桓文，人人得而賤之者，孔子也；大哉武侯！私淑孔子，生漢之末，使天下萬世知正統如漢，尊為天王。賊如孫曹，人人得而討之者，武侯也。故曰匹夫而學能補天，布衣而道在尊王。非孔子不足以當之，非武侯不足以繼之。

【解題】

作於康熙二十九年庚午九月二十四日。李柏極贊諸葛孔明之忠義，言其繼承孔子，於亂世之中立天地正統。

【校注】

[一] 南陽：地名，古稱"宛"，今為河南省南陽市。在今河南省西南部，因位於伏牛山之南，居漢水之北而得名。　臥龍岡：位於今河南省南陽市城區西南郊。　武侯廟：在臥龍崗上，為紀念諸葛亮而建。武侯，即諸葛亮，字孔明，號臥龍，琅琊陽都（今山東臨沂市沂南縣）人，蜀漢丞相。在世時被封為武鄉侯，諡曰忠武侯。

[二] "周末"句：指東周末年諸侯國強大，不尊周王室。

[三] 桓文：春秋五霸中齊桓公與晉文公的並稱。

[四] 《春秋》書成：即是指孔子據魯國史書《魯春秋》修訂的而成的《春秋》，借記載各諸侯國重大歷史事件，宣揚其王道思想。

[五] 孫曹：即指三國時期的孫吳和曹魏政權，作者認為其非漢室正統，篡權謀逆故為賊。

[六] "孔門"句：即指孔子弟子顏回、曾點、閔損不仕當時的諸侯權貴之門事。顏回，字子淵，春秋時期魯國人，生於魯昭公二十九年，三十二歲卒。十四歲拜孔子為師，此後終生師事之。孔子不僅贊其"好學"，而且還以"仁人"相許。曾點字皙，春秋時期魯國南武城（今平邑縣魏莊鄉南武城村）人，孔子弟子。閔損，（前536—前487），字子騫，以字廣為人知，春秋末期魯國人，孔子弟子，尤以孝行聞名。

[七] 楊雄：字子雲（前53-後18），西漢蜀郡成都人。西漢後期著名學者，哲學家、文學家、語言學家。通《易經》、《老子》，善辭賦，認為"經莫大於《易》"，"傳莫大於《論語》"，仿《周易》寫《太玄》，仿《論語》寫《法言》。　劉歆：（約前50—後23），字子駿，西漢末年人，劉向之子，在古代典籍分類整理方面作出重要貢獻，在當時積極推行古文經學。

〔八〕詔附王莽：即指揚雄、劉歆在王莽篡漢後仕偽朝事。王莽篡權後，揚雄為中散大夫。王莽篡漢建立"新"朝後，劉歆成為國師，號"嘉新公"。王莽改制時，始稱《周官》為《周禮》，根據《周禮》而採取了一系列措施，"專念稽古之事"，如班固所云："莽誦六藝以文奸言。"揚雄、劉歆以古文經學服務於王莽的改制活動。

〔九〕荀彧：字文若，潁川潁陰（今河南許昌）人。東漢末年仕曹操，為其重要謀臣。官至侍中，守尚書令，諡曰敬侯。　荀攸：字公達，潁川潁陰人。東漢末年仕曹操，為其謀士，荀彧的侄子，被稱為曹操的"謀主"，官至尚書令，正始五年被追諡為敬侯。　邴原：曹操之五官將長史。原十一而喪父，家貧，早孤。少與管寧俱以操尚稱，州府辟命皆不就，曹操辟為司空掾。　華歆：字子魚，平原高唐（今山東禹城西南）人。漢末三國時期名士，三國時期魏司徒。漢靈帝時舉孝廉，任郎中，後因病去官。曹操"表天子征歆"，任為議郎，參司空軍事，入為尚書，轉侍中，代替荀彧為尚書令。後任御史大夫。曹丕即王位後，拜相國，封安樂鄉侯。後改任司徒。魏明帝即位，晉封博平侯。卒諡敬侯。

〔十〕司馬德操：據《襄陽記》記載劉備訪世事於司馬德操。德操曰："儒生俗士，豈識時務？識時務者在乎俊傑。此間自有伏龍、鳳雛。"備問為誰，曰："諸葛孔明、龐士元也。"

〔十一〕"猶孔子"句：指孔子推崇老子，將之比喻為龍。《史記·老莊申韓列傳》記載孔子曾問禮於老子，回到魯國，與眾弟子言及老子："至於龍，吾不能知其乘風雲而上天。吾今日見老子，其猶龍邪！"

光武故里[一]

九月二十四日，謁臥龍崗諸葛忠武侯祠，晚憩三十里屯。五日南行二十里，道左豎古碑，大書曰："漢光武故里。"旁有古木，木下老婦賣胡餅。予問曰："此白水村乎[二]？"曰："然。"東行百餘武，有光武廟。予至廟前，一老僧導予入。前殿貌白皙少年，僧曰："此帝幼像也。"予下拜畢，徒東階趨入，榱桷翼翼者[三]，正廟也。冕旒穆穆者[四]，光武也。枅楣濯濯[五]、簷牙煌煌者[六]，兩廡也[七]。衣冠濟濟、乃文乃武者，雲臺二十八功臣也[八]。

予徘徊廟中，因思天人感通之理，微乎微矣。當禿莽篡竊時[九]，其錢法有貨泉之文[十]，貨泉者，白水真人也[十一]。其讖緯有劉秀當為天子之文[十二]，故劉歆雖背父事莽，又改名為秀，小人覬覦之私耳[十三]，豈知南陽白水乃真人龍潛之窟乎[十四]？孔子曰："其人存則其政舉。"[十五]《易》曰："雲從龍，風從虎，聖人作而萬物睹。[十六]"無二十八人，雖光武不能成中興；無光武，即有二十八人不能建漢鼎。故君臣兩相需也。雖然，中興大事，患無君耳，不患無臣。有少康[十七]，而靡鬲可寄腹心[十八]；有宣王[十九]，而方叔元老可為干城[二十]；有昭烈[二十一]，而隆中布衣可為將相[二十二]。自三君光復後，正統中衰，遂至幾人稱帝，幾人稱王，終於淪胥者[二十三]，比比也。當其時，草澤山林豈無欲攀龍附鳳、鞠躬盡瘁者也？然而天不厭亂，龍蛇起陸，即有補天之石、濟川之舟，棄捐砂礫之中，拋擲荒涼之濱，終於無用而已矣。故曰錏所以入土者[二十四]，蹠使之也[二十五]；削所以入木者[二十六]，腕運之也。苟非蹠腕，空有利器。

【解題】

本文作於康熙二十九年庚午十月初五日。李柏拜謁漢光武帝劉秀故里，表達建立正統，君臣相得之願望。

【校注】

[一] 光武：指漢光武帝劉秀。劉秀（前6—57年），南陽蔡陽（今湖北棗陽西南）人。東漢開國皇帝。王莽新朝末年，天下大亂，西漢皇族後裔劉秀與兄在家鄉舂陵起兵，後在河北登基稱帝，建立了東漢王朝。

[二] 白水村：此處指漢光武帝劉秀故鄉南陽。《後漢書·光武帝紀》"世祖光武皇帝諱秀，字文叔，南陽蔡陽人，高祖九世之孫也。""元帝初元四年，徙封南陽之白水鄉，猶以舂陵為國名，遂與從弟鉅鹿都尉回及其宗族往家焉。"

[三] 榱桷：即屋椽。

[四] 冕旒：古代大夫以上的禮冠。頂有延，前有旒，故曰"冕旒"。天子之冕十二旒，諸侯九，上大夫七，下大夫五。後來也專指皇冠，借指皇帝、帝位。　穆穆：即指端莊恭敬、儀容或言語和美。

[五] 櫺牖：指由櫺木所做的窗子。　濯濯：光明、明淨貌。

[六] 簷牙：指屋簷簷際翹出如牙的部分。　煌煌：明亮輝耀、光彩奪目貌。

[七] 廡：堂下周圍的走廊、廊屋，後泛指房屋。《後漢書·張酺傳》："其無起祠堂，可作槀蓋廡，施祭其下而已。"李賢注："廡，屋也。"

[八] 雲臺二十八功臣：東漢明帝劉莊於永平三年（60），在南宮雲臺閣命人畫了二十八位在漢光武帝在建立東漢的過程中戰功顯著的將領將的畫像，故此二十八人稱為雲臺二十八將。這二十八人是鄧禹、馬成、吳漢、王梁、賈復、陳俊、耿弇、杜茂、寇恂、傅俊、岑彭、堅鐔、馮異、王霸、朱祐、任光、祭遵、李忠、景丹、萬修、蓋延、邳彤、姚期、劉植、耿純、臧宮、馬武、劉隆，分別對應天上二十八星宿。

[九] 秀莽篡竊：指王莽篡漢事。

[十] 貨泉：王莽時貨幣名，是王莽新朝天鳳元年（14）第四次貨幣改制的產物。從天鳳元年起一直流通到東漢光武帝建武十六年（40），材質為青銅。《漢書·食貨志下》："貨泉徑一寸，重五銖，文右曰'貨'，左曰'泉'，枚直一，與貨布二品並行。"

[十一] 白水真人：指貨泉，"泉"字由"白、水"兩字組成，故稱白水真人。

[十二] "其讖緯"句：當指讖緯顯示劉秀會成為天子。《東觀漢記·鄧晨傳》載：光武微時與鄧晨觀讖，云"劉秀當為天子。"或言"國師公劉秀當之"。光武曰："安知非僕乎？"建武三年，説故舊平生為忻樂。晨從容謂帝曰："僕竟辨之。"帝大笑。

[十三] "故劉歆"三句：漢宗室劉向之子劉歆歸附王莽，任新朝的國師公。其精通讖緯，見讖緯言劉秀當為天子，故改名劉秀，陰圖天子之位。《漢書·劉歆傳》載，漢哀帝建平元年，劉

歆改名為劉秀。應劭注曰："《河圖赤伏符》云'劉秀發兵捕不道，四夷雲集龍鬭野，四七之際火為主'，故改名，幾以趣也。"

[十四]"豈知南陽白水"句：指漢光武帝劉秀故里位於南陽白水，正應白水真人之言，同時應讖緯所説稱帝之名。

[十五]其人存則其政舉：語出《禮記·中庸》：魯哀公問政於孔子，孔子説："為政在人"，"其人存，則其政舉，其人亡，則其政息"。

[十六]"《易》曰"四句：語出《周易·乾·彖辭》："水流濕，火就燥，雲從龍，風從虎，聖人作而萬物覩。本乎天者親上，本乎地者親下，則各從其類也。"即有聖人出現則萬物都會隨之發生積極變化。

[十七]少康：夏朝第五位君王，在父王相被殺，寒浞篡位後，少康起兵誅殺寒浞，恢復夏朝統治。

[十八]靡鬲：指少康父相的臣下靡。寒浞奪取王位後，他逃到名為有鬲氏的部落，招集流亡，積蓄實力。後應少康之召，傾有鬲氏之兵，與少康會合，擁戴其為夏王。

[十九]宣王：指西周宣王，周朝第十一位王。名姬靜（一作靖），周厲王之子，謚為世宗。厲王時國人暴動，大臣召穆公虎將太子靜隱藏在自己家中，被國人包圍。召公以己子代替太子，使太子得以脱身。共和十四年（前828），厲王死，大臣擁立其為王。宣王即位後，整頓朝政，使已衰落的周朝一時復興。

[二十]方叔元老可為千城：指方叔力克四方動亂事。方叔，周宣王時卿士賢臣，曾率兵車三千輛南征荆楚，北伐獫狁，為周室中興一大功臣。

[二十一]昭烈：指劉備。劉備：字玄德，涿郡涿縣人，漢中山靖王劉勝的後代，三國時期蜀漢開國皇帝（221—223年在位）。謚號昭烈帝，廟號烈祖。

[二十二]隆中布衣：指諸葛亮，因其出山之前隱於隆中而稱。

[二十三]淪胥：相率牽連。《詩·小雅·雨無正》："若此無罪，淪胥以鋪。"毛傳："淪，率也。"鄭玄箋："胥，相鋪遍也。言王使此無罪者見牽率相引而遍得罪也。"後泛指淪陷、淪喪。

[二十四]鍤：指臿，鍬。

[二十五]蹠：足跟；腳掌。

[二十六]削：一種有柄而微彎的雙刃小刀。

流賊張獻忠破襄陽説[一]

有河南人周權，少被闖賊李自成擄入關西，僑寓予里，為予説張賊破襄陽、殺襄王及閣臣楊嗣昌自縊事[二]。予疑其城或不高也，池或不深也，地或小而兵或少也。

庚午九月，予有衡嶽之遊。出關南行，十月一日過樊城[三]，泊舟漢江[四]，二日登南岸。觀襄陽形勢，城東據漢江高洲之上，漢水自西來，從北城根東流，水深百尺有餘，闊五百步有餘。東流十里，屈曲南轉，復向西流，直抵襄城之南，折而南流。其近城東西南三面，池深十丈，濶百步。城西南枕鳳凰山[五]，峰高千仞，西通巴蜀、商於、漢沔糧道[六]，進退皆有餘地。城甃以磚城根，堅堤、捍江皆砌大石，高十丈餘，此所謂金城湯池也。一旦有事，攻者難為力，守者勢有餘矣。江北樊城，係秦晉、燕趙、巴蜀、荆揚通衝大道，市人萬家，財貨山積，合襄城人不下十萬餘家。

當獻忠將入境時，若襄王有方略，嗣昌通兵法，無論全楚，即襄陽一郡，提封千里，操練民兵，可得精甲十萬。兼嗣昌麾下本兵，再提各鎮戍兵，數十萬剽悍精甲可立致也。為嗣昌計，宜選智勇良將，許以高爵，不必掣肘[七]，籞之於南陽、白水之間，原平草淺，車、騎、步皆可利用，或八門、五花、六花，或鸛或鵝，皆可壓敵[八]。獻忠賊非亡命遁逃，即貧民就食，烏合瓦全。以我剽悍節制之師，擊彼烏合散亂之眾，譬之鐵圍壓卵、洪爐燎毛，一戰可盡殲也。

乃藩王袖手，嗣昌吐舌，不設一謀，不出一師，致令獻忠坐大，如入無人空虛之地，摧堅城如拉朽草，殺藩王如殪小鳥[九]，此何為者也？即獻忠逼近襄境，我徹漢北樊城之民，渡過漢，南入於城中。沿漢內岸二三十里，一里築十小墩一大墩[十]。小墩守兵十人，十夫長將之；大墩百人，百夫長將之；十大墩合百小墩，蓋二千人，一偏將將之。三十里六千人足矣。西南鳳凰山一帶，低者築之使高，平者掘之使險，相地設墩，用人亦如之，亦不過六千人足矣。山上江邊各設遊兵千五，各分三營，營守備將之往來巡邏，以備緩急，一萬五千人也，一大將將之。小墩鳥銃五杆，弓箭五副，長槍十支，槍帶噴火筒二箇，白棒十條，隨便取用。大墩佛狼機四杆，鳥銃三十杆，弓箭三十副，雁翎大刀四十口，白棒四十條，隨便取用。墩下各設燈火，江底設鐵蒺藜[十一]、鎚刀以遏賊善沒者。江面設火舟，晝則以日為眼，夜則以火為目，賊船若來，遠則擊以佛狼，近則擊以鳥銃，再近以箭射之，再近以槍刺、以火噴之，再近則舉大棒、大刀斫打齊下。賊鋒雖銳，不能渡江登岸矣。又於山頂江邊設狼煙數處，山上有驚，舉烽火，江上之遊兵登山速救；江邊有急，舉烽火，山上之遊兵下江速救。勾連循環，可分可合，奇正相生[十二]，應變無窮。佈置均亭，下令軍中曰："大敵臨境，軍法宜嚴，散卒不用命，十夫長斬之；十夫長不用命，百夫長斬之；百夫長不用命，偏將軍斬之；偏將軍不用命，大將軍斬之。"守備精密，號令嚴肅，猿猱雖捷必不能升，鷹隼雖疾尚不能過，而況烏合蠢動之賊哉？此不守城而守城外之高山長江之一要策也。若王孱將懦，不知守山與江，坐守孤城，縱賊渡江登山下攻，雖有張韓之才[十三]，不能保矣。

吾觀襄陽地形，乃知城破之故，非獻忠之足智多謀也。襄王昏昏、嗣昌悶悶、兵將蠢蠢、百姓蚩蚩[十四]，有如群燕巢於焚棟，欲求免禍，難矣！且江北樊城無井，即賊頓樊城[十五]，人畜必飲江水。我置毒上流，人馬必病，然後我伺動靜，募善泅壯士，許以重賞，詐為貧民，降入賊營。我夜以舟艦佯為渡江北攻之狀，賊必以精兵備我，而我暗以木罌從城南大江渡過[十六]，精甲繞江而東，從北南攻，又以竹發熕、銅發熕，從襄城上送子炮於賊營。營中火起，我兵南攻，而營中詐降之兵從中橫擊，內外交鬨[十七]，賊不知所為，必自相殘殺，一戰可滅。所謂出其不意，攻其不備，此劉錡所以守順昌也[十八]，嗣昌烏足以知之？嗣昌進士也，先帝推轂之日[十九]，御書贈以詩曰："鹽梅今暫作干城[二十]，上將威嚴細柳營[二十一]。一掃寇氛從此靖，還期教養遂民生。"煌煌聖語[二十二]，用之非不尚，任之非不重，豈知進士之才，作八股則有餘，為百夫長則不足，古人謂之"白面"。然先朝倚白面書生為萬里長城，使之節制大將，掣肘勇帥，是縛騏驥之足而期以逐風雲，剪鷹鶻之翮而責以搏狐兔，豈可得乎？此神京所以不守[二十三]，而書生之誤國，多在空談裏也。

【解題】

此文作於康熙二十九年庚午十月初二，李柏途經襄陽，感明代藩王被殺、楊嗣昌守城不力，歎書生誤國。李柏習古實用之學，故文中依天時地利構守城破賊之法，確有不凡之處。

崇禎十四年，大學士楊嗣昌督師，討伐張獻忠，以襄陽為軍府，貯五省餉金及弓刀火器，餉金、甲器各數十萬皆聚於城內，每門設副將防守。二月五日，張獻忠出川後，一日夜馳三百里，道上殺楊嗣昌使者，取其軍符，以二十八騎進入襄陽城，城潰。張獻忠殺襄王朱翊銘及貴陽王朱常法，火燒城樓，焚其屍體。

【校注】

[一] 張獻忠：字秉忠，號敬軒，明萬曆三十四年（1606）出生於陝西省定邊縣郝灘鄉劉渠村，明崇禎三年（1630），響應王嘉胤的反明號召在米脂起事，後在成都建立大西政權，清順治三年與親王豪格相遇，兩軍激戰之中中箭身亡。　襄陽：城名。在今湖北襄樊市的襄城區，位於漢水中遊南岸，與北岸的樊城隔江相望。

[二] "張賊破襄陽"句：指張獻忠於崇禎十四年出川，攻破襄陽并殺襄王朱翊銘事。襄王，指明末襄王朱翊銘，謚號忠王。父襄靖王朱載堯。楊嗣昌，字文弱，明湖南武陵縣人。萬曆三十八年中進士。崇禎年間，被任為"禮部尚書兼東閣大學士，入參機務，仍掌兵部事"，權傾一時。崇禎十二年九月，崇禎帝"命楊嗣昌督師，賜尚方寶劍"鎮壓民變。崇禎十四年正月，李

自成陷洛陽，殺福王朱常洵。二月，張獻忠奇襲襄陽，殺襄王朱翊銘，朝野震驚。楊嗣昌剿滅民變失敗，憂懼交加，舊病復發，《明史·莊烈帝紀》謂："三月丙子朔，楊嗣昌自四川還至荊州，自殺。"其子楊山松在《孤兒籲天錄》中則稱其父是病死。

[三] 樊城：城名。在今湖北省，與襄陽隔漢水相望。

[四] 漢江：又稱漢水，古代也稱沔水，發源於陝西省漢中市米倉山，東南流經陝西、湖北，在武漢市匯入長江。

[五] 鳳凰山：位於襄陽城南約五公里處，又名白馬山。

[六] 漢沔：漢沔，漢中、沔縣，代指漢中盆地。向為魚米之鄉。

[七] 掣肘：指從旁牽制，語出《呂氏春秋·具備》："宓子賤治亶父，恐魯君之聽讒人，而令己不得行其術也。將辭而行，請近吏二人於魯君，與之俱至於亶父。邑吏皆朝，宓子賤令吏二人書。吏方將書，宓子賤從旁時掣搖其肘；吏書之不善，則宓子賤爲之怒。吏甚患之，辭而請歸……魯君太息而歎曰：'宓子以此諫寡人之不肖也。'"

[八] "或八門"三句：指古代戰術。八門，八門陣也稱八卦陣，按照八卦的次第列陣，又可演變成六十四陣法。五花，五行陣，五行系指金、木、水、火、土。代表紅、黃、藍、白、黑五色。六花，唐代李靖在諸葛八陣的基礎上，編練的六花陣，所謂六花陣，就是像"六出花"的陣型。中軍居中，中軍周圍分佈前軍、左軍、左虞候軍、後軍、右軍、右虞候軍。或鸛或鵝，代指《孫臏兵法》中八種基本陣法。《八陣法》："太公曰：'昔黃帝説八：車箱、洞當，金也。車釭、中黃，土也。鳥雲、鳥翔，火也。折沖，木也。龍騰、卻月，水也。雁行、鵝鸛，天也。車輪，地也。虎翼、罘罝，巽也。'"

[九] 殲：殺死。

[十] 墩：原意指土堆，後引申指烽堠。

[十一] 蒺藜：古代用木或金屬製成的帶刺的障礙物，布在地面上以阻礙敵軍前進，因與蒺藜果實形狀相似，故名。《六韜·軍用》："木蒺藜去地二尺五寸，百二十具，敗步騎；鐵蒺藜，芒高四寸，廣八尺，長六尺以上，千二百具，敗走騎。"

[十二] 奇正相生：指奇與正相輔相成，互相轉化。"正"指正常；"奇"指變化。"奇正相生"多用於與軍事。孫子言："凡戰者，以正合，以奇勝。故善出奇者，無窮如天地，不竭如江海。"

[十三] 張韓之才：指張良、韓信的才幹。《前漢書·高帝紀》謂劉邦言："夫運籌帷幄之中，決勝千里之外，吾不如子房；填國家、撫百姓、給餉餽、不絕糧道，吾不如蕭何；連百萬之衆，戰必勝，攻必取，吾不如韓信。三者皆人傑，吾能用之，此吾所以取天下者也。"

[十四] 悶悶：指愚昧、渾噩貌。《老子》："俗人察察，我獨悶悶。" 蠢蠢：騷亂貌。《左傳·昭公二十四年》"今王室實蠢蠢焉。" 杜預注："動擾貌。" 虻虻：惑亂貌；紛擾貌。

[十五] 頓：駐屯。

[十六] 木罌：木制的小口大腹的容器。《方言》第五："自關而東，趙、魏之郊謂之甕，或謂之罌。"

[十七] 交鬨：相鬥。《孟子·梁惠王下》："鄒與魯鬨。"趙岐注："鬨，鬪聲也，猶構兵而鬪也。"

[十八] "劉錡"句：指宋代劉錡順昌大捷之事。《宋史·劉錡傳》："金人圍順昌。

錡豫於城下設伏，擒千戶阿黑等二人，詰之，云韓將軍營白沙渦，距城三十里。錡夜遣千餘人擊之，連戰，殺虜頗衆。既而三路都統葛王褎以兵三萬，與龍虎大王合兵薄城。錡令開諸門，金人疑不敢近。初，錡傳城築羊馬垣，宂垣為門。至是與清等蔽垣為陣，金人縱矢，皆自垣端軼著於城，或止中垣上。錡用破敵弓翼，以神臂强弩自城上或垣門射敵，無不中敵。稍復，以步兵邀擊，溺河死者不可勝計。"劉錡，字信叔，德順軍人。美儀狀，善射，聲如洪鐘。

[十九] 推轂：推車前進。古代帝王任命將帥時的隆重禮遇。《史記·張釋之馮唐列傳》："臣聞上古王者之遣將也，跪而推轂，曰閫以內者，寡人制之；閫以外者，將軍制之。"後因以稱任命將帥之禮。

[二十] 鹽梅：鹽鹹梅酸，均調味所需。喻指國家需要的人材。 干城：喻指捍衛者。

[二十一] "上將"句：用漢代大將周亞夫事。漢文帝時，匈奴入寇，文帝任河內郡太守周亞夫為將軍，駐軍細柳備戰。周亞夫軍令嚴明，文帝贊嘆。

[二十二] 煌煌：昭彰、醒目之意。

[二十三] 神京：指帝都，首都，此處指明王朝都城北京。

祭屈賈兩先生文[一]

庚午十月二十四日，關中太白山人後學柏過長沙[二]，謹以香燭巵酒致祭於屈、賈兩先生之神曰："兩先生不得志於楚、漢，天下後世亦謂不得志於楚、漢。柏謂兩先生雖不得志於楚、漢，而道顯於天下後世，《離騷》《治安策》懸日月矣，流天壤矣[三]。讀《騷》與《策》，兩先生之心白，心白則道顯，雖不得志於一時，而得志於萬世也。彼上官、絳、灌[四]，一日生而萬世死，兩先生一日死而萬世生。可以不怨矣，可以不慟哭矣。且東南死忠之國也，奢死楚矣[五]，種死越矣[六]，貟死吳矣[七]，後世飛又死杭矣[八]，是皆以忠死矣，豈徒兩先生哉？吾聞天之愛忠臣也，成就全在一死，如得志於一時，則寂寥於萬世矣。兩先生何必怨，何必慟哭也？"

【解題】

此文作於康熙二十九年庚午，十月二十四日，當時李柏行至長沙，故祭拜屈原、賈誼於江邊，表達對忠義之士的懷念之情。

【校注】

[一] 屈賈兩先生：指屈原和賈誼。屈原，名屈平，字原，羋姓屈氏，戰國末期楚國丹陽（今湖北秭歸）人，楚武王熊通之子屈瑕的後代。屈原雖忠事楚懷王，但卻屢遭排擠，懷王死後又因頃襄王聽信讒言而被流放，最終投汨羅江而死。賈誼，洛陽人，西漢初年著名的政論家、文學家。二十餘歲被文帝召為博士，後擢為太中大夫。二十三歲時，遭群臣忌恨，被貶為長沙王的太傅，後被召回長安，為梁懷王太傅，梁懷王墜馬而死後，賈誼深自歉疚，一年後悲

傷而亡。

[二]長沙：今湖南省長沙市，因屈原和賈誼的影響而被稱為"屈賈之鄉"。

[三]《離騷》：屈原的代表作品，從自敘身世起，抒發了作者遭讒的苦悶，斥責了昏主佞臣的誤國，表現了堅持"美政"的理想和愛國熱情。《治安策》：賈誼為漢文帝所寫的關於如何剔除弊政，建立治世的奏疏。

[四]上官：指戰國楚懷王時期的楚國大夫靳尚。靳尚生於湖北紀郢，因嫉妒屈原之才，故進讒言於懷王，導致了後來屈原的悲劇。事見王逸《離騷經序》和司馬遷《史記·屈原列傳》。絳、灌：指漢代絳侯周勃與潁陰侯灌嬰，均輔佐漢高祖定天下，建功封侯。二人起自布衣，質樸無文，曾讒嫉陳平、賈誼等人。

[五]奢：指春秋後期楚國大夫伍奢，楚國乾溪（今屬安徽利辛）人，楚平王時為太子太傅，伍子胥之父。由於費無忌對楚平王進讒言致其自娶原為太子所聘秦女，伍奢直諫，勸平王勿近費無忌等小人，費無忌心含怨恨，故陷害太子，牽連伍奢被捕遇害。

[六]種：指文種，也作文仲，字會、少禽，一作子禽，春秋末期楚之郢（今湖北江陵附近）人，後定居越國，和范蠡一起為勾踐最終打敗吳王夫差立下赫赫功勞。滅吳後，自覺功高，被勾踐不容，受賜劍自刎而死。

[七]員：指伍子胥，春秋末期吳國大夫。名員，字子胥，楚國人。輔佐吳王闔閭稱雄，夫差繼位後，信任奸臣伯嚭，中了越王勾踐復國滅吳之計，不聽伍子胥的勸諫，夫差惱羞成怒，丟給他一把"屬鏤"劍，逼他自盡。事見《史記·伍子胥傳》。

[八]飛：岳飛（1103—1142），字鵬舉，抗金名將。紹興十一年十二月二十九日，秦檜以"莫須有"的罪名將岳飛毒死於臨安大理寺獄中，1162年，宋孝宗時詔復官，諡武穆，寧宗時追封為鄂王，改諡忠武。

蕉葉雨敘

衡湘客舍有竹亭一間[一]，芭蕉一院，予愛聽蕉雨聲，嘗攜卷吟哦其間[二]。見古人特立獨行驚心酸鼻之事，手錄之，曰《蕉葉雨》，猶荷葉露云爾。

【解題】

本文作於康熙二十九年庚午秋，即李柏居衡陽茹儀鳳寓所時。

【校注】

[一]衡湘客舍：指衡陽茹儀鳳處，作者此時客居於此。
[二]吟哦：寫作詩詞；推敲詩句；有節奏地誦讀。

荊王創建護國寺[一]

佛不護堯舜之國而時雍風動[二]，佛不護夏禹之國而享年六百[三]，佛不護文武之國而周過其曆[四]。梁武捨身同臺[五]，北魏建寺萬餘[六]，其志將以求護國也，而國破身亡。唐宋以來，名刹峻塔，上至君王國，下至愚民里社[七]，山林江海，無地不有，卒之鼙鼓動地[八]，颶風翻海，此時即日誦仁王[九]，百拜古皇[十]，亦安見其能護國耶？

辛未三月，余至荊州，偕江右梁布衣質人遊護國寺。金碧壯麗，幾於瓊其宮而瑤其臺，寺碑誌所費，蓋四十七萬金也，明荊國藩王所建。嗚乎侈哉！愚矣哉！堯茅茨土階[十一]，舜飯糗茹草[十二]，禹卑宮惡服[十三]，此萬古帝王盛德事也。佛稱古皇先生，其所好尚蓋皇者之道也，故枯寂淡泊，視天子之貴如浮雲[十四]，視己身可療鷹虎之飢[十五]，豈樂寶刹輝煌也者？以塔廟壯麗事佛者，謂之得罪褻瀆可也。且佛以慈悲為教者也，草木且不妄殺，鷹虎亦可麾驅，況百姓哉？崇禎十二三年，蝗旱、流寇、惡宦、蠹胥並為民殃[十六]，萬里赤土，餓莩相枕[十七]，王若出四十七萬金救民疾苦，此大慈大悲大功德，善事佛者也，善事佛，佛或護之。王不知此，而以金碧丹艧佞佛求福[十八]，此何為哉？稽過去，則前代有殷鑒[十九]；希未來，則不可知；求現在，則國破家亡：故曰愚也。漢文帝惜百金不作露臺[二十]，享國長久。荊王不惜四十七萬金脩佛寺，宜乎？其佛不護國而禍及於身也。

【解題】

本文作於康熙三十年辛未三月。

【校注】

[一] 荊王：指明末荊惠王朱常潤。康熙《荊州府志》卷九《封建·明·荊惠王》："神宗子。天啓七年之國荊州。癸未，闖寇陷城，國亡。"《明史·諸王傳》："惠王常潤，神宗第六子。福王之藩，內廷蓄積為空。中官藉諸王冠婚索部帑以實宮中，所需輒數十萬，珠寶稱是。戶部不能給。常潤與弟常瀛年二十，皆未選婚。其後兵事亟，始減殺成禮。天啓七年之藩荊州。崇禎十五年十二月，李自成再破彝陵、荊門，常潤走湘潭。自成入荊州，據之。常潤之渡湘也，遇風於陵陽磯，宮人多漂沒，身僅以免，就吉王於長沙。十六年八月張獻忠陷長沙，常潤走衡州，就桂王。衡州繼陷，與吉王、桂王走永州。巡按御史劉熙祚遣人護三王入廣西，以身當賊。永州陷，熙祚死之。" 護國寺：康熙《荊州府志》卷二十二《古跡（寺觀附）·江陵縣》："護國寺。在南門內，有明崇禎年間惠王造殿。後一寶鼎，三尺許，相傳遼邸分封舊器。斑駁陸離，不辨為何代製。藏經閣內龕，備極工緻，亦古法物也。其餘亂后無存。"按，荊州府志》刻于康熙二十四年，惠王造殿尚存，李柏所見必為此殿。

[二] 時雍：和熙，太平。

[三] "佛不護夏禹"句：夏禹治水有功，禪位天子。夏朝約公元前二十一世紀至前十七世紀，共傳十四代，十七王。

［四］"佛不護文武之國"句：周代由於文王和武王的仁德而享國久。曆，數目；年數。《漢書·諸侯王表序》："周過其曆，秦不及期。"顏師古注引應劭曰："武王克商，卜世三十，卜年七百，今乃三十六世，八百六十七歲，此謂過其曆者也。"

［五］梁武捨身同臺：梁武帝蕭衍信奉佛教，曾先後四次捨身入佛門。梁武帝蕭衍（464—549），字叔達，小字練兒，南蘭陵中都人（今江蘇常州市）。在位四十八年，頗有政績。後佞佛，不理朝政。晚年爆發"侯景之亂"，都城陷落，被侯景囚禁，餓死於臺城。

［六］北魏建寺萬餘：指北魏崇信佛教，不惜浪費人力物力建寺廟。北魏（386—557）拓跋鮮卑氏建立，建都平城（今山西省大同市）。後分裂為東魏與西魏。

［七］里社：古代里中祭祀土地神的處所，後亦借指鄉里。

［八］鼙鼓動地：指唐代安史之亂，用白居易《長恨歌》中"漁陽鼙鼓動地來"之典。鼙鼓，軍用之小鼓和大鼓。

［九］仁王：佛教用語，為佛教徒對佛的尊稱。《放光般若經》："北方度如恒邊沙，有世界名勝，其佛號仁王如來。"

［十］古皇：指佛祖。《佛祖統紀》："尹子作《老子西昇經》云：'聞竺乾有古皇先生，吾之師也。'"

［十一］堯茅茨土階：指居室簡陋。茅茨，指茅草蓋的屋頂，亦指茅屋。土堦，土臺階，典出《墨子·三辯》："昔者堯舜有茅茨者，且以爲禮，且以爲樂。"

［十二］舜飯糗茹草：《孟子·盡心章句下》："孟子曰：'舜之飯糗茹草也，若將終身焉。'"糗：指乾糧。茹：指吃，吞咽。

［十三］禹卑宮惡服：《論語·泰伯》："禹，吾無間然矣！菲飲食，而致孝乎鬼神；惡衣服，而致美乎黻冕；卑宮室，而盡力乎溝洫。"卑宮，宮室簡陋。惡服，服裝簡樸。

［十四］"視天子"句：指佛家始祖釋迦牟尼原為淨飯國王子，因修道放棄王位，專意成佛。

［十五］"視己身"句：《菩薩本生鬘論》記有佛菩薩割肉喂鷹，舍身飼虎故事，表現佛教之慈悲。古時有一國王，其三王子摩訶薩埵見林中餓虎產七子無食，于是舍身飼虎，其後身化為佛祖。另有古國王名叫尸毗，樂道求佛，視眾生如子。時帝釋與毗首欲往試之，天帝化為鷹，毗首變作鴿，鷹逐鴿至王之腋下。王為救鴿，割下己肉餵鷹。帝釋、毗首現出原形，王肢體平復如初。

［十六］崇禎十二三年句：蝗旱，指蝗災和旱災。崇禎大蝗災開始於崇禎九年，崇禎十年蝗災向西進入關中平原，崇禎十一年，在連續而又大面積發生旱災的條件下，蝗蟲迅速增殖擴散，南陽盆地也遭受蝗害。崇禎十三年，蝗災區的面積達到頂峰。黃河、長江兩大流域中下遊以及整個華北平原都受蝗災。流寇，指明末社會動盪引發的民變。胥，指古代官府中的小吏。

［十七］餓莩：亦作"餓殍"，指餓死的人。

［十八］金碧丹艧：此處指金碧輝煌的殿堂。丹艧，指紅色顏料。《書·梓材》："若作梓材，既勤樸斲，惟其塗丹艧。"孔穎達疏："艧是彩色之名，有青色者，有朱色者。"明代楊慎《藝林伐山·印色》："今之紫粉，古謂之芝泥；今之錦砂，古謂之丹艧，皆濡印染籀之具也。"

［十九］殷鑒：本謂殷人子孫應以夏的滅亡為鑒戒。語出《詩·大雅·蕩》："殷鑒不遠，在夏後之世。"後泛指可以作為借鑒的往事。

［二十］"漢文帝"句：《史記·孝文本紀》："孝文帝從代來即位二十三年，宮室、苑

囿、狗馬、服御，無所增益。有不便輒弛以利民。嘗欲作露臺，召匠計之，直百金。上曰：'百金，中民十家之產。吾奉先帝宮室，常恐羞之，何以臺為？'"

洞庭

秦之水，灃也、澇也、潏也、淖也、涇也、滻也、灞也、漆沮也、汧漳也[一]，皆不如渭之大[二]。及見黃河，則渭不如河；及見江、漢[三]，則河不如江；及見洞庭，則江、漢之水如線。洋洋乎，瀟、湘、蒸、沅之所匯[四]，天一地六之所成[五]。此孟浩然所謂"氣蒸雲夢澤，波撼岳陽城。"[六]杜子美所謂"吳楚東南坼，乾坤日夜浮。"[七]是九州之內，六合之中[八]，莫大於洞庭矣。然吾聞有海若者生鯤魚，其大不知幾千里[九]；生巨鱉，頭戴五島如粒[十]；生巨人，一釣而連六鱉[十一]；生大魚，如山行三月始盡其身[十二]。海中之物如此，吾不知洞庭之於海又何如？海誠大矣，然海在天之內，天在虛空之內，虛空在太虛之內[十三]，吾不知無始以前，無終以後，可以大名者，果何歸也？[十四]

【解題】

本文作於康熙三十年辛未。

【校注】

[一] 灃：水名，源出今陝西省西安市長安區西南的秦嶺灃峪中，北流至西安市西北入渭水。　澇：水名，源出今陝西省戶縣西南秦嶺澇峪中，北流至戶縣北入渭水。　潏：水名，也稱沉水，源出今陝西省西安市長安區終南山，北流經西安市注入渭水。淖：水名，其起自今陝西省西安市長安區水寨村，北至草灘入渭水。　淖，水名。原是潏河的古道。潏河在西安市長安區韋曲南牛頭寺附近分為兩支，向北為淖河，向西則與滈河合流匯入灃河。　涇：水名，為渭河重要支流。發源于寧夏回族自治區六盤山東麓，東南流至陝西省高陵縣南匯入渭水。　滻：水名，源出今陝西省藍田縣焦岱，向西北于西安市東北匯入灞水。　灞：水名，又稱滋水、霸水。發源於陝西省藍田縣秦嶺北坡灞源鎮麻家坡以北，向西北于高陵縣匯入渭河。　漆沮：漆水和沮水。漆，今名漆水河，發源於今陝西省麟遊縣西，東南流至武功縣西注入渭水。沮，沮水，在陝西省境內，會漆水東流入渭水。《史記·夏本紀》："漆沮既從。"張守節正義引北魏闞駰《十三州志》："萬年縣南有涇渭，北有小河，即沮水也。"或說漆沮是一水。　汧漳：汧水和漳水。汧水，今名千河，其源出於今甘肅省六盤山，流經陝西隴縣、千陽注入渭河。漳水，漳水，也稱漳河，亦稱沮水，武功縣段俗稱後河、小韋河，黃河支流渭河支流漆水河的支流。源出今陝西省鳳翔縣西北的雍山下，為雍水，東南流經岐山縣西為漳水，又東經扶風至武功縣會漆水入渭。

[二] 渭：渭河，是黃河最大的支流，源出於今甘肅省鳥鼠山，橫貫關中平原，至潼關入黃河。

[三] 江：長江，發源於青藏高原唐古喇山的主峰各拉丹冬雪山，在長江三角洲附近入海。

孤道寡漢：漢水，亦稱漢江，為長江最長的支流，發源於今陝西省寧强縣，在武漢入長江。

[四] 瀟：水名，是湖南湘江上游最大的支流。古名深水，又名营水，東晉以後改名瀟水。發源於湖南省藍山縣紫良瑤族鄉野狗山麓，匯集西河、消江、伏水、永明河、寧遠河，於永州市零陵區萍島注入湘江。　湘：水名，湖南省最大河流。其源頭有四種説法，較流行的是廣西興安縣南部白石鄉境内海洋山脈的近峰嶺，河源稱上桂河（白石河）。流經湖南省永州市、衡陽市、株洲市、湘潭市、長沙市，至岳陽市的湘陰縣注入洞庭湖。　蒸：水名，發源于湖南省邵東縣，於衡陽市石鼓區注入湘江。　沅：水名，上遊稱清水江，源出貴州省雲霧山，自湖南省黔城鎮以下始名沅江，到漢壽入洞庭湖。

[五] "天一地六"句：語出"天一生水，地六成之"之説。此為《河圖》北方圖式，謂水之所生。其餘如"地二生火，天七成之；天三生木，地八成之；地四生金，天九成之；天五生土，地十成之"之類。

[六] "氣蒸"二句：出自孟浩然《臨洞庭湖贈張丞相》詩。全詩為"八月湖水平，涵虛混太清。氣蒸雲夢澤，波撼嶽陽城。欲濟無舟楫，端居耻聖明。坐觀垂釣者，徒有羡魚情。"

[七] "吴楚"二句：出自杜甫的詩歌《登岳陽樓》。全詩為："昔聞洞庭水，今上岳陽樓。吴楚東南坼，乾坤日夜浮。親朋無一字，老病有孤舟。戎馬關山北，憑軒涕泗流。"

[八] 六合：指天地和四方。引指天下。

[九] "海若者"二句：典出《莊子·逍遥遊》"北冥有魚，其名爲鯤；鯤之大，不知其幾千里也。"海若，古代传说中的海神。見《庄子·秋水》《楚辭·遠遊》。

[十] "生巨鳌"二句：典出《列子·湯問》："八絃九野之水，天漢之流，莫不註之，而無增無減焉。其中有五山焉：一曰岱輿，二曰員嶠，三曰方壺，四曰瀛洲，五曰蓬萊。其山高下周旋三萬里，其頂平處九千里。山之中間相去七萬里，以為鄰居焉。其上臺觀皆金玉，其上禽獸皆純縞。珠玕之樹皆叢生，華實皆有滋味；食之皆不老不死。所居之人皆仙聖之種；一日一夕飛相往來者，不可數焉。而五山之根無所連箸，常隨潮波上下往還，不得暫峙焉。仙聖毒之，訴之於帝。帝恐流於西極，失群仙聖之居，乃命禺彊使巨鳌十五舉首而戴之。迭為三番，六萬歲一交焉。五山始峙而不動。"

[十一] "生巨人"二句：典出《列子·湯問》："而龍伯之國有大人，舉足不盈數步而暨五山之所，一釣而連六鳌，合負而趣歸其國，灼其骨以數焉。於是岱輿員嶠二山流於北極，沈於大海，仙聖之播遷者巨億計。帝憑怒，侵減龍伯之國使阨，侵小龍伯之民使短。至伏羲神農時，其國人猶數十丈。"

[十二] "生大魚"二句：典出《列子·湯問》："有魚焉，其廣數千里，其長稱焉，其名爲鯤。"

[十三] 太虛：指闊大無際之境。《莊子·知北遊》："是以不過乎崑崙，不遊乎太虛"。"天地大者也，在太虛中一物耳。"

[十四] 大名：以至大稱名。

蕉牕拾粹[一] 小引

蕭蕭客榻，杳杳予懷。龍虎風雲，一天霜冷；髭鬚眉髮，滿頭雪寒。載披已往圖書，了此方來歲月。挹繁露以為飲[二]，如羨竟陵之茶[三]；擷虬甲而作飡[四]，似嗜淞江之鱠[五]。書淫傳癖[六]，彼如是，我如是，匪曰能之；筆塚墨莊[七]，朝於斯，夕於斯，固所願也。若欲志希賢聖，尚爾陰惜寸分。

【解題】

此文作於康熙三十年辛未，李柏寓居衡州時。

【校注】

[一]蕉牕：指李柏寓居衡陽的客舍，前有《蕉葉雨敘》一文，當指同一地點。

[二]挹：指吸取或酌，以瓢舀取。

[三]竟陵之茶：指好茶。竟陵縣在湖北，位於漢水之北，是著有《茶經》一書的茶聖陸羽的故鄉。其故李柏用此典。

[四]虬甲：虬龍的鱗甲。

[五]淞江之鱠：指用淞江鱸魚製成的鱠。典出《大業拾遺記》："吳郡獻松江鱸魚乾鱠六瓶，瓶容一斗。作鱠法，一同鯢。然作鱸魚鱠，須八九月霜下之時。收鱸魚三尺以下者作乾鱠，浸漬訖，布裹瀝水令盡，散置盤內。取香柔花葉，相間細切，和鱠撥令調勻。霜後鱸魚，肉白如雪，不腥。所謂'金玉鱠'，東南之佳味也。""作乾鱠之法：當五六月盛熱之日，于海取得鯢魚。大者長四五尺，鱗細而紫色，無細骨不腥者。捕得之，即于海船之上作鱠。去其皮骨，取其精肉縷切。隨成隨晒，三四日，須極干，以新白瓷瓶，未經水者盛之。密封泥，勿令風入，經五六十日，不異新者。取啖之時，并出乾鱠，以布裹，大瓮盛水漬之，三刻久出，帶布瀝卻水，則皦然。散置盤上，如新鱠無別。細切香柔葉鋪上，筯撥令調勻進之。"淞江，即吳淞江，古称松江或吳江、亦名松陵江、笠泽江。发源于江苏省苏州市吴江区松陵镇以南太湖瓜泾口，由西向东，穿过江南运河，在今上海市外白渡桥以东汇入黄浦江。

[六]書淫：典出《晉書·列傳第二十一》"皇甫謐，字士安，幼名靜安，定朝那人……耽翫典籍，忘寢與食，時人謂之'書淫'。或有箴其過篤，將損耗精神，謐曰：'朝聞道，夕死可矣'。" 傳癖：《晉書·列傳第三十四》"杜預，字元凱，京兆杜陵人也……預常稱濟有馬癖，嶠有錢癖，武帝聞之，謂預曰：'卿有何癖？'對曰：'臣有左傳癖'。"

[七]筆塚：埋藏廢筆的塚墓。典出唐代李肇的《唐國史補》卷中："長沙僧懷素好草書，自言得草聖三昧，棄筆堆積，埋於山下，號曰'筆塚'。" 墨莊：指群書。宋葉廷珪《海錄碎事·文學·收書》："劉式死，其妻聚書千餘卷，指示諸子曰：'此汝父嘗謂此為墨庄，今貽汝輩，為學植之具。'"

南遊詩草

詩

函谷關[一] 五言絕

函谷，秦國其腹[二]，山東國六，其魚其肉[三]。胡爲乎劉項西逐，而奄有其鹿[四]？

【解題】

此詩作於康熙二十九年庚午九月，李柏出函谷關之時。詩用問句作結，表達了據關中者王天下之意。詩題下注爲"五言絕"，實則是一首雜言。故"五言絕"應置於下首《渡伊川》詩題後，以示此下方爲五絕。

【校注】

[一] 函谷關：古關名，是我國歷史上著名的險關要塞，位於河南省靈寶市。因關在谷中，深險如函，故稱函谷關。

[二] 秦國其腹：指戰國時期，秦國據函谷關以西的腹地。

[三] 山東國六句：指春秋戰國時期，秦國依函谷關之險，漸次吞併山東六國。魚肉，指被宰割，典出《史記·項羽本紀》："如今人方爲刀俎，我爲魚肉。"

[四] "劉項西逐"句：指秦末劉邦和項羽競相占據關中，而最終統一國家事。奄有，全部佔有。鹿，此處用來代指政權。《史記·淮陰侯列傳》："秦失其鹿，天下共逐之。"裴駰《集解》引張晏言"以鹿喻帝位也"。

渡伊川[一]

我行伊水上，想像伊川人[二]。伊川流不盡，淵源洙泗津[三]。

【解題】

此詩作於康熙二十九年庚午九月李柏過河南時。

【校注】

[一] 伊川：伊水。在今河南省西部，源出欒川縣，在偃師市入洛河。

[二] 伊川人：指伊川著名的儒家人物孔鮒、邵雍、程顥和程頤等。此處伊川為古地名，指伊水所流經的區域，主要是今河南省西部的伊川縣，是中原文化的發祥地之一，古稱伊國、伊闕，虞舜時稱伊川，隋時置伊川縣。孔鮒，秦末儒生，孔子九世孫，博通經史，秦相李斯始議焚書之事，孔鮒聽説後，收其家中《論語》《孝經》《尚書》等書，藏於祖堂舊壁中，自隱於嵩山下的伊川，教授弟子百餘人。邵雍，字堯夫，自稱伊川翁，後徙居河南洛陽，臨伊川，故稱。程顥、程頤兄弟，洛陽人，都是宋代理學家。程顥，字伯淳，世稱明道先生。程頤，字正叔，宅於河南嵩縣耙摟山下，地處伊川，故稱伊川先生。今所存的"伊川書院"，便是程顥、程頤著書講學之地。

[三] 洙泗：洙水和泗水的合稱，古時二水自今山東省泗水縣北合流而下，至曲阜向北，又分為二水，洙水在北，泗水在南，由於春秋時地屬魯國，孔子在洙、泗之間聚徒講學，後因以"洙泗"代稱孔子及儒家。津，指涯或岸。

所見

鸜不逾濟水[一]，雁不過衡陽[二]。關山嚴鎖鑰，不斷利名行。

【解題】

此詩作於李柏到寓居衡陽時。

【校注】

[一] 鸜不逾濟水：指鸜鵒不會越過濟水，典出《周禮》"鴝鵒不踰濟"。鴝鵒，一名咧咧鳥，一名八哥。濟水，水名，發源於今河南省，流經山東入渤海，《爾雅》中提到的江、河、淮、濟這四條獨流入海的四瀆之一。

[二] 雁不過衡陽句：指湖南衡陽縣南的回雁峰，相傳大雁至此則不再南飛。《詩傳名物集覽》："舊説雁不過衡山，今衡山之旁有迴雁峰，蓋南去極燠，人罕識雪者，故雁望衡山而止。"

江上夜放佛燈[一]

棹頭星斗燦[二]，江底佛燈烘[三]。誰放燭龍火[四]？夜燒楚水紅。

【解題】

此詩單純寫景，李柏描繪了他所見楚人夜放佛燈的情景。

【校注】

[一] 佛燈：指供佛的燈火，此處當是指江中的蓮花燈等物。楚人尚祀神佛，盂蘭節或是其他祭祀都會放佛燈。

[二] 棹：船槳。後來也用以借指船。

[三] 烘：此處指映照。陸遊《初冬雜詠》之四："微風魘水靴文浪，薄日烘雲卵色天。"

[四] 燭龍：中國神話傳說中的光明神。《山海經·大荒北經》："西北海之外，赤水之北，有章尾山，有神。人面蛇身而赤，直目正乘，其瞑乃晦，其視乃明。不食不寢不息，風雨是謁，是燭九陰，是謂燭龍。"

舟行尋江上釣磯[一]

舉棹乾坤轉，揚帆日月移。漢家有九鼎[二]，繫在釣魚絲。

【解題】

此詩作於李柏從河南至湖南衡陽的路上。李柏贊美了如張良、嚴子陵等隱居者對于漢朝的巨大功績。

【校注】

[一] 釣磯：釣魚時坐的岩石。

[二] 九鼎：相傳夏禹鑄九鼎，象徵九州，夏、商、周三代奉為象徵國家政權的傳國之寶。《史記·封禪書》："禹收九牧之金，鑄九鼎。皆嘗烹鬺上帝鬼神。遭聖則興，鼎遷於夏、商。周德衰，宋之社亡，鼎乃淪沒，伏而不見。"後以九鼎借指國柄。

江上

前浪滔滔去，後波滾滾移。人間興廢事，萬古只如斯。

【解題】

此詩感慨歷史興亡變遷。

題明長沙太守忠烈蔡江門先生墓碑[一]

一死萬古生，萬生生一死。頸血湧白膏[二]，流作瀟湘水。

【解題】

此詩是李柏過長沙蔡道憲墓時感慨其人忠烈而作。

【校注】

[一] 蔡江門：蔡道憲，字元白，號江門，福建晉江人，崇禎十年進士，初授大理推官，後補長沙推官。張獻忠破長沙被執，拒降被殺，卒諡忠烈。據《明史·列傳·忠義六》："蔡道憲，字元白，晉江人，崇禎十年進士為長沙推官……道憲被執，賊啗以官嚼齒，大罵；釋其延之上坐，罵如故。賊曰：'汝不降，將盡殺百姓。'道憲大哭曰：'願速殺我，毋害我民。'賊知

終不可奪，磔之……道憲死時年二十九，贈太僕少卿，諡忠烈。"

[二] "頸血"句：古時認爲忠義者被反亂者殺害，血或爲白膏。《姑蘇志·人物·忠義》："周朴，郡人，有詩名。唐末羈泊閩中，黃巢陷郡，朴不屈遇害。既刑，體中白膏湧起數尺。閩人祠于薛老峰，有塑像。"《湖廣通志·仙釋志》："曹觀妙，名侍德，峴山人。幼入道，居武當，嗣玉龍之派。端平三年罹兵難，白膏凝膚，略無血。刃者驚拜而去。"

聞鐘

何處鄉思甚，他山夜半鐘。敲破還家夢，江月掛孤松。

【解題】

此詩爲李柏客居時的思鄉之作。

曉發　五言律

曉行汝水岸[一]，星斗落前川。破寺霜鐘遠，斷橋宿霧連[二]。馬蹄生石火[三]，牛鐸出村煙[四]。回首停車處，亂峰障碧天。

【解題】

此詩爲李柏清晨出行的即景詩，其境在河南省，當是康熙二十九年庚午秋天所作。

【校注】

[一] 汝水：水名，源出今河南省魯山縣大盂山，流經寶豐、襄城、郾城、上蔡、汝南，注入淮河。
[二] 宿霧：指夜霧。
[三] 石火：指馬蹄踏石迸發出的火花。
[四] 牛鐸：牛鈴。

舟中即事

舟子揚帆去，舟行客未知。山從天外落，人在鏡中移。崗巒馳象背，江漢吐龍漦[一]。水路三千里，依稀渭汭湄[二]。

【校注】

[一] 龍漦：古代傳說中神龍所吐唾沫。
[二] 汭：河流彎曲或匯合之處。　湄：指岸邊，水和草相接的地方。

遇洞庭[一]

荆南造化偏[二]，雲漢匯為淵[三]。千里全無地，九重只有天。瀟湘浴日月[四]，翼軫奠山川[五]。我欲乘槎去[六]，機邊抱石還[七]。

【解題】

此詩作於康熙三十年辛未李柏遊覽洞庭時。

【校注】

[一] 遇：指相逢，不期而會。可見李柏並非有備而遊洞庭，只是行程所遇。

[二] 荆南：荆州之南。古荆州在荆山（今湖北南漳縣）和衡山（大別山），大體相當今湖北省一帶。洞庭湖在其南境，故稱荆南。

[三] 雲漢：指銀河，天河。

[四] 瀟湘：瀟水與湘江的並稱，多借指今湖南地區。

[五] 翼軫：二十八宿中的翼宿和軫宿，古為楚之分野。洞庭湖地理上屬此。《史記·天官書》："翼軫，荆州。" 奠：定。《尚書·禹貢》："禹敷土，隨山刊布，奠高山大川。"

[六] 槎：指木筏。

[七] 機：星宿名，指北斗七星中的第三星，又稱璣或天璣。

泛舟湘江　七言律

渭陽野老泛湘舟，宛在他鄉天盡頭[一]。漁火村寒堤柳晚，棹歌聲帶水雲秋。青牛夢入秦關月[二]，黃鶴醉看楚國樓[三]。客思正逢搖落日，況聞北雁過南州。

【解題】

此詩作於北雁南飛時，觀李柏行跡，當是康熙二十九年庚午秋。

【校注】

[一] 渭陽野老：李柏自稱，其故鄉為陝西郿縣，郿在渭河之北，山南水北為陽，故稱渭陽野老。

[二]"青牛"句：指老子騎青牛過函谷關入秦地之事。典出漢代劉向《列仙傳》："老子西遊，關令尹喜望見有紫氣浮關，而老子果乘青牛而過也。"此處代指李柏思鄉之情。

[三]"黃鶴"句：用黃鶴樓典故。《方輿覽勝·鄂州》"黃鶴樓"條注："《南齊志》：仙人子安乘黃鶴過此。閻伯理記州城西南隅有黃鶴樓者，《圖經》云，費褘登僊，嘗駕黃鶴返憩于此，遂以名樓。"楚國樓，指黃鶴樓。位於今湖北省武漢市蛇山的黃鶴磯頭，面對鸚鵡洲。號稱"天下江山第一樓"，相傳始建於三國吳黃武二年。

金陵[一]

荆吳遠水落南天[二]，虎踞龍盤王氣全[三]。四十帝君迷蝶夢[四]，八千子弟化啼鵑[五]。金壇鐵甕風雲變[六]，鶴市鳳臺鹿豕眠[七]。六代興亡天不管[八]，怒潮偏為子胥憐[九]。

【解題】

此詩於李柏遊覽金陵時所作，依其行跡，當是康熙三十年辛未。

【校注】

[一] 金陵：今南京市的古名。戰國楚威王滅越後在清涼山（石城山）設金陵邑。

[二] 荆吳：指春秋時的楚國與吳國，後亦泛指長江中下遊地區。

[三] 虎踞龍盤：專指金陵之地險固，具有帝王之氣。《元和郡縣志·江南道·上元縣》："石頭城在縣西四里，即楚之金陵城也。吳改為石頭城。諸葛亮云：'鍾山龍盤，石城虎踞。'言其形之險固也。"《方輿覽勝·江東路·建康府》"龍蟠虎踞"條注："諸葛亮謂吳大帝曰：'鍾阜龍蟠，石城虎踞，真帝王所都也。'"建康府治在金陵城。

[四] 四十帝君：指在金陵建都的南朝六代四十帝。 蝶夢：多比喻迷離惝恍的夢境，典出《莊子·齊物論》："昔者莊周夢為蝴蝶，栩栩然蝴蝶也，自喻適志與！不知周也。俄然覺，則蘧蘧然周也。不知周之夢為蝴蝶與，蝴蝶之夢為周與？周與蝴蝶，則必有分矣。此之謂物化。"

[五] 八千子弟：指楚漢之爭中項羽所帶領的八千江東子弟。據《史記·項羽本紀》記載"項王笑曰：'天之亡我，我何渡為？且籍與江東子弟八千人渡江而西，今無一人還。縱江東父兄憐而王我，我何面目見之？縱彼不言，籍獨不愧於心乎？'" 啼鵑：指哀鳴出血的杜鵑鳥，杜鵑鳥口紅，春時杜鵑花開即鳴，聲甚哀切，若"不如歸去"。古人多認其為思鄉之象徵。

[六] 金壇鐵甕：指南京城池之堅固。典出唐代秦韜玉寫金陵的《陳宮》詩："金城暗逐歌聲碎，鐵甕潛隨舞勢休。"

[七] 鶴市：原為姑蘇的別稱，即今江蘇省蘇州市。典出漢代趙曄《吳越春秋·闔閭內傳》"吳王闔閭有女，因怒王而自殺。王痛之，厚葬於閶門外。下葬之日，王令舞白鶴於吳市中，令萬民隨而觀之，還使男女與白鶴俱入羨門，因發機以掩之，殺生以送死。"此處雙關金陵，謂六朝宮中的奢糜生活。 鳳臺：在金陵。《方輿覽勝·江東路·建康府》"鳳臺山"條注："在城南二里餘保寧寺是也。宋元嘉中，鳳凰集於是山，乃築臺山以旌嘉瑞。"

[八] 六代：亦稱六朝。指南北朝時期建都金陵的六個朝代，即孫吳（或稱東吳、三国吳）、東晉、南朝宋（或稱劉宋）、南朝齊（或稱蕭齊）、南朝梁、南朝陳這六个朝代。

[九] 子胥：指伍子胥，名員，字子胥，春秋楚國人，春秋末期的吳國大夫，被吳王夫差冤殺。

回雁峰[一]

回雁峰前雁未還，遙空雲盡雁行連。羈情鬱鬱三湘外[二]，歸思茫茫二月天。老去乾坤同逆旅[三],春來江漢散風煙。河山不阻鄉關夢,夜渡平沙是渭川[四]。

【解題】

此詩作於康熙三十年辛未二月。

【校注】

[一] 回雁峰:指衡陽回雁峰,詳見《所見》詩注[二]。

[二] 三湘:指沅湘、瀟湘、資湘。陶潛《贈長沙公族祖》詩:"遙遙三湘,滔滔九江。"陶澍集注:"湘水發源會瀟水,謂之瀟湘;及至洞庭陵子口,會資江謂之資湘;又北與沅水會於湖中,謂沅湘。"後亦借指湖南。

[三] 逆旅:指客舍,旅居。

[四] 平沙:指廣闊的沙原。

湘江月　七言古

我在湘江弄扁舟,天月來照湘水裏。天月在天亦在水,秦客出秦聘楚子[一]。函谷南去三千里,水月空明每如此。因思渭川月正明,何人白髮釣周京[二]?總有臨淵羨魚者,未必漁鉤得玉璜[三]。太白山月白如雪,雪色月華無離別。只今我在湘江上,歎爾雪月空皎潔。

【解題】

此詩寫雪月,當作於康熙二十九年末或三十年初。

【校注】

[一] "秦客"句:謂自己受曾任岐山知縣,此時調任湖南衡州的好友茹儀鳳之邀,南遊洞庭、衡山等地。聘,問候。

[二] 白髮釣周京:指姜尚八十而直鉤垂釣於岐山磻溪,得遇周文王,輔佐其定天下之事。

[三] 玉璜:指姜子牙輔佐周文王事,典出《尚書大傳》卷一:"周文王至磻溪,見呂望。文王拜之尚父。望釣得玉璜,刻曰:'周受命,呂佐檢,德合於令,昌來提。'"

晚泊

夕陽西下湘江裏,落霞返照翻紅紫。漁家兩岸臥蘆村,山月空孕瀟湘水。

贈田二驚寰[一]

五陵豪士田二郎[二],縮綬南治楚襄陽[三]。我本太白山頭人,為君驅馬入江鄉。贈以白魴歌白水[四],管鮑仍是貧交行[五]。我過洞庭登衡嶽,君臨漢水臥琴堂。煙波灝淼二千里，一片客心滿瀟湘。

【解題】

此詩為康熙三十年辛未李柏過襄陽時所作。

【校注】

[一] 田二：謂田一鳴。乾隆《襄陽府志》卷二十《職官·棗陽縣·知縣》："田一鳴，富平人，官生。康熙二十八年任。"其後任為萬文煥，唐熙三十二年任。李柏過襄陽時其人正在任。驚襄為其字或號。

[二] 五陵：西漢高祖長陵、惠帝安陵、景帝陽陵、武帝茂陵、昭帝平陵的合稱，均在渭水北岸，今陝西省咸陽市附近。田一鳴故鄉富平正在五陵一帶。

[三] 綰綬：猶綰組，即繫結組綬之意，指佩掛官印、作官。綬，指絲帶，古代用以繫佩玉、官印、帷幕等，不同的顏色常用以標誌不同的身份與等級。《禮記·玉藻》："天子佩白玉而玄組綬，公侯佩山玄玉而朱組綬。"鄭玄注："綬者，所以貫佩玉相承受者也。"

[四] 白魴：白色魴魚，鯿魚的古稱，體廣而薄肥，細鱗，青白色，味美。

[五] 管鮑：春秋時齊國管仲和鮑叔牙的合稱，由於兩人相知最深，後常用此來比喻交誼深厚的朋友。

襄陽歌[一]

我之襄陽訪耆舊[二]，黃沙漠漠蘆林厚。德公德操天下士[三]，望衡對宇歲月久。揭來江上覓遺蹤，問之楚人亦不知其何處有。不得拜牀下，不得飲公酒。不得開卿言，不得謁南貤。溯洄漢水求伊人，不見其人空搔首。臥龍王佐才，鳳雛與之偶[四]。二賢知己二老叟。即今豫州訪草澤[五]，亦有知其英雄否？我欲高聲呼先生，恐駭旁人但緘口。楚山何蒼蒼，楚水何洋洋，三千里外訽大隱，徒見山高而水長，令我嘆惜泣路旁。

【解題】

此詩為康熙三十年辛未李柏過襄陽時所作。

【校注】

[一] 襄陽：府名。在今湖北省北部。

[二] "我之襄陽"句：晉習鑿齒撰《襄陽耆舊傳》，作者正用此典。耆舊，指年高望重者。

[三] 德公：龐德公，字尚長，荊州襄陽人，東漢末年名士、隱士。龐德公與當時徐庶、司馬徽、諸葛亮、龐統等人交往密切。龐德公曾稱諸葛亮為"臥龍"，龐統為"鳳雛"，司馬徽為"水鏡"，被譽為知人。對諸葛亮、龐統等人有較大影響，受諸葛亮敬重。後隱居鹿門山，採藥而終。　德操：司馬徽，字德操，號水鏡，穎川陽翟（今河南禹州）人。後客居襄陽，與荊州名

士龐德公等人以及流寓到襄陽的徐庶、韓嵩、石韜、孟建、崔州平等人均有交往。司馬徽視龐德公為兄長，被龐德公稱為"水鏡"。諸葛亮、龐統隱居在襄漢之間時，頗受司馬徽賞識。

　　[四] "臥龍"二句：典出《三國志·諸葛亮傳》裴松之注："《襄陽記》曰：劉備訪世事於司馬德操，德操曰：'儒生俗士，豈識時務！識時務者，在乎俊傑。此間自有伏龍、鳳雛。'備問為誰。曰：'諸葛孔明、龐士元也。'"

　　[五] 豫州：古九州之一。《書·禹貢》："荊河惟豫州。"《周禮·夏官·職方氏》："河南曰豫州。"轄境最大時相當今江蘇、安徽長江以西，望江縣以北的淮河南北地區。　草澤：草野、民間。

長沙弔屈子[一]

　　李柏五日哭屈子，年年滴淚弔以詩。今日南至長沙地，高聲呼君君不知。呼君勸君君勿怨，吳國大江流鴟夷[二]。越國范蠡不去越[三]，應與先生共水湄。萬載汨羅江水寒，令我至今怨上官[四]。

【解題】

　　此詩當作於康熙二十九年庚午十月。李柏在《南遊草》文集中有《祭屈賈兩先生文》一篇，自題為庚午十月二十九日作，故此詩亦當是是時作於長沙。

【校注】

　　[一] 弔：祭奠死者或對遭喪事及不幸者給予慰問。《儀禮·士喪禮》："君使人弔，徹帷，主人迎於寢門外。"亦寫作"吊"。

　　[二] 鴟夷：原意是革囊。《史記·伍子胥列傳》："吳王聞之大怒，乃取子胥屍盛以鴟夷革，浮之江中。"裴駰集解引應劭言："取馬革為鴟夷。鴟夷，榼形。"因此後世常用來借指伍子胥。明代高啟《行路難》詩之二："鉤弋死雲陽，鴟夷棄江沙。"

　　[三] 范蠡：字少伯，春秋楚國宛（今河南南陽）人。出身貧賤，卻博學多才，與楚宛令文種相交甚深，一起投奔越國，輔佐勾踐興越滅吳。深知勾踐為人"長頸鳥喙"，可與共患難，難與同安樂，故功成名就之後，化名鴟夷子皮，三次經商成巨富，三散家財，自號陶朱公。

　　[四] 上官：指陷害屈原的上官大夫。詳見《祭屈賈兩先生文》注[四]。

自述

　　結髮之年學隱客[一]，愛看家山雪太白。一臥巉巖四十年，肩背峻嶒風霜迫[二]。只道西北千山雄，未見東南萬重水。六十老去出函關，坐泛滄浪三千里。漢江乘槎到瀟湘，雙目炯炯射水裏。愛水愛山意錯落，只緣我心有所著。要使吾心無所愛，直待名山大川不在天之內。

【解題】

此為作者南遊期間見到迥異於關中山水景色的感慨之作。

【校注】

[一] "結髮之年"句：古代男子二十歲束發而冠，李柏《太白山人槲葉集》中言"我年廿二入雪山"，此處當指此事。

[二] 崚嶒：指骨節顯露的樣子，多用以形容人體瘦削。陸遊《信手翻古人詩隨所得次韻》："病起瘦可驚，崚嶒夜窗影。"

洞庭

湖水何年開明鏡，君山何代見脩眉[一]。夷陵生火楚臺空[二]，水鏡山眉長如斯。湖水為江江入海，萬里不出乾坤外。浪花萍葉滾滾去，中流惟有君山在。

【校注】

[一] 君山：即湘山，又名洞庭山，取神仙洞府之意，傳說舜帝的二妃娥皇、女英曾來此處，死後為湘水女神，屈原稱之為"湘君"，故後人又把這座山叫"君山"。　脩眉：指女子纖細的長眉。曹植《洛神賦》："雲髻峨峨，脩眉聯娟。"後用來比喻遠山。韓愈《南山詩》："天空浮脩眉，濃綠畫新就。"

[二] 夷陵生火：《史記·楚世家》載："（頃襄王）二十一年，秦將白起遂拔我郢，燒先王墓夷陵。"夷陵，宜昌古名。應劭在《前漢書·地理志注》"夷陵在西北"，因夷山得名夷陵。　楚臺：指楚王夢遇神女之陽臺。

秋林

風蕭瑟以淒切，葉颯颯以曉獵。春而青青，夏而曄曄[一]，奄忽霜雪，染醉如血。何百丈之寒木，狀礌砢以多節[二]。微陽照老顏色悦。

【解題】

此詩作於康熙二十九年庚午。

【校注】

[一] 曄曄：形容美盛的樣子。
[二] 礌砢：樹木多節狀。

衡峰望日歌柬紫庭茹司馬

秦之名山，終南、太白與太華[一]，來自崑崙一萬里，去天尺五，可謂高矣。及登衡嶽亦如此。衡嶽之高破穿蒼，昧爽隱約見扶桑[二]。其始也，窅窅冥冥，渤澥蒼涼[三]。既而一線赤痕，吐出渺茫。浮曜籤蕩，輝輝煌煌。燒卻海水，千里潾沆[四]。盡成火藻之錦章，須臾丹丸離東洋[五]，六龍飛轡御中央[六]。灝瀚滄波復清宴[七]，萬國萬物覿重光。郊藪之內遊麒麟[八]，阿閣之上巢鳳凰[九]。甘露醴泉味如飴[十]，泰宇穆清忘禎祥[十一]。稽首青辭籲天帝[十二]，願築日城照上方。萬古乾坤永不夜，長教攙槍滅角芒。

【解題】

此詩當是康熙三十年辛未，李柏寓居衡陽時所作。

【校注】

[一] 終南：山名，秦嶺主峰之一，在今陝西省西安市南，也稱南山。　太白：山名，在今陝西省眉縣東南。為秦嶺主峰。慎蒙《名山記》："太白山，在鳳翔府郿縣東南四十里，鍾西方金宿之秀，關中諸山莫高於此。其山巔高寒，不生草木，常有積雪不消，盛夏視之猶爛然。故以'太白'名。"　太華：山名，指西嶽華山，因其西有少華山，故稱太華。

[二] 昧爽：指拂曉、黎明。　扶桑：本指神話中的樹名。《山海經·海外東經》："湯谷上有扶桑，十日所浴，在黑齒北。"郭璞注："扶桑，木也。"傳說日出於扶桑之下，拂其樹杪而升，因謂為日出處，故亦代指太陽。

[三] 渤澥：渤海。司馬相如《子虛賦》："浮渤澥，遊孟諸。"李善注引應劭曰："渤澥，海別支也。"

[四] 潾沆：指水廣大的樣子。張衡《西京賦》："顧臨太液，滄池潾沆。"薛綜注："潾沆猶洸漾，亦寬大也。"

[五] 東洋：泛指東方的大海。

[六] 六龍：指太陽，神話傳說日神乘車，駕以六龍，羲和為御者。

[七] 清宴：指清淨明朗。

[八] 郊藪：郊野草澤之地。

[九] 阿閣：指四面都有簷霤的樓閣。

[十] 醴泉：甜美的泉水。《禮記·禮運》："故天降膏露，地出醴泉。"

[十一] 泰宇：指天下。　穆清：指清和之氣，曹丕《迷迭香賦》："隨廻風以搖動兮，吐芬氣之穆清。"亦指太平祥和，曹植《七啟》："天下穆清，明君蒞國。"　禎祥：指吉祥的徵兆。《禮記·中庸》："國家將興，必有禎祥；國家將亡，必有妖孽。"孔穎達疏："禎祥，吉之萌兆。祥，善也。言國家之將興，必有嘉慶善祥也。"亦指吉祥，幸福。

[十二] 青辭：道士上奏天庭或徵召神將的符籙，用朱筆書寫在青藤紙上，故稱，又稱綠素。

衡麓道上[一]　七言絕

兩岸荒煙萬樹松，人家半是荔蘿蓬[二]。山深定有高僧臥，知在白雲第幾峰。

【解題】

此詩作於康熙二十九年庚午冬。

【校注】

[一] 衡麓：指衡山山麓。

[二] 荔：薜荔。植物名又稱木蓮，常綠藤本，蔓生，叶橢圓形，花極小，隱于花托內。果實有膠質，可製涼粉，有解暑作用。 蘿：藤蘿。植物名，紫藤的通稱，亦泛指匍匐莖和攀援莖的植物。

鄴侯書屋[一]

煨芋空山一老禪，白衣宰相即神仙[二]。至今結草讀書處[三]，剩得松牕片片煙。

【解題】

此詩作於李柏遊覽衡山時，記其所欽佩的唐代李泌事。李柏曾名如泌。

【校注】

[一] 鄴侯書屋：唐肅宗時，名臣李泌於至德二年至南嶽衡山隱居。其隱居之所，原名"端居室"，位於福嚴寺後"極高敏"石刻下。其藏書甚豐。後用他作為為稱美藏書眾多之典。李泌，字長源，京兆（今陝西省西安市）人，其先遼東襄平（今遼寧省遼陽市）。唐代宗貞元三年，拜中書侍郎、同中書門下平章事，累封鄴縣侯。

[二] "煨芋空山"二句：《舊唐書·李泌傳》："肅宗北巡至靈武即位，遣使訪召。會泌自嵩潁間冒難奔赴行在，至彭原郡謁見。陳古今成敗之機，甚稱旨。延致臥內，動皆顧問。泌稱山人，固辭官秩，特以散官寵之。解褐拜銀青光祿大夫，俾掌樞務，至於四方文狀，將相遷除，皆與泌參議，權逾宰相……□為中書令崔圓、倖臣李輔國害其能，將有不利於泌。泌懼，乞遊衡山，優詔許之，給以三品祿俸。遂隱衡岳，絕粒栖神數年。"

[三] 結草：指構造簡陋的茅屋。《後漢書·李恂傳》："後坐事免，步歸鄉里，潛居山澤，結草爲廬，獨與諸生織席自給。"

望日臺見海氣晦瞑須臾清霽[一]

望日臺邊雪未消，扶桑曉蔽海雲遙。蓮峰借得仙人掌[二]，擎出紅輪上九霄。

【校注】

[一] 望日臺：位於衡山，為觀日出的地點，岩石上刻有"望日臺"三字。 清霽：雨止霧散，謂天氣晴朗。

[二] 蓮峰：指衡山蓮花峰。

祝融峰[一]

七十二峰朝赤帝[二]，億千萬祀鎮南天[三]。登高一望乾坤小，芥視名山線大川。

【校注】

[一] 祝融峰：為南嶽衡山的最高峰，海拔1290米。

[二] 七十二峰：南嶽衡山共有七十二峰。　赤帝：祝融氏，後世以其為火神，稱赤帝。《淮南子·時則訓》："南方之極……赤帝祝融之所司者，萬二千里。"

[三] 鎮南天：康熙皇帝親撰的《重修南嶽廟碑記》："南嶽為天南巨鎮，上應北斗玉衡，亦名壽嶽。"

衡峰即雪

茹蕨秦山四十年[一]，一寒撤骨托松煙。南來臥雪衡峰上，蝶夢還遊太白天[二]。

【校注】

[一] 蕨：多年生草本植物，生在山野，嫩葉可食，俗稱蕨菜，亦泛指蕨類植物。

[二] 蝶夢：用莊生夢蝶典，以見思鄉之情。

嶽頂泉[一]

福地從來闢洞天，峰高萬仞吐龍泉。祝融有水離中坎[二]，林下無人鶴是仙。

【校注】

[一] 嶽頂泉：指南嶽衡山祝融峰頂的雷池。其泉四季汩汩不斷，清冽甘甜，為山上僧俗長年飲用。

[二] 離中坎：此處指水火對應的八卦卦象。因祝融為火神，祝融峰上卻有泉水，故謂。離，離卦，是《易經》六十四卦的第三十卦，代指火。坎，坎卦，《易經》六十四卦第二十九卦，代表水。

冰柱

崑丘瑤樹植松灣[一]，七尺清光冷雪山。對面冰壺堪濯魄，夢魂不到玉京間[二]。

【校注】

[一] 瑤樹：傳説中崑崙山上白玉色的樹。《淮南子·地形訓》："掘崑崙虚以下地，中有增城九重，其高万一千里百一十四步二尺六寸，上有木禾，其修五寻……絳樹在其南，碧樹，瑤樹在其北。"

[二] 玉京：道家稱天帝所居之處，也泛指仙都。

湘上除夕

日彎月輪似擲梭，客牕對酒淚滂沱。故鄉雪積青山少，異地春來白髮多。楚水秦山道路遙，客心五夜更搖搖。忽思陋巷柴門外，依舊寒雲鎖寂寥。搔首無言發浩歌，牢騷獨步意如何？雪山遠隔五千里，霜鬢近添六十多。

【解題】

此組詩作於康熙二十九年庚午除夕。

湘東懷太白山房

縹緲西天太白峰，雪光五月亦如冬[一]。吾家正在雪深處，米桶寒雲鎖幾重。嶽樹江雲際楚天[二]，王孫芳草入春煙[三]。驚心愁聽巢梁燕，似説韶華又一年。

【校注】

[一] "雪光五月"句：太白山位於秦嶺山脈中段，是秦嶺主峰，海拔3767米，山頂五月仍有積雪。

[二] 嶽：此處指南嶽衡山。

[三] 王孫芳草：此是古代詩歌的常用意象，多指離別惆悵之情。

望日臺　五言絕

昔聞衡嶽高，今來窺太乙[一]。舉足躡天根，低頭看海日。

【校注】

[一] 太乙：星官名，又稱太一。《史記·天官書》："中宮天極星，其一明者，太一常居也。"

衡峰書懷

家遠四千里，客留七十峰[一]。乾坤總逆旅，何必歎飄蓬。

【校注】

[一] 七十峰：指以祝融峰等衡山七十二峰。

舟中

舵連堤轉蘆花岸，帆引山飛柏子峰[一]。望斷天涯雲盡處，長江萬里臥青龍。

【校注】

[一] 柏子峰：有柏樹的山峰，并非實指。

楚江秋和崔唐臣韻[一]

楚鄉山水滿天涯，九月風霜老物華[二]。染得江邊楓葉醉，紅林深處有漁家。

【校注】

[一] 崔唐臣：宋代詩人。宋葉夢得《避暑録話》卷下："崔唐臣，閩人也。與蘇子容、呂晉叔同學相好，二公先登第，唐臣遂罷舉，久不相聞。嘉祐中二公在館下，一日忽見艤舟汴岸坐於船窗者，唐臣也，亟就見之，邀與歸，不可。問其別後事，曰：'初倒篋中，有錢百千，以其半買此舟，往來江湖間，意所欲往則從之。初不為定止，以其半居貨，間取其贏以自給，粗足即已，不求有餘，差愈於應舉覓官時也。'二公相顧太息而去，翌日自局中還，唐臣有留刺，乃攜酒具再往謁之，則舟已不知所在矣。歸視其刺之末，有細字小詩一絶云：'集仙仙客問生涯，買得漁舟度歲華。案有黃庭尊有酒，少風波處便為家。'訖不復再見。"李柏所和即是此詩。

[二] 物華：指自然景物。

漢水

楚山半是秦山落[一]，楚水遙從漢國來[二]。望盡煙波獨不見，函關月上章華臺[三]。

【校注】

[一] 楚山句：指楚山有一部分出自秦嶺。
[二] 楚水句：指漢水起源於漢中。
[三] 章華臺：楚國離宮名。故址有三，此處所指為在今湖北省監利縣者。晉代杜預認為是春秋時楚靈王所建，稱為"華容之章華"。

陽臺[一]

襄王神女會陽臺，夢裡相逢夢裡回[二]。世上鴛鴦天上鵲，何人不是夢中來？

【校注】

［一］陽臺：巫山神女所居之處。傳爲今重慶市巫山縣高都山。

［二］"襄王"二句：謂楚襄王會巫山神女傳說。宋玉《高唐賦》序："昔者先王嘗遊高唐，怠而晝寢，夢見一婦人，曰：'妾巫山之女也，爲高唐之客，聞君遊高唐，願薦枕席。'王因幸之。去而辭曰：'妾在巫山之陽，高丘之岨，旦爲朝雲，暮爲行雨，朝朝暮暮，陽臺之下。'"

過洞庭思岳武穆戰功[一]

天光連水水連雲，百萬湖鴉合一群。自謂洞庭無網罟[二]，飛來惟有岳將軍。

【校注】

［一］"過洞庭"句：南宋紹興五年（1135）二月至五月，鐘相、楊么率眾起事。南宋高宗趙構遣岳飛率軍入洞庭湖，鎮壓水上作戰的民變武裝。故李柏言岳武穆戰功。

［二］網罟：指捕魚及捕鳥獸的工具，後引申指法網。

湘陰[一]

遠樹迷離鎖曉煙，人家半在水中天。千帆亂影波濤裏，不識誰爲少伯舡[二]。

【校注】

［一］湘陰：湘陰縣，位於湖南省東北部陽市，南濱洞庭湖。

［二］少伯：指春秋時的范蠡，范蠡字少伯。 舡：指船，傳說范蠡歸隱，泛舟洞庭。

洞庭

一片湖光泛客舟，西君東艑二仙浮[一]。怪來不漏瀟湘水，元有青天襯水流。

【校注】

［一］西君東艑：指洞庭湖中西邊的君山和東邊的艑山。艑，艑山。《水經注》："洞庭湖中有艑山，多篠竹。"《岳陽風土記》："湘人以吳船為艑，山形類之，故名，其下有龙窟。"

謁屈三閭賈太傅祠[一]

日月經天星斗森，三光並曜二臣心[二]。千秋痛惜孤忠死，一死誰知生到今。

【校注】

［一］屈三閭：指屈原，其曾任楚國三閭大夫。 賈太傅：指賈誼，曾在西漢文帝時任長沙王太傅、梁懷王太傅。

［二］三光：指日、月、星。

夜坐

獨夜忽垂千古淚，為誰按劍恨難平。世間無限傷心事，空對寒燈歎一聲。

湘潭[一]

湘妃瑤瑟鼓湘潭[二]，山色青青水色藍。拚取洞庭春一醉，不知何處是終南。

【校注】

[一] 湘潭：清時為縣，屬湖南，在長沙西南。
[二] "湘妃"句：即"湘靈鼓瑟"。《楚辭·遠遊》："使湘靈鼓瑟兮，令海若舞馮夷。"湘妃亦稱湘靈，指舜的兩位妃子娥皇和女英，相傳二妃自投湘水，遂為湘水之神。

補遺①

鬼孝子傳

孝，人道也，經也，常也。曰"鬼孝子"，非人道也，且不經也，非常也。非常、不經、異乎人道，何以謂之"鬼孝子"也？曰："孝子死而為鬼，猶不忘親，故曰鬼孝子也。"唐顧況有子而夭，況哭之慟，子忽作人言："願世世生生為顧家兒。"不忘親也；不忘親，孝也。明王處士性至孝，夭死，母葬之，魂付喪杖歸，呼其母曰："兒不忍忘母去。"又呼曰："娘，娘，兒實不忍舍娘去。"不忍忘母與舍去者，孝也，況鬼也。

鬼也不忘親，孝也；死不忘親，鬼孝子也。《孝經》曰："立身揚名，以顯其親。[一]"子生而事親，則然也，死則已矣。至孝之人，天性純粹，蘊結不散，寒煙冷魄，總難磨滅，為顧兒、王子，書之史冊，傳之後世。聞其風者，莫不興起於孝也，此鬼物之有神於人道也。經常之道，今古不異，如關西袁氏之鬼孝子，則又超出顧況，王子也。孝子醴泉里樂村人也。高祖明繡衣使，祖明孝廉，父明經。孝子生前，少補弟子員，事親以孝聞。夭死，死不忘親。

---
① "補遺"二篇，康熙本無之。

當辛未大旱，疫厲將興。孝子魂付人告其父曰："急避入楚則吉。"父攜家人入楚。至癸酉，又告其父曰："秦大有，可以歸矣。"父攜家渡漢水，不知津渡處，策驢截流，登北岸。岸上人驚曰："子所渡處，深無限。"父笑曰："淺僅泹驢膝耳。"後二年，復告其父曰："向渡漢水所以不沒者，兒扶父登北岸。"父始悟不沒。故又為隱語曰："不必鬱鬱久居此。"問之，不敢明言。嗚呼，古之所稱孝子者，膝下承歡已耳。視膳問寢，夏清冬溫已耳。子生如是，子死則已。袁孝子死不忘親，報其飢疫，濟其危險，有事必告，指其方向，雖死猶生，以視顧家兒、王氏子為何如耶？世有堂堂為人，溫飽其身，飢寒其親，視如路人，聞鬼孝子之孝，其何以俯仰天地耶？丁丑三月，太白山人李柏撰於有邰臥雲焦子之東郊精舍。明年六十有七。

【校記】

［一］"立身揚名，以顯其親"，《孝經》原文作"立身行道，扬名于后世，以显父母，孝之终也。"

寄焦臥雲子書

前書不知見否？人生隙駒耳，何堪睽隔？而睽隔偏在我輩，真可斷腸，豈止酸鼻？回想紫庭結綬西京時，古處堂中，我三人手握鐵龍，心藏碧血。眼光懸一天星斗，涎唾翻四海波濤。醉中狂言，笑蕭何不知相業；夢裡囈語，罵劉歆枉讀《春秋》。孰知今日，一在天之涯，一在渭北地之角，一在漢陽山之腹，即見面不可得，況同揮魯戈，共著祖鞭乎？太息太息三太息，奈何奈何可奈何。陳張二會長洋州喬，松生亦賴其餘蔭，相見時宜去青眼。上臥雲子。漢南無筆，買數管寄來，寸楮亦使盡。

附刊[1]

太白山人雪木李先生墓碣

王心敬

雪木先生既葬之三十三年，其冢子崧謀立其墓道之碣，而東來委記於予。嗚呼！自先生歿，典型之感，時厪予心，矧知先生者，更無如予，而可以不斐辭耶？謹按：先生姓李氏名柏字雪木，自號太白山人。原籍漢中府褒城人，七世祖徙郿之曾寨居焉，遂為郿縣人。父可教，母王氏，生三子，先生其仲也。生而赤面偉軀，器宇，異常兒。九歲而孤，母王孺人鞠之，為延師。入小學，即往往出奇語驚人。及年十七八稍知讀古書，即慕傳記所載古高逸之為，不肯研習制舉，業師屢戒之不改，如是者數年。一日師怒而責之數十，母孺人聞之，亦痛加督詈，先生乃屈首誦文課藝，無幾時，遂入庠補弟子員。又無幾時，歲試學使者賞其文出性靈，遂授之冠一軍，食廩餼而文名籍籍颺邑庠矣。然終非其好也。常日率置制舉業於其案，而所私讀者，則經世之書與陶冶性情之詩。一日負鋤出耘，家人饋之食，則見其倚隴樹而誦《漢書》。又一日驅羊出牧，則背日朗讀晉處士集，亡羊而不知。凡聞西鳳名勝地與老成耆德，輒徒步遊訪，雖祁寒大暑，趼踵而不辭。太白山者，終南萬里間第一險峻寒遠之山也。先生必一年一遊，每至山巔，對大地必徘徊浩歌，久而後去。或問山路山氣如此之險寒，一遊得其槩足矣。歲歲必登也，何故？先生曰："登山之巔，為之塵眼空；對池之清，為之塵慮淨。生平快事，孰過於是？"聽者為之掩口而笑，先生不屑也。及年四十有八，貢期將逼，先生則謝而去之。或以為言，先生愴然曰："前為吾師吾母應此役，今歲且近暮矣，急還，故我猶以為遲，尚又奚戀耶？"晚年高風逸韻，風動關中，賢守宰往往拆節交下風[一]。歲庚午，西鳳大旱，先生乃攜家就孰漢南于洋縣[二]，得賢東道故太守仲貞張公款

---

[1] "附刊"諸篇，康熙本無之。

留，乃托足焉。越三年，以商南宋候、江西質人梁公、蘇州采書張君之邀[三]，乃辭漢南北反，而仍寓家樊川。蓋愛其地之勝，又喜生平故知之咸在鄰邇也。而先生則仍為耀州守穆庵李公延之，課子於孫真人洞，時年六十餘矣。穆庵生平厚契此洞，為一郡名地。故先生仍托此終老耳。一日以酒墜床，而疾病中仍歸於鄠。曰："是吾丘首之宜也。"歸鄠又一年，七十有一而卒。嗚呼，先生賦高岸曠達之姿，生平信心經情不投時好處，或不能無至其心事之光明磊落。若時下齟齬委瑣之態，二三巧詐之愆，則毫釐不以淆其素定之天。而如遇美酒，逢故人，開懷放意于上下古今，無所不語，語之又靡不慷慨淋漓，使人欲歌欲泣，而不能已。蓋既老之年，依然不減少壯也。又先生氣甚勝而高，遇意所不可，雖顯貴人前必伸其意之欲言。而如其心，則甚虛守又甚固，見善輒不難屈已以從。敬年二十五時，遇先生于二曲，先生齒几長余一倍，而遇余一言之近是，未嘗不亟加贊許。自後每見，凡有規勸，無有不欣然意納者。終其身布衣疏食，或有時極人之不堪而襟度瀟然，略無怨天尤人之意形於言貌間。蓋先生素志有在，終已未能自遂其本懷，而如其蹈履，任真一意孤行。嗚呼！即傳記所載古較然不欺其志之高人逸士，亦奚以過！彼議先生者，固為不知先生；即譽先生而不得其實者，亦為未盡先生之真也。先生所著有《槲葉集》十卷，其文率自出胸臆，不蹈襲前人，詩則自成一家而聲韻頗與彭澤近，蓋生平最愛者淵明。故於淵明之詩嚼咀尤孰，不知不覺，風神逼真耳。子二：崧、崴，孫七：之仁、之信、之榮、之禮、順臣、之智、之孝。先生以崇禎六年五月乙巳日丁亥時生，以康熙四十年七月二十四日卯時終，康熙四十二年臘月十二日葬。其樹碣也，則以今乾隆元年二月清明日也。嗚呼，先生今成古人矣。如先生者，更可復覯也耶？更可復覯也耶？

乾隆丙辰古豐後學王心敬沐手謹譔。

【校記】

[一] "拆"，當為"折"。
[二] "孰"，古"熟"字。
[三] "候"，當為"侯"。

國朝先正事略

李元度

李柏，字雪木。少孤貧，稍長，讀《小學》曰："道在是矣。"遂盡焚帖括，而日讀古書。家人强之應試，遂出走。西踰跰南，入棧道，東登首陽，拜夷齊墓。復以母命就試，補諸生，旋棄巾服入太白山。讀書十年，成大儒。公卿多欲薦之，度不獲行己志，卒辭謝。昕夕謳吟，拾山中槲葉書之，門人都其集，曰《槲葉集》。山居力耕，日食粥，或半月食無鹽，意夷然不屑也。嘗言："古之人有七日不火食者，有三旬九餐者，有食木子橡栗者，有屑榆者，有一日長坐者，有十九年餐氊囓雪者，蓋有主於中不動於外，所謂不忘溝壑也。"其高寄絶俗類此。年七十一卒。

創修李雪木先生祠堂記

賀瑞麟

吾秦當國初，多碩儒鴻才、博學高士。盩厔二曲先生、富平天生先生，及郿縣雪木先生，並稱為"關中三李"云。二曲理學，天生文學，而雪木則高隱。成就雖各不同，要其根本之地，未嘗不一。先生九歲失怙，家貧孝母，雅與二曲相類。天生雖應鴻詞科，而乞終養，疏凡數十上，嶠然遂其初志。且先生修德立言，亦自有其理學，亦自有其文學，尤與二曲、天生性情氣誼，深相契合者也。故當時，如太華三峰，鼎力天外。觀先生自述，髫齡讀書，偶見《小學》古人嘉言善行，即取案頭時文焚燒一空，至被塾師扑扶，終以願學古人，雖死不悔為辭。何其識之高而意之决也。後以母命應試入庠，卒即脫去，必求其心之所安，即守宰學使屢加禮重，先生不以為意，其淡然有守又如此。蓋生平慕諸葛孔明、陶元亮之為人，循跡太白山中大雪厓洞十餘年。《易》所謂"不事王侯，高尚其事"，先生有焉。然或者謂後之知先生者，似未若二曲、天生之盛，不知二曲徵薦，至為九重所知，天生亦名重闕廷，先生終身一韋布耳。抑二曲、天生著書，久顯於世，先生《槲葉集》往往求之不得，是以二曲、天生，後生猶多能舉其名姓，至先生，則知者少矣。雖然，實之至者，久亦必彰。光緒癸未，國使館檄搜遺獻，麟以關中諸人疏啓中丞馮公，咨送史館先生與焉，而未果行。後必有行之者矣，不謂先生去今二百餘年之久，而邑宰張公追慕景仰，為之誌，其里居邑宰毛公復創祠宇，屬紳士明經王松亭為之經理，亦可以見理義之感人者深矣。正殿三楹，齋廡六間，大門一座，圍牆四周。規模未大，氣象聿新，又有能刊行先生之集者，尤其幸也。至集中疏記諸篇，未能嚴絕二氏，亦一時應酬之作，不足為先生累，而實非有佞佛之意也。王君治函並令胡生澗松，偕先生後裔忍至余清麓求記。王君且曰："昔者邑侯趙公修補橫渠先賢張子祠，既辱以文；今先生之祠，敢又以請。"乃力疾而為之記。

光緒十九年，歲次癸巳，季春之月，三原後學賀瑞麟敬撰文。

邑侯沈公上學憲請刊《槲葉集》啓

沈錫榮

恭維整飭紀綱，不外激濁揚清之道；闡揚幽隱，足興頑廉懦立之風。錫榮蒞鄠，接奉憲諭，搜訪遺獻，以備徵考。極意收羅，悉心採訪。茲查故儒雪木李先生，髫齡就傅，即有志於古人；援筆為文，不肯投夫時好。溯淵源於洙泗，學守關閩；傷故國之黍離，節高巢許。光風霽月，不存纖芥之私；璞玉渾金，允推希世之寶。前此鄉賢崇祀，雖云已發其幽光；至今著作未傳，尚難盡洽夫眾望。謹將原本恭呈憲鑒，伏乞俯賜顯揚，廣為刊布。將名山著述，得品題而益彰；空谷伊人，自流傳於不朽矣。

學憲余公覆邑侯

余堃

故儒雪木李先生，亮節清風，徵車不就，仰止高山，傾心已久。使秦以來，尤復勤加甄采。頃得賢令搜呈《槲葉集》，逸情高韻，託旨遙深。不謂永嘉之末，復聞正始之音。關中元氣醞厚，代有絕學，典型不墜，端在斯人。展誦再三，欽企曷已，亟宜付厥手民，彰茲潛德。寥答數語，以誌景懷。

槲葉集跋

王步瀛

予序先生集在宣統辛亥仲春，民國既建，自揣襄庸，解組歸田。適是集刻成，象先持以視予。予嘉象先任事之勤及同志助貲之勇，但當時就原書覆刊，體例一仍其舊，惟增補遺、附刊，其字畫錯訛，則屬象先詳加校勘。工既竣，乃跋數語如此。嗟乎，先生不事王侯、高尚其志夐已。而予久玷簪紱，事業無成，今雖戢影林泉，終愧虛生。讀先生集，益難為懷矣。

王步瀛跋並書。

重刻槲葉集後敘

李象先

象先少貧失學，不能自立。年十五，邑先進王松亭君集貲，為我祖雪木先生營祠。頓念身屬先生後裔，箕裘掃地，罪不容逭。於是始從鄉先生請業，後得祖撰《槲葉集》一書，抄而珍之，暇輒披繹不置，不能識其微言奧旨也。宣統二年，肄業省垣。存古學校同人多問此書存否，間有索閱者，輒為太息，而象益慚愧無地。同郡王、趙、謝、張、胥諸友共謀醵金重鋟，以廣傳海內。適業師雷立夫先生因取所藏《鬼孝子傳》及《焦臥雲書》數篇補入集中。民國二年，厥功告成。向之見忌於前清二百餘年而不能存在者，今乃得在行於世，諸君子仗義輸財之功，固不可沒。抑我先祖之道德文章，如日月經天，光芒萬丈，雖沉霾於一時，卒不能消滅於終古也。版既竣，謹贅數語以誌顛末云。時在民國癸丑，七世裔孫李象先謹識。

裔孫六世天友福桂、七世象先、八世、绍庭重刊。

葆淳閣集

[清]王　杰　撰
　　孫　靖　點校
　　賈三强　審校

點校説明

王杰（1725—1805），字偉人，號惺園，陝西韓城人。幼時讀書穎悟，後從學武功人孫景烈於關中書院，受關學實行思想影響甚深。拔貢之後，先入時任陝甘總督尹繼善之幕，後進陝甘巡撫陳宏謀之府。乾隆二十六年（1761）殿試，高宗親擢爲狀元，按例授翰林院修撰。自此平步青雲，多次督學湖南、福建、浙江，充會試副總裁、正總裁及四庫館副總裁、三通館副總裁、國史館副總裁、武英殿總裁、會典館正總裁、實録館正總裁，閲《大清一統志》，同辦《明史》。歷任右春坊右庶子、翰林院侍讀學士、詹事府少詹事、內閣學士，禮部、工部、刑部、吏部四部侍郎，都察院左都御史、兵部尚書、上書房總師傅、南書房總師傅至東閣大學士，並入直軍機處。因平定臺灣、廓爾喀有功，兩次圖像紫光閣。嘉慶初年，多次以老病辭官，致仕後，卒輿於京邸。仁宗下詔晉贈太子太師，入祀賢良祠。

傳世有《葆淳閣集》二十四卷等。關於書名來源，難以詳究。不過欲求其寓意，倒可從字面予以窺測。"葆"，《説文》："艸盛皃。"段《注》："師古曰：草叢生曰葆，引伸爲羽葆幢之葆。史記以爲寶字。"而"葆"字又通"保"，當爲假借。"淳"，《説文》："渌也。""渌"即"水清"之義，後又引申爲"純潔""醇厚"。故所謂"葆淳"者，保持自身天生純潔醇厚本質，而不爲外界所污染也。王杰一生行事之準則，由此可見一斑。

王杰門生阮元所作《王文端公年譜》（以下簡稱"阮《譜》"）附於《葆淳閣集》目録之後。據阮《譜》"嘉慶十年條"所言，王杰"著有《讀易劄記》《讀論語孟子録》。謂俟退閒，更行參訂，故未及刊"。其所傳世者，即《葆淳閣集》二十四卷，亦由門生阮元編於清嘉慶二十年（1815）。卷一爲賦、頌，卷二、卷三爲跋，卷四爲序，卷五爲讚、議以及誌銘，卷六爲傳、記，卷七、卷八爲詩，卷九至卷十八爲《賡揚集》，均爲恭和御製詩之作，卷

十九、卷二十為《芸館集》，均為賦。

從目前掌握的資料來看，《葆淳閣集》僅在嘉慶年間刊刻過一次，全國各地圖書館多有藏本。關於編刻時間，阮《譜》有"嘉慶二十年受業揚州阮元謹編"之語，若從嚴格意義上來說，此雖僅僅可當做文集甚至只是年譜的編寫時間，但無論從字體角度，還是版刻風格角度，以此斷定此書的刊刻時間，近乎矣。正文二十四卷之後又有"芸臺宮保編次公集，將付剞劂，以朝標同出師門，囑襄校讐之役。既訖事，因書管見於簡末。歲在旃蒙大淵獻陬月既望，受業虞山言朝標敬識"之語，可知亦為嘉慶二十年正月十六，由王杰弟子言朝標校勘完畢。故姑且將阮譜編輯時間定於嘉慶二十年（1815）。再檢《阮元年譜》，嘉慶十九年（1814）阮元五十一歲時，"七月初七日，……渡江，由金陵陸路至蕪湖、池州、安慶，復乘船至九江，陸行入南昌"。嘉慶二十一年（1816），阮元五十三歲，"閏六月十九日，調補河南巡撫，時新撫未至，仍留江西"；而"八月十七日，至開封府到任"。可知塏時將雜稿寄於阮元當在嘉慶十九年七月至嘉慶二十年之間，初版刊刻完畢之日當在阮元改任河南巡撫之前，即嘉慶二十一年八月十七日之前。

王杰身份多樣，這在其著作中有著充分的體現。在其二十四卷的《葆淳閣集》之中，恭和之作佔據了相當大的比重。王杰身為狀元，後又履任朝廷要職，可謂位極人臣。這種比重既是王杰作為皇帝身邊重要政治人物使然，也直接體現出王杰特殊身份和創作傾向。所為恭和之作雖為應制而生，但在奉旨而作之時，也體現出作為傳統政治家和儒士的價值取向和精神寄託。如《恭跋〈御製君子小人論〉》行文伊始，便引《尚書·洪範》論證離析小人君子的重要性；《恭跋〈御製勷農詩〉》雖篇幅不長，但先引《尚書》，後引《詩經》，又引《左傳》《周禮》《孟子》等經典，借以強調農業的重要意義。王杰在歌頌帝王功績的同時，也時時不離規諷，表達其憂國憂民的高尚情操。可見，強調作品的政治教化和社會意義，是《葆淳閣集》的重要特色之一。此外，作為飽學之士和詩人的王杰，在遣詞造句頗下過一番功夫，其辭藻之絢爛、字句之典雅，不愧狀元美譽。

縱觀《葆淳閣集》二十四卷全部內容，頗具學術性的數篇序跋可窺測王杰學術思想。王杰對萬斯同頗為推崇，《葆淳閣集》卷四有為萬斯同代表作《群書疑辨》與《紀元匯考》兩書所做序文。萬斯同雖為黃宗羲弟子，繼承其師史學一脈，但其學術傾向卻與其師有別。黃宗羲固為講求博大的浙東學派的典型代表，但同為浙東代表人物的萬斯同，卻在某種程度上更接近於浙西學派，甚至即使置於乾嘉間諸多以考證聞名的樸學家之列亦毫無愧色，這與同是浙東學派代表的章學誠差異明顯。王杰以為《群書疑辨》"其于群書之疑，如攻堅木，如解亂繩，略無穿鑿支離之弊，俾讀者人人發其覆而通其蔽，有相説以解之趣"。而對於考證之功用，又認為"然五禮六禮之殊倫，五音七音之易位，用綿蕝以易三朝之儀，因同室而縈都宮之制。鄉飲之不修，冠禮之不講，論鐘律則銖黍既差，均節何有，五量三統因之，無所適主。此則有志於興禮樂以正人心隆世教，亦不可謂非節目之大者也"。可見，考證最後仍舊落在了教化之用上。王杰又以為《紀元匯考》"上溯陶唐迄于勝國之季，四千餘年，年經代緯，紀號無遺。凡禪繼正閏，及割據僭偽，與夫世系之久，近時地之紛更，按圖摘例，燦如列眉。雖卷帙不多，而上下千古，繩貫絲聯，不至泛而無所稽洎，讀史家案頭必置之冊"。對於此種純學術考證型著作，王杰亦不吝其讚美之詞。

王杰主要活動時間是在清乾隆嘉慶兩朝。關於乾嘉時期的學術主流的認識，雖然有諸多存在差異甚至互相對立的觀點，但無論從乾嘉時學人自己對學術傾向的論述來看，還是後世對於當時學術思想的分析來説，以語言文字為傳統的樸學始終是這一時期的學術主流，那種或是刻意貶低樸學及樸學家影響範圍、影響時間和影響程度的做法，或是有意擴大義理之學影響力的説法，是無論如何站不住腳的。因此，介於乾嘉時主流學術傾向的事實，尊尚義理之學的王杰雖然在科考中表現突出，但是卻始終難以進入當時主流學術圈。作為學者的王杰，毫不忌諱地説，在學術成果和影響上頗有局限。縱然《清儒學案》和《清代學者像傳》等不少學術史著作均將王杰納入其中，但這僅僅是對王杰學者身份的肯定。相較於學術，王杰在思想上的造詣和貢獻似乎更值得説道。

王杰少時曾就讀於關中書院，作為明清兩代陝西最高學府，關中書院一向被認為是西北書院之冠。據《（乾隆）西安府志》卷十九記載：書院於明萬曆三十七年（1609），布政使汪可受，按察使李天麟等人為馮從吾講學而建。明末清初，又有大儒李顒主講關中書院，力倡關學。關中理學，源自張載（1020—1077），講求"太虛無形，氣之本體"，倡導"由窮理而盡性"的"自明誠"方法，開關學"崇儒"與"實學"之風。繼有呂柟（1479—

1542），糅合關學之篤實實踐與心學心性修養，啟明中期關學"兼收"與"並蓄"之新氣象。其後，又有馮從吾（1557-1627）倡導"以心性為本體，以誠敬為功夫"，敦本尚实，以糾當世浮誇學風。又有李顒（1627-1705）兼採朱陸，倡"悔過自新""明體適用"說。而素有宗旨"學以致用""躬行實踐"貫穿整個關學學術發展，未曾間斷。作為明清兩代關學重鎮的關中書院，雖屢遭破壞，幾經起伏，但始終是秉承關學宗旨，弘揚關學學術的重鎮。王杰在師長的影響下，一生清廉，篤信躬行實踐，求真務實，繼承關學的傳統，是關學思想的又一實踐者。這種實踐精神、務實品質體現《葆淳閣集》的諸多篇章，尤其是其所作傳記、墓誌及奏折之中，堪稱是王杰一生追求的真實寫照。

原書目錄題名與正文各篇題名時有齟齬之處。本次整理，整理者為全書新編了目錄，以使其與集中諸作實際相符。文末在阮元所編年譜的基礎上，予以補正，并增加多種其他資料，以對王傑生平有更充分、詳細的認知。

孫　靖
二零一四年秋日初稿
二零一八年秋日二稿

目錄

葆淳閣集卷一　文一　賦、頌
 聖駕四幸江浙賦 ········· 321
 恭祝皇上六旬萬壽頌　並序 ········· 322
 《御製開泰説》頌 ········· 324
 《御製薩爾滸山之戰書事》頌 ········· 324
 聖駕五巡江浙恭紀　頌八章　謹序 ········· 325

葆淳閣集卷二　文二　跋
 恭跋《御製耕織圖詩》 ········· 328
 恭跋《御製君子小人論》 ········· 328
 恭跋《御製熱河文廟碑記》 ········· 329
 恭跋《御製劭農詩》 ········· 329
 恭跋《御製淳化軒記》 ········· 332
 恭跋《御製迎長至論》 ········· 333
 恭跋《御製擬白居易新樂府詩册》 ········· 333
 恭跋《御製廓爾喀戰圖》 ········· 334

葆淳閣集卷三　文三　跋二
 朱子法書跋 ········· 336
 朱子《論語集注》手稿真蹟跋 ········· 336
 恭跋《御製論水道》諸文 ········· 336
 跋蘇文忠公《馬券帖》後 ········· 337
 文丞相遺札跋 ········· 338
 文衡山《金剛經》小楷石刻跋 ········· 338

《蘭亭》潁上本跋 …… 338
張文敏公畫梅跋 …… 338
跋陳紫瀾宮詹《江東于役草》手蹟 …… 338
跋何義門書彭少司空《菉洲壽序》 …… 339
跋胡雲坡司寇石刻後 …… 339
跋彭貢園同年《蘭亭帖》 …… 339
張府君傳跋後 …… 339
石君宮保尚書蒙賜宸章二册恭跋 …… 340
吳顧兩孝子詩卷跋 …… 340
跋買夏亭額 …… 340
跋恬波亭額 …… 341
跋臨顏書《爭坐帖》後 …… 341

葆淳閣集卷四　文四　序

《群書疑辨》序 …… 342
建安吳生峻明《學庸貫一》序 …… 343
《重刻文章正宗》序 …… 344
《紀元彙考》序 …… 345
齊息園先生《水道提綱》序 …… 345
《金石契》序 …… 346
《福建續志》序 …… 347
《同安縣志》序 …… 347
《順昌縣志》序 …… 348
《游鷹山先生文集》序 …… 349
海陽汪君徵《拙堂集》序 …… 349
吳敬齋《書塾課存》序 …… 350
《金華詩録》序 …… 351
《釋耒小草》序 …… 351
《雙節堂贈言》序 …… 352
《江西鄉試録》序 …… 353
余寶岡大司寇八十壽序 …… 354
壽張太翁七十序 …… 355
宋梯雲觀察五十壽序 …… 355

吳崑田先生八十壽序 …………………………………………… 356
葆淳閣集卷五　文五贊、議、誌銘
　　純佑全禧贊 ……………………………………………………… 358
　　拒姦致死議 ……………………………………………………… 360
　　議駁一子祀兩房並行三年喪文 ………………………………… 361
　　誥授光祿大夫襲封七十二代衍聖公篤齋府君墓誌銘 ………… 362
　　臨安府知府張君墓誌銘 ………………………………………… 364
　　焦妻李公墓誌銘 ………………………………………………… 365
　　樂山行君墓志銘 ………………………………………………… 366
　　孫母劉太孺人墓志銘 …………………………………………… 367
　　余母壽氏一品夫人墓誌銘 ……………………………………… 368

葆淳閣集卷六　文六　傳記
　　胡敬亭傳 ………………………………………………………… 370
　　吳雲亭觀察傳 …………………………………………………… 371
　　新建順昌縣萬壽宮記 …………………………………………… 372
　　重修泉州府文廟記 ……………………………………………… 373
　　重修同安縣文廟記 ……………………………………………… 373
　　重修建陽縣學記 ………………………………………………… 374
　　重修紹興府新昌縣學碑記 ……………………………………… 375
　　韓城古柏書院碑記 ……………………………………………… 376
　　梅峰書院記 ……………………………………………………… 377
　　玉尺書院記 ……………………………………………………… 377
　　師氏祖祠記 ……………………………………………………… 378

葆淳閣集卷七　詩一
　　聖母崇慶慈宣康惠敦和裕壽純禧恭懿皇太后七旬萬壽詩
　　　五言律三十首 ………………………………………………… 380
　　聖駕南巡恭紀　柏梁體百六十韻　謹序 ……………………… 383
　　平定兩金川大功告成恭紀四言詩　謹序 ……………………… 385
　　皇上七旬萬壽恭紀　五言排律一百二十韻 …………………… 388
　　欽定重刻淳化閣帖歌　謹序 …………………………………… 390
　　文廟重修告成聖駕親詣釋奠恭紀　五言排律三十韻 ………… 392
　　應制詠周編鐘 …………………………………………………… 393

應制詠周從鐘 …… 393
應制詠玉勺 …… 393
應制題李迪春園遊騎 …… 393
應制題宋元明人畫 …… 393
梁楷潑墨仙人 …… 393
朱德潤松岡雲瀑 …… 394
吳鎮溪流歸艇 …… 394
仇英竹下聽泉 …… 394
文嘉石湖秋色 …… 394
項元汴墨蘭 …… 394
應制詠宣和梁苑雕龍研 …… 395
奉敕題趙孟堅落水蘭亭五排十二韻 …… 395
奉敕題元搨石鼓文 …… 395
蒙恩賜御筆福字恭紀 依張照原韻 …… 395
飛霞騮 …… 396
蒼艾騏 …… 396
同吉黃 …… 396

葆淳閣集卷八　詩二

庚寅春帖子 …… 397
辛卯春帖子 …… 397
壬辰春帖子 …… 397
丙申春帖子 …… 397
己亥春帖子 …… 398
辛丑春帖子 …… 398
壬寅春帖子 …… 398
癸卯春帖子 …… 398
丁未春帖子 …… 399
戊申春帖子 …… 399
辛亥春帖子 …… 399
乙卯春帖子 …… 399
丙辰春帖子 …… 399
千叟宴恭紀 …… 400

恩允叩謁裕陵恭紀 …… 402
即事 …… 402
題丁尊湖秋江垂釣圖 …… 402
題吳渭泉明府櫓搖背指菊花開圖 …… 403
祝大學士漳浦蔡公九十壽 …… 403
題陳仲魚繪尚友圖 …… 403
題彭羨門九曲移居圖即和竹君前輩親家韻 …… 403
題張仲謀觀察小照 …… 403
題○研珊世兄畫幀並送之閩任 …… 404
題楊守默采菊圖 …… 404
題玉中丞經筵進講圖 …… 404
題福誠齋扇頭畫馬 …… 404
題邵○○師遺照 …… 404
題阿廣庭相國畫象 …… 405
題范太守照 …… 405
題張蔭亭同年載書圖照兼送之滇南臨安任 …… 405
題吏部藤花 …… 405
哭薛退思 …… 406
祝門生孫星衍之祖母許太恭人九十壽 …… 406
題畫誌感 …… 406
阮芸臺宮詹囑題天寒有鶴守梅花圖 …… 406
題古椿長蔭圖 …… 406
生日大雪 …… 407
祝師樸園六十壽 …… 407
贈上敦齊襟丈辰牋人冊 …… 407
題松下讀書圖 …… 407
題秋林待月圖 …… 407

亡友馬公，名寅著，字協恭，內府人。其先大夫歿於遼左，公幼齡，即蓄志為歸骨計。年十五以告太夫人，太夫人曰："兒不知汝家貧耶？"公曰："數年母日給兒果餌錢，兒盡積之，不足，殆無幾。"太夫人憫其幼，難之。及知公志堅，乃典衣飾與之。家惟一老僕一馬，遂以往。中途僕斃，未幾，馬亦斃。公負骨千里，徒步以歸。太夫人撫其足重趼，泣曰："兒之孝，鬼神其知之矣。"余初任浙江學政，公時為織造，甚相契，而未知其至性過人如是，久乃知之。今其子諾明阿來乞詩，爰成此什，以備採擇焉。 408

朱石君親家前輩七旬壽詩 408

石君前輩復用寄和鹿尾詩韻抒懷見示仍依韻奉答二首 409

和友人詩 409

葆淳閣集卷九　廣揚集一

恭和御製重華宮職官考聯句復成二律元韻 410

恭和御製方圓隨規矩元韻 410

恭和御製賜嵇璜元韻 410

恭和御製賦得山夜聞鐘元韻 410

恭和御製正月初十日讌宗藩元韻 411

恭和御製春服既成元韻 411

恭和御製春仲經筵元韻 411

恭和御製經筵畢文淵閣賜茶復得詩一首元韻 411

恭和御製盛京土風雜詠十二首元韻 411

威呼 411

呼蘭 412

法喇 412

斐蘭 412

賽斐 412

額林 412

施函 412

拉哈 413

霞綳 413

豁山 413

羅丹 413

周斐 413

恭和御製盛京土產雜詠十二首元韻 414

五穀 414

東珠 414

人參 414

松花玉	414
貂	415
鹿	415
熊羆	415
堪達漢	415
海東青	416
鱏鯉魚	416
松子	416
溫普	416
恭和御製元正太和殿賜宴紀事二律元韻	417
恭和御製新正三日雪元韻	417
恭和御製正月六日重華宮茶宴廷臣及內廷翰林等詠玉甕聯句並成是什元韻	417
恭和御製春仲經筵元韻	417
恭和御製紫光閣賜宴外藩疊去年題句韻	418
恭和御製題惲壽平畫元韻	418
慈竹慈烏	418
晴巒暖翠	418
碧山雨意	418
小赤壁圖	418
叢篁碧潤	418
恭和御製詠周應鐘元韻	418
恭和御製賦得野無伐檀元韻	418
恭和御製十月初九日雪元韻	419
恭和御製正月五日重華宮茶宴廷臣及內廷翰林等，適新題學詩堂，用以聯句，並成是什元韻	419
恭和御製寧壽宮成茶宴聯句更成二律元韻	419
恭和御製喜雪元韻	419
恭和御製賦得燈右觀書	419
恭和御製重華宮賜宴聯句元韻	420
恭和御製賦得春服既成元韻	420
恭和御製紫光閣曲宴外藩即席得句元韻	420

葆淳閣集卷十　廣揚集二辛亥

　恭和御製福康安奏攻得濟嚨賊寨詩以誌喜六韻元韻 …………… 421
　恭和御製江西巡撫陳淮奏報早稻收成九分有餘詩以誌慰元韻 … 421
　恭和御製山西麥收八分元韻 …………………………………… 421
　恭和御製啟蹕幸避暑山莊之作元韻 …………………………… 421
　恭和御製書蘇東坡傳堯典語元韻 ……………………………… 421
　恭和御製至避暑山莊即事成什元韻 …………………………… 422
　恭和御製永佑寺瞻禮元韻 ……………………………………… 422
　恭和御製戒得堂自哂元韻 ……………………………………… 422
　恭和御製清舒山館元韻 ………………………………………… 422
　恭和御製雨元韻　五月廿八日 ………………………………… 422
　恭和御製有真意軒元韻 ………………………………………… 422
　恭和御製題秀起堂元韻 ………………………………………… 423
　恭和御製永恬居元韻 …………………………………………… 423
　恭和御製題文津閣元韻 ………………………………………… 423
　恭和御製澄觀齋解嘲之作元韻 ………………………………… 423
　恭和御製熱元韻 ………………………………………………… 423
　恭和御製招涼榭元韻 …………………………………………… 423
　恭和御製雲南巡撫譚尚忠、貴州巡撫額勒春各報麥收均有九分有餘，
　　詩以誌慰元韻 ……………………………………………… 424
　恭和御製夜雨元韻　六月初五日 ……………………………… 424
　恭和御製臺灣總兵奎林、按察使萬鍾傑奏報早稻收成八分，
　　詩以誌慰元韻 ……………………………………………… 424
　恭和御製荷元韻 ………………………………………………… 424
　恭和御製題烟雨樓元韻 ………………………………………… 424
　恭和御製素尚齋即事書懷元韻 ………………………………… 424
　恭和御製留京王大臣奏報得透雨詩以誌慰元韻 ……………… 425
　恭和御製喜晴元韻　六月十五日 ……………………………… 425
　恭和御製漕運總督管幹珍等報得雨及南漕全抵天津情形詩以誌慰元韻 … 425
　恭和御製觀瀑二首元韻 ………………………………………… 425
　恭和御製遊獅子園即事元韻 …………………………………… 425
　恭和御製詠旃檀林鳳尾松三疊乙未舊作韻元韻 ……………… 425

目　録

恭和御製閱射元韻 …… 426

恭和御製鏡香亭對荷有作元韻 …… 426

恭和御製倉場侍郎蘇凌阿、劉秉恬奏報起漕全竣，詩以誌慰，並均予議敘元韻 …… 426

恭和御製山莊啟蹕行圍木蘭之作元韻 …… 426

恭和御製四川總督鄂輝奏報通省收成九分詩以誌慰元韻 …… 426

恭和御製永安莽喀行圍即事元韻 …… 426

恭和御製威遜格爾行圍誌事元韻 …… 427

恭和御製蒙古王公進宴即席書事 …… 427

恭和御製書志一首戲用重字體元韻 …… 427

恭和御製啟蹕幸避暑山莊元韻 …… 427

恭和御製過清河橋元韻 …… 427

恭和御製直言元韻 …… 427

恭和御製雨元韻 …… 427

恭和御製至避暑山莊即事元韻 …… 428

恭和御製永佑寺瞻禮元韻 …… 428

恭和御製寫心精舍元韻 …… 428

恭和御製題文津閣元韻 …… 428

恭和御製含青齋得句元韻 …… 428

恭和御製留京王大臣報雨詩以誌事元韻 …… 428

恭和御製烟雨樓對雨元韻 …… 428

葆淳閣集卷十一　賡揚集三

恭和御製有真意軒識意作歌元韻 …… 429

恭和御製題秀起堂元韻 …… 429

恭和御製靜盦書屋元韻 …… 429

恭和御製四川總督孫士毅奏報夏收分數詩以誌慰即書賜之元韻 …… 429

恭和御製題永恬居元韻 …… 429

恭和御製素尚齋元韻 …… 430

恭和御製留京王大臣報雨詩以誌慰元韻 …… 430

恭和御製遊獅子園元韻 …… 430

恭和御製宜照齋作歌元韻 …… 430

恭和御製雨六韻　六月初二日 …… 430

- 303 -

恭和御製荷元韻 …… 430
恭和御製題澄觀齋元韻 …… 430
恭和御製翠雲巖元韻 …… 431
恭和御製安遠廟即事元韻 …… 431
恭和御製野田元韻 …… 431
恭和御製雨元韻 六月初八日 …… 431
恭和御製留京王大臣奏報得雨詩以誌慰元韻 …… 431
恭和御製學古堂元韻 …… 431
恭和御製含粹齋敬題元韻 …… 432
恭和御製題敞晴齋元韻 …… 432
恭和御製遲雲榭得句元韻 …… 432
恭和御製文園獅子林元韻 …… 432
恭和御製望源亭元韻 …… 432
恭和御製立秋日作元韻 …… 432
恭和御製澄霽樓口號元韻 …… 433
恭和御製晴定元韻 …… 433
恭和御製登四面雲山亭子元韻 …… 433
恭和御製安南國王阮光平至避暑山莊陛見，詩以賜之元韻 …… 433
恭和御製安南國王阮光平乞遵天朝衣冠，嘉允其請，並詩賜之元韻 …… 433
恭和御製山莊錫宴祝嘏各外藩即事元韻 …… 433
恭和御製啟蹕幸避暑山莊即事得句元韻 …… 434
恭和御製出古北口元韻 …… 434
恭和御製雲南巡撫譚尚忠奏報麥豆收成詩以誌慰元韻 …… 434
恭和御製至避暑山莊即事得句元韻 …… 434
恭和御製永佑寺瞻禮元韻 …… 434
恭和御製鑑始齋元韻 …… 434
恭和御製西峪元韻 …… 434
恭和御製秀起堂元韻 …… 435
恭和御製留京王大臣奏報得雨詩以誌慰元韻 …… 435
恭和御製福建總督伍拉納驛報漳泉續得透雨詩以誌慰元韻 …… 435
恭和御製山莊即事元韻 …… 435
恭和御製蓮元韻 …… 435

恭和御製獅子園元韻 …… 435
恭和御製宜照齋元韻 …… 435
恭和御製山西巡撫海寧奏麥收九分有餘，並雨水情形，詩以誌慰元韻 …… 436
恭和御製六月朔日作元韻 …… 436
恭和御製將軍鄂輝等奏巴勒布歸順實信，並班師迴藏事宜，
　詩以誌事元韻 …… 436
恭和御製澄觀齋元韻 …… 436
恭和御製治漕元韻 …… 436
恭和御製觀瀑元韻 …… 436
恭和御製永恬居、素尚齋，向皆各題茲為二首一韻，
　仍各書其室中元韻 …… 437
恭和御製創得齋元韻 …… 437
恭和御製劉峨奏漕船仍當起存事詩以誌慰元韻 …… 437
恭和御製清閟閣賞荷元韻 …… 437
恭和御製依綠齋元韻 …… 437

葆淳閣集卷十二　　廣揚集四

恭和御製六月望日作元韻 …… 438
恭和御製立秋疊乙巳詩韻 …… 438
恭和御製書麟蘭第錫奏睢寧南岸隄工漫溢情形詩以誌事元韻 …… 438
恭和御製河東總督李奉翰、河南巡撫梁肯堂奏報伏汛安瀾，
　詩以誌慰元韻 …… 438
恭和御製七月朔日元韻 …… 438
恭和御製補詠安南戰圖六律元韻 …… 439
　嘉觀訽艣之戰 …… 439
　二異杜右之戰 …… 439
　壽昌江之戰 …… 439
　市球江之戰 …… 439
　富良江之戰 …… 439
　阮惠遣姪阮光顯入覲賜宴之圖 …… 439
恭和御製啟蹕幸避暑山莊之作元韻 …… 439
恭和御製出古北口作元韻 …… 440
恭和御製署湖北巡撫舒常奏報二麥有收詩以誌慰元韻 …… 440

- 305 -

恭和御製至避暑山莊作元韻	440
恭和御製永佑寺瞻禮用辛丑詩韻元韻	440
恭和御製題文津閣元韻	440
恭和御製登烟雨樓即景元韻	440
恭和御製夜雨疊登烟雨樓即景韻元韻	440
恭和御製曉景元韻	441
恭和御製育麂元韻	441
恭和御製留京王大臣奏報得雨詩以誌慰元韻	441
恭和御製素尚齋元韻	441
恭和御製澄霽樓元韻	441
恭和御製總督李世傑奏三省麥收詩以誌慰元韻	442
恭和御製荷二首元韻	442
恭和御製題澄觀齋元韻	442
恭和御製有真意軒元韻	442
恭和御製題秀起堂元韻	442
恭和御製遊獅子園元韻	442
恭和御製山近軒	443
恭和御製駐蹕靜寄山莊因成二律一韻元韻	443
恭和御製雨花室庭梅四絕句元韻	443
恭和御製題延春堂元韻	443
恭和御製啟蹕幸避暑山莊元韻	443
恭和御製過清河橋即事雜詠疊去歲韻三首元韻	444
恭和御製曉行元韻	444
恭和御製出古北口作元韻	444
恭和御製兩間房行宮即事元韻	444
恭和御製至避暑山莊之作疊壬子韻元韻	444
恭和御製永佑寺瞻禮疊昨歲韻元韻	444
恭和御製寫心精舍元韻	444
恭和御製題鑑始齋元韻	445
恭和御製雨元韻 五月廿四日	445
恭和御製西峪元韻	445
恭和御製有真意軒口號元韻	445

恭和御製題秀起堂疊去歲韻元韻 ………………………… 445
恭和御製靜含太古山房元韻 …………………………… 445
恭和御製臺灣提督哈當阿、道員楊廷理奏報早稻收成八分有餘，
　　詩以誌慰元韻 ………………………………………… 446
恭和御製留京王大臣奏報雨並不多，大田更資渥潤，
　　詩以誌慰元韻 ………………………………………… 446
恭和御製題澄觀齋元韻 ………………………………… 446

葆淳閣集卷十三　廣揚集五

恭和御製翠雲巖元韻 …………………………………… 447
恭和御製扎什倫布廟誌事疊去歲詩韻元韻 …………… 447
恭和御製敞晴齋元韻 …………………………………… 447
恭和御製六月朔日作元韻 ……………………………… 447
恭和御製六月初二日作元韻 …………………………… 447
恭和御製遊獅子園元韻 ………………………………… 448
恭和御製宜照齋得句元韻 ……………………………… 448
恭和御製含青齋元韻 …………………………………… 448
恭和御製玉岑精舍元韻 ………………………………… 448
恭和御製山東巡撫吉慶、直隸總督梁肯堂各報雨水田功情形，
　　詩以誌慰二律元韻 …………………………………… 448
恭和御製雨元韻　六月初六日 …………………………… 448
恭和御製喜晴元韻　六月初八日 ………………………… 449
恭和御製戒得堂疊去歲元韻 …………………………… 449
恭和御製文津閣元韻 …………………………………… 449
恭和御製書懷元韻 ……………………………………… 449
恭和御製永恬居疊去歲韻元韻 ………………………… 449
恭和御製漕運總督管幹珍奏全漕抵通日期詩以誌慰 …… 449
恭和御製雨元韻　六月晦日 ……………………………… 450
恭和御製喜晴元韻　七月朔日 …………………………… 450
恭和御製即事元韻　七月初三日 ………………………… 450
恭和御製直隸總督梁肯堂奏乘時買補倉穀，以資儲備，既紓傷農之歎，
　　復資過歉之綱，然非逢稔歲，豈易得哉。詩以誌事，益切惕乾元韻 … 450
恭和御製登四面雲山亭子元韻 ………………………… 450

- 307 -

恭和御製留京王大臣奏報京城晴雨應時，炎暑已退，穀稼豐收，
詩以誌慰元韻 ·········· 451

恭和御製啟蹕幸避暑山莊即事元韻 ·········· 451

恭和御製出古北口疊乙未詩韻元韻 ·········· 451

恭和御製至避暑山莊即事成句元韻 ·········· 451

恭和御製永佑寺瞻禮疊辛丑詩韻元韻 ·········· 451

恭和御製題文津閣元韻 ·········· 451

恭和御製留京王大臣奏報晴雨應時詩以誌事元韻 ·········· 451

恭和御製署福建巡撫伍拉納奏雨水田禾情形詩以誌慰元韻 ·········· 452

恭和御製秀起堂元韻 ·········· 452

恭和御製直隸總督劉峩奏報南三府雨水情形詩以誌事元韻 ·········· 452

恭和御製喜晴元韻 ·········· 452

恭和御製清舒山館元韻 ·········· 452

恭和御製直隸總督劉峩奏報南三府普得透雨詩以誌慰元韻 ·········· 452

恭和御製六月望日作 ·········· 453

恭和御製荷二首元韻 ·········· 453

恭和御製七月朔日作 ·········· 453

恭和御製翼朝仍用前韻元韻 ·········· 453

恭和御製荊州元韻 ·········· 453

恭和御製清溪遠流元韻 ·········· 454

恭和御製賜凱旋將軍福康安、參贊海蘭察等宴，即席成什元韻 ·········· 454

恭和御製事定元韻 ·········· 454

恭和御製啟蹕幸避暑山莊之作是夜雨五月廿五日元韻 ·········· 454

恭和御製過清河疊去歲韻三首元韻 ·········· 454

恭和御製降旨撥銀八十萬兩，截漕六十萬石，以備直隸缺雨州縣
賑濟之用，詩以誌事元韻 ·········· 455

恭和御製雨五月廿七日元韻 ·········· 455

葆淳閣集卷十四　廣揚集六

恭和御製出古北口閱稼喜而有作元韻 ·········· 456

恭和御製至避暑山莊作再疊壬子韻是日雨元韻 ·········· 456

恭和御製留京王大臣報得透雨詩以誌慰元韻 ·········· 456

恭和御製西峪元韻 ·········· 456

目 錄

恭和御製題秀起堂元韻 …………………………………………………… 456
恭和御製時霖即事元韻 …………………………………………………… 457
恭和御製戒得堂再疊壬子韻元韻 ………………………………………… 457
恭和御製喜晴六月十二日元韻 …………………………………………… 457
恭和御製清溪遠流得句元韻 ……………………………………………… 457
恭和御製敞晴齋元韻 ……………………………………………………… 457
恭和御製直隸布政使鄭製錦奏保定得透雨，順天府尹莫瞻菉奏查勘南路
　所屬之固安等七處雨水播種情形，詩以誌慰元韻 …………………… 458
恭和御製題文津閣元韻 …………………………………………………… 458
恭和御製直隸總督梁肯堂奏南三府得透雨及夏田普種情形詩
　以誌慰元韻 ……………………………………………………………… 458
恭和御製永恬居敬題元韻 ………………………………………………… 458
恭和御製澄霽樓元韻 ……………………………………………………… 458
恭和御製荷二首元韻 ……………………………………………………… 458
恭和御製山東巡撫福寧奏報前後得雨，均已霑足，秋禾普種，
　詩以誌慰元韻 …………………………………………………………… 459
恭和御製澄觀齋元韻 ……………………………………………………… 459
恭和御製翠雲巖元韻 ……………………………………………………… 459
恭和御製留京王大臣奏宜暘應時，積水全消，詩以誌慰元韻 ………… 459
恭和御製望源亭元韻 ……………………………………………………… 459
恭和御製寫心精舍元韻 …………………………………………………… 459
恭和御製省刑疊去歲癸丑韻元韻 ………………………………………… 460
恭和御製題秋澂齋疊去歲癸丑韻是日七夕元韻 ………………………… 460
恭和御製是日雨再疊前韻元韻 …………………………………………… 460
恭和御製立秋七月十二日元韻 …………………………………………… 460
恭和御製即事元韻 ………………………………………………………… 460
恭和御製江西巡撫陳淮、福建巡撫浦霖、湖廣總督署湖北巡撫畢沅
　各奏早稻收成分數，詩以誌慰元韻 …………………………………… 461
恭和御製登四面雲山亭子元韻 …………………………………………… 461
恭和御製降山至玉岑精舍戲用三縫韻題句元韻 ………………………… 461
恭和御製碧靜堂題畫元韻 ………………………………………………… 461
恭和御製臨芳墅得句元韻 ………………………………………………… 461

－ 309 －

恭和御製刡魚亭元韻	461
恭和御製處暑七月二十八日元韻	462
恭和御製獲鹿元韻	462
恭和御製賦得清露滴荷珠得宜字五言八韻順天鄉試題元韻	462
恭和御製啟蹕幸避暑山莊即事有詠元韻	462
恭和御製石槽行宮晚坐元韻	462
恭和御製曉行元韻	462
恭和御製福康安、和琳奏攻克蘇麻寨一帶賊巢，詩以誌事元韻	463
恭和御製出古北口作元韻	463
恭和御製常山峪行宮即事元韻	463
恭和御製至避暑山莊即事元韻	463
恭和御製題文津閣原韻	463
恭和御製登烟雨樓即事元韻	464
恭和御製雨元韻　五月十三日	464
恭和御製西峪元韻	464
恭和御製秀起堂元韻	464
恭和御製戒得堂三疊壬子韻元韻	464
恭和御製河東總河李奉翰報得雨深透情形詩以誌慰元韻	465
恭和御製雨元韻　五月十八日	465
恭和御製喜晴元韻　五月二十日	465
恭和御製林下一首三疊乙未韻元韻	465
恭和御製留京王大臣報雨詩以誌慰元韻	465
恭和御製澄觀齋有會元韻	465
恭和御製翠雲巖疊去歲韻二首元韻	466
恭和御製貴州巡撫姚棻報二麥收成九分有餘詩以誌慰元韻	466
恭和御製遊獅子園即事元韻	466
恭和御製樂山書院口號元韻	466
恭和御製宜照齋元韻	466
恭和御製題扎什倫布廟疊庚子韻元韻	466

葆淳閣集卷十五　廣揚集七

| 恭和御製喜雨用前作喜晴詩韻，首句即全用前句元韻　五月二十七日 | 467 |
| 恭和御製六月朔日作元韻 | 467 |

目 錄

恭和御製望雨責己元韻 467
恭和御製出麗正門祈雨並觀稼即事有作元韻 467
恭和御製詠荷二首元韻 468
恭和御製雨元韻 六月十八日 468
恭和御製立秋日作元韻 468
恭和御製直隸總督梁肯堂報雨詩以誌愧元韻 469
恭和御製雨元韻 六月廿九日 469
恭和御製署福建巡撫魁倫奏早稻收成八分，米糧價減，詩以誌事元韻 469
恭和御製留京王大臣報雨詩以誌慰元韻 469
恭和御製觀瀑口號二首元韻 469
恭和御製永恬居元韻 469
恭和御製素尚齋戲疊癸丑韻元韻 469
恭和御製處暑日作元韻 七月初九日 470
恭和御製甫田曉秋元韻 470
恭和御製登四面雲山亭子疊去年詩韻元韻 470
恭和御製直隸總督梁肯堂奏報秋禾收成八分詩以誌慰元韻 470
恭和御製獲鹿元韻 470
恭和御製不遮山樓口號元韻 470
恭和御製萬樹園錫宴，祝嘏內外藩王及各國使臣，即席成什元韻 470
恭和御製啟蹕幸避暑山莊即事元韻 471
恭和御製過清河橋即事雜詠元韻 471
恭和御製曉行一律元韻 471
恭和御製出古北口作元韻 471
恭和御製至避暑山莊即事元韻 471
恭和御製永佑寺瞻禮元韻 471
恭和御製題繼德堂元韻 472
恭和御製西峪元韻 472
恭和御製題秀起堂元韻 472
恭和御製夜雨元韻 五月十九日 472
恭和御製題澄觀齋元韻 472
恭和御製翠雲巖元韻 472
恭和御製扎什倫布廟誌事元韻 472

恭和御製宜照齋作歌元韻 …… 473
恭和御製含青齋得句元韻 …… 473
恭和御製玉岑精舍元韻 …… 473
恭和御製雨元韻　五月廿四日 …… 473
恭和御製曉涼元韻 …… 473
恭和御製觀瀑元韻 …… 474
恭和御製遊獅子園 …… 474
恭和御製題靜賞室元韻 …… 474
恭和御製迴溪亭元韻 …… 474
恭和御製雨元韻　五月廿七日 …… 474
恭和御製留京王大臣奏京師復望雨，詩以誌事元韻 …… 474
恭和御製降旨加增直隸截留漕米二十萬石，以備缺雨州縣賑濟之用，
　詩以誌事元韻 …… 475
恭和御製留京王大臣報得透雨詩以誌慰元韻 …… 475
恭和御製六月朔日作元韻 …… 475
恭和御製戒得堂自箴元韻 …… 475

葆淳閣集卷十六　賡揚集八

恭和御製清舒山館元韻 …… 476
恭和御製含德齋有會作歌元韻 …… 476
恭和御製招涼榭元韻 …… 476
恭和御製千尺雪元韻 …… 476
恭和御製永恬居元韻 …… 476
恭和御製降旨緩征山東缺雨州縣詩以誌事元韻 …… 477
恭和御製差往辦理截漕之倉場侍郎劉秉恬奏報得雨及一切事宜詩
　以誌慰元韻 …… 477
恭和御製出麗正門觀稼閱堤之作元韻 …… 477
恭和御製漕運總督管幹珍、山東巡撫吉慶各報德州等處得雨，
　及運河水長情形，詩以誌慰元韻 …… 477
恭和御製夜雨朝晴元韻 …… 477
恭和御製文園獅子林遣慮元韻 …… 478
恭和御製題靜好堂元韻 …… 478
恭和御製福康安攻克熱索橋進勦賊境詩以嘉慰元韻 …… 478

目　録

恭和御製山東巡撫吉慶及布政使江蘭各報續得透雨，晚田補種齊全情形，
　　詩以誌慰元韻 ……………………………………………………………… 478
恭和御製松鍼元韻 ……………………………………………………………… 478
恭和御製留京王大臣奏京師得雨詩以誌慰元韻　六月二十日 ……………… 478
恭和御製河南巡撫穆和蘭奏河北三府得雨，間有深透者，
　　詩以誌慰元韻 ……………………………………………………………… 479
恭和御製降旨給借河間等府闕雨州縣口糧詩以誌事元韻 …………………… 479
恭和御製福康安奏報攻克協布嚕賊寨情形詩以誌慰六韻元韻 ……………… 479
恭和御製倉場侍郎諾穆親、劉秉恬奏報起漕全竣，詩以誌事元韻 ………… 479
恭和御製福建巡撫浦霖奏報早稻收成九分有餘詩以誌慰元韻 ……………… 479
恭和御製題清溪遠流元韻 ……………………………………………………… 479
恭和御製簇奇廊有會元韻 ……………………………………………………… 479
恭和御製福安康奏攻破東覺噶多等山，並奪得木寨石碉，大獲全勝，
　　詩誌慰喜八韻元韻 ………………………………………………………… 480
恭和御製護理江西巡撫布政使託倫奏報早稻收成八分有餘詩
　　以誌慰元韻 ………………………………………………………………… 480
恭和御製食蔗居元韻 …………………………………………………………… 480
恭和御製小許庵元韻 …………………………………………………………… 480
恭和御製登四面雲山亭子元韻 ………………………………………………… 480
恭和御製留京王大臣報晴雨時若詩以誌慰元韻 ……………………………… 480
恭和御製見紅葉元韻 …………………………………………………………… 481
恭和御製賦得爽氣澄蘭沼得心字八韻元韻 …………………………………… 481
恭和御製經筵元韻 ……………………………………………………………… 481
恭和御製千叟宴聯句復成七律元韻二首 ……………………………………… 481
恭和御製排律一首元韻賦得古人辭宴　得城字，五言八韻 ………………… 481
恭和御製仲春茶宴元韻 ………………………………………………………… 482
恭和御製紫光閣賜宴外藩並荷蘭國使臣作元韻 ……………………………… 482
恭和御製新正重華宮茶宴廷臣及內廷翰林，用《洪範》"九五福"之
　　"五曰考終命"聯句，並成二律元韻 …………………………………… 482
恭和御製重華宮茶宴元韻 ……………………………………………………… 482
恭和御製喜雨元韻 ……………………………………………………………… 482
恭和御製喜晴元韻 ……………………………………………………………… 482

－ 313 －

恭和御製賦得水波　得平字五言八韻 …… 483

恭和御製新正紫光閣賜宴外藩作元韻 …… 483

葆淳閣集卷十七　廣揚集九

恭和御製喜晴元韻 …… 484

恭和御製經筵日祭傳心殿敬成元韻 …… 484

恭和御製燕九日小宴廷臣作元韻 …… 484

恭和御製五福堂對玉蘭花疊去歲詩韻元韻 …… 484

恭和御製賦得時暘若　得難字元韻 …… 485

恭和御製夜雨六韻元韻 …… 485

恭和御製詠漢長生無極瓦頭硯元韻 …… 485

恭和御製重題石鼓 …… 485

恭和御製新正幸御園即事有作元韻 …… 485

恭和御製春仲經筵元韻 …… 485

恭和御製仲春朔日茶宴內廷翰林平定臺灣聯句並成四律元韻 …… 486

恭和御製上元後一日小宴廷臣元韻 …… 486

恭和御製端陽日作元韻 …… 486

恭和御製節前御園賜宴席中得句 …… 486

恭和御製題宋人布畫山水圖幀元韻 …… 486

恭和御製八月十二日進宮行八旬慶賀禮，沿觀內外所備衢歌巷舞，自覺過當，因成二律元韻 …… 487

恭和御製重華宮元韻 …… 487

恭和御製啟蹕幸天津用壬子幸五臺詩韻元韻 …… 487

恭和御製過蘆溝橋元韻 …… 487

恭和御製分別蠲免直隸歷年緩征錢糧詩以誌事元韻 …… 487

恭和御製郊臺元韻 …… 487

恭和御製微雨元韻 …… 488

恭和御製東淀元韻 …… 488

恭和御製天津巡漕御史祝雲棟報雨詩以誌慰元韻 …… 488

恭和御製梁筍元韻 …… 488

恭和御製批摺元韻 …… 488

恭和御製至天津駐柳墅行宮之作元韻 …… 488

恭和御製偶閱舊詩疊癸卯迴思詩韻元韻 …… 489

目　錄

　　恭和御製紫光閣元韻 …………………………………… 489
　　恭和御製賦得抽淪掇沉元韻 …………………………… 489
　　恭和御製賦得首夏猶清和_{得薰字}元韻 ………………… 489
　　恭和御製題陳容六龍圖元韻 …………………………… 489
　　恭和御製黃花晚節香元韻 ……………………………… 489
　　恭和御製所翁畫龍元韻 ………………………………… 490
　　恭和御製降山至玉岑精舍戲用三絳韻題句元韻 ……… 490

葆淳閣集卷十八　　賡揚集十
　　恭和聖製啟蹕幸避暑山莊用去歲詩韻元韻 …………… 491
　　恭和聖製過清河元韻 …………………………………… 491
　　恭和聖製出古北口作元韻 ……………………………… 491
　　恭和聖製路雨喀喇河屯道中元韻 ……………………… 491
　　恭和聖製至避暑山莊作元韻 …………………………… 491
　　恭和聖製永佑寺瞻禮疊去歲詩韻元韻 ………………… 492
　　恭和聖製戒得堂疊去歲詩韻元韻 ……………………… 492
　　恭和聖製題鑑始齋元韻 ………………………………… 492
　　恭和聖製清舒山館元韻 ………………………………… 492
　　恭和聖製喜晴元韻 ……………………………………… 492
　　恭和聖製啟蹕幸避暑山莊即事成句元韻 ……………… 492
　　恭和聖製過清河雜詠元韻 ……………………………… 493
　　恭和聖製出古北口用辛亥年書蘇東坡書傳堯典語韻並作迴環體韻元韻 … 493
　　恭和聖製至避暑山莊作元韻 …………………………… 493
　　恭和聖製永佑寺瞻禮元韻 ……………………………… 493
　　恭和聖製題文津閣元韻 ………………………………… 493
　　恭和聖製凹晰疊去歲乙卯韻元韻 ……………………… 494
　　恭和聖製雨_{六月初六日}元韻 ……………………………… 494
　　恭和聖製永恬居疊去歲韻元韻 ………………………… 494
　　恭和聖製素尚齋疊去歲韻元韻 ………………………… 494
　　恭和聖製新正重華宮茶宴廷臣及內廷翰林，用平定苗疆
　　　聯句復成二律元韻　_{丁巳新正初十日} ………………… 494
　　恭和聖製啟蹕往盤山春遊之作元韻 …………………… 495
　　恭和聖製湯泉行宮八景元韻 …………………………… 495

恭和聖製駐蹕盤山靜寄山莊疊癸丑二律元韻	495
恭和聖製暢遠齋自訟元韻	496
恭和聖製清明元韻	496
恭和聖製遊天成寺疊癸丑韻元韻	496
恭和聖製千尺雪作歌元韻	496
恭和聖製雨元韻	496
恭和聖製延春堂疊癸丑韻元韻	496
恭和聖製田盤迴蹕至御園疊啟蹕詩韻元韻	497
恭和聖製雨二月十四日元韻	497

葆淳閣集卷十九　芸館集上

喜雪賦　以時過三五，歲兆十千為韻	498
薰風自南來賦　以五絃歌風，阜財解慍為韻	499
竹箭有筠賦　以如竹箭之有筠為韻	499
雙玉盤賦　以遠方貢珍，昭德之致為韻	500
以樂為御賦　以和樂為行道之本為韻	501
琥珀拾芥賦　以靈氣相感，呼吸潛應為韻	501
桐葉知閏賦　以帝堯之世，紀閏東廂為韻	502
和闐玉賦　以西陲平定，列部輸琛為韻	503
西戎獻馬賦　以漢道興而天驥呈材為韻	504
麥秋賦　以孟夏之月，農乃登麥為韻	505
西域圖賦　以化被遐方，圖成職貢為韻	505
大衍虛其一賦　以題為韻	506
寗戚飯牛賦　以題為韻	507
嘉量賦　以製茲法器，列于大廷為韻	508

葆淳閣集卷二十　芸館集下

賦得喜雪　得書字	510
賦得玉壺冰　得冰字	510
前題	510
閏重五　得端字	510
反舌無聲　得織字	511
五月鳴蜩　得蜩字	511
稼穡惟寶　得甘字	511

籩笠聚東菑 得耘字	511
玉扺鵲 得多字	511
桃始華 得華字	512
羞以含桃 得羞字	512
信及豚魚 得孚字	512
濁水求珠 得真字	512
學問至芻蕘 得菀字	512
梅雨灑芳田 得田字	513
山川出雲 得山字	513
麥秋 得秋字	513
刻桐為魚扣石鼓 得音字	513
從善如登 得難字	513
鶯穿絲柳織金梭 得梭字	514
德車結旌 得旌字	514
戛玉有餘聲 得餘字	514
六角扇 得鶯字	514
竹箭有筠 得如字	514
舜歌南風 得薰字	515
五夜直明光 得燈字	515
水彰五色 得彰字	515
紅藥當階翻 得階字	515
斫雕為樸 得為字	515
清露點荷珠 得流字	516
林表明霽色 得林字	516
恭和御製喜雨元韻	516
文以意為車 得車字	516
黃金臺 得真字	516
圭璋特達 得純字	517
汲古得修綆 得遙字	517
蟋蟀居壁 得潛字	517
鷹乃學習 得高字	517
煮桃 得登字	517

- 317 -

龍應鳴鼓　得孚字 …………………………………………………… 518

葆淳閣集卷二十一　奏摺一
　　謝補授詹事府少詹事摺 ………………………………………………… 519
　　謝加閣學銜摺 …………………………………………………………… 519
　　謝補授內閣學士兼禮部侍郎摺 ………………………………………… 519
　　謝充四庫館全書及三通館副總裁摺 …………………………………… 519
　　謝充三通館總裁摺 ……………………………………………………… 520
　　補授都察院左都御史謝恩摺 …………………………………………… 520
　　謝典試浙江摺 …………………………………………………………… 520
　　謝充四庫館總裁摺 ……………………………………………………… 520
　　謝留浙江學政任摺 ……………………………………………………… 521
　　謝賜住房摺 ……………………………………………………………… 521
　　謝開復摺 ………………………………………………………………… 521
　　請貤贈摺 ………………………………………………………………… 522
　　謝賜黑狐端罩摺 ………………………………………………………… 522
　　謝賜墨刻《快雪堂記》摺 ……………………………………………… 522
　　謝賜《職貢圖》摺 ……………………………………………………… 522

葆淳閣集卷二十二　奏摺二
　　謝賜《古稀說》摺 ……………………………………………………… 524
　　謝賜《改教詩》摺 ……………………………………………………… 524
　　謝賜《擬白居易新樂府》摺 …………………………………………… 525
　　謝賜《言志詩》摺 ……………………………………………………… 526
　　謝賜《知過論》摺 ……………………………………………………… 526
　　謝賜集賢院匾額摺 ……………………………………………………… 527
　　《御製擬白居易樂府》刊本進呈摺 …………………………………… 527
　　謝賜《世宗憲皇帝硃批諭旨》兩部摺 ………………………………… 528
　　謝賜匾額摺 ……………………………………………………………… 528
　　謝賜貂皮等物摺 ………………………………………………………… 528
　　謝賜補刻明代端石蘭亭圖摺 …………………………………………… 528
　　謝恩賜《御製薩爾滸山之戰書事》墨刻摺 …………………………… 529
　　進春帖子摺 ……………………………………………………………… 529
　　請刻《御製詩》三集摺 ………………………………………………… 530

  進呈校刊御製詩三集摺 …… 530

  請恩准邪匪投首摺 …… 531

葆淳閣集卷二十三　奏摺三

  謝恩詔開復摺 …… 532

  請議處摺 …… 532

  參奏四庫全書館提調短少底本摺 …… 532

  請增提調收掌摺 …… 533

  請重派校閱摺 …… 534

  請改併生員寄籍摺 …… 535

  參奏龍巖訓導朱元輔摺 …… 535

  賀平定金川摺 …… 536

  賀金川全境蕩平摺 …… 536

  謝皇太后萬壽蠲免錢糧摺 …… 537

  謝恩旨蠲緩潼關華州等處應征銀米摺 …… 538

  謝恩旨加賑華州等處及酌借籽種口糧摺 …… 538

  謝恩旨展賑富平二縣貧民及酌借口糧摺 …… 538

  謝恩旨緩徵陝省咸寧等三十三廳州縣、甘省平凉等十三州縣銀糧摺 … 539

  謝恩旨豁免甘省歷年各項民欠及陝省延榆綏民欠倉穀摺 …… 539

  謝恩旨蠲緩陝省被賊及地當孔道各廳州縣應征各款銀糧摺 …… 540

  謝恩旨蠲緩甘省被賊乃地當孔道各廳州縣應征各項銀糧摺 …… 540

  謝恩旨蠲緩陝甘二省被旱各廳州縣積欠及應征各項銀糧摺 …… 541

葆淳閣集卷二十四　奏摺四

  謝首逆王三槐就擒恩予議敘摺 …… 542

  請旨恩撫兵民摺 …… 542

  請速蕆軍務摺 …… 543

  謝賜醫胗視摺 …… 544

  謝賜醫胗視摺 …… 544

  請恩旨暫免內廷軍機處行走摺 …… 544

  謝賜醫胗視摺 …… 545

  謝賜醫胗視摺 …… 545

  謝賜醫胗視摺 …… 545

  謝賜人參摺 …… 545

請解任調理摺 …………………………………………………… 546
　　請退休摺 ………………………………………………………… 546
　　謝恩准致仕，並賞給太子太傅銜，在籍食俸摺 ……………… 546
　　謝開復處分支領正俸摺 ………………………………………… 547
　　謝恩賞扇套香袋藥錠摺 ………………………………………… 547
附錄一
　　王杰年譜疏補 …………………………………………………… 549
　　說　明 …………………………………………………………… 549
　　凡　例 …………………………………………………………… 551
　　王杰家世、生平及交遊概述 …………………………………… 552
　　侍贈修職郎石門縣主簿濾濱王君墓誌銘 ……………………… 552
　　王文端公年譜 …………………………………………………… 563
附錄二
　　王杰資料選編 …………………………………………………… 606
　　傳記資料三則 …………………………………………………… 606
　　《清史稿·王杰傳》 ……………………………………………… 606
　　墓誌銘 …………………………………………………………… 608
　　神道碑 …………………………………………………………… 610
　　軼事四則 ………………………………………………………… 611
　　紀念詩 …………………………………………………………… 615
　　御賜匾額 ………………………………………………………… 618

葆淳閣集卷一　文一　賦、頌

聖駕四幸江浙賦

欽惟我皇上治洽中天，化敷九有。日域月竁，奉朔輸誠。鯨海龍沙，望風稽首，金甌永固三十年；禮陶樂淑，人樂恬熙，玉燭長調億兆姓。食德飲和，世登仁壽。聖天子猶念艱難，篤康阜桐軒松棟。每周知於茆屋茅簷左个明堂，輒下問於西疇南畝。前此巡方，疊舉斗牛分野；草木皆春，今此時邁重逢。吳越名區，雨膏彌厚。維時律中姑洗，月在大梁。蒼龍紀候，青斾載颺。法祖訓而溫綍，再頒舊典，並新獻式煥；奉璇宮而安輿，緩導仁風，與孝治同彰。發內帑之金錢，比戶則絲毫不染；減中途之供頓，從臣則儲偫有常。喜氣風行，黃髮垂髫共仰翠華之色；歡聲雷動，耕夫紅女欣瞻鑾輅之光。爾其大雄山聳，清苑波平；嶼名花塢，嶺號紫荊。葛仙丹竈，雲深里居。尚在董子，緇帷蹟古。碑碣猶橫，莫不待宸遊而紀勝，資睿賞以增榮。若夫岱嶺嵯峨，嶧山巀嶪。洙泗之禮樂可風，鄒魯之絃歌不輟。碧霞萬仞，瞻古帝之遺封；老檜千尋，識聖人之手澤。既典禮之宣昭，亦登臨而怡懌。天章煥處，琬璧之刻千年；聖藻飛時，雲霞之文五色。

至若江心擁出，金焦兩點青蒼；地脈蟠來，句曲三峰靉靆。宛爾白銀世界，靈巖奧窔之區；居然丹碧畫圖，鄧尉幽奇之態。群峰環拱，萬笏來朝；兩岸削平，雙屏遙對。泉如沉瀣，酌彼瓊漿；山出瑤瑜，捧來玉珮。萃宇宙之神奇，資聖心之玩愛。將見龍艑，徐轉川原。應候以效靈，鳳舸輕移雲物。迎祥而獻媚，由是龍山突兀。鷲嶺岩嶤，南屏秀削。天柱孤高三十里，周環湖面幾百折。沸湧江潮，綿亙雙隄；聯如襟帶，凌空孤嶺。飛自雲霄，鶴舞虬蟠；松鋪絕頂，霞舒錦織。花泛六橋，尤足供吟咏助遊遨。玉琢金追，發天葩之燦爛；淵渟岳峙，灑宸翰以光昭。

— 321 —

然而逸豫,豈曰皇心勤恤,總關民瘼,陳詩納賈。與情屢費,咨諏問俗。省耕農力,幾經籌度。訓士則青衿縞帶,樂絃誦以優游;閱兵則貝冑朱綬,呈技能而踴躍。帷宮晨啟,批白簡以從容;寶幄夜深,染朱毫而繹絡。洵帝治之勤勞,仰皇猷之懿爍。既念田功,益興水利。惟此海防,尤關民事。洩宣有術,久資睿慮之圖維;疏瀹因時,更賴聖明之指示。金隄永奠,一鏡冰瑩;版築乍平,千絲波翠。桃花泛以奚傷,竹箭流而何累。是蓋神機獨運,陋漢主負薪之勞;妙用永收,超夏后錫圭之瑞。此六飛所屆為兩間,成百世之基;七萃所經為黎庶,開萬年之治也。

微臣侍從,夙叨就瞻彌切。遙望豹尾以歌揚,敬進螭頭而悚息。敢傾葵藿之忱,幸隨鵷鷺之列。祝聖人有道之靈長,垂奕祀無疆之休烈。

恭祝皇上六旬萬壽頌　並序

國家錫羨凝祉,單受多福。今年庚寅,恭逢皇上六旬萬壽。中外歡騰,願效無疆之祝。聖志謙沖,先期誠諭:以辛卯歲為皇太后八裦誕辰,將率天下臣民舞綵臚歡,同茲忭頌。酒於月正元日,詔蠲直省正供二千八百萬有奇。翼辰命開萬壽恩科,虛懷曠典,古未有也。臣考唐虞三代之盛,樸質少文。然如華封之祝,天保之歌,愛戴衷誠,類發於至性之不容自已。良以身際隆平,食德飲和,他無可酬報萬一,惟呼嵩獻壽,願蒙庇於億萬斯年云爾。況我皇上文武聖神,受天景命。丕承謨烈,建千聖未有之勳。萃百王分擅之美,仁育義正,浹於垓埏。

自西陲底定,闢新疆二萬餘里。衣食而教育之,德威所暨,天地同流。是以普天率土,凡有血氣之倫,靡不葵傾芹獻,舞蹈昌辰。視往牒所稱,不啻什伯千萬。而我皇上淵衷若谷,概屏繁文,以慈闈之福履為福,以萬國之歡心承歡。薄海內外,聞命自天。咸拜手稽首,益企高深以為此。正我皇讓善不矜,而以恭致壽也;正我皇大德至孝,而祿位名壽之必得也。

臣荷蒙深恩,備員詞館。欣逢鴻祉駢臻,太和蒸盎。竊自附於衢歌巷謠之義,忘其耄愚,譔頌十章。亦知文詞蕪陋,不足以塵瀆乙覽。然而昔人所云,鋪張對天之閎休,揚厲無前之偉績者。臣雖無其學,而以臣所紀述聖朝盛典,則自古文章家所未克躬逢其至者已。謹序:

天眷有德，撫馭萬國。惟聖法天，健行不息。皇矣我皇，恭己垂裳。三十五載，莊敬日強。昭事上帝，不懈虔恭。珪璜琮璧，肸蠁豐融。克繩祖武，業業兢兢。緝熙篤祐，謨烈顯承。無逸作所，保定孔固。于萬斯年，受天之祚。一章。

纘承道統，實惟聖躬。惟道是重，乃儒之崇。煌煌橋門，題榜稽制。翬革奕新，豐碑作記。經筵歲舉，宏闡六經。輯覽作鑑，衡論粹精。天章糾縵，寶翰繽紛。如雲如日，是謂大文。聖學淵深，疇窺涯涘。萬川匯海，六宇同軌。二章。

皇帝臨御，榮鏡宇宙。一日萬幾，時惟天授。政在知人，獎善懲貪。選賢與能，六計首廉。如網在綱，有條不紊。如衡之平，罰必賞信。懿律嘉量，金科玉條。漸摩所及，樂淑禮陶。萬方在宥，敷錫歛福。寶瓮流膏，康衢周渥。三章。

西陲耆定，幅員既長。輿圖規畫，城邑相望。璆琳琅玕，貢逾葱嶺。牧馬駉駉，沙磧路迴。爾宅爾田，爰啟陌阡。異域同文，聲教昭宣。昔也邊圉，今也臣僕。瀚海天山，俱地之腹。惟此膚功，我皇不與。虔鞏勞謙，惟曰天助。四章。

虞巡五載，周以十二。我皇勤民，南國數泲。海若效順，川后率識。睿謨所周，豐美潤澤。春風和舒，虔奉翟輿。恩隨蹕路，饔軒導愉。豫遊補助，再臨析木。我樂我利，雲鍤雨牧。香盆壤節，祝我聖皇。受天之祐，俾我民樂康。五章。

國有常經，任土納賦。奉上者誠，藏民者富。懿鑠我皇，澤被無涯。一人有慶，兆民賴之。月正元日，綸綍沛宣。二千八百萬，其悉免旃。亹亹聖言，權衡天地。與時偕行，凡益之義。秋稅秋漕，兩蒙全貸。至再至三，湛恩汪濊。六章。

君師有作，觀文化成。菁莪棫樸，賢才篤生。帝念寒畯，閟溶壅疏。濟濟多士，拔茅連茹。有大恩澤，闢門籲俊。觀國之光，翼舉鱗奮。昔開恩闈，惟壬與辛。再惠我膠黌，壽考作人。鳳鳴朝陽，梧生高岡。詠德含淳，萬年以為常。七章。

聖孝備矣，純嘏景全。四海咸熙，用佐怡顏。問安視膳，必恭敬止。壽康重煥，苞茂介祉。嘉玉寶冊，精鏐為次。閎儀懿禮，詳依典義。至尊舞綵，率孫曾元。四世怡愉，含飴色溫。越歲八袠，歡心畢萃。暢垓沠埏，蟠天際地。八章。

國有大慶，天人協應。靈貺翕臻，符天子聖。景曜華矚，璧合珠聯。五行時序，和氣協宣。寰宇乂安，飲和食德。祺集祥駢，時萬時億。綏懷和會，太平如春。春臺同登，野多壽民。羲和司日，六甲增紀。萬萬甲子，自今以始。九章。

粵稽前載，華祝嵩呼。矧茲聖世，朝野喁喁。帝諭中外，物力宜籌。慈寧萬壽，實荷天庥。慶典宏敷，期以來歲。大哉聖言，美無不備。恭紹唐帝，儉嗣夏王。尊養兼至，虞德有光。惟大德者，必得其壽。天子萬年，率土蒙祐。十章。

《御製開泰說》頌

臣伏讀《御製開泰說》，以泰之九三通於乾之九三，實為自來傳注所未及。然要惟我皇上朝乾夕惕，如天之健行不息，乃能隨在指示。義蘊畢宣，則聖與聖之相契者至深，而由保極之心，大敷錫之用。凡厥庶民，飲和食德，有不共遊於熙皡之天者乎。臣敬錄之下，無任歡忭，稽首而獻頌曰：

地天交泰，內卦為乾。往復平陂，苞秘元淳。體用同源，一元通復。朝乾夕惕，是以有福。其惟聖人，與天合德。上理既臻，持滿戒溢。蘊之為治，彰之為文。諸家傳說，未之前聞。錫福下民，六合內外。與物皆春，所保者泰。

《御製薩爾滸山之戰書事》頌

臣伏讀御製書事一篇，仰見我朝開國鴻勳，熾隆景鑠，懿古未有。皇上纘緒有光，大文炳煥，用以佑啟來茲，昭示無極。臣口誦手書，歡忭舞蹈。區區微誠，愧無以贊揚萬一。謹拜手稽首，而作頌曰：

皇矣大清，受天命以興。十三戎甲，丕揚天聲。明以師四十萬，撓我興京，分兵四路，朝鮮葉赫，各以眾附。亦有大帥，南劉北杜。我候來告，師集數千。嘽嘽翼翼，奮勇直前。刂之於薩爾滸，鞣之於斐芬山，熠之於尚間崖。匹馬踦輪，僅乃得還。振旅受降，我師閑閑。以寡擊眾，以合致分，以偏克全，振古未聞。一家神武，億年寶祚。天之所與，皇矣太祖。

右祖烈一章，三十句。

皇帝陛下，寅受丕丕基。創業守成，一人肩之。郅治既登，大功有赫。二萬餘里，日以闢國。昔奏考定，準回兩部。今聲罪金川，鴻捷旦暮。迪前人之光，我武維揚；大前人之業，無競維烈。紹聞衣德，言如履行間。指畫行陣，如在目前。俾子孫臣，庶思王業之艱難。起敬起慕，共承昊乾。聖人之文，聖功彰焉，聖孝光焉，在詩書而上，以示億萬年。

右睿謨一章，二十九句。

聖駕五巡江浙恭紀　頌八章　謹序

臣聞：泰元行健，斗車樞運于九鴻；離照昇光，日馭還周于八表。是以盛王展義，覆育無私；哲后巡方，敷衷有慶。名山顯位，油雲集愛戴之忱；鏡海澄河，檢玉廑諏咨之策。順物情以由豫，六飛時駕而行施；作民極以大觀，五位丕臨于在宥。

欽惟皇帝陛下，仁覃萬宇，德暢九寰。引純緒之天長，衍祥源之川至。際久道化成之盛壽，宇禧均沐湛恩，漸被之深，春臺景洽。四和四極，虔法祖以省方；一豫一遊，切求民而錫保。二十八宿，周天之次，同我太平，四十五載。如日之昇，其邦時邁，俯納臣黎之籲，疊施天地之慈。蓋本宵衣旰食之勤，而命樂御德車之駕也。

臣伏念曩者：由辛未而臨乙酉，恭紀四巡；自畿輔以逮吳杭，咸瞻萬乘。補助之休既備，鞠謀之道斯全。然猶廑念東南，籌安川甸。衣冠之藪，慮風俗之未盡淳；財賦之區，恐紛華之未盡黜。江左則清黃交匯，尚未免于南淤；浙右則潮汐分趨，或漸隣于北岸。

親臨閱視，詎憚頻仍。相度機宜，務求盡善。況乎耆童，望幸十五年之翹企；彌殷雨露，沾膏三千里之扶攜。恐後昔承煦嫗，積燕悃以葵抒；今祝蕃鼇，迓華旗而鱗萃。洒諏吉日，爰正孟陬。期頒庚子之春，願慰丁男之請，紹聖祖六巡之盛典。丕顯承謨，欽皇上五幸之茂儀；洪鈞沛德，將勤法駕十行之溫詔。先頒疊下，恩綸萬姓之歡呼。

胥洓諭疆吏以求寧，是丞戒大藩以觀美。非誠但循舊有之規模，姑用略施于丹墨，毋侈物產山川之富，奚取威儀供頓之繁。頒帑金者四十萬，絲毫不費于三農；免漕糧者億兆人，子諒無遺于一物。時則蒼龍應候，太皞司辰。屏翳張旃，豐隆侍蹕。春旂耀日，徐飛楊柳之城；星罕捎雲，不擾杏花之市。金鏒玉辂，草香承辇路之青；鳳舸龍舳，波影動中流之縠。黃童白叟，復近天子之光；蔀屋茅檐，疊被聖人之澤。加以宣風行慶，發政施仁。爰飭官方，用咨吏治。漕留平糶，倉箱則四省倍饒；逋積全蠲，作息則群黎益裕。寵邀十賚，舒長引鳩杖之年；等減三居，浩大布雞竿之令。而且膠庠濟濟，加意甄陶，藝苑莘莘，廣為遴拔。才擢明經之選，鶯藻皆馨；額增弟子之員，芹香並茂。洪都秀彥，附薇省之賢書；閩嶠耆儒，廁南宫以人瑞。以至小廉大法者，量與擢遷；鐫級停稭者，俾其開復。齊魯荊揚之域，溥被春風；肖翹飛泳之倫，咸霑膏雨。

若夫榮光獻彩，黃水底平。息春浪之桃花，下晴川之竹箭。瀆宗效順，二年之堰築功成；水伯呈祥，千里之澄清瑞應。濟糧艘而安估舫，綢繆已定于宸居；排巨浪而鞏長堤，指示復詳于行殿。清口為兩流之會，酌善後之章程；陶莊當九折之衝，授永安之區畫。經費則九重賜帑，規條則百職鳩工。所以樂耕鑿于堯封，邁疏瀹于禹洫也。

至于吳中，固稱澤國，而鹽官尤在海隅。雪山擁十丈之濤，云浪挾三秋之雨。曩昔標留翠竹，雖存北漲之沙痕；今茲椿下梅花，未復中霽之潮勢。是以駕玉鑾而詳閱，魚鱗加修築之工；駐芝蓋以周咨，竹簍較隄防之利。驗東瀛之鎮鎖，尖塔為門；察西浙之健關，柴塘易石。水衡之錢弗惜，鐵幢之浦重經。從此陽侯戢浪于吳雲，海若恬波于越岸矣。矧乃乾亨坤謐，璇璣序而區宇寧；岳瑞川珍，麟鳳遊而圖書集。天顏有喜，暢八表之同春；萬壽無疆，慶億齡之衍算。純常福嘏，歛錫于箕風畢雨之儔；汪濊涵濡，並育以海鶴山松之齒。是以江流南北，疊紆黃屋之憂勤；浙水東西，更望翠華之臨涖也。

臣幸際聖時，備員禁近。金鑾簪筆，欽巍蕩而難名；玉燭延暉，喜升恒之有慶。辨斗牛之光氣，屢慚冰鑑以衡文；搜吳越之英才，又奉紫綸而視學。趨馳行在，觀咫尺之天顏；敬效拜飏，美形容于聖德。願附壤擊衢謠之義，莫罄管窺蠡測之誠。謹拜手稽首，而獻頌曰：

聖皇憲天，廣運不息。遵海溯河，普汜膏澤。匪豫斯游，廑民之職。五幸南國，觀省在德。毋糜爾供億，毋廢爾稼穡。綸綍宣兮，莫匪爾極。惟彼士庶，扶攜道側。于胥樂兮，順帝之則。一章。

鶯旟纘緒兮，無逸作所。神堯成憲兮，巡方數舉。我皇丕承兮，紹庥祖武。景福鱗集兮，大凝斯敘。自北固而沿禹航兮，駐蹕者五。老稚黎庶兮，皇儀載覯。祉祚流衍兮，壽我聖主。山崇川增兮，受天之祜。二章。

謂我黎庶，國恩斯覃。西諧北爕，暨于東南。衣爾黃絹，錫之鏐金。兒齒齯齯，黃髮耆耆。乞言養老，靡澤不涵。敬瞻帝德，與天地參兮。皇情載豫，得一通三兮。三章。

庶士孔多，譽髦有那。黼幄傳宣，校我士如何。凡諸徵召，擢以殊科。翩彼東南，竹箭菁莪。詔書求士，春秋無頗。蓬蓽偕升，禮則有羅。來游來歌，鳳翽卷阿。四章。

德施普義，問宣象刑。措租賦蠲，空圄土省。原田樂昌，阜靖戈鋋。大一統，屢豐年；家詩書，戶誦絃。五章。

清淮洋洋，有流其黃。帝念弗遑，惟河淮是防。漕天下之粟，隄一線其金湯。於萬有艘，達于帝京。降觀海疆，東漸榑桑。沙壘弗淤，視魚鱗之塘。睿算以周，以周以詳。以謀其良，以集其慶。六章。

萬姓以豫，萬方以同。天子慈惠，浹于南東。晴川載渡，藻舟微風。水次行幄，路開帷宮。鳳蓋琹麗，和鸞玲瓏。帝車所指，奏葳隄功。豫州底績，中土其豐。惟四瀆有神，至誠其感通。七章。

於鑠皇猷，九有雍熙。詠仁蹈德，涵泳聖涯。天章倬漢，雲日麗之。匪翫物華，以康我群黎。有山者呼，慶萬壽昌期。臣依禁苑，豐被恩私。合元會萬億，敬申祝辭。八章。

葆淳閣集卷一終

葆淳閣集卷二　文二　跋

恭跋《御製耕織圖詩》

臣伏見我皇上勤恤民依，崇尚本業，每歲雨暘之，若絲穀之登。匭牘咨詢，靡間遠邇。而聖心殷注，恒流露于睿題篇什之中。敬溯我聖祖《御題耕織圖》，于凡耕夫蠶婦之情事，摹形繪狀，曲肖化工。皇上纘承家法，宵旰廑求，天藻所宣，為生民示衣食之原者，意至深遠。臣仰蒙恩，命校士浙中。浙土宜稻，素號上腴。而苕霅之間，蠶事遍興，為天下最。伏誦御製諸篇，知聖主貴重農桑之念早已。詠其勤而悉其勞，宜乎田多合穎之禾，室有同功之繭。庥徵翕應，慶洽盈寧，胥視諸此矣。

恭跋《御製君子小人論》

臣竊惟《洪範》之言，于有猷有為有守者，則念之；不協于極，不罹于咎者，則受之。宋臣蔡沈謂：念之受之，隨其才而輕重，以成就之也。而其所以念之受之之道，未之著也。又宋臣項安世言：泰之九二，陰雖遠而不之遺，陽雖近而不之比，獨離其朋，以上合于六五之中行，此處泰之所以光大也。而其所以能使之不遺不比者，亦未之著也。臣伏讀《御製君子小人論》曰：明其界，不可不慎其跡。仰見我皇上，心符《羲易》，德合《禹疇》。皇極敷言，智周道濟。臣熟復紬繹，考驗簡編。自昔門戶黨援之習，由人君欲明其界，不能不顯其跡。迨至君子小人之跡既顯，而情事百出，真偽混淆，轉至欲明其界而不得。臣以為，其界本不能明，而因以致其跡之不能慎也。夫惟聖神操鑑，陶鑄群倫，宏翕受之，懷獲渙群之吉，如《洪範》所言，念之受之，隨其才而輕重以成就之，不必有君子小人之名也。而會極歸極，無偏無黨，自能不遺不比，以合于中行。是則明其界者，知人之哲也；慎其跡者，大君之宜也。聖王之道，《易》《書》之旨，得我皇上之論，而奧義微言遂大著于天下，實為千古人君用人之極軌焉。臣齋心潛玩，不勝悅服歡抃。謹拜手稽首，而恭跋于後。

恭跋《御製熱河文廟碑記》

臣杰伏讀《聖製熱河文廟碑記》，迴環尋繹。竊拜手而颺言曰：猗歟神皋之孚，聖化如鼓之應枹；而道統之契，文思如珪之合瑞。蓋至是而蔑以加矣。昔周興，文治炳焉。禮樂教化之功，立隆前古。而歌雍詠勺，六服承德，必待諸成周盛時。熱河自聖祖經始文囿，聚纏萬家。百年之間，改州陞郡，統轄六廳。比戶絃歌，建學立廟。我皇上以生知之，聖勤典學之功。體道垂文，昭示牖民。迪俗大旨，惟聖知聖。故其言之親切著明，無論智愚遐邇，憬然共喻，如揭日月而行。史稱游庠聚塾，經生千百，耆名高義，編牒萬家，僅指邦域而言。茲灤陽古塞，亦同斯觀，久道化成，咸臻上理，豈非紀載所罕覯歟。臣盥錄一過，敬為識其歡忭慶幸之忱如此。

恭跋《御製勭農詩》

臣聞帝王之德，莫大於敬天。而敬天之實，必以勤民為首務。《書·召誥》云：欲王以小民受天永命。明乎昊縡，誕育萬類，而長養成全之責，歸之天子。天子子萬民，導養太和，扶翊元會，使薄海內外，咸獲嘉祉。然後可以答三靈之貺，延純嘏之錫，而天之所以篤乎。天子者，必一如天子之篤於天下。《詩》云：宜民宜人，受祿于天。董仲舒謂："為政而宜於民者，故當受祿于天。"此感孚不易之至理也。夫食為民天，農為政本。《帝典》首稱"敬授人時"，《禹謨》繼言"修和府事"，《洪範》陳"農用八政"、"念用庶徵"，均言乎協氣旁流，福應麋至也。

欽惟我國家重熙累洽，煦養休息。為億兆籌衣食者，無乎不至。迄今生齒滋繁，百餘年來，倍幾三十。我皇上受天禔祉，字育垓埏，臨御六十年。臍四得，集十全，萃五世，備五福。內外安附，時和年豐。自古帝王功德赫奕，福壽龐鴻，未有如我皇上者也。然所以致此者，豈無由哉。伏讀《御製誌懷詩》，有曰："哀然宛成帙，十二年言行。其間憫農切，夙昔頗可證。"《閱詩稿詩》又曰："祈歲要哉他豈慮，勭農性也那能移。"大哉聖言，蓋皇情之流露，而帝謂之默符也。臣觀古帝王，自虞廷賡載以後，非無鴻章鉅製，照耀當世。然或流連景物，寄志風雲，非天子之事。求其"繼響南風，諧音調露"者，蓋鮮聞焉。我皇上御製詩五萬餘首，其間明天紀述，人事論道，法陳治術，仁育群生，義征不譓，以至一名一物，一草一木，靡不即小見大，因物觀道。炳三極之彝訓，立萬世之標準。而惟劭農一事，睿詠尤詳。蓋視萬民如一體，燾四極為一家。精誠所積，形色燦陳。有野老耕畎所不能盡悉者，皇上則先幾而尌導之；有烟畦雨隴所不能均齊者，皇上則因事而裁成之。乃若實柴槱燎，志虔乎對越；黛秅縹軛，事勤乎未耨。而且雨暘靡定，課量昭欽若焉；水土不齊，陂閘慎節宣焉；耕耘收斂，四時所無逸焉；候甸要綏，萬方慶保赤焉。以至觀民觀岳，義展黃圖，振乏予租，恩敷蔀屋。思慮周乎纖悉，藻詠及乎昆蚑。涵之如海，養之如春。所以糾縵光華之作，懸金鏡而燦珠囊也。

臣以諓陋叨侍禁近親，見聖人之立言，識駭望洋，忱殷揣籥。謹紬繹宸章之關於農事者，分類繕緝，恭編八門，用紀巍巍之盛德於無極。臣竊惟聖心一天心也，上天愛養萬物，誕降嘉種，豐年用錫，尤視人君之有至德者而歆佑之。百神是主，誠格斯孚。我皇上首春祈穀，典用吉辛，躬詣行事。八年以後，肇舉常雩，合於《左氏》龍見之文。社稷壇祀土穀神，繼復加玉，以叶嘉蔭，合於《周官》禮神以玉之義。告風神有文，祈雨有樂，以至黑龍潭廣潤祠諸祀，以時致禱，合於《戴記》山川出雲雨之祀。蓋為民祈福，典禮攸昭，而惟精禋用享。是以通神明之德，而導陰陽之和。謹首列御製詩為《祈報》一門，為目四：曰《祈穀》，曰《雩祭》，曰《社稷》，曰《群祀》。

臣又聞，古者帝籍千畝，躬秉耒耜，《記》云天子耕於南郊，以供粢盛。蓋協風告至，順時覘土，為天下先至大禮也。西漢之制，有鈎盾弄田，亦所以習勤勞親農事。我皇上非巡幸之年，必舉耕耤之禮，祀先農禮太歲。斥綵棚而尚樸，製禾詞以揚庥。農祥晨應，高廩歲豐。復恪遵成典先事，則演耕於豐澤園。以至御園山莊，香山田盤，皆有弄田之制。阡陌繡列，原隰龍鱗，莫非祇祓監農之盛典也。謹編《耤田》為一門，為目二：曰《耕耤》，曰《弄田》。

臣又聞，歲月有早晚，農功有先後。古人仰觀日星之變，俯察昆蟲之異，歲時占候，詳著於葛洪《氾勝之書》。甘膏潤物，時玉兆穰，於以驗泰平之貞符焉。我皇上撫辰凝績，調玉燭阜，耕農上乎於天運，有時璿閣望雲，彤闈聽雨，或申旦求衣，或中宵籲澤。遠方則降旨致詢，奏報則抒毫誌慰。較農人之自為測量者，尤加摯焉。豈惟後世閉陽達因之術，卑不足道。即地官教舞小雅祁甘，亦衹樂師田畯之職掌，未足以窺盛德之陶幕也。謹編《天時》為一門，為目四：曰《節候》，曰《雨》，曰《雪》，曰《陰晴》。

臣又聞農人之於田也，因利於地。《周官》：稻人，掌稼下地。瀦防瀹遂，咸備其法。隰臯之外，廣莫之區，地可為田者，務墾治之。俾無曠土溝洫，所為盡力也。我皇上河防立誌，海塘甃石，為民捍衛田廬者，不惜數百萬帑金。其他疏瀹隄堰，經睿裁指示，胥慶安瀾。至若北踰大漠，西越崑墟，漸之以農桑之澤，灌溉雲興，豐饒歲奏。且不獨新疆實享其利，即內地人民，裹糧託足藉耕，屯資安業者，不可億萬計。昔人龍首興渠，芍陂引水，利及偏隅，烏足以語寰瀛之豐樂哉。謹編《地利》為一門，為目二：曰《水利》，曰《墾辟》。

臣又聞孟子曰：民事不可緩也。蓋自于耜舉趾，以洎築場納稼，于茅索綯，無非事者。漢臣鼌錯有云：農春不得避風雨，夏不得避暑熱，秋不得避陰雨，冬不得避寒凍。其勤也如此。惟聖人之率，作利導一。若以九重之尊，日與耕食鑿飲之倫，同挈量于疆畎之間，而農益知勸也。我皇上省歲祈年，順時調籥，東作興而先殷未耨，西成奏而俯慶茨梁。別早種晚種之宜，誌夏收秋收之數。而風俗奢儉，物值低昂，皆仰調劑于聖訓。乃知昔代重農有詔，力田有科，亦僅勸農之具文。堯舜不用力于耕，非不用心于耕。御論煌煌，位育之極則也。謹編民事為一門，為目二：曰《耕種》，曰《收穫》。

臣又聞四海至廣，兆民至衆，畇畝之勤劬，人主烏能盡視哉。《易》言"觀民設教"，《傳》稱"展義巡方"，虞周五載十二載，為期不一。要之春秋補助，厥道惟均。我皇上巡視甸幾，鰲成寶穧，興衛有踐禾之禁，農旽無釋耒之時。木蘭秋獮，載覽黃雲，山田並嫺，作乂上塞，益賦盈寧。上法聖祖六巡江甸，以及盛京河洛海岱臺懷之幸。籌民庸施，慶惠翠華，所泊環跪臚歡，發于至誠。而綠壤青疇，披簑叱犢之況，蔑不塵懷睿覽，披圖視典。即《肆覲》《時邁》之篇，含和詠德，曷以媲兹。謹編《省閱》為一門，為目四：曰《御園》，曰《郊畿》，曰《巡塞》，曰《省方》。

臣又聞之，木饑金穰，天行有數。然聖人之治天下也，不以無灾為美談，而以不諱灾為實政。故薄征散利，觀年之上下，以出斂法，其詳見于《周官》。漢氏以來，蠲租發廩，間有行者，而非常舉。矧夫膏既上屯，吏復中飽，惠政之逮民者鮮矣。我皇上欽承前烈，藏富閭閻，普免漕糧者二，普免地丁者四。又以踐阼六十年，感昊緯之眷佑，復免漕糧者一，普免地丁者一。總計其數，直以億萬計。普免天下積欠，復數千萬，而國家戶部之儲，不及其十之一。是豈非藏富于民之明驗也哉。凡夫蠕動跂息之倫，無不各遂其生長，綏萬屢豐。既已四齲三登，上穰頻奏，而聖懷勤惕，猶慮僻壤遙陬，或有不得其所者。以故歲非歉，而常蠲食，偶艱而速賑，減課免逋，截漕平糶。歲終有溫旨之詢，歲首有春祺之普。《易》曰：有孚惠心，勿問元吉。實惠鴻蕃，惟乾元之利物，而不言所利也。謹編《蠲賑》為一門，為目二：曰《蠲緩》，曰《賑濟》。

臣又聞左圖右史，道義之林也。依類託喻，四始之訓也。聖人撫民，蓋無時無地，而不睠睠矣。我皇上對時育物之懷，隨地而寓。寄意丹青則化工在範，評騭今古則品彙咸昭。故若韓滉《五牛》、陳榮《耕織》諸圖則珍異，題詠李迪《雞雛待飼圖》，加以摹繪頒賜。以及碾䴰膳榆麥色菜花之細，皆被聖人之韻藻視。僅圖《無逸》以宥坐，繪《豳風》以列屏。假物警心，方斯蔑矣。謹編《題詠》為一門，為目五：曰《御畫題識》，曰《題名人畫》，曰《題臣工畫》，曰《詠古》，曰《詠物》。

右凡八門，二十五目，釐為一百卷。

臣於是而思《七月》《大田》《良耜》諸詩，皆專言農事。然邠原制詠，侯封小雅，義陳世祿，不足以幾天子勸農之事。且也理大物博，貫天人洽，參贊皇心之精微，具形篇什，誠亘古所未逮也。夫詩人之義，祝曾孫者必曰以介景福，躋公堂者必曰萬壽無疆。今自赤縣神州，山陬海澨，涵濡漸被。群以其鼓腹含哺之樂，發而為嵩歌華祝之誠，在聖人至德合天，固非烝黎所能喻。而臨下有赫，視聽惟民者必將合億秭京垓之福，福我一人。此我皇上曼壽延洪，康強逢吉，受命久長，唐虞以來，無比肩者。德澤洽宇，合仁壽，敷萬方。景佑鴻隆，宜如此其盛也。然則劭農之編，固萬世君人之極則，又不獨區區微臣用誌忻幸悅服之私忱云爾。

恭跋《御製淳化軒記》

軒以帖名，聖人之善乎因也。命以名而思其名之所由來，聖人之所以隨在而必昭法戒也。鑒古取法，而必上溯夫唐虞者，聖人之心一堯舜之心也。然非有天地之大文抒寫理蘊，自然流露何由昭示妙義哉。伏讀《御製淳化軒記》，辭約而旨遠，體大而思精。一藏庋石刻之所，而治統心源之要，即表著于篇幅之中，使萬世讀者，皆得仰窺聖學淵微之所在文也，而道存焉矣。若夫援筆立就，不逾晷刻，化工在手，渾若天成，則又聖製無乎不然。而微臣淺學謭陋，莫由頌揚萬一。惟敬謹繕録一通，鏤之玉版，以識欣幸之私衷云爾。

恭跋《御製迎長至論》

臣竊惟陰陽分而天地位，先王祭帝於郊，所以定天位也。而扶陽抑陰之義，即寓乎其中。此郊祭迎長日之至，見於《郊特牲》者，義至幽且遠也。伏讀御論，宏闡精蘊，昭若發矇。仰見聖天子元功默運，位育探源。而於子半初陽之會，洞燭其機；緘節宣四序之經，實基于是。臣謹按《周禮・大宗伯》之職曰：以禋祀祀昊天上帝。禋之言烟也，禋氣之臭，聞于天帝也。皇上敬授人時，三才在握，百靈受貺，景福畢臻。至于日躔南極，肅將泰壇大典，以祇迓潛陽萌動之麻。所為心與天通，至誠昭格者矣。《易》之《復》曰：七日來復。恭繹聖訓曰天地之心，何處不見而獨於長至見之旨哉。微言奧義，抉經之心未有深切于斯者也。臣循環盥誦，不勝心悅誠服。敬綴言于篇末，以志欣幸之私焉。

恭跋《御製擬白居易新樂府詩册》

欽惟我皇上德洽中和，聲律身度，順氣昭宣，皆以善民心而平天下。因釐定郊廟樂舞之制，固已與《六英》《五莖》《大章》《簫韶》同。其象天象地，為自古樂章之冠矣。臣竊以樂有其實，德有其華。樂府原于兩漢，沿及齊梁，莫不鋪張揚厲，導志樂心。特其功業之昭，垂遠不企。我朝之懿鑠隆茂，即徵氣考聲，較量于抑揚節奏之間。亦第規模形似，求其綜道法之全，繪乾坤之量，如天章之雲蒸霞蔚。折衷"六籍"，包括"三蒼"，固未之有聞也。至唐之白居易，敘武德、貞觀以後，肇基纘緒之事，自製新題，成《樂府》五十章。我皇上嘉其不尚詞藻，能舉事實有關于世道人心者，非淺以詞臣之歌，詠傳至千餘年，而聖人不廢其言，遇亦榮矣。萬幾之暇，俯效其體，指示精詳，瑕瑜不掩。即以言志永言之旨論之，我皇上本至德之淵深，敷為睿藻，調元氣，邕淳風，所謂心槖陶鎔合情象德者，蓋廣運莫能名焉。夫以我國家受命凝庥，薩爾滸山、松山、杏山之師，非左圓右方、先偏後伍之七德舞所可比也。

聖武布昭，拓地二萬餘里，非鹽州受降、築城五原之比也。敬天勤民，暨天時農事之宜，條教令甲之精，詳視《貞觀政要》《開元禮制》，非可同日而語。是則所謂樂之實也，德之華也，與天地同其節、同其和者此也。使居易有知，當亦歎未躬逢其盛已。臣夙直內廷，長依黼座，頻宣翠墨，盥誦久殷。今忝衡文之任，又蒙恩賜，拜稽紬繹，沐浴於大化之中。覺民物滋豐，太和翔洽，于以頌猗那景於鑠。蓋有手舞足蹈，而不自知者。臣敬謹校刊，摹印萬本，俾兩浙士子虔供芸案。安絃操縵，依永和聲，以上溯宗德之隆，更仰見聖心之兢兢業業、恪守神器之重有如此其至者。相與慶遭逢之得時，而識藝林之極軌，其欣喜歡忭，為何如也。

恭跋《御製廓爾喀戰圖》

廓爾喀者，居西徼極邊，自為部落，去衛藏邊外可四千餘里，中越雪山數重，山路巉巖。稽其名類，史闕有間。素與唐古忒人通市，貪而無親。先是乾隆戊申歲，以錢物細故，侵躪後藏邊境。彼固知與唐古忒為仇，非敢恃其險固抗犯天朝也。王師奄至，憬然歸順。無何達賴喇嘛所屬之噶布倫等，怯懦擅專，許賂偕約，邊臣措置失宜。蠢爾蠻觸，肆厥鴟張，竟擾掠至扎什倫布廟。我皇上赫然震怒，特命福康安為大將軍，以海蘭察惠齡為參贊，統率突將勁旅進剿，復命孫士毅、和琳督籌轉餉。躡險乘危，捷若神助，將銳卒堅，所向克捷。自察木至于帕朗古，凡七戰七勝。摧碉奪卡，勢如破竹，殲渠覆巢，計日可待。彼乃膽落氣阻，震慴威稜，遣頭目謁和門，再四欸降。籲遵約束，歸所掠貲，具出搆釁之喇嘛沙瑪爾巴骸骨以獻，悔罪乞哀，鞠脰維謹。是時，福康安等猶未之許，方擬整兵，長驅采入。皇上廓然如天，好生鑒誠，敕皋班師受降，還其土地，復其封爵。于是部長遣大頭人奉表來朝，象馬底貢，宴賚優洽，嚮化益堅。輯俗頒條，烏斯克敉。

臣等親侍前席，仰見康疆純固，睿畫精詳。凡軍行之方略，轉運之機宜，與夫用人善任，旌功懋賞，討叛舍服之仁，撫邊護教之政，披圖秩秩，萬古為昭矣。臣等竊更有進焉者，恭惟臨御以來，為戰圖凡五，而告成功者九。方茲海宇乂安，聖訓持盈，刻刻以黷武為戒。向令邊外遠番，稍習王化，光天燾冒，必不肯加之師旅。而乃天奪其魄，自作不靖，用張撻伐之威，以成十全大武之盛，猗歟盛哉。皇上握符闡珍，嚮福隆備。雨暘時若，清宴順成。五世同堂，梯航賓服。今聖壽八旬有四，健行無息。親理萬幾，纂膺大寶。甲子重週，將以丙辰年歸政，稱太上皇帝。集禧裕慶，無瑞不臻。合觀是圖，蔥雪坦步。筰僰底定，拓土開疆。龍編奉朔，鹿耳洗兵。聲教訖于四海，此一舉也。冰天雪瘴，亘踰窮荒。雖漢之服屬西域，唐之征撫吐蕃，安得與茲倫比。然則十全大武之成，即我皇上功德萬全之盛事極軌也。豈非至誠，感召與昊蒼眷佑，曠古獨隆，蘿圖赫奕者乎。臣等恭際昇平，綴言簡末，曷勝榮幸，抃蹈之至。

葆淳閣集卷二終

葆淳閣集卷三　文三　跋二

朱子法書跋

朱子自言書學魏武，後世士大夫得其墨蹟，無不寶貴珍藏。而魏武書罕有流傳者。書豈不以人為輕重哉！蔡端明奸相之誚，論殊未公。朱子評書，謂唐人各見所長，而漢魏之法遂廢。是朱子惟力追漢魏，則學書又不必以人為輕重矣。君子不以人廢言，而況於書乎。某某甫以朱子真蹟索題，因攄所見如此。

朱子《論語集注》手稿真蹟跋

春圃觀察前輩任鎮江時，購得明嘉靖間錫山呂氏所弆朱子《論語·先進》一篇注稿真蹟，凡二十五章，裝成四十二幅。筆勢迅疾，而遒勁如屈鐵，尤得魯公《坐位帖》筆意。雖未經名賢識別，要自有不可以贗作疑者。昔黃秋磵評朱子書曰：道義精華之氣，渾渾灝灝，自理窟中流出。敬展斯冊，益信其言。且其塗竄處，較今所傳，間有異同，當為未定本。嘗考朱子提舉浙東，邂逅松陽王文季于福安僧舍。朱子以傳注質之，文季曰：公注《中庸》，不使滋長於隱微之中，愚意當加潛暗二字。公深然之。羅璧《識遺》載朱子括"富與貴是人之所欲也"章，曰君子之審富貴而安貧賤，與朱子集王逢原、包咸所解，並稱簡當。視若稽古三萬言者，有間讀此一篇可以參互，而得其用心之詳審矣。《論語注》成于淳熙丁酉，閱今乾隆丁酉，幾七百年。余以奉使言旋，舟過嘉禾，獲瞻先賢手澤，盥誦一過，敬書冊尾，有厚幸焉。

恭跋《御製論水道》諸文

欽惟我皇上稽古同天，狗齊作哲，明倫察物，一以貫之。自用人行政之大，古今治忽之迹，以逮經史名物之富，草木鳥獸之微，莫不理析於至精，論歸於至當，發古聖所未發，定萬世之折衷。夫固已彙六藝之淵源，揭群言之星宿矣。竊以水者，天一之精，貫流地軸，別疆輿之脈絡，關閭閻之利病。聖主灑沈澹災，決排之迹，同揆神禹。若陶莊引河之開，五壩之定志，海塘之修築，微山濟汶之蓄洩，兗豫淮徐之防塞，以至萬泉疏達，昆明之濬治，通惠河之導，格淀隄之築，莫不上禀聖謨，指示周至。地平天成，萬世永賴。然而會同之績，必本敷土，奠川惟源，委之周知，斯機宜之具洽也。

伏讀《御製諸水古文》，或得諸清蹕所經，或稽諸經史所載，或出於使臣之目驗，或聞諸守臣之奏報。參驗古今，考核實理。或事隔數千載，而了若燭照；或地越數萬里，而朗若圖繪。闢久沿之訛謬，而事歸於傳信；訂難明之疑義，而理洽乎同然。古之可從者則從之，古之不可信者則闕之。有可取有可棄者，則存其是而斥其非。事取乎閱實，理歸於不易。凡昔人所游移莫定，衆喙之繆輵聚訟者，聖言一出，如揭日月。蓋惟聰明天縱，典學崇深，通中外之語言，達山川之氣脈，而復以化工之筆出之。是以折衷《禹貢》，如尋源於崑墟也。徵信正史，取裁《水經》，如導川於經流也。甄言必斥，百川之力障也；群言胥采，細流之不擇也。輕重清濁必辨，道里疆域必考，淄澠之不混也；通古今為一貫，合異同而究源，溟渤之會歸也。至於理足氣盛，如江河之行地。又韓愈所謂"水大而物之大小畢浮也"，此所以為古今之至文，極天下之大觀者歟。臣叨侍禁近，獲覩大聖人立言之盛，敬謹彙録，恭跋簡末，用以廣億載之通津，示朝宗於學海。敢矜蠡測，徒切望洋。孟子曰："觀於海者難為水，遊於聖人之門者難為言。"臣之欣幸悅服，實同斯志云爾。

跋蘇文忠公《馬券帖》後

右蘇文忠公《馬券帖》，并潁濱詩、黃山谷跋，共四石。舊在陸宣公祠，歲久散失。順治甲午，宣公後裔求得之，復還舊觀。尋有好事者，購取其二，餘二石遂湮榛蕪中。乾隆甲午，嶺南梁君宰嘉禾，訪購人間所藏二石。又于祠中牆角，洗苔剔蘚，并獲二石，而四石復完。此固先賢墨妙，其精神不可磨滅。而梁君于政事之暇，不廢集古之勤，斯即山谷所謂人中磊磊者歟。論者謂：好事者其先何不并四石而藏之？或云藏之時，已失其二，擇其二石之完好者藏之，而棄其不完者。是皆不必深論。要使二石不藏于世，亦同歸委翳而不可復識，今以半得半，是亦藏者之功也。物之顯晦，各有其時其遇。所可異者，越百二十年，又椎拓以傳于世，計其復合之時歲皆逢午。豈駿骨亦自有靈耶？

文丞相遺札跋

嗚呼！自古精忠勁節，百折不撓，至文信國公極矣。今觀其遺札，雖慘淡破裂，而握拳嚙齒之概，凜然見于楮墨間，足令人骨震涕下，非誠至曷以能爾。余又聞厓山之覆，陸丞相秀夫于海舟中手紀一編授劉某，傳後未幾，劉亡失之，遂不獲與公札並懸日月。翰墨蓋有幸不幸哉，要其忠烈則一也。因讀信國書，并誌其事。

文衡山《金剛經》小楷石刻跋

文衡山小楷，源出《黃庭樂毅》，而傳世甚稀。雲坡胡大司寇得其手書《金剛經》，選工摹刻，以公同好。溫純清勁，與原本毫髮畢肖，洵足珍也。相傳衡山年八十餘，燈下作小楷，目不昏瞀，運腕益工。固其資稟過人，抑非學力精熟，曷能至此。宋元以來，書此經者甚夥，衡山更欲因難見巧爾。

《蘭亭》潁上本跋

此潁上本後跋，謂風神遒勁，大近褚筆。語雖意度，大概非貞觀以後人所能彷彿。蘭亭石刻，不可枚舉。評書者各就所見言之，廬山真面，無從得覯，未定孰為確論。惟當時褚歐輩，得窺真蹟，極意臨摹，較之豐肌弱骨者，氣韻固自迥殊矣。魯泉其寶之。

張文敏公畫梅跋

張文敏公書法為本朝第一，兼精墨梅，然世罕有知者。家述庵司寇出此册觀玩，清韻襲人，不忍釋手，因憶古人畫梅枝為一圈即飛白，意與八法相通。文敏以餘事作此，又不輕以示人，其視爭名競長者儵然遠矣。

跋陳紫瀾宮詹《江東于役草》手蹟

右北平陳紫瀾宮詹，於壬申春奉使祭告禹陵途次所作古今體詩，不及二十首，署曰"江東于役草手書册子"。詩既清老，兼唐宋人之長。書亦骨法凝重，肌肉豐妍，有北海、東坡勝處。一再觀摩，覺前輩風流於茲未沫。昔弇州謂坡公書於疏縱跌宕間，自緊密有態，大概如良馬春原驕嘶自賞，故不作欸段駛驟步也。余於宮詹書亦云。

跋何義門書彭少司空《菉洲壽序》

右彭少司空《菉洲先生壽序》，為長洲何義門先生所書。筆力雄健俊逸，幾欲兼擅前賢之美，洵足寶貴。嘗見自昔舊族巨室屏障，多有名筆。然率視為門庭飾觀之具，後裔或不知珍弆，任其蠹蝕湮沒者，正復不少。今余同年賁園，為菉洲先生長孫，克成家學，因重裝此序成冊，以垂示子孫。既增家乘之光，而又令先輩墨蹟壽諸永久。此其用心可以為訓矣。

跋胡雲坡司寇石刻後

雲坡昔與余同官京師，時相過從。每述其少時賴長嫂甘夫人矢志守節，教以成立，輒噓唏不能已。後十餘年，雲坡陳臬江蘇，適逢國慶覃恩，乃為兄嫂請得封典。太傅香樹先生追感先年貤封外王母事，因紀以詩，并手書兩疏稿以寄雲坡。雲坡跋其卷尾，而刻諸石，撝裝郵寄。盥誦之餘，仰見我皇上錫類之仁，超越千古。而甘夫人三十年苦志，雲坡有以報之矣。抑思古之嫂氏撫孤者，不少若教育備至，使之克紹家聲，為朝廷楨幹。此又甘夫人之遺澤獨長也。則茲刻豈第書法，堪傳已哉。其有關于風化人倫，為尤鉅已。

跋彭賁園同年《蘭亭帖》

賁園同年得舊本《蘭亭》，瘦勁妍潤，洵為佳品。其究係何刻，余不敢效昔人聚訟也。又一米臨本《蘭亭》之蘊，幾于發露無餘，正以不必規規形似，更覺可貴耳。學者先由米臨本，以悉其用筆之意，然後再摹舊本。前賢之精神，當自躍躍紙上。賁園裝為一帙，意固有在歟。

張府君傳跋後

同年武功張蔭堂明府尊甫誠齋先生，以學行稱關中。年逾五十，始以選貢授判官，未仕而歿。明府圖不朽先生，而乞傳于吾撫軍畢大中丞。中丞既為揭其行事，且以先生未展之蘊為明府勖，吾師酉峰先生嘗志其窀石矣。茲復比諸澥西康氏，得溴陂、空同之文以顯。嗚呼，是可以知先生矣。吾陝俗尚惇樸，國朝百餘年來，涵濡聖化，醇修輩出。自李二曲倡導關學，如王灃川、秦幼湜、康太乙諸君，皆不以名位顯，而學者翕然稱之先生。雖潛德未耀，及今得永其傳，而又有令嗣以竟其所施設也，顧不幸歟。抑吾聞中丞撫陝以來，敦禮賢士，獎誘後學，勤勤懇懇，日以振起教化為先務。其於一鄉一邑之善士，無不周知也固宜。然予隨侍中丞于詞館時，知其善鑒別人倫，不妄許可，苟非實有，欲已於言而不得者，烏能概以文悅所求者？心一旦以好懿之公為旌淑之舉，如登高者之呼焉，天下之應也必速且眾。是又不僅為先生一人幸也。

石君宮保尚書蒙賜宸章二册恭跋

是册乃今上儲徽養德時。宮保尚書石君先生自丙申入侍講席，暨後頻年出使。上每眷舊學，形之詩篇，積成二帙。今歲奉召來京，特示恩寵，以賜者也。先生稽首，載拜捧歸。於是親知聞而咸集，虔恭跽閱，嗟嘆聖天子禮接師儒，古無倫媲。又嘆儒生稽古之榮，于斯為盛。而先生益驚悚不自安。其恭紀詩曰："幸當耆媯廷，敢不稷契比。"則思所以報也。自古泰交之世，莫不以親賢重道為亟。先生之學與其言論，上習聞之矣。今者親攬機柄，前席諮詢，禮遇彌隆，要以勤求治理。宸章之賜，豈僅為增光家乘哉，蓋以識泰交之盛也。然則惟堯舜俾無一夫不獲，先生之所以對揚休命者，海宇蒼生延頸俟之矣。

吳顧兩孝子詩卷跋

甲午仲冬，鹽官張生苕堂，攜其邑兩孝子詩卷來謁。余展讀其詩文敘說，知鄉黨宗族交口無間言孝行，洵可徵矣。特吳方伯德翼為政有本，當時曾以循聲著。顧君子芳，事尤奇異，惜議請旌而不果。余瓜期已及，又未暇為之闡揚。苕堂得于紙渝墨敝之餘，裝潢而表著之，其用心為何如也。苕堂曾作《思親詩》，浙西人士推其有至性。今連獲兩孝子卷，諒振觸而益增思慕哉。

跋買夏亭額

澄齋楊觀察搆亭于其園之北，清泉環繞，嘉禾叢蔭，其於夏也最宜。夫斯亭為費幾何，儼一招涼之勝地，計其直奚啻倍蓰。因憶眉山買夏之句，而即以顏其亭。

跋恬波亭額

丙申冬，按試東甌。守土者為言，郡瀕大洋，自總戎孟公來，盜賊屏息，商舶無驚焉。適公拓其署之池，池臨以亭，屬余名之。余維公牙旗玉節，時往來于蜃帆烟島中，宜有斯亭以憩。暇日名此，並以著公績云。

跋臨顏書《爭坐帖》後

魯公楷書，所謂端莊流麗，剛健婀娜，操觚家無不望而束手。然規矩準繩，形似或可想像。至《爭坐草稿》，天真爛漫于不經意中，悉合法度，學者迅則失態，滯則失神。余玩之三十年，未敢規摹。庚子歲暮，明窗偶暇，撿閱案頭，有望之同年索書素冊，輒將戲鴻堂所刻並董跋臨仿一過。究無能窺其藩籬，益增慚愧焉。

葆淳閣集卷三終

葆淳閣集卷四　文四　序

《群書疑辨》序

朱子揭讀書之要曰："字求其訓，句索其旨。"又曰："至於文義有疑，衆說紛錯，則亦虛心靜慮，勿遽取舍，於此間先使一說自為一說，而隨其意之所之，以驗其通塞。則其尤無義理者，不待觀於他説，而先自屈矣。復以衆說相互詰難，而求其理之所安，以考其是非，則似是而非者，亦將奪於公論而無以立矣。"夫學必始於觀書，觀書而不能疑，即學問思辨之所以窮理者，胥無以循序而實用其力。然或能疑而不能辨，則將無所折衷，而所學終無實獲之驗，此學者之通患也。甬上萬季野先生著書滿家，並足津梁承學。而賈精鄭博，兼擅其美者，莫如《群書疑辨》。其書卷凡十二，文共二百篇。目次則《易》《詩》《書》《儀禮》《喪禮》《春秋》《孟子》《禘說》《廟制》《篆刻》《書法》《禹貢》《水道》《河源》《史實錄》《列傳》，而以先世一二瑣綴事終焉。其于群書之疑，如攻堅木，如解亂繩，略無穿鑿支離之弊。俾讀者人人發其覆而通其蔽，有相説以解之趣。嘻，先生可謂涉其流探其源，採剝其華實，而咀嚼其膏味者矣。昔東坡記李氏藏書，慨嘆于書益多學者益以苟簡，士皆束書不觀，游談無根。厥後葉水心作《櫟齋藏書記》，遂列敘群書節目，舉其所甚疑者，謂孔安國皇名《墳》、帝名《典》，而高辛而上，羲昊之前，書闕有閒。司馬遷創《本紀》《世家》而史法變壞，老莊推虛無沖漠而正道隳裂，孫吳以狙詐祖兵制，申商以險刻先治道，辭章之浮而韓歐益趨于文，注疏之妄而程張未幾于性。魏鶴山作《洪氏天目山房記》，其說更暢。謂三五六經之所傳，為致知格物之要，而師異旨殊，流失已極。若夫先王之制，有一事而數說，一物而數名，如井牧之邱乘、卒伍，則參以管仲、穰苴之法，封建之百里、五百里，則託諸歷代之異制，賓興則約諸鄉遂之數。郊邱、禘祫之為二為一，廟學、明堂或異所而殊制，或一廟而八名。七世之廟或親盡而毀，或宗無常數。三年之喪有謂君、大夫、士廬服異等，有謂君卒哭而除。且謂眾言殽亂學者之耳目肺腸，為其所搖惑而不得以自信，願以所懼者相與切磋究之。柳道傳作《共山書院藏書序》，謂聖賢精神心術所寓，條在書，綱在錄，制度儀章，于今尚幸可考。然五禮六禮之殊倫，五音七音之易位，用綿蕝以易三朝之儀，因同室而紊都宮之制。鄉飲之不修，冠禮之不講，論鐘律則銖黍既差，均節何有，五量三統因之無所適主。此則有志於興禮樂以正人心、隆世教，亦不可謂非節目之大者也。蓋嘗竊觀古人之遇藏書，未有不臚次群書之待辨而明者，而肫然各獻其疑。然則世之為通材碩彥，其學之所從入，亦概可知矣。今先生此書，取古人之所嘗致疑者，一一尋其指歸。如葉氏、魏氏、柳氏所云，大半在焉。先生他所著《經世粹言》，論郊禘、喪祭之禮，附《卦變考》《周正辨》《四明講義》，分田賦、兵制、選舉、廟制、郊社、律呂六門；又如《石經考》《周正彙考》《廟制圖考》《書學彙編》《崑崙河源考》《歷朝宰輔彙考》《宋季忠義錄》《庚申君遺事》諸書，及《石園文稿》，大略散見此書。則此又先生撰述之菁華、考索之薈萃也。余又考宋咸淳間，義烏有杏溪先生，于天文、地理、明堂、封建、井田、兵制、律曆之類，靡不窮究根穴，訂其譌繆，資取博而參考精，事為一圖，累至于百，號曰《群書百考》。唐說齋聞其升陑分陝之說，以為職方、輿地盡在其腹中。呂大愚閱其《禹貢考》，以為集先儒之大成，惜無板本，不傳于世。方今文治日隆，遺編盡出，學者知求益于書矣。其有疑義，則將相與析之乎，抑蓄而自錮乎。得是書焉，小叩小鳴，大扣大鳴，從容以盡其聲，庶幾比于善待問者歟。

建安吳生峻明《學庸貫一》序

學者角丱就塾，首授《學》《庸》兩書，顧習其句讀而已。至於傳道解惑，則終身不能無憾焉。蓋聖賢傳心之要，微言大義所以上接堯舜"精一危微"之統者，端在此書。於此不徹，則差之毫釐，謬以千里。苟於此而融貫焉，譬如破竹數節之後，迎刃而解矣。朱子《章句》，字字稱量而出。後人熟玩而深味之，求解於分合離即之間，會心於語言文字之外，誠足令兩書之義朗如日星，雖欲贅一詞焉不可也。第自講章疊出，而初學反鮮折衷。高頭細字，耳剽目涉，挂漏舛譌，此亦執經者所深憂矣。建安吳生焯取的解，分注於字句間，析之則寸寸節節各為梳櫛，而讀者不得掉以輕心。合之則自始至終牟尼一串，俾讀者於一篇之中，自為往復。經營慘澹，蓋亦煞費苦心焉。以是引進學生，簡而易從，切而不泛，詎必無小補哉。雖然，不觀江海不知蹄涔之淺也，不登華岳不知蟻垤之卑也。學者讀書稽古，豈徒為帖括計，將以體諸身心，措諸事業，為國家楨幹之用焉。且即《大學》一書，真西山既為《衍義》四十三卷，以廣其說矣；邱瓊山復為百五十四卷以補之。前書主于理，其義大而精；後書主于事，其義細而詳。昔人之用心，如是其遠也，而豈抱殘守匱、區區蠡測之見可同年語哉。生生長是邦，西山遺跡具在，倘亦有聞而興起者乎。因其請，書以勖之。

《重刻文章正宗》序

選事之繁舊矣。蕭梁肇始，取譏眉山，厥後遵度纂言，例類寡要。他若《東萊關鍵》《迂齋文訣》《疊山軌範》，其書既傳世，莫不有求其體原於古指近乎經者。獨西山真氏《文章正宗》尤為得之。按紹定原刻，別為四類，篇尾接次，不加批點，用意所在，使人讀之自見。近時宋板已不易覯，然前明正德鋟本頗無譌舛。若荊川唐氏所評，則猶是廬山面目也。近因坊刻易其門類，列以世次，隨文標目，號曰《讀本》，而舊時之體例淆矣。觀察楊公慮是書之浸失真也，甫涖劍津，即索其遺。書不可得，旋按郡歷真氏故里，謁文忠於祠。訪後裔，得宋刻一冊，謹依原目，重付剞劂，以惠來哲。夫學者讀古人書，師厥意以為準，猶工師為巨室，必藉乎尺度繩墨之用、樸斫締構之制，未有無所受法而可自騁才智者。孟子云："大匠能誨人以規矩，不能使人巧。"真氏之書分四門，此規矩之已然者也。而其神明之運用，則存乎其人。蓋自時運遞遷，則質文屢變；剛柔迭用，斯情性攸關。至於簡言達旨、博文該意，或明理以立體，或隱義以藏用，莫不諷高歷賞、示訓來茲。誠取一定之範圍，而求合之，是必熟悉乎所已然，而深究其所當然，而後能恍然自悟于古人分別部次、不加批點之意，是規矩而神明之者也，其所獲不已多歟！若夫徒涉其流，未探其源，侈藻繢之能工，洵雕蟲之不免，君子無取焉。楊公以名進士服官數十年，從政之暇，手不輟書，至是以文忠之學為己任，尤注意是書，以勸多士。則士之束書不觀者，既有以矯其浮惰之弊，而擴其見聞，而好學深思之士，復不患購書之難。其用心為何如哉。

《紀元彙考》序

甬上萬石園徵君淹通史學，嘗取歷代正史之未著表者，一一補之。自東漢以至十國方鎮，凡六十篇，益以《明史表》一十三篇。竹垞謂其攬萬里於尺寸，羅百世於方策，覽者快心。徵君復以其緒餘，成《紀元彙考》一編。上溯陶唐，迄于勝國之季，四千餘年，年經代緯，紀號無遺。凡禪繼正閏，及割據僭偽，與夫世系之久近，時地之紛更，按圖摘例，燦如列眉。雖卷帙不多，而上下千古，繩貫絲聯，不至泛而無所稽，洵讀史家案頭必置之冊。昔治平中，劉道原最精史學，嘗佐溫公修《通鑑》既成，別纂《十國紀年》及《歷代疑年譜》《年略譜》。雖與《通鑑》之目錄舉要大小差殊，而其為史學之助一也。是書為徵君猶子九沙先生視黔學時，曾一校刊。庚申板燬，吳竹屏觀察重刊邗上，流播未廣。昨歲甲午，余校士浙水，先生季子右揚以重鋟請序，會使竣還朝，未果。今年丙申，余復奉命來浙，適湯對松前輩寓書申前請余。惟是表當與徵君《史表》五十四卷並傳藝林，其於學者知人論世，裨益非細。否則僅取《紀元》一冊讀之，即能記顯德年號，亦未可遂詡為讀書人也。願以余言當讀史者之乘韋，為何如耶？

齊息園先生《水道提綱》序

《通志》言地理以水為主。水者，地之脈絡也。水道明，而凡邦國都鄙之星羅繡錯者，因以別焉。夾漈以州縣之設，有時而更，山川之形，千古不易。故《禹貢》以山川定疆界，北南以緯之，西東以經之。然後三條四列可指諸掌。後之史家主於州縣，州縣或沿革不一，而水道愈亦多岐。朱子亦云："禹言'予決九川距四海，濬畎澮距川'，治水大旨，在此數語。"〔一〕蓋水以海為歸墟。四瀆百谷，條目棼如。其他匯而為澤，流而為川，積而成浸，或合或分，或原或委，欲求巨細畢賅，委輸貫徹，提綱其要哉。古之明於水道者，莫如桑欽、酈道元。顧其為書，為後人所紊，經注相溷。經諸儒悉心探索，而蹠盭尚多，有待釐正。猶《漢書》傳外國，輾轉舛訛，不免眯目。總由作史者未嘗身履其地，依稀記載，未能如我朝之版圖式廓，中外一家，得以按籍而求其實也。

天台齊息園先生，以大雅宏達之才，紬金匱石渠之秘。曩在《一統志》

館，纂《水道提綱》二十八卷。晚歲養疴山中，凡歷代河渠溝洫、域中水志地圖，益加考覈。即塞北漠南、流沙瀚海，前此定伊犁、平回部，拓地所至，諸水絕無經流可紀，必按地勢而詳著其綱。無異聚米畫沙，簡而能周，博而有要。其援據尤慎，凡書之稍涉荒邈者汰弗錄。且郡縣之名，悉從《皇輿表》，以本朝所定為斷，使讀者展卷瞭然。而瀦防宣洩之法，黍稌粟麥之宜，轉運飛輓之利，胥於此得其概焉。視《方輿紀要》及《錐指金鑑》諸書，其有裨世用略相等。昔唐一行以為天下山河之象，存乎兩戒。北戒自三危、積石，負終南地絡之陰，東及太華，踰河，並雷首、砥柱、王屋、太行，北抵常山之右，乃東循塞垣，至穢貊、朝鮮，是謂北紀；南戒自岷山、嶓冢，負地絡之陽，東及太華，連商山、熊耳、外方、桐柏，自上洛南逾江、漢，攜武當、荊山至于衡陽，乃東循嶺徼，達東甌、閩中，是謂南紀。夫兩戒之必有紀者，即提綱之謂也。綱舉而水維悉舉，隨所往而有軌可循。詩人所謂以江、漢為南國之紀者，其權輿也。方今德威遐暢兩金川，比復置尉設官巴朗鄂什之區、噶依勒圍之險，其藪澤川浸，更有出於耳目聞見之外者。《提綱》一書，剞劂雖竣，惜先生不獲鉤稽綴緝，蔚為鉅編也。是又在乎淹雅之儒，操筆而踵其後矣。

【校記】

[一]"治水大旨，在此數語"，按《朱子語類·尚書·禹貢》原文："一篇《禹貢》，不過此數語。"

《金石契》序

辛卯歲，余奉命視學兩浙。抵台郡，敬觀《御製錢武肅鐵券詞》，奎文睿藻，炳曜日星。余雖幸依禁近，久仰天章，及覿茲法物，又不禁為錢氏子孫慶也。比試嘉興，竣有張生燕昌來謁，出所輯《金石契》一編求正。首列《武肅鐵券》，冠以御製詩章。余喜其以草莽儒生，能欽摹羲畫，恭載簡端，足覘其學之醇正。徐閱終卷，搜採考訂，有補前人著作之所未及者。視束廣微之識竹簡、劉士深之辨犧尊，頗無愧焉。夫為學相期有用，識大識小，各隨其詣力所之。然而淺見寡聞，無所取資以供考據，亦何能心契而有得乎。生獨於帖括之暇，纂成此書，可謂勤矣。方今聖天子稽古右文，特開《四庫》館，網羅散佚，集古今之大成。生躬逢明盛而苦心所就，班班若是，亦足備秘閣之選也。特吾望生充其所學，以待用於時者，尚不第此。生其勉乎哉。

《福建續志》序

古者國有史，掌之太史；邦之志，則隸于職方。自漢晉以迄唐宋，凡郡國之書，莫不網羅舊聞，蒐考軼事，體例雖有不同，而用以資正史之所未備者，其為典則一也。欽惟世宗憲皇帝詔修《一統志》，暨直省各增輯《通志》，次第以進，而《閩志》之成，較後于他行省。自我皇上御極之初，始得進呈秘殿。迄今漸摩日久，歲月增新，凡土地之擴闢、疆域之改隸，與夫人物之乘時蔚起、風俗之漸次轉移者，不數十年而大成且備，是宜視前《志》而增修之，以鳴國家極盛之隆軌。於是連帥方伯諸鉅公，咸議輯續延。仁和萩林沈前輩，暨予師錢唐崑田吳夫子總其成，而以郡邑諸士分任其役焉。書成於甲申之秋，繕寫成編。乙酉春，予奉天子命視學來閩，因得覩其全書。旋奉部議，准覆浙江撫臣所請，命各省學臣於按試之餘，將《通志》一書不拘時日，悉心查閱。其有現在修輯之志，亦令考核行刊。今年仲夏，歲試竣事。自松城回居省署，因取前所為《續志》者，重加省覽。竊以國史與志乘相為表裏，然史主勸懲其體，貴於簡嚴，而志專實錄，歷久或虞缺漏。今是書之成，迄今三載，尚未授諸剞劂，則此三載中之事，固宜依例增入，以期全備。不則積數十年後，或慮曠遠而難稽也。況今聖朝恩綸疊錫，謨訓日新，教化所成，風俗益厚。有若祠祀學校之修建、職官公署之增省，暨夫水利兵防、預籌扼要、選賢貢士、日啟人文，以至微顯闡幽、廉頑立懦、孝義節烈之士女、褒嘉之典，何歲無之。用是不揆譾陋，爰取乙酉以後至丁亥歲終，近事之得，以例增者，間附數條於每門之後，以俟後之君子有所考核焉。至其卷次凡例、因革損益諸體要，具見卷首。已成完書，故不復序。抑予自按郡以來，西涉龍巖、汀水之險，北歷樵川、劍浦之奇，東攬太姥、霍童之勝，南望澎湖、廈島之區，登三山而周四境，厥地廣輪約二千里，惟學使者舟車所至，有以遍歷其境。今得於涉覽之餘，輒以所見証之所聞，而事蹟殆無缺略之憾。俾後之讀是《志》者，覩人文之炳蔚，樂風土之還淳。於以賡太平而歌盛治，沐浴聖澤，鼓舞皇仁。而一時之拜手颺言者，易得藉是以不朽焉。予之厚幸為何如哉。

《同安縣志》序

泉州屬縣，五晉惠同，皆濱海而控制澎、臺，阻陁閩、粵。為環海之屏衛，則同安尤要矣。我國家承平百有餘年，海氛永靖，窮陬絕島，罔不蒸蒸向化。況同為文公過化之區，流風餘澤，至今未艾。其何以使政治民俗日進於醇，以仰副聖世之休養生息者，良有司責也。

錢唐吳君，以政事文學之才來宰斯邑。邑素繁劇，而君恢乎有餘，簿書之暇，慨然以邑志之不修，越今五十餘載。於是網羅掌故，參之見聞，經始于丁亥秋，歲終而書成，分門三十有六卷。舊志之缺者補之，訛者正之，而此五十餘年中典章人物、盛衰沿革，鳌然具備。然而君之用心，不僅維持風俗人心之計已也。邑介於泉、漳之間，三面距海，東南十一島拱立於前，經制之道、防禦之策，誠不可一日不講也。至於海防，則尤詳焉。凡澳嶼之屬內港、屬外洋者，朗若列眉。而水師之操練、營訊之防守，及風信潮汐之時候，參稽博考，著之於編，以昭示後人。夫豈非安不忘危之意也耶。予奉命視學閩中，由泉達漳，邑為必經之道。覩其戶口豐饒，以恬以熙，於以徵太平之景，運豈不盛哉。特是輶車歷碌，未嘗涉文，圄登大輪，覽金、廈之勝，以開拓心胷。撫君斯編，乃不啻身臨其地採風以獻，其有所藉手也矣。是為序。

《順昌縣志》序

順昌山祖華陽而宗豸角，九龍、五馬、貴人、君子諸峰之秀，盤錯其間；水則西源邵武，東源將樂，合流八十里，會沙縣而注劍溪，延屬勝區也。歊欱精靈，篤生豪儁，槎溪、高峰兩先生前後羽翼，龜山、紫陽並興儒教。元明以來，代不乏人，至我朝而名賢鼎盛，蓋聖化涵濡日久，崇山峻嶺，比屋絃歌。而地方大吏及良有司之培養作新，非一日矣。余奉命來閩，初覽省志，已得其概，顧未得邑乘而詳考之。迨事將畢，邑令陳君適新其舊志，以示次第。檢閱益得其山川、人物、職官、選舉之詳，而陳君之從容布政，尤可觀焉。夫志者，考已往以鑒將來也。司民社者，倘于興廢因革諸務、利弊所關闕焉弗講，而沾沾裒輯成書，鋪張粉飾，於國政何裨！今陳君相度土宜，修廢舉墜，五年間民風士氣奮然作興。然後以游刃餘閒，鳌訂編摩，用以壽棗梨而光文獻。今所載橋梁道路，皆昔日戴星出入所經營而規畫也。所列田疇都鄙，皆昔日越阡度陌所巡行而周覽也。所記宮牆祠廟，皆昔日躬親丹臒、為士民興教而祈福者也。其尤盛者，萬壽宮成，崇閎壯麗，宣綸言之赫濯，祝聖福以無疆。俾閭里小民，肅然觀聽，由是圖之載籍，日月同光。陳君之為政，可不謂知所先後、識其本末者歟。今之世，大順之世也，順昌之名，傳之自古，順昌之風俗教化，益茂于今。且得賢尹而鼓勵之，雖以希風淳古，追美華封，亦奚難哉。因為序，而兼以望之。

《游廌山先生文集》序

曩讀《宋史》，程門四先生並稱，而游文肅公獨於未經執贄以前，為二程夫子推重。知公器宇粹然，早有積中發外者矣。及考先生《年譜》，則伊川初見公於京師，稱其資可進道，尚在公年二十時。明道亦即于是年令扶溝，召職學事。越九年，公二十九歲，始以師禮見明道于潁昌。又十三年，乃師伊川于洛。竊疑二程夫子鑒賞於公者最先，而公親炙于門牆者獨後。雖然，師亦何論先後也。學者束髮受經，莫不奉一人之提命，而苟未契薪傳之要，則雖函丈從容、謹承北面，而所寄託者不存焉。若先生氣稟渾厚，隱然望斯道為歸，則謂未登程門，無日不奉師訓可也，矧春風和氣、樂育有年耶？閩省理學名區，而建之廌山為公故里，流風餘韻，至今弗衰。杰奉命校士此邦，覽其山川，翠然高望，蓋將求先賢教澤，為後學楷模。而先生九世孫端栢已刻其遺書，蔚然成集，受而讀之，彌敬以思。蓋先生實德偉聞，皎如日星，其稱述於師友，贊頌於後儒者，炳然史冊，何敢復贅一詞。惟是讀公書、論公世，一旦而過其井里，瞻俎豆之肅、覩瓜瓞之綿，高山仰止之思，誠有不能自遏者。抑又聞之獬豸、公裳兩峰相接，人物之秀萃焉。公之子姓聚族於茲，蜿蜒扶輿，磅礴而鬱積，豈徒侈簪笏哉。所望闡聖賢之蘊，究道德之宗，殫格致誠正之功，展修齊治平之略，于以導揚至治，黼黻熙朝，品節文章，後先輝映，真盛事也。公之《草堂詩》有云："門前獬豸公裳在，只恐兒孫不讀書。"勉之乎，蓋冀之矣。讀公文，有不能已于言者，爰謹誌之。

海陽汪君徵《拙堂集》序

新安作者，代有傳人。自唐吳少微以文章鳴世，矯徐庾之舊製，以示宗尚，當時稱吳富體，學者爭慕效之。在宋則有程氏珌之《洺水集》、汪氏綱之《恕齋集》。元明則有程氏文之《黟南遺稿》、敏政之《篁墩集》並著於錄，流播至今。而國朝海陽汪氏之以詩文著者，獨號稱極盛。若周士晉賢、季青，先後繼起，秀水朱竹垞亟稱賞之。蓋晉賢、季青並以政事之暇，研心風雅，生平著述，手自審擇，裒為一集，今所傳《小方壺存稿》《司城集》，其尤著者也。蘅圃君生數公後，績學嗜古，以名孝廉始仕為司教，再遷為泰寧宰，尋知大田縣事，旋引疾歸。其宦跡殆與晉賢同，而其為詩原本性情，凡陟山望雲之餘、攬環結珮之會，與夫紙牕燈火、根觸有懷，靡不於詩乎寄之。至其駢散諸體，幾窺作者之室。比年，予以按試沅桃源，與汪君數相遇，出其自訂初稿屬序於余。蘅圃蓋將以其自信者信于世，采菁華而汰沙礫，其有得於晉賢諸君之意也夫。

吳敬齋《書塾課存》序

錢唐桑弢甫先生以學行，友教四方，歷主大梁、道山、濂溪、濼源、敷文諸書院，講席弟子著錄者以千計。經其講畫，皆有法度可循。其在嘉禾，營館吳氏春波書塾，敬齋明府年丈，其高足弟子也。明府兄弟奉其師教，歷官清途，各以經術飾吏治，又教其子及猶子數人，先後取科第，有聲文場。令子豐山郡丞，為予年輩，出宰楚南劇邑，以循卓著稱。明府既引年歸，守先生教，惟謹家塾。課其幼子稚孫，及親串子弟，皆隨材高下，有所成就。所課時藝，皆能發揮經義，詞旨斐然，要無倍於先生所傳之矩矱而後即安。余奉命再視浙學，按試禾郡者三，士習文風較他處最為雅馴。歲丁酉科，試蔵事，明府介余通門，寄所刊《塾課》，問序於余。余惟古之仕者歸教於閭里，朝夕坐於門，門側之室謂之塾，《周官》："百里之內二十五家為閭，同共一巷，巷首有門，門邊有塾，民朝夕出入，受教於塾。"《白虎通》云："古之教民，百里皆有師，里中之老有道德者為里右師，其次為左師，教里中之子弟以道藝、孝弟、仁義也。"《書傳說》云："大夫七十致仕退老，歸其鄉里，大夫為父師，士為少師。新穀已入，餘子皆入學，距冬至四十五日始出學。上老平明坐於右塾，庶老坐於左塾。餘子畢出，然後皆歸，夕亦如之。"蓋周之盛時，六鄉六遂莫不有學，即莫不有師。而且黨中立學，教里中所升；遂中立學，教黨學所升。其鄉遂大夫大比之所興，必託始於州黨之序、閭族之書，故人材眾多，而化成易易也。宋初胡翼之、孫明復、石守道三先生以師道自任，而安定之門尤盛。歐陽子謂其高第者知名當時，或取甲科、登顯仕，其餘散在四方，隨其人賢愚，皆循循雅飭。其言談舉止，不問可知為先生弟子；其學者相語稱先生，不問可知為胡公也。方今文治熾昌，經師人師，項背相望。余耳弢甫先生名久矣，而今明府俎豆一先生，乃能敦行其教，以淑其徒，區區時藝，固不足以竟所學也。雖然，師道立而善人多，斯編其左證矣。

《金華詩録》序

郡邑志乘，類終以藝文，而詩特藝文之餘事。然古者十五《國風》，莫不采自遒人與郡國，圖籍彙登，太史以貢於朝。舉凡風土之美惡、民俗之貞淫，以及學士大夫之政治得失，胥於詩乎見之。故詩也者，志乘之先聲，而非志乘之外編也，則纂輯尤宜亟矣。我皇上右文廣厲，詩教昌明，近復特開四庫館，網羅散佚，俾自昔文人著述，並升秘府，用備甄綜。炳炳乎，蔚蔚乎，觀人文以化成天下，道莫隆於斯。余視學兩浙，適會進書之時。金華映峰黃使君手所輯《金華詩録》若干卷，請序其端。余惟婺州雖東浙一隅，而山川奇奧，物產精良，蜿蜒磅礴之氣，千百載來孕靈毓秀于生人者，鉅儒碩望後先接武，覽厥志乘，輒仰止久之。而或疑吟咏一事，非此邦人所崇尚，作者不必多多矣，亦不必工，以是遂能于虎林霅水間，未可知也。今觀使君所編，抑何才之富，而詣之精如此乎，其美不勝攬哉！蓋莫為之先，雖美弗彰；莫為之後，雖盛弗傳。金華詩學之源流，得使君與諸同事搜采證明，標舉凡例，古今作者姓氏粲然。宜乎一披卷而篇什之可歌可絃，文獻稱大備也。且更有進者稽史所載循績，如文翁之治蜀，衛颯之守桂陽，咸能澤以詩書，導以禮樂，故至今稱之。使君之為是選也，豈惟揚扢風雅、表章襄哲而已。吾知其排纂之餘，誠欲藉是以核其土俗、察其人情，而布為政治，以仰副聖天子作人之雅化於無窮也。然則茲選所係，視志乘綦重獨詩學乎哉，即奉為治行之書也可。

《釋耒小草》序

山水之與文章交相益者也。宇内名勝，不經文人之筆古則不顯，而文章之瑰特，尤山水之助居多焉，然亦有不能兼者。嘗見處城市者，起高臺飛觀，瞻遙山之寸碧，俯遠水之一泓，且鳩石尋邱，穴溝借濼，流連嘯咏而不自已。至于家在深山，聽泉倚石，無輪飢蹄渴之苦，往往以為寥戾岑寂而去之，蓋其領會有不同者矣。樂清東南，山水窟也，施子生長其間，巖居川觀之暇，懷鉛握槧，積成卷帙，持以求序于余。余將何以益施子哉。然余家西秦，當龍門華嶽之間，又嘗歷燕、趙、韓、魏、齊、魯、吳、楚、閩、越之郊，山川風土，時往來于懷。且屢膺衡文之任，則文章又余分內事也，因取其《釋耒草》覽之。其紀游者居十之三四，至辨論書序諸篇，俱有法度，不為輕佻纖嗇以虧其正氣也，不為牛鬼蛇神以肆其誕幻也。較之古人未知何如，而其不事剽竊、不詭正理，如峰之出雲、水之興波，大抵非務為文言以華世者，庶幾不背於古之作者歟。矧夫龍湫雁蕩，謝公屐齒所不到，其渾樸元氣未經發洩，則施子之文，未必非山水為之也。余按試浙東，天氣漸寒，木葉微脫，迫于官程，未及遍探奇奧。所過佳山水，未嘗不停車流覽，見壽藤古樹，枒杈蟠結于幽巖絕壑中，時時彷彿施子之文。施子昔嘗志雁山矣，今雖老，神明未衰，庶其益肆力于文，而以其鄉之山水一一志之，并即寄余，以供余之臥游也夫。

《雙節堂贈言》序

歲乙酉，余視學八閩。有客自浙中來，言蕭山汪氏兩節婦其子煥曾，以孤弱奮起，植學砥行，將遍求當世士大夫之詩歌銘贊，垂其兩母王孺人、徐孺人之節於不朽。乞言之啟，與客所言狀悉合，遂作古詩一章貽之。歲乙未，余主禮闈試，煥曾成進士。既來謁，出其《雙節堂贈言》，已編纂兩大帙矣。丙申，余再督學浙江，煥曾謁余請序，以弁《贈言》首。余聞諸《孝經》："居則致其敬，養則致其樂，疾則致其憂，喪則致其哀，祭則致其嚴。五者備而後可以為孝。"此事親之常也。至以未亡人當凋零之際，泯嫡庶之嫌，撫遺孤、支門戶，茹荼集蓼，卒能出屯險以餘善慶，尤為孱弱女子所難者。苟非為之闡揚，夫閫德其何以慰孝子之心也。在《易·恒》之六五曰："恒其德，貞，婦人吉。"方煥曾考縣尉君歿于嶺南，兩孺人煢煢相弔，上有老姑年七十餘，煥曾止十一齡，其成立未可知。而蒿簪裙布靜鎮於飄搖傾覆之餘，非守貞以恒其德歟。及煥曾發聞于時，兩孺人安潔白之養，康疆壽考以終，非所謂婦人吉乎。吾知兩孺人之志，祇知恒其德以盡婦人之道而已。至于綽楔、旌廬、贈章、盈軸，豈其志之所及哉。而煥曾愈惄然不敢安，以兩孺人之苦節不彰，縣尉君之清操亦不著。嘔嘔焉，思藉贈言以光母範，則仁人君子之用心也。煥曾行將出膺民社，他日本此志以措施，所謂道之以孝，則天下順者。由是而益貽父母令名焉，豈僅傳兩孺人之清操苦行於瑤編彤管間乎。余故不辭而為之序。

《江西鄉試録》序

乾隆三十有六年，當辛卯秋試之期。六月望日，禮部以江西三省試官上請奉旨，命臣王杰偕編修臣曹某某典江西試事。伏念臣陝右末學，至微極陋，辛巳恩科，蒙我皇上拔置一甲一名進士。通籍以來，仰荷天恩，屢持文炳，十年之間，超列崇階。今歲疊邀恩命，教習庶常，旋充內直，寵榮逾分，惶悚彌深。茲復膺掄才江右大邦，撫衷循省，祗懼交并，爰星馳就道，於八月初二日抵南昌。屆期入闈，時監臨某某防範嚴密，內外肅清，爰萃某某所錄士子七千九百有奇，扃闈三試，臣某某、臣某某率同考官某某悉心校閱，得士九十有四人，副貢成均者十有八人，咸遵定額，謹擇其文之有義法者錄呈乙覽。臣以職當颺言簡端，竊惟鄉舉里選之法，固難復用，而以文章科目取士，未嘗不殊途同歸。虞廷九德，官人明試，先之敷奏。《戴記》亦云："事君先資其言。"蓋成德為行，言底可績而言之精者為文。文也者，上之可以黼黻休明，下之可以闡明經傳，乃其人之心術行誼，亦可以揣稱而十得其五六。我朝文治日隆，化成久道，士習文風，每變愈上。邇年臣得身依禁近，仰覩聖天子，念典緝熙，光被四表，鼖鼓軒舞，元化醇粹，仁義淪浹於肌髓，禮樂浛洽於輶譯。以景運之隆，而醞釀為文運之盛。郁郁彬彬，自循蜚疏仡以逮，今茲蓋巍蕩煥赫而罕有倫媲者矣。江右當南戒之衝，襟江帶湖，五嶺亙其南，匡廬峙其北。靈秀之所磅礴，其人率多尚氣節而能文章。臣等入闈後，交矢公慎，昕夕蒐羅，別裁正偽，取精深則黜其詭骸，登華藻則去其浮靡。其在《易》曰："言有序。"又曰："言有物。"臣每執此二者以決擇而衡量之，而蘄有一合，誠不敢不殫竭愚忱，以仰副皇上興賢籲俊之盛典，而要不能自信其悉當無遺者也。抑臣聞之，古者之養士也，始則齒諸學，繼則材諸位，考校賓興，厥有成規。然則風簷寸晷之下，席帽曳袍之中，將有尚霖、周楨焉。《大雅》之頌作人也，壽考倬《雲漢》之章，豈弟瑟玉瓚之美。而《思齊》一篇，至推其效於有德有造，譽髦斯士。今大比之歲，恭逢慈寧八袠萬壽，舉往牒希覯之慶典，錫羨凝祉，天人協應。而我皇上孝思維則，合萬國之臣民，臚歡祝嘏，海內之士爭自濯磨，孰不濟濟焉，思觀國光而受介福，而況種學績文出於土風天性之尤近者哉。臣謬司貢舉，誠歡誠忭，黽勉葳事，為菁莪，為棫樸，采而薦之。倘得比於三脊之茅、九節之蒲、五色之芝，以山澤微植，而足備國家上瑞之一，何多幸歟。維時涖茲土者某某例得備書。

余寶岡大司寇八十壽序

東皇布淑，回千巖翠靄之春；南曜迎祥，煥百福畫圖之采。言從初服，種松已蘚老龍鱗；乞與閒身，謝組尚心衣蠣陛。是知朝端林下，均屬天恩；地勝晨良，咸開壽域。此洛社之風流未墜，齒擬潞公；使香山之韻事重新，名高白傅者也。恭惟宮傅寶翁大人，門多餘蔭，代有傳人。近鐘五洩之源，遙挹四明之秀。文皆已出，登春殿以從容。帝曰：汝諧用秋曹，而簡畀體明，慎好生之德，何敬非刑，存哀矜勿喜之心。惟良折獄，遂由陳臬，洊至建牙。絳斾宣風，播十閩之惠澤；繡衣飭憲，措萬井於恬熙。整頓科條，大中丞既公而溥。寅恭僚屬群有司，胥直以廉。旋標丹筆，以長西臺，遂司白雲而高北斗。明罰敕法，平允符《大易》之占；懸象憲邦，謀通合《周官》之典。具此深沉識度，豈不念刑之恤哉。顧茲斂歷精神，每自謂臣今老矣。迺遵《禮經》而解黻，雨露承恩；既脫朝簿以歸田，溪山如畫。偶棲梅市，不同寄隱之踪；閒泛鑑湖，原是還鄉之水。是則韜夔龍之經濟，渾忘身是貴人；聳鸞鶴之華姿，共羨公真健者已。今以二月之望，爰開八袠之筵。玉笋徐斟，春生簪履；金波初朗，光映鬚眉。蓋順氣之凝，徵為福祉；斯淳風所釀，廣布休和。久道化成國祚，永萬年之聖壽；太平豫大地靈，鐘一代之耆英。鷺序鵷班，佇作昌期九老；鶴書鳩杖，將垂佳話千秋。誠山林與鐘鼎俱榮，世瑞共家祥並集。回憶當時，把袂在綠榕紅荔之間；恰逢此日，稱觴正碧柳緋桃之候。看神仙難老，冰雪為心；況子弟都佳，雲霄入望。至其樂孫曾之雝穆，花繞園亭；陶情性于篇章，韻流翰墨。莫不載諸閭史、播在藝林。此又無待敷陳，重為揚扢者矣。祇緣氣誼，用述襮期。各敘鄉邦，遙在三千里外；細論甲子，逾於二十年餘。偶以宦遊，遂敦交契。皇華原隰，音書隔于天涯；金爵觓稜，紳佩聯于日下。乃當引年以後，適余校士而來。訪於越之城，式瞻珂里；鼓之江之櫂，再接珠談。廿載合離，顧我已非少壯；一尊酹勸，祝君善養期頤。昔迎翠輦以南巡，疊蒙存問；遞捧紫泥於北闕，屢荷榮施。朝野所朝夕禱而求焉，長沐寵光於湛露；搢紳之東西行且過者，共觴清燕於流霞。恭介鶴齡，謹駢鳳紙。

壽張太翁七十序

余與同硯張君會九交最篤,因悉其尊大人封翁素行。及登堂而拜,則見秀眉如雪,神完而骨蹻,以為非有道氣充于中,將不能睟然見于其面也。翁世居朝邑之大慶關,家故豐而好施,根于天性。當戊辰己巳間,西同數郡歲不登。翁量所入,餘以給里黨親串。時陳榕門相國再撫陝,高其誼,請於部。恩錫品服,閭井以為榮。壬申冬,余客河東監司喬潤齋夫子署,距翁居不數武,屢至其家。見遠近之鶉衣者,晨伺翁之門,翁飤之粥以為常。後數年,余復來河東,見翁之施與無怠色,每自節其膳羞之費,以予貧者。曰:"安吾心,勝於果吾腹也。"蓋是時,翁之家計已漸落矣。翁嘗謂予曰:"豐嗇者,天命,人亦適然相值耳。天予我厚矣,我有餘而不以贍不足,是我私天之所有,而弗恤天所以仁愛。斯人之心,天其將不我厚。"又曰:"天地所產,本足給人之用。自有餘者私為己有,而不足者愈歉,且有餘者亦憂己之不繼耳。使人皆不愛其情,將何憂不繼耶。"其立心制行如此。余嘗謂解衣推食、鄉里慷慨之士類能之,然或激於意氣,久而難繼;又或飾行以博名譽,專務於名之所及,不於其所不及。所謂簞食豆羹,見於色者,理固然矣。翁之好施,皇皇如不及,此豈有所為而為耶。翁善攝生,不事導引之術,惟自節飲食,老而彌健。子三、孫十人,翁晝則督諸孫就傅,夜則令環侍以為娛。如足已無待者,蓋其胷次灑落,無幾微較量豐嗇之念,故隨遇可以自適。從此享期頤、登上壽,為聖朝人瑞,又何疑哉。會九好古勤學,秉鐸於徽,旋以養親告歸,今歲四月,為翁誕辰,會九以書來京師,索予言為翁壽。余樂道其事之所親覩,而又佩翁之言夙有以警予也,於是乎書。

宋梯雲觀察五十壽序

浙水梯雲宋公,以名進士任職秋曹,前後十餘年,平反懋著。甲申冬,天子嘉其才,擢監司,領海疆鹺政。余亦旋膺簡命,視學來閩,因得親其風旨。公為人肫誠而樂易,克己而愛人。其為政也,用能殫心力以為僚屬先,同官咸樂親之。凡綱紀所在,亦多咨公議以行。惟是閩之鹺政,商無厚貲,課困于輸。公下車,廉得其情,亟規畫以生息之。且晚接群屬,察利弊,陳得失。士或有自便其身家者,咸以公為不可欺,爭濯磨以副公望,於是廉能之聲聞於遐邁矣。公又嘗為余言其家世素醇謹篤孝友，累世同居，雍雍穆穆無間言。於此有以知公之為政，蓋有本焉，非徒謹其外而已。自古所稱廉能吏，豈惟奉法秉令為尺寸自守計哉。國家慎選賢材，寄以重任，將期下倡寮屬，上報九重。若徒事謹身寡過、博廉節之名，則雖却錢封鮓、仿古人之迹以行之，世何賴焉。今觀公隱念所結，兢兢焉若惟恐於物無所濟者。蓋其立心遠而用意真，舉平日之素所蓄積者，一一見諸事為，而後即安，由是以推公曩昔之慎刑憲、酌重輕者，亦必有忠厚惻怛之意注乎其間。而儲休滙澤，實基乎世德孝悌之原，所謂教國必本於教家，其視諸此矣。去年冬，公以疾乞休。入春漸愈。同官思公之德，念公之將去也。以今歲十月，為公五十誕辰，謀所以祝公者，屬余言為公壽。余維古今之言壽者不一，其文惟《南山》之詩所云"德音是茂"、"德音不已"者為至善焉。公之蓄德也厚，則其發越也必盛。今以服政之年暫歸田里，所學固未竟也。異日者，朝廷特起公，資以作霖濟川之用，必將有以大其施為，以自茂其德音者，此又理之不易者也。"樂只"之咏若公者，其亦可以當之矣。

吳崑田先生八十壽序

世之享高年、擅美譽者，必卓然端其品於塵埃之外，不為世慮所攖，然後其神全、其氣定，雖造物之數，似可自我操之而無難。夫松栢之挺勁姿也，固其根本，禦攘冰雪，抱節既堅，乃克亭亭物表。苟或不然，欲與造物爭勝也，得乎哉。今觀於吾師崑田先生，誠所謂卓然自端其品於塵埃之外者矣。先生以早歲績學，螢聲藝苑。自雍正巳酉登賢書，次年選授中書官，京邸一時聲譽卓然。皇上御極之四年成進士、改庶常，七年授編修，九年典試廣西，得人稱盛。自十一年視學湖南，旋調廣東及陝甘，十八年旋京。八年之內，矢公矢慎，所以正文體、惜人才、勵清操者，兢兢如一日。凡輶車所至之地，至今稱頌焉。及二十年，以親老引告歸終養，後不復作出山計。屏跡里閈，日夕惟以書史自娛。暇日徜徉山水，雖敝廬不足蔽風雨，薄產不足供饘粥，而處之恬如也。遠近慕先生之品學者，爭延主書院講席。兩浙為人文薈萃之區，而肄業敷文書院者，人才尤為彬蔚。先生主是席者五年，一時掇巍科、登上第、仕宦而有令聞者，蓋亦指不勝屈。夫先生受聖主特達之知，屢司文柄，疑若不當遽退。然以鄉先達而善誘後進，使賢才彙征，無愧於文章報國，即無異於視學三省時也。杰以十八年應選拔，受知先生。十九年，見先生於京邸。閱十年，奉命視學於閩，適先生主閩之嵩山書院。又七年，承乏來浙，及今又四至焉。至則從先生遊，而先生之精神意氣，宛然如昨也。今年先生壽登八十，視德弗衰，貌豐而神粹，豈得于天者獨厚歟。亦惟端其品於塵埃之外，不為世慮所攖，如松栢之負質堅貞，其不彫者自在爾。況兩令嗣，一則科名繼起，馳譽成均，一則黌序有聲，異日所至，俱未可涯量。而諸孫繞膝，尤顧而樂之。從此壽享期頤，正靡有艾，固其神全氣定者，有以自致之而無疑也。先生與杰師生之誼久而彌篤，且杰五奉使命，親炙光輝，亦所遇之僅有者。秋九月，為先生懸弧，令旦杰獲躋堂而稱祝，敢獻蕪詞，為先生侑一觴焉。

葆淳閣集卷四終

葆淳閣集卷五　文五讚、議、誌銘

純佑全禧讚

太上皇帝紀元周甲，授受禮成恭紀。

臣惟昊天愛育烝黎，將合四海九州之大且眾，遍賜以福。必篤生亶聰首出之聖人，全付所覆，俾悉臻於仁壽安全。聖人膺受眷命，上承世德延洪，重熙累洽，久道化成。惟是億兆民庶，海涵春育，乃膺無疆之福，劭景爍之規。荷衢提釐，顯懿茂著。其在《書》曰"天惟純佑命"，《詩》曰"俾緝熙于純嘏"。言眷顧一德，引無極也。《漢書》枚乘曰"得全全昌"，荀子曰"君子貴其全"。言德業大全，功及民也。稽經諏史，未有如我太上皇帝之篤承懋眷，受福十全者也。欽惟太上皇帝，自聖齡十二受眷顧於聖祖仁皇帝，即有"福當過予"之旨。我太上皇帝踐阼之初，升香上帝，以紀元六旬，即當歸政，不敢上同皇祖，以次遞增。茲丙辰月正元日，肇舉上儀，授寶璽於皇帝。先是，皇帝因薄海臣民、外藩屬國歡欣愛戴之忱，躬率群臣，請俟壽逾頤慶，始舉斯儀，太上皇帝，申諭"勿辭"。盛典既昭，禔祥懋集，勳華授受，莫能比隆。讚述之詞，烏能已乎？且夫頌聖德者，類皆本於見聞之實，抒其忠愛之忱。至于紹天嚮福，有所由致，著要挈精，固非揚厲鋪張所能仰逮。

是以頌聖人之昭事者，則曰冬至圜丘，首春祈穀。必躬必親，致齋致肅。北郊誠禋，右壇薦玉。深宮昭告，昕夕精專。譬子於親，非報可言。六十年如一日，對越惟虔。

頌聖人之繼述者，則曰：實録晨披，陪京五詣。謨烈顯承，紀恩載記。衣冠著訓，方略纂績。紀薩爾滸，勒之貞石。四朝七代，景福日增，大猷丕著，家法克繩。

頌聖人勵精之德者，則曰：無逸作所，惟幾敕命。衍範在德，讀詁惟敬。

帳殿披章，行帷飭政。問夜疇咨，六幕溪應。省方觀民，遠服近畿。典重秋獮，北漠惠綏。念徵錫极，惟日孜孜。

頌聖人任人之德者，則曰：闢門明目，日覲百寮。機廷秉訓，疆吏遵條。簡惟忠藎，黜必曠撓。大公物付，至正衡昭。內外濟蹌，咸出教育。懷舊稱詩，掄才畀祿。亮績熙時，因材是篤。

頌聖人之文治者，則曰：辟雍創新，視學釋奠。黃瓦載易，周器用薦。四庫既儲，七閣斯建。獵碣重排，石經新勒。左淥右氾，庠序獎翊。恩榜八開，同文立極。清真雅正，成訓是式。

頌聖人之武功者，則曰：伊犁闢境，群回率服。定兩金川，俘索諾木。鯤身混帖，廓喀乞降。畏威懷德，揮國桂疆。贏績清苗，斧彼頑螳。崐池沼籞，雪嶺康莊。僳沬陳庭，降番從行。嘉玉來乎痕都，花象貢乎瀾滄。

頌聖人禮制之昭者，則曰：文武定階，籩豆法古。器繪新圖，仗定儀簿。白琥易璧，崇壇增青。秩祀列辟，法戒平衡。典斠輯瑞，訛闢摺圭。頒行通禮，上下秩儀。

頌聖人樂律之備者，則曰：和闐之磬，臨江之鐘。音諧韶樂，舞陳慶隆。宮商協律，全經創譜。俗箴載垝，絃定文武。筵歌抑戒，宴奏菁莪。一字一音，天地同和。

頌聖人平成之績者，則曰：開河陶莊，定誌清口。五壩慎啟，成規載守。永定隄崇，海塘石建。澹寧順軌，無惜鉅萬。

頌聖人怗冒之規者，則曰：漠北舊服，濛西新臣。瀛壖效職，洱海來賓。外逮重洋，荷蘭咭唎。象天大圜，醇和格被。

由前所稱，悉數之不能備其物。雖莊敬而敷陳，慮遺萬於舉一。臣惟聖人之所以合天，必以愛民為敬天之實。大之所以佑聖人，亦惟此養民之心念，為全福之基所由。盛德大業，洪懿蕃禔，極亙古之未有，舉獨隆於一時。臣日侍禁近，承訓清燕。仰欣聖履，康寧曼羨。壽筭益增，天行益健。恭讀《聖製十全老人之寶說》，猶兢兢於敬天愛民之念至矣哉。睿論昭宣，明揭內聖外王之要、顯仁藏用之原。天日之容，固難摹繪，而文章可得而聞也。懿夫！昭事上帝，惟以為民祈祉；敬法前獻，亦曰萬民是子。勤政以等民庸，用人以飭民治，文教闡萬姓之綱常，武功致萬國之寧敉。禮正民性，樂和民情。衛田廬於河海，極骿懞於裨瀛。凡皆以為民也。而皇禧之十全，則尤有孚格於至誠者焉。

粤若課兩量晴，歲無虛日。授時撫序，各循其節。耕歛廑懷，民食是亟。糧艘三捐，丁稅五免。偏隅賜賑，積欠普逭。惠孚勿問，鼓腹樂衍。批答所示，綸綍所頒。周咨民隱，恒廑顛連。文成數千，詩五萬篇。天人精奧，彌切痌瘝。昇平日久，戶口歲蕃，逾二十倍，同仰聖恩。為之歲計，民數穀數，酌劑裕源。新疆樂郊，卅載熙穰。內地億家，往資恬養。為之撫安，龍漠雪陲，耕屯益廣。巡蹕所洎，扶老攜幼。戒弗譴訶，尊親恐後。時往來於帝懷，嘉輿情之瞻就。祁寒暑雨，思艱弗遑。同厥好惡，順受百昌。媲可封於比戶，遵好德之純常。由是太和翔洽，返樸敦醇。七世迭奏，百齡稔聞。推一人之洪祉，俯逮群倫。帝壽同天，臣民歡合。耆宴重開，湛恩普洽。萃壽愷之鴻儀，榮周閭閻。

故曰昊天佑天子，天子綏萬方。調泰鴻之氣，循紘覆之綱。即所以垂恩儲祉，襲慶而承光。禹範敷福，穀成民章。商頌秩祜，錫豐降康。蓋洪鈞育物，德施周普。惟皇受之，民彝攸敘。瑞應畢臻，祺壽多祐。

天所為錫一人以全福，亦正以涵覆斯民長遊軒皞之宇。是則授受大典，即此以為精一執中之傳；燕翼成謨，即此以為緝熙執競之緒也。至我太上皇帝感蒙眷命，日亹虔寅，敕幾訓政，益切民依。固由上天申錫，既康且寧，觀頤養正，仁覆烝黎；亦惟聖人莊敬日強，至誠無息，逸豫是戒，克膺寵福。臣以譾陋，仰依帝則。爰抒葵私，鼓舞歡懌。惟慶昊佑全禧於萬斯年，無有紀極也。

拒姦致死議

查本年龐驢拒姦，踢傷布金山身死，與武康兒拒姦，扎傷高還成身死二案。一照罪人不拒捕而擅殺，一依鬥殺問擬。又查從前拒姦之案，亦有依鬥殺科斷者，有照罪人不拒捕而擅殺者，又有擬以杖流者，又有依罪人本犯應死，而擅殺擬杖者。又三十九年，濮姚氏扎死濮運貞一案，部擬絞候，奉旨："濮運貞淫兇不法，其致死實由自取。姚氏抵禦強暴，與尋常謀毆之情節不同。此等若入秋讞，亦應在可矜之列，又何必令其久繫囹圄，是執法而令抵償惡棍，不若原情而保全善良之為得也。濮姚氏著免死，減等發落。欽此。"欽遵亦在案。統觀前後各案，總緣拒姦格殺，律無正條，是以臨時問擬，不無互異。倘非議歸畫一，當無以昭平允。再查凡應捉姦之人，激於義忿，登時殺死勿論。豈有被姦之人，毫無羞忿之心，不一格拒之理。如拒姦致死，即應抵償，是止准捉姦，不准拒姦也。賊犯執杖拒捕，為捕者格殺之，尚得勿論，豈有良人子女，名節所關，慮其抵償，不敢格鬥。是止准格盜，而不准格姦也。如謂當時無難奔避喊救，則強暴在前，或有不能圖脫之勢；如謂未取生供，慮有扶同賄囑，則官府有遠近，死有遲速，安能盡取生供以為確據。況人命重案，俱以證佐為憑，凡拒姦之案，自當於定案之先，核其情節之確與未確，不當於證佐確供之後，復疑其扶同賄囑之弊。其未有證佐者，固不當聽一面之詞，任其狡脫；其既有證佐者，亦似當原情定擬，庶足以懲強暴而安善良。應否案其情節，各立崇條，奏請聖明定奪。

議駁一子祀兩房並行三年喪文

據江蘇巡撫費咨稱云云等語，查服制乃國家功令，何得憑一二人臆見擅行更改。且來咨並未明言錢宗孝、錢鳳儀，孰兄孰弟，孰存孰亡，或二人俱存，或二人俱亡，但云一子承祀兩房，與出繼為人後者不同，因請並行三年之喪，不知據何禮經，殊屬非是。按《儀禮》曰："大宗者，尊之統也；大宗者，收族者也。不可以絕，故族人以支子後大宗也，適子不得後大宗。"《欽定儀禮》案曰："適子不得後大宗，則小宗亦不可輕絕，是小宗不可絕之。"適子不能為可絕支子之後明矣。《儀禮》曰："為人後者，為其父母，何以期不貳斬也。"敖繼公曰："此釋期服之意，為父固當斬，雖然，父不可二，斬不並行，既為所後之父斬，則於所生之父，不得不降而為期。蓋一重一輕，禮宜然也。"《欽定》案曰："不二斬者，不二父也。一語得其宗矣。"《儀禮》又曰："為人後者，何以三年也？受重者必以尊服服之。"《欽定》案曰："為人後而事所後父如父者，臨之以祖也。祖者，別子也。繼別之宗重，則生我之父不得不輕，而稱名制服不得不殺，此三年喪不得並行之大義也。"是以乾隆四十五年，部議："昭文縣方永安一子承祀兩房一案，亦援雍止十二年部議。三年之喪不得並行，第緣心喪三年之文，謂本生期服，非他期親之服可比。文武生員及舉貢監生遇本生期服，呈明期年內不許應歲科，鄉會試亦無並行三年喪之文。"至乾隆四十年，上諭："係為陣亡蔭襲而言，謂與其與疏遠之支屬，不若與親近之獨子，此乃格外施恩之典。且亦無並行三年喪之文，不得援以為例。"今來文云："承祀兩房與出繼為人後者不同，不知降服之文緣承繼而言，不因承祀而定也。"如來文所言，豈繼後者不必並行三年之喪，而承祀者轉當並行三年之喪乎？倘錢宗孝更有兄弟數人，俱令生員錢蓀華一人承祀，不知將並行三年之喪乎？抑有所厚薄於其間乎？若並行三年之喪，則錢蓀華報丁將無已時，而終身歲試可以不到。凡有似此者，引以為例。學冊何以填寫，學政將何以報部乎？又來文云："若於承祀之父母服喪三年，而於生身之父母反服期年，是無子者有服喪三年之子，有子者反無服喪三年之子，於情於義，似屬未安。"聖人之禮，權衡至當，經數千百年未之有易。豈聖人於情義反不若錢蓀華之斟酌盡善乎？至父母已故，為祖承重，此又代父服三年之喪，非父母尚在，而亦為祖服三年之喪，更不得援為並行三年喪之據。

總之，服制攸關，止論承繼，而不論承祀。大宗與小宗之獨子，不准承繼；兩祧支子承繼及支子之獨子承繼者，不准並行三年之喪。文武生員及舉貢監生，仍遵雍正十三年之議呈明，丁本生父母憂，期年內不應歲科；鄉會試若期年之外，不應科試及鄉會試者，聽其自盡。若生員遇歲試，藉詞規避，仍照例斥革，以杜覬覦家產及一切爭繼滋訟之事。此案若宗孝為兄，是為繼禰之小宗，則蓀華不得復為鳳儀之後；若鳳儀為兄，則蓀華應為鳳儀之後，而本生之宗孝止應期服。至或係大宗，則更無論矣。或者錢宗孝係弟先亡，錢鳳儀係兄尚存，安知不亦生子？錢蓀華已為其父服三年之喪，迨錢鳳儀竟無子而亦亡，則蓀華應繼小宗，是禮緣意起、情隨事遷，自當為小宗，再服三年之喪。而錢宗孝支子一房，另擇所愛承繼與否，例內亦無支子必不可絕之文，則亦聽其自便。要不得藉承祀兩房，創立並行三年喪之文，有干定例。

誥授光祿大夫襲封七十二代衍聖公篤齋府君墓誌銘

乾隆五十八年十一月初五日，誥授光祿大夫、七十二代襲封衍聖公篤齋府君疾薨，享年三十有八。以弟之子慶鎔為嗣。既襲爵，以六十年三月二十二日禮葬祖塋之次。先事具行述來請銘，謹敘而銘之。

惟公慶生崇儒重道之朝，忠孝恪謹，以共祀事，盛典屢襄，恩光疊沛。雖享年未遠，而所以宏纘家風、垂庥弗替者，章章乎其極也。公諱憲培，字養元，號篤齋，生乾隆二十一年七月十九日。祖諱廣棨，父諱昭煥，並誥授光祿大夫、襲封衍聖公。公年十五奉旨賞二品頂帶，乾隆三十六年二月，聖駕巡魯，垂詢公有足疾，賜太醫胗治。十一月，隨先公入都，祝皇太后八旬萬壽，展覲天顏，蒙賜名賜宴。次年，娶大學士金壇于公女。入都親迎，先公摺聞奉硃批"汝子頗可成人，朕為汝喜"。四十一年三月，聖駕巡魯，隨先公迎鑾成禮。四月，入都謝恩。值金川凱旋，奉旨著紫光閣與宴。四十五年四月，南巡迴蹕，至山東界，隨先公迎駕，錫賚有加。公未襲爵以前，固已克展敬勤，備沐天寵有如此。四十七年八月，先公以病解職，奉上諭"孔憲培著承襲衍聖公。欽此。"十月二十一日蒞事。進摺有"敬承祀事、讀書飭行"語，奉硃批"勉此八字可也"。公於是仰承先緒，敬守家風，肅勤蒞事，歷久弗懈。次年八月，先公薨，盡哀盡禮，見者稱為純孝。四十九年二月，聖駕巡魯，公率諸賢裔、博士、族人，赴德州迎駕。臨幸闕里，釋奠禮成。五十年二月，皇上舉行釋奠臨雍盛典，率諸賢裔入都陪禮，跪聆宣講，蒙恩旨紀錄一次。是年，覃恩誥授光祿大夫，于夫人誥封一品夫人。五十五年三月，聖駕巡魯，率眾迎鑾成禮。八月，入都恭祝皇上八旬萬壽，蒙賚尤為優渥。值十九日丁祭，得旨陪祀。公自承恩襲爵以來，恭逢幸闕里二次，南巡回鑾蒞魯一次。自先聖廟林及毓粹門，俱預期祇備，必莊必謹。入都祝釐及歲時朝覲，禮度恭肅，所由仰邀宸眷，至隆極厚。

賜賚之蕃，如墨刻則有《御製辟雍論》《生擒林爽文紀事語》《生擒莊大田紀事語》《二十功臣像贊》《億昔詩》《石鼓文詩序》《重排石鼓文四得論》《四得續論》《搢圭說》《圭瑁說》《反蘇軾超然臺記說》《涇清渭濁詩圖》《御筆樂毅論》《御臨雞雛待飼圖》《春雛得飼圖》《金川戰圖》《平定臺灣圖》《重刻淳化閣法帖》。書籍則有《御批通鑑輯覽》《通志堂經解》。珍物則有如意、朝珠、大小荷包、貂皮、綢緞、紗綾、冠服、牋紙、筆硯、硃墨、宮扇、玻璃瓶盌之類，不可勝紀。寵光駢疊，古未有也。公嘗修尼山書院，俾復舊觀。乙巳夏，彌月不雨，率宗族紳士步禱諸神，得甘雨之應。明年歲飢，慨然出穀以飤飢者。蓋勤施出於天性，而小心敬慎之規模，其留貽者遠矣。是宜銘，銘曰：

至哉聖德，清寧幬載。七十二葉，精禋靡懈。恭逢盛際，天子隆儒。幸魯釋菜，臨雍講書。懿茲後人，光昭大典。嗣爵惟虔，受禧丕顯。宸章御刻，燭漢光霄。奇珍繹絡，拜捧于朝。儀肅心兢，惟詩惟禮。蹈履聖涯，咏歌帝祉。自膺章紱，星紀維周。族涵雅化，庭紹鴻庥。鬱鬱者阡，樹之銘碣。奕祀佑垂，敬承無斁。

臨安府知府張君墓誌銘

君諱玉樹，字德潤，號蔭堂。卒于官，既歸葬，其弟珠樹來乞志銘。予昔同師酉峰先生，知君信道之篤。又以同年，習聞其治行，故志之。

始祖諱盛，元時由河南固始遷陝之盩厔。再傳諱孝禮，明初遷武功，遂為武功人。生子敬，敬生讓，讓生儒珍，君之九世祖也。正德戊寅歲貢，歷官河間訓導、南皮教諭、永壽王府教授。八世祖諱鏵，嘉靖壬戌進士，官大理寺副、蜀王府左長史，與教授公並祀鄉賢。七世祖諱汲，由選貢官休寧縣丞。六世祖諱橋，萬歷癸丑進士，官行人司行人。高祖諱文煜，國初縣學生。曾祖諱墡，祖諱爵，俱處士。考諱書紳，字誠齋，以選貢注籍直隸州州判。君官山左，疊遇覃恩，祖貤贈文林郎，晉贈奉直大夫，祖母耿氏貤贈孺人，晉贈宜人，考敕贈文林郎，晉贈奉直大夫，母楊氏、繼母喬氏敕贈孺人，晉贈宜人。

君丙子登賢書，辛巳成進士，注選縣令。誠齋公覘君器識可成立，時以存心利物為訓。易簀前誡曰：「爾弗薄民，當如吾弗薄爾；使民不薄爾，始見爾不薄吾。」君終身識之。甲午七月，署清平。八月，即值王倫寇掠堂邑、壽張、臨清，清邑接壤。邑故無城，君聚義勇防衛，民賴以安。大學士舒公奉命勦賊，駐臨清，嘉君猝備芻蕘糧糧之屬，及善後事悉，當即奏補是邑。

君在山左凡十七年，初任清平，次署聊城，次調嶧，次擢膠州牧，次署青州守，次調濟寧牧，次署濟南守。所至，首學校，剔陋弊，痛抑豪強，不勝書，今書其尤著者。方君之治嶧也，壬寅秋，運河漫溢為災，得旨於濟寧截漕備賑。嶧距濟幾三百里，米難驟至。君急貸金，購黍粟以賑，尋糴漕米償所貸。既省運費，又得賑速，而鄉人習食黍粟，更喜得黍粟之數多於漕米者。遷膠日，嶧又大飢。令不諳於賑，撫軍檄君，暫攝嶧事。民若亡子復見父母，喜繼以泣。是年，膠亦大飢。君倡捐粟米，多設粥廠，所在掘坎覆藁楷，分男女處之。戊申六月，膠西南隅夜大雨，如嶧昔水患。君且悲且賑，一月而手足頓痺，君之疾，蓋始諸此。庚戌，遷臨安守。時方謝濟南府事，值各屬水災，撫軍留督賑畢然後去。論者謂：「君在山左，績著于賑，心勞于賑，力憊于賑，而君即以此闡父命焉，可謂孝矣。」其治臨安，積穀家以錢糴居奇。君權藉公銀糴米，復設局收易私錢，錢價定，穀價亦平。其他三年中，問民疾苦，除民所患害，一如在山左，而勞瘁過之。癸丑九月二十九日，竟以疾卒。郡之紳士、農民、商賈、僰童、夷婦哭於庭者踵相接。既念君之清貧，醵錢以歸其喪，又肖像以祀。嗚呼，可謂民之父母矣。

君所著有《恒訓閣志》《學錄》《存辨錄》《秦賢彙集》各二卷，《惕終齋日記》十四卷，《詩文抄存》四卷，又有《嶧縣臨陽聞見錄稿》未就。明年三月，柩歸。丙辰十二月二十六日，葬先塋之次。

年六十歲，配龔氏。子三：燕昌，娶同邑高廉道楊君本仁女；燕嘉，太學生，娶渭南平度州牧郭君清芳女；燕譽，縣學生，娶同邑寧夏教授黃君鑒女。女子三：長許聘同邑太史孫酉峰先生家孫奕坦，未字，殤；次亦適太史孫奕塽；又次未聘接。銘曰：

學道愛人古所敦，張君為政如其仁。過庭之訓比恩勤，乃知痛癢胥切身。臨人尸祝名弗湮，君閱春秋裁六旬。報施未竟竢後昆。

焦婁李公墓誌銘

敕授文林郎李焦婁先生，以今乾隆某年月日，卜葬於華陰某鄉某里之原。嗣君某述其生平行略，請志而銘之。

按狀，公諱天秀，字子俊，焦婁其號也。先世蒲坂焦婁村人，明初，徙居華陰，世有隱德。祖諱所用，以公顯，貤贈文林郎、翰林院庶吉士。父諱功遂，敕封如秩。皆積學篤行，士林推重。公少穎異，善屬文，弱冠入邑庠。康熙庚子，領鄉薦。雍正癸丑，捷南宮，讀書中秘。乾隆丙辰，出授山東歷城令。歷城故煩劇邑，公至，積案一清。興文教，決疑獄，邑頌神明。旋以持議拂上官罷歸，士民感泣，立生祠祀之。家居日，事著述啟迪來學，遠近學者響附焉，以故嗣君皆能以藝自奮。長君楠，乾隆庚午以優貢舉于鄉。次君榛，癸酉以拔貢生舉于鄉。次君桐，亦食餼于庠。甲戌，榛以明通歷試山東平陰、東阿知縣，復檄任歷城，有惠政，可謂繼公之志矣。

公事親孝，執親喪三年不茹葷。服既闋，每一語及，未嘗不泣下也。與人直誠，無所矯飾，自謂生平得力在孔子"知恥近勇"一語。嗜學不輟，嘗手錄經史及百家之言，暇則臨晉唐各帖。所著詩文等集，嗣君方謀授梓以傳于世。嗚呼，記所稱博文彊識而讓敦善行而不怠，公其有之矣。

公生康熙某年月日，卒于乾隆某年月日，享年七十有一。元配魏孺人，敕封孺人，先公卒。子三人，女一，適士族；孫男九人，孫女八人；曾孫一人，曾孫女一人。銘曰：

銘者名也，紀實斯琛。丈夫制行，嶽嶽森森。單志文園，所規則遠。領袖秦中，振纓上苑。為霖東國，惟德是栽。士其昆季，民其嬰孩。政逮古人，學獎後起。儷古翼後，瀧阡並美。

樂山行君墓志銘

近時以數世同居著美縉紳間者，涇陽張氏而外，推曲沃行氏。余昔與兵部武選司副郎、今候銓知府日昌同官京師，時相過從，并識尊甫樂山君，因得悉其家範。及日昌以假歸，樂山君旋捐館舍。歲乙未，諸孤卜於所居史店西之新塋，將以冬十月十二日，合窆君暨配雷、許、王三恭人之匶。日昌來予邸乞志墜石，且泣曰："日昌序當後從世父，顧不敢辱所生則一也。"余不獲辭。

按狀，君諱有條，字植南，一字樂山。其先聞喜人。高祖學孔，禮部儒官。曾祖維善，鄉飲賓。昆季三人，友睦共爨，行氏六世，同居其所昉也。以孫世繪候選郡丞循例，請贈奉政大夫。祖貢生，諱大巍；考庠生，諱世法。並以君職，亦循例請贈中憲大夫。祖妣周、妣王，俱贈恭人。

君三歲失怙，十歲祖父又歿。比長語及，輒嗚咽。既就傅知嚮學，具得周恭人暨王恭人歡心。弱冠，補諸生，尋以獨任，家棟不獲，專攻舉業，援例充貢，注銓同知。旋以輸餉金川，議敘四品，秩加二級。先是，君叔祖妣王有子世準殤時，宗族無可繼者，於是君事兩祖妣，色養備至，並享壽考以終。念本生妣王恭人砥節垂五十年，則請於有司，得與旌典。居喪盡哀盡禮，至老孺慕不少衰。與群從處，怡怡無閒言，食指漸繁，家道亦日起。君曉夜擘畫，殫其心力，俾不生異同。尤肯周人之急，遇艱鉅事，引為己責，不以累人。宗族之無後者歿，必經紀其家。塾師某老喪子，君為之置蒭以延似續。其他瞻孤嫠、佐昏葬，凡力所能為，必期于人有濟而後已。君性嗜學，兼工書，狎山水，體氣強健。易簀，夜猶與客秉燭玩雪，無疾而逝，人尤以為厚德之報。

君卒於己丑十一月二十一日，距生康熙戊子十一月二十一日，春秋六十有二。君繼配今在者為劉氏。子三：長日昱，貢生，候選知縣；次即日昌，出繼並許出；次日昂，貢生。王出孫八人。余嘗讀史，見張公藝、陳兢，或賜縑帛，或旌義門，凡以國家風教所關，不得不侈為僅事也。至欲求其彷彿，則自博陵崔倕、安平李幾、太原郭儁，而後如張閏、鄭濟，亦寥寥矣。君家傳孝義，躬習詩禮，而又能踴躍急公以仰佽。軍興飛輓，思效卜式、王丹之所為，豈非得於聖化所涵濡者深歟。余故揭其大者，為之銘曰：

承平藏富在里閭，酌言天地報弗渝，輸邊助國懷區區。君展葵悃秩大夫，積而能散擅令譽。矧知大義行可模，穀貽子孫慶有餘。我欽高躅銘元廬，更奕葉後無析居。

孫母劉太孺人墓誌銘

吾師武功酉峰先生既葬母劉太夫人，命某為誌銘，將續納諸壙焉。某謹按先生所為太夫人狀，而知先生之學本於太夫人之訓者，不可蔽也。太夫人邑處士，諱孝次女。處士故望族，以是太夫人言行悉遵禮法。年十六，歸例贈文林郎、翰林院檢討樸齋孫公。時姑已歿，恨不逮事，無何，舅亦卒。然事樸齋公大母李十有九年，能得其歡心。樸齋公少未學，而可謂之學，而性又好學也，故督先生學甚嚴。凡書籍筆墨之費，悉從艱辛中量而給之，偶不能給，太夫人以紡績佐之給。迨先生食餼于庠，其學日益進，太夫人方冀其早登賢書，慰樸齋公夙志，而公不少待也。自公即世，太夫人督先生之學者，非徒以科舉矣。先生登賢書後，秉鐸商州。太夫人訓之曰：「此去勤課士，勿俸外受一錢，勿以非道悅上官。」先生遵之。涖任半載，士習文風，蒸蒸丕變。鄰邑之英，爭負笈以從。蓋前後乎此者，莫能及也。

先生之學，辨取舍，崇廉隅，而太夫人猶以近名為慮，嘗切戒焉。已未，先生成進士，改翰林庶吉士。壬戌，散館授檢討。未幾，以休致歸。

先生自念君恩至厚，圖報末由，惟研窮經義，教學相長，庶幾不負初心。先後應聘主講關中書院者三，主講蘭山書院者一，於關學多所發明。亦藉膏火餘資，以為菽水奉，而義不苟合，每介焉不終日。太夫人察其非市名也，亦惟督諸婦女勤紡績、節浮費為生計，以玉成先生之操。先是，撫軍蒲坂崔公薦先生賢良方正，辭弗應。庚午，桂林陳相國撫陝西，奉旨舉經明行修之儒，首推先生。辭之尤力，太夫人聞之，曰：「是吾心也。」今先生歸籍三十年，雖閉戶，不廢講學，獨絕聲氣之交，為關中學者宗仰，有自來矣。某因誌太夫人墓，而揭其所聞母教之大略如此。太夫人年七十有九，以乾隆三十一年丙戌八月二日未時卒，即于是年十有二月廿四日，葬本邑東原張三官寨南祖塋之次，壙在樸齋公右。

子四：長即先生，名景烈；次景昌，辛酉副榜；次景勳，昌與勳皆出嗣；次景熙，縣學生。女二，俱適士族。孫男四，孫女五，曾孫女二。銘曰：

河南上谷郡，君教家以敬。敬則慮周思深，而不離於正。太夫人式焉，豈惟北堂之賢，抑亦學為君子者，之所未易然也。述慈範兮貽後嗣，安茲阡兮世彌熾。

余母壽氏一品夫人墓誌銘

歲丁酉十月，大司寇諸暨余公德配夫人壽氏遘疾，卒於京邸。既祓殯，公亦引年，疏乞致仕。上眷公衰老，恩加太子少傅，予告歸里。明年春，將治行。先數日，過余邸舍，持令子比部郎延良所為狀，乞余志夫人壙石。曩余視學閩中，公方秉臬，辱公不鄙，許為忘年交。及余忝佐秋卿，步公後塵，祗循條教，且稔知夫人賢淑慈惠。重違公命，故諾而不辭。

按狀，夫人姓壽氏，世居暨陽墨城里，為增廣生植三公次女。幼靜正不苟訾笑，婉娩聽從，奉其姒王孺人教惟謹。孺人亦饒愛之，嘗目夫人曰："是載福器也。"時公考玉京公，與植三公並為高材生，討論詩文，稱莫逆。尋命公執經請業於其門，植三公尤器重公，遂以夫人許字焉。先是，公高祖侍御浣公公，歷宦清白，家產不及中人。公考又早世，惟王太夫人在堂。夫人既歸，敦行婦道，躬親爨汲，色養怡愉，動中禮則，宗黨稱之。會公方發憤下帷，思有以光大先緒，振起家聲。夫人則篝鐙刀尺，佐讀宵分，一燈熒熒，然相勸勉無勌迨。

公成進士，留京教習，期滿分部。太夫人春秋高，兼善病，夫人斥釵環供藥裹。晨昏侍奉，抑搔扶持，先意承顏，獨得太夫人歡心。而操持家橐內外，井井就理，俾公無內顧憂。公由部郎出守福寧，三任海疆，遷臺灣道，擢臬使。不數年內，陞刑部侍郎，旋又奉命鎮撫八閩。夫人皆隨任，捫擋衣食，無異家居時。公陳臬事，夜秉燭治官，平反疑獄。夫人在傍，謂曰："下筆無易，咫尺鬼神。"洎撫閩六載，政肅刑清。夫人雖不與外事，然每以無或枉撓為言。丙申秋，公述職，蒙恩擢授刑部尚書。值夫人年登八裘，稱觴里門，語比部郎曰："汝父為國家大臣，聖恩高厚，報稱益難，汝曹勿引為光寵也。吾忝首行命婦，倘遇國慶，分當隨班行禮，稍將誠敬。我筋力尚健，獻歲行入春明，汝毋以耄老阻我也。"其識大體皆類此。抵京後，適公奏請延良隨侍刑部學習，即日奉俞旨，夫人感激弗勝，勖延良以力圖報效，庶幾恩義兩全，訓勉備至。

夫人性至孝，姑王太夫人沒三十年，每歲時家祭，必追思泣下，左右為之動容。以同懷弟宦卑，不能置祭產，積篋中金三百餘，為考妣買田奉祀。待戚屬情誼周摯，解推無少吝，下至臧獲，俱有恩。自奉儉約，服御布素，常手自補紉，公曰："家故貧，今何太自苦耶？"夫人答曰："荊釵布裙，吾不忍一日忘困悴時也。"事公凡六十年，無閒言。既老，語多規切。

卒以某月十七日，距生于康熙三十六年十月二十二日，得年八十有一。三遇覃恩，晉封一品夫人。子一，延良，刑部員外郎，娶李氏，宮保、總督、尚書李敏達公衛孫女，福建興泉永道諱星聚女，例封宜人。女一，會稽貢生徐衛其壻也。孫四人：壽康、壽平、壽昌、壽芝。曾孫永思。娶聘皆仕族。

余嘗讀《范史·列女篇》曰："哲婦隆家人之道。"而其敘次，首及渤海鮑宣妻桓少君事。宣嘗就少君父學，父奇其清苦，以女妻之。宣後官至司隸，子永為魯郡太守，永子昱從容問少君曰："太夫人寧復識挽鹿車否？"對曰："先姑有言，存不忘亡，安不忘危，吾焉敢忘乎。"今觀夫人之生平，處富貴而不忘貧賤，斯其所以敭歷中外，共享福祿壽考，而以其餘貽後人於無窮也。是宜有銘，銘曰：

句乘之鄉，壽夢之裔。篤生女士，作鉅公配。子職克勤，婦道斯備。搖翟衝牙，高門鼎貴。貴而能勞，守敬姜戒。出隨節幢，入伴簪紱。既壽既臧，溘先委蛻。宥府懸車，悼亡去位。有子曹郎，克家保世。櫬歸剡川，榮餘執紼。銘以彤管，用傳徽美。

葆淳閣集卷五終

葆淳閣集卷六　文六　傳記

胡敬亭傳

胡君名德銓，字履東，又字汝忠，號敬亭。其先系出唐銀青光祿大夫常侍公諱學，因滅黃巢有功，晉節度使。宋紹興間，十世祖諱緝，字紳夫，與岳武穆稱莫逆交。適從師過歙，駐上蔭，出與武穆共登眺，指今所居村落曰："此地山川蟠固，可安耕鑿而長子孫。"紳夫公因卜居焉，遂為歙之傳谿人。閱十五世應章公，為君之高祖，恬澹無為，元默自守，精研性命之學。其曾祖承瑗公，益紹其緒，潛心閩洛諸書，著有《研性錄》一編。孝友傳家，世德罔替。

君為伊尊人芥園公次子，自幼穎悟過人，讀書目數十行下，動筆灑灑千言，輒傾其曹偶。年甫十四，芥園公捐館武林，凶問及里門，哭踊如成人禮。既又念慈親在堂，哀慟中尋復強顏曲慰。孺慕之忱，出於至性。季弟楷川公，夙為堂上鍾愛，君特友睦逾常。楷川公遘得惡疾，臧獲輩懼，不敢嚮邇。君獨躬為檢料藥餌，扶擷滌涴。時屆嚴寒，目不交睫、衣不解帶者兩月有奇，而卒不起。手足情深，幾於五中摧裂。從姪立誠夫婦相繼隕于杭，君為營理殯葬。從姪孫裕稑孤生纔四閱月，自襁褓迄成人，撫之如一日。壯年嘗往來嚴陵、太末間，置田數畝于壽陽。壽陽胡應三君之族姪也，青衿一領，艱窘特甚，君憐而以田贈之。其他族姓有絕少依藉者，或按月賑給，或歲時提攜。家故不甚豐，至濟人之急，常不惜傾囊橐與之。蓋其友愛睦婣，類率如此。

讀書通曉大義，罔間寒暑，得古人之間而研搜之，墨乙硃圍、線批夾註。其于河洛原本爻象變易，為圖為說，曲暢旁通，往往發前人所未發。著有《周易邇言》一書，屢易其稿，閱數十年始竣。嘗嗜青烏之術，自郭景純《葬經》卜氏《雪心賦》暨《倒杖篇》《疑龍經》《發微論》《穴情賦》《堪輿寶鏡》諸書，凡屬地理正宗，靡不研究。居恒嘗謂："葬書乃人子所必讀，欲慰先人之靈於九原，徒委諸庸師俗學，是猶以非藥而毒其親，豈不痛深骨髓。吾先人菟裘未卜，此事非異人任。"以故二十餘年，遍覽歙邑川原，雖祁寒暑雨，不辭跋涉。丙戌春，始得卜吉邑北鳳凰山麓焉。先是，君之四世祖與妣合葬墓，為鄰豪所侵，豪恃勢多金，人莫敢誰何。君乃挺然獨出，號召通族子姓，嘗奔馳烈日中，往返數百里而遙，按籍呈圖，豪始俯首無詞，訟乃得息，其先塋亦藉以安。又君之十八世祖南山公墓，在邑之大由山。當洪武初年，奉敕浚永豐渠，竭久而傳訛，浸至淹沒。君緣素精堪輿，故得遍歷山陬僻壤，訪諸故老傳聞，偵知確鑿。斷碑雖仆，剔蘚而讀，馬鬣依然，族人謂妥侑先靈，君之功無與抗衡者。居恒謙以自持，和以處衆，絕少疾言遽色。惟見義必為，則慷慨以赴，不遺餘力。督子姪讀書，勉圖上進，常不少寬貸。居家儉約，雅不喜豪侈惡習。歿之日，發篋而視，裘帛之衣不盈笥，親串咸為嘆息。

生平著述《周易邇言》外，有形家書數種，及詩古文詞若干篇，皆藏於家，未付梓。君生於康熙庚子年十二月初四日子時，卒於乾隆丙申年六月十五日卯時，享年五十有八。子四人：長以濂；次以淑，出嗣楷川公；後次以澄；次以溶。孫男五人。

吳雲亭觀察傳

公諱延瑞，字履雲，雲亭其號也。先世居江右，遠祖諱君弼，元季以侍御卒於官。子揆一，遂家於商城。數傳至諱思名者，始遷固始。正統時，輸粟賑飢，朝廷旌其廬。曾祖諱某某，中天啓壬戌進士，知廬州府，以禦寇功，卒贈太僕寺卿。祖諱某，為邑諸生，以公貴，貤贈中憲大夫。祖母周太恭人、李太恭人，俱貤贈恭人。父諱某，誥贈中憲大夫。母王太恭人、蕭太恭人，俱誥贈恭人。公蕭太恭人所生也。

幼魁異，年十二遭父喪，哀毀動鄰里。長知自立家，惟老屋數椽，筆耕養親，太恭人織紝佐之。親串或伙助之，不受。伯父某某宰密縣，解組歸，遂受業焉。年二十九，補弟子員。性剛正，鄉黨有不平者，必判曲直，人服其公。初，娶劉恭人，繼王恭人，淑且才，仰事俯育，公悉委之。自假外祖草廬三楹下帷，非省母，不踰閾。壬子，膺鄉薦。丙戌，成進士。引見，以主事用分戶部。秋，忽心動，即請假歸。歸未兩月，太恭人病卒，人以為至性之感云。服闋，補湖廣司主事。大學士英公廉總理戶部，自負汝南評，以渾金璞玉目之，倚任尤專。洊擢郎中，京察保薦，特授陝西潼商道，至即葺書院、釐關稅，以惠士商。潼灞河，河水悍駛，爭渡者間遭汨溺。公設官渡，立碑禁，至今安之。庚子夏潦，商州山水陡發，壞田廬無算，有司匿不以告。公親往勘報，振貸如例。上游漂沒者順流而下，公亟懸賞，活一人，予白金五兩，全活甚衆。署臬篆、讞疑獄、活死罪，平反為最多。

計典已列首薦，以手足痺病告歸。太恭人素好施予，每以貧自傷，公時追念之。至是稍積宦貲，置祠田供祭祀外，高曾以下子孫貧無依者，購義田周之。近祖塋地，俾族之入泮者食其租。病痊，授廣東糧儲道。上官知公之賢也，委訊疑獄，日相繼。適臬篆闕，即檄署之。廣東刑名案牘幾五倍于陝，公稽聽有疑者，坐燈下反覆求之，至眠食俱廢。地濕熱，又當盛暑，以積勞，時患腹痛，然不少休。子弟以靜攝勸，公曰："獄，重事也，署篆人易忽也，吾何忍？"

會緣人犯病斃，吏議降一級。回籍半載而卒。公敦重本天性，與人接，質直無浮文。與王恭人相莊如賓，終身不置侍妾。子三人：長邦治，辛丑進士，今為汾陽令；次烜，丁未翰林，即余所取士，前任江西學政；季邦墉，工部司務。孫男四人：其浚，邑增生；仲其彥，己未翰林；餘皆向學，豈非公之義方有素，而能裕其後乎。

新建順昌縣萬壽宮記

甲申冬，余奉命視學閩中，欽承聖諭，整士習以勵民風。比歷試各屬膠庠冠帶之彥，雍雍肅肅，可知帝德覃敷。當此版圖式廓、雕題入貢之秋，雖億萬里，猶然咫尺，矧地連於越，風聲伊邇耶。顧非封疆重臣及賢守令，有以導揚休烈、整肅聽瞻，不能至此。順昌，延平屬邑，地僻山深，而民之歌詠皇仁如同輦轂。歲乙酉，邑令陳君率紳士特建萬壽宮，為恭行慶典之所。雲甍畫檻，丹碧交輝。每屆期，集僚佐、飭班聯，于以祝嘏。申虔敬，宣綸綍，順百姓媚茲之意，將遠臣恭恪之忱，誠盛事也。夫大順大化，不見其迹，不知其所以然而然。故堯階風動，舜陛時雍，實有聲色不形，言思擬議所不能到者。我國家化成久道，百餘年來，兵革息而雅頌興，山陬海澨之區，農服先疇，士食舊德。聖天子建中錫福，淪肌浹髓，何可名言也耶。此黎老負暄之戴，葵藿傾陽之心，所以相喻不言，莫能自已也。從古華封以壽祝君，而天保九如，遂有南山之頌。今者巍峨絳闕，與華陽千仞並峙。雲霞縹緲間，效嵩呼祈聖壽。光天化日共樂，萬年有道之長，其此志也夫。是為記。

重修泉州府文廟記

乾隆三十有二年夏，泉郡興修文廟之工既竣。事溯經始，于乾隆二十年有六年春，凡七易寒暑，非有怠也，其用心固不同也。廟自宋紹興間，始遷茲地規模，故豐麗博敞。惟繼世補葺，鮮經久計，至是謀所以新之。紳士郭賡武等聚而言曰："廟之弗修，無以昭恭敬、肅祀典也。"又曰："凡茲之舉，眾所願也，則毋利于速成，而率以從祀也。"乃請于郡守，群率私錢而集工焉，推賢能者總其事。首完殿宇，次兩廡泮池，次大成、欞星諸門，椽櫟棼桷，甃甓階磴。或更舊以新，或易木而石。赭堊焜煌，觚稜翹翼。春秋上丁時祀，則豆籩干籥之屬，靡弗致飾，遹觀厥成，美矣煥矣。其崇聖祠舊在明倫堂東，卑隘弗稱也。茲移搆于殿東敬一亭故址，其東為明倫堂。堂及前廊，頹圮尤甚，咸重新之。又東為尊經閣，累以三層，高七丈有二，廣袤六丈，櫨檻相承，或謂昔年有閣于此。人文斯盛，儒者弗信其言。顧一旦巍然改觀，不可謂非氣象之崇新者矣。是役也，綜費白金二萬有奇。用覈諸實，工致其堅。捐輸之餘，悉監生粘嘉樂一人益之。廟外門垣既成，而毀于風雨，亦粘生所增繕。邦人士之知所先務，而克殫其勤勞，為何如也。爰應其請而為之記。其經理及捐貲姓名，例得備書于碑之陰。

重修同安縣文廟記

同安學創於五代末，宋紹興中，始遷今所。朱文公來主是邑簿，又建經史閣，藏書九百餘卷。立教思堂，日與邑人講論正學，從游甚眾。其後呂圭叔、邱吉甫輩皆接其薪傳，同之人材奮發六百餘載於茲矣。國朝定鼎以來，列聖相承，右學敷文，崇儒重道，庠序之振興，古莫能踰。多士生於大儒涖官之地，而又沐聖朝詩書禮樂之化，宜乎有以成就其德行，而奮起其功名也。然自朱子迄今，流風已邈，廟學圮壞。考之邑志，修葺者屢，要皆仍其舊制，規模未拓，陰陽弗叶。今且棟桷朽蝕，垣序黜黗，無以肅士子之觀瞻。於是邑侯吳君鏞慨然與教諭羅前蔭、訓導黃梅及邑紳士黃濤等，鳩金重修之。始造大成殿，翼以兩廡，題榮棼桷、瓦墁礆甓之屬，煥然一新。其戟門欞星高深各增尺度，外則列屏牆，掖以石欄，旁及名宦鄉賢之祠，並皆遷建，稱大觀焉。事竣，請記於余。余自奉命視學以來，念閩為理學名邦，四年中，夙夜祇慎，惟恐言不足為多士則。況同又朱子所嘗教化之邑，其敢漫以為記哉。夫學校為訓士之區，而廟宇尤崇聖之所，誠規模宜拓，陰陽宜叶，而觀瞻不可以不肅也。為士者視聖人之像，則必言聖人之言，行聖人之行。讀書以窮理，寡過以修身，庶不失為聖人之徒。匪但緒章繪句、斐綮峨冠，工其詞而飾其貌，遂詡詡然自異於眾也。今同之高士軒朱子遺記，猶存往蹟可考，多士曷不因廟貌之新，而使朱子之流風餘韻俱振而新乎。使其果能以忠信為基址，以廉隅為垣墉，以言行為坊表，率循義路，出入禮門，造於正大高明之域，由此成其德行，建其功名，卓然為一代成材，庶無負聖天子作人之澤與良有司振興之意。而文公正學之盛，亦將復見於今日，豈止於科第聯翩，學校光榮，為文廟更新之應而已哉。

茲役經始於乾隆丁亥仲冬，蕆事於戊子孟冬，董其成者邑孝廉某某、明經某某、生員某某、童生某某，例得並書，故附記於後云。

重修建陽縣學記

潭學原在水東溪滸，後經屢遷，至明萬曆，始移今所。國初燬于火，康熙間，修葺者三，得復舊規。然廟庭背陽就陰、不叶文明之象，迄今又七十年矣。棟宇剝蝕，牆垣漫漶，風雨飄搖，日就傾圮。乙酉，余奉簡命，視學來閩。過潭，詢悉其詳，而歎曰：「學校者，人材之所從出，士子修身為學之所，國家升秀興賢之地，而可以頹廢如是乎。」於是都人士翕然醵金重建。僉呈邑令某，轉申郡守、觀察，諏吉定位，庀材鳩功，命邑貢生某、職員某、生監某某等董之。經始於某年某月，閱某月告成。自大成殿及明倫堂而外，祠閣、齋廡、庖庫之所，無不更新。重門修廊，文階畫棟，巍煥改觀。蓋其趨向正而規模廣矣。事竣，諸生具顛末求予言為記。余思閩之理學，惟朱子大其傳。而潭乃朱子所居地，且名儒之產于潭者，自二游先生以下，指不勝屈。今乃人文不振，大異昔時，蓋亦流風歇絕，人不明於為學之道故也。今諸生求余言，豈欲相與講明為學之大旨歟。夫為學之道，修身為本，修詞為末。昔真西山繕葺學舍有言曰：「忠信篤敬，學者立德之基；剛毅木訥，學者任重之器；而詞章華縟，特藻飾之美耳。人之為學，亦何異乎？基址固而後棟梁可施，棟梁安而後丹艧可設也。」旨哉斯言。使為士者，徒勤佔畢、工文藝以博取利祿，而廉隅不修、坊表不立，則是黝堊丹漆於外，而中之朽蠹日深，亦何貴於繕修也哉。今諸生既修廟與學，因而各修其身，讀書窮理，篤志力行，使卑者日以高，闇者日以明，則趨向既正，規模自廣，將見人材蔚起，出應聖天子升秀興賢之典，而有宋理學之盛，再見今日，豈徒巍煥其廟宇，瞻仰其宮牆已耶。抑聞之文翁化蜀與成公治閩，皆歸功于學校。改舊更新之際，其歆動感發之機有即寓于此者，諸生其亦可謂知所奮興者矣。庶其由此，而共勉乎。噫，是言也，余為潭之人士勸，尤願與全閩之人士共勸之也。

重修紹興府新昌縣學碑記

余嘗讀東漢金石文字，見韓明府叔節為孔廟修造禮器，其率私錢以佽助而列於碑陰者，凡六十有二人，題名於碑之兩側者，又三十有二人。至司徒吳雄、司空趙戒、乙瑛、史晨輩，或出家穀，或舉百石、卒史，凡補牆垣、治瀆井，載奏請之章，敘饗禮之盛，大書深刻，立石于闕里者，至今猶未剝阤也。唐貞觀四年，令州縣皆立孔子廟堂。自後委學校于有司，有司以簿書期會之繁，而勢有不及；廣文之職以祿薄，而力有未能。於是釋菜釋奠之地，聽其上雨旁風，而幾為茂草之鞠者，所在多有矣。新昌之有學宮也，舊與縣廨相連。宋紹興中，知縣事三山林安宅改建于書案山之陰，挂榜巖之側。後雖遞加修治，然歲閱久而漸圮也。乾隆三十九年，余按試台州，道經其地，學校官以謀重修來告。惟時知縣事蘇君燿敦尚風教，余亦拜謁廟下。進董事諸生而謀之，咸踴躍樂輸。特工鉅費繁，越二年，余又至浙，未克落成。又二年，余三至浙。經其地，重進諸董事而勉之。有呂生者，其父生員某某，曾與董事，未終事而沒。余命充其選，而生亦能繼其父志，慨然以為己任。逾年而工竣，凡枏楠栟梠、陶瓴釘鉸，壹是咸新。呂生實自輸其白金若干，無事謹簿籍、節浮濫、杜尅扣，而工自鞏固精良。朔望、二丁之會，籩梪莘莘如也，駿奔秩秩如也。習禮而來者，歎為非呂氏之力不至此。將礱貞石，祈余文以垂後觀。余稽諸往牒，踵林安宅而葺治者，明洪武初有周文祥，宣德間有鐘簧，成化間有毛鸞，嘉靖隆慶間有曹天憲、蕭敏、田琯，本朝則永新、劉作樑。然諸君修舉廢墜，其有將伯之呼與否，遠而莫之考。今工幾中輟，而呂生能獨任，以底于成，則其功為甚鉅矣。余聞呂為新昌著姓，能囿于詩書禮樂之教，生又樂于為善，繕宗祠，架橋梁，若忘其力之不贍者。昔魯相謁孔廟，碑文尚有"春秋蒸嘗，幾以獲福"之語。而呂生父子之為是舉，至罄其囊橐而不少悔，乃勇於為義若此哉。余又按，永康初元，濟陰太守孟郁飭治堯廟，時有仲氏作殿前石磩、階陛欄楯，碑文具載其宗統子姓。蓋當時出錢者，惟仲氏為多，故所序特詳。今余紀呂氏之好義者，亦猶《堯廟碑》之例也。生名基緒，縣貢生。

韓城古柏書院碑記

聚一方之秀，聘賢者為之師，而涵育之、薰陶之，名之曰書院。書院之名，昉於唐而盛於宋，而實即古鄉學之遺也。其有與鄉學不同者：古者農即為士，春則咸出在埜，冬則入學，不待膏火之助也。五家為比，即有一人為之長，由是而閭胥、而族師、而黨正、而州長、而鄉大夫，皆其師也，不必束修之將也。後世書院則不然。講必有堂，學必有舍，有先生之饌，有弟子之餼，必規制周詳而後可以計長久。故通都大郡，多不過三四區，而百里之封，或有設有不設。吾韓故非沃土，然人有讀書之慕而好義者，又較他邑為多，樂善翹材，雖鉅費無所憐惜。故在城則有龍門書院，在郭則有蘊石書院，南鄉則有少梁書院。棟宇相望，絃誦相聞，自明迄今，名流輩出，亦可謂之盛矣。惟城北至禹門六十里，閭閻密比，煙火萬家，向有展村書院，其廢已久。單寒之士，欲負笈從師於數十里之外，輒病未能。觀察師君彥公，里之好義者也，嘗捐貲置質庫，凡邑中大小試，皆取其息以資之。尤有志於斯院之興復，而惟慮獨立之不能支也。適西莊法王廟古栢枯已久，巨材也，售之得千金，乃欣然曰："書院之成在是矣。"於是與鄉老謀，即西莊相度其地，鳩工庀材，又丐諸同志者以為之助，閱年而蕆事。自堂而廡而庖而湢，規模井然，而脯脡之需、餼廩之給，則仍就質庫中權其餘資而經理之，俾之閱久而不匱。既成，將紀諸石，而屬余一言。夫人過一鄉一邑，見其長老，皆敦厚而尚義，其子弟皆醇謹而能文，未嘗不為之流連不去。而況余生於斯長於斯，一旦賢士大夫，其成就人材之意，有如此之鼞乎鼓、軒乎舞者，雖言之猶津津有餘味，而況使濡毫而染翰也，其又奚辭。方今教澤涵濡，儒風丕振，吾鄉乘時颷舉者，正不乏人。且西莊之北，禹門在焉，古所稱龍門也。《三秦記》謂"魚躍龍門"，即指其地。世之登第者，多比之以為榮。吾知斯院既成，肄業之士，咫尺天衢，將莫不鼓鬣揚鬐，以奮起于其際。是余之所厚望也夫。

梅峰書院記

　　閩粵為東南奧區。而永春在唐以前，本南安縣之桃林場，已隸泉州為縣。深山長谷。俗尚淳樸。我朝重熙累洽，沐浴休養，積百數十載，衣冠文物，益盛于前。雍正十三年，升縣為州，屬德化大田。于是學使者歲科按視，三年中，軺車再至焉。甲申冬，余奉命視學閩中，聞茲州人士向化慕學，雅尚經術，心竊喜之。丙戌初夏，至其地，見隸于黌宮者皆彬彬然，質有其文。進諸生，而先試以御纂諸經、《欽定三禮義疏》，類多恪遵經訓之士。間以髫齡弱歲，亦能默誦其章句，乃益信地之可以為良。而聖人在上，聲教之暨，訖無間于遠邇有如此也。是時三韓嘉君謨甫守茲土，詢風俗，求利弊，審為治之先務，迺議建書院以為諸生群聚講習之所。州舊有文公書院，歲久而圮，地亦湫溢。前此，黃君寬、宋君應麟皆節俸倡捐，旋以署篆未久，弗果舉。嘉君乃復倡捐而亟成之。移其址于梅山之麓，因名曰"梅峰"，而仍祀文公于其內。不數月而講藝之堂、棲士之舍畢具。嗚呼，嘉君其知政哉。夫書院之設，所以講業也，而良有司之風化，莫先乎此焉。先王之道，散于六經，返而皆備於吾躬。自親師之道不講，而士之安于孤陋者，既無由擴其識見，務進取者，又惟名譽之求，而斯世之所以賴有士者，鮮或知之矣。程子曰："古之學者為己，其終至於成物；今之學者為人，其終至於喪己。"夫學苟為人，雖博學彊識，黽勉善行，猶不免于為偽，況復溺志詞章，僅為利祿寵榮計者，其苟且矯飾之弊，可勝言哉。永之士亦既咸知向學矣，必將辨夫修己治人之道，皆為性分所固有，職分所當為，則識不拘于卑近，功不閒于隱微，而後能析乎義理之精，而有以通乎天下之故。夫如是，士之群居萃處、朝夕講明乎經義者，豈特為異日分猷出治之材已哉。其自家庭以及里黨交游之地，莫不有其躬行之實，而所謂修己以安人者，亦即于此驗焉。禮教行而風俗茂美，安見潛移默化之無其具也。今嘉君又將擢任去，未獲觀其成效。多士其黜浮崇實，期無負嘉君之意，以上副國家菁莪棫樸之化。後之官斯土者，覩才俊之蔚興，而栽培造就之方，必且相衍于無窮。余故樂書之以美嘉君，且以為永之人士勉也。

玉尺書院記

　　郡邑之有書院，道義之所由歸，政教之所由興也。夫國家造士之法，首善則有成均，直省則有提學，府州縣衛則有師儒之官，所以董率多士者至矣。然掌士子之版籍，季有試，月有課，歲科有殿最。春秋上丁，釋奠釋菜而已。所以講明而切究者，不若山長之設，仿古之黨庠家塾，其地親而教尤易入也。余奉簡命，視學閩南者四載，浙東西則三至焉，恒慮士習之未盡端，學術之未盡正，思多得仁義忠信樂善不倦者為山長，以朝夕啟迪之。又恐守土者廹于簿書期會之繁，興廢修墜，或有志而未能焉。瑞安為東甌屬邑，夙稱小鄒魯。明府吉水趙君來宰是邦，車甫下，欲即舊萬松書院而葺治之。會邑有惑于堪輿家言者，不果。遲之三年，出俸金購地于縣東北隅而規畫焉。邑中士大夫咸樂趨其事，于是寀桷瓴甓、門齋堂廡，罔不畢具，而請記于余。余惟君子之造道，富貴利祿，固非所尚，即習于文藝者，修辭而不能立誠，亦非入德之資也。瑞安之先哲，唐以前遠矣，宋元以來，若趙氏彥昭、林氏介夫之篤行力學，謝氏用休、潘氏子文、宋氏廷佐、陳氏則善，或受業于伊川，或私淑于龜山、南軒，名賢輩出，師友淵源，流風餘韻，今猶有存者乎，其亦可以聞而興起矣。且我聞是舉也，幾中阻者屢矣。明府克力任之，以底于成。今講學有其堂，游息有其地，使邑人士道義之心油然而生。取明府先世、五代時光逢，方直溫潤，以比"玉尺"者顏其額，由是可驗政教之易行。余亦將藉以補所不及，而樂引以為助。是為記。並冀後之莅斯地者，增葺加擴，以昌其教，不僅嘉此一時之功而已也。

師氏祖祠記

際歲時伏臘，而曲跽擎拳，焄蒿悽愴，致其愨愛之忱，為人子孫者皆知之。萃子姓于庭階，而肅對几筵，追念先德，冀無墜厥緒。凡為人子孫者，未必皆能之也。師君彥公，與余媾好。一日，持其創立祖祠之略，乞余文以記之。其言曰："吾家世不吝施予，每遇歉歲，必煮粥以賙鄉鄰。平時告以緩急，無不應而自奉，不事華靡，蓋節有餘以給不足，此先志也。今吾後嗣，席先人之業，衣食幸無闕也，然不敢以縱。乃者，創祖祠于村之東，為屋若干楹。上及始祖，凡十二世，皆置主焉。又劃田若干、貲若干，奉祀事外，歲量田畝償息，餘贏悉以贍宗族婚喪，及應試者膏油之資。其出入多寡咸有限約，庶幾不至挾長物以自恣也，庶幾不至厚積以為怨府也，庶幾長繼先人之志。歲有施予，以慰吾祖考也。"余聞其言，而知師氏之昌大有自矣。夫人之祖、父，未有不慮其子孫者也，或積勤躬儉，安田宅而計久長；或聚書史，延師講貫，慮其子孫之蒙然張口，如坐雲霧，以貽門戶羞。此凡為祖、父者皆然，而亦凡為子孫者，莫不知其然也。然而能恪守罔替者，十不得一，甚至祖若父鰓鰓過慮，垂之家訓，以冀子孫之聽受，而轉置若罔聞者，又不可勝數。是豈盈虛消息者，莫之能易耶？抑其祖、父之德不足燕貽厥後耶？今師氏即于創立祖祠之際，經營措置，能使先人之志藉以常存，是其德將被之奕祀而未有艾焉，豈徒報本云乎哉。我知春秋薦享時，師氏之長者少者，揖讓進退，秩秩彬彬，當不至以田園細故或起爭端。而其長者述先人積累之勤以示少者，少者聽先人之言不至怠廢本業，以克繼其家聲，乃其祖若父鑒茲。後人之肯堂肯構，亦將歆其祭祀而默佑助之。師氏之家，不益隆隆日起也哉。

葆淳閣集卷六終

葆淳閣集卷七　詩一

聖母崇慶慈宣康惠敦和裕壽純禧恭懿皇太后七旬萬壽詩　五言律三十首

太極含元氣，乾樞運化工。開天臨寶位，衍慶本璇宮。
翊贊三靈洽，陶甄六幕同。萬年綿鳳紀，長此聽呼嵩。

運開華渚兆，神啟斗維蹤。地寶金精萃，天元水位逢。
三霄凝紫氣，六琯應黃鐘。太史書雲日，先占瑞靄重。

化宇登三代，慈雲蔭萬邦。清寧真得一，福德自兼雙。
萱草榮瑤砌，桃花護綺窗。如川齊獻頌，萬古比長江。

協洽逢昌運，敷天祝壽祺。八千增歲月，六十紀干支。
甲子循環數，貞元次第推。無疆符地道，長奏九如詩。

十年周復始，星緯轉衡璣。花向瑤池放，葭從玉琯飛。
歲陽回七度，天統起三微。又看共球集，謳歌祝禁闈。

一六生成合，祥開七裘初。長庚辛位應，南極巳方居。
紫闥臨中道，黃雲藹太虛。良辰逢廿五，天數恰相如。

前歲天寧節，瞻雲萬國趨。添籌盈海屋，推策起河圖。
周室尊文母，堯年祝慶都。重光今紀歲，神契若潛符。

將屆稱觴歲，先收月窟西。揚麾摧獫貐，飛檄翦鯨鯢。
謨烈三朝繼，河山一掌攜。功成逢獻壽，歌舞拜璇闈。

聖世貞符協，天人一氣諧。雙輪如璧合，五緯儼珠排。
候啟春初吉，祥占福孔皆。萬年值嘉會，瑞色遍三階。

展禮巡名岳，升香陟五臺。金輿三鳥駕，寶地六龍來。
甘露青蓮淨，香雲紺宇開。諸天花雨散，沾沃遍埏垓。

滄海求珠日，崑山采玉辰。作人逢壽考，得士慶臣鄰。
桂樹重攀月，桃花再遇春。恩波沾太液，咫尺躍龍津。

綵仗排閶闔，歡聲夾道聞。親扶鸞鳳輦，看肄鶴鵝軍。
舊典三驅重，雄師八陣分。銀麈應再獻，更檢瑞圖文。

鑾輅臨秋獮，年年出塞垣。彎弧隨七萃，載燧列諸蕃。
此日趨王會，兼逢獻壽樽。梯航來萬里，倍覺似雲屯。

黼帷題糕宴，龍沙奉大安。黃花餐益壽，綠酒坐承歡。
六膳調金鼎，三漿挹露盤。慈暉溫煦遍，九月未知寒。

霜染丹楓暎，秋深翠輦還。一陽臨聖節，萬福祝慈顏。
群牧衣裳會，中朝鵷鷺班。九州同此日，拜手頌南山。

聖渥周寰海，歡心洽普天。構成金色界，不計水衡錢。
十里青門接，三條紫陌連。殷勤子來意，雲鍤共爭先。

繡陌通丹極，瓊樓倚碧霄。芝栭回篠簳，鴛瓦聳岧嶤。
七寶諸天迥，三山巨海遙。分明圖畫裏，金翠望迢迢。

月御迎仙館，雲迻接近郊。兩行明錦繡，九奏響笙匏。
鸞鳳襹褷舞，魚龍曼衍交。歡聲隨輦路，慶叶地天爻。

迢遞華芝引，森嚴絳節高。前驅雕玉勒，遙識鬱金袍。
寶輦驂雙鳳，神仙踏六鼇。拜瞻金母過，花實祝蟠桃。

日御迎長至，仙闈啟大羅。丹臺春不老，緹室氣先和。
保佑天申命，升恒帝載歌。曈曨瞻曉色，佳氣九霄多。

鶴籥開中禁，龍樓御正衙。徽音今益懋，鴻號再恭加。
寶璽蟠雲篆，金書耀日華。思齊陳大雅，淑德邁周家。

仁壽鴻庥集，康寧燕喜長。含和熙愛日，迓福肇初陽。
龍袞陪瑤席，鸞歌佐玉觴。雍容嘉禮洽，慈孝萬年光。

肅肅趨鸞掖，蹌蹌奉兕觥。九重金殿曉，雙闕玉珂鳴。
天保歌純嘏，坤元頌廣生。鴛行欣預列，虎拜正同賡。

舞蹈歌三壽，朝宗盡四溟。名編都護府，地遠大荒經。
鞮狄言重譯，兜羅樂共聽。天弧方震疊，玉帛總來庭。

別有遐荒使，梯航古未曾。靈夔驚震吼，天馬貢驍騰。
烏弋輪琛拜，龜茲獻技登。朝天尊附寶，軒帝本威稜。

稱慶宸顏喜，推恩聖澤周。綸音宣五鳳，羽仗列千牛。
地絡勾萌達，天膏雨露稠。絪縕和氣暢，一日遍神州。

繡幄蕭雲護，繒峰旭景臨。仙壺漿瀉玉，神鼎饌炊金。
鳴鹿恩榮洽，嘉魚愷樂深。昇平歌既醉，錫類仰皇心。

仁宇周中外，恩光遍朔南。休徵今備五，元氣本函三。
絳縣多耆瑞，香山足美談。介眉歌七月，聖壽與天參。

福從王母受，星向老人占。湛露神民洽，祥暉遠近瞻。
太和彌宇宙，至孝頌堂廉。億萬斯年永，繁禧日日添。

謬竊紅綾賜，叨瞻紫禁嚴。乘時千載過，感德寸心銜。
任姒功無比，羲軒道不凡。微忱欣抃舞，珥筆頌登咸。

聖駕南巡恭紀　柏梁體百六十韻　謹序

乾隆二十有七年正月丙午，皇上允南省臣庶之請，奉皇太后安輿三幸吳越，用以下求民隱，上悅慈衷，兼臨視河工海塘，規萬年久遠計。歸謁闕里，秩泰山，以五月丁酉，車駕還京師。慶典光昭，湛恩汪濊，時巡之盛，遠邁古初。一時搢紳之士，下至里巷之婦孺，莫不歌咏昇平，揄揚盛美。臣叨蒙天澤，珥筆西清，雖文辭弇陋，不能形容聖德之高深，然恭逢茂典，喜倍恒情。區區之忱，不能自己。謹撰七言古詩一百六十韻，隨廷臣之後，拜手稽首，以獻其詞。曰：

日珠翕赩天中央，二十八舍周八荒。帝臨六幕象太陽，歲巡四岳開明堂。
燔柴海岱登清涼，輿松秋獮經臨潢。牽牛之野吳越疆，地連禹貢徐與楊。
維十六載歲重光，翠華南幸巡其方。疆圉之歲星駿房，又紆六御詢耕桑。
鑾輿所至春泱泱，甘雨霏霏露瀼瀼。三江之渚五湖旁，至今歌舞群相將。
金支翠旄望我皇，況逢長樂膺嘉祥。璇宮昨歲祝壽康，七始華始提其綱。
柔荔應節芸吐芳，介眉共獻萬年觴。北至燭龍南駿狼，東抵員嶠西崑岡。
獻琛納贄貢筐筥，莫不忭舞而趨蹌。維茲南國居江鄉，士女尤沐恩汪洋。
豳風載詠稱兕觥叶，未能率舞登玉京叶，堯衢擊壤歌壽昌，精誠上達乎穹蒼。
天光下照慰所望，帝曰緬考古聖王。五載一狩厥有常，其練吉日卜其臧。
其具七萃調驦驤，其詔司農庀餱糧。其令冬官飭川梁，親奉紫闈駿鸞凰。
勤民即以慰慈寧叶，兼之澤國沮洳場。淮流清駃河流黃，長茭歲歲勞隄防。
復有巨海通錢塘，六鼇跋浪天森茫。銀山汹湧勢莫當，尤資神禹親度相。
地維天柱賴以匡，帝念民瘼勤不遑。斗車南指雙龍驤，歲星在午維敦牂。

太皞司節青鳥翔，仙蘂十二抽東廂。迎春次日日之剛。玉䭾容裔華蓋張。
安輿繡縠發通莊，至尊前導八鸞瑲。飄蕭豹尾綠沉槍，珠旗翠葆光煌煌。
前年戡定葉爾羌，宛駒服輨神昂昂。降王執梃耳左瑲，白題新換繡裲襠。
八纛追從羽林郎，駸駸飛鞚紫遊韁。是時春氣生榆枋，東風駘宕銷微霜。
冰澌綠染新瓜瓢，麴塵絲軟低垂楊。西山一抹如靚粧，盧溝滉瀁曉月瑩叶。
經過拒馬越督亢，九十九淀流湯湯。鶺鶺鳬鷖雜鴛鴦，十三橋景如瀟湘。
黃河故道連瀛滄，齊州九點輦路長。鵲山花發錦繡裝，明湖水暖生菰蔣。
柔桑葉綠欹短牆，聲聲布穀催耕忙。太平景象真熙穰，雖經昨歲波偶漲叶。
鴻雁安集原無傷，皇心猶為謀稻梁。賜租賜賑蘇羸尪，田歌處處歌虞唐。
淮徐千頃波汪汪，粘雲麥浪餅餌香。蕪城渡口多估商，蜀船越橐高牙檣。
竹西歌吹絲與簧，迎鑾新曲音鏗鏘。桂棹蘭槳舟沙棠，大江如練登艅艎。
銅烏西指靈鳳颺，天吳擁櫂蛟螭藏。隔江遙拜龍衮裳，烟蓑雨笠行鎗鎗。
北固樓迥矗雕宨，南蘭山色隨吳航。雲帆迢遞臨金閶，蘇臺楊柳圍池隍。
花陰燕子雙頡頏，樹頭鶯語囀圓吭。鼕鼕擊鼓爭插秧，蠶家正祀馬頭娘。
牧笛幾曲歸牛羊，漁歌往往聞鳴榔。畫圖宛繪七月章，田間作苦咨詢詳。
爰涉鴛湖爰至杭，六橋春水玻璃明叶。露花煙草閒風篁，三竺金碧開寶坊。
雙峰插笏拱御床，躬奉文母怡聖情叶。水清俯玩鯉與魴，林梢幽鳥聽琅琅。
奎章寶字生光鋩，包羅萬象歸詩囊。錢江潮吼鳴雷硠，驚濤每趂東風狂。
天臨石堰親規量，萬年神策籌金湯。靈胥不敢重披猖，歸途紆度朱雀航。
還經徐沛臨碭砀，禹親導水益稷襄。竹楗萬丈纏篔簹，剛石築埭聲磅磅。
或蓄或洩兩不妨，何須白馬祈以禳。庚辰手摰支祈僵，魚龍蛟蜃息擾攘。
從今瘠土歌千倉，應知睿慮謀保障。非因山水資徜徉，還謁闕里升芬薌。
兼巡泰岱課雨暘，沿途鳳詔傳十行。德音疊沛霈天漿，新租舊賦皆寬償。
星臺貫索弛銀鐺，陽春亦不遺莠稂。臨軒策士集賢良，鄒枚橐筆欣對敭。
旁敷聖渥沾膠庠，鄧林采木搜豫樟。崑山斯璞羅圭璋，普宣慈福福黎氓叶。
往來道里八千強，去時宿麥微抽芒。歸途高柳鳴蜩螗，佳辰重五泛靈菖。
聖皇聖母永有慶，於赫狩典萬古彰。熙朝盛事輝巖廊，小臣作頌垂縑緗。

平定兩金川大功告成恭紀四言詩　謹序

乾隆四十一年春二月甲寅，將軍阿桂等捷書驛聞攻克噶喇依，賊巢全境底定，盡俘逆酋渠眾二千餘人，請赴日獻闕下。群臣稽首畢賀，上欿然曰："微予之力，惟天惟祖宗，綏佑予一人，俾予受兹介福於文母，載集大勳，克懋前勳。"遂祇謁兩陵，奉皇太后安。興東巡岱宗，告成闕里，並敕所司，行慶薦功，備舉茂典如制。臣竊惟國家德澤聲教，涵濡漸被，久道化成，弗遺荒裔。金川本冉駹吐蕃之遺種，西南夷中最稱險遠，顧攢拉、促浸，其為隸屬土司則一也。乃僧格桑構釁反側，索諾木助逆狡狂，負恩干紀，皋大惡極。我皇上奮乾斷以討不庭，揚天聲而清邊徼。用是簡方召之臣，總熊羆之師，席捲虔劉，迅掃群醜。蓋我師深入數千里，衰兇鞠頑，傳郅支之首，刈谷蠡之庭。甫五載，武功肇定。謹案《周官‧大司馬‧九代之灋》有曰："馮弱犯寡，則眚之；暴內陵外，則壇之；負固不服，則侵之；犯令凌政，則杜之。"其自蠻畿以至蕃畿，四夷三服不得幸免。而合方氏除其怨惡，使無相侵虐；形方氏正其封疆，使無有姤離。成周全盛時，邱羌巴蜀各以鷰鵊文翰來王，胥是道也。如二酋者，憑山阻水，壅王命以肆虐，播毒光天之下，豈容一日逭誅。溯昔己巳之役，師壓境，斬偵諜良爾吉，而渠魁慴伏乞命。我皇上宏湯網之仁，爰命納降。所謂聖人之用兵若櫛髮耨苗，所去者少、所利者多也。今則《謙》之"六五"，所謂"利用侵伐"征不服也。由前言之，服而不柔，何以示懷；由今言之，叛而不討，何以示威。而不得已用兵之心，如前此御碑所云"寓義於仁"，則後先有同揆也。至大聖人選勵將士，審知地圖，與夫先幾制勝之睿略，則又有難以一二窺測者。臣再奉恩命視學浙中，欣逢大捷，謹依古撰擬四言詩一章。辭旨輇陋，直陳其事，竊附《出車》《江漢》之義云。

　　　　丕鑠聖德，函育煦嫗。日竁月臑，莫有違牾。
　　　　西域即敘，益恢戎索叶。耕屯伊犁，稽人告獲叶。
　　　　疆里諸回，天方臣庶。土爾扈特，率部內屬叶。
　　　　全歸衛拉，悉有蒙古叶。中外禔福，罔不順序叶。
　　　　繄兩金川，棲磵鳴咮叶。刮耳勒壸，習險而鬥叶。
　　　　蠢爾郎卡，夜郎自倨。昔在戊辰，彼眾其遌。

相臣視師，奸酋授首叶。帖息以來，咸就統馭。
彼昏澤旺，縱厥逆豎。曰僧格桑，狼貙所乳。
孽芽其間，日尋蠻觸叶。攻圍鄂什，恣其貪暴叶。
聽約歸巢，復侵鄰聚。怙惡梗化，不可誡諭。
示之禍福，昏庒如故。以師臨之，卡築栅樹。
曾是哭奭，遷延猶豫。坐甲裹糧，敵將益固。
苟撫而安，增防置戍。無所憺威，則逞彼狙。
帝有明訓，憪然西顧。彼獷不懲，忍殘我孺。
易其守臣，俾專邊圉叶。疇仔國輔，董諸軍事叶。
疇其老謀，往贊機務。虔受方略，偕我額駙。
䙝牙策遣，桃關天射叶。輷輷洸洸，指西南路。
疇速飛輓，敄糧屝屨。俾討軍實，轉饟以裕。
尅期進師，斑斕山駐。先擣中堅，搤其吭嗉。
砯崖碻磴，奮投新鑄。旋破約咱，賊始睽瞿。
度力不支，先期脫兔。布朗郭宗，跡賊竄處。
旺遂就禽，并覆厥家叶。檻送於京，械手係脰叶。
厥父已俘，子將焉如叶。賊罪貫盈，而生是覷。
乃索木諾，黨惡相助。恃其岨深，蛩負狽附。
更扇羣醜，以爲連絡叶。敢肆豨張，噬猶困獸叶。
作爲豺虺，披猖昏夜叶。竊斫我營，干撇不預。
抗我顏行，戕我跗跣。我乖重閉，彼伺不虞叶。
當輪償轅，勩用不續。皇帝曰吁，其又可恕。
立取旺出，刳膾以鐦。區別勇怯，申律按誅叶。
更選勁旅，霆激電鶩。期門羽衛，領隊先驅叶。
吉林索倫，奔屬載驟叶。哮悍毅勇，并銳以赴。
戈鋋彗雲，轚軷雷野叶。虎夫豹騎，肉薄凌邊。
小挫益厲，彼驕我怒。尋收美諾，月捷報屢。
盡攢拉地，挾日攻取。帥臣上言，臣忿且懅。
祇承睿算，乘勝剗除。繩橋朝縛，革舟夜渡。
獠江澎汃，箐林滋茂叶。千尋一綫，九折十步。

攀援而上，躡景超虛叶。不翅而飛，以身騰矞。
環甌鼓儳，四萃兼舍叶。拔壘刳塹，鎗饝矢注。
衝隆競進，火燧迭舉。彭鼉駭轟，熛焱烈熾叶。
大叫縛敵，眥裂氣吐。崴嶡掣跌，虜骸撐柱。
餘悉膽落，扶創逸去。焚其寨落，走其守禦。
天社何有，地險失據。賊眾乞降，僧俗男婦叶。
籍其健少，隨營走趣。轄以屯土，荷戟而怖。
悉彼所有，甈鬵鹽布。牛羊滿阯，糌粑載塗叶。
番酒緇緇，青稞千秅。帝嘉群帥，錫馬騏驛。
元狐孔翎，好整以暇叶。巴圖魯號，帝錫慶譽。
我武愈揚，樂與敵遇。雨不知濡，寒不知冱。
仰攻下壓，瞥若飇霧。巖鉤水漉，搜剔逐捕。
賊窮趨黠，載僵載踣。竟殞其軀，天獄無赦叶。
賊黨見窘，環跽而呼。窖屍出獻，求緩須臾叶。
髑髏糢糊，請洗血涴。鬋髮紅黃，缺齾如鋸。
巫其馘級，驗實無詐叶。我師深入，洋洋長驅叶。
傳檄所之，番樂來迎叶。萬牛臠炙，萬夫簞壺。
導以竿籹，願忠效劇。我攻其堅，掎角啟肱。
絕其飛梁，樓塌砌倒叶。繭石渠答，有巢莫護。
一洗勒圍，靡險不到叶。番地轉敵，賊無所措。
兩軍夾水，如黀人黀。如羝在藩，如烏入筊。
露板星馳，旌門春煦。萬里紅旗，如夜嚮曙。
束西喬山，聳誠望慕。泰嶽孔林，載紆鑾輅。
臚歡慈寧，受福則那叶。郊勞廟獻，人神悅豫。
第乃勳勚，飲至而餕。犒賞將士，帛粟府庫。
存邛定筰，寬租休輸。還師祇席，若時雨雨。
參旗玉井，褐廓氛拂。七羌九氐，轉相告語。
無若逆酋，瞽不覺瘖。父子繼戮，兄弟俱獲叶。
今我種人，無少無耄叶。服事皇帝，永戴無負叶。
面內歸誠，有祝無詛。同我太平，年豐物阜叶。

皇帝神聖，治臻從欲叶。兼容并包，天覆德寓。
孰有不恭，揃披弗嗣叶。皇帝神武，群策在御。
龍韜虎鈐，密運廟謨叶。決勝善斷，戰德代謀叶。
金川再平，萬方輻湊叶。南北車書，東西尉候叶。
令肅江源，化覃區夏叶。禁軨兆離，象胥鞮鞻。
並陳王會，咸奉正朔叶。赼赽三五，較功非夸叶。
朔漠青海，前烈允囑叶。鞏丕丕基，長世受胙。
臣作凱詩，以協朱鷺。

皇上七旬萬壽恭紀　　五言排律一百二十韻

聖壽增周甲，升恒又憶年。臚歡雷殿地，覿盛日中天。
神武羲軒匹，精勤舜禹肩。謨承列祖後，績邁百王前。
五舉時巡典，三開飲至筵。作人門屢闢，藏富額頻鐫。
會極遵無黨，交孚協有卷。生成昭動植，沐浴遍垓埏。
敥錫長春節，薰調解慍絃。由庚蒼籙會，先甲紫綸宣。
恩命申重巽，天行健法乾。始和春已滿，覃被澤無偏。
得士期龜賈，徵儒律慎虔。晉階周仕版，賜粟遍林阡。
冊使軺車出，祠官紺宇沿。發潛榮綽楔，拯困畀餐饘。
自此延禧祚，于時底蕩平。奉三安拱宇，執兩妙心權。
壇時升馨普，烝嘗介福連。曉霓凝秬鬯，春露拭杯棬。
椿過千齡茂，芝皆五色纏。宮成霄漢上，座倚日華邊。
桃實枝垂闐，松雲桷有梴。宸樞長愷樂，聖道益高堅。
昔者平西域，王師討右賢。振纓擒頡利，採玉過于闐。
太乙蒲捎至，燕然員鳬鐫。郡符分若若，屯黍暧仟仟。
河勢雄包塞，山經陋導岍。置郵星海外，傳箭雪峰巔。
土舍螳偏怒，金川豕競癲。聲靈何敢狃，干羽不知悛。
邛坂巉如戟，瀘江駛若弦。形援蛮蜑負，首尾率然聯。
奉詔窮搜窟，占師利執田。精軍新背嵬，元老舊凌烟。
礮震碉尋裂，弓强札迭穿。功纔成下瀨，捷已到甘泉。
戮骨專車載，俘渠尺組牽。策勳茅土錫，伏罪槀街懸。

凡此皇威赫，良由廟算全。聽鼜思將帥，聚米悉山川。
受命從車出，成謀及凱旋。用兵非得已，伐叛豈徒然。
善後煩宵旰，分屯俾宅佃。棧中休饋餉，劍外靜戈鋋。
但使奇功奏，何辭重帑捐。帝嘉銅柱績，敕貸水衡錢。
忭舞傾冠蓋，歌呼到市廛。戶重安袵席，庭不枉蒲鞭。
耀德恩方大，敷文治又先。名山蒐逸典，太史發藏編。
寫以銀鉤燦，裝成玉蹪妍。御香薰艾納，官紙印由拳。
不數《嫏嬛記》，重垂《宛委篇》。縹緗仍甲乙，譌偽正烏焉。
嗜古常疑歜，觀空不滯筌。文淵開紫籞，傑搆庀香楩。
夜色藜燃火，朝輝圃積璠。法宮高鑒賞，宸藻與丹鉛。
虎觀簪裾盛，鴻都車馬塡。餘榮分預校，優敘得超遷。
復有幾餘暇，欣瞻聖製鮮。韻惟循沈約，部略次劉淵。
首念生民肇，旁稽列代延。卷皆書大事，義直廢群諓。
錄備千秋鏡，函盛六寸瑑。正聲追夏濩，至理發蒙顓。
率育昌皆遂，均調候不愆。對時披月令，灑翰暎星躔。
浩博禪元化，精微闡訓箋。皇言恒倬漢，天筆信如椽。
竹葉和雲潤，松脂帶露研。龍文光照燿，鳳藻勢騰翩。
警蹕從民望，喟于動聖憐。和甘三月浹，寬大十行傳。
馳道吳臨越，行廬魯達燕。呼嵩聲欲徹，望歲走尤便。
孔雀遙開扇，黃龍正負船。江山迎鹵簿，父老識旒綖。
進奉裁群吏，徵求戢從員。譁囂懲枉費，華飾杜增緣。
酸棗河猶汎，宣房築未竣。上公臨決口，使者立危堧。
鑾輅時經廟，明禋儼具籩。至心沉彩璧，密禱扣靈籤。
效命諸祇順，收功一夕遄。協風吹浪轉，神淰擁沙漩。
下楗呼齊奮，沈茭袀畢揎。金隄看復鞏，鼛鼓始停鼜。
載導歸墟暢，毋令後慮旋。周防仁主切，相度重臣甄。
浙水潮連海，杭州郭繞堧。祇憑塘作捍，不盡石為塡。
特敕資重建，前功戒併蠲。午晴鼉吼急，秋滿蚌胎圓。
待渡攜蘭槳，觀濤據筍筵。麥晨容犢放，桑晚任蠶眠。
以此江春好，寧惟陌草芊。民和天有喜，德厚頌難詮。

造就仁咸覆，矜全過許渧。戀官勤拔擢，起廢軫迴邅。
商樂花千篝，人歌月一舷。逎綌寬累萬，校額廣逾千。
獻冊依旆罕，抽毫試廈旃。鏘鳴宜翽鳳，火色果騰鳶。
擊壤多黃髮，窮經有皓顛。拜恩同綺夏，賜第逮聃籛。
遂返崆峒駕，仍修吉日畋。山莊初駐輦，仙苑近迴驔。
建學奎章煥，圜橋胄服襢。向風從冉駛，慕化到羌玕。
觴許名王奉，裳勞異域褰。雉葵來匪貴，膏醴致常駢。
紫極覘榆現，銀潢衍菼綿。福疇天子備，樂職侍臣專。
譾學虛持節，非才漫典銓。暮垣風動索，曉陛景移磚。
縱有心傾藿，誰當舌湧蓮。帝真無量佛，此語證班禪。

欽定重刻淳化閣帖歌_{謹序}

乾隆三十四年春，詔發內府所藏《淳化閣帖》，以畢士安本搨最精好，選工鉤摹上石。而王著排署標題類多舛謬，聽其沿訛，曷以津逮承學。因命內廷諸臣，考正世次姓氏。上親加鑒裁，分識卷端。並敕蒐採諸家釋文，折衷至當，用嘉惠海內操觚之士。甚盛舉也，越三年告成。臣適銜命視學浙江，蒙恩頒賜。臣弇鄙不文，於八法茫無所窺。自叨直禁籞，得以仰瞻聖藻，啟發顓蒙。茲又幸睹秘府墨寶流傳，實為萬世學書圭臬。至臣以校對微勞，并得綴名簡末，藉傳不朽，尤覺榮幸逾涯。言之不足用，敢播諸聲詩，敬溯列聖法書寶刻，恭述我皇上考文稽古之至意，以著于篇，謹拜手稽首，而獻歌曰：

帝車戴匡明奎躔，日華成字抱珥拱黃人。歲逢執徐開後甲，冊府呈瑞紛瑞璘。

我朝文治光簡牘，聲教暨訖周區寰。開天右文肇世祖，神鋒森著陋室篇。

"正大光明"止四字，"精一執中"萬世詒心傳。聖祖法書該眾妙，手披毫素亘夕昕。

臨摹名蹟盈笥篋，嗜古日久成精研。戀勤摹勒卷帙二十八，搜輯古今遺楮羅英賢。

濡染擘窠寫稧序，包舉一百一十七刻琳瑯編。憲皇涉筆每神肖，丕承指授躬遵循。

《朗吟》《四宜》排類朱邸與宸極，上媲《淵鑑齋帖》精詣俱入神。三聖奎畫炳天壤，岂數"臣軾終南太平宮中觀"[一]。

我皇纘緒聖繼聖藝乃天授，"德日新"符印創製清篆文。有如太昊龍書，少昊鸞鳳、神農八穗、軒轅雲。

朱襄、侯剛、佉盧、沮誦安足論。高攬前蹤集書聖，度越百代神化臻。

章奏批答日累尺，穹碑巨榜照耀彌垓埏。幾餘石渠訂琬璧，藝林欣覯希代珍。

《快雪》《中秋》及《伯遠》，冠冕題蹤羲、獻、珣。《三希堂刻》既頒示，足本又得《墨妙軒》。

內府儲藏《淳化帖》最精，初揭題識畢士安。無雙善本邀鑒賞，人間欲睹吉光難。聖心嘉惠教重勒，司南承學涉以津。憶昔端拱方全盛，留意筆札典學勤。

肇修三館，首置御書院，建立秘閣昇龍門。真造八法草三昧，旁求善書許自陳。

廣遣使者購妙蹟，雙鉤影橅都劉鐫。拓工汪俊、陳知古，臣王著摹押其間。

古來翰墨富廱集，此帖一手經廊填。石本流傳誤棗木，澄心紙勝箔金銀。

廷珪丸墨不汙手，裝池葉葉蟬翅翻。位躋二府乃得賜，鏤文飛白同便蕃。

至道御書循軌跡，步趨直如學邯鄲。元祐續刊淳熙再，後有大觀前昇元。

長沙、臨江逞譎詭，絳、潭、泉、汝增棼縕。巧募豪勒難更僕，要于祖石稱來昆。

著惟知字不知學，考古荒略墮雲烟。俾別精觕定訛舛，惜哉遂良備論書跡非其倫。

大禹奇文次蒼頡，李斯偽篆同少溫。宋儋強令附程邈，紹之不得齊羊欣。

泰始佐命入中葉，太原子姓溷右軍。天吳、紫鳳任顛倒，康瓠、文鼎無差分。

南宮纂言駁謬鼇，東觀著論糾放紛。後來抉摘不知數，吹求媸點口實繁。

墨林曠代得遭際，斯文何幸逢昌辰。詔令案吏重釐正，然後選工斥帑壽貞珉。

仲達、道子降臣列，誅奸別置溫與敦。鑑古寧徒備體勢，《麟經》大旨昭千春。

書評史論出睿製，一一分識各卷端。標題賞析並卓絕，剖判體趣見神全。

注釋諸家取參互，訂譌傳疑無頗偏。我皇即藝皆見道，淵衷隨在窺精純。

石墨自今益美備，正如明月一出光掩列宿橫高旻。舊刻歷年尚八百，當知鴻寶萬代模楷存。

修廊礱石排次第，含經堂後長春園。聖人作記申法戒，化成久道斯為淳。

玉池旋灑帝鴻墨，寓名蘊古高群言。更煥天章誌數典，總于治道蘄相關。

臣忝螭坳侍跋敕，臨池自愧功未專。今來兩浙採文藻，王、謝、虞、褚名勝堪流連。

下方豈意叨寵錫，忽賁草木輝山川。馬房猶聞發光怪，得此熊熊寶氣應燭天。

騏驥一毛亦珍惜，矧為連成全璧照乘十二明珠圓。纖塵足嶽滋漸悪，微雲依日爭鮮妍。

襲衍複櫝啟縹衣，屏營震悚感且歡。願學孟頫一日臨一頁，少窺點畫銜湛恩。

作歌鋪述聖代堯章暨禹刻，對揚休命再拜舞蹈陳丹宸。

【校記】

［一］"臣軾"句：按，蘇軾嘉祐八年作《書太宗皇帝〈急就章〉》，云："軾近至終南太平，得觀三聖遺跡，有太宗書《急就章》一卷，爲妙絕。"

文廟重修告成聖駕親詣釋奠恭紀　五言排律三十韻

盛治文章煥，熙朝典禮隆。尊師誠自格，體道意彌冲。
揆豈分先後，條原貫始終。真傳昭木鐸，異數仰丹楓。
闕里曾清蹕，尼山緬素風。遺壇觀几杖，古壁聽絲桐。
況是皇都壯，由來國學崇。至元開結構，昭代益恢洪。
甍瓦侔王禮，虹梁起國工。規模超古制，俎豆報鴻功。
更荷重申命，真看不日攻。金錢頒內帑，繩版職司空。
楹桷疑翔鷺，橋門望截虹。采華金錯落，雕鏤玉玲瓏。
為訂前朝誤，還開萬世蒙。大成題殿榜，聖號表門櫳。
義協奎章煥，書沾寶墨融。辨寧須沈約，議並斥張璁。
勒石穹碑峙，摛文睿藻雄。三光爭炳曜，萬象並包籠。
陳設分彜鼎，流傳溯鎬豐。紛羅筵左右，輝暎序西東。
數與河圖協，珍將石鼓同。從周符鳳志，備物表宸衷。
蠋吉行親奠，趨蹌集上公。禮修三獻恪，樂奏九箾通。

劍佩森槐市，簪裾暎檜叢。鸞旂瞻筊筊，鼉鼓聽逢逢。
曠典傳黌舍，歡聲動澤宮。寰區歌雅化，景運日方中。

應制詠周編鐘

考工鳧氏製，大雅辟雍詩。秘府偕雙鐸，元音得一夔。
應鐘貞下起，全肆琯中推。聲律同諧暢，咸覿雅奏遺。

應制詠周從鐘

亦是編鐘制，徵文溯命名。導宣驗從律，考擊擬陪聲。《唐會要》：近代編鐘用二十四，正聲十二，陪聲十二。
篆古銘堪讀，形完韻自鏗。西清陳法物，振響叶韶韺。

應制詠玉勺

寶器登天府，貞姿琢碧瑰。匪徒供挹注，所賴劑鹽梅。
比德崇圭瓚，盈孚酌象罍。虹光騰爥處，聖藻仰昭回。

應制題李迪春園遊騎

疏篁倚檻生，古石傍階橫。清境幽襟洽，囊中流水聲。
園中足勝概，日涉添新趣。春風信馬蹄，踏慣花閒路。
春信何處探，枝頭見冰蕊。遊興殊未闌，光動月將起。

應制題宋元明人畫

梁楷潑墨仙人

宣和傳六法，人物工難致。嘉泰良畫師，潑墨何縱恣。
衣袂輕舉意欲仙，鬚眉略具神益全。非關草草稱減筆，《圖繪寶鑑》云：楷畫傳於世者，皆草草謂之減筆。恍惚落紙皆雲烟。
米家墨戲山水奇，蔗滓蓮房信手為。石恪人物亦戲作，未聞畦逕胥脫遺。
由來興到天機適，不經意處意常得。昔年金帶辭不受，茲圖無乃自寫高蹤避人識。宋寧宗賜楷金帶，不受。

朱德潤松岡雲瀑

重巒積翠聳新晴，雲自山腰寺裏生。一道飛泉峰頂落，猶疑萬壑捲松聲。
樹裏蒼烟石徑開，人家住傍白雲隈。前溪水滿浮漁艇，道是銀河上界來。

吳鎮溪流歸艇

何處探幽客，僑廬水一灣。興來隨近遠，境闢得寬閒。
林密穿青靄，機忘馴白鷴。行常拏小艇，臥亦看群山。
前浦涵空闊，浮雲任往還。歸時惟載月，底事更相關。

仇英竹下聽泉

青青澗竹，搖風戛玉。瀧瀧山泉，出雲激谷。
泉明若練，竹淨若揩。惟聲之比，宮商與諧。
未識其趣，類以目遇。得靜者機，不言而喻。

文嘉石湖秋色

平江郭南十里路，木葉微脫生涼露。長虹臥波石盤互，峰頭塔影湖心駐。
風檣遠浦爭奔赴，漁父蘆中狎鷗鷺。參差落雁驚寒渡，霜橘還疑洞庭暮。
濛濛烟雨山前度，平鋪玉色雲林句。

項元汴墨蘭

芳蘭抽紫莖，綠玉叢中茁。顏色同群芳，臭味漫區別。
揮毫天籟閣，寫蘭見超脫。拳石橫古趣，交葉間疏密。
氣韻既已殊，紙墨還相發。有宋傳彝齋，墨瀋稱妙筆。《畫鑒》謂：趙子固墨蘭最得其妙。

迄今真蹟遺，半是墨林閱。子京能得師，已可入其室。
要惟鑒賞精，乃不秬黍失。物固聚所好，詣亦臻其絕。
多讀古人書，文章自卓越。

應制詠宣和梁苑雕龍研

古色黟然歲月深，製從梁苑未銷沉。漆皴蛇腹紋周面，池躍龍鱗字勒陰。
艮嶽雲烟痕共蝕，乾爻朝夕義堪尋。幾餘藝圃邀宸賞，觸處如傳惕若心。

奉敕題趙孟堅落水蘭亭五排十二韻

蘭亭珍定武，特達比圭璋。遠勝虞卿本，新披子固藏。
千金難估價，五字尚留芒。憶自昇山麓，言移霅水航。
澄波含藻彩，寶墨耀榮光。鄭重原歸趙，流傳爰溯姜。
由來神物護，不使漬痕妨。秘笈輝緹錦，奎文煥縹緗。
三題增絢爛，八柱媲琳瑯。肥瘦從茲定，品評詎易量。
裝池珍內府，摹搨想初唐。佇泐松花玉，千秋仰表彰。

奉敕題元搨石鼓文

韓蘇歌石鼓，詞人遞考撰。高言務恢張，索句躡奧典。
一從窺宸章，泰華壓群巘。鐫劖造化工，烟霞任舒卷。
己巳曾摹藏，古香寄懷緬。三百十字奇，尚足紀蒐獮。
闕訛固已多，貴重比瑚璉。茲觀趙氏本，紙墨復精善。
枚數文較贏，四十有六衍。視薛雖縮朒，擬劉味餘雋。
椎拓出元人，點畫朗可辨。環蹟秘菁華，運應文明顯。
重邀天筆題，光采發籀篆。馬（定國）鄭（樵）分毫芒，嘗鼎得一臠。
詮解或鑿空，甲乙互紛舛。詎乏捫摸勞，臆說殊淺鮮。
大哉聖人心，闕疑戒妄誕。《麟經》書夏五，蓁蕪頓披翦。
南衡韜禹碑，此搨泂弁冕。裝界合以弆，祇為珍螓扁。
隱隱璃雲騰，神物自蜿蜒。

蒙恩賜御筆福字恭紀　依張照原韻

景福長增仰聖躬，宸毫敷錫惠臣工。求多靜念端由己，賞厚常懷敬在公。
墨灑金壺層漢上，光懸麗日早春中。鴻鈞一氣迎新祉，雨露無私感寸衷。
南陔自昔譜篇名，翠額天題四字成。老母八十四歲，蒙賜御書"南陔承慶"匾額，仰荷殊榮，感深肺腑。承慶方滋萱草茂，敷韶又繞錦箋生。

龍文屢捧依光近，奎藻聯輝照眼明。竽濫自慚叨並受，每隨鵷鷺荷餘榮。

飛霞騮

開閶闔，鞚紫騮。耀晨輝，丹霞流。

銜玉勒，飾金鞦。英姿軒舉，儵儻無儔。

其躞蹀于長楸也，如綺合而紅稠。既就彎而循軌兮，爰安駕夫龍輈。

蒼艾騏

貺惟太乙，取其德也；維青與黑，昭其色也。

孫陽一顧，來貢遠陲。選自內廐，益顯權奇。

草分駿影，柳拂雄姿。翛雲逸氣，長戀丹墀。

同吉黃

象取類地，色正中央。日在庚午，占星駟房。

粵惟郅治，材呈吉光。祥徵壽考，瑞應我皇。

銅街一色，金埒具裝。囷官是告，率舞騰驤。

葆淳閣集卷七終

葆淳閣集卷八　詩二

庚寅春帖子

閏紀天中節，時和泰運昌。九垓齊獻壽，繁祉慶無疆。
瓊瑤寶册晉隆儀，頌獻璇閨百福宜。萬戶香盤迎鳳輦，甘膏先自近畿滋。
三霄雨露賁皇綸，柳陌槐街荷澤新。歲紀月躔均木德，熙熙咸樂四時春。

辛卯春帖子

羲算重開甲，軒齡始起元。《後漢書志》：皇帝始以辛卯紀元。靈臺增鳳紀，介祉慶駢蕃。
慈寧八袠晉鴻稱，册鏤琳瑯百福膺。二月東巡先祝嘏，如山泰山如阜曲阜咏增興。
作人盛典媲周京，恩錫龐眉賦《鹿鳴》。朝野吉徵多耄耋，舒長春日樂昇平。

壬辰春帖子

紫極回杓早，蒼精應律新。初頒天上詔，壽宁樂恒春。
三素雲開協氣浮，條風拂拂轉龍斿。從知稼事關宸念，先向青郊問土牛。
向風遠部戴堯天，耕牧初依紫塞邊。領取玉關春色早，一時歌舞作新年。

丙申春帖子

南丙躔龍角，西申協鳳時。農祥占最早，驗取斗杓知。
條風吹暖上珠竿，臘鼓聲臚九陌歡。盎盎春祺迎歲至，慈寧慶溢進春盤。

雪山瑞應氣冲融，三白頻飛兆屢豐。運啟元辰涵聖澤元日值雨水節，恩膏渥被萬方同。

己亥春帖子

已徵平正理《漢書·律歷志》：理紀于巳詩箋式巳，謂為政平正，用能紀理其事也，亥肇萬千旬亥數二萬六千六百有六旬，見《左傳》。占歲多豐樂，迎年早報春。

重申巽命蠲全漕上第二次普免七省漕糧，五協離文啟特科來歲，恭屆聖主七旬萬壽，特命重開鄉會恩科。壽考作人，歡騰多士。敷錫春祺同八表，條風吹送太平歌。

百年禮樂蔚山莊，灤水新看大化翔。翹望鑾輿雲日麗，天章糾縵煥宮牆熱河文廟告成，上諏吉于夏月，躬臨釋奠，御製碑記，頒泐貞珉，聲教覃敷，人文蔚起。

辛丑春帖子

旬日先元日春在歲前十日，春枝叶歲枝丑年丑月丑日立春。十分韶景足，重疊紐芽滋。

給廉補伍師貞吉，宅俊魁三壽作人。奮武揆文多盛事，群生喈喈樂登春。

表章命輯前朝牘旨命蒐輯前代奏疏，正定親裁舊史文論定《契丹國志》，斥胡安國、葉隆禮之謬，大公至仁，昭垂萬古。始信春秋天子事，從知性道聖人聞。

壬寅春帖子

壬養韶延祚，寅賓旭迓祥。開春符鳳紀正月建壬寅，適與歲次合德，瑞引億年昌。

春來臘候恰彌旬，肇歲欣逢吉戌新。元旦日干逢戌。典展辛齋欽昊覬，和風甘雨兆元辰。

履端數自履長期，餘日滋豐協歲司《淮南子》歲司注："從冬至數至來，正朔五十日者，民食足有餘，日益一斗。"今以十一月初七日冬至數至元旦，得五十四日。更喜飛花頻六出，萬方渥被聖恩施。

癸卯春帖子

新韶徵泰運，聖澤共春覃。獻壽年論萬，迎陽日正三。

銀潢露湛筵開綺，豐水奎聯閣貯芸。行慶展親還展義，時巡觀俗更觀文。

鳳紀雲師稽舊典，撫辰凝績煥皇猷。翕河正協袞時對，春信桃花順軌流。

丁未春帖子

乾德純剛協《淮南子》注：太歲在丁曰，彊圉萬物剛盛也。又孔穎達"天行健"疏，天有純剛，故有健用，元功至味調。春祺乘臘啟，壽宇早延韶。

農祥肇歲渥膏儲，恰應金穰慶有餘。元旦值雨水節，日干又逢庚位，洵為豐稔之兆。翠罕螯迎祈穀日，綵旛吉迓試燈初。

熙朝籲俊彙昌辰，蕊榜花封浩蕩春。江國更涵文教溥，汲深冊府荷陶鈞。

戊申春帖子

先甲朔逢甲元旦甲子，臘月二十八日立春，恰先三日，祈辛春兆辛立春日辛日。祥霙沾大地臘前各省俱報瑞雪優沾，綏萬自天申。

春藹津門海不波，青旂筏筏曉風和。省耕喜洽農夫慶，宴凱歡騰將士歌。

卦演燈詞開壽筵，詩編樂譜鬯元音。彙征總叶三陽泰，濟濟從看廣德心。

辛亥春帖子

就熟占豐歲《淮南子》：太歲在辛，萬物就成熟，其煌煌也，迎陽啟瑞年《爾雅》"在亥曰大淵獻"高誘注："淵藏獻迎，言萬物深藏以迎陽也"。堯齡開九袠，壽曜應弧躔歲德在丙，元旦正逢丙日，瑞應南弧，允彰聖壽。

茗宴箕疇賡福壽初二日立春，是日重華宮錫宴蒙恩，即以九五福之一曰壽聯句，鐙吟羲畫叶咸恒。紀年慶合中宮數，盛典觀成誌念徵。

四蠲正賦歲初輪，壽宇濃敷帝澤勻。雲繞三盤迎翠躚，衢尊九陌遍熙春。

乙卯春帖子

皞紀周龍甲，軒圖肇鳳辰。舒長依景運，百二十韶春。

敷福五全開茗宴，體乾八疊備燈詞。循環春奉延洪壽，籥啟青陽頌洽熙。

恩蠲恩榜隔年宣，祈歲占豐惠八埏。謙抑弗教行慶典，應天實政仰寅虔。

丙辰春帖子

鴻儀傳大寶，上日溥恩綸。溯自羲皇世，光華第一春。

重臨丙炳壽籛開，六十一番春信來。年紀靈臺周復始，歡延韶景至京垓。泰元增筴世昇平，再錫耆筵頌凯觥。彩旭曈曨皇極殿，用敷五福遍寰瀛。

千叟宴恭紀

懿典恭繩祖，純禧愨自天。道眩千聖大，福畀一人全。
醲化孚群動，醇風際八埏。斂時敷闓澤，錫羨疊耆筵。
慶衍含飴日，儀崇侍陛年。後先仰羲皞，朝野彙期佺。
蒼昊垂庥裕，彤雲布瑞駢。射熊徵眷注，賜胙付仔肩。
創守洪規鉅，貞元寶祚延。垣高依北極，弧見應南躔。
欽若人因憲，升香禮必虔。兩郊親灌獻，四孟享迴旋。
核典陳琮璧，稽圖復豆籩。常雩欽肇祀，神樂戒相沿。
夕月儀更琥，增星象在璿。旦明孚灝氣，登降靄祥煙。
呼吸誠能達，和甘召靡愆。圜丘恢幕次，嘉蔭庇農田。
合撰禋斯舉，凝釐佑愈遄。祈禾殷社稷，薦玉重璸瑎。
廑念民惟本，新祺錫更便。庶徵占雨雪，清問接郊廛。
晝永寅晨起，宵遲乙夜眠。躬推勤黛耜，畋撥麗雲阡。
煦育充閭宇，收藏溢戶橡。倉箱皆秔粟，耕織繪胝胼。
望幸忱爭疘，求寧義特專。省方鸞輅肅，展覲翠旍鮮。
楗石籌防海，觀河憬導岍。閭閻安襏襫，山藪樂漁畋。
歲偶偏隅歉，金常內府捐。挽輸恒給復，錢賦屢除蠲。
逋豁資逢貸，征紓富有廛。糈分瓊庫鏹，廠散鳳城饘。
獄慎觊刑措，人愚荷聖憐。施仁逾舊格，肆赦到遙邊。
拓土疆三萬，編氓齒億千。維皇均覆幬，何域界津壖。
怙冒洵闊矣，謨猷矧煥然。法宮程鹵簿，圜水引淪漣。
列品斟文武，煩音訂管絃。鑄鐘來淦水，特磬琢和闐。
詩積京垓數，文參造化權。煌煌經是式，亹亹道為緣。
製篆超殳隸，依京守法楗。石渠輝秘笈，芸閣燦琳篇。
肄射驚穿札，行圍競獻豜。威靈瀛澥震，方略縹緗鐫。
琛贐圖王會，梯航聽凱還。難名真蕩蕩，在宥尚拳拳。
繡隴豐穰遍，亨衢景運連。紀元周復始，體健古無前。

勤豈期頤倦，綸方授受宣。高聰聽早徹，宸志定原先。
德簡元良契，恩周睿智圓。當陽軒繼譽，主器震承乾。
熙洽昌期萃，精深治法研。烝黎心子惠，濬哲訓親傳。
二典勳華茂，重輪日月懸。祉隆天下養，禎集地行仙。
葆性精通昴，含和算擬籛。龎眉環几席，皓首珥貂蟬。
淑氣盈蓬閬，韶姿轉蕙荃。苑鶯飛緩緩，宮樹暖仟仟。
迎砌蓂初秀，充廚箑更扇。擗麟神夒鑠，扶鶴影蹁躚。
琅竿融芳醖，晶盤膾液鮮。銀牌擎燦爍，鳩杖倚連蜷。
藻向瑤閶賁，光真列宿纏。榮施羅錦綺，珍賚耀珠蠙。
人盡膺殊錫，歌宜奏《大卷》。驩情騰萬口，愉色潤雙顴。
酌醴衢樽普，瞻顔御幄褰。賡颺咸虎拜，詠蹈並雛翩。
鰲戴臣逾厚，嵩呼悃倍顓。觀摩從白屋，家世守青氊。
望敢齊韋杜，源看小渭汧。計偕叨上第，親覽擢高巔。
東壁緘披玉，南齋嘗候甎。紬書慚掃葉，漬筆慎懷鉛。
外史涯何補，西班級累遷。黃扉容側席，紫禁許垂鞭。
葱佩膺冠豸，丹霄數漏蓮。樞廷參密勿，溫室預機鍵。
視學思操鑑，衡材勉執銓。虞巡隨帳殿，周獵扈旌旃。
喉舌嚴申命，趨蹌謹備員。儲端陪胄齒，講席愧華顛。
輔弼才難稱，祠宗吉謹涓。哀容逢燕譽，異數捧鸞箋。
銜晉公孤亞，忱寧楮墨詮。最欣時復旦，共識至如川。
有喜徵慈孝，元彊會蕩平。丕基長祿祜，奕葉總鈞甄。
率土蒙汪濊，同聲頌廣淵。聯吟疇備演，迓節卦齊編。
猶益幾康凜，還虞格被偏。飴梨輳鼓舞，鞮譯輳蟺蚓。
宴冀周旬舉，堂睎六代聯。頻仍常祝嘏，萬萬壽綿綿。

以上係恭進太上皇帝詩冊

以下係恭進今上詩冊

恩允叩謁裕陵恭紀

恩綸優渥許歸林，東望橋山淚滿襟。一慟方思攄積慕，九重先已照微忱。
珠邱此日瞻蔥鬱，玉殿何年仰鑒臨。老病跅踏松柏路，萬峰迴合五雲深。
記得臚傳第一聲，紫宮特擢被恩榮。雲階月地更番陟，秋賦春闈取次衡。
豈有微長酬簡任，祗虞薄植負科名。鼎湖咫尺攀號切，感念洪鈞涕泗縈。
竊濫升階秩九遷，眷隆不次絕班聯。驟登綸閣龍光近，倖入樞廷鳳詔宣。
特鑒愚誠依禁籞，兩叨圖貌上凌烟。迴思趨走階墀地，教誨生成四十年。
琉璃門啟玉霄晨，得覲明樓下悃伸。曲體先皇恩遇渥，特教遂宇就瞻親。
山陵再詣殷臣願，海寓咸寧協帝仁。欣聽蹕途傳吉語，孝思功繼十全臻。

進呈各詩止此。

即事

騎秋諺占吉，歸雲已掃晴。暄潤恰如候，歡宜服爾耕。
寒田總芃綠，岡澗紛紆縈。翹瞻固關地，夏杪禾未成。
井陘勢偪仄，甚雨瓶疑傾。衛水貫齊豫，納流瀰以盈。
析津尾閭隘，迎汐虞留停。馳驅報星使，省觀飭月卿。
弭災賴撫卹，惻怛帝念誠。提築出帑藏，升階勵勤能。
先秋得含哺，散給百萬贏。相期在實政，豈以崇美名。
畿甸富納穗，南邦屢告登。眷彼逢年樂，憫縈隅向增。
寰瀛太牢享，庶幾慰皇情。

題丁蕈湖秋江垂釣圖

江光何渺瀰，秋色最蕭森。興寄琴書永，神怡烟水深。
鳶魚知道趣，鷗鷺澹詩心。帶月收筒去，蘋洲露氣沉。

題吳渭泉明府櫓搖背指菊花開圖

迤邐青山送客舟，黃花影映浪痕浮。一聲欸乃猿聲裏，不盡吟情寄舵樓。
寒香何必減東籬，夾岸叢英入望移。記否刺船巫峽日，青簾白舫杜陵詩。

祝大學士漳浦蔡公九十壽

世德崇青史，心傳紹紫陽。勳名儒者事，福澤帝家光。
漳海襟懷曠，龍山譽聞章。初元掄藥榜，九帙晉霞觴。
溯自卿班峻，群欽陔慶長。冰衡頻選雋，璧沼慎掄良。
師道銀潢重，台儀寶曜昌。緗編千軸富，綠野十年強。
覲聖來瑤闕，叨榮捧玉筐。林泉蒙日秩，雲漢賁天章。
矍鑠神逾爽，期頤景最穰。適逢梅萼綻，再見杏花芳。
蟠木閒扶杖，芝莖燦滿堂。耇英誰得似，仁壽正多康。
芸館稱先輩，薇垣附末行。願隨南極望，叢祝耀騂芒。

題陳仲魚鱣尚友圖

意量高千古，論交卷軸盈。藉茲徵素履，非以傲時英。
代有淵源接，全歸月旦評。讀書期尚友，寧止作經生。

題彭羨門九曲移居圖即和竹君前輩親家韻

軺車曾過武夷山，翠巘丹梯不可攀。忽爾披圖欣所託，移情怳在隱屏間_{大隱屏適當五曲文公書院。}
從來取友可知人_{卷中題者多余舊相識，}況讀詩編見性真_{近付諸君詩稿。}才美更知能濟世，倦游豈是臥雲身。

題張仲謀觀察小照

公餘自足湛然情，想見鳩江惠化成。臨政久稱名節度_{王沂《續文獻通考》：今時觀察使兼節度，故亦稱節度，}讀書猶是老儒生。
漫思泉石吟留癖，好與松筠節共清。他日遂初期屢訪，故鄉風月付閒評。

題○研珊世兄畫幀並送之閩任

溪流環抱響潨潺，一幅荊關憶舊山。匡阜雲高家在望，章江水落棹初還。
且看夕膳晨羞奉，已悅蒼松翠柏顏。地近仙霞榮祿養，使君親捧荔枝斑。

題楊守默采菊圖

冷艷蕭疏應節芳，每逢真賞眷秋光。群葩已競繁華歇，翻訝貞姿獨傲霜。
隨意黃花插幾叢，正因開晚見清風。世情愛博無專好，賴有幽人氣味同。
坐傍青松手菊枝，依稀風味在東籬。應知老圃添佳興，何必花前也啜醨。
聞說收花并葉莖，可緣服餌得長生。披圖想見神交久，老健寧須餐落英。

題玉中丞經筵進講圖

文華春殿上朝曦，進講儒臣鵷鷺隨。敬識玉音宣示後，即看忠悃朗陳詞。

惟幾成務神常應是日公講《易經》"惟幾也故能成天下之務"。時為少司寇，有慶咸中義不殊。此日湖山歌政美，早知通解帝心愉。

廿年講幄侍春風，愧比淳夫意氣融。為想當年齋宿夜，定知鵠立對宸楓。

團龍繡簇覆長筵，相對橫經列上仙。何處得來寫真手，猶疑綵袖帶香煙。

題福誠齋扇頭畫馬

寫出雄姿禿筆頭，不群毛骨價難酬。可知能手香韓輩，即是當年良樂儔。
昂首如聞噴玉聲，渥洼種自應星精。呈材早入天閑選，日近鑾輿倜儻行。

題邵○○師遺照

夙荷甄陶德，銘心未許忘。束躬垂矩範，命世有文章。
月自春湖滿，舟偏夜壑藏。音徽今已杳，清淚迸淋浪。

其二

里第趨陪日，宛遊安樂窩。依稀精采近，凄絕畫圖何。
柳漸迷新浪，池仍蹙舊波。虛堂琴瑟在，三徑忍重過。

題阿廣庭相國畫象

我聞眉山蘇學士，靈境舊遊證宿世。又聞姚江王伯安，五十年後開禪關。
經生不解瞿曇書，前因自悟信有無。披圖生面別開出，忽瞻具足容如如。
公來有自真人傑，鐘鼎勳庸接華閥。璇閣樞廷協大鈞，井絡天山揚偉烈。
上佐方召下李郭，區區那復數裴鄂。福厚功崇帝眷深，三度承恩圖紫閣。
農人望慰神功適，綠野平泉探勝迹。箇中幻作金粟身，閒對蒼松坐拳石。
乃知公與無始遊，此心空洞如虛舟。煌煌衮繡忘名相，漫擬留侯與鄴侯。

題范太守照

來暮群歌叔度賢，歲親民事重行田。頻年熟習山村趣，閒策花蹄踏晚烟。
底用鳴騶與雀航，探幽合作野人裝。風光為導乘牛輿，一路山腰細草香。
水鏡山光絕點埃，忘機鷗鳥共徘徊。幽閒逸趣誰爭得，應讓詩人跨犢來。

題張蔭亭同年載書圖照兼送之滇南臨安任

經術飾吏事，斯言後儒陋。仕學匪異轍，奚為假藻繡。
心源苟未澈，鄴架漫矜富。憶昔與君交，硯席晨昏就。
經義與治事，融貫羙研究。禮闈榜同登，汗顏珠玉後。
既君宦齊魯，醞釀日以厚。每聞歌召杜，循聲不脛走。
報最擢滇南，安得賢太守。瞻望一麾遙，怡然風兩袖。
惟茲數車書，不惜清俸購。所至必與偕，相將馳遠道叶。
誰欲繪斯圖，琴鶴同邂逅。披閱三太息，乃不孤師授。
夙學信已抒，志行貢克副。慚我竊高位，展卷如懞瞀。
願君豐毛翼，直看浮雲簉。

題吏部藤花

銓部名花得地榮，閱年三百尚繁英。若論劫火重然事，前雨前燈喻最明 明呂
涇野有"燈熄而然非前燈也、雲霓而雨非前雨也"之喻，舊傳此藤株煨火復榮，戲及之。

一番植種一番新，薈詠流傳品益珍。鄭重樹人猶樹木，竹籤何事謾搖唇 明顧

大韶言選人之弊，作《竹籤傳》，倣《毛穎傳》為之。

蒙茸映日紫雲垂，莫道柔條不自持。架上蛟螭蟠固久，無須蔓引最高枝。

憶昔程門日步趨_{余出程文恭公門下，公管理吏部，時余亦為吏部侍郎，日得追隨}，吟篇未敢率操觚。於今鮮茂花如舊，愧我頹唐對此圖。

哭薛退思

立雪程門卅載前_{昔與退思俱受業酉峰先生之門}，計年聞道摠吾先。論文手障狂瀾倒，勵志朋親比翼連。

渤海憐他開絳帳，晨星倏又暗蒼天。老來師友凋零盡，尚復何心理舊編。

祝門生孫星衍之祖母許太恭人九十壽

貞風自昔荷綸音，頤養醇和歲月深。教子一經時鍵戶，課孫午夜尚抽簪_{太夫人課孫，每夜分猶抽簪示句讀}。

鶴齡壽母蒼顏駐，人日華觴春釀斟_{人日為太恭人誕辰，今歲是日正值立春}。官舍團圞多喜氣，宦成名立倍娛心。

題畫誌感

袖裏圖披韓鄂情，五湖烟景一灣明。摩挲不為滄州趣，中有春風斷雁聲。
烟雲蕭瑟寫前溪，家學當年媲仲圭。攜得殘山過碣石，卅年零玉萃新題。

阮芸臺宮詹囑題天寒有鶴守梅花圖

春風依舊寒梅發，寫入仙禽句亦奇。豈伴孤芳解使鶴，為憐幽韻獨橫枝。
巡簷那覓關情侶，翹膝疇窺假寐時。玉照故嫌俗客近，霜侵未料主人知。
溪邊久立同株守，月下遲留顧影隨。漫比師雄聞翠鳥，恍依和靖穩柴籬。
清癯相賞寧無意，冷落投緣了不疑。自是朗雲堂共映，應甘靜夜職花司。

題古椿長蔭圖

蒼柯黛葉映逾鮮，猶是南州一榻懸。負米常懷馨膳日，揮毫遙寫舞衣天。
好憑風月蟠高蔭，長以春秋祝大年。惟有望雲心不懈，綠雲迢遞曉江邊。

生日大雪

衰弱行將七八云，隙駒志氣歎無聞。中宵觴酒從兒輩，際曉銀花漫瓦紋。
一霎沈疴同捲霧，千村宿麥盼連雲。老來諸事多煩念，聞說農穰意暫欣。

祝師樸園六十壽

和融景物艷陽天，周甲觴稱意灑然。善息襟懷何朗列，歸閒歲月得清便。
河壖恭職膺宸賞，梓里高風拓義田。誼忝葭莩增企羨，蘭芬桂馥錦筵前。

贈王毅齋襟丈長孫入泮

同門連袂舊稱寮，兩地分馳音問遙。此日鄉園重聚首，竹孫挺秀喜干霄。

題松下讀書圖

汲古探奇秘，松陰意倍清。不移冬夏色，堪契聖賢情。
代麈談名理，彈徽弄雅聲。何如開卷帙，濤韻自尋盟。

題秋林待月圖

好藉倪迂筆，為傳似月襟。微雲淨天宇，清景矚秋岑。
佳客期涼夜劉子翬《詠涼月詩》："宛若待佳客"，修梧散遠陰。一輪光欲吐，倚石動高吟。

亡友馬公，名寅著，字協恭，內府人。其先大夫歿於遼左，公幼齡，即蓄志為歸骨計。年十五以告太夫人，太夫人曰："兒不知汝家貧耶？"公曰："數年母日給兒果餌錢，兒盡積之，不足，殆無幾。"太夫人憫其幼，難之。及知公志堅，乃典衣飾與之。家惟一老僕一馬，遂以往。中途僕斃，未幾，馬亦斃。公負骨千里，徒步以歸。太夫人撫其足重趼，泣曰："兒之孝，鬼神其知之矣。"余初任浙江學政，公時為織造，甚相契，而未知其至性過人如是，久乃知之。今其子諾明阿來乞詩，爰成此什，以備採擇焉。

燕雲遼海音塵絕，迢遞關山悲父骨。可憐遙望醫無閭，滴盡孤兒眼中血。
魂兮不返淚不乾，骨兮不歸摧心肝。母子相依四壁立，門衰祚薄傷形單。
子也行年纔十五，處心抱骨歸鄉土。仰看飛來塞外鴻，恨無兩翼翩然舉。
愛惜一錢逾十千，街頭果餌不下咽。恐傷母心惟飲泣，背人私積青銅錢。
一朝告母母心感，兒心已堅不可抑。吞聲脉脉出門去，望斷天涯情曷極。
隨身蒼頭老龍鍾，依人疲馬嘶長風。無何僕斃馬亦斃，獨冒霜雪嗟途窮。
日斜淺草驚彪戲，月黑深林鳴鵰旦。白骨一裹三尺餘，傴僂背負風裂骭。
孝為天經四海橫，根心至性通神明。良知原不論長幼，植躬貴有孩提情。
長歌紀事發三歎，求之古人誠罕見。依稀廉範執骸沒，誰歟陶潛作孝傳。

朱石君親家前輩七旬壽詩

當代蒼生望，宜歸社稷臣。嘉謨開郅治，舊學贊高宸。
志與風雲會，心惟日月鄰。於時為榘度，所至盡陶甄。
早歲游崑閬，群英仰鳳麟。同懷芸署雋，聯使蕩函頻。
屢試叨欽矚，優除荷特綸。豈惟鴻筆獎，聿建隼旗新。
化雨隨車潤，甘棠捧節巡。儲宮需宋璟，翰苑召劉筠。
學邃天心見，誠開帝範陳。矢謨依少海，毓德麗重輪。
語必根忠孝，忱原稟樸淳。益蒙皇眷渥，灼見大儒真。
經濟源先裕，敷施效畢臻。中臺崇簡畀，方任慶來旬。
牛渚謳謠遍，羊城愛仰均。化疆懲犢佩，樂土務鳩民。
快睹金從革，歡同木向春。咸名新息賈，籲借潁川恂。
狄坐勳方茂，楓墀眷倍諄。兩朝資政範，一德叶猷詢。

上理登咸日，昌言靖獻辰。唐虞徵允紹，稷契願能伸。
載擷珊瑚網，俱搜結綠珍。綿區瞻柱石，揆路佇樞鈞。
平格天垂祐，康彊道集身。延年從算亥，壽世溯生申。
遙憶追隨久，深諳行誼醇。蔦蘿情最篤，蘭茞臭彌親。
同甲元豐會，初筵衛武賓。祝禔今以始，頤席邁松椿。

石君前輩復用寄和鹿尾詩韻抒懷見示仍依韻奉答二首

寄我詩篇總道腴，何殊珍味出豐厨。清嚴制府常存畏，康濟群生定不渝。
已見三台星曜動，祇懸萬里玉音需。知君聞命遄征至，慎護風霜免貌臞。
善病而今口厭腴，非關貧也儉家厨。陰寒入骨形逾劣，哀悳難鍼志豈渝。
君實登朝童卒喜，臧孫竊位典型需。歸來相晤應相訝，一別多年如此臞。

和友人詩

自分焦桐乏太音，漫勞軫玉與徽金。豹文亦慕皮留赤，驢蹶惟慚枝笑黔[一]。
形影相隨移跬步，鷹鸇無事憶深林。勞民厲已曾縈念，寂寞東門跡易尋。
端居忽喜奉佳音，惠寓同人利斷金。歲月隙駒愁鬢雪，雌雄蒿目視烏黔。
澹懷豈乏逍遙境，朽質猶希杞梓林。伸紙欲書頻擱筆，不如接足且相尋。

【校記】

[一] "枝"，當爲"技"。

葆淳閣集卷八終

葆淳閣集卷九　賡揚集一

恭和御製重華宮職官考聯句復成二律元韻

唐虞稽古慎官師，左右惟人治化資。雲鳥名傳詳典制，巨鄰日贊重謀諮。
陰陽六律調元氣，天地四時備百司。嘉節仰瞻宸藻麗，古稀天子邁文思。
一編初訂表千官，四庫新增典不刊。鷺序聯吟懷匪懈，奎文敷藻廑其難。
毫沾蕙露承優澤，果飣蘭珍愧素餐。賡韻遠希颺拜盛，菲才同荷聖恩寬。

恭和御製方圓隨規矩元韻

　　懷方憑運矩，因物妙規圓。中度緣繩墨，成形比地天。
　　琢磨須厲乃，模範慎求旃。智行恒相藉，璧珪用各全。
　　目營心渺爾，指化意油然。取則同非遠，為良亦可遷。
　　揮斤毋僭越，制器尚精專。法象宸衷契，程材仰德先。

恭和御製賜饎璜元韻

經進詩篇供睿披，聖慈懷舊動追思。祇今簡素香猶浥，當日花磚影漫移。
拈韻矢音賡乃再，論才稽古盛於斯。老成謝後餘饎穎，天筆恩榮既之。

恭和御製賦得山夜聞鐘元韻

　　山館中宵永，天機此蘊藏。舂容聲乍發，靜妙趣難忘。
　　響徹雲千疊，音清月一方。疾徐隨漏滴，斷續藉風揚。
　　松壑傳虛籟，林烏動曙光。耽書憑繼晷，得句漫因霜。
　　烟磬疑相答，江船到恰當。求衣恒入聽，揮翰玉槃張。

恭和御製正月初十日讌宗藩元韻

展親情至禮相緣，首歲恩敷誼更全。歡讌宗藩原繼述，踵行舊典詎忘愆。
迎韶仙樂笙鏞閒，錫類銀潢苾祿延。豐草露斯輝玉牒，常華鄂不映瓊筵。
觥稱介景嵩呼萬，源遠分流派衍千。次第官階班秩若，便蕃賜賫意油然。
發春澤以加民重，施惠誠由睦族先。四坐龍光宜壽豈，一堂歌咢序賓賢。
徵祥朱果璇根茂，志喜丹毫睿藻宣。瓜瓞綿長增祚祉，純熙慶溢太平年。

恭和御製春服既成元韻

春暮偕童冠，興懷被服鮮。縫裳依令序，尚絅守儒先。
成或兼紈綺，新宜換毳綿。短長惟意稱，冷煖應時便。
柳拂疑添絮，茵鋪欲染烟。祓聯芳渚畔，襟暢曉風前。
出谷鶯鳴答，盈門鵠立駢。翹瞻黼文治，高詠撫宮絃。

恭和御製春仲經筵元韻

心傳遠紹宸修懋，講幄宏開鉅典行。日暖文筵春殿語，香攜彩袖玉堂卿。
化成久道徵無息，政在安民勵庶明。建極惟皇垂至教，運隆郅治本純誠。

恭和御製經筵畢文淵閣賜茶復得詩一首元韻

書城巨觀仰嶙峨，聖學難窺涯涘何。璧府琳瑯光照瑩，天題星斗象森羅。
青藜夜映鸞綾帙，碧椀茶分鳳沼波。身入娜嬛迷五色，金根辨析慎淆訛。

恭和御製盛京土風雜詠十二首元韻

威呼

政成利濟及杠梁，項槳軒舟《物原》："顓頊作槳，軒轅作舟。"制度詳。數斛纔容同小艇，幾人恰受比輕航。

取攜到處誇便捷，往返安然迪吉康。窾木遺風猶可遡，載歌泛泛逐波揚。

呼蘭

突黔薪故不須遷，簷際參差列柱然。豐樂情形觀爨火，太平景象驗炊烟。覆筐過雨飄難濕，增竈連雲豎更堅。低拂鞭絲頻指數，騰騰如縷復如綿。

法喇

澤腹堅時步步隨，拕牀坐穩任推移。雪中覓句騎驢似，郊外看書挂角宜。且喜裝囊無負戴，底愁登涉有欹危。補將四載偕橇桐，聖主常深履薄思。

斐蘭

豐岐接壤足丁男，弧矢餘威技夙諳。七幹取材榆柳在，參分為羽雉雞堪。須知士使辭惟託，那及童嬉性所耽。轉眼挽強充宿衞，千城心腹佐雄談。

賽斐

曲匕傳餐功代箸，曾無刻飾素風存。《儀禮·有司徹》注："疏匕，謂匕柄有刻飾者。"白抄雲子偏流滑，紅挹桃花好勸飧。

雅稱一瓢資洞酌，常充四鬴飽黎元。秋成省識含哺樂，滿甕香生碌碡邨。

額林

日色經檐照柍桭，安排家具雜然陳。木罌見《前漢·韓信傳》。器悉雕為樸，盞篋見唐元稹詩。衣惟故易新。枕几不傳循婦子，膳羞有閣擬官人。《內則》："大夫七十而有閣。"注："以板為之，庋食物也。"閭閻用物徵藏富，比屋如斯俗自淳。

施函

移根漠野不知年，虛受能容本自然。跡謝雕剜呈孔竅歐陽修詩："苟非神聖親手跡，不然孔竅誰雕剜"，工辭聚僂協規旋《莊子·達生篇》："聚僂之中則為之。"注："曲而可以聚物曰聚僂，畚筥之類是也"。

小槽夜滴憑開釀，豐罍晨喧穩注泉。比似陳倉窐作臼，幾行獵碣幾多篇。

拉哈

縮版分來幾堵牆，草莖麻藋綴青黃。雅言苫蓋仍須釋，風詠茨綯豈不覆。

故里垣墉真見聖《後漢書·李固傳》："見堯於牆。"茲翠華東幸，兆姓歡迎道左，瞻覲牆間，因借用其語，新宮家室夙宜王。登憑悉繫遷岐業，儉俗留遺肯暫忘。

霞綳

乾資蓬梗潤塗膏，午夜青熒民事勞。佐讀燃糠師此儉燃糠夜讀，見《南史·顧歡傳》，成堆燒蠟笑他豪宋寇準事。

藜光豈羨閣中向，蓮炬徒誇院裏綯以金蓮炬送歸苑，見《唐書·令狐綯傳》。結就非烟看郁郁，卿雲歌調願重操。

豁山

任教名穀復名麻，苧絮誰知亦咀華。竹膜雲藍還遜巧，麥光冰翼敢稱嘉。

三韓壤接容留樣，五彩毫揮莫鬥奢。試揭簾紋堅似革，流傳千載尚矜嗟。

羅丹

堯年擊壤老翁戲，今日羅丹婦孺需。俯仰分明心不競，贏輸計較手恒殊。

何須棋局彈巾角張華《博物志》：曹丕善彈棋，能用手巾角，那用骰盆判雉盧。倘許千金輕一擲，比他駿骨略同乎。

周斐

堅且多皮宜作室，雒常相似並希聞《晉書·肅慎氏傳》："有樹鳴雒常[一]，若中國有聖帝，則其木生，皮可衣"。縱饒風雨能漂瓦，借作虹霓與帶䘺。

北牖除貍灰更灑《周官》："赤友氏以灰灑之，凡隙屋，除其貍蟲"，南榮攻蠹草添熏翦氏除蠹物，以莽草熏之。梓材未必能差勝，驗取今文及古文。

校勘記

[一] "鳴"，《晉書·四夷傳·肅慎氏》作"名"，是。

恭和御製盛京土產雜詠十二首元韻

五穀

穀興衍沃慶咸宜，嘉種惟聞詠恒之恒音亙。戶戶龡豳迓田祖，村村擊冢賽農師。

繞明含露堪標目繞明豆、含露麥，見王嘉《拾遺記》，疏機長桐可預期得時之稻疏機、得時之禾長桐，見《呂氏春秋》。採冠聖朝符瑞志，三巡尚食久嘗其。

東珠

閶門上溯璿源遠，南粵徒勞録異聞杜光庭《録異記》："火星之精墜于南海為大珠，其地為珠池珠崖"。珠產摩尼多徑寸，江通愛溿自三分。

羨他海底擎珊易，嗟彼鮫人探頷勤。想像燭龍銜耀日，龍門禹鑿記云云王嘉《拾遺記》："禹鑿龍門，至一空巖，幽暗不可復行，有獸如冢，銜夜明之珠，其光如燭"。

人參

神皋有草亦名神，段氏翁形本軼倫見張讀《宣室志》。黃潤有鬚方獨勝《本草》："遼東參黃潤有鬚，俗名黃參，獨勝"，紫團無價亦常珍《本草》："生潞州太行山上，謂之紫團參"。

何曾芝朮堪為伍，倘遇雷桐定辨真"雷桐是別"，見《宋書謝靈運傳》，注謂："雷公、桐君"。寄語名山採藥者，得依福壤即仙人。

松花玉

分派都應是鴨江，產來綠玉色無庬。敷文應運常騰采，奮武當年此受降。

壓倒紅絲名第一唐李石《續博物志》："《硯譜》載，天下硯四十餘品，以青州紅絲硯為第一"，刪除黃絡美稱雙《端硯譜》：石有黃臕、胞絡，鑿之方見硯材，所謂子石。歙硯亦然。拜恩遇詔溫公陋，淄硯徒傳海岱邦宋熙寧中尚淄硯，溫公修《資治通鑒》，神宗擇其尤者賜之，當時有韞玉、黑玉等名，見《聞見後録》。

貂

靡豪柔毳語寧詳見謝莊《謝賜貂裘表》，獻自榮區倍覺良《周官·司裘》："仲秋獻良裘"。皮蝡《後漢書·鮮卑傳》："貂、豽、䶈子，皮毛柔蝡，天下以為名裘"無如慶雲紫劉勰《新論》：紫貂為裘，蔚若慶雲，呂低尚類吉光黃。

已嗤烏納貪眠穩皮日休詩"烏納裘中一覺眠"，自注出《王筠集》，更笑鷫裘貰酒嘗。故事挹婁添小賦，肯教江總擅詞章《後漢書》："挹婁國出好貂，今所謂挹婁貂是也"；江總《華貂賦》："貴華貂于挹婁"。

鹿

伊尼戴玉乘佳氣，地異頤磨聚作窠《圖經》："蜀郡頤磨山有平地百餘步，諸山之鹿一日一聚，號曰鹿市"。鳴野正逢秋罷獮此次東巡，特命暫停行圍，獻鮮仍掌氏稱羅。

漆原漫擬儦儦富，文囿應輸濯濯多。要向停鑾昭瑞應《瑞應圖》曰："王者孝，則白鹿見；明惠及下，則見；承先聖法度，則白鹿來"，況承聖製訂前訛上上以南苑所育麈于冬至解角，始辨《月令》"麋角解"為"麈角解"（《御製鹿角解說》）。訂"二戴"之遺經，垂萬年之時憲。

熊羆

春山曾記赤熊羆《穆天子傳》："春山，百獸所聚。爰有赤熊羆，瑞獸也"，突出深叢並見之。占獵兆惟欣得佐，和丸留與善教兒。

捕容藏內一人臥人欲捕者，令一人臥其藏內，餘伴執仗隱在崖，則熊輒其舁出人，不致傷損。傍人仍得騁其矛。見《異苑》。逐困群中五犬支宋陳師道《羆說》：以五犬逐一羆，羆長于用大，犬巧于用小。受制于犬者，遇非其敵，困于群也。欲試猋飛徒手格，儀鎗隊裏逞雄奇。

堪達漢

釋麚從知有力口，詫他懸肉馬縹然。佩雖鞢也材偏中，角則屬之《爾雅》："角謂之觷。"注："治樸之名"工使鐫。

彄向烏號瞻吐月《射經》："出弓弰為懷中吐月"，控將鷲羽《王褒碑》："鷲羽射雕之箭"佐凌烟。通天不讓文犀理，孕秀含章肯自捐。

海東青

漁陽漠北與荊棗_{漁陽白、漠北白、荊棗白並鷹名,見《酉陽雜俎》},刷羽東溟又見他。認取白花蕃部獲_{《遼史·蕭樂音奴傳》:"監障海東青鶻,獲白花者十三"},進來青骹弋人羅_{甘峻山青骹鷹,見《舊唐書·懿宗紀》}。

霜拳玉爪姿何俊,絕海摩天力較多。化作玵珂昭物采,尋常爵雉得如麼_{《本草集解》:海東青即青雕,雕入海化為玵,作馬勒謂之珂}。

鱘鰉魚

鱠飛價重東華市,生在龍江性恰馴。名等秦王原貢錯_{《金史·地理志》:會寧府歲貢秦王魚,大定十二年詔罷之},種分淵洞豈常鱗_{王嘉《拾遺記》:瀛洲東有淵洞,有魚長千丈,鼻端有角,噴水為五色雲}。

翻騰䂮弩兼圍網,擺脫叉竿與釣緡。未待春來供薦鮪,早將水畜問敺人。

松子

見說松山千歲松,龍牙玉角採常逢_{《群芳譜》:新羅使者攜松子來,有龍牙子、玉角子}。味如脫粟嘗來旨_{《廣志》:千歲老松子,色黃白,味似粟,可食},形似浮圖望去重_{俗名松蕊,為松塔,以其層數相隔尺許,如檐蓋也。見《西河詩話》}。

應候綴條多璀璨,得天受氣獨淳濃。堅香試問稚川子,知是招威未逸蹤_{黃山俞獻卿見松樹有大實,拋石擊落一枚,甚堅而香。或云《抱朴子》所謂"招威,食之可仙。"見《江鄰幾雜志》}。

溫普

譯得嘉名天賜與,不教霜果擅東南。曾非楉梓香堪和_{蜀人切楉梓,納眾香燒之,不減瀧涏。見張世南《游宦紀聞》},便列崑崙味帶甘_{《山海經》:"甘櫨列于崑崙"}。

酸笑山櫨傖父饋_{柳宗元詩:"傖父饋酸櫨"},甜疑崖蜜苑禽含。輕紅萬顆春無際,靈種都經聖澤覃。

臣嘗誦《詩·豳風》,陳后稷、公劉風化之所由,自于耜舉趾,以至鑿冰滌場,稱觥饗酒,天時民事,細大畢賅。名雖曰《風》,而《雅》《頌》實兼焉。至召、康公之詠公劉也，館鹵涉渭，厪鍛止基。其于君民之作勞，都邑之萃聚，一一如繪，詠歎弗諼。其他載于篇什，如陶穴、土沮、家邠、宅鎬、原茶、豐芑、囿鹿、潛魚，隨舉一事一物，有可以見周之德與周之所以王者，不勝述焉。我皇上三巡盛京，得詩累百，纚纚洋洋，揄揚莫罄。內土風、土產詩二十四首，體則長言，辭惟詠物。而光昭鼎業，式示璇圖，綿繼序之孝思，衍開基之福緒。證諸成周盛時所作，旨趣悠長，無不包舉。臣趨直禁廷，先覩為快，雖誦傳鈔，尋繹無已。昨于陽月奉使陪京，往返連月，見夫風土淳樸，物產浩穰，昔人所謂共其雍熙，同于饒衍，蓋親歷而得諸諏采者為尤稔矣。不揣弇陋，勉竭鈍愚于途中，敬謹次和，恭繕于冊，并以管窺所及者，附識末簡，伏冀聖慈訓示焉。

恭和御製元正太和殿賜宴紀事二律元韻

律轉青陽淑氣旋，晨曦先麗帝城邊。履端雨露方敷澤，列席臣鄰倍致虔。
周甲堯年綿鳳紀，元辰鎬宴萃鵷聯。恩光渥共春光溥，例舉盈句盛典傳。
仙仗雲連釦砌陰，來同萬舞列森森。呼嵩慶洽車書集，寰宇欣瞻日月臨。
甕貯瓊膏呈寶瑞，衣沾玉屑燦天琛。金穰正叶占豐兆，德遍垓埏共仰欽。

恭和御製新正三日雪元韻

祥霙趁曉慶霄垂，喜共新年膏澤施。入地正須盈地尺，占農還協劭農時。
寧誇點綴初春景，總是沾濡萬歲釐。恰應履端三白兆，登豐已早迓蕃禧。

恭和御製正月六日重華宮茶宴廷臣及內廷翰林等詠玉甕聯句並成是什元韻

氤氳瑞靄早春時，湛湛重霑賦露斯。蜜餌甘分榮綺宴，霜華香泛麗新詞。
簫笙遙聽仙音度，雲漢旋瞻聖藻摛。佳節歡聲騰九陌，宸衷要是樂同嬉。
貯膏寶甕舊編稱，奇質焜煌得未曾。雕琢良工巧可試，嘉祥盛世瑞原應。
花箋分句慚珠玉，好鳥鳴音亦友朋。此日濡毫邀寵遇，榮分筆札感彌增。

恭和御製春仲經筵元韻

至道曾稽載籍云，經筵鉅典集儒群。高深義並垂謨詔，先後揆同契舜文。
三殿春風來玉砌，千川皓月印波紋。名言昭晰開聾瞶，遜敏彌欽乙夜勤。

恭和御製紫光閣賜宴外藩疊去年題句韻

藩臣宴禮歲常行，綺閣瓊筵曜日晶。拜跪歡同儀鳳舞，懷柔恩洽慶雲呈。池搖隄柳含韶景，島積瑤霙愜聖情。炎徼新占風入律，皇圖鞏固化觀成。

恭和御製題惲壽平畫元韻

慈竹慈烏

風影森槮老幹扶，拜恩曾展曉林烏。新正重華宮茶宴，恩賜諸臣秘笈畫幅，臣得唐寅《曉林慈烏圖》。天然別寫平安竹，物性相同有是乎。

晴巒暖翠

濃滴山腰淡染湄，近看不見遠含滋。融怡澹沱其中在，生趣知非潑墨癡。

碧山雨意

法傳二米寫烟鬟，山色空濛水自淺。浮碧好看新沐後，清音遠落白雲間。

小赤壁圖

別擅雲間山水州，小橫山畔水環周。不知誰主誰賓是，壬戌之秋七月遊。

叢篁碧澗

澗水淙淙帶遠音，為添竹籟更蕭森。倩誰洗出娟娟淨，上下斜陽一碧深。

恭和御製詠周應鐘元韻

梟鐘貽古制，銘識考工年。諧律羽初應，雕文髮細卷。雲斑新拂拭，璧府及摩鐫。稽典陳珍器，鈞天響共傳。

恭和御製賦得野無伐檀元韻

闢門符帝典，多士慶升揚。賢豈猶家食，材原耀國章。

作人械樸盛，樹木歲年長。口實非徒逞，躬修未敢遑。
志惟清操勵，日切素餐傷。亦念懷材試，寧甘袖手藏。
乘時還利見，易地盡為良。登俊霑恩渥，彈冠幸倍常。

恭和御製十月初九日雪元韻

氣應小春凝曉陰，飛霙表瑞兆堪諶，千林樹綴瑤華遍。萬頃田鋪玉色侵。
香屑輕霏雲漠漠，漏聲徐度晝沉沉。承歡更廑勤民隱，豐候欣符睿賞臨。

恭和御製正月五日重華宮茶宴廷臣及內廷翰林等，適新題學詩堂，用以聯句，並成是什元韻

琯調玉律轉青陽，詩教新瞻牓揭堂。茗劈龍團榮綺宴，牋分鷺序擅文場。
繪圖南宋篇章佚，弆蹟西清甲乙詳。作記更徵包萬有，徒欽美富望宮牆。
圖書秘苑萃菁華，藻繪葩經意可嘉。豈假縹緗娛耳目，還從卷帙見貞邪。
籤題寶翰原昭慎，義備楓宸未厭奢。賡句幸叨依末席，菲材愧業愧專家。

恭和御製寧壽宮成茶宴聯句更成二律元韻

苞茂新宮連斗極，初韶聯詠各紓忱。求寧自獲攸寧樂，多壽還賡介壽吟。
義叶斯于宸藻麗，德符行健聖心欽。三冬瑞雪徵豐稔，天眷於斯理可諶。
藩宴茲辰已禮成，重華歲例句重賡。金猊篆裊香霏細，雪象曦融色映清。
詩不易工欣覿聖，班叨非分愧云卿。分毫茗讌臣衷勵，恩錫年年荷睿情。

恭和御製喜雪元韻

先㫺頻叶瑞，繼臘驗農祥。令布膏原埌，時和澤更滂。
葐敷同露湛，玉潤帶烟翔。歲兆綏豐屢，天心降福穰。
欽承德自感，健法志逾覂。報喜看旌捷，承歡侑壽觴。

恭和御製賦得燈右觀書

夜讀宜燈右，天然解尟通。尋行光漸近，開卷意先融。
詎仿圖陳左，還如旭始東。硯凹遙射影，檠短合臨空。

鑿壁情寧異，燃藜嚮或中。膏晞無待雪，紗護不因風。
乍憶披吟便，回思少小同。拈題窺聖藻，詠物愧難工。

恭和御製重華宮賜宴聯句元韻

南山瑞氣暎宮闈，嘉會聯吟近紫微。雁翅筵開鵷鷺集，雲和笙奏鳳鸞飛。
離明正際三陽泰，豐兆新占六出霏。更幸捷書頻送喜，梅花風暖颺紅旂。
璇宮式燕喜追從，閬苑頻霑湛露濃。九宇載寧綿禹甸，萬年長壽頌堯封。
雲牋新叶花間韻，芝圃晴開雪後容。慶洽箕疇陳五福，太平有象樂熙雍。

恭和御製賦得春服既成元韻

舍瑟志何志，匡居年復年。無妨人異撰，詎止士希賢。
儒有因時服，春當既暮天。振衣情暢爾，垂帶道存焉。
童冠群而別，沂雩曠以鮮。質從三子後，貫示一傳先。
數墨慚規守，聞詩奉折旋。同流參造化，茂對意悠然。

恭和御製紫光閣曲宴外藩即席得句元韻

名藩宴敞玉墀寬，天上霱雲象可觀。樂奏鳳儀諧磬管，禮成虎拜列躬桓。
示慈詎尚千鐘旨，柔遠仍臚萬國歡。計日邛籠隸戎索，更看飲至集珊盤。

葆淳閣集卷九終

葆淳閣集卷十　廣揚集二辛亥

恭和御製福康安奏攻得濟嚨賊寨詩以誌喜六韻元韻

負隅利在先聲奪，仰見籌機萬里遐。師動以貞非得已，算操必勝果無差。
元戎督戰千軍壓，眾志爭鋒百倍加。餘勇猶看風捲籜，陰謀敢肆蜮含沙。
潛軍雨夜同俘蔡，定郡日南待獲嘉。凱奏擒渠應在道，旰宵遙廑驛程賒。

恭和御製江西巡撫陳淮奏報早稻收成九分有餘詩以誌慰元韻

江鄉禾稻最稱宜，況報和甘正及時。兼綜已知中稔過今歲各直省奏早稻收成，總計已在八分以上，懼盈率告九分奇地方收成十分者入告，時每縮其數，當係戒盈之意，江西或亦如此。
民勤不匱且休矣，吏令或煩適害之。加教何曾釋帝念，虛名務戒有如斯。

恭和御製山西麥收八分元韻

北地夏收民最重，飛章豐告太原城。頻年猶憶詞無黌，中稔茲欣數況贏。
關外候遲容晚熟，河東麥早卜秋成。陶唐遺俗縈宸念，藏富閭閻豈厭盈。

恭和御製啟蹕幸避暑山莊之作元韻

禮成方澤戒司輿，九裘今開典率初。策騎首途瞻日近，詢農多稼喜雲如。
豫遊共效騶虞詠，暘雨常占氾勝書。塞北臣民深愛戴，望恩知早頌徯予。

恭和御製書蘇東坡傳堯典語元韻

萬國歸心川赴東，望符巍蕩帝堯同。宸衷對越嚴昭事，慎厥初還凜敬終。

恭和御製至避暑山莊即事成什元韻

七日暄和莅止初，蹕途恩湛潤留餘。重湖團葉田田矣，廣嶺祥風習習如。
首種低雲棲塞畝，聯村比櫛富山居。盈眸禾黍青鋪隴，又為睎霖企慰予。

恭和御製永佑寺瞻禮元韻

塞垣肄武志欽承，神御虔依展禮仍。堂構聿瞻規制遠，羹牆益切旰宵兢。
記敷耄念行逾健，恩溯冲齡感不勝<sub>恭讀御製"十二憶曾此侍祖，祖恩十二此齡增"之句，
不特詞工天巧，益欽孝思純篤。</sub>曰佑自天還自祖，頻年職貢繪圖增。

恭和御製戒得堂自哂元韻

塞畝猶希一雨霑，書堂臨憩塵農占。久欽理勝鴻文闡<sub>《御製戒得堂前記》引朱子理
勝之說，復闡之曰："欲得億萬年，永永天眷，此可戒乎，欲得寰宇安寧，萬姓樂業，此可戒乎，欲得五風
十雨，屢綏普慶，此可戒乎。"聖論崇深，誠非佔畢儒生所能仰窺，</sub>尤祝年豐樂事添。
祖訓率行常若歉<sub>堂名即遵聖祖所鐫通用小璽，文以窮兵黷武為戒，至於田功之多得，又所深冀
也，</sub>田功多得又何嫌。至誠感召原徵信，應候飛甘物意厭。

恭和御製清舒山館元韻

日長山靜可忘言，奎藻顏楣表睿論。意曠方能窺此宇，居安誰是得其門。
淳涵萬象埃塵淨，解阜群生樂利原。仰識會心非在遠，訓標克己省詞繁。

恭和御製雨元韻五月廿八日

終朝望興雲，觸石起膚寸。雷驅及電掣，橫陣膏惜僅。
四山蒼蒼埃壒消，百物欣欣天地奮。新苗初沐意未厭，遠樹生烟乍含潤。
或言麥隴餘黃雲，却慮為霖情頗近。宜麥宜禾兩利全，弗礙登場亦蘇嫩。
大哉造物總無私，恩浹生成豈有靳。帝心仰識天心契，徐視雨暘各如分。

恭和御製有真意軒元韻

山人愛山得真諦，居然所好欣從吾。遊神暇豫聊復爾，情隨境遷其能毋。
無盡顏額猶此旨，乃知有盡皆自誣。猗歟至誠原不息，得一以貞可盡乎。

靜存動察貫內外，曰惟聖人如是夫。偶緣山水意各取，知仁樂壽歸同途。

恭和御製題秀起堂元韻

雲巒四面胥環拱，特起中峰堂據之。風過松杉增颯爽，雨餘巖谷露嶇崎。籌邊每獲如天福，抒藻恆興望歲思。小矣蘇家奪山綠_{蘇軾詩："秀句奪山綠"}，何當大地綠含滋。

恭和御製永恬居元韻

松齋倚蒼厓，林密雀群閧。宸遊憩臨茲，緣自西峪降。
額檐聖訓昭，熙熙願里巷。昨夕陣雨過，環澗聞喧淙。
久晴冀優沾，紛彩望朝虹。何當溪谷盈，千尺雪飛絳。
引恬在年豐，服耕安愚戇。

恭和御製題文津閣元韻

縹緗插架萬籤藏，嘉惠千秋重校詳。福地岸登疑咫尺，聖涯津逮豈尋常。功偕率育陳時夏，義仿刪書斷自唐。塞上年來涵教澤，作人大化頌洋洋。

恭和御製澄觀齋解嘲之作元韻

四門廣闢日，群倫爭澡溉。敕幾凜澄觀，更訓澄心再。
從知顏齋楣，宥密通帝載。萬象歸虛涵，表裏融貫最。
軒鏡懸清秋，寧有物蔽哦。

恭和御製熱元韻

長夏資生候，薰絃茂對時。沾塗憐汗滴，黍稷望華滋。
念切塵囂隘，誠祈澍潤施。三庚金遞伏，退暑數干支。

恭和御製招涼榭元韻

院深晝靜乍生涼，圖畫天開雲外莊。雪瀑飛時延爽籟，松陰闊處漏晴光。花因擎露芳枝亞，草解迎風暑氣藏。帝念惟殷甘澍至，滌炎藉慰老農忙。

恭和御製雲南巡撫譚尚忠、貴州巡撫額勒春各報麥收均有九分有餘，詩以誌慰元韻

帝心報稔每虞遲，萬里滇黔更念之。麰麥漸多綏以屢，民苗胥悅慰增寅。
此疆彼界豐均上，益寡哀多澤豈私。指顧普天秋獲奏，盈寧頌作協伶夔。

恭和御製夜雨元韻　六月初五日

恒言十雨畏久晴，紅輪喜向烏雲征。廉纖細灑傍晚過，即望霢霂占秋成。
豐隆列缺忽振轡，中宵殷殷千車鳴。初如撒粟繼垂溜，水簾夜靜聞盆傾。
歡聲為想起隴畔，太空難名歸至誠。黍禾已見被潤澤，亦云既渥資深耕。
較量分寸心猶塵，宸居遠過茅檐情。

恭和御製臺灣總兵奎林、按察使萬鍾傑奏報早稻收成八分，詩以誌慰元韻

鯨波萬里恬不囂，奏牘飛渡陳置僚。帶牛佩犢懲愚佻，自安耕鑿風雨調。
登場已見早稻饒，泉漳貿遷鄰封邀。我武既揚恩逾昭，瀛壖億載氛祲消。
番人誠嚮隨陽翹，高言教化徒唇焦。

恭和御製荷元韻

水芳掩苒迎新雨，更愛薰風披拂之。六月春知還蘊藉，耐人清賞是開遲。
後時似待鑾輿至，秋末猶花舊有徵。出水亭亭相對處，恰如風浴志言曾。

恭和御製題烟雨樓元韻

塞山景色逾江國，睿賞嘉名檻屢憑。籠樹縷霏真入畫，聲荷珠跳擬同稱。
紅排雁齒重湖合，綠蔭魚鱗比屋增。遙望田塍餘積潤，鋪菜從此慶年登。

恭和御製素尚齋即事書懷元韻

世運際豐亨，增華眾情喜。聖人示所尚，返樸從風矣。
創始屏雕飾，微言貫表裏。陟岡一憩臨，穆然深仰止。
淡泊溯茅茨，尊聞不逾咫。紅蓮擢清池，碧峰環足底。

似兹富麗景，藻繢奚加此。然而太古存，即境毋乃是。

推之在敕政，引之在省己。永恬通其義永恬居在素尚齋之前，御製詩向皆各題已酉共爲二首一韻，有"政期永恬心尚素"之句，妙合奎文旨。

移易操大權，探原可竟委。儉奢等度間，難易因時爾。

恭和御製留京王大臣奏報得透雨詩以誌慰元韻

驛章跂滯正無嫌，喜報優膏候不淹。霖沛塞垣三日應，甘飛畿甸一時霑。
市廛自有豐亨象，草木同欣解澤占。聖德無私周遠邇，宜暘宜雨睿情兼。

恭和御製喜晴元韻　六月十五日

濃陰傍晚積未開，晨起烏雀喧晴快。東皋曉色遲紅輪，一碧琉璃豁眼界。
欣欣向榮田中禾，千畦綠净茂菽蓻。水光山色倍有情，化工筆寫詩中畫。
旰宵課量應以誠，作息誰知帝力賚。似兹時若豈易哉，感蒙天貺申教戒。

恭和御製漕運總督管幹珍等報得雨及南漕全抵天津情形詩以誌慰元韻

丁力年來轉漕優，天心協應沛膏稠。長河快閱三時近，巨舸飛牽百丈遒。
玉粒早看供上庾，江鄉又見獲新秋。千帆南下濃陰岸，可憶先曾阻凍愁。

恭和御製觀瀑二首元韻

雨過峰容快曉晴，簾泉落落意同清。為欣禾黍沾膏足，攬景非同廬阜行。
水本無聲忽有聲，高低巖壑宛天成。懸流間雜松濤韻，不若千尋雪色明。

恭和御製遊獅子園即事元韻

邸園堂構涉幾餘，正是風光六月初。山色溪聲福地複，日暄雨潤聖情舒。
書帷晝靜還堪憶，松徑陰森舊所於。賜宅是惟隮眷顧，如聞帝謂德懷予。

恭和御製詠旃檀林鳳尾松三疊乙未舊作韻元韻

廬山有寶樹《廬山記》："大林寺有鳳尾松，寺僧呼為寶樹"，老幹十圍計。何時攜子來，苞綵仙莊綴。

溯昔荷宸賞，移根幸得地。雨露霑已深，滋培行無事。
婆娑廿年中，暢然生意遂。勢漸凌雲霄，森竦日蒼翠。
卷阿歌雝喈，翽翽傅天際。嘉名冠貞姿，軒翥百尺逮。
重辛抒睿毫，韻疊語超異。十年遞循環，藉紀萬千歲。

恭和御製閱射元韻

較射先秋獮，當陽擬闉門。挽鈞各有志，飲觶詎同論。
奮武規摹遠，培材肄習存。樹鍭邀賚賞，勸勵悉承恩。

恭和御製鏡香亭對荷有作元韻

瀲灩湖光暎小亭，芙蕖開正午炎丁。一奩雲歛天容净，萬柄風來水面馨。
節物應時供寓賞，雨暘所喜愜求寧。敖漢移植皆先澤，惕若無忘仰紹庭。

恭和御製倉場侍郎蘇凌阿、劉秉恬奏報起漕全竣，詩以誌慰，並均予議敘元韻

起漕早堆場，先秋迅倍常。天功原賴佑，睿畫詎能忘。
柄馭隨驅策，猷宣慎茂相。綸音嘉乃積，獎敘更多方。

恭和御製山莊啟蹕行圍木蘭之作元韻

獮典留詒聖所敦，木蘭諏吉訓行尊。輿前馳驟諸藩長，馬上曾元幾葉孫。
比櫛崇墉蹕路攬，習勞肄武古風存。那居遵養抒群願，鄭重親行識聖言。

恭和御製四川總督鄂輝奏報通省收成九分詩以誌慰元韻

西蜀稱饒傳自昔，疆臣報稔鮮區分。錦江南北均家給，雲棧崎嶇速驛聞。
早喜普天秋有慶，真看即事意多欣。蹕途批奏丹毫染，拈韻旋瞻睿藻紛。

恭和御製永安莽喀行圍即事元韻

吉語先傳第一圍，山容漫道隔年違。開雲豈爽虞人約，即鹿何占君子幾。
壽邁萬人力更健，中看雙疊古尤稀。敬循祖制群歡慶，前有光仍後有暉。

恭和御製威遜格爾行圍誌事元韻

威宣海宇樂咸寧，肄武不忘敕共聽。樺室猶名張幕地，角弓好試掠風翎。合圍晨晷迴千騎，中鹿童孫喜十齡。飴顧當年恩屢紀，遺蹤追溯仰前型。

恭和御製蒙古王公進宴即席書事

名藩獻壽頌康強，永念詒謀儆怠荒。一矢麗狍躬是率，九旬策騎意猶毚。燔炮親奉兒孫輩，囊鞬行隨左右王。瞬息新年承湛露，難名愛戴益遑遑。

恭和御製書志一首戲用重字體元韻

行獮寧娛獮，承予荷佑予。以時還以禮，非棘亦非徐。試射射頻中，論年年孰如。舊章宜率舊，初志慎逾初。

恭和御製啟蹕幸避暑山莊元韻

訓武綏藩夙所循，茲逢聖壽慶熙晨。人歸舊附同新附，雨應前旬廑後旬。八秩安車躬履泰，初程歲德日庚寅是日庚寅，為歲德。芳郊徐度薰琴暢，錫羨如聆帝謂諄。

恭和御製過清河橋元韻

雁齒椿頭綵仗過，魚鱗畛上茁嘉禾。為看長養風來處，十里銀灣灩瀲波。蹕路遙看翠隴分，登場黃玉復紜紜。秋贏春縮如相濟，暘雨胥隨帝念勤。瀲瀲河流潤有餘，瀠洄青甸彩虹如。朝來天語詢農圃，喜氣騰為霈澤舒。

恭和御製直言元韻

繡野霑膏後，農知慶最多。麥秋正築圃，梅雨待興禾。睿念惟徵若，宸言並戒阿。祁祁看應節，孚感捷如何。

恭和御製雨元韻

早念時霖集，為滋寶穡甘。雲隨宸輦起，澤遍翠郊涵。澍後輕絲度，風前遠綠酣。西南陰靄盛，速報慰巡驂。

恭和御製至避暑山莊即事元韻

敬依祖烈慰瞻雲，十萬人家飫澤欣。壽石列甍明訓武，神榆映社久興文。一庭瀛漠環申祝，九宇綏懷健益勤。歲扈鈞陳臻寶地，山呼聲向曉風聞。

恭和御製永佑寺瞻禮元韻

堯年貽慶肇仙莊，大福欽惟大聖當。一德上承誠不息，四瀛同祝壽無疆。廣輪拓地咸循軌，暘雨符天益志覆。道重紹衣瞻仰切，戎功繼序遠人揚。

恭和御製寫心精舍元韻

廣運溯唐虞，幾康傳一心。矧當揚祖烈，瞻禮心益欽。曼壽膺篤眷，萬年久照臨。漠瀛同慶嘏，濛洱聯縲簪。心法靖綏遠，心源精一尋。輸忱不期至，鱗集誰能禁。大哉寫心義，陟降契以諶。薄海仰格被，皇衷懋規箴。

恭和御製題文津閣元韻

六藝衷惟睿覽循，成書庋閣歲踰旬。山聯雲構寧誇西，道貫瓊編總在寅。懋眷凝禧超往帙，遙藩錫慶遍生身。觀綏重地同文化，服教從欣此問津。

恭和御製含青齋得句元韻

齋前草色平如毯，潤物憑占大有年。上下蔚藍同一色，妙含生意總超然。

恭和御製留京王大臣報雨詩以誌事元韻

竟日甘霖悅甸師，郊畿同此共含滋。蹕途快副隨車願，驛使頻諮解澤施。廣畝鱗鱗胥帝惠，釀膏續續廑宸思。疆臣報稔皆堪慰，輦轂霑優豈獨遺。

恭和御製烟雨樓對雨元韻

空濛佳境層霄接，樓仿鴛波有異乎。柳色青含霏似織，山容翠沐灑成圖。巡方正悅禾名郡，霈澤頻看珠跳湖。十萬衡簷烟雨裏，同欽宸念俯塵吾。

葆淳閣集卷十終

葆淳閣集卷十一　　賡揚集三

恭和御製有真意軒識意作歌元韻

縹緲雲烟列蒼巘，高軒翼若凌重湖。仰瞻題額示真意，真與無盡義非殊。
試觀萬象生不息，真機包孕洋洋乎。濂溪體道闡無極，遐根動靜得新吾。
所以南朔東西遠，一真含煦恢鴻模。山水之德樂兼壽，此意難窺佔畢徒。

恭和御製題秀起堂元韻

蒼然秀色攬遙岑，延向深堂悅憩臨。翠樾葱蘢環自昔，炎雲滃渀起非今。
檐高乍有風聲度，塵淨都忘暑意侵。妙蘊由來藏靡盡，日新天藻愧賡吟。

恭和御製經畬書屋元韻

經苑喻惟畬，圖疇道貫諸。百王真合穎，薄海總興鋤。
渾噩風超古，康彊帝相予。欣瞻曼壽日，却詠叡齊初。

恭和御製四川總督孫士毅奏報夏收分數詩以誌慰即書賜之元韻

上燭豐調慶有餘，西來佳信孰同諸。麥先不稔崇庸報，蜀並秦穰按壤居。
職重養民蘄實副，義通種樹誡名虛。天章馳過咸陽道，不羨榮光獨煥如。秦省報麥收九分餘，先蒙御製詩章賜之。

恭和御製題永恬居元韻

地勝因時延睿賞，四檐層翠起稜廉。山如紀歲從循仡，世共含春到燧炎。
物性溥教閒裏遂，道樞深向靜中覘。漠瀛星拱歸仁化，豈獨時薰九宇恬。

恭和御製素尚齋元韻

聖人意崇素，海宇臻淳樸。熙春世並遊，曼壽天所篤。
齋顏企心法，真尚兩言足。以此感人心，孚格勝蓍卜。
臚歡獻壽觴，朴誠淡非縟。小草答曦陽，纖微但增忐。

恭和御製留京王大臣報雨詩以誌慰元韻

候逢長養滋甘澤，歡忭聲隨驛路馳。寸計五嬴高下潤，澍依旬副淺深籽。
兆豐寰宇堪同慶，錫福坰郊詎後期。雲氣殷醲符繼盼，自天滲漉驗頻施。

恭和御製遊獅子園元韻

西北垣開天漢津，感瞻聖邸豫佳晨。峰蹲異態原呈瑞，幹挺蒼鱗不計旬。
壽宇環依聲教遠，冲齡早契訓謨親。從知攬景增淵思，追孝前勳益勵寅。

恭和御製宜照齋作歌元韻

清輝澄照詩家吟，未若知臨照以心。宜照天下宜日中，保豐有道理可諶。
聖人久照惟在己，精義入神妙蘊尋。本體瑩然物自照，百王千聖統所任。
奉三無私仰日月，昔賢金鏡何勞箴。

恭和御製雨六韻　六月初二日

雨應時行節，簷階溜頓鳴。期符真不爽，勢驟更頻傾。
樹淨千重綠，風添萬點聲。芳田膏繼潤，芃稼玉先盈。
一氣驅炎暑，三農仰至誠。西南雲並渥，馳旨問郊京。

恭和御製荷元韻

田田葉放已經旬，初日勇華景最真。次第風光依睿賞，總教長夏是長春。
淨植濃馨繞帝居，歲邀宸藻慶奚如。自聞宜日標名理，烟液雲腴護不疏。

恭和御製題澄觀齋元韻

高齋額澄觀，列水於斯經。泉源懸百尺，巖色峻以增。

鑒物莫若水，惟澄可取徵。淳之為小湖，照徹境亦靈。
彝訓炳三言，萬象歸權衡。叨隨鵷鷺行，瞻企心兢兢。

恭和御製翠雲巖元韻

林延層翠接天光，綠稼如雲淨可方。九野平鋪巖耸立，風來雨過一齊香。
巖際籠蔥樹即雲，天章指點色形分。化工歲與標真諦，活畫中添謐籟聞。

恭和御製安遠廟即事元韻

西域人歸聖，山莊境即仙。締謀安遠策，演教凱師年。
像肖都綱盛，忱披鞠䏶駢。昌辰逢大慶，新附益虁然。

恭和御製野田元韻

一雨已稱佳，綏豐慶有象。況經渥雨番，寶穧依旬長。
山莊近農疇，幾暇閱秀爽。健行親策騎，翠陌潤朝沆。
深含夏澍甘，預矯秋霖枉。炎雲消西南，澤與三霄廣。
次第報都京，遠近匝垓壤。野叟忘帝力，閒作羲皇想。

恭和御製雨元韻　六月初八日

初伏纔欣沛澤行，半旬雨繼卜西成。土應溽潤辰躔未，金最豐穰歲次庚。
帝念有孚時雨若，皇都不隔洊雷盈。茨梁惟待晶秋報，為溥農慶眷在京。

恭和御製留京王大臣奏報得雨詩以誌慰元韻

寰宇頻聞時若報，芳畿亦渥大田嵒。灑檐響溜袪闌暑，慶對沾膏豎詁朝。
長養良疇千耦喜，順成鴻篇八風調。敷天同祝京垓壽，先聽衢歌曙達宵。

恭和御製學古堂元韻

學古顏堂意，詒謀啟孝孫。八旬今備福，兩記昔承恩。
道以躬行懋，風從壽宇敦。羲經頻玩象，無息是乾元。

恭和御製含粹齋敬題元韻

奎訓顏齋萬蘊包，六龍時御重觀爻。從知中正原行健，直貫文周上契庖。
象洽太和徵樂壽，道崇首出萃符苞。宅心醇粹勤敷錫，皇澤如春遍蔀茅。

恭和御製題敞晴齋元韻

纖雲淨斂萬峰間，恰近新秋爽氣還。野沃醲膏皆愜望，天開晶曝亦舒顏。
靜深檐色澄無際，瀟灑林光翠可攀。奎藻題齋佳景洽，倍占豐稔倍思艱。

恭和御製遲雲榭得句元韻

雲行本乾始，文言暢述之。遲平聲遲去聲各有屬，繹義咏靜宜。
山莊課稼勤，甘雨遞晶曦。潤旰兩相待，及旬雲已滋。
憩臨即廣榭，遲去聲此靃靡資。天心契皇心，渥澤看優施。

恭和御製文園獅子林元韻

珍園芳勝訂徐倪，塞苑清佳典可稽。水石自然真勝彼，靄嵐徐引乍紛兮。
十全韻早披圖滿，六度巡俱灑翰題。祺壽萬年心賞愜，林成福祿世同躋。

恭和御製望源亭元韻

碧亭俯澄流，水源同心源。四言仰前訓，宸契治道關。
靜觀匯眾妙，武列遠泝沿。渟湖引瀺灂，探本抒至論。
石壁右卓犖，懸瀑飛山泉。登望極形勢，流峙含雄渾。
聖人鑑深遠，會心隨境存。萬事握幾要，睿情寓敷言。

恭和御製立秋日作元韻

風金露玉辰初到，雨霽陽曦驗允休。昊蕚司開九十日，滄濛歡祝萬千秋。
斂時喜屆華將實，成物原符久且悠。爽入襟懷孚帝詠，從知豐慶普涯陬。

恭和御製澄霽樓口號元韻

樓近丹霄萬彙鮮，含蕤結穎俯平田。即看秋霽邀顏霽，景繪駢臻祝嘏年。

恭和御製晴定元韻

商飆入律秋斂始，階蓂三葉符良辰。嘉禾芃鬱遍九野，普以朗曝禔生民。
大哉鴻鈞職潤物，昨來雲氣猶輪囷。浮歊捲盡碧霄露，速催穎栗澄華新。
帝心調籥默司契，歷年晴雨量較頻。去秋直省報上稔，九分有餘贏十分。
近關稍歉即廑慮，八埏普熟農占真。曦陽竟日矧更勝，佇見瑞廩銍艾紛。
黎元積慶慶曷自，時晹西秋宸衷寅。

恭和御製登四面雲山亭子元韻

羅列群峰俯可親，一亭高占勢相因。同心萬億京垓慶，四面瀛濛漠洱人。
締構年符電繞異，遊歌興愜日華新。八旬共度茲申約己酉《御製登四面雲山亭子詩》有"共汝行將度八旬"之句，躋敬猶聞總勵寅。

恭和御製安南國王阮光平至避暑山莊陛見，詩以賜之元韻

群藩世衛奉秋巡，嘉汝瀛堧入觀親。積悃自申新造國，上儀胥協遠徠人。
慶邀渥典蕭承惠，賚遍陪臣蔎咏仁。天子萬年頒聖藻，光華榮照日南春。

恭和御製安南國王阮光平乞遵天朝衣冠，嘉允其請，並詩賜之元韻

班聯黃襘末光依，得請應知荷寵稀。卉服虔趨雲罕仗，葵忱嘉允尚方衣。
恩隆寵列親臣侍，義至教毋國俗違。恭順有加長衣被，不須重問越人磯。

恭和御製山莊錫宴祝嘏各外藩即事元韻

呼嵩祝華典曾傳，疇覬鴻禧萬國駢。四極積籌隅際海，一誠奭斗性同天。
雲垂慶喬真霙若，露挹龍光更湛然。欽仰山莊辰拱地，帝心翹溯燕詒年。
聖圖寧遍即綏遐，中外同欣祉福加。瑞草祥星人樂愷，甘肴釀湑禮柔嘉。
已知衢壤通天末，長篤尊親奉帝家。復旦有歌賡八伯，祁姚那擬廣輪賒。

恭和御製啟蹕幸避暑山莊即事得句元韻

閏遇天中應歲差，吉諏蹕路晃羲車。龍旂早引祥光動，鳳綍頻頒闓澤加。
艾葉綵黏重試巧，禾苗膏潤倍稱嘉。已看登麥皇情豫，不厭盈篝祝願奢。

恭和御製出古北口元韻

鼓角聲傳縈澗谷，旌旗日照擁巖關。乘輿窈窕穿蒼上，扈騎雍容紫翠間。
星聚廛闠真積愷，雲鋪稼穡更思艱。塞山萬仞蟠清淑，道守從徵物態閒。

恭和御製雲南巡撫譚尚忠奏報麥豆收成詩以誌慰元韻

歲事報遲遲，南天軫不遺。壽躔星朗處，滇海澤融時。
春種同秋至，迢疆共邇怡。帝心調六幕，敷慶阜皇基。

恭和御製至避暑山莊即事得句元韻

曙動廣仁愜帝情，山莊迎目翠光生。福庭選地涼無暑，輦道連朝霧旋晴。
人物滋蕃籌富教，山川猶樸樂寧盈。南天荒徼輸誠悃，壽宇還看車軌幷。

恭和御製永佑寺瞻禮元韻

瀛漠同風仰睿謀，求衣數問曉雞籌。觀揚孝展羹牆近，陟降靈昭運祚修。
永佑不忘心自紹，紀恩惟覺願難酬。西南更見頻輸悃，不數周家頌繹裒。

恭和御製鑑始齋元韻

生安不忘勤典學，額顏書齋溯厥始。圓靈得一鑑常懸，主一心傳如是已。
健行不息萬千策，欽哉一言括原委。羲畫虞書合符節，儀式仰頌昊天子。

恭和御製西峪元韻

山蟠鷺翅水魚鱗，峭蒨煙姿別有春。日似小年遊太古，鑾停閏月已中旬。
碧池荷淨真延爽，翠嶺松高不染塵。為識宸襟怡賞處，和甘風雨應時頻。

恭和御製秀起堂元韻

四圍翠繞敞瑤堂,佳景入吟例視常。穆若山容秀林麓,天然松籟起宮商。如雲時稼含朝潤,當暑延薰送晚涼。宸念猶廑徠遠域,那今更有不庭方。

恭和御製留京王大臣奏報得雨詩以誌慰元韻

應時暘雨利耕人,潤葉流莖又及旬。好共五風誇瑞景,幸先千里渥郊畇。萬人如海廑懷切,九穀生農志喜頻。瞬息秋成虔報享,小臣報事勵惟寅。

恭和御製福建總督伍拉納驛報漳泉續得透雨詩以誌慰元韻

銷氛和氣翔,沛澤宜普透。何獨漳泉民,需澤望驛奏。
中夏馳章至,甘霖喜疊湊。豈翳禱祀能,實賴帝恩究。
酉年得酒漿,閏月遲節候。滋莖蕃紫薯,剗草種黃茂。
瀛宇同皞皞,匪曰小補救。深宮慰益虔,天心聖心副。

恭和御製山莊即事元韻

山深暑亦涼,蒞止歲為常。勝地天然設,永懷日不忘。
松高重嶺秀,荷馥午風長。摘句關農事,幾閒豈自遑。

恭和御製蓮元韻

萬蕤原從一蕤開,敖漢移植信佳哉。幾年衍漾平湖闊,無限亭亭君子材。參差亭榭勢高低,到處香生翠蓋齊。天藻偶拈宜日諦,葵忱一樣滿清溪。

恭和御製獅子園元韻

初日晴暉曉霧乾,石垣西北接層巒。曲池瀾動清延景,高棟雲生靜愜觀。驪首一峰標瑞蹟,皺鱗百尺護宸翰。紹庭思切文琴遠,藻詠薰絃取次彈。

恭和御製宜照齋元韻

西向齋迎步輦旋,入園小憩例仍前。石城近倚天寥闊,松蓋濃遮地靜便。宜照名緣曦景朗,留吟興為露香研。揣知奎筆高懸處,隔嶺紅霞暎爛然。

恭和御製山西巡撫海寧奏麥收九分有餘，並雨水情形，詩以誌慰元韻

稻長隨雲耨，麳豐趁霽收。風追唐魏遠，澤遶絳汾稠。
欲補歸禾佚，宜徵詠蟀休。鳌成周海宇，西秋副誠求。

恭和御製六月朔日作元韻

新見階蓂一葉增，烺台時節慶相仍。律符地統陽光照，氣協天麻曉霽憑。
種黍藏瓜家自喻，居高眺遠候斯應。奎吟為愜晴占好，箕畢從教釋怨憎。

恭和御製將軍鄂輝等奏巴勒布歸順實信，並班師迴藏事宜，詩以誌事元韻

授律攻心匪耀兵，納降振旅計歸程。碉門永定防邊略《一统志》：元置碉門魚通等宣撫司，即烏斯藏地，雲嶺遙輸誓日誠。
王者有征誰與敵，聖人在上願為氓。西番胥隸骿幪內，懷畏從紓夙念怦。

恭和御製澄觀齋元韻

三言錫額禹謨稱，億載心傳闡繹仍。為識大觀欽遠照，都從元吉凜祇承。
軒雲翠染巖光入，草露珠圓霽景乘。敕政勤勤詩紀歲，北垣惟仰慶霄澄。

恭和御製治漕元韻

裕儲在理漕，匪責旦夕效。為之有次第，睿慮籌精到。
首瀋微山淤，淮汶淪清要。更疏漳衛河，揚舲歡舞蹈。
方期利轉輪，何意增欺盜。聖人心至公，情偽察奏報。
所期共體國，豈不習條教。

恭和御製觀瀑元韻

溪源隱招提，塵忩所不到。跳珠復瑩玉，雲際出飛瀑。
未至已聲聞，即景得蓬嶠。亭榭憺相映，知仁兼領妙。
於觀一澄聽，明目八埏照。

恭和御製永恬居、素尚齋,向皆各題茲為二首一韻,仍各書其室中元韻

列岫連雲翠繞廊,奎題兩額近相望。引恬有象由崇素,心法從昭出治方。
軒楹輝映引修廊,道貫幾先萬國望。一韻聯吟雙璧合,仰瞻前後蘊無方。

恭和御製創得齋元韻

西崦遙看橫碧落,高齋徐憩靜心源。巖交石髮雲依墅,路拂松髯翠繞門。
天作地成開勝境,水流山峙契微言。化機觸處皆如創,新得年年藻詠存。

恭和御製劉峨奏漕船仍當起存事詩以誌慰元韻

萬艘抵津門,撥淺良至計。設遇水深時,起多轉非利。
往年遇水淺,起六冀速暨。今年值水深,重載無停勢。
起六還稽遲,盍遵減撥例。乃知膠柱見,未堪倚建事。
帝心籌慮密,披章用欣慰。入夏全漕竣,頻年疏濬致。
若非敕幾先,曷克符往制。

恭和御製清閟閣賞荷元韻

高人閣著名因畫,君子花繁韻繞除。蠲暑因時臨碧沼,思賢寄興在紅蕖。
香清以遠誠欣彼,景閟方新孰喻予。懶瓚池蓮曾覓句,當年靜對意何如。

恭和御製依綠齋元韻

茂叔意思窗前同,謫仙句詠瀛洲綠。何似齋依萬樹園,崗毯勻鋪碧華獨。
豐融得性蔚復齋,誰剪纖茸娛遙目。是將聯歌大小雅,濯濯偏宜食苹鹿。
天光下照翠瑤平,簷靄檻煙澹相屬。

葆淳閣集卷十一終

葆淳閣集卷十二 賡揚集四

恭和御製六月望日作元韻

望日近新秋，甘澍非繁霖。奎章繪初霽，較量分寸陰。
是時火金交，峰雲作深沉。一雨滌欱燠，倏晴袪滯霒。
方由纖至密，旋覺朗無侵。爽氣溢穹野，豁然拱遙岑。
箕畢誠知時，撫辰順堯欽。曠觀澄霄際，仰識劭農心。

恭和御製立秋疊乙巳詩韻

秋光迢遞歲如輪，遙溯宸章韻疊真。省斂裕農符夏諺，快晴占稔愜虞巡。
金年得象酉為酒，商月成功申即身《晉書·樂志》："申者身也，言時萬物身體皆成就也"。節屆登場關睿念，萬方惟盼報豐頻。

恭和御製書麟蘭第錫奏睢寧南岸隄工漫溢情形詩以誌事元韻

南紀淮徐軫要功，安流久在睿籌中。星川湧值金年水，沙岸頹因雨後風。
籲帝一心誠自感，振民百萬惠無窮。有孚勿問徵元吉，已報消瀾醒瘝忡。

恭和御製河東總督李奉翰、河南巡撫梁肯堂奏報伏汛安瀾，詩以誌慰元韻

帝念洪濤溽暑時，吉章入告粲無疑。洛伊並漲曾防要，兗豫胥恬益勵寅。
竹箭波平欣北鞏，豆花水落慶南禧。三庚汛後秋多霽，麻氣榮光總協宜。

恭和御製七月朔日元韻

地寶告穰逢首月，物華獻瑞倚新晴。涼隨朔到人欣霽，雲為秋開日耀晶。
砌下梧桐沾露早，堂前蜻蚓應商鳴。烹葵及菽風兼頌，正愜宸懷爽氣生。

恭和御製補詠安南戰圖六律元韻

嘉觀訶貯之戰

天討惟憐海國煢，事平追溯繪南征。仰承睿算真揚武，為顯忠貞豈耀兵。
粵徼總戎鳶泊迅，諒山分隊菊椿迎。前鋒鞬韝嘉觀路，千里先騰風鶴聲。

三異柱右之戰

分兵制勝瑣重門，為剿為降威輔恩。交綴兩師摧峻壘，叛逃一將蹙荒村。
世勳有後同驍捷，群醜何能衹鹿奔。芹驛桄坡揚偉績，桓桓今見競吳孫。

壽昌江之戰

恃險原同齒與唇，壽昌漫擬扼通津。奪江北岸驚南岸，冒露無垠出有垠。
曉漏未催先結陣，浮橋乍斷已飛綸。由來智略惟神速，指顧波濤渡萬人。

市球江之戰

市球列險驟難攻，帝諭星馳報捷同。拊背一軍農筏便，繫浮千隊將符雄。
江流潦曲堪乘間，師濟中宵迅奏功。謀合天心原制勝，更嘉果毅樹勳崇。

富良江之戰

夜半提兵畫策良，木罌潛渡掣餘皇。覆巢已固功堪紀，伏莽重興志自臧。
義正元戎仁律已，身先二將節同芳。國威無損降應受，錫爵酬忠亦考祥。

阮惠遣姪阮光顯入覲賜宴之圖

稽首關門怖振兵，使來籲請允輸誠。寸疆尺土非吾利，息眾安民亦國禎。
萬里征途霄漢上，一朝燕饗惠慈行。明年聖壽親虔祝，王會圖兼列慶榮。

恭和御製啟蹕幸避暑山莊之作元韻

時巡清暑典循前，諏吉初程啟翠斿。策騎健稱歡眾口，拈毫喜動閱農田。
令嚴傷稼防蹂若，額減徵租發沛然。鵉質乍欣隨豹尾，法天勤政紀年年。

恭和御製出古北口作元韻

躔路涼亭古驛邊此地舊有涼亭驛，嚴關障護復縈川。猶存地險千巖鎖，豈賴雲屯萬雉全。

詩刻欒城跡宛爾宋蘇轍有《古北口題寺壁》石刻，見《宋詩紀事》，嶺名留幹舊聞焉。一家中外真隆世，出塞連村樂晏然。

恭和御製署湖北巡撫舒常奏報二麥有收詩以誌慰元韻

楚豐天下樂無飢，漢上曾沾帑賑資。粳稻昨興嗣歲望，來麰更愜劭農思。
寧須史館雙岐紀，恰喜封章乙夜披。率育普天占大有，看符十雨五風期。

恭和御製至避暑山莊作元韻

亭亭嚴正位當陽，福地鑾停獻百祥。泉潤蒸和山抱秀，澍甘效順穀逢昌。
弦歌戶洽人文盛，解阜時熙帝力忘。山館延薰寧自暇，勤民無逸儆惟覆。

恭和御製永佑寺瞻禮用辛丑詩韻元韻

山藏太古有那居，神御虔瞻洎止初。夏服承庥真蔚爾，秋原纘武緬溪予。
想依棟牗松雲近，儼對音容笑語徐。此日詰戎揚大烈，海堧報捷盼軍書。

恭和御製題文津閣元韻

紫塞榮光騰冊府，縹緗插架義窺淵。仰瞻聖學誠高矣，從校芸編更俯焉。
亥豕魯魚寧襲謬，娜嬛委宛漫稱仙。山陬共洽同文化，津逮流傳億萬年。

恭和御製登烟雨樓即景元韻

樓仿鴛湖原綴景，藉占農事愜陰晴。宜烟宜雨情如繪，孰主孰賓意不萌。
最喜羲輪嵐翠擁，還欣荷蓋露珠傾。當前境象邀宸賞，非寫江南始命名。

恭和御製夜雨疊登烟雨樓即景韻元韻

亭午炎歊宜滌暑，中宵快雨爽朝晴。敕幾動與天心合，解澤還從聖德萌。
樹杪泉聲遙灑落，簷前溜響聽翻傾。曉來登眺彌新色，鳥哢初暾自喚名。

恭和御製曉景元韻

塞山新雨過，爽氣橫天宇。凌晨一展眺，林壑接咫武。
澹烟嵐翠浮，樹色增媚嫵。晃朗朝日鮮，晴霞翳復吐。
花光互掩映，鶴鹿各群伍。林松膏沐餘，風入軒乎舞。
天懷攬眾妙，煥若披雲覩。摛毫仙露濡，萬彙霈澤普。

恭和御製育麂元韻

鹿遊在林魚在水，文囿之中洵樂矣。矧彼儦儦群且友，牽麂何忍恝然委。
宸章昔日吟偶見，失麂則同獨迴視。茲幸仁恩命乳飼，倏焉孱軀蹶以起。
一物失所有弗忍，聖心煦育同然耳。由來生意自周流，何待瑞應徵和喜。
天地之大可無憾，當前寧不明若否。要之物理固有常，虎渡河猶負其子。

恭和御製留京王大臣奏報得雨詩以誌慰元韻

沛甘欣普被，入奏慰幾餘。雲勢西南至，雷聲絡繹如。
塞垣滋晚稼，畿輔霈高畬。午夜鳴簷際，飛章遞傳初。
後先同既渥，稙穉總無虛。望歲關宸念，閭閻副跂予。

恭和御製素尚齋元韻

齋迥循迴廊，寥廓紅霞上。絢彩動晨曦，縹緗入睿賞。
素尚原命名，索解慮牽強。華靡眾所趨，粹潔德可養。
四海敦淳風，守一乃得兩。聖言精蘊宣，愚蒙意俱廣。

恭和御製澄霽樓元韻

雨後晴最佳，澄霽秋光好。曦陽晅田疇，遠風驅殘潦。
縱目天際寬，景色更多少。遙峰青玉攢，長川帶縈抱。
仰窺聖情欣，稼穡乃真寶。

恭和御製總督李世傑奏三省麥收詩以誌慰元韻

時雨時暘喜可知，東南報獲覘肩隨。溥看麥實倉箱積，更憶江鄉景物滋。
率育已徵豐歲樂，春祈早識聖心寅。明昭有賜吟懷暢，澤潤還占兑説之。

恭和御製荷二首元韻

荷香入座午風時，綺浪晴搖綠滿池。最是紅霞宜日映，中天羲馭自遲遲。
塞外移栽千葉蓮，承恩誦説儼當前。古稀天子增誠慕，一到一吟年復年。

恭和御製題澄觀齋元韻

高懸惠迪吉，澄觀更精體。目之官則觀，心之官思耳。
萬里几席前，睿照無遺矣。順應原無心，要惟純天理。
試看淵渟時，鑒物如斯已。

恭和御製有真意軒元韻

高軒掩映林巒致，中有真意安能名。有真妙與無盡會《庚子御製詩》云："無盡有真同一意"，言惟無盡，然後有真。盖指萬壽山無盡意軒也，微言奥義達其情。

胷中天全真自見，膴前綠滿意滋萌。況惟至誠能無息，是以陰陽合德顯符大易之生生。

恭和御製題秀起堂元韻

地占平岡宜覽勝，堂顏秀起景紛披。遙憑畫檻雲歸後，俯眺晴川雨霽時。
四面不遮來翠色，千章并擢發清思。嘉名雅合抒宸藻，長畝芃芃更副之。

恭和御製遊獅子園元韻

天然山勢面文園，詎仿吳中勝蹟存。舊學商量時苒苒園中有樂山書院，皇上昔年讀書處也，新秋延賞菊氣清溫。

鴻恩紀述原繩祖，燕翼謀詒啟孝孫。地對南山園以對南山獅子峰得名持獻壽，還思率舞后夔言。

恭和御製山近軒

巖壑曲迴互，數楹出群山。山峰左右抱，顧盼咫尺間。
怡情躋巒頂，一遊亦思艱。居近而望遠，葱蒨環檻軒。
曰遠復又近，即景可寄言。絡繹宣妙蘊，學業此津關。
取譬能近者，何曾越區寰。强恕撮其要，求仁莫近焉。
恬吟欽峻德，仰止懷勉旃。更幸依雲日，有喜瞻天顏。

恭和御製駐蹕靜寄山莊因成二律一韻元韻

高峰巖巘俯雲莊，翠輦來遊日正長。春雨初停晴旭麗，野人爭仰聖躬强。
水光山色饒多景，杏弟梅兄列衆芳。幾暇方深探勝趣，未堪常例較閒忙。
靜寄名薊處士莊，閱年臨涖聖情長。三農霑已知民悦，九宴開仍勵自强。
本以時巡勞睿慮，藉茲佳境玩春芳。天成勝景遙憑眺，好是中田播種忙。

恭和御製雨花室庭梅四絕句元韻

幾年培養此庭梅，待沐春霖數點開。不似衝寒爭綻萼，雨花名副致佳哉。
盤中豈比對茅衡，迎向鑾輿漸吐英。庭外暗香堪領取，何須冰雪識神清。
新晴巖石苔猶潤，小駐春風蕊放遲。茂對仰窺摛藻麗，昌時艷發得乘之。
幽韻由來最愛山，況依靜室趣清閒。群芳此日還儔侶，好鳥知誰樂意關。

恭和御製題延春堂元韻

上巳巡行又隔春，延春堂裏景常新。翠巘初濯迎梅雨，繡隴遙瞻驅犢人。
泉韻玲瑽清入耳，松陰掩冉靜怡神。養化天氣饒晴旭，不盡芳叢棐几陳。

恭和御製啟蹕幸避暑山莊元韻

諏吉來巡甸，溫回黍谷寒山莊自創建以來已幾百年，版籍歲增，商賈日輳，每年駐蹕數月，閭閻生計益饒，至期翹望翠華，不啻溫回黍谷。晨光星罕動，輦道玉驄安。

麥隴黃連野，虹橋朱映闌。年年啟蹕日，夾道聽聲歡。

恭和御製過清河橋即事雜詠疊去歲韻三首元韻

十里前屯富烟火，長虹倒影駕晴波。人家兩岸齊收麥，清問登場已幾何。
策馬東門健猶昔，宸歡不覺蹕途長。攄毫韻疊雲霞麗，珥筆賡颺愧未遑。
水浮淺碧涵空遠，山送遙青入望多。漫擬風光圖畫裏，豐年景色更如何。

恭和御製曉行元韻

曉日瞳曨宿霧收，蹕途優潤鮮塵浮。數家茅屋烟初起，一帶嵐光翠欲流。
非燠非寒晨籟爽，宜暘宜雨夏禾稠。農人歲久沾恩浹，亦識曾先天下憂。

恭和御製出古北口作元韻

遙邊涵德久，豈復隔雲泥。安用雄關險，空排峻堞齊。
省方鸞輅過，沛澤雁臣溪。古說巖巖者，於今蕩蕩兮。

恭和御製兩間房行宮即事元韻

夏田希雨盼雲生，登麥還祈一雨晴。晴雨今年總時若，至誠天佑順堯情。

恭和御製至避暑山莊之作疊壬子韻元韻

百年生聚樂舒蘇，形勝殊兼景象殊。比戶何區中與外，那居久慶邑為都。
農耕繡野疆同此，士入賢關路導吾。昨歲涖茲欽睿略，武成瞬見繪新圖。

恭和御製永佑寺瞻禮疊昨歲韻元韻

山莊甫駐禮循前，神御如臨歲致虔。功藏十全佑純矣，壽逾八袠慕依然。
重熙世運方逢泰，紹德心源在握乾。塞上萬家蔚都會，豫遊長是紀恩年。

恭和御製寫心精舍元韻

音容瞻拜後，餘慕契堯心。無逸文王所，求寧上帝臨。
每欽揚觀切，尚惕仔肩任。敬展斯須憩，理還宥密尋。

恭和御製題鑑始齋元韻

奎文名鑑始，遙溯舊書齋。十里香荷净，千重翠幹排。
繼繩恩有自，瀛漠化無乖。哲命貽初服，修來此允懷。

恭和御製雨元韻　　五月廿四日

維茲仲夏月，麥乃登秋日。近畿場事早，垂問每停躓。
揮鎌割黃雲，黍稌高踰尺。喜色開聖顏，不須陳辭畢。
塞上亦頻霈，今自春以迄。所殊氣候遲，未刈麥增慄。
宸衷已念切，望晴心倍壹。雨師倏成陣，作止詎以律。
午過豐隆驅，虹見斜陽出。峰巒爽氣生，磵壑喧聲溢。
得旬餘晛曬，收獲百無失。要惟至誠感，歲事自恒吉。
仰繹天章指，憂樂難殫述。

恭和御製西峪元韻

西峪繚深林木繁，時和膏渥向榮早。坡陀層疊丰茸鋪，淺翠如茵景愈好。
霞烘雨濯胥效能，燕剪鶯梭孰施巧。遙看遠嶂嵐光合，近俯平疇晴色皛。
幾餘即景驗時暘，宸念無如稼穡寶。

恭和御製有真意軒口號元韻

濬發心源含妙諦，宸題藉喻敕幾頻。至誠道合垂悠久，無盡名洵貫有真。

恭和御製題秀起堂疊去歲韻元韻

中峰巚崇書堂建，每以崖農步輦過。疊嶂重巒秀若此，快晴撫景慰如何。
風來松澗傳清籟，日映禾疇入睿哦。四壁琳瑯年歲積，總關民事豈為多。

恭和御製靜含太古山房元韻

纖雲四卷天容寬，縈紆邃谷見淳古。山房樸築靜機含，意自羲皇以上數。
蹊徑尋常遇幾曾，何年苔蘚嵌巖所。聖心默會藏用理，顯仁即此尋義可。
即今擊壤豈昔殊，熙皞之民腹自鼓。

恭和御製臺灣提督哈當阿、道員楊廷理奏報早稻收成八分有餘，詩以誌慰元韻

東寧宜稻年豐屢，不僅耕三有一餘。早獲晨披疆吏疏，新春夜載社童居。雨暘澤國恒咨爾，宵旰山莊曰慰予。驛路騰章應次第，秋登萬寶見紛如。

恭和御製留京王大臣奏報雨並不多，大田更資渥潤，詩以誌慰元韻

雨足山莊晴亦定，京畿同此更求何。盼茲馳奏依期至，喜是時霖應候過。稼滿平疇雲薈蔚，人歡飽飯腹摩挲。會教重譯覘豐屢，應羨皇躬福慶多。

恭和御製題澄觀齋元韻

額檐瞻睿照，惠迪義相仍。敕命時幾凜，觀民中正應。無私情自順，作哲事優勝。歲歲天章麗，攄懷萬象澄。

葆淳閣集卷十二終

葆淳閣集卷十三　賡揚集五

恭和御製翠雲巖元韻

密樹陰濃滴翠稱，蔚如雲葉覆巖層。中田雨足晴光好，不是因風縷縷興。
狀雲夏日奇峰似，攬翠名巖意勝之。睿藻自超真幻相，丹青詎假虎頭癡。

恭和御製扎什倫布廟誌事疊去歲詩韻元韻

倣建安禪地，名仍福壽稱。延禧申命錫，祝嘏子年曾。
玉節宣威暢，金瓶振教應。雁臣茲拜謁，喜氣塞垣騰。

恭和御製敞晴齋元韻

一碧千里泂敞晴，高下鱗塍接天杪。麥田浪捲初試鐮，禾役露瀼尚含秒。
所求旬霽夏收竣，上感穹蒼應誠禱。四方豐豫雖寧居，九重惻矜仍在抱。
齋名喜副真怡情，豈為遊觀陟磴道。

恭和御製六月朔日作元韻

聖人重農熟農占，占晴月朔應徯志。大雨時行仍時若，早卜天心答至意。
塞田發秀堪悅怡，溥豐廑念周八際。竟日晴佳繪天章，吟成宛轉安字字。

恭和御製六月初二日作元韻

入季夏月方過朔，距初伏日僅餘七_{初九日入伏}。農家更畏是日陰，何意雨師陣橫出。
瞬時雲歛放蔚藍，里諺猶堪證簡畢。自是至誠呼吸通，塞山斜照翠烟拂。

擬似驅炎增爽新，習吉並占遇雨吉。

恭和御製遊獅子園元韻

林籥來遊霽宿雲，方中奎曜旦初昕。躍龍舊邸八旬慕，策馬卷阿眾志欣。
園比奉誠維往事，峰疑作吼證前聞。却看咭唎占風至，神獸何誇入貢勤。

恭和御製宜照齋得句元韻

潛邸宸遊曉斾旋，雲間雉堞指歸鞭。侍臣環騎躬先彼，九裹開三例視前。
書室迎眸納遠景，奎章燭理發新篇。額檐義取羲經象，宜照天懷仰廓然。

恭和御製含青齋元韻

幾重烟樹幾重山，分取遙青淺淡間。一徑陰森行處是，四鄰峭蒨望中攀。
藉知禾黍同芃茂，無盡機緘得靜閒。聖德顯藏含萬象，白蘋紅蓼未須刪。

恭和御製玉岑精舍元韻

開軒面遙岑，嵐氣蒼然至。朗朗窗牖間，標奇率平易。
插雲攢萬笏，朝宗趨萬派。澄心斯靜觀，抒詞韞天粹。
閶風佀並高，異境當前備。

恭和御製山東巡撫吉慶、直隸總督梁肯堂各報
雨水田功情形，詩以誌慰二律元韻

轉漕頻年利萬艘，風帆快駛亦堪豪。往還有制時無易，開兌如期令不撓。
澤普時霖河漲足，霈分夾岸野田高。農功天庚胥邦本，疆吏勤宣敢憚勞。
燕齊畿近勸來旬，入告三農喜色新。截漕年前恩沛渥，祈穰鄰比澤沾均。
自今以始豐宜屢，惠我無疆化與津。翼翼與與欣有象，已排簫鼓報田神。

恭和御製雨元韻　　六月初六日

塞山易雨亦易晴，豈意雨師集厚陣。燒薙行水月令詳，曰美土疆語可信。
季夏之朔越翼日，方見滂沱勢勁迅。三日又雨毋乃速，達暮淙淙意更奮。

高禾低黍原利霑，事惟適可過則困。深宮中夜慮成霖，清颸驅雲奚不愁。
雲消日出望來朝，庶使茅簷解潰悶。

恭和御製喜晴元韻　六月初八日

秋熟招搖待指酉，溽暑土潤宜抃手。鋤禾却仗天氣暄，日午汗滴笠伊糾。
塞田刈麥況未全，喁喁蔀屋憐群醜。連朝陰雨豈為霖，九重先已自引咎。
午夜雲開溜止簷，非動至誠果能否。雨而雨復暘而暘，帝曰天佑我何有。
民事無輕匪朝夕，雖愚知感騰萬口。宸篇志喜仍戒驕，謙德何須眾論剖。

恭和御製戒得堂疊去歲元韻

書堂遊憩趁新晴，繹聖還紓述祖情。璽録琳瑯欽示訓，記申前後凜持盈。
得非利已蒙昭鑒，戒在成功息遠征。武藏十全時會集，繼繩巍蕩總難名。

恭和御製文津閣元韻

娜環福地泂無異，傑閣巍然霄漢間。座右琳瑯藏美富，幾餘枕葄樂清閒。
浙鄞制仿經營始，塞苑津臨治化關。三萬六千卷大備，非堪經世早從刪。

恭和御製書懷元韻

宸心殷蔭暍，宴處似增炎。暑慮人烟密，繁徵戶口添。
晴陽威正熾，甘澍日為詹。禾稼雖云茂，無嫌更沛霑。

恭和御製永恬居疊去歲韻元韻

齋臨心與契，景納韻重拈。地敻千峰八，時熙四海瞻。
鳴禽徐睍睆，遊鹿任留淹。即境思民氣，觀成久引恬。

恭和御製漕運總督管幹珍奏全漕抵通日期詩以誌慰

挽粟關民天，愆期紊常例。睿斷戒因循，申警先大吏。
水櫃涵微山，潯淺亦程事。自茲利風帆，宿縴弗留一。
百貨來京師，萬丁裕生計。催督力不遺，坐見效立致。

开兑既如常，敘功屡荷赐。今夏似後旬，数閏實過倍。
更沾雨澤優，迅漕兼逢歲。帝心惟戒盈，谕益勤撫字。

恭和御製雨元韻　六月晦日

常諺祝十雨，伏天五則遙。既雨幾一旬，晨夕憚煩歊。
方見雲勢湊，旋聽雨聲驕。涼颸徐侵體，炎威倏澄霄。
茆檐解蒸鬱，宸憂自蠲消。頓念月朔雨，秋儍妨田苗。
立秋又同日，民心並是焦。安得農占叶，爽晴應翼朝。
愛民如保赤，慰懼詎云聊。天亦愛天子，宛轉觀和調。

恭和御製喜晴元韻　七月朔日

稔兆新秋節，農占孟朔晴。昨欣霖滌暑，今慰諺符禎。
佑順胥從意，同仁更類情。惟希解炎熱，上下共安貞。

恭和御製即事元韻　七月初三日

聖人動念天與通，一誠感格非別巧。曰肅曰乂協庶徵，志專較量無紛擾。
田無虞潦人無暍，物阜民康自昔少。孟秋之朔及翼辰，恰符農諺秋成肇。
秋成可卜鴻既昭，群黎百姓遍德飽。麥收溥穰禾復芃，惟戒大吏胥惠保。
山莊遊覽可紓懷，安得如斯節物好。節物最宜邀睿吟，帝心猶歉為君道。
捧讀宸篇切民憂，又慮晴炎夜達曉。達曉陰雲四山濃，先得雨徵驗暘燥。

恭和御製直隸總督梁肯堂奏乘時買補倉穀，以資儲備，既紓傷農之歎，復資遇歉之綢，然非逢稔歲，豈易得哉。詩以誌事，益切惕乾元韻

上稔驗時昌，倉儲闕易償。酌盈裕國計，糶賤惠民方。
創始規原善，沿流蠹亦藏。法良藉調理，至訓寓批章。

恭和御製登四面雲山亭子元韻

亭踞峰顛寶額留，四圍景色坐中收。卑之蔀屋看鄰比，茂矣鱗塍快目遊。
經始卯年誕降歲，環依辰極萬千秋。遠稽天保歌山阜，祝嘏群藩異彼不。

恭和御製留京王大臣奏報京城晴雨應時，炎暑已退，穀稼豐收，詩以誌慰元韻

雨後山莊新爽至，萬人如海念尤祥。詢周在邇寧忘遠，澤屢占豊亦洊凉。
時近登秋祝億秭，仁同扇暍倍尋常。覽章曰慰還增惕，共仰持盈宵旰覂。

恭和御製啟蹕幸避暑山莊即事元韻

路指仙莊簇曉鞍，旌旗颺處共騰歡。沾膏多稼芃芃起，即事新吟字字安。
祇以僕臣失職偶，孰云聖壽習勞難。輕輿未訝殊常例，獵騎從教塞上觀。

恭和御製出古北口疊乙未詩韻元韻

秋獮年年勤肄武，塞垣出入仰謀詒。龍旂照耀千林曉，雉堞嵯峨萬里思。
函夏於今誰得似，防秋自古總堪嗤。南荒新見關門謁，威德遠昭焉取斯。

恭和御製至避暑山莊即事成句元韻

翠斿將駐恰新晴，仙禁霞標儼赤城。烟火萬家嬉化宇，雲山一幬愜皇情。
開籞已見鏘鸞隊，奏凱新收橫海營。暢遂生機方茂對，阪田如繡兆豐盈。

恭和御製永佑寺瞻禮疊辛丑詩韻元韻

人天龍象拱宸居，展拜年年禮視初。有截永綏神假我，無疆純佑命欽予。
幸邀天鑒威稜迅，但覺氛消化日徐。敬迪前光殷保泰，恬瀛方略又成書。

恭和御製題文津閣元韻

津梁欲逮塞垣中，訛謬難期義貫通。縹帙千函繙已竟，藜光幾處例從同。
佚篇不使留淮雨，闕史還教補郭公。掃葉亦曾邀聖鑒，留傳善本合求工。

恭和御製留京王大臣奏報晴雨應時詩以誌事元韻

蹕途雨過快晴多，畿壤遙同慶若何。最喜巖腰聞澗落，旋欣山驛到鈴馱。
農占六月三旬熱，念慰千疇七字哦。更望西南雲氣厚，急詢時若似茲麽。

恭和御製署福建巡撫伍拉納奏雨水田禾情形詩以誌慰元韻

海隅靖妖氛，咸卜歲其有。理原召天和，降康我民受。
夙聞臺灣饒，米粟積山阜。七閩生齒繁，久矣資鄰富。
螳臂何驛騷，四邑廢畎畆。此猶告中豐，春花滋膏茂。
鼓腹遊堯天，安享同扑手。為語佩犢群，耕鑿義无咎。

恭和御製秀起堂元韻

四圍秀色環中起，勝地頻邀睿藻吟。巖樹暄晴供遠眺，山風送爽愜宸襟。
坐間自具天然畫，靜裏常含太古音。疊嶂泉聲新雨後，可中長日一援琴。

恭和御製直隸總督劉峨奏報南三府雨水情形詩以誌事元韻

畿輔春田多望霖，夏雨優渥亦常例。直北八府暨六州，後先屢報澤胥被。
迤南二郡錯豫北，豫北既霑此靁意。揣量情形靡弗同，遣奏亟教馳郵吏。
氣數甄陶在宸衷，玉燭時調何愆四。聖人建極五福膺，為民憂歲豈干諱。
一念之誠呼吸通，西成有象實優賜。

恭和御製喜晴元韻

六月蒸曝宜，農家協豐兆。朔朝尤甚喜，爽氣豁清曉。
遙天淨纖雲，課量乃無了。卓午烘炎曦，勃發山田好。
仰知廑農心，晴雨互縈抱。喜雨復喜晴，患多如患少。
盈虛兼調劑，帝德一天道。且看斜陽中，錘峰映霞表。

恭和御製清舒山館元韻

月令居高三伏候，時暘兆稔五行書。溪山雨後清而綺，殿閣風來靜以舒。
承緒無疆天佑聖，慶源有屬帝開予。欽瞻義畫懷前事，傾覆栽培理不虛。

恭和御製直隸總督劉峨奏報南三府普得透雨詩以誌慰元韻

畿南繡雨驛詢馳，大吏封章到不遲。壤錯黃圖均渥霈，犁翻綠野總華滋。

有秋定副甌窶祝，維夏剛符燒薙期。高下黍禾看引達，後庚三日正逢寅。

恭和御製六月望日作

繪成七月初御製《七月朔日並翼朝作》，命福康安、董誥繪圖，詩紀六月望。天筆如化工，肖景取難狀。

塵維暑雨咨，欣見月輪放。亭樹啟新暄，溝塍瀉殘漲。
農占與朔同，較朔更融暢。薰風被原田，纖雲掃巖嶂。
載誦既零篇，賀晴益嘉況。暘雨冀時若，當前斯言諒。

恭和御製荷二首元韻

物抱虛心蓮與竹，論花竹恐未如蓮。不先時却迎時出，水佩風裳自渺然。
排年爐詠歲成詩，蓮界真開壽佛時。初日境參天保祝，花如謝傅勝延之。

恭和御製七月朔日作

紀旬賞報朔，問歲黍宜晴。月孟參農諺，時暘協庶氓。
灝霄澄上塞，返照入西榮。流火章開始，豳風繪聖明。

恭和御製翼朝仍用前韻元韻

翼旦如初旦，祈晴快得晴。飛章來極微，歸信到羈氓。
檐鵲頻占喜，池荷亦向榮。侍臣新點筆，屏上晚霞明。

恭和御製荊州元韻

時和兆稔穰，天庥徵滋至。楚北忽馳章，被水非常事。
奏言瀕江陡，略如叚月制。以捍萬濤舂，是為荊州地。
異漲突憑陵，穿城勢直遂。咄嗟水難玩，安得民攸墍。
運米饗飧謀，苦蓋綢繆計。覽奏切痌瘝，易任擇毗寄。
有司懈薪荛，坐令公私匱。小大互侵漁，封疆宜負愧。
帑輸二百萬，民罔錙銖累。撫綏與繕完，經畫命材吏。
前吏或非人，飾虛但詞費。當知清慎勤，六計以廉第。

一方衹偏宰，宵旰籌之備。彼民慶再生，如農得晚歲。
盤庚喻顛木，由蘖重萌蔰。督勘務周詳，重臣親奉使。
曾看循軌流，已免集木惴。粵稽咨儆心，堯舜所不諱。
終來有他吉，定副懷保志。

恭和御製清溪遠流元韻

仙館俯澄溪，滄浪句可題。遠知行渙若，清欲賦瀯兮。
脈自山腰轉，流從峰罅低。雲鋪江練净，瀑掛水簾齊。
韻以瓶笙擬，形堪襟帶提。聖情川上契，畫不倩迂倪。

恭和御製賜凱旋將軍福康安、參贊海蘭察等宴，即席成什元韻

去程未幾數回程，旌旆飛揚喜氣迎。壯士定居三捷雅，將軍橫海萬人英。
鯤池波浪乘風破，龍衮恩華傍日明。千里洋如平地涉，臣持忠信帝孚誠。
世濟韋平信不慚，蓬池式宴飫芳甘。幾先稟受宣威德，善後規為激懦貪。
酒醴笙簧樂豈易，股肱心膂寄誠堪。圖麟一再昭殊績，廟貌還教鎮斗南。
軍如霹靂震枯條，階下閩山路豈遙。飲至出征無浹歲，擒渠掃穴不崇朝。
驅從兩牡民安堵，田獲三收地沃饒。命帥受成都此地，紹庭心法帝庭昭。
當筵虎拜近龍光，八武功成典肅莊。貢賚好音逾微至，洗兵嘉願適天償。
金鐃載譜聲容盛，玉斝頻傳刻漏長。身綴凌烟叨渥寵，軍中爭挽六鈞強。

恭和御製事定元韻

顯藏奧蘊仰文思，錫命爻占地水師。改邑繕城昭敉定，遴賢易帥整侵欺。
歸程未到登程日，凱宴先霑壽宴時。勒勒塞釁惟紀實，功成淵默自虔寅。

恭和御製啟蹕幸避暑山莊之作是夜雨五月廿五日元韻

精誠通澤祀，宵霝徹簾旌。載道塵餘潤，褰帷霧放晴。
畦開紓軫念，暑潦驗時行。耩種咨田畯，農情入睿評。

恭和御製過清河疊去歲韻三首元韻

隄亘長虹疑飲澗，平疇資溉仰餘波。村氓知自昆湖落，不是天膏惠我何。

種須待暑因名黍，夏至纔過日且長。相土揆時農自喻，聖心禱却刻無遑。
迎鑾疆吏承清問，茂豫田功向北多。籌賑畿南先事備，劭農如此感如何。

恭和御製降旨撥銀八十萬兩，截漕六十萬石，以備直隸缺雨州縣賑濟之用，詩以誌事元韻

閔農夙夜惠心真，望雨兼籌濟物均。聖澤旁流同被潤，情田引養亦懷新。
截糧發帑十行布，閔北虞南大號頻。畿輔諭頒山左暨，不須請賑奏疆臣。

恭和御製雨五月廿七日元韻

曉趁征程爛漫晴，宵零簷溜喜傳聲。隨車雨沐山橫塞，張蓋雲拖地接京。
滲漉應蘇三府渴，然疑未釋九重情。還期出口佳音遞，念逐西南驛路縈。

葆淳閣集卷十三終

葆淳閣集卷十四　賡揚集六

恭和御製出古北口閱稼喜而有作元韻

塞上膏霑奏牘知，農田親覽果優施。山多觸石看膚合，土潤津莖增霢滋。蔀屋聚瞻顏有喜，鵷臣歡迓覲維時。關雲籠日霏微薄，意切南詢駪騎馳。

恭和御製至避暑山莊作再疊壬子韻是日雨元韻

論園買夏句傳蘇，塞苑天然景特殊。山水音清延爽塏，詩書澤久自嫺都。聲傳滂濞疑驅暑，目覽田疇曰慰吾。廛舍民居蔚鱗比。萬家烟樹亦堪圖。

恭和御製留京王大臣報得透雨詩以誌慰元韻

萬人如海一聲歡，五夜沾膏九陌寬。馳遞佳音隨電爧，快酬久望報更闌。天紳垂貺今何易，月額符占繼豈難。從此坤輿通協氣，湛恩南洽仰心殫。

恭和御製西峪元韻

西峪富於山，春膏芳意早。紆徑輕輿循，野苹呦鹿擾。
曦光絢林木，谷風偃階草。乍展陰叆叇，平添波浩淼。
山雨一朝晴，山容無限好。村畔耦耕人，荷鋤出清曉。

恭和御製題秀起堂元韻

樸堂踞中峰，檐額名副爾。宸章歲歲題，無窮出新旨。既超象外神，復得環中理。意趣離合間，坡應避席起。商可與言詩，聖人門若此。

恭和御製時霖即事元韻

燕齊接壤春雨慳，尚冀渥施小暑內。正是田家要月時，深耕淺耩盼扶耒。
連朝報澤紛香來，自京迤南句日暨。夏長潤溽霑濯枝，畦肥堪卜秋成瑞。
憶昔半載惠心孚，緩征借糴無弗備。籴糶銀米諭兼施，稅蠲商艦籌已細。
一雨漲添三尺盈，河臣漕臣喜更最。臨淄市上足陳紅，無需截運等先事。
近畿大半勤莰鋤，飽腹心希補三四。深宮動念感呼吸，天恩應共君恩逮。
禾役任興氣安恬，濟民召和語豈悖。

恭和御製戒得堂再疊壬子韻元韻

書堂朝晃碧峰晴，慰愜農情即聖情。為望黃雲秋圃積，喜看翠隴霽光盈。
文成兩記遵藏璽，功葳十全誠濯征。此際時暘真幸得，豈因檐額轉循名。

恭和御製喜晴六月十二日元韻

朔翼霖過剛及旬，一雨連朝符諺矣。久晴希雨雨希晴，聖人憂民蓋如此。
倏見四山雲斂空，曦陽蒸潤卜歲有。宸毫志喜有餘情，豈以近怡忘遠企。
遠者畿南齊北區，霑膏未遍可寧止。安得郵章奏牧伯，胥視塞田稼多美。
劭農縈念無少停，簷鵲如知人意喜。却思耕鑿帝堯民，食德疇知其所以。

恭和御製清溪遠流得句元韻

嘉霑平添暢遠流，清溪宛轉玉虹投。高峰四柱凌虛暎，活水千盤捲雪浮。
來自白雲沾帝澤，去滋青甽釋農愁。憑觀指喻同川上，道妙還從聖藻求。

恭和御製敞晴齋元韻

構齋冠崇岡，爽塏真得地。輕輿一以臨，晴色千里至。
纖雲淨太虛，密蔭浮新翠。澄懷照無私，曠矚茲可會。
藻詠勒檐楹，恒廑調燮意。晹潤總籌農，百慮歸一致。

恭和御製直隸布政使鄭製錦奏保定得透雨，順天府尹莫瞻菉奏查勘南路所屬之固安等七處雨水播種情形，詩以誌慰元韻

畿南盼澤勤宵旰，京尹藩宣各亮工。興雨千疇騰帝澤，深耕七邑趣田功。黍高已共低禾長，生上從知下尺同。施賑督臣經歷地，並期霑普兆秋豐。

恭和御製題文津閣元韻

書城鉅觀此賅詳，上塞珍羅際運昌。欲問淵源探析木，并資弦誦到山莊。架藏一紀勤披覽，津逮千秋迪惠康。無日不看欽聖學，每慚觀海祇迴遑。

恭和御製直隸總督梁肯堂奏南三府得透雨及夏田普種情形詩以誌慰元韻

塞田省閱已芃芃，廑念疆臣驛路中。盼切九重時恐後，澤優三府稼從同。天心仁愛霑仍溥，帝德誠孚歉轉豐。近仰聖顏欣少慰，拈毫猶自愓淵衷。

恭和御製永恬居敬題元韻

雲護瑤題觀耿光，遙期淳樸溯羲皇。山含太古真機蘊，風遞卷阿純嘏常。六服引恬真有象，萬年思永合无疆。諄詳至訓銘心切，詎比書紳誌弗忘。

恭和御製澄霽樓元韻

前朝澄霽一登臨，正及園林初過雨。知溯堯仁題額時，為憐茅屋密止旅。茲苾旃檀宿霧消，復虞繼霪厭霖苦。層巒洗出青芙蓉，上下蔚藍光楚楚。正是目窮千里遙，關念民依祇率祖。是樓名錫沿清舒_{館名}，化日同懸照梁杞。欣欣百穀芃烜暘，茂對沖懷忘歊暑。

恭和御製荷二首元韻

曰荷孰喻義從何，風雅寧關品目多。睿藻獨探詩教始，誦餘三百服膺麼。千葉敷華六月繾，金風次第尚徐開。鑾迴秋獮延清賞，色映東籬漫共猜。

恭和御製山東巡撫福寧奏報前後得雨，均已霑足，秋禾普種，詩以誌慰元韻

先茲齊北稱膏溥，繼霈田疇愜睿情。雨遍崇朝神惠渥，種當要月歲功成。幾番滋液真餘潤，彌望鋪雲胥向榮。覽報佳章豐預卜，淵衷猶是慎持盈。

恭和御製澄觀齋元韻

淵澄萬象呈，澄觀惟心爾。澄外觀在內，聖言實超矣。因物以付物，非指還喻指。外內自通明，不迎不距是。六宇涵在宥，清宴臻上理。至人照心鏡，時觀意若此。

恭和御製翠雲巖元韻

翠籠巖際雲堪擬，果是無心出者非。晴日滿山翠逾好，相看意正不相違。巖泐天章景不孤，生根生葉憶肩吾唐施肩吾詩："閑雲生葉不生根"。氤氳只作閒雲視，仁者樂山在是乎。

恭和御製留京王大臣奏宜暘應時，積水全消，詩以誌慰元韻

咨詢周道陳農況，帝念邦畿益眷情。快霽五朝幸同此，飛章一夜報來京。低田暄日芃苗起，遠嶺歸雲麗景呈。喜動天顏發藻詠，絳霄舒卷片時成。

恭和御製望源亭元韻

列水經流自有本，奎章題處此逢源。從知滄海恩波遠，不越尼山川上言。

恭和御製寫心精舍元韻

精舍溯心源，寧謂供陶寫。緬茲堂構崇，原無非事者。陟降思紹庭，憩茲更儆若。暄暘多稼芃，由來夏言假。萬物為心乎，三時無害也。繩祖首勤農，念徵寧暫捨。

恭和御製省刑疊去歲癸丑韻元韻

聖人治世道，弼教在明刑。多赦民多幸，曷以昭化成。
去年此時節，天氣頗溽蒸。亟期佳霝降，憚暑為久晴。
眚災宜肆赦，犴獄稀不盈。輸作復遞減，司寇平輿情。
近今守土者，案牘行在呈。今茲依前例，職思各屏營。
曰生天地德，比戶庶咸亨。

恭和御製題秋澂齋疊去歲癸丑韻是日七夕元韻

先秋題秋澂，檐際夏日遲。節序有遲速，歲功無成虧。
一雨思滌暑，長空颯籟吹。秋期五日近，好卜澤雷隨。

恭和御製是日雨再疊前韻元韻

一霎飛靈雨，雲車渡不遲。澂霄澹忘暑，帝願果無虧。
滂澍四山合，浮凉千樹吹。西南見新月，入夜皎光隨。

恭和御製立秋七月十二日元韻

秋朝期雨復期暘，恰喜宵零晝曝陽。宿霧霏霏濕山翠，晨曦旴旴散林光。
祝融解慍凉驅暑，太史書雲歲告祥。宸念祈年無少釋，豐登有象尚迴遑。

恭和御製即事元韻

北地異農諺，立秋叶雨晴。暄潤恰如候，塞田服爾耕。
惟念被水區，畿南齊豫縈。民居浸盛漲，黍苗艱西成。
飢溺痌瘝切，霖霪欹盆傾。南邦告豐稔，歲事何絀盈。
濟施莫或遑，恩綸無暫停。馳驅報星使，撥運趣農卿。
寰宇偏隅患，深宮孚惠誠。固不遴銀米，亦在嘉廉能。
修堰宮帑償，免逋百萬贏。愛民祇務實，拯災寧崇名。
幸非流離比，庶可祇席登。有過恒己責，先憂視農增。
當無失所者，少以紓皇情。

恭和御製江西巡撫陳淮、福建巡撫浦霖、湖廣總督署湖北巡撫畢沅各奏早稻收成分數，詩以誌慰元韻

南省途遙報稔遲，驛章不約覽同時。毗連章貢荆閩地，共協閭閻樂利規。
早熟更占中晚繼，入登況有九餘隨。疏消北潦灾應澹，慰遠還欣解近思。

恭和御製登四面雲山亭子元韻

占峰亭子環雲山，幾番淨洗新秋雨。新秋景霽雙眸清，習習天風淡無暑。
惟期潦退小民安，語語言言仍處處。如傷在抱沛渥膏，膏渥寧忘墊隘苦。
望遠益殷祈歲心，是心猶是紹仁祖。爲籌飽食接青黃，翻種麥田近可佇。

恭和御製降山至玉岑精舍戲用三絳韻題句元韻

玉岑精舍藏深巖，宸遊巘陟復原降。迴瞻亭子翠微巔，撲地居民見里閈。
峰攢岫竦如林立，何年誰某此手稷。邇日秋陽暄黍禾，鋪塍穎粟歡愚戇。
室有滄浪波映青，天晴霄漢雲烘絳。疑是群仙盍瑤簺，來稱萬壽擁碧幢。
睿吟難韻自春容，賡和惟漸寸莛撞。

恭和御製碧靜堂題畫元韻

碧靜何由繪，山呈紀與堂。秋容仍峭蒨，澄景此常羊。
茶熟鏓橫翠，吟餘筆點蒼。當前皆粉本，娛日小年長。

恭和御製臨芳墅得句元韻

前楹面荷沼，幾暇一來臨。魚戲頻吹浪，香清亦悅心。
花迎初日麗，月憶昔年吟。芳意無時歇，還同靜夜尋。

恭和御製牣魚亭元韻

亭額牣魚魚牣湖，湖分內外總同區。西銘理貫仁心浹，民物胥歸胞與吾。

恭和御製處暑七月二十八日元韻

姑洗方諧律，煏蒸退在斯。午炎未覺盛，申指詎嫌遲。
團露荷珠漾，搖風柳浪吹。暑闌人意適，宸念始怡茲。

恭和御製獲鹿元韻

即鹿山莊地，康強仰健行。機旋應手得，火動隔林鳴。
罷獵觀頤合，詒謀肄武精。自天綏後祿，沾賜感群情。

恭和御製賦得清露滴荷珠得宜字五言八韻順天鄉試題元韻

晨露團荷沼，珠光的皪披。旭烘丹礴映，風走翠盤宜。
晃漾安容止，晶熒乍合離。湛同傾玉液，聯不綴芳蕤。
鮫室珍疑出，江皋佩或遺。勻圓星彩落，消息月波吹。
點易堪資矣，烹茶欲瀉之。流甘能駐景，願副萬年期。

恭和御製啟蹕幸避暑山莊即事有詠元韻

諏言山莊逢歲美，雨暘上慰聖心操。風交麥隴黃雲遠，日動龍鱗翠罕高。
按轡幾聞八五歲，易興願節旰宵勞。甲周繩武前無古，錫羨貞符慶特遭。

恭和御製石槽行宮晚坐元韻

清蹕初程駐，平原路不遙。慰懷欣閱稼，籌遠塵征苗。
午覺炎威盛，南望螯氣消。靖頑安井里，快擬燾淋焦。

恭和御製曉行元韻

際曉整鑾儀，祇候時無爽。珠露晃青疇，晨暾天宇朗。
柳陰度輕輿，太平觀有象。嘉禾簇闕齊，宸吟憶疇曩。
村村餅餌香，樂覩庶民享。

恭和御製福康安、和琳奏攻克蘇麻寨一帶賊巢，詩以誌事元韻

征苗屢勝頻飛章，聲威震懾疇攖當。黃瓜已破扼地險，蘇麻近克知天亡。
蠢爾車轍螳逞臂，憤看槐穴蟻稱王。頑梗自恃巖猿捷，脅從帝憫池魚殃。
密排四路繼以進，狡營三窟終焉藏。箭簇雨集墮巖塹，炮轟雷動頹山梁。
什巴圖魯夙無敵，兩真將軍鮮方將。諸寨星羅倏燼滅，短兵夜接連晨光。
生擒思效奮餘勇，顯戮難逃庸胥戕。軍士不辭轉戰苦，聖慈弗忍披閱詳。
嘉憐亟欲褒功首，攻勩益力感中腸。固料釜底魂遊暫，惟期馹奏風馳忙。
渠擒眾潰櫬檜掃，早安耕鑿農夫慶。

恭和御製出古北口作元韻

德遠奚須設險關，徒留舊蹟翠微間。祇今極塞家庭浹，盡日征途車馬還。
雲堞絢晴紅晃朗，潮河流潤碧迴環。無邊綠縟增新意，吟取烟霏雨後山。

恭和御製常山峪行宮即事元韻

風光養麥護輕陰，況利征程愜眾心。路以崔巍記里近，澗喧琴筑閱年深。
青雲綠橄尋梯徑青雲梯、綠橄徑，皆行宮勝境也，八詠十全憶曩今《行宮八景宸章》，始於癸酉至乙巳，已滿十全，是以今年御製詩有"十全已畢不重吟"之句。南倚翠屏烟靄重，及時晴雨入新吟。

恭和御製至避暑山莊即事元韻

垂露松梢漾曉晴，卅程沇止悅隨行。綠□足副籌農意，黃耇兼酬幸澤情。
賞序誦茲知倍苦，知仁山水解相迎。天開圖畫那居好，却暑還看爽氣呈。

恭和御製題文津閣原韻

牙籤羅列久觀成，四庫從知薈萃精。掃葉淨期善本貯，披函暗覺古香生。
山莊藏比娜嬛富，聖籍昭同日月行。宸藻敷言垂至訓，前津指要祇存誠。

恭和御製登烟雨樓即事元韻

平湖足烟波，高樓鏡中見。登臨佇沛澤，濛濛四山遍。
有如幸澄霽亦山莊內樓名，頓覺清颸扇。昨雨一以霑，塞畝未為旱。
布濩暢旅生，繼霑副名善。嘉禾記巡行，此景蒙昊眷。
茲遊紓皇情，謠聽甘澤狩。

恭和御製雨元韻　五月十三日

興雲罨重湖，嘉霑應念來。直以一人願，遍給庶物懷。
巽林驅天風，豐隆起殷雷。川澤氣已合，壼霤若為催。
潤下滋上生，汜灑詎有涯。紛霏潛達夜，滴共疏更排。
翠浮樹樹接，青沐山山皆。黍禾方蔭蔚，農圃情俱諧。
天恩與帝澤，渥霈何優哉。飲和群生悅，卜歲知當佳。

恭和御製西峪元韻

邃谷路盤紆，境深塵不到。宸輿此登臨，嵐光罨長道叶。
覽觀望優霖，好待鳴鳩報。前朝屢沾膏，農人喜相告。
更冀暢根荄，仰需天浩浩叶。居高念遠人，征苗政籌要。
寇攘驚閶閻，蕩滌恩再造。正如時雨過，驅炎釋煩躁。
安集耕南畝，淳化繼綏導。

恭和御製秀起堂元韻

地踞中峰遠覽宜，輕輿緩陟未嫌遲。堂環碧藹千巖拱，隴簇黃雲萬頃披。
松栝含風盈耳韻，里閭比屋鬱鱗差。因思秀起皇心會，正是念勤暘雨時。

恭和御製戒得堂三疊壬子韻元韻

蘄得若時雨與晴，宸篇豈戒祝豐情《御製戒得堂記》："欲得五風十雨，屢綏普遍"，為不可戒。仰見帝王之學，與儒生不同。民天歲願倉箱積，謙益時防志意盈。
孰謂蠢頑作不靖，可毋師旅命徂征。堯年小璽心源紹，奮武何嫌屢顧名。

恭和御製河東總河李奉翰報得雨深透情形詩以誌慰元韻

海邦近邀澤，西優東欠殊。報馳疆吏彼，帝閔赤子吾。
河臣轄齊豫，兩地奏霑濡。匪徒茂禾役，漕運轉利俱。
連檣乘風駛，計程達皇都。向隅獨三府，更望優霖胥。
垂問速驛騎，勢捷飛隼如。岱雲崇朝遍，何虞大東無。

恭和御製雨元韻　五月十八日

隨車澤已黍禾滋，塞稼況符五日期。值望宜晴朝霧霽，甫炎隨滌晚凉披。
曰時正及龍分界，既渥還希鵲噪枝。何歲雨暘不廑念，持盈尤日勵虔寅。

恭和御製喜晴元韻　五月二十日

夏霢期先五日霑，翼朝旋霽未為淹。已蒸雲液翻盆快，更免土花暈壁嫌。
翠靄漸看群岫卷，綠荷好是夕波添。喜晴不異前朝雨，四韻非因塞景拈。

恭和御製林下一首三疊乙未韻元韻

向傳林下語，宵旰詎安便。周甲瞻繩武，成孚祝永肩。
雨過苔逕潤，風好樹陰穿。即此卷阿詠，恒殷大有年。

恭和御製留京王大臣報雨詩以誌慰元韻

京城五月頻霑濡，廿日方聞被澍雨。山莊是日已放晴，睿吟志喜欣先覩。
蔚藍一色雲矗峰，霞烘越見夕陽好叶。大分龍果不爽期《埤雅》：五月為大分龍。夏多雨，各有分域，殊疆奚必同日普。
龍之為靈更昭昭，甘霖早沛行在所。

恭和御製澄觀齋有會元韻

搆齋據水原，簷額義環生。天章示易象，民鑑玆益明。
觀流源可悉，上下理共貞。上中正以觀，靜照同淵澄。
下乃觀而化，已與物胥成。聖人更有會，有孚在著誠。

誠則無不明，灑翰真機迎。管窺比童觀，奚以測至精。

恭和御製翠雲巖疊去歲韻二首元韻

積雲積翠聞原異，翠幕疇云糾縵非。何必無心出岫者，方欣相賞不相違。
翠倚巖生巖不孤，孰賓孰主漫從吾。安名要自當前會，寓意不留如是乎。

恭和御製貴州巡撫姚棻報二麥收成九分有餘詩以誌慰元韻

參旗纔指井廬通，黔省無妨亩作功。四逆潛逃窮走險，三農安獲告綏豐。
英威迅似來天上，長算先如握帝衷。民氣既充氛自靖，捷書駃騎遞忽忽。

恭和御製遊獅子園即事元韻

福地猶儲琅笈書，獅峰舊護躍龍居。思維繼序欽繩祖，學有緝熙念弼予。
自以羹牆恒惕若，豈緣山水此愉如。雲林圖卷翻難擬，意得言忘孰辨諸。

恭和御製樂山書院口號元韻

書堂林木蔭侯旬，額取尼山意自新。內聖外王原一貫，靜中藏用顯諸仁。

恭和御製宜照齋元韻

日中宜照羲經義，日夕益佳因號齋。旋蹕石城例少憩，拈毫棐几韻胥諧。
快晴致爽當前足，寓物不留到處皆。光被無私原共仰，何依陶句始攄懷。

恭和御製題扎什倫布廟疊庚子韻元韻

嘉稱福壽等須彌，禪伯西來為集釐。震旦光華方外被，春臺和盎域中熙。
花開優鉢還成蒂，樹長思惟尚有枝。番徼敉寧功十蕆，无疆申錫豈人為。

葆淳閣集卷十四終

葆淳閣集卷十五　　賡揚集七

恭和御製喜雨用前作喜晴詩韻，首句即全用前句元韻[一]五月二十七日

先後雨期似應詹，五朝剛過未停淹。夏雲頓見翻瓢快，曉月何來僞瓦嫌。
幾日黍芃看競長，前番漲落又重添。惟因增閏秋成遠，猶廑皇心韻再拈。

校勘記

[一] 按，此首與前卷《恭和御製喜晴元韻五月二十日》韻同。

恭和御製六月朔日作元韻

望霽喜逢庚，朔庚更朗晴。並徵暘雨若，好待黍禾成。
宸念籌先事，農占叶永貞。金藏同此日，新節啟光亨。

恭和御製望雨責己元韻

十雨應太平，北地期以五。至誠感顥穹，酬願同慈父。
月杪沛優霖，為時會幾許。惟虞渦可待，復冀雲生宇。
厚陣集雨師，勤念日翹佇。因思洗甲兵，獲醜盼軍所。
芃芃膏黍苗，徒旅亦歸處。禱林如此切，自富應念予。

恭和御製出麗正門祈雨並觀稼即事有作元韻

山莊泎止雨隨霈，疊被甘膏兩旬內。千林簪翠四山青，農人更喜獲望外。
晴逾半月斯堪虞，昊蒼寧復慳湛溉。深宮日夜禱祀求，從心何似前朝快。
責己不云己責寬，憂民自較民憂最。靡神不舉躬虔祈，旱雖未甚如已逮。
迴輿閱視詎懷紓，倏見陣雨階除沛。呼吸感通匪易窺，精誠要是民所賴。

行雨神龍疑有期，但惜弗久乾立待。黍禾方苞聊藉潤，繼霑堅好歡應倍。中豐可冀語非虛，諱飾諒無自取罪。宸章返已殷調燮，聖人心普天同大。

恭和御製詠荷二首元韻

六月湖光正映荷，翻風纔見舞娑娑。雖然水產多含薏，不競田中待澤禾。露珠晶瑩絕塵灰，淨植亭亭次第開。惟祝恩膏大地溥，荷聲喧雨亦佳哉。

恭和御製雨元韻　六月十八日

民天勤帝念，暘雨總吟篇。去年今日雨，恰符事偶然。
去年未逾旬，今則兩旬延。平疇尚含潤，渴澤憫高田。
非霖奚以救，詎謂意安便。況復萬家聚，蘊隆熾方煽。
魚星在尾矣，雨舞宜雨焉 商羊一名雨舞，見《師曠禽經》。何期隔歲約，不後亦不前。
曉起捲簾入，疑欲瀉天泉。竟日復依依，作輟盼雲邊。
夜靜聞盆傾，滂湃恣耳餐。庭柯響愈急，簷溜綆如懸。
農人值此夕，諒共洗煩煎。不寐感至誠，汎灑氣當宣。
占易缶既盈，仰昊恩應全。未幾聲漸稀，雲槳遽言旋。
去夏既同日，霶被昔何偏。摛毫慰復惜，惟益增寅虔。

恭和御製立秋日作元韻

少皞初司稱宜暘，帝驗薦收曰慰止。萬寶卦占物所悅，六旬歲詠恒不已。
十日一雨理有之，偏隅愆期事偶耳。九夏望澤每覘心，一葉報秋翻誌喜。
上追五稔虞霖霪，茲憐千壠如雲委。更以被襟快共嘗，因思扇喝情曲體。
所欣請雨既感誠，即今開霽云具美。知非潤尺抒睿懷，且比得寸達淵旨。
山田猶冀嘉禾成，蔬圃已看甘瓠蘽。風來閶闔晴益佳，藻掞箋毫指易揣。
休徵時若符箕疇，諺傳里老協天紀。知來數往亶其然，轉歉為豐賴有此。
詎為清光吟興高，康年有賜綏福履。

恭和御製直隸總督梁肯堂報雨詩以誌愧元韻

疆吏頻承清問時，深宮慰以報章馳。河堤六月波流靜，雨澤連朝土脈滋。望歲宸衷常凜凜，祈甘毫念益孜孜。拈毫合喜翻云愧，宵旰痌瘝眾共知。

恭和御製雨元韻　六月廿九日

曉霧錘峰隱，濃雲僧帽鋪。中宵聞密灑，詰早見全濡。
苑樹齊添潤，山田況未枯。無疆民悅象，遊豫益欣吾。

恭和御製署福建巡撫魁倫奏早稻收成八分，米糧價減，詩以誌事元韻

禦災深喜不成災，訓飭官方合振隤。察吏海壖先整肅，有年民氣免傷摧。稻粱早報如雲滿，鴻雁何曾一日哀。黎庶已看齊鼓腹，鯨鯢亦自駭潛腮。

恭和御製留京王大臣報雨詩以誌慰元韻

一雨遍南北，誠哉普被恩。後先如以漸，歡慶可同言。
渥潤芃芃黍，甘流膴膴原。歲功他日美，生意此時蕃。
共仰皇衷愜，從知大德敦。新詩雖誌慰，聖敬益存存。

恭和御製觀瀑口號二首元韻

勝境天然得未曾，靜中獨契聖成能。山莊日月升恒頌，川至還歌壽作朋。
新秋得句未妨遲，問雨占晴每寓斯。觀瀑不忘觀稼意，天心仁愛聖心知。

恭和御製永恬居元韻

雨後那居愜，文窗眾綠新。引恬皆滲漉，作解況紛綸。
幾敕游遲月，農占澤數巡。擒渠安梵壤，偉績上麒麟。

恭和御製素尚齋戲疊癸丑韻元韻

日暘還曰雨，徵念不為貪。週甲旬開六，逢庚伏過三。
翠粘雲濕塢，涼凈樹藏庵。素尚循名切，齋心感召堪。

恭和御製處暑日作元韻　七月初九日

浹旬剛得連番雨，已覺今朝暑氣微。初吉宜占農候準，望情切似昨年非。收成秋稔臚堯壤，解阜風諧八舜徽。總是民依廑在抱，綏豐荃宰應無違。

恭和御製甫田曉秋元韻

苑河清曉岸，叢樾正新秋。露漬雲陰活，禾連草色稠。祈甘殷昊惠，望歲甚農愁。俾彼賡周雅，茨梁此更優。

恭和御製登四面雲山亭子疊去年詩韻元韻

同庚亭子歲登臨，喜值高秋過新雨。諸峰頂上浥嵐翠，爽極澄霄不知暑。黃雲望入天際深，時若人歌樂處處。迴思六月盼甘澍，遊覽都殷力作苦。來風得月仰羲畫亭額及"山高先得月，嶺峻自來風"聯句，皆聖祖御題，奎壁鴻文煥繩祖。畫圖面面景常新，勝賞宸懷慰延佇。

恭和御製直隸總督梁肯堂奏報秋禾收成八分詩以誌慰元韻

告稔先騰三輔慶，祈甘渥被九重膏。人欣麥隴連秋熟，天慰宵衣省歲勞。旬日恩霑優塞雨，萬邦豐屢計農曹。蕎疏晚稼猶勤問，豈待馳章始染毫。

恭和御製獲鹿元韻

應手神鎗呀僕臺，九旬中鹿武雄恢。且看文囿林深處，不籍周阹騎突材。厚祿受天榮與賜，吉占籌筆兆先該。征苗計日俘渠獻，想見同心懋戒哉。

恭和御製不遮山樓口號元韻

一樓遙納萬重山，競秀爭奇意豈慳。恰與宸襟宣至理，拈毫喻在治平間。

恭和御製萬樹園錫宴，祝嘏內外藩王及各國使臣，即席成什元韻

壽星秋現慶敷天，愷宴需雲例事傳。萬樹園開仙禁裏，千官珮擁聖人前。莢符周甲欽臨宇，鱗集寰瀛肆啟筵。共聽山呼祝無量，京垓錫羨帝圖綿。

恭和御製啟蹕幸避暑山莊即事元韻

仲夏諏辰循舊典，山莊境協知仁居。中田膏潤苗興矣，宵雨涼生意灑如。恩浹蹕途半賦減，心周蔀屋九耕餘。八旬罷騎咸懷望《戊申歲御製詩》有"待八旬將罷乘騎"之句。上年聖壽逾八旬，猶乘騎啟行。雖聖躬康健如昔，而扈從及送駕諸臣究以遵養為望，十日敷霖藉奉輿。

恭和御製過清河橋即事雜詠元韻

曉霽郊原迎翠輦，漲添柳岸漾清波。禾苗頓見生機遂，距沐甘膏日幾何。
免賦依常今更倍，望霖弗覺閏添長。聖恩喜共天恩渥，耕雨鋤雲敢或違。
畿南慳澤籌農豫，截漕分睭豈厭多。疆吏奏陳民悅象，惠孚不問感云何。

恭和御製曉行一律元韻

翠華際曉指征途，歲久如常未或殊。訓武習勞惟率祖，求衣問夜益勤吾。
試觀樹杪晴光動，可認山頭朝靄無。最好雨餘塵堨靜，一時景物盡昭蘇。

恭和御製出古北口作元韻

防關自昔論盈廷，何似巡行歲歲經。峭徑雲連原鎖鑰，群藩晝接近門庭。
鸞車周覽千疇綠，雉堞閒橫萬點青。無外絣幪咨稼穡，同仁一視念農丁。

恭和御製至避暑山莊即事元韻

山莊臨幸慶蒙蘇，世際豐亨象自殊。萬戶人烟連上塞，百年教養蔚名都。
天施澤普青疇彼，帝念民皆赤子吾。攬勝不忘勤政意，總懷無逸運長圖。

恭和御製永佑寺瞻禮元韻

恩紀山莊業紹前，歲瞻神御禮申虔。仰承謨列思詒厥，如見羹牆意優然。
歲績頻看徵佑啟，劭農惟是體仁乾。蠢茲番徼于聲討，時邁重逢奏凱年。

恭和御製題繼德堂元韻

塞垣清曠原天作，慶既那居溯克開。堂構聿新鴻訓示，烟波依舊燕遊來。謨陳允迪慎修爾，詩詠作求敬念哉。照耀牓書經始地，眷懷養性睿篇裁。

恭和御製西峪元韻

谽呀徑縈紆，芳草長新雨。樹密繁陰交，泉罅清音吐。
宸輿憩息間，群僕忘炎苦。幾曲盤峰巘，天錫怡神所。
緬此塞上山，蟠結自邃古。若非攘剔功，勝境奚由覩。
憑高俯石城，禾稼復楚楚。

恭和御製題秀起堂元韻

中峰特起堂標勝，西峪盤紆路轉過。黛色可餐心喻爾，黍華將吐稼如何。
千重翠毯延宸賞，萬朵青蓮入睿哦。颯爾松濤清籟動，遙天應聽好音多。

恭和御製夜雨元韻　五月十九日

夏霖不厭數，晝熱亦殊常。象兆烏雲合，聲聞鴛瓦滂。
漏沉潛滌暑，曙動快迎涼。宸念畿南切，同霑佇種秧。

恭和御製題澄觀齋元韻

活水源淳此，齋名可近推。清寧心合撰，日月照無私。
明目中天治，澄懷久道規。萬方涵宥密，體察更隨時。

恭和御製翠雲巖元韻

秀出層巖翠作雲，幾餘曉景正氤氳。從知雨後千疇色，一望雲鋪如是云。
屏環峭壁籠嘉蔭，敞室清涼夏最宜。密葉重重霄漢裏，依微出岫少人知。

恭和御製扎什倫布廟誌事元韻

梵宮名福壽，境肖額同稱。蠢爾侵邊始，赫斯服化曾。

何仍螳臂恃，自覆卵巢應。寶地從茲靖，天威萬里騰。

恭和御製宜照齋作歌元韻

宸遊西北趁曉凉，露葉迎曦流珠走。林深境曠齋倚城，瑤峰攢護如儕偶。
每自躍龍邸第回，輕輿小憩由來久。幾暇怡情日映檐，吟餘揮翰雲生手。
初緣西向寓名象，實周天下握綱紐。即茲番徼煩提戈，譎詭能逃睿照否。
統馭要知威德兼，負固何堪勞化誘。

恭和御製含青齋得句元韻

齋原倚山構，山色還當門。既足攬巖秀，兼宜眺層原。
架石數椽築，藉以憩吟鞍。峭蒨烟光入，陰森松逕存。
青含齋與心，宸賞斯忘言。

恭和御製玉岑精舍元韻

精舍列瑤篸，迢遙路縈宛。簷際貯雲深，淹靄忘近遠。
碧潤漾明漪，豫想玻璃滿。當前活畫呈，豈惜勤往返。
寓物意不留，超境形靡遯。更含靜者心，於斯契元善。
高下坡陀間，丰茸迎風偃。

恭和御製雨元韻　五月廿四日

仲夏月之朔，一雨田禾起。兩旬膏渥施，塞湖渺烟水。
帝心瘞畿南，雲興霶澤擬。何期雨飛來，似為熇蒸洗。
滂濞繁聲喧，罍井溢歡喜。寧知劭農念，課量同彼此。
馳諭無嫌頻，遠邇籌迤邐。痌瘝惟自喻，繾綣丹毫裏。
報章當在途，焉能近如咫。

恭和御製曉凉元韻

塞苑足時雨，中宵入微凉。清晨晅朝曦，氣爽猶殊常。
倍覺山居適，尤宜夏日長。薰風一以至，快然披襟當。

聖心廑市廛，兼之恤農莊。田夫正私喜，野含珠露光。
惟祝畿南境，飛馳報雨章。玉燭幸常調，民悅未渠央。

恭和御製觀瀑元韻

何事廬山愜壯觀，仙莊飛瀑畫圖看。宸懷豈祇清音契，明目心源露筆端。
練影千尋翠壁限，穿雲轉石幾縈迴。遙看樹杪虛明色，會得聲從玉竇來。

恭和御製遊獅子園

邸園賜昔奉誠今，曉至傳餐寶寸陰。無逸時懷寧暇豫，卷阿歲詠此登臨。
移栽虬蓋含風細，靜對獅峰積翠深。八袠壽逾殷孺慕，摛吟益切紹庭心。

恭和御製題靜賞室元韻

塞苑神秀鐘，皋塗互迴帶。碧靜堂名窈然深，斯室邀賞最。
淄琴鳴琮琤，松壑森蔚薈。地迥銷埃氛，道契得沖泰。
樸斫留古風，澹寧屏藻繪。中正立人極，濂溪意堪會。

恭和御製迴溪亭元韻

面溪亭卓立，環亭溪忽後。雨餘匹練飛，宛若蛟龍走。
篤念潤蒼生，帝澤涵萬有。往復緬澄波，承流想虛受。

恭和御製雨元韻　五月廿七日

雨值時行際，消炎亦所期。潤偏農望足，恩溥帝心馳。
電逐連山亘，風驅匝地彌。京畿應共渥，驛奏幸方斯。

恭和御製留京王大臣奏京師復望雨，詩以誌事元韻

遙繾閭閻望，常欽宥密關。塞田歌既渥，畿甸澤猶艱。
補助恆如歉，施生自不慳。飛章睎捷至，送喜慰天顏。

恭和御製降旨加增直隸截留漕米二十萬石，以備缺雨州縣賑濟之用，詩以誌事元韻

畿南澤未遍，頒諭頻垂詢。綢繆既云豫，痌瘝觸處真。
飛輓天庾粟，備賙下戶貧。老農扶杖觀，感激言如綸。
求十更增倍，誠吏實濟民。庶無向隅歎，何殊豐歲均。

恭和御製留京王大臣報得透雨詩以誌慰元韻

澤沛京畿渥，星馳奏牘稱。天街欣密霂，皇極協休徵。
繼潤連宵浹，含苞計日應。迤南連郡縣，沾否切淵兢。

恭和御製六月朔日作元韻

合序臨鶉火，高旻得快晴。朝暾紅乍晃，夕照翠猶縈。
水鏡融光滿，岩扉瑞色明。欣茲逢囷且，恒潤歲功成。

恭和御製戒得堂自箴元韻

喜得巖林雨後晴，炟陽端燆劭農情。祇期益下頻施惠，共仰謙尊每戒盈。
浩蕩天心溥所覆，掃除月窟念于征。輯寧匪為開疆土，德被無垠總莫名。

葆淳閣集卷十五終

葆淳閣集卷十六　賡揚集八

恭和御製清舒山館元韻

山水縈迴藏福地，澄鮮烟景入新評。心因常泰乘時暇，境涉初晴覺倍清。魚點鏡光呈活畫，蟬兼松韻曳餘聲。年年駐此邀吟賞，帝極凝禧自協貞。

恭和御製含德齋有會作歌元韻

山館堯文燦星斗，松雲留護長當楣。重湖複岫蘊奇秀，義通懷保攄精思。養之如春亭育遂，涵之如海膏潤施。放彌六合退藏密，帝德深契為無為。有孚在中自廣被，內外合一民人宜。不言美利見天則，指示萬世道要垂。

恭和御製招凉榭元韻

時霖驅炎暑，水榭來微凉。誰實招之至，荷柄搖風常。況聞泉聲落，諜耳清音償。凉固因境生，意愜興逾長。中田更廑念，汗滴鋤禾忙。

恭和御製千尺雪元韻

塞苑飛泉噴萬壑，神傳瀟灑憶江南。無須色相分同異，絳雪嘉名快佐談。名同吳下實殊勝，西苑田盤并此三。總是天然青嶂落，宸遊到處愜奇探。

恭和御製永恬居元韻

久適巖居趣，新吟妙緒拈。千峰邀靜賞，萬里動遙瞻。番徼迷寧悟，王師迅不淹。尅期應者定，西極盡熙恬。

恭和御製降旨緩征山東缺雨州縣詩以誌事元韻

山左偏隅偶仰膏，籌諮緩課飭租曹。宣恩亟免催科擾，勸墾還欣籽種叨。萬井幸無雛飼待，九重惟慮鴈聲嗷。近霑慰悅應周遠，蘇槁祈紓宵旰勞。

恭和御製差往辦理截漕之倉場侍郎劉秉恬奏報得雨及一切事宜詩以誌慰元韻

澤沛河干報使差，農功漕運兩無乖。千疇耕雨烏犍叱，萬舸穿雲盡鱲皆。彌望生機時詎後，依期缺斗日堪排。閏連仍可符前制，幸免稽時慰聖懷。

恭和御製出麗正門觀稼閱堤之作元韻

多稼連雲莊，省觀歲踵例。欣茲時若徵，益用念穡事。
由來劭農心，愛民召群瑞。聖壽策騎仍，史牒覯更未。
邇來三日霖，青疇盈紫穗。快晴耀曦晶，是協嘉生遂。
何期武列漲，茅簷薄灾被。浪高憎隄卑，護衛寧資利。
漫溢窪下受，宵旰亟籌計。閔彼飄搖者，忍令一枝失。
恩賚命倍加，塵居及公第。補苴頓安棲，豈弟民攸墍。
伐石防為增，月令意堪會。賑貸銀米兼，眾費悉官費。
然而惠心孚，勿問感德意。

恭和御製漕運總督管幹珍、山東巡撫吉慶各報德州等處得雨，及運河水長情形，詩以誌慰元韻

暘雨隨時關職守，馳驅俱合切咨詢。乍霑運濟兼農濟，迅報疆臣及漕臣。閔旱虔祈皆聖澤，催耕補救喻齊民。毗連郡縣睎同沛，跂望燕郊驛奏頻。

恭和御製夜雨朝晴元韻

夏禾宜雨亦宜晴，尤宜雨夜晴朝日。中宵細灑聽簷聲，雲葉流珠曙光溢。曉起青天雲盡歸，塞園一洗千峰出。晅潤相資發土膏，鋪菜垂穎豐穰必。田家最喜三伏熱，炎風早已占從律。又虞月望兆陰連，快覩蔚藍慮銷失。

宸心憂樂先農民，課量咸窺欽粹密。

恭和御製文園獅子林遣慮元韻

雨歇新晴增塏爽，文園啟墅覺舒閒。肯懷魚藻那居樂，切念鷹揚遠涉艱。
夜渡河橋士氣奮，驛馳雲棧凱歌還。捷音萬里操宸算，聚米山川指掌間。

恭和御製題靜好堂元韻

境邃堂深畫景含，疏筠聚五復攢三。窗間太古山情足，烟際新晴花氣涵。
遊鹿趁苹修徑繞，鳴禽隱綠午陰貪。宸篇自寫薰風意，纖指繁聲合抱慚。

恭和御製福康安攻克熱索橋進勦賊境詩以嘉慰元韻

廓清藏地天威震，深入番疆睿略周。聞說攀藤殊趫捷，真同度索自優游。
路紆峨嶺軍潛出，敵迫懸崖眾倒投。自此勢應成破竹，豈圖萬里販章收。

恭和御製山東巡撫吉慶及布政使江蘭各報續得透雨， 晚田補種齊全情形，詩以誌慰元韻

齊郊霑未遍，黼座為綢繆。膚寸油雲合，崇朝膩雨優。
及時猶夏種，至日望農收。遙慰勤民意，都消茆屋愁。

恭和御製松鍼元韻

喬松百尺姿，初生可意許。芳草碧罽鋪，暖日黃綿煦。
纖纖忽刺苔，簇簇方被土。尚未吟霜風，已看淬時雨。
他年上雲根，此日同囊處。成象待卅年御製詩："卅年始成象"，聖情瞬息覩。
栽培寓宸章，與汝真福汝。

恭和御製留京王大臣奏京師得雨詩以誌慰元韻　六月二十日

塞苑來朝爽，迎秋喜朗晴。霢微沾入夜，迢遞報連京。
勤政先民食，優膏答聖誠。念徵猶自切，惟以育群生。

恭和御製河南巡撫穆和藺奏河北三府得雨，間有深透者，詩以誌慰元韻

雨慳河北地，豈果黍宜乾。伏日優膏沛，飛章慰意看。
耘耡當暑急，穎栗入秋觀。料得茆簷底，應無懸耟歎。

恭和御製降旨給借河間等府闕雨州縣口糧詩以誌事元韻

畿南數郡歉膏滋，豫遣將輸振救之。戶給遍還以口率，聖恩沾似得農時。
含哺未待三秋熟，布德常虞一物遺。胥役無侵方被澤，咸熙信在百工釐。

恭和御製福康安奏報攻克協布嚕賊寨情形詩以誌慰六韻元韻

屢報摧堅賊潰防，謀兼奇正運無傍。曲盤一徑天兵下，掎奪重碉我武揚。
河畔卧槎疑接引，峰間聚堁竟癡狂。已看釜底遊魂失，何有車前怒臂當。
陽布聞聲危岌岌，孟雄助順勢旁旁。師中錫命頻占吉，鼓勇人人敢或遑。

恭和御製倉場侍郎諾穆親、劉秉恬奏報起漕全竣，詩以誌事元韻

起漕惟嚴守法專，秋初抔斛視常年。亥倉輸積無留滯，丁運程稽宥佇延。
閏夏未堪多曠日，還南猶覺利長川。天時願與人工協，敕諭依期總莫愆。

恭和御製福建巡撫浦霖奏報早稻收成九分有餘詩以誌慰元韻

威震瀛壖鯨浪靜，八閩比歲久恬然。吏廉自見農商裕，早熟宜徵中晚連。
戶滿筐籚豐近上，囷盈薯蔗儉尤先。地偏何必殊風教，司牧能將德意宣。

恭和御製題清溪遠流元韻

夾迳林深雀喜投，來遊廣殿倚森脩。雲嵐仰識凌虛構，滈瀑遙看入澗流。
典學尚餘川上意，劭農欣釋雨前憂。即今峨綠騰驍騎，迅掃番疆更不愁。

恭和御製簇奇廓有會元韻

徑引壺天紗，沿溪愜遠尋。峰攢堪浩攬，廓繞得迴臨。
睿賞源源會，新吟細細斟。奇應與正合，天語為垂箴。

恭和御製福安康奏攻破東覺噶多等山，並奪得木寨石碉，大獲全勝，詩誌慰喜八韻元韻

驛奏川西夾道觀，將平月嶠遠人安。久操睿算頻煩諭，屢捷軍書次第看。
東覺山梁聞嶻嶪，西征鐵騎倍赳桓。雄師壓壘聲先壯，飛將懸崖渡不難。
草薙禽殲心膽讋，釜塘鋒螗計謀殫。雲連陣勢三朝合海蘭察於初三日分路攻克博爾東拉賊寨，初六日與大軍會合，雪挾兵威六月寒彼處山巔氣寒，六月猶雪。
暫爾休營示以暇，刻期入穴取于殘。迅臨陽布紅旗遞，走險寧逃天網寬。

恭和御製護理江西巡撫布政使託倫奏報早稻收成八分有餘詩以誌慰元韻

江右寬鄉衣食充，茲逢時若報年豐。偏隅水溢禾栽晚，闔境籌通稔尚中。
每仰持盈心自惕，更欽益下惠無窮。昨因暴漲綸音沛，例賞加增倍感衷。

恭和御製食蔗居元韻

屋角雲松裏，山莊此奧區。漸佳知境妙，探本足心娛。
乳竇靈泉瀹，苔岑碧蘔鋪。宸章味益旨，含蘊得窺無。

恭和御製小許庵元韻

築庵小許庵名是，敬小即因識道存。每仰小中恒見大，大哉益佩聖人言。

恭和御製登四面雲山亭子元韻

因高得迥景胥彰，歲月曾標奎壁章。一笠昂霄疑咫尺，數峰拔地視尋常。
瑤階長護龍鱗翠，寶算同延鳳紀光。秋爽卷阿欣繼詠，由來聖性協山梁。

恭和御製留京王大臣報晴雨時若詩以誌慰元韻

塞田暘雨真如候，畿甸農占亦及時。曝久好秋顆粒綻，膏霑隔歲麥䴹滋。
豫期築納逢康阜，益念施生切敬寅。更勘偏災勤賑恤，天工可補在人為。

恭和御製見紅葉元韻

風颭霜林數點鮮，仙莊景物證常年。千山淡赭誰皴染，萬畝輕黃想栗堅。
宜共荻花涵水檻，好兼雁影寫雲牋。早寒暫許停秋獮，勝纛心懷徼外懸。

恭和御製賦得爽氣澄蘭沼得心字八韻元韻

沼寒光湛玉，秋爽令傳金。蓬境涵澄霽，蘭芬入睿吟。
蔚藍高宇映，峭蒨曉峰沉。暑退荷香净，凉歸樹色深。
重嵌吹氣似，一碧皺風任。靜適園亭趣，清聞山水音。
披襟情自愜，紉佩徑堪尋。戰捷軍書遞，尤當快帝心。

恭和御製經筵元韻

風和講殿正熙春，文教榮叨侍從親。經義無窮衷以道，聖謨至大本諸身。
源探昊緯精心契，義闡乾綱畜德新。守器養賢開奧窔，戔言訓詁總常倫。

恭和御製千叟宴聯句復成七律元韻二首

耆筵重舉殊常典，蜯屹以來有幾家。千叟環階歡舞蹈，柏梁賡韻邁勳華。
躋堂稱兕囫風祝，秩祜綏眉商頌嗟。自此浹句成例事，斂敷皇極望非賒。

周甲開韶聯詠地，黃流奕葉可傳家太上皇帝年年於此讌皇帝與廷臣聯句，並命永為家法，用示吉祥。新裁二律春生藻今年太上皇帝、皇帝與廷臣聯句，時太上皇帝仍依例復成二律一韻，是日辛千，更出新裁，亦見悉新之意，炳耀重光歲載華乾隆元年、嘉慶元年俱為丙辰，太上皇帝與皇帝壽曜聯輝，永永無極。

惠洽露蕭歌壽豈，祥徵麟趾咏吁嗟。四方皓首傳佳話，北闕從瞻寶命賒。

恭和御製排律一首元韻賦得吉人辭寡 得緘字，五言八韻

繫傳徵詞寡，微言體要函。駉追羞誕妄，圭玷凛機緘。
惟鄙英華露，非矜氣象巖。觀頤順叶吉，來兌懼張讒。
誠立緣時惕，情遷見大凡。便便猶致謹，聒聒孰為監。
枝葉煩無謂，輪轅飾待芟。宸衷虛己受，輔頰戒占咸。

恭和御製仲春茶宴元韻

捷書喜共春祺迓，奏凱歡聲遍海疆。閫外掄雄軍政肅，幾先制勝睿謨詳。
兵雖遲至翻成速，戶可安居已復常。百五年來威再震，瀛壖永此障瀾狂。
莠不速除遂滋蔓，宸衷早燭吏心欺。民因祛暴皆知義，將為成功敢顧私。
氛靖鯨波符昊眷，工籌雉堞仰堯咨。恰逢聯詠霑春露，喜溢鵷班舞蹈之。
彤雲紫閣映編斕，式燕敷春帝賚頒。捷獻瀛壖方蕆事，忱輸典屬正趨班。
初韶湛露欣聯席，九宇同風許敏關。豫順早知歸化久，聖心圖易更思難。

恭和御製紫光閣賜宴外藩並荷蘭國使臣作元韻

蕆武群歌幬載功，南瀛入宴歲旄蒙。六旬翔洽恩無外，四海環歸世大同。
晉日班隨春色早，需雲典協曉光融。最欣時若周寰海，慶兆豐綏愜聖衷。

恭和御製新正重華宮茶宴廷臣及內廷翰林，用《洪範》"九五福"之"五曰考終命"聯句，並成二律元韻

開正慶覯苞符合，宸願從來契昊乾。兩必世承熙洽運，六周旬溯肇初年。
先春雪澤洵時若，環海恩波早沛然。疏仡循蜑閱前紀，疇臍懋眷似今全。

恭和御製重華宮茶宴元韻

申命凝承動至誠，德超三五福尤贏。經筵鳳闡彝倫訓，屏頌先臚斂錫禎。
人仰健行恒不息，化徵久道永觀成。年年茗宴隨鵷侶，壽邁驪連萬國貞。

恭和御製喜雨元韻

春膏渥繼勢逾酣，喜雨擒毫月再三。符願昊恩徵豫順，占豐歲事應和甘。
郊圻壤接霑胥溥，餅餌香聞樂自湛。慶集宸宮昭斂錫，已知田畯起謳談。

恭和御製喜晴元韻

雨足郊原即快晴，時和人事協咸亨。露含宿麥明曦影，霞霽新田趁曉耕。
杏葳舒華上苑早，波光浮灩野塘盈。甲兵淨洗如雲斂，天鑒原昭聖不爭。

恭和御製賦得水波　　得平字五言八韻

渺瀰晴湖遠，波恬似掌平。風行紋綺縠，日映鏡空明。
紅碎霞光襯，藍拖黛色橫。鷺安牽荇細，魚泳落花輕。
喻德惟從下，涵虛總不盈。無偏徵智樂，孚信見心亨。
化洽人沾澤，時和海效禎。皇仁欽潤物，汪濊溥寰瀛。

恭和御製新正紫光閣賜宴外藩作元韻

春祺皇澤愷同宣，賜沐藩臣詎偶然。閣聳紫光開瑞宴，節先青皥暢華筵。
金鑪香蔼留烟滿，銀炬輝騰效月圓。鞮譯教同鴛鷺集，君恩深處本如淵。

　　　　　　　　　　　　　　葆淳閣集卷十六終

葆淳閣集卷十七　廣揚集九

恭和御製喜晴元韻

雪霑麥隴皇情豫，日映晶光瑞景盈。既溥聖仁符聖願，更欣時玉快時晴。
寒梅漸暖融冰蕊，香象高堆耀綺楹。歲美祥占農望協，疇窺帝念已交縈。

恭和御製經筵日祭傳心殿敬成元韻

經筵論闡心傳紹，躬祭循初歲月深。一畫開先溯自昔，大成集後盛於今。
升香何啻羹牆見，典學胥從治化諶。道備君師欽立極，捧觀更喜播宸吟。

恭和御製燕九日小宴廷臣作元韻

綺席榮邀鷺序連，肅承恩渥慎無愆。早春節是張鐙後，首候風還解凍傳。
大宇昇平真燕愷，宸衷宵旰益夔虞。環周龍甲徵何極，同仰康強佑自天。
誠感蒼穹惟實政，德刑論早闢常談。已蠲珍庾糧千憶，特免餘逋詔再三。
雪積暘時疇正協，租寬復賜史多慚。重移令典宣慈惠，稠疊龍光荷詎堪。

恭和御製五福堂對玉蘭花疊去歲詩韻元韻

天上瓊雲映玉樹，堂名五福義相顧。斯花種植聖年同，睿藻頻擄真殊遇。
睠言花下追昔遊，見羹見牆手澤留。老幹繁英花時發，花發詩成如倡酬。
六逸曾聞刮目待，寧因獨樹奇眾乃。雲根點綴花增榮，錫五福名福更倍。
天人相與言豈欺，宸毫題額堪繹思。呼吸際看通帝謂，如花有約春為期。
五福先壽蘊精義，壽為福基乃昊賜。五皇極建徵敷錫，錫福斂福意兼備。
四海富享康疆身，非富天下葆其真。試看堂前花爛漫，為有貞姿高輪囷。
風日晴和鮮朵朵，洵如剛健含婀娜。閱歲愈多幹愈固，壽者康寧意曾可。

大德必壽信有然，悠久豈須更論年。為聖人壽福自萃，長言不足復騁妍。
庭陰皎皎疑叔則，今年花仍去年色。舊韻新詞意引伸，詞條豐蔚又誰克。
雨暘時若協箕疇，後樂那復窺先憂。即今望澤膏禾黍，躋仁壽願邀鴻庥。

恭和御製賦得時暘若　得難字元韻

庶徵時雨應，暘若亦惟難。曉露含珠朗，晴雲劈絮看。
荷鋤相慰悅，俯檻足盤桓。望副三農滿，懷紓四野寬。
優沾驗氣肅，佳霡解陰寒。睿念家家喻，宸章字字安。
固知禽鳥樂，胥喜黍禾攢。威遠櫪槍浄，星文更夜觀。

恭和御製夜雨六韻元韻

蹕路欣晴霽，曦陽十日周。中宵聞沛澤，傍曉復晶秋。
就日忱丹向，如雲野綠稠。宣綸祛藻飾，獻頌愧涓流。
壽宇禾看積，豊田麥早穮。感孚天貺捷，時若驗鴻庥。

恭和御製詠漢長生無極瓦頭硯元韻

搏土摶沙質與隣，西都年代認難真。呈材敬以長生語，猶是華封祝聖人。

恭和御製重題石鼓

法物真超斯邈科，奎文披剔慶如何。籀文重集模仍鼓，韓句追思杵作橐。
典數周秦垂訓定，體符雅頌紀功多。秋蒐家法貽千祀，豈僅鴻都藉琢磨。

恭和御製新正幸御園即事舊作元韻

圓明世里近城闉，風颶龍旂日繞鱗。湛露已榮三接晝，華鐙又慶上元旬。
化隆壽宇微徠遠，喜覽春田在惠民。瑤島波融增麗景，宸章藻挨意同新。

恭和御製春仲經筵元韻

春殿從容象紫垣，幾餘典學溯羲軒。群言訓詁惟恒見，奧義淵深聆至論。
應物因材公照鑑，法天行健運貞元。禁廷教冑書聲近，朗朗還聞五代孫。

- 485 -

恭和御製仲春朔日茶宴內廷翰林平定臺灣聯句並成四律元韻

軍書一騎跡風抛，纖蘖根除火烈苞。揚觀志原陟禹迹，微彰蘊已闡羲爻。
月聞三捷怡宸念，詩補初韶飫御肴。移刻天章成志喜，邕威安眾意兼包。
佳音已共春祺迓，聞喜遲因阻海疆。伏莽上煩天討赫，握機遙授睿謨詳。
一帆風利鯨鯢懾，四邑人安耕鑿常。章服寵頒傳勇略，瀛壖長此息瀾狂。
生成自外原梟獍，綏靖還殷吏不欺。釁起觸蠻車作鑒，令嚴廉法鏡無私。
徹疆迤里銷群醜，接踵來旬冀博咨。同我太平登壽域，風傳仁讓史書之。
東廂接席萃鵷倫，果飣雕盤宛列辛。自北而南成破竹，因文會意協孚人。
凍融恰淡中和氣，兵洗真清島嶼塵。賡詠膚功欣授簡，感深功敘勵同寅。

恭和御製上元後一日小宴廷臣元韻

濃露恩光霄漢間，賡吟遑敢惜辭慳。鰲山日映花千樹，蓬島波融綠一灣。
慶洽春朝沾惠溥，詩拈羲畫樂幾閒。試看候律占風侶，應識鄉雲色五般。
王會圖開列綺筵，新正盛事已盈箋。醴尊久淡龍光渥，法曲先瞻象譯全。
即見藩王誠祝嘏，從窺黼扆善籌邊。良辰不倦時幾敕，行健由來總法天。

恭和御製端陽日作元韻

伸陽至羲因時寓，重五嘉名試仰鑽。壇佇薦琮宸意謐，隴看登玉物情歡。
榴紅映檻街頭曉，蒲綠凌舟渡口觀。撫序殷懷何自慰，隨風甘霈灑炎官。

恭和御製節前御園賜宴席中得句

獻歲朝正乍淡句，御園燕衎拜恩頻。每看鵷鰈承殊寵，益仰柔懷徠遠人。
武帳筵開晝日接，玉卮拜賜聖顏親。賢藩一體天庥迓，喜共臚歡頌帝仁。

恭和御製題宋人布畫山水圖幀元韻

繪事爭奇傳布幅，披圖宸賞入新哦。雲烟一幀時堪擬，樓閣千重跡不磨。
瀑色流懸幾莫辨，機頭杼熟未為過《志林》：取布頭機作帋，曰布頭箋。又從寶笈開生面，刻畫紛紛入扣多。

恭和御製八月十二日進宮行八旬慶賀禮，沿觀內外所備衢歌巷舞，自覺過當，因成二律元韻

論申四得凝嘉貺，大德燾民九宇臻。為具天良衢慶洽，渾忘帝力壤歌均。
雨暘協律疇徵範，漠泹同風極仰辰。旭日鸞旗從御苑，跪迎惟祝萬年頻。
宣諭先教繪綵減，惟將忠愛戒繁羅。歡增嵩華同鴻峻，霽入星雲驗燮和。
群彙聯情寧燦爛，萬方合計總纖麼。法宮廑念逾乾惕，保泰持盈慎勿訛。

恭和御製重華宮元韻

象馬新來道慶便，十全葳武仰瑤篇。安和禁戢周寰內，保定豐亨際日邊。
傳可注經森櫛比，疇輪詠德燦星連。含生同與臻攸好，億萬斯年舞蹈焉。
準回筰藏大功成，交緬瀛灣指畫精。武偃武修皆至德，聖宮聖詠發深情。
九垓總仰淵衷運，八伯徒慚拜手賡。優渥春祺敷廣宇，極天所覆頌昇平。

恭和御製啟蹕幸天津用壬子幸五臺詩韻元韻

巡甸七年隔，迎鑾三月臨。為酬望幸意，實切省耕心。
夾道麗扶杖，溪膏麥簇鍼。健行仍攬轡是日上在泉宗廟用早膳，仍策騎出，送駕臣工及夾道里民無不歡躍，歡動柳隄陰。

恭和御製過蘆溝橋元韻

治水神功早錫名，建祠秩祀仰重營。鱗流順軌輪束碣，練影垂虹輦上京。
千里郊圻饒總秸，萬方朝覲會康平。桃花漲暖春如海，巡省恩波沛啟行。

恭和御製分別蠲免直隸歷年緩征錢糧詩以誌事元韻

聖德如天仰大生，十行恩錫屢停征。蠲逋已普畿封地，免賦還酬瞻就情。
蹕路三春膏並洽，豐年四雨賈逾輕。遠稽史牒勤民者，誰及皇仁達未萌。

恭和御製郊臺元韻

偃伯臺高帝業隆，近郊數仞紀崇功。西隅境闢堪稱偉，南紀歸懷詎自雄。

五福敘疇廣好德，十全葳武凜持躬。春巡更憶旋師日，謙抑皇心倍惕忡。

恭和御製微雨元韻

宸遊繡甸望興雲，果見霏微起水漬。佇俟依旬敷潤澤，先欣傍夕灑氤氳。
菜畦葉嫩滋青綺，麥隴泥深驗寸分。信是至誠天意格，村民相慶亦云云。

恭和御製東淀元韻

淀池導源西晉水，畿南眾流胥匯此。宵來微雨生縠紋，津潤無煩歌抱彼。
清晨解纜畫橋開，水縴雙牽陞廿里。觀民觀水屢經營，聖慮誠勞民幸矣。
舵師遵誡利舟行，道濟敕幾均是耳。

恭和御製天津巡漕御史祝雲棟報雨詩以誌慰元韻

循淀郵章至，瀛津喜兆豐。惠心孚赤子，甘霈荷蒼穹。
漕輓兼稱利，郊原正獻功。從茲旬有報，誠感仰皇衷。

恭和御製梁筍元韻

清淀淼無涯，魚籃圍佈水。睿辨闌非籃，風詩梁即此。
石障猶吉林，地各因宜耳。恬波格淀隄，成功媲夏姒。
萬戶胥盈寧，兼資有魚葦。省方察土風，箋經證物理。
梁觀惠子儵，澱掘琴高鯉。

恭和御製批摺元韻

不因澤易寬宵旰，批覽仍殷幾暇題。九省胥稱春孟仲，十分均沛隴東西。
楓宸遠慰江南遍，寶穡應占海宇齊。灑翰尤欽工組織，如絲雨合悅黔黎。

恭和御製至天津駐柳墅行宮之作元韻

綵舞何曾博覽觀，却欣迎駕萃衣冠。市廛鱗比原殷富，旌罕雲從效祗歡。
麥葉連塍含宿雨，柳陰護殿減春寒。滄瀛未足方恩澤，曼壽勤民歲月寬。

恭和御製偶閱舊詩疊癸卯迴思詩韻元韻

幾暇重賡懷舊什，篤膺天眷錫祥多。龍乘合德惟剛健，鵷列隨資備策磨。
枝幹如環真冠古，勳華猶遜詎徵他。欣逢盛典歌巍蕩，糾縵光濃慶若何。

恭和御製紫光閣元韻

漠瀛濛洱等旬宣，奉職來庭意肅然。十次武功標傑閣，萬年文德敞春筵。
兼通番語蒙親勞，並奏傑音象大圓。昨在策勳今在列，真同鶼鰈泳天淵。

恭和御製賦得抽淪掇沉元韻

取士如求寶，沉淪仰照微。採搜原盡力，彰徹豈含輝。
所懼投人暗，寧虞知我希。幽巖猶待剖，濁水亦同幾。
澹志羞頤朶，潛身異遯肥。珍藏期原遇，沙揀媲前徽。
氣吐疑虹見，光騰藉電揮。家修邀睿鑒，慎戒宿心違。

恭和御製賦得首夏猶清和_{得薰字}元韻

今序當初夏，清和候未分。餘寒風澹宕，輕燠氣氤氳。
紅藥看噀蕤，青苔尚隱文。揮絃音冷冷，登麥意懃懃。
早露烘曦影，疏簾透蕙薰。漫言易單袷，正合趣耕耘。
春暮霑膏渥，南訛申命勤。虞書傳敬致，茂對契前云。

恭和御製題陳容六龍圖元韻

妙技何誇愛酒翁，畫龍獨擅號神通。雲疑五色方乘御，水湧千山宛戲空。

恭和御製黃花晚節香元韻

黃華標正色，介節表浮精。秋圃容雖淡，東籬意自榮。
舒葩三徑晚，吐馥幾枝清。蜂蝶無留跡，軒窗獨綴英。
寒姿迎日麗，香氣逗霜輕。佳友懷高潔，花經異品評。
傾陽窺德操，佐壽識心貞。不息參元化，年芳貫一誠。

恭和御製所翁畫龍元韻

水官詩憶和蘇翁"水官騎蒼龍",老蘇《詠閻立本畫水官詩》,東坡有和作,濡染淋漓海氣通。排列雲車光閃日,迴翔天闕勢拏空。

得來醉墨標神品,題處驪珠效化工。正值乘乾居泰候,順時霈澤洽寰中。

恭和御製降山至玉岑精舍戲用三絳韻題句元韻

雲莊北枕有穹峰,輕輿沿止便登降。尋幽回指玉岑遙,撲地千家見閭閻。
淳風隱隱見羲皇,罫布梯田遍穄稷。聚族山坳出爨烟,茅茨樸陋安愚戇。
綠雲幾處護招提,楓葉霜前已點絳。鶴臺芸館總凌雲,睿藻高懸鐫石幢。
漫將故步效邯鄲,祇覺寸莛千石撞。

葆淳閣集卷十七終

葆淳閣集卷十八　賡揚集十

恭和聖製啟蹕幸避暑山莊用去歲詩韻元韻

赤斾依例幸山莊，蹕路麥芃黍更良。溥澤天心惟佑順，剪兇士勇且知方。歲豐日接佳音奏，軍捷還籌懋績償。舊韻重拈攄睿藻，濡毫片刻仰康强。

恭和聖製過清河元韻

九旬天子諮耕斂，雷動歡聲萬馬群。疆吏迎鑾陳歲事，中豐嬴縮略區分。橋下瀰漫新漲滿，隴頭芃茂美禾同。雨珠雨玉誠無用，帝詠惟欣比歲豐。刈麥翻犁趁早晴，前旌已近且停耕。年年官道瞻宸輦，無限怡愉愛戴情。

恭和聖製出古北口作元韻

晴雨如知候，農歡行旅宜。關雲烘曉日，麥浪動凉颸。中外真同俗，懷柔屢見詞。鴈臣迎道左，光被仰文思。

恭和聖製路雨咯喇河屯道中元韻

山行愛曉晴，嵐合水雲輕。興雨乘風快，衝泥扈蹕誠。沾衣蒙帝貺，滋隴愜農情。向晚天開霽，繁星繞玉衡。

恭和聖製至避暑山莊作元韻

高嶺雲開登覽宜，萬家櫛比聖心怡。地繁生齒都相望，歲喜迎鑾雨即隨。陰曀銷沉氛不起，神功收斂靜無為。木蘭肄武詒謀遠，訓政於斯日念之。

恭和聖製永佑寺瞻禮疊去歲詩韻元韻

輿桓待獮例相仍，雲棟覲瞻先志承。駿烈豐功久奕奕，紹聞衣德益兢兢。
順成歲有真堪慶，震疊師貞更足憑。靈爽在天昭默佑，四方無拂合同稱。

恭和聖製戒得堂疊去歲詩韻元韻

教化洽寰宇，從善宜日徙。邪匪何鴟張，曾不內度已。
勢蹙似釜魚，堪憐蠢蠢爾。董威本禹謨，安良保如子。
鴻文製堂記，戒得闡至理。用兵非黷武，睿論明言矣。

恭和聖製題鑑始齋元韻

賜居題額早，微旨命名存。不息宗乾始，惟精本治原。
高深窺典學，彝訓贊敷言。寅惕仔肩重，常欽付托恩。

恭和聖製清舒山館元韻

仙莊多勝景，樸素愛那居。軍政煩籌筆，宸遊盼捷書。
山光臨戶牖，草色上階除。即日餘氛靖，師還聖慮舒。

恭和聖製喜晴元韻

翠華涖止時仲夏，塞山雨過開新晴。荼蓼既薅黍稷茂，禾易長畝停耘耕。
知時佳澍協昨歲，實函斯活占秋成。雨暘時若期不爽，有年又卜倉箱盈。
奇峰千疊夕靄紫，空林一片殘霞明。劭農願副更望捷，殲除五蘖安群生。

恭和聖製啟蹕幸避暑山莊即事成句元韻

龍旂曉日照康莊，前御安輿後吉良 是日太上皇御安輿，皇上乘騎隨行，道旁父老跪迎，無不以得覿盛事共相歡慶。作太平民逢豈易，為天子父福誰方。
山連紫塞烟霞近，澤霈青疇萬億償。慰念黃雲遍郊隴，中豐已卜殆猶強。

恭和聖製過清河雜詠元韻

迎鑾疆吏此年年每歲巡幸山莊，督臣率屬於清河接駕，並陳歲事，歲事敷陳視近田。畿輔均霑非覼語，河流瀧瀧亶其然。

欲雨神功意未收，朝霞猶絢露光流。移教瘴雨多開霽，走險苗頑網早投。

臨涖山莊多霈霖，翠旌已指望尤深。萬家幾倍殷懷抱，巡省彌劬率祖心。

恭和聖製出古北口用辛亥年書蘇東坡書傳堯典語韻並作迴環體韻元韻

塞田疆理畝南東，中外祈豐帝念同。歲例鴻臣覲道左鑾輿歲幸山莊，蒙古王公等例於古北口接駕，歡忻瞻覲，無異家人，而聖壽延洪。蒙古等率皆子孫輩行愛戴之忱，尤為肫摯，柔懷訓示九經終。

聯詠箕疇闡授終自辛亥年重華宮茶宴以洪範九五福為題，遞年聯詠，至昨歲乾隆六十年乙卯而五福恰全，年稽咨岳正相同蘇東坡《書傳》考堯咨岳之年，亦正符今年聖壽。靈臺環紀無疆壽，如日方升麗海東。

恭和聖製至避暑山莊作元韻

歲例時巡避暑莊，就瞻今日喜殊常。雲籠塞苑蒸時潤，蹕駐烟波趁曉涼。
百戰祖功思覆育，萬家民俗葆淳良。上蘭待獮非躭豫，訓武彌殷觀耿光。

恭和聖製永佑寺瞻禮元韻

神御虔瞻歲歲仍，授終祇告統欽承。丙辰環紀追先德，陟降貽庥仰日競。
更冀苗頑俘畢獻，由來師直理堪憑。紹庭一氣昭全佑，福祚流傳奕葉稱。

恭和聖製題文津閣元韻

閣盈縹帙壁盈詩，尋繹皆同典誥詞。理政敕幾歸枕葄，賾關聖域總趨馳。

津言扼要千秋鑒《御製文津閣記》：劉勰所云"道象之妙，非言不津，津言之妙，非學不傳"，實先得我心之所同然，塞苑觀成百世規。迥異琅嬛誇福地，能窺典學又伊誰。

恭和聖製西峪疊去歲乙卯韻元韻

山深徑亦幽，人跡殊罕到。㕙㕙樹繞峪，蒙茸草夾道叶。

清風一滌襟，清韻鳴蟬報。宸心廑征苗，葳績盼捷告。

覽昨乙卯詩，兼之企澤浩叶。今歲暘雨時，擒渠亦得要首逆石三保已俘獲解京。

其一勢已孤，穴近可徑造僅餘石柳鄧一名，大兵已逼近賊穴，計日可得擒獲捷音。諒茲獸繫檻，那復蛙躍躁。

逆靜安閭閻，諭宣勤化導。

恭和聖製雨六月初六日元韻

山莊好雨竟如期，高隴易消多亦宜。侈瑞陋誇天貺節，憚曦恰得夜涼時。

看雲小閣奇峰入，綴露高松霽影滋。惟念畿南澤未渥，皇心切切過農師。

恭和聖製永恬居疊去歲韻元韻

雨過園林後，嵐光分外新。引恬情敬屬，思永道彌綸。

地靜耽禽語，山深有鹿巡。天然好圖畫，何必倩公麟李公麟有《自作山莊圖》，為世寶傳。

恭和聖製素尚齋疊去歲韻元韻

樸斫崇真意，雕華豈所貪。無為含泰始，有美叶坤三。

粉壁張宸藻，梨雲護近庵齋在梨花伴月之上。堯茨垂治本，俗尚返淳堪。

恭和聖製新正重華宮茶宴廷臣及內廷翰林，用平定苗疆聯句復成二律元韻　丁巳新正初十日

大凱全俘眾挾扶，宸衷內斷果難無。亦憐螳臂披猖彼，雖曰苗疆土地吾。

較克鬼方寧憊也，視平淮蔡孰同夫。迎韶奏捷春祺暢，藻諭非徒文字娛。

十全嬴績聯吟舉，兩韻復成一筆書。詩與政關斯紀耳，兵先廉定乃加諸。

震驚原恃直為壯，謙抑惟欽昊佑予。振旅旋歸靖餘孽，天威自此益彰歟。

恭和聖製啟蹕往盤山春遊之作元韻

蒼龍鑾輅周原野，山色田盤春已深。淑景融和開禹甸，惠風長養暢堯襟。心關農事殷勤問，詩紀宸遊次第尋。堪喜驛途頻報捷，梗頑計日可成擒。

恭和聖製湯泉行宮八景元韻

溫泉
傳瀹雞豚誇涌沸，幾餘格物有誰知。烹來蟹眼同魚眼，井冽寒泉豈後時。

柳色
弱柳輕黃迎翠輦，似因溫液欲垂絲。風光依約猶前度，夾道春陰日正遲。

池塘
溶溶水暖滿方塘，浴過無須怯早凉。勤則非宜繹祖訓，湯盤銘義共煌煌。

玉蘭
含尖紫粉形相似，木筆迎春本一枝。昔日群芳作譜者，偶然狀物未之思。

山亭
清流瀲瀲增新漲，芳草菲菲繪遠山。行館周迴邀睿覽，小亭恰在翠微間。

遊魚
如沸神泉宛大鷺，依然游泳碧波深。楚氛釜底真堪擬，凱奏黎元仰德音。

書室
室列芸籤善益多，鑾停枕葄不遑他。人文久道觀成化，即此寸陰惜若何。

官鶴
盡日園林鷗鷺陪，無須警露唳聲哀。稻粱惠重辭儔侶，不願空山任去來。

恭和聖製駐蹕盤山靜寄山莊疊癸丑二律元韻

翠華周覽岩阿勝，畿輔同霑浩蕩春。四正山平森嶫嵲，上盤松老益精神。泉流活活爭垂瀑，花氣重重欲襲人。是處登臨饒逸趣，農耕更喜閱躬親。

時雨春來渥大田，青旂前涖已三年。芙蓉掩映初升日_{山莊內有四面芙蓉亭}，岡阜回環方至川。

勝覽靈區巒拱翠，時當韶景物爭妍。惟餘楚逆勞宸念，望遞軍書驛路連。

恭和聖製暢遠齋自訟元韻

山齋敞清景，春風適和暢。泹止溯往年，廓喀振威望。
用武不得已，豈召窮兵謗。有戰無不克，篤祜承昊貺。
邪匪作不靖，潢池梗化向。即看執訊連，安堵陳奏狀。
比似桃李花，生意詎猶快。

恭和聖製清明元韻

浴蘭節過禁煙濃，桐華榆火濡毫賦。春膏逾尺盈陂塘，一犂耕破雲深處。
時晹時雨徵佑順，淨掃櫰槍不待卜叶。園林高下儼畫境，澗草岩花皆生趣。
祇以湖襄遭踐躪，宵旰籌軍煩聖慮。耄期求治日孜孜，康疆純固天所付。

恭和聖製遊天成寺疊癸丑韻元韻

輕輿禮佛衍三乘，蹕路田功協庶徵。盤谷訂明非此處，名區題遍有誰曾。
樛枝天矯張如蓋，奇石崚嶒瘦似僧。雨後涓涓聲不斷，橫空嵐翠重難勝。

恭和聖製千尺雪作歌元韻

山起太行尾碣石，南距滄溟沟水西。五峰三盤路紆曲，崖懸岩罕難攀躋。
匯眾谿水歸一壑，因山肖景如取攜。吳中聽雪雲千尺，天章昔日曾留題。
此間松石得古意，試論寒山有過之。貞觀晾田留遺蹟，觀兵耀武意在斯。
即今耆定踰十全，李唐往事徒增嘻。

恭和聖製雨元韻

續沛甘膏咏既零，桑田稅駕雨稱靈。靜聞幽壑泉聲急，遠望深林樹色青。
願副劭農占兊澤，功成止武慶咸寧。師行眾盛如江漢，一洗兵戈可佇聆。

恭和聖製延春堂疊癸丑韻元韻

頻霑甘雨及三春，堂額延春麗日新。靜寄襟懷徵益壽，時和風物最宜人。

有年即景皆怡志，餘事攄豪亦暢神。題詠類多關政體，安民戢暴義同陳。

恭和聖製田盤迴蹕至御園疊啟蹕詩韻元韻

七日宸遊成小駐，鑾迴柳色嫩黃深。威宣巴蜀籌軍旅，豐兆郊原愜聖襟。詠紀師中彰撻伐，奏馳馬上即披尋。繹騷小醜延殘喘，指顧餘兇一戰擒。

恭和聖製雨二月十四日元韻

北地春膏喜有餘，至誠宵旰早欽予。一犁叱犢耕雲際，二月占風睇燕初。自是昊恩符國慶，即看雨霽敞晴虛。祥徵吉事胥知順，應卜擒渠到捷書。

葆淳閣集卷十八終

葆淳閣集卷十九　芸館集上

喜雪賦　以時過三五，歲兆十千為韻

惟我皇之至德，躋一世於恬熙。知屢豐之有象，驗大澤之無私；當土膏之初動，喜雨雪之及時。天路遙分，散銀花而煜爚；中田飛灑，積瓊屑以參差。爾乃上元既屆，令節初過。天子先期而祈穀，農人策杖以興歌。始靄靄而同雲，聲乍聞乎淅瀝；繼霏霏以潤物，澤斯比於滂沱。害去遺蟓，已告豐於冬候；祥占宜麥，更兆瑞於春和。觀夫長空細糝，大地遲覃。寒粟旋融於朝日，光晶乍遍於春嵐。輕綴柳枝，早訝飛飛絮舞；浮來梅萼，猶驚片片花含。似種玉於藍田，遍布高高下下；勝尋芳於紫陌，行穿六六三三。時則火樹未殘，華燈尚吐。襯皓月以駕鰲，清暗塵而澄乳。對崢嶸之貝闕，身到蓬瀛；瞻清閟之玉堂，夢遊縣圃。魚龍曼衍，明懸萬頃玻璃；歌吹喧闐，沸動九衢簫鼓。芳郊指于耜之候，日已及三；上苑報看花之人，英先綴五。

霏微則到地潛消，凍沍而因風漸泥。或搖曳於簾間，或飄颺於空際。踈篁玉碎，冒蝶粉以尋春；曲沼冰澌，釀屠蘇而獻歲。則有譜翻白雪，讌賞連宵；秀掇瑤華，遨遊接袂。信堪潤色乎神京，固宜詠歌於盛世。若乃起視郊原，盼茲春曉。幸雲液之如脂，值田功之方肇。光搖銀海，寒增叱犢之人；凍解芳塍，夢叶維魚之兆。太平可象，何須雨玉雨珠；大有堪書，早卜斯活斯趙。聖天子樂天下之樂，在時和而年豐；心天下之心，冀人足而家給。於是賡瑞雪以成謠，慶烝民之乃粒。鄒鄉、枚叟，爭刻玉而鏤冰；太皞、勾芒，早達萌而啟蟄。天顏有喜，上瑞迥異乎尋常；春色無邊，清光已涵夫九十。彼夫雷動日喧，難憫物而速長；箕風畢雨，或殊好而多偏。惟茲甜雪，恰稱芳年。喜玉漏之莫催，此候剛逢燕九；乘陽春之有腳，浹辰倏滿大千。是則覘土農祥，無異積瑤瑛于禹甸；桑田星駕，固將敷闓澤于堯天。

薰風自南來賦　以五絃歌風，阜財解慍為韻

惟炎帝之司權，覘景風之揚詡；資蕃育於化工，驗氣機之鼓舞。覘至道之翔洽，化貴能參；推盛世之徵符，日期以五。微微北牖，已抒高士之襟；習習南軒，早入薰歌之譜。原夫閶闔不周，各依時而自至；廣莫明庶，咸應節而無愆。伊祝融之溥暢，導協氣於垓埏；匪成能於鄒律，宛奏曲於虞絃。風動時雍，共適恬熙之宇；南訛平秩，還歸長養之天。於是音傳古調，氣動天和。按金徽之錯落，撫玉軫以摩挲。響徹清泠，遍拂五絃之韻；涼生殿閣，旋搖太液之波。彼夫爛漫卿雲，雖載咏明良之遇；而悠揚地籟，更諧夫解阜之歌。爾乃順時而動，不感以通；其和可挹，亦號曰融。藹藹蓉塘，既異微和之春扇；溶溶麥浪，豈同薦爽之秋風。巽原善入，恰近離明之位；箕從所好，適過鶉火之宮。詎挾纊之足倫，遊於皞皞；比飲醇而各得，散此崇崇。

若乃八方從律，道著咸亨；萬寶潛吹，爻占大有。調其息者殊，厤石而飛沙；美其功者信，吹花而擘柳。詎知鼓盪於洪鈞，丕著物生之暢阜。準南交之軌度，寧云來也無端。當夏假之蕃昌，孰謂積也不厚。所由稱善者御之以行，披襟者快然而受也。觀夫珠簾晝捲，玉戶晨開。拂綺疏而宛轉，繞瓊砌以徘徊；韻松聲於澗谷，遞蟬響於林隈。初度朱垠，布九區而遍滿；遙趨丹闕，乘萬里以歸來。識橐籥之功，可以滌茲煩想；妙吹噓之用，更堪阜我民財。陽氣氤氳，徐颺蕩駭。當煩溽之正殷，快炎歊之乍解。宣通則庶彙昭蘇，導達則長空颯灑。和爐烟以繚繞，徐覘郁郁紛紛；共梅雨以飄颻，爭覘洋洋灑灑。

我皇上教化覃敷，神明廣運。驗庶徵於備五，休應時風；廣茂對於兼三，彌勤清問。固宜宣恢炱之盛氣，俾食德而飲和；理遺操於重華，並揮絃而解慍。

竹箭有筠賦　以如竹箭之有筠為韻

懿章身之禮度，擬致飾其焉如。既自彰其文采，信比美於森箊。玉骨嶙峋，擢秀非關於外耀；霜根蔚茂，含貞實本於中儲。菉竹是瞻，式重不雕之節；碧筠足翫，緬懷有斐之譽。原夫種出渭川，美昭淇澳。雷筍初抽，風篁高矗。中通外直，干霄漢以亭亭；積素凝華，映漣漪而郁郁。烟浮羃䍥，疑翠色之欲流；雨洗娉娟，恍清光之初沐。靜入高人之賞，或結契於蒼松；青留太史之書，乃垂名於汗竹。爾乃珍比南金，名傳東箭；韻出塵埃，色浮葱蒨。翠影

－499－

微橫，粉光乍眩。琤琤清響，戛來蒼玉千竿；嬝嬝疏陰，望去綠雲一片。內含勁直，象有類於澤躬；外露英華，義亦符于睟面。拭琅玕之朗潤，何如質有其文；挹翡翠之鮮新，奚啻素以為絢。是蓋萃天地清剛之氣，稟山川靈秀之姿。貞幹含青，宛自強於莊敬；新篁凝碧，儼獨見其操持。膩粉輕勻，不等浮文之外襲；香苞深護，寧殊昭質之無虧。此以況經曲之修明，充其膚革；即以徵溫恭之顯著，慎乃威儀。有美在中，未見斯須可去；含章有耀，信難一日無之。是以性不驚寒，質能耐久。中原空洞，敢言金石為心；氣本堅剛，羞與兼葭作耦。惟柯葉之不渝，雖風霜其何有；伊符采之旁宣，豈栽培之偏受。即其清姿蕭爽，葉茂者根深；可知雅度溫醇，流光者積厚。

聖天子昭軌物，敘彝倫，譬諸草木，彌以經綸。布令青陽，監三王而秩秩；垂文冊府，導一世於彬彬。擢材於邃谷幽巖，叢生美箭；砥節於周規折矩，共勵霜筠。寧曰皮之不存，甘自同於蕭艾；方期文以為富，長受化於陶鈞。

雙玉盤賦　以遠方貢珍，昭德之致為韻

伊版圖之式增，布風聲於遐遠；覘漸被之無涯，踰天山之巉巘。指流沙而咸隸疆圻，偕奔走而爭輸忱悃。惟世守之寶儲，等琮璜與璧琬；淪重器於遐荒，乃續登於天苑。應神功之靈契，擬叶元圭；數異域之家珍，重來赤坂。原夫樓傳縣圃，山號崐陽；瓊田產瑞，汾水呈祥。維精華之蘊結，固隨地而為章；何于闐之遼絕，亦木潤而虹藏。偉雙盤之璀璨，發瑾瑜之奇光。挹彼金莖，類託仙人之掌；盛來玉饌，佐稱王母之觴。緬形製之相同，儼模鎔於良匠；信蛟螭之永護，隱神璞於殊方。當其踰葱嶺而初來，偕龍媒而上狐。名雖重於丹金，瑞豈同於玉甕。貯河宗之水碧，特著瑰奇；比天府之球刀，還同珉眾。特以遠人向化，聿昭輸贄之誠；抑且典瑞所司，用志旅獒之貢。洎夫欸關再至，寶器重陳。氣質同其挺特，光彩共其璘彬。尺寸不踰，恍因奇而得偶；後先迭至，如遇故而逢新。擬金母之二環，欲倍五都之價；陋藍田之雙璧，何誇盈尺之珍。識劍氣於豐城，美必有合；覘虹流於天半，致豈無因。

於是天章炳耀，雲漢為昭。方持盈而保泰，思元氣之常調，雍熙洽而日永，邊徼靖而塵銷。異域從新，彌著湯盤之警；貞符在握，非矜黃澤之謠。蓋不獨以芝房產異，寶鼎興歌，見大勳之克集；亦將如鼓號密須，矢藏肅慎，昭處滿之不驕也。若乃呈上瑞於豐年，比君子之至德；耀結綠之鴻輝，照懸黎之

夜色。尊至道之克昌，自精華之不匱。然而璧陳延喜，震為特奇；琯受昭華，未聞再得。曷若美同瑚璉，不徒三采之焜煌；境越幽遐，盡入九重之拂拭。是知合必由于天作，功不假乎人為；德既通乎蒼昊，事益驗其神奇。占太白之明，良有以也；表聖人之應，無不宜之。夫是以擬日月之休徵，連如合璧；即以喻君臣之協美，動若重規。於斯時也，玉燭調元，瑤圖炳治。合歡心以奉慈寧，舉時巡而輯五瑞。既繁祉之咸臻，自諸福之備致。萬方集其共球，四海輸其琛贄。豈弟波浮弱水，投來希世之觀；磧度流沙，不匱嘉穀之貽也哉。

以樂為御賦　以和樂為行道之本為韻

惟至人之御宇，克建極於中和。動罔不臧，進止符乎節奏；往而攸利，政理協於聲歌。操縱自如，既不徐而不疾；周流靡間，亦無僻而無頗。要道之持，善御是若。瞻磬控之從容，導心志之和樂；五聲比而從律，萬舞具而間作。覯廣大清明之象，儼如騁彼康莊；悟鏗鏘鼓舞之機，宛爾凜茲朽索。原夫金根翕赩，法輅昭垂。六轡如琴，既宮商之應節；兩驂如舞，亦綴兆之中規。固將彰諧和於進退，匪徒為耳目之悅怡。是故玉節金和，用表鳴鸞之度；天隨神動，隱諧肆夏之詩。此固有形之御，昭禮成而樂備，見恭己而無為者也。

若乃騁帝圖而長駕，指皇極以啟行。鼓樹靈鼉，如龍首夭矯以銜軛；旌揚翠鳳，擬鸞雀聳峙以立衡。五色成文，協和平於組舞；八風從律，應音節于瑲珩。此則無形之御，宛得心而應手，儼執御之成名者也。

爾乃發軔乎韶咸，並驅乎豐鎬。結軌乎無偏無黨之鄉，稅駕乎同節同和之道。陶情淑性，遵王路而莫踰；昭德象功，荷天衢而永保。然則奚仲何足以為右，王良何足以執垂，大丙何足以驂乘，造父何足以躡追。固將召伶倫而挾策，命后夔而揚麾。同轍乎大夏之區，任或先而或後；揚鑣於鈞天之圃，爰若驟而若馳。方大卷與雲門，無弗及也；豈彈絲而吹竹，自謂過之。

我皇上廣運協於高深，神明通於邇遠。探九奏之精微，握萬事之根本。方倚衡而自得心氣，已召夫天和；非長駕之足矜異域，自輸其誠悃。固宜帝德默運，仰垂象於斗車；眾志咸孚，共傾情於繡襜。

琥珀拾芥賦　以靈氣相感，呼吸潛應為韻

伊馮生之庶類，每相感於無形；驗奇珍於琥珀，表異質於林坰。號曰江

珠，珍同百琲；發諸崖谷，壽已千齡。固厚地之所含，獨標厥異；何纖芥之能拾，偏效其靈。爾乃生則殊方，應如同氣；或秀發其奇光，或種同於凡卉。既異用而殊功，豈以賤而例貴。乃兩形之相隔，未可等倫；而一理之潛通，譬猶臭味。從其類也，何殊鳴鳥之求；薄言擷之，不異拔茅之彙。原夫松高碧嶺，楓染青霜。惟流膏之融結，賴入土而深藏。稽異說之紛紜，徒傳桃潘；考貢珍之神異，偶志鳶翔。厚以為儲，每匿跡於深巖邃谷；投諸所好，堪侔貴於玉質金相。此宜神物之必有所合，豈其草芥之可以同方。若乃芥之為物也，味或佐於盤飱，品共列於昌歜。惟結實之離離，每乘虛而坎坎。泛來堂上，陋杯水之易膠；納彼須彌，信寶山之可撼。倘其徵求以類，當妙契之難名；寧必因應無方，擬至誠而自感。

觀夫物類之會合，不關形跡之各殊。始紛紛而若渙，究纍纍而與俱。豈傾心而常懷葵向，匪我友而竊效邛須。獲也不勞，無俟終朝。而盈匊求之即得，旋疑同類之相呼。等別燧於陰陽，超乎形氣；異揀金於沙礫，積以錙銖。彼夫火之就燥，水之流濕。咸以類而相從，斯所求之易給；詎變化之無端，匪言思之所及。方其未遇，薰蕕之器難同；泊焉相遭，水乳之交易入。此亦如蜀桐刻而鼓以鳴，磁石引而鍼可吸也。是知理可隱會，分無相嫌。苟志投而神契，方剔秘而搜潛。既超通於意象，寧遺棄於微纖。夫是以若珠之還，無煩強索；如露之綴，可以同沾。

我皇上恭己無為，萬方丕應。即一德之交孚，信至治之可證。雲從風動，已預致夫舟楫鹽梅；聲應氣求，自共效夫翼為明聽。宮鳴則商，應還同珊網之羅江；聖主得賢，臣奚羨夜光之照乘。

桐葉知閏賦　以帝堯之世，紀閏東廂為韻

覽嘉植於嶧陽，昭授時之靈契；布繁葉以垂陰，驗孤莖而正歲。緬紀閏於天時，佐成能於聖帝；懿吐秀而擢英，竟辰從而時惠。辨眾椏之奇偶，協乎陰陽；啟元命之苞符，通乎運世。原夫期旬既節，歲序均調。數本肇於顓頊，制則備於陶堯。以人測天，智特洩其靈秘；閏餘成化，功每著於榮條。鬱彼清陰始華，而已知月令；兆茲積氣應候，而更協斗杓。爾乃微花漠漠，其實離離。枝高金井，根蔭玉池。百尺森疏，覆瓊柯而瀟灑；一圭攢列，剪綠綺以參差。積三載而重輪餘一，則靈同瑞英；當五年而再苞掛扐，則象應神蓍。具體而

微，原以表非常月；知來者逆，更有類於迎時。准行度於三百六旬，如有鬼神來告；隱迴環於七十二候，誰云卉木無知。信可坐而致也，豈以意而逆之。若乃蒲萐產于庖厨，平慮榮於階砌。或共穗而并柯，或頳莖而素毳。厥瑞孔彰，其徵已細。茲碧梧之表異，儔與為倫；惟朱草之呈祥，差堪相儷。當夫象呈比偶，應律呂以如排；迨乎數兆餘分，覿奇零而若綴。察來彰往，還同雁柱潛移；指數心稽，宛似蚌徽並麗。蓋嘉木之獨著靈符，似儀器之聿垂盛世。

是蓋靜者息機，達人觀理。任春榮而秋落，天乎不言；驗時行於物滋，木猶如此。識盈虧之有象，隱協元功；會甲子之重逢，還符五紀。葳蕤映日，詎同測影之圭；蔥翠凌霄，直軼書雲之史。彼夫風肇燕翔，雨占礎潤。虧全觀赤蚌之珠，尺寸表黃楊之閏。尊端倪之偶露，先天弗違；自消息之微參，不言而信。孰若一莖敷布，呈奇偶於勾萌；中氣分齊，驗璣衡而心印。豈第賈一葉而知秋，理如獨喻；抑且察三時而定歷，意已潛通。軌度無差，正似一陽之應琯；推遷靡定，何殊六律之旋宮。匪陳迹之可憑，推晷度而無失；似靈姿之內蘊，雖賢哲而罕窮。此乾坤之默司其橐籥，而升恒之永奠於西崑者也。

我皇上辰調玉燭，慶紀珠囊。體乾坤而合撰，彰動靜而有常。至治凝庥，早垂象於珠聯璧合；微生向化，自效順於金虒玉廂。豈直制作雅琴，正見薰風之譜奏；棲來異彩，共瞻鳴鳳之朝陽。

和闐玉賦　以西陲平定，列部輸琛為韻

伊輿圖之式廓，包地絡於坤倪；宣天威於赤坂，叶靈契於元圭。有璞斯含，久待雕以成器；及鋒而用，或受削以如泥。獻王母之白環，珍逾結綠；收河宗之水碧，價重懸黎。虎節遙通，盡括星街之北；龍媒偕至，來從月窟之西。緬丁閶之遼絕，產嘉玉之瓌奇。備夜光與晶采，藏水滋與山陲。漢代始通，未歸版籍；唐時入貢，不過羈縻。蓄三采之輝煌，質含瑟若；冀九重之拂拭，路阻遠而。石髓潛凝，惜埋藏於冰雪；虹光旁燭，嘗守護以蛟螭。上及太清，下及太寧，豈無因而至者。天不愛道，地不愛寶，蓋有待而用之。懿夫珠囊，啟玉宇清。纘前烈，揚天聲；掃四部，拓三城。先伊犁之砥屬，逮拔達以歸誠。畫疆定賦，列堠勸耕。稽大宛之舊土，考布露之遺名。和闐中界，美玉所生。人奔走以偕來，路通荒憬；費紛綸而畢至，瑞協昇平。爾其質膩如融，光浮不定。體寫峰巒，韻諧鐘磬。連城比值，美且無瑕；盈尺為珍，走而不

脛。黃琮蒼璧，蔚為廊廟之華；象齒元龜，共作文明之應。

縶琬璧之並陳，儼球刀之在列。碧含積翠，割來葱嶺之雲；白訝凝脂，捧出蓬婆之雪。雙盤並至，儼如龍劍之追隨謹按，《御製玉盤謠》以雙劍化龍為比；特磬新懸，宛應梟鐘之清澈。璧陳延喜，偉哉堯帝之助；琯受昭華，盛矣虞廷之烈。彼夫山號崟陽，樓傳縣圃。和氏歸荊，璠璵在魯。縱珍玩之可稱，究治平之奚取。豈如賣陳筐筐，罄來絕塞之悃忱；精見山川，盡入中朝之疆土。地呈珍以充賦，全歸禹貢九州；物隨地以稱名，可補山經一部。是蓋德能及遠，誠乃爭輸。矢藏肅慎，鼓號密須。識真者其鑒必精，寧襲梧臺之石；用博者群材無枉，肯遺濁水之珠。此以窺全付所覆之心，良克當矣；即以擬立賢無方之道，其有合乎。爰拜手稽首，而作頌曰：

聖武遠揚通鶊林，雷動雨潤日月臨。洗兵伊西洱何深，泪顏蹶角同歸心。任土貢有獻其琛，厥貢琅玕與球琳。登之明堂辭遠岑，殷盤虞敦世所欽。永保億萬年自今。

西戎獻馬賦 以漢道興而天驥呈材為韻

稽天馬之由稱，產渥洼而名冠；姿特邁於青驄，駿實標夫赤汗。桃花麗聚，閑四牡以翺翔；練影遙敷，散五花而絢爛。望玉關而貢瑞，驤則為龍；共寶鼎以呈祥，歌傳自漢。懿夫至治光昌，飛黃服皂。孕房駟以騰精，共垂棘而可寶。或遙覆以慶雲，或飼秣以芝草。毛旋日月，曾傳稅駕於西王；足箝雲霄，應溯服驂於東道。爾其為狀也，崢嶸磊魄，突兀超騰；曲則中鉤，直則中繩。閃龍睛而炯炯，聳玉骨以崚崚。偉質遐標，每望雲而電逝；英姿颯爽，時向月以飆興。洵良時之異產，待盛世以呈能。於是踰葱嶺，獻彤墀，昭瑞應，協歌詩，志俶儻，精權奇。騰輝上路，驟影中逵。謝風塵之物色，辭皂棧之羈縻。名冠六閑，應遙瞻其沃若；材呈千里，豈或悵於遠而。若乃飾以玉勒，耀以花轡；金根翕赩，玉輅高騫。奮天衢兮九萬，登雲路兮三千。閃閃蜺旌，服兩驂而容與；淵淵鼉鼓，整六轡以蹁躚。此又驥足之獨呈其技，而實良材之自若其天也。然則八駿何足以齊驅，九良何足以並響？何讓美於七名，何矜奇於十驥？何騰黃、騕褭之希逢，何綠耳、纖驪之莫致？購千金而至矣，方積久以堪期；乘千里以安之，固懷才而可試。今聖天子至仁廣被，海寓歸誠。磧度流沙，震聲靈之赫濯；波浮弱水，仰覆載之生成。琛賮畢至，騏驥爭呈。我皇方將綏茲異域，樂我太平。豈第佟驎駒、紫燕之別輩超群者，而咸赴乎神京。於是拜手稽首，而作歌曰：

聖皇至德周埏垓，萬方瑞應呈良材。頌平政協毓龍媒，河水之靈西極來。天閑上選育驌騤，翱翔皇路資賢才。明目達聰四門開，逢時展足驅駕駘。游閶闔兮觀玉臺。

麥秋賦　以孟夏之月，農乃登麥為韻

節屆清和，序當夏孟。梅雨迎時，雀風應令。我聖皇方寶稽重農，重申畇命。樂庶彙之滋榮，覯百昌之蕃盛；覽麥隴之鋪萊，理舜琴而發詠。各勤爾業，纔過東作之期；乃亦有秋，早覯西成之慶。原夫率育是資，明昭敬迓。覘秀穎於溝塍，布恢台於初夏。涼颷未起，寧覘玉宇之容；靈雨初過，早稅桑田之駕。油油翠浪，已看漾彼漣漪；漠漠黃雲，一若納茲禾稼。彼夫四時之序，一氣潛移。惟春耕與秋獲，資人力于天時。當長嬴之蕃育，覯庶物之葳蕤；何蓐收之未至，遂假借而名之。玉粒先登，儼自為其氣候；秋針漸吐，還預兆以蕃鼇。於時萬彙紛敷，九區蓬勃。花翩反於階除，烏弄聲於林樾；濃露滴而華滋，長風扇而超忽。抽紫芒而照耀，無煩望歲于三時；散金穗之芬芳，竟比秀婁於四月。

爾乃景連萬頃，望滿三農。或兩歧之遍兆，或九穗之頻逢。淺煥籠烟，仿佛平疇漠漠；微寒被隴，依稀零露濃濃。如坻如京，擬告成夫萬寶；既堅既好，堪上慰乎九重。宜太史頻書瑞應，而茅檐共樂時雍者矣。然而我皇方凝然慮周，穆然容改。思稼事之維艱，警民力之莫怠。上下永迓夫鴻庥，閭閻長樂夫壽愷。書陳無逸，凜日鑒之在茲；圖繪豳風，示儉德而慎乃。

於斯時也，史書大有，俗慶豐登。知降康之有自，欣淑氣之上蒸。覽嘉麥之芃芃，何異啄殘香稻；覯金莖之灼灼，恍如繡錯芳塍。洵足以昭熙朝之上瑞，而驗聖世之休徵。彼夫蓂莢表異於當時，萐莆呈祥於在昔。粟或美夫長枝，芝或昭其靈迹。要無與於民，天亦奚煩于珍惜。惟室盈而婦寧，在嘉禾與瑞麥。斯先時而呈祥者，乃亦得擅摯歛之名，而無嫌歲序之頓易。

西域圖賦　以化被遐方，圖成職貢為韻

懿夫版章式廓，鴻庥敬迓。輸琛贄以來庭，志梯航之慕化。是以封滻昭

帝世之宏規，漸被仰周王之遠駕。未有黃圖大啟，威靈及納日而遙；玉檢重披，聲教暨光天之下者也。我皇上玉燭調元，瑤圖炳治。嘉祥懋而畢臻，諸福翕其並致；聿奮武而揆文，遂邇安而遠至。惟茲西域，震六師而禁暴除殘；占彼東風，越萬里而獻琛納贄。星弧高控，詎誇拓宇之威稜；月嶠遙開，早彰至仁之廣被。爰命樞臣，登諸琬璧；更標奎藻，萃其精華。欽廟略之淵深，勳隆今古；稟天章之炳耀，彩煥雲霞。通拔達過伊西，如有條而不紊；四衛拉兩回部，咸稽合以無差。當披函而流覽，儼陟身于幽遐。四十餘帙之精詳，如繪星羅棋布；一十八門之條貫，何殊聚米畫沙。爾乃圖成縮地，譜列新疆。烏壘城邊，盡是周原之膴膴；黃河源外，無非殷土之芒芒。既證今於援古，亦辨物而居方；審山川之形勢，準軌度以測量。詎括地一編，遂足珍于寶笈；宛呈形五嶽，堪永耀于珠囊。

其或土俗性智之各別，方言物產之懸殊，川河嶺障之異脈，氣候寒燠之歧趨。雁磧龍沙，隱指掌而如在；葱山蒲海，可瞬息而與俱。資考鏡于藝林，豈比金城之略；比球刀于天府，奚誇王會之圖。若乃望青雲而延佇，企震旦以傾誠；攜壺漿以效歆，載簞食以歡迎。或地處遐荒，致遠隔于梯山棧谷；材呈瑰異，未殫珍于象齒珠纓。窮縷述于顏籀，遺貢篚于甘英。凡夫圖之所不及繪者，此又史臣之載筆固可以次而纂成者也。是知道被無垠，會歸有極。虞廷出治，而僬僥來歸；商后膺圖，而氐羌屏息。太戊修行，則絕域重譯而賓廷；周室既寧，則八方會同而獻職。雖感通之遠邇，各有殊方；而邊徼之輸誠，同依有德。固不徒寥廓之幅員，供摭拾於縹緗，而遂足為太平之潤色。然則圖名蓋地，珍並玉環；鼎鑄牧金，名傳禹貢。或負出于龍馬，或銜來于彩鳳。每自誇其神奇，究何關于馭控。孰若我皇之兼容而并包者，要共仰夫安民而和眾也哉。

大衍虛其一賦 以題為韻

伊至理之攸彰，儼天機之如繪；參精蘊於揲蓍，等靈奇於神蔡。數以五而乘十，位自乾而至兌。酌河洛之至中，用範圍而莫外。惟是洛書之數四十五，既以縮而難周；河圖之數五十五，又似盈而可汰。惟折中而得五十，驗取數之均平；迨虛一而超混元，更妙用所倚賴。此聖人變化之微權，因以昭功，用于兩大。原夫易道至微，法垂大衍。乾符既彰，坤珍以闡。操鼓舞之機，合清寧之撰。總五十而成，數全體斯呈。聽其一為虛機，妙用斯顯。統八八之數，而得六十四卦，則其方以智者象大地之靜專；總七七之數，而成四十九策，則其圓而神者象周天之運轉。法陰陽之義，易簡可知；參動靜之宜，機緘可演。

爾乃物滋象數，理兆太初。非名言之可罄，實妙蘊之堪攄。驗歲功于再扐，識積閏于歸餘。以徵人事，則功歸于實；以稽天道，則象涵于虛。其掛一也，明乎兩儀四象之中，必有立極之聖人，表三才之功用；其虛一也，明乎兩儀四象之先，必有無極之真宰，為萬象之權輿。斯氣機之橐籥，乃彰闡于圖書。豈不以後天之燦設，皆本先天之轉移。名象俱忘，伏質于無體之體；神明莫測，成功于無為而為。既將統括乎萬事萬物之大全，而驗其臧否；自必胚胎乎萬事萬物之本始，而立其綱維。餘其一于不用，而用以之著；懸其一于不數，而數以之滋。況乎五十之數既盈，用以實而多滯；虛一之法既著，動以理而益奇。統易三百八十四爻，妙引伸而靡盡；括萬一千五百餘策，恒要眇而難知。夫是以參錯綜交互之微，寧遜長于太卜；極分合往來之用，可益信夫靈蓍。剖厥精微，恒玩辭而凜若；定厥疑似，必呈象以觀其。

是知通幽索隱，道契聖心；彰往察來，功資明述。庖犧初畫，已開分二象兩之機；閏月定時，早呈揲四歸奇之術。故胚渾未判，恒以一而開先；而蔽志官占，仍是萬而為一。蓋物物共一太極，則虛一之用，固昭事物之本根；一物各一太極，則虛一以後，仍瞻法象之精密。要惟大德裕小德之源，斯川流藏敦化之實。此又易道之淵涵，聖人隱而不宣，而君子修之則吉者也。我皇上廣大協于高深，聰明晰乎理數。抱一為式，既兼兩而參三；恭己無為，自開物而成務。猶復體全易之精微，望四聖而景慕。小臣授簡於彤廷，敬援毫而獻賦。

寧戚飯牛賦　以題為韻

伊調合之無心，每感通之靡定；惟賞識之有真，覺機緣之可證。方其未遇，何來推轂之資；洎焉相遭，宛若同聲之應。苟相浹以神明，儼自闢其蹊徑。驗塵埃之物色，感風雲而逸足先呈；發寂寞之咏吟，出金石而清音可聽。此飯牛之軼事，美著于齊；而夜漫之興歌，氏傳自寧也。原夫伯國之烈，首重齊桓；而得士之奇，爰聞寧戚。當知遇之恒疏，方塵寰之遍歷。渺人世之悠悠，覘聲聞之寂寂。商音激越，不聞好士之輞飢；行跡蕭條，欲比良材之伏櫪。知希詎貴，行吟而調復誰同；賞鑒莫憑，扣角而節堪自擊。倘遇識真之主，固將效以馳驅；如同匿跡之流，奚足抒其感激。

爾乃拔自汙泥，申茲繾綣。幸既遇夫知音，詎竟甘于肥遯。誰與知音，莫肯來游。幸而得之，寧傷往蹇。先生休矣，忽如傾蓋以接歡；吾子來前，何異下車而自返。彼時數之多屯，諒收名之自遠。蓋奇材之遇不偶，原堪自振于窮途；而國士之報可期，豈僅不忘乎一飯。既已投來針芥，方欣相得之彰；寧必兆協熊羆，乃恨見知之晚。彼夫海濱可舉，筦庫可求。版築于巖，徵來王佐；璜釣于渭，績著成周。百里奚之負販，何奇自遂西戎之霸；越石父之縲紲，可贖轉貽晏子之羞。考遺蹤于往古，又何異于飯牛。然而惟茲之遇，渺焉寡儔。豈割烹之是希，固不嫌于微賤；比鹽車之久困，倏表異于驊騮。

是知顯藏者運會之適逢，棄取者激厲之隱寓。識其材於閭閻囂塵，收其用於後先疏附。方之就御，當泛駕之無虞；如彼服車，應執鞭而是慕。我皇上德教遐覃，風聲遠樹。白駒皎皎，永朝夕之縶維；鳴鹿呦呦，叶笙簧于雨露。固已呈瑞于圖馬器車，並美于皋夔伊傅[一]。寧必剔自幽遐遇之旦暮，而始徵引用之無方，乃可與吉人吉士而並賦也哉。

校勘記

［一］"傅"，底本作"傳"。按，伊傅，爲商朝良相伊尹和傅說之合稱，且"傅"字合韻，故改。

嘉量賦 以製茲法器，列于大廷為韻

惟至德之纘承，永繩繩而繼繼；考法器之攸昭，實典章之所繫。洞萬事之根本，燦然樂備禮明；立百代之法程，赫矣顯庸創制。鎔金範土，用昭法物于彤廷；日邁月征，更表中情于聖製。粵稽五量，邈矣芳規。律度量衡，肇諸有虞之世；豆區鐘釜，詳于栗氏之司。準圭撮而不失，方爵祿之待縻。渾一氣之難拘，固已左宜右有；儼五位之各得，無煩挹彼注茲。堅外可程，動念先民有作；虛中能受，每懷前事之師。爾乃量之為用也，以前民用為天下法。如權之運，審乃重輕；如度之常，齊其廣狹。維其嘉矣，擬一善之成名；旁有庀焉，似兩輔之相夾。以分多寡，令一而矩則不淆；以立信仁，情均而教化可洽。若乃日用，稟其常經，貴同乎彝器。資出入而有度，恒操盈縮之權；量大小以為容，不失鑒衡之義。為而勿有，意則本乎大公；用當其無，道不疲于屢試。聚于斗而角于斛，既顯著其章程；公量貸而家量收，覺轉滋其詐偽。

我皇上天錫仁智，成萬物而不遺；德合清寧，仰三才之並列。鑒成憲以無

愆，操制度而有節。聲律身度，信著作之攸隆；酌雅稟經，覘典章之燦設。凡此明作之有功，固無不同揆于前哲。乃猶覿茲遺器，克紹前謨。數典不忘，念孫謀之貽厥；成規是式，凜古訓以學于。酌憲於黃鐘之宮，無差律度；窮微于子穀之數，詎爽錙銖。於以崇我朝之典禮，於以彰至治之規模。蓋雖難審量謹權，久已齊其聲教；而因心作則，乃益煥其神符。於是繫以宸章，等諸宥坐。啟後裔而有光，並時文而共和。有典有則，垂令範于無疆；丕顯丕承，著芳徽之永播。光凝金錫，式既抱于一中；質具方圓，功亦侔于兩大。此雖摹仿於前規，實則神明於聖作者也。

若乃掌之虞部，列於大廷。永為四方之則，常懸萬世之經。道一風同，驗均齊于七政；政平化洽，邀景睍于三靈。又豈直歲稔足徵，可仰觀于斗象；日新有警，堪比美于盤銘。

葆淳閣集卷十九終

葆淳閣集卷二十　芸館集下

賦得喜雪　得書字

瓊蕤迎詳候，璇宮衍慶初。六花誰手剪，萬井共眉舒。
似趁微陽復，憑占大有書。乘時彌率土，表瑞兆維旟。
玉宇寒光迥，神臯重寶儲。晞陽融色霽，索笑暎枝疏。
照讀輕紗裏，烹茶活火餘。天顏知有喜，春省整鑾輿。

賦得玉壺冰　得冰字

美玉初成器，精瑩已足徵。虛中還受物，比德更懷冰。
朗暎清光初，寒侵異彩凝。祇期窺洞澈，何計辨淄澠。
施琢工良巧，含貞色倍增。情原抱溫潤，心自惕凌兢。
敢擬尊彝貴，常思潔白稱。無欺酬寵遇，素志欲程能。

前題

物外雙清迥，壺中萬象昭。盛來冰可鑑，映出玉初雕。
質粹光能澈，神寒骨並超。窖藏疑遜潔，瓶積詎同消。
密栗無殊性，空明不改標。奪胎珠未剖，護影月俱描。
皎鏡團圞對，朱絃次第調。宸衷嚴報履，持此勵臣僚。

閏重五　得端字

風光長夏好，歲月閏年寬。已閱三旬後，仍追五日歡。
稍留梅雨潤，初過麥秋寒。士女仍蒲酒，神仙又艾冠。

辟兵絲再績，益智糭頻餐。桐葉中央紀，榴花末後看。
龍舟還競渡，鳳輦正回鑾。此際宮衣賜，香羅疊幾端。

反舌無聲 得緘字

有鳥逾初夏，還憐結舌嚴。身雖依永日，籟已寂叢巖。
百鳥喧仍舊，微禽口自緘。風篁聞籔籔，畫棟任喃喃。
野岸棲蒼靄，晴窗靜綠杉。金人堪比似，圭玷隱雕劖。
不效鶯簧鼓，居然鳳味銜。過時原守默，聖世豈憂讒。

五月鳴蜩 得蜩字

長風方扇暑，茂樹得鳴蜩。守信非爭口，遺凡豈在霄。
身猶依永日，寒不集涼飆。擇木寧同智，流音類曳綃。
清惟餐沆瀣，響自滌炎熇。柳外天偏曠，溪頭韻自遙。
咽餘聲更績，吟罷意相邀。豳什堪圖繪，虞琴正協韶。

稼穡惟寶 得甘字

重農王政本，稼穡廑淵涵。俯視千箱積，真如萬寶含。
筐籯連百琲，顆粒擬雙南。錫瑞呈郊甸，儲珍趣荷擔。
璃雲看遍護，玉露亦退覃。皞皞今猶昔，芸芸樂且妉。
比珠原所懼，種璧詎嫌貪。聖主勸民事，還瞻澍沛甘。

簞笠聚東菑 得耘字

朱火行將滿，東菑力正勤。洴畦疑錯繡，荷銍欲成雲。
秧馬村村合，晴鳩處處聞。笠聲喧急雨，簞影亂斜曛。
詎厭林亭樂，難忘稼穡殷。三農堪慰藉，千耦趣耕耘。
鷗鷺還相狎，兒童亦引群。豳圖如在目，舜殿自歌薰。

玉抵鵲 得多字

崑閬瑤瑛積，璘玢遍磳阿。輝山應有耀，抵鵲更無他。
啄噪仍凡鳥，琤瑽動遠柯。夜光驚繞月，虹氣欲填河。

珍擬金丸貴，輕同石礫多。偶聞聲喈喈，還見色瑳瑳。
完璞弢縣圃，連城惜卞和。聖朝遙證璞，成器荷雕磨。

桃始華　　得華字

羲馭遲遲日，初桃正發花。倉庚方應節，紫陌已含葩。
破凍舒紅萼，迎和紀歲華。根原依露井，香始報蜂衙。
灼灼明春浪，叢叢散綺霞。滿林新雨後，一色夕陽斜。
乍接仙源近，還看玉嶺遮。應知蓬島上，爛漫更無涯。

羞以含桃　　得羞字

薦時傳小戴，落果佐嘉羞。攬彼含桃熟，油然聖孝周。
品宜華黍配，珍以玉盤浮。出籠連緗葉，登筵肅藻蔌。
蘋蘩堪並潔，橘柚豈能儔，纍纍同星燦，離離帶露柔。
嘗新思所嗜，雪貴義無尤。蓉闕千官集，還沾寵賜優。

信及豚魚　　得孚字

異類還相感，昭然理不誣。豚魚雖至蠢，幽隱洽中孚。
俎豆崇前制，畋漁識遠模。潛淵心共見，入苙意何虞。
五畝時無失，三春暖與俱。仁周容漏網，信至驗同符。
溫肅從天運，神明握化樞。馮生沾聖澤，筐脯扇堯廚。

濁水求珠　　得真字

靈虯憑自握，元鶴亦堪馴。詎意明珠得，偏從濁水陳。
精心探象罔，至寶出沉淪。跡類驚投暗，歡如迥出塵。
璇源應共採，碕岸未終湮。摸索情偏苦，汙泥賞倍真。
瑤光含礫石，夜氣識金銀。聖德淵泉至，旁求意更諄。

學問至芻蕘　　得蕘字

睿智由天錫，虛懷更不驕。明惟懸日月，問乃及芻蕘。
愚者寧無得，同然未甚遙。邇言堪採擇，崇陛豈雲霄。

杞梓原無棄，蔚菲亦幸邀。細流歸渤海，撮土累嶕嶢。
永念先民訓，常看至化昭。聖皇勤問察，爝火矚堯朝。

梅雨灑芳田　得田字

時屆長嬴候，膏流萬井田。雀風催令節，梅雨趁芳年。
潤助和羹業，甘寧止渴傳。濛濛浮麥浪，漠漠濕槐烟。
素壁初添暈，斑衣待更鮮。平疇新翠靄，大地宿雲連。
布穀宜同約，占鳩應有緣。聖朝敷闓澤，十日更無愆。

山川出雲　得山字

時雨徵將降，雲生萬壑間。英靈鍾瑞氣，爛漫布塵寰。
郁郁浮波起，油油出岫閒。葱蘢明淥水，靉靆接春山。
嵐影籠堤岸，榮光鏡髻鬟。三霄蒸薈蔚，五色動斒斕。
待澤施霖雨，無心自往還。從龍應有象，聖代闢賢關。

麥秋　得秋字

朱火行將滿，郊原正麥秋。黃雲看漠漠，翠浪自油油。
萬寶還將待，千箱已慶收。荷風過曲沼，梅雨灑芳洲。
耕斂期如左，回環運早周。腰鐮來繡陌，秧馬遍新疇。
穤稏香如接，豐穰意可酬。明昭欣有賜，舜殿譜來牟。

刻桐為魚扣石鼓　得音字

石鼓鳴難致，從看博物深。刻桐徵妙悟，假物得元音。
理以蒲牢喻，名同泗磬欽。渾堅寧待叩，考擊自從心。
質蘊千巖秀，聲通百尺森。靈鼉形若擬，焦尾韻堪尋。
詎必桴為貴，還如石引針。刁莛差可比，至樂洽宸襟。

從善如登　得難字

善量崇無極，登峰獲大觀。如何還故我，翻比陟層巒。
積小同循級，升高凜造端。聳身齊泰岱，入室契芝蘭。

每惜分陰競，彌珍寸累難。半途憐冉畫，卓立悟回歎。
勉勉心常切，拳拳力自殫。一從窺聖德，峻絕仰生安。

鶯穿絲柳織金梭　得梭字

新柳初垂綠，流鶯選樹多。喚蠶音睍睆，解織勢婆娑。
一杼盤絲密，千條拂羽過。依稀聞札札，來往見傞傞。
春剪天孫錦，烟浮越女羅。金衣方染汁，綵纈任飛梭。
龍化餘丹壁，鱗游躍練波。何如依禁苑，組繡繪陽和。

德車結旌　得旌字

盛德繁華屏，旂車表聖情。祇期彰樂御，詎事耀華旌。
五色含中美，三辰蘊至明。龍光蟠日彩，翠羽肅風清。
節以鸞和應，真藏坏渾名。垂虹寧示武，捲旆戒持盈。
黃屋心原淡，朱旒象可輕。從知臨馭理，默運召咸亨。

戛玉有餘聲　得餘字

片玉元音具，希微聽轉疏。在懸方激越，過耳漸紆徐。
瑟若形堪狀，鏗然意有餘。玎瑽調石溜，交戛韻秣筡。
仙佩遙傳後，翔鸞欲舞初。清飀疑遠度，至樂儼中儲。
天籟悠揚似，朱絃唱歎如。鳴球徵帝德，依永協虞書。

六角扇　得鵝字

竹扇誰曾製，山陰市上過。九華開翕艷，六角更崚嵯。
風擬瑤華出，光同象簟磨。珍將逾鵲翅，圓不比金波。
好共秋毫染，寧知老嫗訶。書成疑綴寶，價重欲籠鵝。
墨蹟芒同露，才名雋倍多。圭稜邀睿賞，宣暢協薰歌。

竹箭有筠　得如字

修竹當軒牖，青雲表令譽。高凌霄漢迥，綠蔭曉晴初。
翠榦光疑拭，清標意轉疏。節原彰外直，堅不礙中虛。

韻玉風和後，含英雨潤餘。青青昭爾質，簌簌愛吾廬。
草木羞同擬，情文理自如。皇猷昭秩序，汗簡不勝書。

舜歌南風　　得薰字

緬想垂裳治，歌傳解阜聞。融風來北牖，雅操譜南薰。
熙皥絃中遇，清冷指下分。松扉陳玉軫，桐院遏炎雲。
挾纊情如繪，徵符物自欣。八方諧節奏，萬寶暢絪縕。
律應璿璣運，仁揚岳牧群。調元資聖化，愷惠被無垠。

五夜直明光　　得燈字

寓直趨丹禁，蓬山最上層。熏衣香篆裊，捲幔月輪升。
人靜依花伴，鳥棲借樹能。星迴珠斗逈，露泫玉盤澄。
仙境塵氛滌，宮袍寵眷膺。藏書連粉壁，侍史護青綾。
細漏摧殘夢，微吟向曉燈。鳴珂風外度，曙色上觚稜。

水彰五色　　得彰字

一鑑涵清泚，瑩然未有光。寧知施五色，宛在水中央。
黼黻功堪藉，調和用自彰。鉛華看盡洗，點染更難忘。
竹露研新碧，松烟拂硬黃。質原空色相，事已具輝煌。
受采堪同擬，成文未可量。由來資作繪，潔白佐垂裳。

紅藥當階翻　　得階字

春華繞過眼，楚尾爛芳齊。繭栗苞初坼，翩翻態轉佳。
朱欄紛鬥錦，紫燕認橫釵。鈴索深仍護，軒窗艷欲排。
舞擎宵露重，香入午風偕。金帶聲名最，檀心氣味諧。
霞流丹史渥，苔拭翠如揩。蓬島韶光駐，彤雲正滿階。

斫雕為樸　　得為字

治道希隆古，淳龐意可追。采章原燦列，刻鏤厭華滋。
操縵絃應改，旋轅軌不歧。天然無以尚，本者有如斯。

土鼓元音具，汙尊太素遺。古仍自我作，貴豈藉文為。
削琢功全異，繁華習易移。聖皇崇渾樸，化理邁軒羲。

清露點荷珠 得流字

芙蕖香正遠，涼露已先秋。翠蓋新如拭，明珠暗自投。
似憐依淨植，無事識圓流。暎日川增媚，涉江佩若留。
參差搖錦浪，的皪滿芳洲。初訝盤中走，還同掌上浮。
光原殊色相，質豈類泡漚。不染心常定，超然罔象求。

林表明霽色 得林字

嶺表瓊英積，憑軒霽色臨。曈曈明上苑，皎皎列遙岑。
擬並浮雲見，仍餘翠柏森。寒增山骨重，朗暎日華侵。
鶴翼鮮初奪，梅花艷欲尋。人間標玉宇，天半綴瑤林。
畫本真機溢，詩情秘思深。年豐應兆瑞，茂對洽宸襟。

恭和御製喜雨元韻

時雨滋禾稼，平疇潤土膏。新秧針刺水，宿麥翠翻濤。
蘇物蒼穹惠，勤民黼座勞。至誠昭感應，一氣共鈞陶。
甘澤三農慰，豐年億廩高。神功超象表，疏淺愧抽毫。

文以意為車 得車字

行遠文為貴，援毫得意初。弗期言有物，何異出無車。
志足徵微至，思沉任轉舒。飾輪徒外耀，載道溢中儲。
巧極形難狀，筆先運自如。騁詞皇路迥，合轍在蓬廬。

黃金臺 得真字

舊跡燕臺溯，懸金禮意真。旁求方市駿，蔚起並登春。
鼎借莊山耀，雲爭漢殿新。知勞鎔鑄力，有待棟梁掄。
色配中央土，光觀上國賓。錫名靈共貴，衡品貢俱珍。
惠豈虛筐筥，規猶儗奐輪。雙南誰價重，盛典答楓宸。

圭璋特達　得純字

樽俎精誠達，圭璋品格純。多儀憑主器，特典問行人。
質重文宜略，財輕禮愈申。三還殊享覯，五等辨桓信。
飾亦垂繅重，情尤啟櫝珍。效牲榮獨薦，庭實屛紛陳。
表德應稱瑑，遴材定棄碈。從知被褐貴，拜獻及昌辰。

汲古得修綆　得遙字

汲井人功喻，沉思古趣遙。綆探源不竭，心得味偏饒。
緒轉新機動，淵含妙悟超。千鈞憑引綫，萬斛想來潮。
大道如繩直，群流絕浪囂。難窮胸汩汩，獨往境迢迢。
簀積成勞易，竿長進步招。文瀾揚盛世，淺測愧芻蕘。

蟋蟀居壁　得潛字

肅氣秋先感，微蟲穴尚潛。壁居身乍穩，土化質原纖。
蜎縮寧矜勇，蠅營想避炎。力柔艱繞砌，響紃失巡櫩。
曲巷聞停織，虛堂寂映蟾。孤吟應少伴，弱羽待徐添。
是月溫風至，他時鬥壘嚴。蓬門慚匿跡，倘許露華霑。

鷹乃學習　得高字

技擊非關學，天教骨相豪。凌空原有志，時習敢辭勞。
翮短勤翻嶼，拳輕緩下皋。雄心寧暑退，逸氣已雲高。
草碧初明眼，霜清待察毫。化猶鳩語熟，毆易雀群嘈。
幾日應羞鳥，閒身未繫絛。幸逢秋獮近，韝鞲佇翔翱。

煮桃　得登字

地產山桃貴，時羞戴記徵。最宜新火煮，恰向暑筵登。
表潔頻煩雪，祛寒欲謝冰。傾筐餘葉嫩，鏇釜乍香升。
核細圓俱釘，漿溫碧漸凝。實寧誇似斛，禮特重于登。
梅熟曾聞薦，梨甘亦待蒸。佇偕華黍薦，展拜望東陵。

龍應鳴鼓 得孚字

伐鼓風傳蜀，騰龍澤與俱。音傳驚出震，雲上象占需。
奇或聞前載，詳應辨宿儒。為靈徵聽角，相感見援枹。
無事沿于社，真堪望觸膚。淵淵聲有應，冉冉勢相須。
看協三農利，還期十日符。甘膏時廑念，胥仰惠心孚。

葆淳閣集卷二十終

葆淳閣集卷二十一　奏摺一

謝補授詹事府少詹事摺

奏為恭謝天恩事。本月初七日奉旨：詹事府少詹事員缺，着王杰補授，欽此。竊臣陝右微材，至愚極陋。蒙皇上天恩，拔置一甲一名進士，列詞垣。屢沐聖慈，洊陞學士，自揣已為逾分，慚感方深。兹復仰荷殊恩，補授今職。顧駑駘之下質，思銜結以靡窮。惟有益矢悃誠，勤慎供職，以冀上酬高厚于萬一。

謝加閣學銜摺

竊臣以輇材仰蒙渥眷，近承恩命省分邀逾格之榮，叨列綸扉，撫衷切難名之感。兹以銓衡之上請恩加閣部之榮名。天外觚稜，東壁實圖書之府；班中委佩，容臺為禮樂之司。冒竊頭銜，益滋心惕。惟有倍敬勤于進退，彌黽勉于夙宵，庶少殫愚鈍之心，敢云酬高厚之德。

謝補授內閣學士兼禮部侍郎摺

奏為恭謝天恩事。本月二十日，內閣奉上諭：王杰著補授內閣學士兼禮部侍郎。欽此。竊臣一介庸愚，毫無知識。乾隆二十六年辛巳恩科，蒙恩特擢一甲一名進士。濫列詞垣，洊陞詹事府少詹事。未效涓埃，方深慚懼。兹復仰沐聖恩，補授今職。荷逾格之寵榮，實意計所不及。悚惶倍切，感激難名。惟有勉竭駑駘，勤慎行走，以圖上酬高厚于萬一。

謝充四庫館全書及三通館副總裁摺

奏為恭謝天恩事。本月二十三日奉旨：王杰著充四庫全書處及三通館副總裁，欽此。竊臣業忝懷鉛，功踈汲綆。幸依光于禁籞，獲就範于陶鈞。自維薄植滋虞，每媿荒蕪鮮效。乃荷綸音之曲被，俾分藜照之榮光。四庫臚陳，藉仰宮牆美富；三通續輯，益探冊府菁英。聞命慚惶，撫衷欣感。臣惟有悉心校閱，殫力編摩。凜幾餘典學之勤，倍懷稽古；沐盛際崇文之化，冀免沿訛。庶少竭夫庸愚，用仰酬乎高厚。為此繕摺，恭謝天恩，伏祈皇上聖鑒。

謝充三通館總裁摺

本月初二日，奉旨：三通館副總裁王杰充補，欽此。竊臣學慚薄植，才愧編摩，前于吏部侍郎任內蒙恩著充三通館副總裁。自惟謭陋，未效涓埃。茲復仰荷恩綸，仍邀寵任，與襄蒐輯，彌切欣榮。臣惟有悉心校勘，務令尅期告竣，以冀仰酬聖主鴻慈于萬一。

補授都察院左都御史謝恩摺

奏為恭謝天恩事。臣接到邸抄，本年四月二十九日，內閣奉上諭：都察院左都御史員缺，着王杰補授，欽此。竊臣一介寒微，材識疏淺。蒙皇上天恩，拔置詞垣，依光禁近。屢與校衡之任，洊登卿貳之階。未報涓埃，日增悚惕。今復仰荷聖恩，補授今職。伏念南省為紀綱之地，秉憲有糾察之司。臣何人斯，忝居重任，恭聞寵命，驚懼彌深。惟有奮勉實心，倍加敬謹，以冀仰酬高厚鴻慈于萬一。臣俟新任學政臣竇光鼐到浙後，即馳赴行在。恭請聖訓所有，感激下忱。謹繕摺恭謝天恩，伏乞皇上睿鑒。

謝典試浙江摺

奏為恭謝天恩事。本年六月十一日，內閣奉旨：浙江正考官著王杰去，欽此。竊臣仰沐聖慈，屢膺文柄，全浙人文之藪。臣兩次蒙恩，畀以學政重任，愧乏衡鑒之才，每抱疏庸之懼。茲復重邀恩命，典試浙江。駑駘等質，敢謂就夫熟路；夙夜心盟，期不易乎初衷。惟有倍矢虛公，詳加評校，以冀上酬高厚于萬一。

謝充四庫館總裁摺

竊臣術忝懷鉛，功疏汲綆。勉勵青箱之業，學殖多蕪；夙依紫禁之光，編摹未逮。幸天慈之教誨，邀聖主之成全。朽木曲予雕鐫，鴻鈞俯加陶鑄。茲者來從江國，葵戀方殷，重荷恩綸，芸編許校。俾探書于四庫，獲貳職于總裁。

恭惟我皇上巍煥崇文，緝熙典學。酉陽搜秘，直逾委宛之藏；乙夜披奇，奄有瑯嬛之備。綜百家而萃美，伊古稀傳；羅七略以蒐珍，人間未見。仰標題于天筆，學海窮源；欽薈要于群言，文淵識本。何期稽古，得預殊榮。聞命屏營，撫衷怵躍。臣惟有丹心矢竭，碧簡勤繙。努力三餘，必窮蠹測；程功萬卷，自效豹窺。務殫刊訛訂誤之功，稍裨富有日新之盛。

謝留浙江學政任摺

奏為恭謝天恩事。竊臣於本年三月內，仰蒙恩命，接任浙江學政。九月二十二日，接准禮部文開。八月二十六日，內閣奉上諭：各省學政現屆差滿，應行更換之期，浙江學政現任王杰，係本年簡放，毋庸更換，欽此。伏念臣以庸陋之材，屢與校衡之任。吳山越水，夙號名區。東箭南金，愈慚真識。未逾一紀，旋邀四至之榮；方閱三時，更荷重申之命。感綸言之稠疊，自問何修；竭駑質之悃忱，每懷靡及。臣惟有倍加詳慎，益凜冰淵，以冀上酬高厚鴻慈於萬一。

謝賜住房摺

本月二十二日，蒙皇上恩賞臣內城住房、海淀住房各一所。聞命之下，感悚難名。伏念臣以駑鈍，仰荷生成。勉圖效於班行，敢弛勤於夙夜。何期賜宅，獲遂依光。問夜趨朝，不隔嚴城之鑰；鳴珂入直，近聞上苑之鐘。恩暉叨被于門閭，臣職凜思于進退。所有微臣，感激下忱；理合繕摺，恭謝天恩。謹奏。

謝開復摺

奏為恭謝天恩事。本年正月初一日，恭奉恩詔：一官員因公罣誤，降革留任者，該部查明，奏請開復，欽此。臣前因原任主事善福放天壇六品官，將從前革職留任，應否隨帶隨同具奏。議以降二級調用，奉旨改為降二級留任。又因署禮部右侍郎任內隨同保題主事李潄芳，部議革職，奉旨從寬留任，欽此。今於五月二十日，奉到部文內開。本年四月初九日，題前事等因，本月十九日，奉旨：王杰准其開復，欽此。竊臣才識短淺，屢獲愆尤，仰蒙皇上聖恩，曲賜矜全，不即罷黜。撫衷自問，慚悚難名。茲逢慶典，覃敷與荷，聖慈普被。自惟庸陋，均沾雨露之恩；每念生成，彌策駑駘之願。惟有益加詳慎，倍篤悃忱，以冀上酬高厚隆恩于萬一。

請貤贈摺

奏為仰懇聖慈恩准貤贈事。乾隆三十六年十一月二十五日，恭遇聖母皇太后八旬萬壽，欽奉恩詔，內外臣工，給與封典。臣叨荷聖恩，備員內閣學士，加一級，例封祖父母、父母及本身妻室。仰懇皇仁，俯准下情，將臣本身及妻室應得封典貤贈臣曾祖養元、曾祖母柳氏。俾得俱邀寵錫，臣世世子孫永沐高厚鴻慈于無既矣。

謝賜黑狐端罩摺

本月二十六日，蒙恩賜臣黑狐端罩一件，謹叩頭祇領。伏念臣章縫陋質，駑鈍庸材。欣依樞禁之光，忝竊綸扉之任。才慚黼黻，冀輸尺寸於進思；志凜羔羊，恒惕委蛇於退食。茲復仰蒙恩賚，寵錫珍裘。義取章身，不異吉光之色；感深在笥，何殊華袞之榮。被以輕溫，竊幸裾聯。螭陛覿茲順美，祇虞濡翼鵷梁。臣惟有益勵悃忱，倍勤夙夜。服之有耀，敢忘釋褐之年；捧到生春，彌惕箴躬之訓。

謝賜墨刻《快雪堂記》摺

本年六月二十八日，奉到恩賞御筆墨刻《快雪堂記》，并題補刻木版、石版搨本二詩，附搨補刻帖。臣隨恭設香案，望闕謝恩，祇領訖。仰惟聖學高深，嗜古旁羅藝事；天文炳煥，敷言每切民依。因快雪以名堂。軫念及三冬，時玉易貞珉；而完璧鉤摹，為全部藏珍。遂使唐宋儒臣，得品題而頓增重價；真行名蹟，排廊廡而朗若列眉。伏讀宸章，繹思睿製。數典妙葉花之合，非僅探奇；證訛良翰墨之緣，詎同玩物。洵足輝光壁府，嘉惠士林者也。臣夙直禁廷，已欣先覿；今銜使命，復荷寵頒。實藝苑之殊榮，謹裝池而什襲。所有臣感激微忱，理合繕摺，恭謝天恩，伏乞皇上睿鑒。

謝賜《職貢圖》摺

奏為恭謝天恩事。乾隆四十五年十二月初四日，附差齎到恩賞《皇清職貢圖》一函。臣即出郊，跪迎至署，恭設香案，望闕叩頭謝恩，祇領訖。欽惟我皇上覆載同涵，德威廣被。車書一統，彙血氣以尊親；雨露群霑，率埏垓而舞蹈。拓疆二萬餘里，域正汜濛；環斗三百六星，樞歸宸極。梯航畢至，象鞮譯寄之鄉；皮卉咸輪，猺獠獞黎之俗。當金川之奏績，薄瀛海而循規。爰命臣工，敬圖職貢。馭牛馴象，生羌則業贍耕耘；純纘金犀，酋長則班聯玉帛。男婦分標其情狀，髻椎悉繪于丹青。軺車至而性嗜俱通，屬部臨而形模酷肖。瑤編璀燦，八卷先成；睿藻煒煌，七言首冠。既仰承庥於列聖，彌欽保泰於宸衷。猶且候律占風，疊邀寵識；從居游牧，並繕新圖。遂令旅獒纏頭，胥獲珠聯璧合。陋山經于伯益，軼王會于有唐。冊府鱗陳，千百國仰麗日輝雲之盛；共球麇至，億萬年頌黃圖赤縣之祥。臣游泳聖涯，涵濡教澤。篇摹金帙，占經緯於周天；賜重琅函，識廣輪於大地。捧緹囊而珍襲，光耀湖山；肅芸案以虔繙，輝流芹藻。所有臣感激微忱，理合繕摺，恭謝天恩，伏乞皇上睿鑒。謹奏。

葆淳閣集卷二十一終

葆淳閣集卷二十二　奏摺二

謝賜《古稀説》摺

奏爲恭謝天恩事。乾隆四十六年正月二十八日，附差賫到恩賞《御製古稀説》一册。臣即出郊，跪迎至署，恭設香案，望闕叩頭謝恩，祇領訖。欽惟我皇上學傅精一，性合淵沖。日月升恒，久協苞符貞固；軒墀颺拜，聿追雅頌敷陳。彙九宇之鴻禧，介七旬之聖誕。古稀鐫寶，爰拈杜甫之篇章；乾健握符，彌廑虞廷之誥誡。蓋自勤民典學，奮武籌邊，以及省方察吏之周詳，發帑免租之普遍。要皆法天以布化，繩祖以綏猷。所以川效嶽輸，怳若影隨而響答；洎乎綴文緝頌，莫非徵事以敷詞。顧大同猶謂小康，臣工未及推崇於萬一；而天賜恒防自滿，我后頻伸懲戒於再三。攄臨深履薄之懷，敬勝者吉；存思永慎修之意，謙尊而光。以頌爲規，亦依古之所稀有；由今視昔，更壽世之所莫臻。印玉篆於丹砂，既孜孜而自警；刊奎文於翠墨，愈惕惕以求寧。臣夙荷聖慈，式瞻睿製。瑤函拜賜，得窺兢業之純全；緹帙度緟，自愧名言之蕪陋。偕湖山而朗耀，輝溢緗囊；集泮璧以傳觀，光騰芸案。所有臣感激微忱，理合繕摺，恭謝天恩，伏乞皇上睿鑒。謹奏。

謝賜《改教詩》摺

奏爲恭謝天恩事。乾隆四十六年閏五月二十五日，附差賫到恩賞《御製改教詩》石刻一軸。臣即出郊，跪迎至署，恭設香案，望闕叩頭，祇領訖。欽惟我皇上知人則哲，立賢無方。宸極綏猷，致治首嚴課吏；官箴肅紀，量移尤重牧民。果有行能出衆，雖司鐸寧非百里之才；若其民社難勝，豈銓衡遂爲一成之局。隨材器使，重輕自協權宜；學道愛人，本末原相融貫。茲因縣令之改教，彌廑黼座之清神。御製遙頒，貞珉式煥。治崇德禮，皞熙久洽于寰區；法貴均平，調劑益周於睿慮。觀人非取貌，益欽聖鑒之精詳；飭屬在整躬，用勉臣工之董率。天無私覆，悉本兢業以俱傳；帝庸作歌，直與典謨而並重。臣屢司學政，竊愧菲才。載恩命於輶軒，莫贊薪樏之化；統庶僚於黌序，懼乖區別之方。聞天語而倍切悚惶，捧奎章而如親提命。所有臣感激微忱，理合繕摺，恭謝天恩，伏乞皇上睿鑒。謹奏。

謝賜《擬白居易新樂府》摺

奏為恭謝天恩事。本年十一月二十八日，臣考至處州府，奉到恩賞《御製擬白居易新樂府》一函。臣出郊跪迎至署，恭設香案，望闕叩頭，祇領訖。欽惟我皇上體涵大化，仁協元聲。釐定郊祀之章，陰陽合漠；條貫咸韶之韻，宇宙同熙。惟順氣鬯於垓埏，斯德華諧於律呂。臣竊遠稽兩漢，沿溯六朝。非無歌鐘舞籥之傳，祇屬考氣徵聲之末。至唐居易五十章之所陳，有古風人三百篇之遺意。事敘武德貞觀而後，義寓審音知政之中。我皇上嘉其不尚辭華，能紀事實。萬幾清暇，敷為皇極之言；千載餘榮，俯效詞臣之體。謂其是非刺謬，不掩瑕瑜；因之指示精詳，兼綜法戒。即新題之標目，經聖製之裁成。睿慮昭融，理貫而物之表裏精粗俱到；奎文冶鍊，氣盛而言之短長高下皆宜。此則詩為樂心，聲為樂體，淳和遠被，廣大難名者已。洪惟我國家受命凝庥，自列聖肇基垂統。皆由一德一心之師旅，威振薩爾滸山；豈同百戰百勝之鋪張，圖為破陣樂舞。雲開松杏，縱閱萬祀而猶赫聲靈；詩被管弦，詎數九功之祇名慶善。若夫神威遠播，拓二萬里之輿圖；非僅師武維揚，壯五原城之樓櫓。且敬天法祖，敷政勤民，庶務咸周，群黎式化。視彼李唐之治要，迥殊全盛之規模。所以是訓是行，邁百王而垂範；盡善盡美，較三律以攸同。使白居易而有知，當憾未躬逢其盛；即吳季札之可作，亦嘆謂蔑以復加者也。臣久侍禁廷，式瞻宸藻；今叨文枋，又沐恩頒。捧帙拜稽，榮竊瑯函寶笈；開緘紬繹，彌探聲緯律經。謹擬恭刊，而播之浙水東西；將冀快覩，而奉為詩林韶濩。由此溯祖功宗德之盛，更以仰持盈保泰之衷。非特咀徵含宮，咸鼓舞而不倦；並使安絃操縵，識福祿之來崇矣。所有感激微忱，理合繕摺，恭謝天恩，伏乞皇上睿鑒。

謝賜《言志詩》摺

奏為恭謝天恩事。本年十二月二十二日，奉到恩賞《御製言志詩》墨刻。臣即出郊，跪迎至署，恭設香案，望闕叩頭，祗領訖。欽惟我皇上闓澤覃敷，仁恩溥被。體厚生以篤帝祜，豐穰頻登；際樂歲而裕邊儲，蓋藏日富。茲以甘肅之冒賑分肥，大加懲創；猶慮督撫之因噎廢食，罔念鞫謀。既降旨以綏民，復賦詩而言志。廑周文如傷之念，採程氏好賢之言。凡茲睿慮之精詳，悉本淵衷之粹密。租賦蠲逾億萬，曠典常邀；恩膏錫以頻仍，慈懷久喻。推心置腹，勵百爾矢乃丹忱；愛民事天，俾萬世奉為寶訓。臣濫廁文衡，榮蒙恩賚。仰聖主好生之德，同覆載以難名；繹宸章保赤之誠，與日星而並煥矣。所有臣感激微忱，理合繕摺，恭謝天恩，伏乞皇上睿鑒。謹奏。

謝賜《知過論》摺

奏為恭謝天恩事。本年二月初二日，奉到恩賞《御製知過論》墨刻一卷。當即出郊，跪迎至署，恭設香案，望闕叩頭，祗領訖。欽惟我皇上德符乾健，學懋日新。立愛人足國之模，節以制度；探利用厚生之本，政在養民。百廢具興，修舉聿臻，明備五材並用，閭閻咸沐恩膏。蓋由黼藻太平，正值百年和會；因以統臨宸極，爰昭萬國觀瞻。象自協乎豐亨豫大之時，實無間於宵旰憂勤之志。固已邁周文，臺沼不資民力以經營；乃猶採衛武，詩章用表聖心之欽翼。敷言知過，抑志省躬。發崇論於奎文，灑鴻篇於翠墨。本淵衷為微言之闡，謙而彌光；溥德澤於庶績之凝，益以興利。自壇廟以及溝洫，關國政已弗加賦以病民；由園囿以至山莊，凜家法且仿因工而代賑。物給價而工給值，並無力役之征；湮者舉而廢者修，轉荷普施之惠。謹小可以致大，豈徒賞心悅目。博豫順於皇情，愛民所以敬天。即此酌盈劑虛，足凝承於帝眷。臣夙叨禁近，祗聆訓言。親黼座之光華，久窺敬止緝熙之學；捧宸章之寵賚，益欽基命宥密之誠。惟有翹企三霄，頌天行之不息；豈特銘鐫五內，效蟻術以難名。所有臣感激微忱，理合繕摺，恭謝天恩，伏乞皇上睿鑒。謹奏。

謝賜集賢院匾額摺

欽惟我皇上仁心周浹，孝思肫誠。念鷺序之從公，庇承廣廈；緬奎文而起敬，楣易新題。近聖人之居，趨直無需子夜；繹宸毫之義，循名益切寅恭。伏念臣等才同築室，學愧升堂。庇安宅而顏歡，鶊梁懼誚；仰中鋒於心正，鳳藻騰輝。蓮漏從容，既託枝棲之適；玉音寵錫，恒嚴屋漏之盟。臣等惟有愈勵恫忱，交相勸勉，以冀上酬高厚隆恩於萬一。敬書恭跋。

《御製擬白居易樂府》刊本進呈摺

欽惟我皇上德協中和聲律，身度順氣昭宣，皆以善民心而平天下。因釐定郊廟樂舞之制，固已與六英五莖、大章簫韶同。其象天象地，為自古樂章之冠矣。臣竊以樂有其實，德有其華。樂府原于兩漢，沿及齊梁，莫不鋪張揚厲，導志樂心。特其功業之昭垂，遠不能企我朝之懿鑠隆茂。即徵氣考聲，較量于抑揚節奏之間；亦第規橅形似，求其綜道法之全；繪乾坤之量，如天章之雲蒸霞蔚；折衷六籍，包括三倉：固未之有聞也。至唐之白居易，敘武德、貞觀以後肇基纘緒之事，自製新題，成樂府五十章。我皇上嘉其不尚詞藻，能紀事實有關于世道人心者，非淺以詞臣之歌咏，傳至千餘年，而聖人不廢其言，遇亦榮矣。萬幾之暇，俯效其體。指示精微，瑕瑜不掩，即以言志永言之旨論之。我皇上本至德之淵深，敷為睿藻。調元氣、邕淳風，所謂心椉陶鎔、合情象德者，蓋廣運莫能名焉。夫以我國家受命凝麻，薩爾滸山、松山、杏山之師，非左圓右方、先偏後伍之七德舞所可比也；聖武布昭，拓地二萬餘里，非鹽州受降、築城五原之比也。且敬天勤民，暨天時農事之宜，條教令甲之精詳，視《貞觀政要》、"開元禮制"，非可同日而語。是則所謂樂之實也、德之華也，與天地同其節、同其和者也。使居易有知，當亦歎未躬逢其盛已。

臣夙直內廷，長依黼座，頻宣翠墨，盟誦久殷。今忝衡文之任，又蒙恩賜，拜稽紬繹，沐浴于大化之中，覺民物滋豐，太和翔洽，於以頌猗那、景於鑠，蓋有手舞足蹈而不自知者。臣敬謹校刊，摹印萬本，俾浙東西士子虔供芸案。安絃操縵，依永和聲，以上溯祖功宗德之隆，更仰見聖心之兢兢業業，恪守神器之重有如此。其至者相與，慶遭逢之得時，而識藝林之極軌，其欣喜歡忭為何如也。臣王杰敬書恭跋，謹謝天恩，伏乞皇上睿鑒。

謝賜《世宗憲皇帝硃批諭旨》兩部摺

欽惟世宗憲皇帝治邁唐虞，道隆作述。勵精勤以飭百爾，是訓是行；體兢業而理萬幾，惟精惟一。封章手閱，殫十三載，宵旰之勤，寶翰親裁，貽億萬年蕩平之準。凡屬臣工之敷奏，俱經睿慮之周詳。我皇上聖學常新，鴻猷日煥。綜百王之法則權衡，胥載精心；措四海于乂安張弛，咸遵家法。蓋惟世宗之諭旨，允執厥中；恭逢皇上之欽承，式孚一德。緬昔深宮展誦，既已勒為成書；何幸秘府珍藏，特命頒之庶寀。臣職司衡校，與沐寵榮。啟玉簡之精華，如親聖訓；仰綸音之敷賁，竊荷甄陶。從此日事窺尋，庶漸開其茅塞；更幸永昭遵守，當益勵夫葵忱。

謝賜匾額摺

本月初九日，蒙皇上召見，仰荷天恩，垂念臣母今年八十四歲，賞給御筆匾額。寵榮逾分，感激難名。伏念臣一介寒微，仰邀殊擢，備員詞館，豢養內廷。二十餘年，泲叨顯秩。臣母每朝夕訓臣盡心供職，以圖少酬高厚。而臣曾乏涓埃之效，方深恐懼之懷。乃復蒙恩，以臣母年過八旬，特賜綸音，俾邀錫福。此人生難得之榮遇，尤非臣意計所敢期。喜極增慚，感深滋悚。臣惟有益竭駑駘，倍加黽勉，以冀上報鴻慈於萬一。

謝賜貂皮等物摺

本月二十五日，臣家奴捧回皇上恩賞臣貂皮二張、荷包一對，內貯元寶二錠、銀錠二枚、紬布手帕各一方。臣恭設香案，叩頭謝恩祇領。伏念臣以凡庸，叨依禁近，茲雖奉職在外，猶叨頒賚自天。未效涓埃，殊切濫竽之懼；頻蒙寵賜，彌殷微藿之誠。敢不益矢慎公，庶冀上酬高厚。

謝賜補刻明代端石蘭亭圖摺

欽惟我皇上道宗羲畫，治煥堯文。闡圖書而天縱多能，共仰奎光景鑠；綜道器而功兼遊藝，莫窺聖學高深。堂曰三希，珊網之編羅既富；帖標八柱，蘭亭之神韻如新。至觴詠傳圖記之遺，期摹揭煥縹緗之色。褚虞風遠，翰墨緣留。自明代周邸之始鐫，備載諸家考證；暨中葉益藩之重刻，泲恢初體規模。

顧千百年之筆妙難尋，幾等金箱字秘；幸十四段之殘碑猶在，不隨玉笥書湮。爰出內府之珍儲，乃命近臣而審定。重鐫金石，爭傳蟬翼。新翻補繪雲烟，頓復龍眠舊觀。宸章炳采，暎長廊而古墨爭輝；寶匣藏真，偕快雪而貞珉共壽。仰荷睿情之鑒賞，益增稧帖之光榮。臣業愧臨池，才慚握槧。與沐瑤函之賜肅，芸案以虔繙；從窺瓊笈之藏襲，縹囊而志慶。所有臣感激微忱，謹繕摺，恭謝天恩，伏乞皇上睿鑒。謹奏。

謝恩賜《御製薩爾滸山之戰書事》墨刻摺

欽惟我皇上道光垂統，必法祖以承天；念篤紹聞，由守成而思創。皇猷遠播，共欽赫濯之聲靈；睿製親裁。特溯勤勞於基緒。洪惟太祖高皇帝璇圖式啟，寶籙初膺。厚澤深仁，王氣鐘於遼海；神機勝算，兵威奮於興京。當天眷之方隆，值勝朝之末造。用同力合德之眾，成摧堅挫銳之功。爰由一戰之勞，肇定萬年之業。少能制眾，寡勍敵于廿萬，而贏正以出奇，奏鴻勳于五晨之速。風旗雷鼓，當年共震神謨；玉版金戔，奕禩長垂偉略。此薩爾滸山之戰，為亙古所未有者也。維時師分四路，明兵正傾國而來；士合一心，我眾方定謀以待。太祖高皇帝指揮方略，整勵戎行。千騎雲騰，理直者為壯；八旗霧合，師克者在和。覆彼全軍，如振槁摧枯之易；殲其宿將，有轟霆埽電之奇。用能懋集，大勳誕恢。王業迓禎祥之協應，赫赫明明；開運祚之綿長，繩繩繼繼。我皇上祗迪前光，敬稽實錄。念聖嗣賢臣之合志，皆行間馬上之宣猷。特以秘殿尊藏，凡海甸未窺紀載；因之鴻篇闡繹，期子孫共識欽承。陳開國之艱難，恒思沐雨櫛風之候；表用兵之神武，如覩秉旄仗鉞之時。仰見安益保安，帝圖永固；聖以述聖，天命長凝。睿藻宣揚，即是下武生民之義；宸衷法鑒，比于阪泉逐鹿之師。臣昔侍內廷，快奎章之先覩；今來浙水，欣珉刻之寵頒。榮光乍啟於黃封，盛烈長留于寶冊。在往日祖功懿鑠，共徵篤祐之無疆；即今茲聖武光昭，益信顯承之有本。奉藏什襲，莫名歡抃之私；昭示九垓，群愜頌揚之願。為此繕摺，恭謝天恩。謹奏。

進春帖子摺

奏為恭進春帖子詞事。竊臣叨荷恩綸，視學浙水。茲屆獻春之始，適當迎歲之初。年幹逢壬，萬物並歸于任養；月爻在泰，三陽同兆于發生。天作時而地作昌，道諧玉燭；日迴次而月迴紀，光會珠躔。淑景含韶，彩颻銀旛之色；元辰肇祉，和調寶律之音。晉景福于龍樓，恩推愛日；綏遠人于雁塞，喜溢占風。臣職忝持衡，心殷戴斗。向東華而展慶，知葭塑之方榮；瞻北闕以騰歡，實葵忱之倍切。敢效三元之頌，用徵七始之詳。謹撰春帖子詞，繕摺恭呈御覽。

請刻《御製詩》三集摺

奏為恭請重刻《御製詩》三集，以光文治，以慰眾望事。欽惟我皇上幾餘典學，建極敷言，皆敬天勤民，法祖孝慈之至誠，流露而出。雖數十萬言，不假晷刻，而包涵宇宙，囊括群言，一本粹精之蘊，以宣造化之奇，實為自古帝王卿雲復旦以來未有之盛。而況一名一物，悉眕至道，縱極騷雅之後諸詩人所力為揚扢者，亦豈能仰企聖文於萬一。臣日侍內廷，雖愚陋不能上測高深，然親覿睿藻輝煌，麗並三辰，光同五緯。日新盛德，天從多能，譬諸陽春煦而蟄蟲奮，韶濩作而牛鐸鳴。歡喜讚歎，心悅誠服，久積于中，莫能自喻。臣伏念《御製詩》初集、二集，臣敬請開雕，後我皇上允前任浙江學臣錢維城之請，令直省布政司俱已恭行傳刻。今《御製詩》三集尚未重鐫。臣仰蒙恩命，再任學政來浙。習聞諸人士，莫不喁喁以先覩為幸，咸深冀望。臣思浙省欣逢盛典，屢駐鑾輿。凡名區勝地，奎章景鑠，元氣彌綸，銀牓翠珉，固已照耀湖山，昭回雲漢。而多士歆思盥誦鴻篇之美富，冀瞻天矩之光華。推之薄海內外，久沐化成，自必共切訓行之願，彌殷欣仰之誠。臣不揣冒昧，仰懇皇上，俯允臣請將《御製詩》三集頒發直省布政司，俾得敬謹重刻，廣布藝林，永為盛事。至臣感沐殊恩，涓埃未效，所有浙江省恭刻一部。臣請自行選工摹鐫，敬加校對，藉展微忱，並乞恩允。臣不勝欣企踴躍之至。

進呈校刊御製詩三集摺

竊臣上年十一月二十四日，恭請頒發《御製詩》三集。今直省遵照《御製詩》初集、二集，敬謹刊布，以遂多士仰望之誠。並請將浙江省所刻一部，臣自行選工重鐫。本年正月初五，奉到硃批覽：欽此。臣隨于二月內鳩工開雕，現在告竣。敬加校對訖，理合裝帙進呈，伏乞聖鑒。臣又即刷印二百部，檄發各府州縣及各學，俾多士傳觀誦習，咸窺昭漢之鴻篇，益沐作人之雅化。仍俟刷印後，將板片謹交藩司衙門，同《御製詩》初集、二集敬謹收貯。有請刷印者，隨時給發。合併奏聞。

請恩准邪匪投首摺

奏為遵旨覆奏事。本月十九日，臣賫摺人回，奉到硃批：卿在家頤養福履，永綏朕心甚慰。現今川中尚有二三百名餘匪未滅，宵旰焦勞，卿若有所聞，即具密摺奏聞。欽此。欽惟我皇上宵旰勤勞，猶復廑念微臣，勉臣頤養。跪讀之下，感悚靡涯。蒙詢川中餘匪情形，臣家距川省窎遠，兼之貿易之人，年來率多裹足，以是並無所聞。近接陝省按察司朱勲來信，亦祇言從逆餘匪，現在竄入四川大寧、開縣一帶，亦未言其人數。臣意今春豫工合龍事機，如此順利，掃清餘匪，諒自無難。伏冀幾餘，少寬宸慮。臣之愚見，賊匪始圖搶掠，繼迫兵威。即有悔罪之人，思欲投首，又恐兵役，稱為拿獲，此亦事之所有。至前此屢蒙恩赦，現在餘匪未知曾否俱邀寬宥。如尚未沐聖恩，在彼自知惡極，不得不勢同走險。而我皇上如天之仁，固久欲其並生也。或者一面督兵圍剿，一面再施寬大之詔，准其投首。隨身無帶兵器者，令地方官照前釋放。雖漏網之蠢頑，驟得幸免駢誅；而被害之閭閻，當可頓安耕作。臣言是否可採，伏祈皇上睿鑒訓示。謹奏。嘉慶九年七月二十九日，奉到硃批：所見甚是，即行，諭知軍營。欽此。

葆淳閣集卷二十二終

葆淳閣集卷二十三　奏摺三

謝恩詔開復摺

臣接吏部文開，本年正月初一日，恩詔將官員因公罣誤降革留任者，查奏開復。四月十九日奉旨：王杰准其開復。欽此。竊臣才識短淺，屢獲愆尤。仰蒙皇上曲賜矜全，不即罷黜。撫衷自問，慚悚難名。茲逢慶典覃敷，得荷聖慈普被。材同樗櫟，與霑雨露之恩；質本駑駘，敢懈馳驅之力。惟有益加奮勉，倍篤悃忱，以冀上酬高厚隆恩於萬一。

請議處摺

本月初九日，內閣奉上諭：永定河道王念孫，河務是其專責，該處已有四處決口，王念孫全未知覺，猶以虛詞具稟姜晟。且那彥寶赴河干查水，住宿一夜，總未見該道在彼勘辦，罪無可逭。着那彥寶、莫瞻菉於沿途遇見時，傳旨革職拏問，一併解京歸案審辦。欽此。伏念臣於前歲遵旨保奏人員，將王念孫列名具奏，臣因念其平日讀書立品，或可以備驅使。不意近日大雨連朝，水勢驟長，我皇上軫念民艱，旰宵勤惕，簡派諸臣，分途查勘。乃該員專司河道，竟爾漠不經心，僅以虛詞具稟，督臣又不親赴河干勘辦，實屬辜負聖恩。而臣濫行保奏之罪，實無可辭。請旨將臣交部議處，以為濫保者之戒。至臣既因陰雨潮濕，腿疾復作，兼患脾泄，飲食頓減，四肢疲軟，前次奏事，不能赴園，益深悚懼。現在服藥，上緊調治，一俟稍痊，即當照舊行走，合并奏聞。謹遣臣子兵部員外郎臣王塏時，賷摺恭遞，伏乞皇上睿鑒。

參奏四庫全書館提調短少底本摺

奏為參奏事。竊臣上年十二月內，蒙恩派充武英殿總裁，隨向原總裁臣董誥詳問館中一切事宜。據稱近年趕辦《薈要》，未及清查底本，今《薈要》告竣，此為最要之事。復即商同於纂修分校中，派出翰林王爾烈、項家達、戴均元、谷際岐四員，分占經史子集，一面查點，一面暫管發書收書事件。臣又聞近來發寫底本，多係謄錄買捐，以致人言籍籍。詢之該提調少詹事陸費墀，據稱底本不敷發繕，是以令其捐書。問其原送底本有無短少，該提調亦無切實之語。及問底本如何分交供事經管，亦無檔冊可稽。臣隨即以發書數目詢問總纂內閣學士臣紀昀、侍讀學士臣陸錫熊等，據交出送書印檔及歷年各種冊籍，查所開書目共一百三十次，計送三千一百餘種。今再三整理，其有印而成部者止一千四百餘種，雖據稱尚有存在謄錄及校對處者三百餘種，又陸續可湊全者二百餘種，又有各項例不用印，如庫本及叢書所分等類七百餘種，約共一千餘種等語。但是否原經校正之本，已難盡信，即使將來查對如數，亦尚短少四五百種。伏思各省所進遺書，奉旨令翰林院鈐蓋印信，並奏派總纂、纂修諸臣校正，然後移送武英殿。發繕辦畢，仍應遵旨發還藏書之家，不許絲毫損失。詎意遺失竟至如許之多，殊堪駭異。況移送書籍，合之官刻各書，共三千二、三百種，總計二萬餘冊，以九百餘名謄錄均勻發給，每月約發一千餘冊，何至不敷，致令謄錄買捐？且底本若全，自應將頭分發畢，然後以次發寫二分、三分、四分。今數分一時並發，而頭分未發寫者幾二百種，安知非因底本不全，其始欲借捐本以為彌補之方？其繼即轉藉拖延，以為掩飾之計。該提調陸費墀係開館以來經手之人，乃辦理毫無章程，貽誤至此，若不嚴加根究，勒限追繳，功課必致遲悞。續添提調編修劉種之，雖接辦在後，而扶同矇混，咎亦難辭，相應一併參奏請旨。至該提調等既不能整理于前，又復支飾于後，種種不合，殊難倚任。合無仰懇皇上，諭令翰林院掌院學士臣英廉，另選明幹謹恪之翰林二員，具奏充補，伏乞睿鑒訓示。又查陸費墀、劉種之現辦各書，頭緒紛糅，猝難清理。臣現令派出之翰林王爾烈等，將已繕者實短底本若干、未繕者實短底本若干，逐細查點。俟有確數，再行開列清單，恭呈御覽。

請增提調收掌摺

奏為酌增提調、收掌，以專責成，請旨遵行事。竊查翰林院纂輯《永樂大典》及辦理各省遺書，向來即以辦事翰林作為提調，多至七、八員，少至五、六員不等，誠以卷帙浩繁，非一二人所能辦理。至武英殿全書處事務，更覺繁重，原設提調二員，既專司進呈書籍並查點裝潢諸事，又經管各項補缺、議敍、定稿、行文事件，頭緒頗為紛雜，於一切收發書籍，稽查功課，實難兼顧。向僅委之供事之手，不惟易致舛錯，亦且易啟需索掯勒諸弊。今現經臣查出供事陳繼昌藏匿謄錄繕本一冊，當即責革示儆。又如遺失底本，勒令捐書，滋弊尤大。臣與董誥商，分經、史、子、集四項，派員暫管，庶幾眉目易清。惟是每項有分校二十餘員，謄錄二百四五十人，收發書籍，查閱繕本，職任非輕。若不專其責成，無以稽其功過。似應於現在館中行走人員內派出四員，分辦提調事務。併請於現在謄錄中酌派收掌四人，凡正本、底本彙齊之後，分送總校、總裁校對抽閱，令其專司登記，既不致互相推諉，又可以彼此稽核，於公事當為有裨。如蒙俞允，所有經史子集四項提調，臣前與董誥酌商，于纂修、分校內派出翰林王爾烈、項家達、戴均元、谷際岐暫行管理，現在查點正副各本，已漸有頭緒，擬即令該員等充補。嗣後進呈書籍，令專掌之員列名，如有遲悞舛錯，惟該員是問。其收掌四名，擬即于謄錄中選擇明白謹慎之人，仍令自備資斧，效力期滿，免交繕寫字數，照例議敍。如有貽悞，亦即咨革。臣為清釐全書正本底本，以便趕辦起見，不揣冒昧，具奏請旨遵行。

請重派校閱摺

奏為請旨重派校閱事。竊臣現查全書處有印底本，止收到一千四百餘種，其有印不全及原本無印，如官刻及叢書中所分等類，尚須詳細查對。此外，尚有無印書籍，約六、七百種，重複之本居多，自係謄錄所捐，若概置不收，無以補底本之缺。但其中卷目浩繁，多有名同而實異者。如都穆、朱存理俱有《鐵網珊瑚》，從前曾經皇上指示分別；又如宋裘萬頃、明王冕俱有《竹齋集》。且即一人之書，如趙汝梅《易序叢書》、趙希鵠《洞天清錄》之類，各有真本、偽本；又如王定保《唐摭言》、王楙《野客叢書》之類，亦各有全本、刪本。又其中字句增減，是否校正，金元人名，是否譯改，既非原經校正底本，自不便遽令繕寫。相應請旨令原總纂官紀昀等將此無印書籍，及將來該提調賠繳之書，與原撰提要逐一核校，仍交翰林院鈐印移送，以便發寫。至已寫正本，有照依捐本繕寫者，俱係未經校正之書，亦應令原總纂、纂修並加覆看，如有舛錯，并着落該提調陸費墀等賠寫。是否有當，伏乞睿鑒訓示。

請改併生員寄籍摺

奏為寄籍生員酌議改併永杜互考陋習事。竊查漳州府屬之龍溪、漳浦、海澄、南靖、平和五縣，向係通同互考。乾隆十一年，遵奉俞旨，俱已改歸原籍。繼經歷年整頓，諸弊漸絕。但生員中有于入學之後，或因教讀他邑，或因祖父貿易之地，即為住家。將來伊等子弟考試，倘故習未忘，于此既為祖父原籍，于彼又為入籍，年例已符，實足啟兩處混考之漸，臣愚所欲急為查辦者也。臣于本年六月初旬，考試該郡，飭各學教官，將寄居他邑之文武生員逐一開列。即如龍溪一學，住漳浦縣一十五名，住澄海縣五名，住南靖縣三名，住平和縣六名，其餘各邑彼此互居，大略相等。若令其搬回原籍，安土重遷，貧士尤難；若任其散處四方，考試之時，實難究詰。抑且與本學教官終年不相謀面，優劣無從舉報。小有過犯，寄籍之地方官既非該管，而原籍又相隔絕，往往遷延，不能結案，于士習亦甚有妨礙。臣請將寄籍已滿二十年者，准其具呈改入寄籍，照例廩增改為候廩候增，與寄籍諸生，依考案新舊間補，仍較其食餼年分出貢，即移咨原籍。其子弟不准，仍赴原籍應試。至未滿二十年者，令其呈明寄籍地方官，係何學生員，係某年移居某里某甲，該州縣一體約束。有恃符滋事者，徑行詳革，俟滿二十年後再行呈請入籍。庶永絕通同互考之弊，而于士習亦不無小補。至通省州縣間有似此，現在飭查，一體辦理。臣冒昧之見是否有當，伏祈皇上訓示施行。

參奏龍巖訓導朱元輔摺

奏為特參捏飾欺朦之訓導以肅學校事。竊照教職一官，必須誠實端方，乃堪約束士子。至於舉報優劣，尤宜據實呈明，豈可意為增飾？臣到任後，訪聞龍巖州訓導朱元輔，平日語言任性，未協士心。迨按試該州歲試報劣之生員柯應奎，以不知劣蹟呈訴，詞連該訓導。臣從實察核，旋據該訓導並不會同學正，私將從前牒州別案內增入柯紹西之名呈閱，另單開注柯紹西即柯應奎。臣細驗筆跡可疑，隨密提該州存案正牒比對，則並無其名。臣查柯應奎報劣不為無據，但該訓導因該生呈訴，復將別案竄名捏飾，其居心險詐，轉不可問。相應特參，請旨革職，以昭炯戒。至該生柯應奎不知改悔，旋復具呈申訴，刁風亦不可長。已即行學褫革，以示懲儆。為此具題，伏乞皇上睿鑒，敕部議覆施行。

賀平定金川摺

奏為聖武遠揚，金川全定，威行邊徼，慶洽寰區，恭摺奏賀，仰祈睿鑒事。欽惟我皇上化成久道，籌治安者四十年；德遍群黎，敷聲教於千百國。自夫遜矣西土，罔不歸我版圖；何有蠢爾金川，竟敢肆其猖獗。負盛世并包之量，惡實滔天；逞一朝反噬之兇，罪堪擢髮。僧格桑覆巢破卵，方禍及其所生；索諾木奮臂當轅，更黨援夫大逆。甘為逋藪，詎容覆載之中；包藏禍心，自速滅亡之兆。計所憑者地險，鴟張之勢漸形；倘不懾以天威，蠶食之謀滋甚。此固神人所共憤，宜乎鈇鉞之莫逃者矣。我皇上命將出師，披圖授略。山川阻隘，作勇氣而似騁康莊；士馬糗糧，厚軍實而如過祍席。是惟廟堂決勝在萬里，所以將士用命皆一心。密卡堅碉，飛地中之巨礙；懸崖複嶂，下天上之將軍。劍鋒四指，土司爭負弩以先驅；旗燄再麾，彼眾且倒戈而內潰。前此勒烏圍之剿滅，災已切于剝膚；今茲噶喇依之蕩平，勢更同乎拉朽。雖檻中之困獸，猶肆咆哮；而釜底之游魂，難逾晷刻。計窮而親戚皆畔，力蹙而喘息徒延。蓋殺無赦，則懲此以儆餘；洎藏厥功，亦一勞而永逸。皇上功歸前烈，展謁橋陵；釐迓慈寧，崇禋泰岱。告成功於闕里，鉅典式昭；銘殊績於豐碑，宸章丕煥。懋賞則上爵先頒，隆禮則還師親勞。從此邛笮巴夔之外，既悉變為禹甸堯封；極之東西南朔而遙，自咸仰夫光天化日。臣方涖新任，即聽捷音。歡聲雷動于泮林，忭悃星馳於鑾輅。理合恭摺，奏賀天喜，伏乞皇上睿鑒。

賀金川全境蕩平摺

奏為忻聞金川全境蕩平，大功耆定，恭申賀悃，仰祈睿鑒事。欽惟我皇上治奉無私，威行有截。指參旂而示伐，總期淨掃氛祲；奠井絡而求寧，祇欲輯綏邊圉。兩金川者，大小豪酋，西南隸屬。溯收鈐于往歲，早申撻伐于弧張；迨搆釁于鄰番，猶示羈縻于閫寄。謂可合翾蠕而並育，亦姑聽蠻觸以相尋。詎僧格桑狼子難馴，旋攻圍夫沃日；乃索諾木獮龍反噬，復助惡于煽天。此或逋誅，何以昭詰誅之戎武；彼如挺險，尤宜振伐險之威稜。特簡虎臣，分馳豹騎。鴞牙雨發，禁中之頗牧遄征；插羽星飛，徼外之氐羌用命。叱前驅于九折，握勝算于七擒。自襟喉搤之于斑斕，勢分破竹；且腹背擠之于約咱，壓易摧枯。柵毀鈎巖，截殺而寒驚酋膽；碉翻架壑，捉生而偵悉賊形。圈豚之賊父就擒，脫兔之凶渠先遁。擾中權于弛警，遽磨出枒之兇牙；遏後勁于乘危，輒抗當轅之螳臂。封章上告，赫天怒于雷行；羽衛載駥，受廟謨于颷迅。添三韓之勁旅，整七校之雄師。鐵礧砆崖，狼窟騰燎毛之燄；皮船艨渡，獠江激湧血之腥。洎牙鑣之迭排，更背峞之競進。不膏磁斧，冥誅暴貳負之屍；請繫藁街，馘級驗郅支之首。然而趙拉之逆黨猶存，促浸之罪魁未得。先鋒直搗，躥鵩鶻于盤空；入阻忘艱，效猿猱而徑度。扼要則登先肉薄，皆裂橫烟；鼓儳則勇倍翅飛，氣衝沍雪。箐深密翳，諸蕃方彌谷而逃；嶺削渦盤，兩將忽從天而下。峭壁立摧于三鼇，勒烏圍既隘奪批亢；么麼堅守夫一巢，噶喇依又危逾壓卵。方謂賊窮見窘，圍浹月而露版猶稽；豈知蕃眾爭降，俘千人而轞車悉逮。岷江兵洗遠陋，開邛定筰之勳；峨月烽沉聿新，列卡興屯之制。蓋由睿斷炳于先幾，神鈐揚于無外。薄因糧之策，早裕輓輸；奮敵愾之誠，屢優賞賚。德威濟而天聲益震，刑爵當而戎律綦嚴。奪敵幟于梯雲，情如在目；折遐衝于繩域，勝乃攻心。用能因天助順，閱五年而懋集膚公；率祖攸行，撫九有而迪光前烈。決一舉萬全之勝，貽重熙累洽之庥。告功而冊府增榮，重煥堯文于頖壁；歸善而璇宮受祉，備彰軒德于版泉。臣志切請纓，才慚磨盾。際捷音之屢至，叨恩命之重銜。遙知驛遞牙旗，行幄動天顏之喜；佇擬歌傳鷺吹，皇華增使節之輝。臣無任踴躍，歡忭之至。理合恭摺稱賀，伏祈皇上睿鑒。

謝皇太后萬壽蠲免錢糧摺

欽惟皇上大德同天，至仁育物。六符長泰，持盈彌凜。政經八表，綏豐求治，常周民隱。縱年登大有雨暘，猶時廑咨諏；設祲被偏隅金粟，必先籌補助。迓天庥而斂錫，推施下逮于兆人；法祖德以繼繩，優渥更踰于前典。溯自紀元十載，撫重熙而賑貸敷天；越惟御極卅年，際必世而租蠲薄海。固已湛恩汪濊，登六合千春臺；闓澤覃敷，躋群方于壽宇。乃者璇閨介祉，繡甸臚歡。綿聖籙于無疆，慶逢周甲；祝慈暉于有永澤，肇由庚念。國家之儲蓄方盈，為天地計生財之數；惟德產之流通宜廣，與閭閻裕藏富之資。餘九況繼夫餘三，賜全實優于賜半。更沛殊常之惠，普蠲惟正之供。凡二千八百萬有奇，閱三十有五年而再。雖使雨金雨玉，詎如茲饒給于家家；總教滿庾滿倉，俾從此盈寧于歲歲。洵史冊未逢之盛典，為臣民幸際之昌期。喜看萬國膽黃，讀詔而歡生父母；行見比封保泰，食疇而惠逮雲仍。樂利彌增，康田並溥。臣等同依朝列，欣荷天施。恩敷于倖，澤所不敢倖之餘；感深于名，言所無能名之隱。捧絲綸而抃舞，浹肌髓以銜銘。環視維桑，拱極情先。擊壤俯循，若藿向陽。祝引呼嵩，為此合詞具摺，恭謝天恩，曷勝感激慶忭之至。謹奏。

謝恩旨蠲緩潼關華州等處應征銀米摺

欽惟我皇上德同覆載，恩浹垓埏。籌衣食于萬邦，屢豐歲告；廛盈寧于比戶，重覣時申。乃者歌叶南薰，方見風和麥隴。何幸眷優西顧，旋瞻頌溢華封。大吏章陳，謂樂歲之輸將恐後；九重顏動，喜小民之踴躍堪嘉。惟膌欠尚慮追呼，而恩免彌昭浩蕩。蓋下里鮮宿逋之督，即後日皆惟正之供。若父母愛其子孫，益下無嫌損上；使菽粟有如水火，餘一奚待耕三。既五風十雨之凝庥，復浹髓渝肌而戴德。前此磽區，飫惠數十萬銀米胥蠲；今茲長夏，敷膏億兆人蓋藏益裕。啟關門之四扇，鳳綍星馳；峙華嶽之三峰，皇仁山厚。歲占漿酒，更懋力于西疇；家富倉箱，總拜恩于北闕。臣等身隨鵷鷺，念切枌榆。仰聽宸音，先里閈而志感；恭霑閭澤，咸舞蹈以難名。讀七月之風詩，願無忘納稼築場之俗；屆八旬之盛典，當共效躋堂獻壽之忱。

謝恩旨加賑華州等處及酌借籽種口糧摺

欽惟我皇上治隆熙皡，恩洽和甘。普萬邦樂利之庥，綏豐衍慶；錫四海昇平之福，閭澤敷春。昨關輔潦偶為災，致河濱田多被歉，上廑聖念，載布皇仁。戶甲分編，人飫太倉之粟；農丁協力，家饒東作之資。鳳綍遙頒，施惠早周于黔首；鴻慈疊沛，撫時倍切于新畬。恢月廩以分餐，倉箱已貯；先麥秋而鼓腹，井邑胥恬。民鮮向隅，共荷春臺之煦育；恩承逾格，益昭化宇之盈寧。臣等誼切枌榆，感深葵藿。聽歡聲于遍野，蒙厚賜之靡涯。歌耕鑿于茅簷，帝賚與新韶并邕；幸霑濡于楓陛，民情偕淑氣俱舒。飽德難名，同享衢尊之樂；逢年占慶，竊申華祝之誠。

謝恩旨展賑富平二縣貧民及酌借口糧摺

欽惟我皇上道協苞符，恩周黎庶。錫四海豐穰之福，府事勤修；廑九重茂育之懷，物時交邕。農夫有慶，醲膏既蔀屋均霑；太史占祥，厚澤與春祺同沛。昨陝右暫逢汎潦，致河濱偶被偏災。上軫宸衷，式敷大惠。地丁特免，家紓正額之徵；戶甲分編，人飫神倉之粟。固已歡騰，井邑金篝齊慶于釜鐘；益且瑞貢，河山玉燭長調於風雨。茲當時雪報豐之後，正值新韶迓祉之初。帝心深浹于衡茅，渥賜頻頒于綸綍。展加正賑，恢月廩以迎和；廣借口糧，先春田而飽德。總冀民無失所，共邀逾格之鴻仁；更籌或有向隅，用勵孚心于實惠。曦開秦野，兆珍粒以滋豐；雲靄華封，湛瓊膏而閭豫。臣等情殷梓里，身厠鵷班。覩丹詔之自天，快青陽之滿地。宇登樂壽，遍堯衢禹甸以怡熙；室頌盈寧，先皓叟黃童而鼓舞。

謝恩旨緩徵陝省咸寧等三十三廳州縣、甘省平凉等十三州縣銀糧摺

欽惟我皇上道邁軒圖，恩超皞紀。錫民富壽萬年，邑熙洽之規；省歲亨穰九宇，協和甘之應。方覩乾行周甲，免積逋者千萬而贏；更欽異命重申，紓額征者鄉畡必逮。惟關中素稱沃野，原慶黍與稷翼之饒；矧隴坻屢報豐年，益徵肅政兆嘉之瑞。屬以時霖少缺，又緣雨雹間聞。在通省為一隅，亦積豐而偶歉。疆臣入告，並不需賑廩之加；睿念如傷，轉慮有催科之擾。牘無諱飾，恩復勤宣。緩輸納于閭閻，益寬物力；劑盈虛于借糶，總裕民天。從此右陝西凉，愷豫咸臻于大造；直使長河太華，高深難擬于殊恩。臣等情切枌陰，感殷葵向。仰惠心之勿問，福溥垓埏；荷閶澤之旁敷，歡騰井里。夙偕納稼築場之侶，快頌盈寧；願率遊衢擊壤之民，長歌仁壽。

謝恩旨豁免甘省歷年各項民欠及陝省延榆綏民欠倉穀摺

欽惟我皇上德敷泰宇，澤洽春臺。衍五風十雨之祥，政調玉燭；錫四海九州之福，歲慶金穰。惟陝甘間有磽區，而里閈不無瘠戶。卜廑聖念，疊沛恩綸。家紓正額之供，俾安心于東作；人飫太倉之粟，期戮力于西疇。鳳綍頒而迅不需，時賜復每逾乎巨萬；鴻慈溥而霑深積，歲屢豐已兆夫餘三。猶進大吏而周諮，更暢殊恩而倍渥。軫兆民于甘省，地丁則免自壬寅；區三屬于陝疆，倉穀則蠲從癸巳。總願室饒四廥，共邀浩蕩之皇仁；益欣農裕千倉，長享昇平之樂歲。雍郊雨潤，綻珍粒以滋豐；秦野雲連，沃瓊膏而閭豫。臣等情殷梓里，感切葵衷。瞻煦育之自天，快沾濡之滿地。帝德與春霖並邑，恰符乞漿得酒之徵；民情偕瑞氣俱舒，愈申擊壤歈衢之悃。盈寧有象，早周蔀屋以臚歡；

抃舞難名，更向桐扉而獻頌。

謝恩旨蠲緩陝省被賊及地當孔道各廳州縣應征各欸銀糧摺

欽惟我皇上威稜有截，容保無疆。聖武布昭，甫一月而已聞三捷；仁恩翔洽，合萬邦而環祝屢豐。潢池之迅掃無遺，鯨鯢立靖；中澤之劬勞蓋鮮，鴻雁攸居。幸衽席之粗安，諒烽烟之永息。顧乃聖慈愷惻，睿慮周詳。念崤函當四塞之衝，近連巴隴；慮介胄失三時之業，坐曠菑畬。矧狼奔豕突之靡常，更玉穗金穰之何有。瞻大田之稼，難占眾夢維魚；量比戶之儲，惟覺室嗟懸磬。即或路非孔道，寇不乘墉，轉輸咸調。夫丁男團練，亦嚴于鄉社。輟鹵郊之于耜，修我戈矛；勵板屋之同袍，峙乃楨幹。皆未免置原田之膴膴，暌室家之溱溱。凡民隱之難陳，賴宸衷之默喻。封章既入，渙汗遂頒。恩膏覃七郡之民，咸邀給復；逋負豁頻年之積，頓覺寬紓。惠必有孚，蠲正供者百餘萬；澤推彌廣，寬宿逋者什之三。十行寬大之宣，胥徵保赤；萬井歡呼之溢，快覩膽黃。扇和氣而登春，戢邊方于寧堵。臣等葵忱向闕，梓里關心。深惟德意之涵濡，竊共編氓而淪浹。從此周原澤溥耕田，胥帝力之存；遙知蜀棧雲連振旅，仰王獻之赫。

謝恩旨蠲緩甘省被賊乃地當孔道各廳州縣應征各項銀糧摺

欽惟我皇上心廑宙合，念軫民依。軍咨殷註于秦中，農況遙籌夫隴右。奮風霆而鼓銳，迅掃兵氛；修矛戟以同仇，馳諏稽務。為厥疆畝，胥勤守望；以齊心峙，乃鋖茭尚。慮秄耘之爽候，詔疆臣而核實遍諗寬鄉，眷賑遞以騰章，臚陳常稅。來咨來茹，灾區縷挍于連郊；是裒是穮，薄歉差分于近屬。詳稽驛牘，俾寬維正之供；普示蠲符，咸頌安民則惠。計五十八州縣，念舊賦之多逋；綜百餘萬銀糧，播新恩而酌道。先寧後揆，仰酬歲省于楓宸；舊種新耕，益課田功于稼政。伏念豳岐界壤，夙號膏腴；涇渭疏渠，尤資溉灌。賴豐綏之襲慶，未急庚呼；偕義勇以攻瑕，共堅申畫。臚歡鳧藻，惟期迅奏膚功；盼稔魚占，乃荷寬原額賦。奉綸函之撫字，藏富于民；俾蔀屋以優饒，有實其積。臣等忱殷葵藿，誼篤枌榆。載欽吳命之申，節荷豐膏之沛。綏爰有眾，鄉閭諄勗其輸公；申錫無疆，天澤頻施于賜復。快覩鴻庸疊戢銷烽，符偃伯之占；從茲燕樂偕臻棲畝，副宜禾之祝。

謝恩旨蠲緩陝甘二省被旱各廳州縣積欠及應征各項銀糧摺

欽惟我皇上澤浹垓埏，恩侔幬載。孚惠心而日進，希澳汗以風行。帝有綸言，每蠲租而賜復；民無菜色，咸浹髓而淪肌。固已豐綏，闡武德之崇止戈；爰兆懷保，仰仁聲之溢調幕。攸先乃者涇渭偏隅，雨暘未若；甘涼瘠地，旱嘆堪憐。望澤心殷，曾瞻星於昨歲；圖寧念切，復勤雨於今年。旱非甚而時適相仍，即妨耕作；地雖褊而災經疊被，慮缺饔飧。何期兩省之黔黎，復荷十行之恩詔。或既緩者，仍予再緩；或宿逋者，即令蠲逋。自上下下而説無疆，不惜損之又損；敢恭生生而念我眾，轉幸今其有今。猶念濟可從優，灾虞偏重。皇施普汜，將一視而同仁；睿慮周詳，令臚章而入告。再三之寬緩，俾免向隅；億萬之生靈，總歸在宥。薄征與散利，良法上溯周官；善政在養民，郅治聿追虞典。臣等情聯梓里，感沐楓宸。惟聽野老扶筇，謂歲月悉蒙上賜；還覯村農賽社，祝倉箱頻獲屢豐。繼自今堆玉粒以爭先，供盈天庾；知此日奏金鐃而送喜，譜入衢歌。

葆淳閣集卷二十三終

葆淳閣集卷二十四　奏摺四

謝首逆王三槐就擒恩予議敘摺

本月十三日奉到敕旨：勒保掃蕩安樂坪賊巢，生擒首逆王三槐。覽奏嘉慰，允宜普施渥澤。王杰現雖未在軍機行走，而軍興之時，亦曾隨同辦理，俱着加恩，從優議敘。欽此。欽惟我皇上德符乾健，吉叶師貞。九裒康彊，惟敬天勤民而罔懈；十全巍蕩，猶詰戎和眾而彌虔。凡此鴻勳，悉歸方略。南弧秋炳，原徵銷甲之祥；西棧雲開，益見長庚之朗。特頒懋賞，用勵群僚。既渥澤之均施，更微勞之夙錄。臣等猥以樗質，曾侍樞廷。力罔效于馳驅，久仰睿謨之廣運；恩忽邀于甄敘，逾覺日贊之虛慚。況現無僝直之勤，何幸沐溫言之逮。榮施逾格，悚惕難名。

請旨恩撫兵民摺

奏為請旨恩撫兵民，以期速蕆軍功事。竊惟川楚賊匪剿滅稽遲，固由事權不一，賞罰不明之所致；亦由被賊焚殺之區，災民窮無倚賴，而地方官又不能勞來安輯，以致脅從日眾，兵力日單，而賊燄日熾。我皇上既命勒保為經略，明亮、額勒登保為參贊，俾令隨機調度，權不中制。知必漸次廓清，可以淨滅根株矣。臣謂此時更當安良民以解從賊之心，撫官兵以勵行間之氣。庶乎賊黨漸散，士氣益奮，而大功可以速蕆。臣聞逆首如王三槐、冉文儔者，尚有十數處。三年之內，川、楚、秦、豫四省為所殺傷，當不下數十百萬人。其幸存而不從賊者，亦皆鋒鏑之餘，骨肉傷殘，驚魂未定，男不暇耕，女不暇織。若再計畝徵輸甚者，分外加派，胥吏因緣勒索，種種艱苦情形，固無由達於聖主之前也。仰乞皇上特頒恩旨，敘其害而憫其慘，俾小民抑鬱之懷，仰蒙日月之照，衷懷怨憤，當可少釋。並祈將被賊地方，今歲錢糧悉予蠲免，專派廉能道府大員分投查訪，不令地方官及胥役等舞弊重征。不特受害良民頓邀拊畜之仁，即脅從之眾聞此浩蕩隆恩，亦必戀其親屬田園，不難回心易慮。有歸來者，概勿窮治，而賊勢或可漸孤矣。至于各處徵調之兵，三年於役，冒露風雨，載離寒暑。孰無父母？能不懷思？究其所以未即成功者，實由將率有所依恃，怠玩因循，非盡士卒之不能用命也。亦乞我皇上體說以使民之道，頒發諭旨，曲加憐恤。其中有驕惰不馴者，令經略概行撤回。或就鄰省更調，或於附近召募，酌增數萬勁旅，申明軍紀，鼓勵戎行。庶幾人有挾纊之懽，眾有成城之志，當無不爭先奮勇，以張撻伐之威矣。以上二條，就臣愚昧之見所及，上瀆宸聰。如事屬可行，乞敕各該督撫，即將諭旨謄黃，遍行曉諭，或於平賊事宜不無裨益。

請速蕆軍務摺

奏為速蕆軍務，以彰天威事。竊惟教匪之稽誅，由於領兵之欺罔。而在外之欺罔，實由於在內之庇蒙。今我皇上已洞燭其奸，黜其內援。則依草附木之徒，失其所據，諒必心膽俱裂，急圖奏功。如敢再有延玩，我皇上亦必明正王章，以嚴紀律。惟是教匪之蔓延三載，以致正帑虛糜。其弊有二：一由統領之有名無實也。夫勒保雖為統領，而領兵大員分位相埒，人人得以專摺奏事。於是賊至則畏避不前，賊去則捏稱得勝。即如前歲賊匪蹂躪陝省興安一帶，領兵大員有賊匪已渡江五日，地方官並不稟報之奏，此其畏避之情顯而易見。又如陝省去歲三四月間，賊匪擾至西安城南，離城不過數十里及百餘里，殺傷數萬人。剿賊官兵既不近賊，陝省撫臣一無設施。探知賊去已遠，然後虛張聲勢，名為追賊，實未見賊。近聞張漢潮蔓延商南、雒南等縣，高均德屯據洋縣，往來衝突，如入無人之境，不能堵禦。秦省如此，川楚可知。實由統領不專，賞罰不行之所致也。一由領兵大員專恃鄉勇也。夫賊勢固屬猖獗，然領兵大員不即據實陳奏添兵，而惟恃鄉勇。揆其用意，鄉勇陣亡無需報部，鄉勇人數可以虛捏。藉鄉勇以為前陣，既可免官兵之傷亡，又可為異日之開銷。此所以耗費國帑，而無可稽核也。

臣以為軍務之緊要，莫急于去鄉勇之名，而為召募之實。蓋就近召募，有五利焉：一者，被賊焚掠之民，窮無所依，多半從賊，苟延性命，募而為兵，即有口糧，則多一為兵之人，即少一從賊之人。一者，隔省徵調，則曠日持久；就近召募，則旬日可得。一者，徵調之兵遠來，則筋力已疲；召募之人，不須跋涉。一者，隔省之兵，水土不習，路徑不諳；就近之人，安其水土，悉其路徑。一者，鄉勇勢不能敵，則各自逃散，無從懲治；召募之兵退避，則有軍法。具此五利，何不令其增添數萬召募之兵，一鼓而殲滅之？若謂兵多則費多，獨不思一萬兵食十月之糧，何如十萬兵食一月之糧？其費相等，而功可早奏也。臣自元年二年，腿疾增劇，頻次請假。又兩年之內，再出軍機。軍營情形，未能深悉，道路傳聞，又難為據，是以未敢具奏。今蒙聖恩，令臣等有應奏之事，密封進呈，臣不敢不直抒所見，以備採擇。

謝賜醫胗視摺

竊臣偶感風寒，未能入直。仰荷聖慈，命太醫院堂官醫治，並連次命御前侍衛來寓垂問。天恩高厚，感激難名。今臣已漸就痊癒，理合繕摺，恭謝天恩。謹奏。

謝賜醫胗視摺

竊臣近患脾泄之症，兼之左腳跌傷，屢逢奏事，不能趨直，甚為悚懼。昨十八日，蒙恩命貝勒德麟帶同太醫院堂官涂景雲，十九日復帶同副都統富成至臣家醫治。叩沐聖慈，實深銜感，現在上緊調理。所有感激下忱，謹具摺。遣臣子兵部員外郎臣王埍時趨赴宮門，恭遞叩謝皇上天恩，伏乞睿鑒。

請恩旨暫免內廷軍機處行走摺

竊臣體氣本弱，左腿復有濕疾。近年時作酸痛，今夏受潮更甚。仰蒙聖恩，給假調養，賞醫胗視。雖漸覺輕減，而步履總怯愞無力。回京後，急加功熨，又以火氣上升，齒齦腫痛，頭目昏暈。服藥旬餘，少覺平復，隨即上緊醫治腿疾。祇緣氣血就衰，兼之數月以來，飲食減少，精神疲苶，急切實難驟愈。惟是每日入直行走，臣固暫時不能，而進署辦事，尚可強勉。伏念臣數年以來疾病纏身，頻次請假，俱蒙聖慈曲加矜憫，過予優容。臣感激之餘，未嘗不時增愧懼也。此次乞假，又逾三月。臣具有人心，閒居私宇，能不益深跼蹐？惟有仰懇皇上天恩，將臣內廷及軍機處差使暫免行走。臣先於內閣及禮部兩處，勉力供職，于心既覺少安，而每日亦可勤加試習。臣仍一面上緊醫治，以冀速痊。俟步履少強，即當仍前入直行走。為此恭摺具奏。

謝賜醫脈視摺

本月十三日，臣具摺請假。仰蒙皇上命乾清門侍衛慶長，帶同太醫吳廕齡，來臣寓脈視。伏念臣寒暑失調，以致染疾。曠職月餘，方深悚懼。茲又上荷聖慈，賜醫調治，臣心益抱不安。理合繕摺，恭謝天恩。謹遣臣子兵部員外郎臣王堉時齎奏，伏乞睿鑒。

謝賜醫脈視摺

竊臣以患泄未痊，本月十一日，復蒙皇上命公明安，帶同太醫院堂官魯維淳，來臣宇脈視。伏念臣病久羸弱，服餌鮮功。仰宸慮之憂勤，涓埃未效；荷聖慈之稠渥，跼蹐靡寧。曠職是虞，隆施增感，理合繕摺，恭謝天恩。謹遣臣子兵部員外郎臣王堉時，虔詣宮門恭遞，伏乞睿鑒。

謝賜醫脈視摺

竊臣舊有脾泄之症，近日轉劇。昨蒙恩命，公明安帶同御醫張自興，來臣宇醫治。伏念臣自愧衰庸，毫無報稱，乃以嬰疴，頻荷聖慈，遣醫脈視。五中悚惕，莫可言宣。現在上緊調攝，冀得少痊，即當供職。所有微臣感激下忱，理合繕摺，恭謝天恩。謹遣臣子兵部員外郎臣王堉時，趨赴宮門恭遞，伏乞皇上睿鑒。

謝賜人參摺

本月十二日，臣子遞摺回寧，恭捧到恩賞內庫人參半觔，臣隨望闕叩頭，祗領訖。竊念臣因病泄，曠職兩旬。疊荷聖慈，賜醫脈視。隆施逾格，感悚方深。茲者更沐殊恩，賜以上藥。黃封手啟，傳看五葉靈根；花暈香聞，拜荷九重珍品。上池試飲，朽株不覺回春；二豎先逃，元氣自能充體。撫循欲抃，榮幸難名。所有微臣感激下忱，理合繕摺，恭謝天恩。謹遣臣子兵部員外郎臣王堉時，虔詣宮門恭遞，伏乞皇上睿鑒。

請解任調理摺

奏為病久脾虛，急難見效，乞恩俯准解任調理事。竊臣因去秋感患脾瀉，今夏轉成赤痢，至今已幾四月。屢荷聖慈，允臣展假調養。無如病久氣虛，臣心倍切焦煎，飲食亦覺減少。據醫者云，久病原難速效，心急愈致陰虧。若不息心靜攝，倘致胃口稍梗，益恐難以就痊。但臣假期又滿，不特曠職疚心，亦未敢定期再請展假。惟有仰乞聖恩，准臣解任調理，庶可安心醫治。稍覺痊可，即當如常行走。為此恭摺，謹遣臣子兵部員外郎臣王堉時賫奏。

請退休摺

奏為病軀，難以供職，籲恩允予告休事。竊臣關陝軼材，凡庸陋質。仰蒙高宗純皇帝特達之知，不次超遷，洊列卿班。屢膺文枋，入直上書房。未歷參知，遽躋政府；預襄機務，總理春卿。恭逢我皇上親政之後，即蒙派充高宗實錄館總裁官。京察大典，倖叨甄敘。上年順天鄉試，復命臣為正考官，尋又派充會典館總裁。至臣屢嬰疾病，仰沐殊恩。賜醫賜參，疊邀軫問。念臣拮据，賞賚白金。每逢召見之際，虛懷諮訪。弗棄芻蕘，自愧微塵。愈欽聖德，而且垂詢衰病情形。備蒙體恤，感切寸衷。伏念臣遭際兩朝恩遇，固知鈍拙之才，忝列贊襄之地。寵常逾分，疚不忘心。然以思效桑榆，自忘樗櫟。以是稍堪驅策，何忍屢瀆宸聰。無如年衰氣弱，諸病易侵。夏初腿疾復發，尚期速愈。前月中旬，又染時疫。臣因急於求痊，過服涼劑。病雖暫解，胃氣已傷。兼之脾泄，腸風乘虛間作。飲食日減，頭目時昏。以臣耄及之年，即無病已難奉職。況當疾憊之後，敢恃恩弗懼曠官？前歲頻瀝下情，未邀俞允；今茲自惟孱體，益覺委隨。惟有仰籲聖慈，俯加矜憫，恩予退休。倘犬馬餘生，或少延於盛世。將衡茅戀闕，尚希獻夫愚誠。

謝恩准致仕，並賞給太子太傅銜，在籍食俸摺

竊臣以衰耄難支，沈痾致憊，乞恩予告，更荷慰留。敬體聖慈，亦加靜攝。無如微軀之羸頓，難酬大造之栽培。用敢再瀝下忱，仰希天聽；方冀包涵所及，俯鑒衷誠。何期寵賚之周，迥逾夢想。宮銜載晉，俾解組而更轉階資；天祿匪頒，雖居家而仍沾溫飽。復蒙慈諭，令俟春融。當就道之有期，佇溫

綸之下逮。朝班久玷，曾無尺寸之酬；宸眷彌隆，不啻再三之錫。樂昇平者，七十八歲游化日之舒長；沐恩禮者，四十二年悉仁幠之覆庇。極儒臣之榮遇，得此何修；荷渥澤之頻加，耻躬不逮。從此安心是藥，固欣負重之頓辭；顧念因病得閒，轉疚孤恩之已甚。悚惶倍切，銘刻難名。

謝開復處分支領正俸摺

九月初七日，內閣奉上諭：前准王杰致仕，賞給宮銜，在籍食俸。任內所有罰俸案件，着加恩准予開復。王杰現尚留居京師，所有本年秋冬二季恩正俸銀俸米，准其照常支給。俟回籍後，仍支領正俸銀兩，以示優眷。欽此。伏念臣猥以衰耄，忝列班聯。仰蒙矜恤之仁，俯允退休之請。並頒溫諭，在籍獲食俸之榮；轉念服官，自公愧叢脞之積。吏議屢邀寬典，開復敢冀殊施。茲復渥被綸音，彌加優賚。鏐糈並給，近光已懷素食之慚；寵眷逾涯，歸里更拜庫錢之賜。桑榆晚景，既得養夫孱軀；犬馬餘生，奚以酬夫聖德。

謝恩賞扇套香袋藥錠摺

本月初六日，臣齎摺人回，奉到硃批：覽奏俱悉。一路平安，實深欣慰。京中現望雨澤，未能霑足。川楚軍務，略有頭緒，亦未全靖。特諭卿知。欽此。又恭賷到恩賞扇套一件，香袋六枚，各色藥錠六十包又六十五枚。謹即恭設香案，望闕叩頭，祗領訖。臣伏讀恩諭，仰見我皇上勤求治理，篤念民依。前以春雨尚慳，殷懷農事；又念餘氛未盡，時盼軍情。臣日閱邸鈔，恭繹諭旨。祈澤則設壇分禱，掃逆則懋賞酬功。仰瞻御筆之手批，儼對天顏而面命。寸衷依戀，中夜彷徨。更荷聖慈，俯憐衰齒。安行抵里，邀上慰於楓宸；節賜盈械，並遙頒於蓬戶。香涵綵繡，遠逾仙艾之懸；藥餽親知，無藉霝符之佩。惟是閒居里井，猶叨端午之恩榮；未效涓塵，益愧佳辰之寵賚。

關中呂涇野先生在前明以理學顯，康對山先生以詞章傳，皆廷對弟一。先師文端公，科名與兩先生同，實兼兩先生之品詣。至若遭逢聖代，身相兩朝，恩禮優隆，勳業昭著，固將繼軌於皋、夔、伊、呂，豈兩先生所可同日語哉。公生平未嘗以能文自名，而鎔經鑄史，思精體大。凡應制之作，可備國家掌故。其餘各體，樸茂光昌，類足以振浮靡、端學術。蓋公為不朽之人，宜其文為不朽之文也。芸臺宮保編次公集,將付剞劂,以朝標同出師門,囑襄校讐之役。既訖事,因書管見於簡末。歲在旃蒙大淵獻陬月既望,受業虞山言朝標敬識。

葆淳閣集卷二十四終

附録一

王杰年譜疏補

説 明

　　目前關於王杰的研究，僅有譚麗娜《從匾額"連步"讀清朝狀元王杰》、段國超《不畏權貴、敢斥邪惡——清代政治活動家王杰》、李滿星《主審和珅的狀元王杰》和潘中華《趙翼與王杰的狀元之爭——兼論清代乾隆朝的殿試閲卷制度》等數篇文章。前三篇所據多爲趙爾巽等《清史稿》《清稗類鈔》等相關史料，論述深度頗有限制，剖析力度也有待加强。最後一篇雖屬於嚴格意義上的學術文章，但將考察重點置於乾隆朝殿試制度的更替，與王杰本身研究關係并不算大。造成王杰研究頗爲疏略的原因，一方面可能因王杰多地多時任職多種，相關資料較爲分散且不易收集，故其門生阮元所撰《年譜》失之簡略；另一方面因王杰生平軌跡在《葆淳閣集》有較多體現，而學界尚未充分利用這些相關資料。而對於王杰生平事跡進行清晰梳理，對於研究王杰思想和文學意義重大。

　　阮《譜》雖頗爲疏略，惟於任職仕宦較詳。故本人欲以阮《譜》爲基礎，予以補正條列。要以王杰所著《葆淳閣集》爲立足點，充分挖掘其中信息，秉寧失繁、勿失簡之原則。以司馬光長編之法詳述其生平，盡量搜集相關史料。在對王杰生平進行編年繫月的同時，來窺測王杰思想淵源、交友狀況等相關內容，爲進一步深入研究打好基礎。

　　阮《譜》之外，現存記載王杰生平事跡的傳記資料較爲繁複。這些資料大約可以分爲三個方面：第一，王杰《葆淳閣集》中所蕴涵的信息。本集中有爲數不少的序跋、墓誌、應和詩作，從中可以一窺王杰生平的各方面。其二，在周駿富所編《清代傳記叢刊》中，與王杰本人相關的傳記資料大約有近二十種，這其中詳略有别。除習見的《清史稿》本傳、朱珪撰《王文端公墓志銘》、姚鼐撰《王文端公神道碑文》之外，而尤以乾隆年間所編《國史列傳》、張維屏《國朝詩人徵略》、梁章鉅《國朝功臣言行記》、李桓《國朝耆獻類徵》和李元度《清朝先正事略》數種內容最為詳盡。但詳檢之下，即可發現此數種當有共同史源，或是相互因襲，因而內容上多有重複。其三，其他分散的資料。這一部分內容頗為複雜，所涉及包括清代實錄、職官表、地方志、他人年譜及傳記、他人文集詩作等各種可能涉及王杰之資料。雖然對王杰之記載往往是寥寥數語，但吉光片羽，彌足珍貴。而這一部分對於補充王杰生平為官及交友方面，無疑具有更為重要的意義。

本譜的創新之處主要體現在如下三個方面：

第一，資料上的創新。疏補相較於阮譜，在內容上有大量的增補。首先檢《葆淳閣集》可斷明確時間之文編入譜中，在從《葆淳閣集》或其他相關資料中，將與王杰有交往之人行蹤散入譜內，而對於重要人物，或單人勒為專傳，或做思想考訂發微，借以窺測與譜主之關係。

第二，視角上的創新。鑒於王杰高官學者的特殊身份地位，本譜結合清代中期學術、政治特點，對阮譜進行補疏的同時，以王杰之生平為線索，聯繫時代背景，試圖洞徹清中期政治、文化、學術等方面政策的制定，從而窺測清中期，尤其是乾隆朝的政治、文化等各個方面的影響。介於王杰關學思想的身份特征，這其中尤其注意乾隆於以朱子學為首的宋學態度和當時學人對於漢宋學術爭論的認識。但不做專門性評論，只將相關資料以時間編排。

第三，考證釋疑。就所掌握的資料來看，王杰生平事跡大多清晰明了，然此中仍有諸多問題並未解決。本譜在進行史料排比的同時，對於諸如王杰思想淵源、圖像紫光閣時間等問題進行考訂釋疑工作，以達到對譜主思想、生平更為完整和深入的認識。

凡　例

一，王杰有門生阮元為其所編《年譜》，故以阮《譜》為綱，採用"補"、"疏"、"案"的方式予以增補為目。補，即對原譜所缺涉及譜主之生平事蹟或時事政治做史實補充，可考具體年月者，依次排比，只知年歲者，列於當年之末；疏，即對原譜簡略不明之處做解釋衍發；案，一般置於某事、某年之末，對相關史事做考證分析。

二，譜主王文端公杰，正文中一概稱公。

三，時事方面則略其大而無用之事，詳述與譜主相關之時政或事件，以為譜主背景。相關之人亦隨文入譜。若事繁奪主或重要人物，則或另做評述，或勒為專傳，附錄譜後。

四，於當年敍事之末，附載所做詩文之篇目。其無確時者，假史料舊籍考而辨之；無可詳考者，則據詩文生平斟酌，斷以時日。而無關宏旨之文，則徑省略。

五，文中紀年以年號記載法為主，附注公元紀年。日月則不加轉換

王杰家世、生平及交遊概述

據宋鄭樵《通志》卷二十八"氏族略第四"所論，王姓一氏，溯源可至黃帝，出自姬姓。若瑯琊、太原之王，則曰周靈王太子晉，以直諫廢為庶人，其子宗恭為司徒時，人號曰王家。若京兆河間之王，則曰周文王第十五子畢公高之後。畢萬封魏，後分晉為諸侯，至王假為秦所滅，子孫分散，時人號曰王家。此皆山西王姓始祖，王杰一系所出於史無徵。

據《明太祖實錄》、清張廷玉《明史》所載，明初山西向外移民：洪武年間十次，永樂年間八次。其中緣由，主要因元末戰爭影響，加之明初的靖難之役，導致中原荒蕪，而政府需要借其他地區人民予以充實。王杰先祖自山西洪洞移至陝西韓城，即屬於此次移民潮中。

據清錢坫《(乾隆)韓城縣志》卷三及卷六所載，王杰曾祖父王養元，以王杰贈光祿大夫。祖父王家檀，以王杰贈光祿大夫。父王廷詔，浙江杭州石門主簿，以王杰贈光祿大夫。王廷詔墓在韓城縣東南仁和寨，翰林孫景烈誌其墓。

王杰父廷詔生平難以詳考，茲錄其墓誌銘：

侍贈修職郎石門縣主簿濾濱王君墓誌銘

余再掌關中書院時，同郡之來學者不乏才，而其文俊逸不群，為諸生所交推者，韓城王杰也。余因其有進取之志，而導之以正學。杰即信而從之，曰：杰父所以教杰兄弟親師取友者，意實在此。時杰父濾濱君方為浙江石門縣主簿，而杰與從兄煨、胞兄澈自浙歸，同學於關中。余遂得悉君之所以教家，與其所以勗於官者，識之不忘。越數年，君罷職。又數年，杰以選貢授藍田教諭。余方謂君志之未竟者，樂觀其子之克繼也。未幾，杰匍匐來武功，以君卒於乾隆十九年四月二十六日，卜是年十二月十七日安先塋之次，而乞余銘君之墓矣。嗚呼惜哉！

君諱廷詔，字鳳啣，濾濱其號。先世自晉洪同遷韓，爲農家。父象峰公，居鄉有盛德。生三子，君其季也。君少就外傅，貧不能卒業，而所誦四子書，終身實得力焉。嘗釋耒而嘆曰：吾不克以文學起家，奈何以子姪仍爲農夫乎？遂由營田例得任浙之杭州府中務稅課事大使，盡子姪八人以行。至即延師教授。而君於公務之餘，亦理及舊業，與其師相質辨。迄今子姪八人皆彬彬然文學之選，功名方盛而不可量，君之教家已有成效矣。其爲大使也，每夜分巡城中，同官詭與止司遇，君獨否。上司廉知其誠，皆器重之。委署無虛日，制府坦齊程公、方伯阿張公尤任焉。面其勞績，卓卓可紀者，督運黔餉、招撫平陽災黎二事爲最。方黔之苗民騷動，王師芻粟不敷，上命浙省運餉二十萬糧督修阻。督者難其人，有言於制府稽相國者：非王大使，不可制府。遂遣之。同行者墮淚別家，君毅然前往無懼色，且曰：蠢茲不恭，弄兵戈於潢池中，聞軍餉至，當鼠竄耳。爰飭護兵，如期而至，歷十月乃歸。制府薦於朝，引見，准回原任候陞。君之未回任也，溫郡大饑，平陽民尤多散者。制府曰：此又非王大使莫濟。君歸杭，行李未至署，即受檄，兼程赴平陽。攝縣事，宣佈皇恩，分廠施粥，招逃亡，撫之，平爭訟，祈甘霖，禁鸞男女，皆肫肫懇懇，如古循吏之用心，故平陽人有十政歌。君返，而平陽人不遠千餘里，爭載鬥技旙以送。尋推陞石門縣主簿，九載而去。去之日，民釀錢以餽君。拒弗受，曰：吾居官已，不受爾賄矣。民乃以錢置酒，日享君於途。錢盡，羣泣而別。明道先生曰：一命之士，苟存心於愛物於人，必有所濟，其君之謂乎！銘曰：

君弗遂於學也，而家學之源，匪君其誰開？君弗顯於仕也，而仕獨殫厥才。君其不可作也，然弗朽哉。[一]

廷詔三子，長濬，次澈，王杰為其三子。王杰又號畏堂[二]，生於雍正三年（1725）十月二十七日寅時，終於嘉慶十年（1805）正月十日子時[三]，卒後入賢良祠[四]。四歲，隨父至浙。八歲能書大字。十八入學，從武功孫酉峰遊，聞關閩之學。乾隆十八年，拔貢，引見，以教職用。丁父憂。尹繼善制兩江，

[一]（清）錢坫（乾隆）《韓城縣志》卷十二，清乾隆四十九年（1784）刻本。
[二] 姜亮夫《歷代人物年里碑傳綜表》頁六零二，昆明：雲南人民出版社，2002。
[三]（清）錢儀吉《碑傳集》卷二八（清）朱珪《王文端公墓誌銘》，清道光（1821—1850）刻本。
[四]（清）穆彰阿（嘉慶）《大清一統志》卷二，《四部叢刊續編》影舊鈔本。

聘入幕。後入陳宏謀幕府，聞性命躬行之説。乾隆二十六年（1761），殿試第一。乾隆二十七年（1762），充湖南鄉試副考官。乾隆二十九年（1764），督學福建。乾隆三十二年（1767），擢侍讀。乾隆三十三年（1768）六月，晉右庶子。十月，擢侍講學士。乾隆三十四年（1769），遷少詹士，充武會試主考官。乾隆三十六年（1771），充日講起居注官，直南書房，晉内閣學士，兼禮部侍郎，充江西鄉試正考官，旋督學政。乾隆三十九年（1774），署工部右侍郎，十二月，轉授刑部右侍郎。乾隆四十年（1775），充會試副總裁。乾隆四十一年（1776），再視浙學。乾隆四十二年（1777），回京，署禮部右侍郎，轉吏部右侍郎，仍兼署禮部右侍郎，充四庫、三通、國史諸館副總裁。乾隆四十三年（1778），充會試副總裁。乾隆四十四年（1779）二月，轉吏部左侍郎。五月，閱《大清一統志》。八月，典浙江鄉試。十二月，充武英殿總裁，同辦明史，充國史館副總裁。乾隆四十五年（1780），授左都御史，旋回京，充四庫全書館副總裁。乾隆四十八年（1783），丁母憂。乾隆四十九年（1784）三月，即家擢兵部尚書。乾隆五十年（1785）八月，服闋進京，充三通館總裁。十一月，充經筵講官。乾隆五十一年（1786），正月，賜紫禁城騎馬。四月，充尚書房總師傅。十二月，直軍機。乾隆五十二年（1787），正月，拜東閣大學士，總理禮部。三月，充會試正總裁。乾隆五十三年（1788），台灣平，圖形紫光閣。乾隆五十四年（1789）三月，充會試正總裁。平廓爾喀，再圖形閣中。十一月，罷尚書房行走。乾隆五十五年（1790）三月，充會試正總裁。十一月，加太子太保。乾隆五十六年（1791），仍充上書房總師傅。嘉慶元年（1796），以足疾辭退兩書房、軍機、禮部事。嘉慶三年（1798），仍直軍機處。嘉慶四年（1799）正月，高宗升遐，仁宗親政，命總理喪儀。二月，充實録館正總裁。嘉慶六年（1801），充順天鄉試正考官。嘉慶七年（1802），以疾辭官，在家食俸，加太子太傅。嘉慶九年（1804），入京謝恩，薨於京官邸。奉敕編有《欽定秘殿珠林續編》八卷、《欽定石渠寶笈續編》八十八卷[一]、《欽定西清續鑒》甲編二十卷附録一卷[二]、《欽定西清

[一]（清）胡敬《胡氏書畫考三種》卷一，清嘉慶（1796—1820）刻本。
[二]劉錦藻《清續文獻通考》卷二百七十四《經籍考》十八，民國影《十通》本。

續鑒》甲編二十卷[一]、《高宗純皇帝聖製詩五集》一部一百卷[二]。著有《葆淳閣集》二十四卷傳世，卷一為賦、頌，卷二、卷三為跋，卷四為序，卷五為讚、議、誌銘，卷六為傳、記，卷七為恭賀詩作，卷八亦為詩，多自作，卷九至卷十八為《賡揚集》十卷，均為恭賀應製之詩，卷十九、卷二十為《芸館集》兩卷，均為賦，卷二十一至卷二十四為奏摺四卷。另有《惺園易說》。

王杰少時從學清代著名學者孫景烈於關中書院，後入名臣陳宏謀之幕，自言受二位先生影響至深。孫景烈秉承自張載以來的關學傳統，崇氣學，尚禮教，以天下為己任，重視道德修養，強調躬行實踐。而陳宏謀則對關學十分尊崇，以之為畢生信仰。縱觀陳宏謀的一生，為人正直，為官清廉，無時無刻不在實際行動中貫徹張載所倡導的關學核心思想，他本人對孫景烈的禮遇也是很好的證據。觀王杰一生事跡，亦是在二位先生的教誨下，繼承了具有強烈知識分子氣息的關學傳統。故欲探究王杰之思想，必先知其淵源。此處詳論孫景烈、陳宏謀二人，以此窺測王杰思想之源。

孫景烈，生於康熙四十七年七月二十六日，卒於乾隆四十五年正月十二日[三]。早歲舉於鄉，為商州教官，勤於課士，不受諸生一錢。雍正年間，巡撫蒲阪崔公以賢良方正薦授六品銜。乾隆十五年（1750），陳宏謀撫陝，奉旨舉經明行修之儒，將以景烈名入告。先是，景烈成進士，後授檢討，以言事忤旨放歸。景烈深自韜晦，因而固辭。後主講關中書院、蘭山書院，教生徒以克己復禮。平居，雖盛暑必肅衣冠。韓城王文端公為入室弟子，嘗語人曰：先生冬不爐、夏不扇如邵康節，學行如薛文清。又曰：先生歸籍三十年，雖不廢講學，獨絕聲氣之交，為關中學者宗，有自來矣[四]。陝西理學，至乾隆間，武功孫景烈亦能接關中學者之傳[五]。景烈孝友端方，研窮經史，講求實學[六]。刻有明康海《對山集》十卷，以所藏張太微本，又加刪削而刊刻[七]。孫景烈有其學

[一]（清）王杰等《西清續鑒乙編》，《續修四庫全書》本第1108冊—1109冊。

[二]（清）慶桂《國朝宮史續編》卷七十六，清嘉慶十一年（1806）內府鈔本。

[三]（清）錢儀吉《碑傳集》卷四八（清）張洲《徵仕郎翰林院檢討孫先生景烈行狀》，清道光（1821—1850）刻本。

[四]（清）江藩撰、鍾哲點校《國朝宋學淵源記》卷下，頁一六四，北京：中華書局，1983。

[五] 趙爾巽等《清史稿》卷四百八十《儒林》一《孫景烈傳》，頁一三一二七，北京：中華書局1977，頁一三一二七。

[六]（清）法式善《槐廳載筆》卷九《掌故》二，清嘉慶（1796—1820）刻本。

[七]（清）永瑢等《四庫全書總目》卷一百七十一《集部》二十四，頁一四九九，北京：中華書局，1965。

生張洲為其所做行狀，當爲可見最爲完整豐富之資料，現撮其要略附下：

孫景烈，字孟揚，一字競若，別號酉峯，學者稱酉峯先生。世爲武功邰封里人，高祖諱繼元，有隱德。曾祖諱國良，爲縣學生，早卒。曾祖姒李氏，矢節撫遺孤，極歷蘖辛。祖諱起相，祖姒張氏，考樸齋公諱鎮，例贈徵仕郎、翰林院檢討。姒劉氏，例封太孺人，有四子，先生其長也。幼奇穎，讀書沈思善悟，不爲口耳之學；爲文英氣勃勃，不可遏抑。年十八，受知督學太倉王公，入縣學爲諸生。旋食廩餼，名鬱鬱起。居樸齋公憂，三年不出戶外。服闋，應雍正十三年乙卯陝西布政司試，同考官得先生文，嗟嘆異之，稱爲解元，呈正考官金壇于公辰。明年爲乾隆元年，詔所在大吏舉孝廉方正之士，授令長官蒲阪崔公紀撫陝右軍，於是舉先生以應。先生以未舉進士，不欲赴。是時，已由恩科明通榜選商州學正，辭於公曰：願爲學正官。公曰：令長例不得應曾試，從子所志，爲學正可矣。因爲奏請，以六品冠帶爲學正官。先生爲商州學正，廉以持已，勤以激士，月課弟子員，無故不至者，必加懲儆，至者具飲食以待，爲講明義理訓誡開示之。商州人士競相勸勉興於學，皆以爲耳目所聞見，數十年廣文官無有如孫先生者，人人稱頌之，至今不忘。先生每曰：教官爲學校所由興廢，而人固冗視之，而居是官者亦遂莫能自振奮舉其職，此甚非也。故其所以爲商州者，有異於人。先生成進士，改庶吉士散館，授檢討。先生研窮《性理》《近思錄》諸書，而於館課體特疏，散館後益又疏焉。後值御試，不應，格以原官，休致歸家。囊橐蕭然，至日一食晏如也。相國陳文恭公以副都御史巡撫關中，聘主書院講席。值文端公亦以尚書右都御史總督軍務官，公以洗馬提督學政，皆來陝西。名德碩儒，翕然聚會，相與詳說發明爲學之指由，是關中人士益競相勸勉興於學，即如其在商州，而教澤宏遠矣。文恭公以經明行修薦於朝，先生辭之甚力，後以不合例爲部議所格。然識者謂公所舉爲得人。撫軍鎭洋畢公學使海寧徐公過武功，必造廬相見，論說良久乃罷。凡係朝官，好爲學問，窮道理出使秦蜀者經其地，無論識面與否，莫不造廬請謁，敬禮有加。先生爲學，以求仁爲要領，以主敬爲工夫，以《小學》一書爲入德之基，期爲切實近裏，深惡標榜聲氣之習。嘗曰：古之學者爲己而已，標榜聲氣則爲人矣。此君子小人儒所由分而可爲乎。在關中書院，師道自爲，嚴而有法，誨人汲汲孜孜，即於經義中講求實用，合經義治事爲一。其後主講蘭山書院，亦如之。先後執經者，無慮數十百人。膺科名歷仕，中外類能有所設施，以自表見未仕者，亦俱務爲醇謹，不爲非義之行，故一時海内之士，無不知有西峯先生者，匪第關中人士已也。先生事親，篤孝備極，色養居喪，必依於禮，一切時俗非禮之禮，皆所絕意不爲。友愛諸昆季，授以經術，皆能卒業。故仲弟景昌，中辛酉副榜；季弟景熙，廩膳於學，以次貢成均；叔弟景勳，習家人業未學教，誦《通鑑綱目》對客，輒能舉其一人一事始末。遇疾痛一體，相關如在己身。少時重意氣，慕古俠士風。後乃潛心理學，其經濟才猷、剛方節概，略見於其爲學正時，惜未究其用。然於講習傳授間，曲成造就，則其所以及人者，寧有既乎？所著有《四書講義》《關中書院課解》《蘭山書院課解》《酉麓山房存稿》《茲樹堂存稿》《可園草邰封聞昆錄》《邰陽縣志》《鄠縣志》若干種。配孺人楊氏，同里文學雲鶴女。居貧守約，躬親井臼，時時操作，無少懈，奉翁姑惟謹，能得歡心。治家有則，以勤儉率先諸娣，即以教誨其子婦。[一]

王杰的另一位師長則是陳宏謀。審杰之行實，無不充盈孟軻之"浩然之氣"，而此種氣度之形成，實受陳宏謀影響甚深。且王杰修齊治平之方法，亦與陳宏謀如出一轍。故不知陳宏謀，無以知王杰。綜合來看，陳宏謀集理學家、政治家、教育家多重身份于一身，這一多重身份造就了他巨大而深遠的影響力。將理學家身份作為陳宏謀的第一特徵，是因為生存在華夏大地的知識分子，無不在某種程度上受儒家思想影響。此種影響不僅是學術思想上的，更延及至言行舉止以至治家治國。對於陳宏謀而言，這一點尤為突出。陳宏謀深受清初以來張履祥、陸世儀、陸隴其等人影響，宗程朱排陸王的同時也將經世致用之思想一以貫之。他既受清代理學的影響，也儼然成為清中期官方理學家的卓越代表。作為政治家，陳宏謀在一七三三年到一七六三年的三十年時間內，歷任十餘省的道台、巡撫、總督等官職，其任巡撫時間之長、地域之廣，在有清一代幾無人可及。陳宏謀以"格致誠正修齊治平"為核心理念，並以之為信仰而躬行，自身清正廉潔、奉公守法，為官又勤政愛民，所到之處無不澄清吏治、興利除弊，堪稱清乾隆時期的循吏。而稱陳宏謀為教育家，則在於他不僅在任內大力推進教育發展，建校興學，親自授課，還十分重視教育理論的建設，輯纂大量的教育典籍，《五種遺規》便是代表。是書分《養正遺規》《教

[一]（清）錢儀吉《碑傳集》卷四八（清）張洲《徵仕郎翰林院檢討孫先生景烈行狀》，清道光（1821—1850）刻本。

女遺規》《訓俗遺規》《從政遺規》和《在官法戒錄》五種，彙集了自漢至清數十位名家碩學的名言嘉訓，以宋、明、清三代為多，系統闡述了封建社會為人處世方方面面應當遵循的規則，如前人關於養性修身、兒童教育、讀書方法、道德教育、鄉約宗約等，還有如何訓子、如何馭下的辦法等內容，也有不少是勸人行孝、忍讓之類的説教以及歷代書傳所載封建官吏的善行和種種劣跡。此外，還有不少陳宏謀本人的按語、評語等，藉以明曉作者編選意圖，曉之以理。是書後來作為清代社會教育和蒙童教育教材以及清末中學堂修身科教材，流傳甚廣，影響極深極遠。

除此之外，陳宏謀在為政之餘，還留下了大量的著作。從廣西省鄉賢遺著編印委員會將陳宏謀的部分著述編輯而成的《陳榕門先生遺書》來看，其著述可大致分為撰著、評輯和校訂三個方面。撰著方面，《培遠堂偶存稿》四十八卷、《培遠堂文集》十卷、《培遠堂手劄節要》三卷、《課士直解》七卷、《學約》一卷等。評輯方面，有《五種遺規》十五卷、《四書考輯要》二十卷、《呂子節錄》四卷《補遺》二卷、《大學衍義輯要》六卷、《大學衍義補輯要》十二卷等。校訂方面，有《綱鑒正史約》三十六卷附《甲子紀元》一卷、《三通序目》一卷、《司馬文正公傳家集》八十卷等。還奉敕撰有《物料價值則例》二百二十卷，編有《湖南通志》等書。而國內關於陳宏謀的相關研究，近年來雖逐漸增多，但多局限在其本人著作的整理和生平事蹟的梳理方面，對其個人學術、政治思想，乃至由此而申發對於陳宏謀所處的時代，即清中期的知識分子研究，仍舊處在一個程度相對較低的層次。而國外學者在這一方面卻有相當的突破，美國羅威廉《救世：陳宏謀與十八世紀中國的精英意識》即是代表。羅威廉認為陳宏謀是十八世紀清帝國最有影響的漢族官員。進而認為如果力圖觀察雍正乾隆時期的盛世，瞭解造成這種盛世局面的因素，特別是探索正統精英的思想狀況，那麼陳宏謀便是一個最好的選擇。而這樣一種認識無疑將陳宏謀定位於雍正乾隆時期中國知識分子的代表。

而王杰在陳宏謀府中供職多年，影響杰如此之深之遠，恐怕再無二人。以此可見，王杰在某種程度上，可以説是陳宏謀思想理念的又一踐行者。綜觀王杰生平所行，以理學為養身之基礎、思想之源泉，講求誠心正意，不自欺亦不欺人，因而成就了近乎完美的高尚人格。當然，王杰並未止步於此。在崇奉關學、深研學理的同時，杰秉持儒家慣有的經世致用之風，學以致用，為官一處無不盡忠職守、造福一方。

王杰入仕四十餘載，多次督學各地；供職京官時，亦久在魏闕之中樞。其同僚、門生頗眾，與其來往之人亦夥。除上述孫景烈、陳宏謀外，同僚著者如朱珪、和珅，門生如阮元、孫星衍，交往之人如洪亮吉等，上述之人均可在譜中見其與王杰交往之行實。

王杰執掌文衡多年，所拔俊杰無數。亦獎掖後學，唯才是舉：

汪炤，初名景龍，字翌青，廩貢生。少能詩，通經義，覃心金石之學，注《大戴禮》數萬言，又纂集齊、魯、韓三家《詩》説，凡見於唐以前書者，片字必錄，人服其博贍。性情安雅，與物無忤。兵部侍郎王杰任浙江學政，禮部侍郎沈初任福建學政，皆屬以衡文。繼從公游西安，歷主有莘、橫渠兩書院山長。炤又工隸書，如《臨潼橫渠張子祠堂記》《崇福寺羅漢堂記》皆其所書。歸未幾，年五十八，病歿[一]。

朱文藻，字映漘，仁和諸生，少居東園，既而吳頴芳割宅居之，又館汪氏振綺堂，勘校群籍，見聞日廣。時開四庫館，杰延文藻至都，佐編校之役，考異訂譌，多成善本。晚年為阮元輯《輶軒錄》，為王昶輯《藏經提要》《西湖志》《金石萃編》，訂正之力居多[二]。

官獻瑤，字瑜卿。後官至洗馬，任陝甘學政時，識得王杰，於諸生中以為大器。治經不主一家，於《易》主李光地，於《尚書》主蔡沈、金履祥，於《周禮》主方苞，於《儀禮》主鄭康成、敖繼公、吳紱，六經三禮咸有撰著[三]。

俞廷掄，字杉舟，餘杭人，乾隆辛丑進士。官雲南昭通知府。少以優行貢成均，文名噪甚，和相欲羅致門下，拒弗往，王杰雅重之。旋由編修出守昭通，潔己愛民，免郡中值日之役，禁官買器物之弊[四]。

單炤，少失學，年十九始讀書。王杰督浙學，愛其才，將貢之成均，以不就試而罷。詩文力追古人，顧不輕與人交，其論藝多否少可，里中後生亦鮮與洽者。詩宗少陵，榜其齋曰：杜可。五十後逃於禪，盡焚所作文字。足不出戶

[一]（清）王昶（嘉慶）《直隸太倉州志》卷三十八"人物"條，清嘉慶七年（1802）刻本。

[二] 李榕（民國）《杭州府志》卷一百四十五，民國十一年（1923）本。

[三]（清）陳康祺《郎潛紀聞初筆二筆三筆·郎潛紀聞二筆》卷九，頁二零五，北京：中華書局，1984。

[四]（清）潘衍桐《兩浙輶軒續錄》卷十三，清光緒（1875—1908）刻本。

限者逾二十年[一]。

呂迪,字長吉,餘姚諸生。天姿英敏,弱冠受知王杰。諸生性耽吟詠,客遊金陵,北立河洛燕晉,所過勝蹟紀之以詩。詩境得江山之助,益豪邁蒼渾。書法尤卓絶,道州何紹基見其墨蹟,以爲足與石菴覃谿抗行。著《屧山山房詩稿》七卷[二]。

楊棨,初名枝字,戟轅號吉園,會稽人,年十四,受知王杰,補諸生。中年又見賞學使竇東皋、吳蓉塘兩先生。嘉慶元年舉孝廉方正,力辭不赴。年八十有三,制行端嚴,爲越士欽矚,以儒術名越郡。工書法,教授里門賣字以老畫得元人旨趣,然不輕作[三]。

黃維煊,字子穆,号洁如,鄞縣人。精算法,通曉時務,家本海疆,凡估客水軍柁工譯使之輩,咸擇其尤而與之習,以故緣海險要及西番語言文字機巧器械,靡不諳練,儲爲有用之學,以應當世。同治初,兩浙告平,敘軍功,授福建同知。大府左文襄公、沈文肅公、文文達公與王杰咸器其才,交章薦舉,而文襄、文肅尤重之,倚如左右手。理洋務,著《洋務管見》二卷,精海況,有《沿海圖説》傳世[四]。

楊知新,字元鼎,一字拙園,浙江歸安人。生而聰慧,九歲賦《月華詩》,有千衢瞻錦繡,萬國仰文明之句,見者奇之。年十七,補縣學附生,旋食廩餼,歲科試屢冠軍。先後受知於王文端公、朱文正公、竇東皋、阮芸臺、潘芝軒、劉金門、李芝齡諸先生[五]。

潘有爲,字卓臣,號毅堂。廣東番禺人,乾隆三十五年舉人。先生受知於王文端公,又爲翁覃谿先生入室弟子,性落落不事權貴,官至中書,十餘年不遷,丁外艱歸,不復出[六]。

眾人之中,又以阮元、洪亮吉、江藩、孫星衍爲最著。四人皆有盛名,各自生平不在此詳述,僅就其與王杰交往之證據做論列。阮元、孫星衍二人與王杰交往事跡已在譜中有所論及,關於洪亮吉,據清李元度《國朝先正事略》

[一](清)潘衍桐《兩浙輶軒續録》卷七,清光緒(1875—1908)刻本。
[二](清)潘衍桐《兩浙輶軒續録》卷十八,清光緒(1875—1908)刻本。
[三](清)潘衍桐《兩浙輶軒續録》卷二十七,清光緒(1875—1908)刻本。
[四](清)董沛《正誼堂文集》卷一《序》,清乾隆(1736—1795)刻本。
[五](清)張維屏《國朝詩人徵略二編》卷五十六,清道光二十二年(1842)刻本。
[六](清)張維屏《國朝詩人徵略二編》卷四十,清道光二十二年(1842)刻本。

卷三十五所載，洪亮吉"生六歲而孤，家貧，以副貢客公間。朱學士筠督學安徽，先生從遊最久，旋客浙江學使王文端杰幕中"。關於江藩，清伊秉綬《留春草堂詩鈔》卷七《贈江鄭堂藩》詩中注文"鄭堂館韓城王文端公邸第二十年"，可知交往。

其中亦有王杰欲提拔而為拒者，王鼎是也。據趙爾巽等《清史稿》卷三百六十三《王鼎傳》所載：王鼎，字定九，陝西蒲城人。少貧，力學，尚氣節。赴禮部試至京，與公同族，欲致之，不就。公曰：觀子品概，他日名位必繼吾後。曾任翰林院庶吉士、編修、侍講學士、侍讀學士、禮、戶、吏、工、刑等部侍郎、戶部尚書、河南巡撫、直隸總督、軍機大臣、東閣大學士。一生剛正不阿，且政績頗著。

其他交往者，如彭光斗（見《葆淳閣集》卷三《跋彭賁園同年蘭亭帖》）、袁枚之弟袁鑒（見《葆淳閣集》卷三《朱子論語集注手稿真蹟跋》）、胡季堂《葆淳閣集》卷三有《跋胡雲坡司寇石刻後》、游酢九世孫游端柏（見《葆淳閣集》卷四《游鷹山先生文集序》）、吳峻明（見《葆淳閣集》卷四《建安吳生峻明學庸貫一序》）、汪蘅圃（見《葆淳閣集》卷四《海陽汪君徵拙堂集序》）、錢塘吳敬齋（見《葆淳閣集》卷四《吳敬齋書塾課存序》）、金華映峯黃使君（見《葆淳閣集》卷四《金華詩錄序》）、施子（見《葆淳閣集》卷四《釋耒小草序》）、寶岡大司寇（見《葆淳閣集》卷四《余寶岡大司寇八十壽序》）、張會九（見《葆淳閣集》卷四《壽張太翁七十序》）、李天秀（見《葆淳閣集》卷五《焦妻李公墓誌銘》）、師彥公（見《葆淳閣集》卷六《師氏祖祠記》）等。

為官之餘，王杰亦頗具文人之雅興。好藏書，獻其所藏《張邱建算經》三卷、唐王孝通撰《緝古算經》一卷，兩書均收入《四庫全書》之中，均在其任吏部侍郎時。清姚際恆撰《詩經通論》十七卷，前有《論旨》一卷，大意謂漢人之失在於固，宋人之失在於妄，明人之失在於鑿，欲掃去臆論新譚，惟尋繹文義，辨別前說，從其是而去其非。據清吳振棫《養吉齋叢錄》卷七載，此書世無傳者，惟王杰家藏有鈔本，其孫寶珊方伯篤刊於蜀。

王杰精書法，傳世墨寶多種。蘇州市博物館藏有其楷書七言十四句扇頁，字體秀麗端正。陝西安康歷史博物館藏有其書行書一卷，河南民俗博物館藏有其所書"連步"匾。福建泉州東北的清源山風景區有其和馬負書詩摩崖一通，有敘述作詩緣由之題曰："丙戌中夏，溫陵試竣，太守嚴湖陳君、大令牧村方君邀同易齋馬提帥同游賜恩岩，即此原韻。"可知此詩當是乾隆三十一年（1766）王杰督學福建時所作。詩曰："茲山生面為誰開？喜屬高車際曉來。海上晴雲蒸沆瀣，人間佳氣轉恢臺。爭奇岩岫當軒立，漸老松杉記手培。自是雄城資保障，塵襟批豁一登臺。"書法剛健蒼勁，自成一體。

王杰亦治墨。中國歷史博物館藏有其進呈五色鳳池雲墨，同式兩錠，墨面為翔雲漫天，鳳飛空中，小橋流水環繞。墨背有"五色鳳池雲"篆書及"臣王杰"印。

王杰有妻程夫人，誥封一品夫人。另有側室姚氏、黃氏。有兄二人：濬、澈。有子四人：子埰時，乾隆十一年（1746）生，員外郎職銜；埣時，乾隆十六年（1751）生，監生；塏時，乾隆二十二年（1756）生，嘉慶元年（1796），恩蔭正一品蔭生，嘉慶四年（1800），掣籤兵部武選司員外郎，嘉慶十年（1805），因丁憂回籍，嘉慶十三年（1808）二月起復部，嘉慶十四（1809）年五月補兵部員外郎，保送御史，嘉慶十六年（1811）二月任兵部郎中，九月補江南道檢查御史，嘉慶二十年（1815）掣籤任福建建寧府知府，仕至廣東肇羅道[一]；埁時，乾隆四十七年生，廩生，選授寶雞教諭。

有女二：長適舉人批驗所大使同縣劉棟，次適朱文正公子恩蔭刑部廣西司員外郎太僕寺少卿大興朱賜經。

有孫九人：駧，埰時子，乾隆四十四年（1779）八月生；騎，塏時子，乾隆四十八年（1783）八月生；隝，埣時子，乾隆五十五年（1790）二月生；驔，塏時子，乾隆五十六年（1791）九月生；篤，埣時子，乾隆五十六年（1791）十月生，嘉慶己卯（1819）舉人；埱時，埰時子，乾隆五十八年（1793）六月生；騫，埣時子，乾隆六十年（1795）二月生；馰，埰時子，嘉慶五年二月生；馴，埰時子，嘉慶五年（1800）十一月生。

[一]（清）黃叔璥《國朝御史題名》"嘉慶十七年"條，清光緒（1875—1908）刻本。

王文端公年譜

雍正三年乙巳（1725）一歲

十月二十七日寅時王杰生。王杰，字偉人，號惺園，別號畏堂，後又以"葆淳"二字刻私印。先世居山西洪洞縣，遷陝西韓城縣。始祖諱進順，五傳至王杰之父廷詔濠濱公。其誥贈光祿大夫、東閣大學士，原任浙江石門縣主簿。取吳太夫人，生子三人。長諱濬，中式乾隆癸酉科第六名武舉人；次諱澈，附貢生；公其季也。

案：公有《葆淳閣集》二十四卷傳世，由公門生阮元編輯刊刻。阮元《揅經室集》三集卷五"王文端公文集校本跋"條曰："王文端師詩文不自以為重，蓋公所重在立朝風節也。公薨後，公子塏時收羅雜稿寄至江西，屬元編刻之。元乃手編為《葆淳堂集》若干卷，又訂成年譜一卷，付之梓。梓成，元匆匆移河南，爰以板寄閩，是時公子已出守閩郡矣。板中誤字頗多，同門友李許齋賡芸手校一過，改補之，此李公手校本也，故跋之。"

雍正四年丙午（1726）二歲

補：是年，陳宏謀為吏部郎中[一]。

雍正五年丁未（1727）三歲

補：是年，鴉片始由東印度公司傳入中國[二]。

是年，尹繼善遷侍講，尋署戶部郎中[三]。

雍正六年戊申（1728）四歲

隨父赴浙江石門縣主簿任。是年始讀書。

補：尹繼善授內閣侍讀學士，六月，協理江南河務。八月，署江蘇巡撫[四]。

[一] 趙爾巽等《清史稿》卷三百七《列傳》九十四《陳宏謀傳》，北京：中華書局，1977。
[二] 沈起煒《中國歷史大事年表》頁七一八，上海：上海辭書出版社，2001。
[三] 趙爾巽等《清史稿》卷三百七《列傳》九十四《尹繼善傳》，北京：中華書局，1977。
[四] 趙爾巽等《清史稿》卷三百七《列傳》九十四《陳宏謀傳》，北京：中華書局，1977。

雍正七年己酉五歲1729年

補：二月，尹繼善為河道總督[一]。

是年，陳宏謀考選浙江道御史，仍兼郎中[二]。

是年，清廷興兵葛爾丹，始設軍機處[三]。

雍正八年戊戌六歲1730年

雍正九年辛亥七歲1731年

補：正月，朱珪生[四]。

七月，尹繼善署兩江總督[五]。

雍正十年壬子八歲1732年

能讀匾額大字，讀書穎悟。父濾濱公性方嚴，不苟言笑，見之輒愛喜，謂母吳太夫人曰：此兒其大吾門乎。觀其作字與為人，端正能自立者，益勤教公，不少寬假。迨去官歸鄉里，囊空漸不給，而公自刻苦讀書，學與年進。

補：是年，尹繼善協辦江寧將軍，兼理兩淮鹽政，政績頗著[六]。

雍正十一年癸丑九歲1733年

補：正月，尹繼善調雲貴總督[七]。

雍正十二年甲寅十歲1734年

雍正十三年乙卯十一歲1735年

補：八月，世宗崩，高宗即位[八]。

十二月，《明史》修成[九]。

是年鄉試，孫景烈第二名[一〇]。

乾隆元年丙辰十二歲1736年

[一] 趙爾巽等《清史稿》卷九《本紀》九《世宗本紀》，北京：中華書局，1977。

[二] 趙爾巽等《清史稿》卷三百七《列傳》九十四《陳宏謀傳》，北京：中華書局，1977。

[三] 沈起煒《中國歷史大事年表》頁七一八，上海：上海辭書出版社，2001。

[四] （清）朱賜經《朱珪年譜》"雍正九年"條，清嘉慶九年（1883）阮元增修本。

[五] 趙爾巽等《清史稿》卷九《本紀》九《世宗本紀》，北京：中華書局，1977。

[六] 趙爾巽等《清史稿》卷三百七《列傳》九十四《尹繼善傳》，北京：中華書局，1977。

[七] 趙爾巽等《清史稿》卷三百七《列傳》九十四《尹繼善傳》，北京：中華書局，1977。

[八] 趙爾巽等《清史稿》卷九《本紀》九《世宗本紀》，北京：中華書局，1977。

[九] 清官修《清高宗實錄》卷九"乾隆元年十二月壬辰"條，北京：中華書局，1987。

[一〇] （清）錢儀吉《碑傳集》卷四八（清）張洲《徵仕郎翰林院檢討孫先生景烈行狀》，清道光（1821—1850）刻本。

補：二月，僉都御史李徽奏入《孝經》於《四書》，進程顥於大成殿，為清廷嚴斥[一]。高宗諭及博學鴻詞課事宜，四方學人雲集京城[二]。

三月，清廷頒官修經説於太學[三]。

六月，尹繼善專督雲南[四]。

九月，博學鴻詞科舉行[五]。

是年，孫景烈以六品冠帶爲商州學政[六]。

乾隆二年丁巳十三歲1737年

補：四月，尹繼善進京[七]。

九月，尹繼善為刑部尚書，兼辦兵部事[八]。

十月，復元吴澄從祀文廟[九]。

乾隆三年戊午十四歲1738年

補：二月，高宗親祭孔子[一〇]。

三月，升有若入大成殿內[一一]。

五月，高宗為朱子家廟題匾"百世經師"[一二]。

十月，高宗勉勵學子"學問以經意為重"[一三]。

是年，尹繼善丁父憂[一四]。

是年，陳宏謀授直隸天津道[一五]。

[一] 清官修《清高宗實録》卷一二"乾隆元年二月戊辰"條，北京：中華書局，1987。

[二] 清官修《清高宗實録》卷一三"乾隆元年二月丁亥"條，北京：中華書局，1987。

[三] 清官修《清高宗實録》卷一四"乾隆元年三月丁未"條，北京：中華書局，1987。

[四] 趙爾巽等《清史稿》卷十《本紀》十《高宗本紀》，北京：中華書局，1977。

[五] 清官修《清高宗實録》卷二七"乾隆元年九月己未"條，北京：中華書局，1987。

[六] （清）錢儀吉《碑傳集》卷四八（清）張洲《徵仕郎翰林院檢討孫先生景烈行狀》，清道光（1821—1850）刻本。

[七] 趙爾巽等《清史稿》卷十《本紀》十《高宗本紀》，北京：中華書局，1977。

[八] 趙爾巽等《清史稿》卷十《本紀》十《高宗本紀》，北京：中華書局，1977。

[九] 清官修《清高宗實録》卷四七"乾隆二年十月丙戌"條，北京：中華書局，1987。

[一〇] 清官修《清高宗實録》卷六二"乾隆三年二月丁亥"條，北京：中華書局，1987。

[一一] 清官修《清高宗實録》卷六五"乾隆三年三月丁丑"條，北京：中華書局，1987。

[一二] 清官修《清高宗實録》卷六八"乾隆三年五月癸丑"條，北京：中華書局，1987。

[一三] 清官修《清高宗實録》卷七九"乾隆三年十月辛丑"條，北京：中華書局，1987。

[一四] 趙爾巽等《清史稿》卷三百七《列傳》九十四《尹繼善傳》，北京：中華書局，1977。

[一五] 趙爾巽等《清史稿》卷三百七《列傳》九十四《陳宏謀傳》，北京：中華書局，1977。

乾隆四年己未十五歲1739年

補：三月，高宗提倡童生習經[一]。

五月，高宗准張廷玉等奏，殿試策文須"陶鑄經史"[二]。

乾隆五年庚申十六歲1740年

補：三月，尹繼善任川陝總督[三]。

十月，高宗命翰詹科道注重宋學，日進之經史講義需將宋儒性理灌入漢唐箋疏[四]。

是年，陳宏謀遷江蘇按察使[五]。

乾隆六年辛酉十七歲1741年

補：七月，高宗諭稱自幼讀《朱子全書》[六]。

九月，高宗諭斥謝濟世雕刻自注經書詆毀程、朱，命銷毀[七]。

是年，陳宏謀遷江寧布政使，甫到官，擢甘肅巡撫，未行，調江西[八]。

乾隆七年壬戌十八歲1742年

補韓城縣學生員。

補：是年，尹繼善丁母憂[九]。

乾隆八年癸亥十九歲1743年

取同縣程夫人，監生諱普女。

補：正月，尹繼善署兩江總督，協同白鍾山料理河務[一〇]。

十月，陳宏謀任陝西巡撫[一一]。

乾隆九年甲子二十歲1744年

試高等補廩膳生。

[一] 清官修《清高宗實錄》卷八八"乾隆四年三月丁未"條，北京：中華書局，1987。
[二] 清官修《清高宗實錄》卷九三"乾隆四年五月丙寅"條，北京：中華書局，1987。
[三] 趙爾巽等《清史稿》卷十《本紀》十《世宗本紀》，北京：中華書局，1977。
[四] 清官修《清高宗實錄》卷一二八"乾隆五年十月己酉"條，北京：中華書局，1987。
[五] 趙爾巽等《清史稿》卷三百七《列傳》九十四《陳宏謀傳》，北京：中華書局，1977。
[六] 清官修《清高宗實錄》卷一四六"乾隆六年七月癸亥"條，北京：中華書局，1987。
[七] 清官修《清高宗實錄》卷一五一"乾隆六年九月丁亥"條，北京：中華書局，1987。
[八] 趙爾巽等《清史稿》卷三百七《列傳》九十四《陳宏謀傳》，北京：中華書局，1977。
[九] 趙爾巽等《清史稿》卷三百七《列傳》九十四《尹繼善傳》，北京：中華書局，1977。
[一〇] 趙爾巽等《清史稿》卷十《本紀》十《高宗本紀》，北京：中華書局，1977。
[一一] 趙爾巽等《清史稿》卷十《本紀》十《高宗本紀》，北京：中華書局，1977。

補：八月，兵部侍郎舒赫德以科舉空言奏請改革，未獲批准，但清廷仍承認科舉流弊[一]。

乾隆十年乙丑二十一歲1745年

補：九月，尹繼善實授兩江總督[二]。

乾隆十一年丙寅二十二歲1746年

子堞時生。

補：九月，陳宏謀調回江西巡撫。十月戊寅，又調湖北巡撫[三]。

乾隆十二年丁卯二十三歲1747年

奉父濾濱公命負笈西安，肄業關中書院。是時，武功縣孫酉峰先生主關中書院，講程朱之學，勵實行，兼治古文辭以訓士。王杰本以文受知，及受業，乃在文字外，先生深器重焉。自後，王杰常相間家居，於事親從兄，勉勉勿懈。

補：三月，清廷重刻《十三經註疏》《二十一史》，高宗親撰序文[四]。

十一月，陳宏謀調為陝西巡撫[五]。

乾隆十三年戊辰（1748）二十四歲

肄業書院。

補：二月，高宗至曲阜拜謁孔廟[六]。

四月，朱珪中進士，改庶吉士，習國書[七]。

九月，尹繼善任兩廣總督[八]。

十月，尹繼善入覲，調兩廣，未行，授戶部尚書，又授協辦大學士，又在軍機處行走。又給尹繼善欽差大臣關防，署川陝總督，後分設四川、陝甘總督，以尹繼善為陝甘總督，兼正藍旗滿洲都統。未幾，復出署川陝總督。嗣以四川別設總督，命專督陝甘[九]。

[一] 清官修《清高宗實錄》卷二二二"乾隆九年八月戊午"條，北京：中華書局，1987。
[二] 趙爾巽等《清史稿》卷三百七《列傳》九十四《尹繼善傳》，北京：中華書局，1977。
[三] 趙爾巽等《清史稿》卷十一《本紀》十一《高宗本紀》，北京：中華書局，1977。
[四] 清官修《清高宗實錄》卷二八六"乾隆十二年三月丙申"條，北京：中華書局，1987。
[五] 趙爾巽等《清史稿》卷十一《本紀》十一《高宗本紀》，北京：中華書局，1977。
[六] 清官修《清高宗實錄》卷三零九"乾隆十三年二月己卯"條，北京：中華書局，1987。
[七] （清）朱賜經《朱珪年譜》"乾隆十三年"條，清嘉慶九年（1883）阮元增修本。
[八] 趙爾巽等《清史稿》卷十一《本紀》十一《高宗本紀》，北京：中華書局，1977。
[九] 趙爾巽等《清史稿》卷三百七《列傳》九十四《尹繼善傳》，北京：中華書局，1977。

十二月，定內閣大學士滿、漢各二員，協辦大學士滿、漢一員或二員，改所兼四殿二閣為三殿（保和殿、文華殿、武英殿）三閣（文淵閣、體仁閣、東閣）[一]。

乾隆十四年己巳二十五歲1749年

肄業書院。

乾隆十五年庚午二十六歲1750年

肄業書院

補：是年，尹繼善兼管川陝總督[二]。

乾隆十六年辛未二十七歲1751年

子墫時生。

補：正月至五月，高宗第一次南巡[三]。

三月，高宗派官祭王陽明祠[四]。

五月，尹繼善任兩江總督[五]。

十月，陳宏謀任河南巡撫[六]。

乾隆十七年壬申二十八歲1752年

肄業書院。

補：三月，陳宏謀為福建巡撫[七]。

九月，尹繼善進京[八]。

乾隆十八年癸酉二十九歲1753年

以優等選拔貢生。

補：正月，尹繼善署陝甘總督[九]。

七月，清廷禁止將《水滸傳》《西廂記》等小說譯成滿文[一〇]。

[一] 趙爾巽等《清史稿》卷十一《本紀》十一《高宗本紀》，北京：中華書局，1977。
[二] 趙爾巽等《清史稿》卷三百七《列傳》九十四《尹繼善傳》，北京：中華書局，1977。
[三] 趙爾巽等《清史稿》卷十一《本紀》十一《高宗本紀》，北京：中華書局，1977。
[四] 清官修《清高宗實錄》卷三八四"乾隆十六年三月辛丑條"，北京：中華書局，1987。
[五] 趙爾巽等《清史稿》卷十一《本紀》十一《高宗本紀》，北京：中華書局，1977。
[六] 趙爾巽等《清史稿》卷十一《本紀》十一《高宗本紀》，北京：中華書局，1977。
[七] 趙爾巽等《清史稿》卷十一《本紀》十一《高宗本紀》，北京：中華書局，1977。
[八] 趙爾巽等《清史稿》卷十一《本紀》十一《高宗本紀》，北京：中華書局，1977。
[九] 趙爾巽等《清史稿》卷十一《本紀》十一《高宗本紀》，北京：中華書局，1977。
[一〇] 清官修《清高宗實錄》卷四四三"乾隆十八年七月壬午"條，北京：中華書局，1987。

九月，尹繼善調江南河道總督[一]。

是年，王杰受知於吴崑田。《葆淳閣集》卷四《吴崑田先生八十壽序》有言："杰以十八年應選拔，受知先生。"

乾隆十九年甲戌三十歲1754年

朝考一等第一名。引見，以教職用，選授藍田縣教諭。未赴任，父濂濱公棄養，公哀踴哭泣不絕聲，侍吴夫人益依戀，弗忍離，與兩兄竭蹶營喪。葬禮盡，眾議析處。兩兄勤生計，俯仰足自給。王杰專力讀書，不善治家，人產日窘蹙，顧不以口食累兄。時當屢空，極困，不向人乞憐，文名日著。為飢驅謀養奔走四方，知交日廣，往來多知名士，與眾處熙熙。然不立崖圻，設城府羣飲以和故。或謂其壯時喜交遊，性疎曠，類偶儻不羈者之所為，而其實稜稜持守，立足堅定不一毫左右移。此其意志，在當年一二同志稔知之能道之。

補：一月，戴震避仇入京[二]。

四月，高宗降諭，禁止辨朱陸異同[三]。

四月十九日，高宗接見新科進士錢大昕、紀昀、王鳴盛等人[四]。

四月二十六日，父王廷詔卒[五]。

五月，陳宏謀為陝西巡撫[六]。

八月，尹繼善署兩江總督[七]。

是年，王杰見吴崑田於北京。《葆淳閣集》卷四《吴崑田先生八十壽序》有言："十九年，見先生於京邸。"

乾隆二十年乙亥三十一歲1755年

居喪。

補：三月，陳宏謀調甘肅。五月，任湖南巡撫[八]。

[一] 趙爾巽等《清史稿》卷十一《本紀》十一《高宗本紀》，北京：中華書局，1977。

[二] （清）王昶《春融堂集》卷五十五《戴東原先生墓誌銘》，清嘉慶十二年（1807）塾南書舍刻本。

[三] 清官修《清高宗實錄》卷四六零"乾隆十九年四月庚寅"條，北京：中華書局，1987。

[四] 清官修《清高宗實錄》卷四六三"乾隆十九年閏四月戊辰"條，北京：中華書局，1987。

[五] （清）錢坫（乾隆）《韓城縣志》卷十二（清）孫景烈《侍贈修職郎石門縣主簿濂濱王君墓誌銘》，清乾隆四十九年（1784）刻本。

[六] 趙爾巽等《清史稿》卷十一《本紀》十一《高宗本紀》，北京：中華書局，1977。

[七] 趙爾巽等《清史稿》卷十一《本紀》十一《高宗本紀》，北京：中華書局，1977。

[八] 趙爾巽等《清史稿》卷十一《本紀》十一《高宗本紀》，北京：中華書局，1977。

乾隆二十一年丙子三十二歲1756年

時陝甘總督尹文端公以記室聘幕府。王杰初本以書法見知，久乃知其品誼，深重之。文端內遷，薦王杰於巡撫桂林陳文恭公。文恭，理學大儒，精鑒別，於士類不輕許可。王杰在署，落落不附就，顧特深引重，謂人曰：王生負氣概，其志意矯，然非常人也。王杰益自力，且時觀文恭言行政事，敬慕心志，常自謂：生平行己居官，獲益多在此。又常謂人：吾自見榕門，益篤信西峰。蓋終生於二先生未嘗忘云。王杰在幕府時，筆劄既多，又因幕府中友往來，晉接不得謝。燭燼，扃戶篝燈，發書莊誦，或尋究經書義理，發為文章，往往達曙不寐。後嘗為知己道之曰：此吾昔年潦倒時真功夫也。

補：二月，行仲春經筵，高宗對朱子學說提出異議[一]。

十一月，尹繼善為兩江總督，兼管河務[二]。

十一月，陳宏謀調陝西[三]。

是年，戴震入王安國家，教其子王念孫[四]。

案：孫景烈、陳宏謀於王杰一生影響甚深。據王杰自言，王杰終身未忘二先生之教誨。審王杰之行實，無不充盈孟軻之"浩然之氣"。而此種氣度之形成，實受王杰之西席兼長官——陳宏謀影響甚深。且王杰修齊治平之方法，亦與陳宏謀如出一轍。

乾隆二十二年丁丑三十三歲1757年

在撫幕，子塤時生。

補：正月至四月，高宗第二次南巡[五]。

六月，陳宏謀調江蘇巡撫。十二月，遷兩廣總督[六]。

是年，戴震致書江永，論小學六書[七]。

乾隆二十三年戊寅三十四歲1758年

[一] 清官修《清高宗實錄》卷五零六"乾隆二十一年二月甲辰"條，北京：中華書局，1987。

[二] 趙爾巽等《清史稿》卷十二《本紀》十二《高宗本紀》，北京：中華書局，1977。

[三] 趙爾巽等《清史稿》卷十二《本紀》十二《高宗本紀》，北京：中華書局，1977。

[四]（清）段玉裁《戴東原先生年譜》"乾隆二十一年"條，經韻樓本。

[五] 趙爾巽等《清史稿》卷十二《本紀》十二《高宗本紀》，北京：中華書局，1977。

[六] 趙爾巽等《清史稿》卷十二《本紀》十二《高宗本紀》，北京：中華書局，1977。

[七]（清）戴震撰，趙玉新點校《戴震文集》卷三《答江慎修先生論小學》，北京：中華書局，1980，頁六一。

在撫幕。

補：二月，行仲春經筵，高宗講《論語》異於朱子[一]。

四月，命陳宏謀以總督銜仍管江蘇巡撫。七月，陳宏謀加太子少傅[二]。

五月十二日，惠棟（1697-1758）卒[三]。

乾隆二十四年己卯三十五歲1759年

鄉試中式副榜。

補：是年，陳宏謀坐督兩廣時請增撥鹽商帑本，部議奪官，後仍留任[四]。

乾隆二十五年庚辰三十六歲1760年

鄉試中式第六名舉人。

補：二月，行仲春經筵，高宗講《論語》異於朱子[五]。

乾隆二十六年辛巳三十七歲1761年

會試第十名進士，殿試進十本，王杰卷擬第三。上閱至第三卷，熟視之，若素識者，以昔在尹文端公奏摺內見，字體曾蒙嘉獎。且詢知人品，即顧左右，謂此卷甚佳，親拔第一。頃之，引見，上喜動顏色，授翰林院修撰。《御制辛巳殿試傳臚紀事詩》有云：西人魁榜西平後，可識天心偃武時。是時，西域底平，開疆蕆績，而王杰適應運掄元，詩特及之。數十年遇合，恩禮加隆，自策名日始矣。迎養吳太夫人於京師。

疏：乾隆二十六年辛巳，是年為皇太后萬壽恩科[六]。考官吏部尚書劉統勳，字延清，山東諸城人，甲辰進士；兵部侍郎觀保，字伯容，滿洲正白旗人，丁巳進士；戶部侍郎于敏中，字重常，江南金壇人，丁巳進士。題紅紫不以二句、旅酬下為四句、大夫曰何一句，賦得賢不家食，得同字。會元陳步瀛，字勒齋，江南江寧人。狀元王杰。榜眼胡高望，字希呂，浙江仁和人。探花趙翼，字甌北，江南陽湖人[七]。

[一] 清官修《清高宗實錄》卷五五六"乾隆二十三年二月己未"條，北京：中華書局，1987。

[二] 趙爾巽等《清史稿》卷十二《本紀》十二《高宗本紀》，北京：中華書局，1977。

[三] （清）王昶《春融堂集》卷五十五《惠定宇先生墓志銘》，清嘉慶十二年（1807）塾南書舍刻本。

[四] 趙爾巽等《清史稿》卷三百七《列傳》九十四《陳宏謀傳》，北京：中華書局，1977。

[五] 清官修《清高宗實錄》卷六零五"乾隆二十五年二月乙亥"條，北京：中華書局，1987。

[六] 清官修《清文獻通考》卷五十二《選舉考》六，《文淵閣四庫全書》本。

[七] （清）法式善等撰，張偉點校《清秘述聞三種》第一冊（清）法式善《清秘述聞》卷六，頁二一零，北京：中華書局，1982。

案：趙翼，清中期著名學者，尤邃史學，著《廿二史劄記》《皇朝武功紀盛》《陔餘叢考》《簷曝雜記》《甌北詩集》。是年殿試，高宗閱卷，親將王杰由第三拔至第一，趙翼則由第一退為第三。關於此事，趙翼心中頗為不平。翼頗重科名，曾言"生平所志在此"。但幾經努力，終因不可抗拒之因素未能獲取此項殊榮，別無他法，只歎息"惺園由此邀宸眷，翔步直上，而余僅至監司，此固命也"。趙翼在其《簷曝雜記》卷二有關於此事前後之詳細敘述，現錄如下：

辛巳殿試，閱卷大臣劉文正公、劉文定公，皆軍機大臣也。是科會試前，有軍機行走之御史眭朝棟上一封事，請復回避卷，即唐人所謂別頭試也。上意其子弟有會試者，慮已入分校應回避，故預為此奏。乃特點朝棟為同考官，而命余入闈時，各自書應避之親族，列單進呈。則眭別無子弟，而總裁劉文正、于文襄應回避者甚多。是歲上方南巡，啟蹕時曾密語劉、余二公留京主會試，疑語泄而眭為二公地也，遂下刑部治罪。部引結交近侍例，坐以大辟。於是軍機大臣及司員為一時所指摘。且隔歲庚辰科狀元畢秋帆、榜眼諸桐嶼，皆軍機中書，故蜚語上聞，有歷科鼎甲皆為軍機所占之說。及會試榜發，而余又以軍機中書得雋，傅文忠為余危之，語余不必更望大魁。而余以生平所志在此，私心終不能已。適兩劉公又作閱卷大臣，慮其以避嫌擯也，乃變易書法，作歐陽率更體。兩劉公初不知已列之高等。及將定進呈十卷，文定公慮余卷入一甲，又或啟形跡之疑，且得禍，乃遍檢諸卷，意必得余置十名外，彼此俱無累矣。及檢，一卷獨九圈，當以第一進呈。九圈者，卷面另粘紙條，閱卷大臣各以圈點別優劣於其上，是歲閱卷者九人，九人皆圈者惟此一卷。文定公細驗疑是余，以語文正。文正覆閱，大笑曰：趙雲崧字跡雖燒灰亦可認，此必非也。蓋余初入京時，曾客公第，愛其公子石庵書法，每仿之。及直軍機，余以起草多不楷書，偶楷書即用石庵體，而不知余另有率更體一種也。文定則謂遍檢二百七卷，無趙雲崧書，則必變體矣。文正又覆閱，謂趙雲崧文素斥弛不羈，亦不能如此謹嚴，而文定終以為疑，恐又成軍機結交之局。兆將軍惠時方奏凱歸，亦派入閱卷，自陳不習漢文，上諭以諸臣各有圈點為記，但圈多者即佳。至是兆公果用數圈法，而惟此卷獨九圈，餘或八、或五，遂以第一進呈。先是歷科進呈卷皆彌封，俟上親定甲乙，然後拆。是科因御史奏改，遂先拆封，傳集引見。上是日閱十卷，幾二十刻，見拙卷系江南人，第二胡豫堂高望浙江人，且皆內閣中書；而第三卷王惺園杰則陝西籍。因召讀卷大臣，先問：本朝陝西曾有狀元否？皆對云：前朝有康海，本朝則未有。上因以王卷與翼互易焉。惺園由此邀宸眷，翔步直上，而余僅至監司，此固命也，然賤名亦即由此蒙主知。臚傳之日，一甲三人例出班跪。余獨掛數珠，上升座遙見之。後以問傅文忠，文忠以軍機中書例帶數珠對，且言昔汪由敦應奉文字皆其所擬，上心識之。明日諭諸大臣，謂趙翼文自佳，然江、浙多狀元，無足異。陝西則本朝尚未有。今當西師大凱之後，王杰卷已至第三，即與一狀元亦不為過。次日又屢言之。於是鄉、會試，翼皆蒙欽點房考，每京察必記名，及授鎮安府、赴滇從軍、調廣州、升貴西道，無一非奉特旨，上之恩注深矣。向使不歸田，受恩當更無限。尋乙太恭人年高，乞歸侍養，凡五年。丁艱又三年。在家之日已久，服闋赴補，途次又以病歸，遂絕意仕進。此固福薄量小，無遠到之器，亦以在任數年，經歷事端，自知吏才不如人，恐致隕越，則負恩轉甚。是以戢影林下，不敢希榮進也。

由此，趙翼之心態可見一斑。關於殿試中拆卷時間問題，潘中華《趙翼與王杰的狀元之爭——兼論清代乾隆朝的殿試閱卷制度》已做詳細論述，是文認為趙翼對拆卷時間理解有誤，但此種誤解並不影響高宗特意欽定王杰為狀元，而將趙翼退至第三之事實。故此處不作詳細論證。

乾隆二十七年壬午三十八歲1762年

欽命湖南副考官。吳太夫人訓之曰：汝去年尚作舉人，今皇上命汝為考官，汝勉之矣。王杰謹受教。入闈，閱卷勤慎，搜剔不倦，曰：離此一二年耳，敢自昧負世士乎。得士丁正己等四十九人。

補：正月至五月，高宗第三次南巡[一]。

二月，尹繼善為御前大臣[二]。

三月十三日，江永（1681-1762）卒[三]。

乾隆二十八年癸未三十九歲1763年

散官一等三名。

[一] 趙爾巽等《清史稿》卷十二《本紀》十二《高宗本紀》，北京：中華書局，1977。
[二] 趙爾巽等《清史稿》卷十二《本紀》十二《高宗本紀》，北京：中華書局，1977。
[三] （清）戴震撰，趙玉新點校《戴震文集》卷十二，頁一七八《江慎修先生事略狀》，北京：中華書局，1980。

補：春，戴震入京會試，初識段玉裁[一]。

五月，陳宏謀遷兵部尚書，署湖廣總督。六月，召入京，授吏部尚書，加太子太保。十月，仍兼湖南巡撫[二]。

十月十四日，紀昀奏將帝諱入《科場條例》，避諱趨嚴[三]。

冬，朱珪陞福建按察使，未到任，署布政使[四]。

乾隆二十九年甲申四十歲1764年

欽命督學福建。

補：七月，官修《周易述義》《詩義折中》《春秋直解》頒發各省刊行[五]。

七月，陳宏謀授協辦大學士[六]。

十一月，重修《大清一統志》[七]。

是年，尹繼善授文華殿大學士，仍留總督任[八]。

是年，阮元生於揚州[九]。

案：是年，始與宋梯雲相識。《葆淳閣集》卷四《宋梯雲觀察五十壽序》有言："甲申冬，天子嘉其才，擢監司，領海疆鹺政。余亦旋膺簡命，視學來閩。因得親其風。"

是年，吳崑田主嵩山書院。《葆淳閣集》卷四《吳崑田先生八十壽序》有言："閱十年，奉命視學於閩，適先生主閩之嵩山書院。"

乾隆三十年乙酉四十一歲1765年

督學福建選拔，得士林光興等七十人。陝省在國朝未有鼎元，而館選後即疊司文衡，尤所罕覯，故鄉之人咸歎異。王杰律身益恪謹，校閱務盡心力，拳拳以士風為念。謂士習者，風俗之倡，學臣尤當以此為急也。在閩四年，與諸

[一] （清）段玉裁《戴東原先生年譜》"乾隆二十八年"條，經韻樓本。
[二] 趙爾巽等《清史稿》卷十二《本紀》十二《高宗本紀》，北京：中華書局，1977。
[三] 清官修《清高宗實錄》卷六九六"乾隆二十八年十月丁酉"條，北京：中華書局，1987。
[四] （清）朱賜經《朱珪年譜》乾隆二十八年條，清嘉慶九年（1883）阮元增修本。
[五] 清官修《清高宗實錄》卷七一四"乾隆二十九年七月辛酉"條，北京：中華書局，1987。
[六] 趙爾巽等《清史稿》卷三百七《列傳》九十四《陳宏謀傳》，北京：中華書局，1977。
[七] 趙爾巽等《清史稿》卷十二《本紀》十二《高宗本紀》，北京：中華書局，1977。
[八] 趙爾巽等《清史稿》卷三百七《列傳》九十四《尹繼善傳》，北京：中華書局，1977。
[九] （清）張鑒等撰，黃愛萍點校《阮元年譜》卷一"乾隆二十八年"條，頁二，北京：中華書局，1995。

教職講所以端士習維民風者，不徒以甄別甲乙為稱職。上稔知之，恩眷愈篤。迎養吳太夫人於學署。

補：正月至四月，高宗第四次南巡[一]。

六月，重開國史館[二]。

是年，尹繼善受召入閣。九月，兼領兵部事，充上書房總師傅[三]。

是年，戴震入京，在經蘇州途中做《題惠定宇先生授經圖》[四]。

案：《葆淳閣集》卷一有《聖駕四幸江浙賦》。

是年，有款為"钦命提督福建学政、翰林院修撰加一级王杰为，乾隆三十年冬月岁进士卢建平立"，下款為"望远能知风浪小，凌空始觉海波平。连福添禄传忠厚，步上青云万代兴"的詩作之匾。

乾隆三十一年丙戌四十二歲1766年

督學福建。

案：是年，孫景烈母卒，王杰為墓誌銘。《葆淳閣集》卷五《孫母劉太孺人墓誌銘》"以乾隆三十一年丙戌八月二日未時卒"之言。

乾隆三十二年丁亥四十三歲1767年

翰林院侍讀，仍督學福建。

補：二月，開館續修《通志》《通典》《文獻通考》[五]。

是年，楊應琚攻緬失敗[六]。

乾隆三十三年戊子四十四歲1768年

陞右春坊右庶子。十月，陞翰林院侍讀學士，仍督學福建。

案：朱珪《王文端公墓誌銘》：戊子，晉左庶子[七]。

是年，王杰為吳崑田先生賀八十壽，作《吳崑田先生八十壽序》。《葆淳

[一] 趙爾巽等《清史稿》卷十三《本紀》十三《高宗本紀》，北京：中華書局，1977。
[二] 清官修《清高宗實錄》卷七三九"乾隆三十年六月丁卯"條，北京：中華書局，1987。
[三] 趙爾巽等《清史稿》卷三百七《列傳》九十四《尹繼善傳》，北京：中華書局，1977。
[四] （清）戴震撰，趙玉新點校《戴震文集》卷十一，頁一六七《題惠定宇先生授經圖》，北京：中華書局，1980。
[五] 清官修《清高宗實錄》卷七七七"乾隆三十二年二月丙申"條，北京：中華書局，1987。
[六] 趙爾巽等《清史稿》卷十三《本紀》十三《高宗本紀》，北京：中華書局，1977。
[七] （清）錢儀吉《碑傳集》卷二八（清）朱珪《王文端公墓志銘》，清道光（1821—1850）刻本。

閣集》卷四此文有言："及今又四至焉。"

是年,重修泉州府文廟成,王杰作《重修泉州府文廟記》。《葆淳閣集》卷六此文有言："事溯經始,于乾隆二十年有六年春,凡七易寒暑。"

是年,重修同安縣文廟成,王杰作《重修同安縣文廟記》。《葆淳閣集》卷六此文有言："茲役經始於乾隆丁亥仲冬,蕆事於戊子孟冬。"

是年四月,王杰為"瑞應聚書"匾,生員闕錫甯立。匾文："欽命福建提督學院翰林院編修加三級,公為瑞應聚書。乾隆三拾三年歲次戊子孟夏月吉旦生員闕錫寧立。"

是年,《福建續志》補成。《葆淳閣集》卷四有《福建續志序》,有言："書成於甲申之秋,繕寫成編乙酉春。……今是書之成,迄今三載,尚未授諸剞劂,則此三載中之事,固宜依例增入,以期全備。"

乾隆三十四年己丑四十五歲1769年

自福建回京,陞詹事府少詹事,充武會試總裁。

補:二月,朱珪任山西布政使[一]。

九月,王杰充日講起居注官[二]。

是年,傅恒率兵攻緬,旋病,阿桂代之[三]。

是年,尹繼善兼翰林院掌院學士[四]。

案:是年,《江西鄉試錄》成,王杰為《江西鄉試錄序》。《葆淳閣集》卷三有《江西鄉試錄序》有言："乾隆三十有六年,當辛卯秋試之期,六月望日,禮部以江西三省試官上請奉旨,命臣王杰偕編修臣曹某某典江西試事。……於八月初二日抵南昌,屆期八闈。時監臨某某,防範嚴密,內外肅清,爰萃某某所錄士子七千九百有奇,扃闈三試,臣某某臣某某率同考官某某悉心校閱,得士九十有四人,副貢成均者十有八人,咸遵定額,謹擇其文之有義法者,錄呈乙覽。"

《葆淳閣集》卷二十一有《謝補授詹事府少詹事摺》

是年,行有條卒,王杰為《樂山行君墓誌銘》。《葆淳閣集》卷四是文中

[一] (清)朱賜經《朱珪年譜》"乾隆四十五年"條,清嘉慶九年(1883)阮元增修本。
[二] 清官修《清高宗實錄》卷八三四"乾隆三十四年九月丁未"條,北京:中華書局,1987。
[三] 趙爾巽等《清史稿》卷十三《本紀》十三《高宗本紀》,北京:中華書局,1977。
[四] 趙爾巽等《清史稿》卷十三《本紀》十三《高宗本紀》,北京:中華書局,1977。

有言："君卒於己丑十一月二十一日。"

乾隆三十五年庚寅四十六歲1770年

在京供職。

補：二月，王杰充日講起居注官[一]。

案：是年，高宗六十壽辰，《葆淳閣集》卷一有《恭祝皇上六旬萬壽頌並序》。

乾隆三十六年辛卯四十七歲1771年

充日講起居注官，南書房行走。京察一等，陞內閣學士兼禮部侍郎。典試江西，得士陳元澄等九十四人。旋奉命督學浙江。

補：四月，尹繼善卒，贈太保，賜祭葬，謚文端[二]。

六月，王杰與工部尚書裘曰修、少詹事彭元瑞、候補侍講沈初，俱在南書房行走[三]。

六月，陳宏謀卒，年七十六，入祀賢良祠，賜祭葬，謚文恭[四]。

疏：是年鄉試，江西考官：內閣學士王杰；編修曹仁虎，字萊嬰，江南嘉定人，辛巳進士，題問人於他二句、日省月試二句、禹惡旨酒一句，賦得席珍待聘得賢字。解元陳元澄，崇仁人[五]。

案：《葆淳閣集》卷二十一有《謝典試浙江摺》及《謝補授內閣學士兼禮部侍郎摺》。

乾隆三十七年壬辰四十八歲1772年

督學浙江。迎養吳太夫人於學署。省署校閱之暇，即與程夫人侍太夫人，或披經史，課諸子業。此外，無宴賞玩遊之事。署故有園林庭榭，在任三年，未營意屬，闃為之蕪焉。

補：是年，章學誠始著《文史通義》[六]。

[一] 清官修《清高宗實錄》卷八五一"乾隆三十五年二月丙辰"條，北京：中華書局，1987。
[二] 趙爾巽等《清史稿》卷三百七《列傳》九十四《尹繼善傳》，北京：中華書局，1977。
[三] 趙爾巽等《清史稿》卷十三《本紀》十三《高宗本紀》，北京：中華書局，1977。
[四] 趙爾巽等《清史稿》卷三百七《列傳》九十四《陳宏謀傳》，北京：中華書局，1977。
[五] （清）法式善等撰，張偉點校《清秘述聞三種》第一冊（清）法式善《清秘述聞》卷七，頁二三六，北京：中華書局，1982。
[六] （清）章學誠《章學誠遺書》卷二十二《候國子司業朱春浦先生書》，民國劉氏嘉業堂刻本。

是年，清廷開始訪購遺書，以備校勘[一]。

乾隆三十八年癸巳四十九歲1773年

督學浙江。

補：二月十二日，開四庫全書館，校核《永樂大典》[二]。

八月，戴震為修《四庫全書》入京[三]。

是年夏，戴震與章學誠寧波相會，論及方志纂修體例，不歡而散[四]。

是年，鮑廷博詣王杰獻書。據錢泳《履園叢話》卷六所載，鮑廷博少習會計，流寓浙中，因家焉。以冶坊爲世業，而喜讀書，載籍極博。乾隆三十八年，詔求天下遺書，廷博獨得三百餘種，贄浙江學政王杰。後高宗以內府所刻《圖書集成》一部賜廷博，鄉里榮之。

乾隆三十九年甲午五十歲1774年

督學浙江。冬奉命署工部右侍郎，回京。十二月，轉刑部右侍郎。

補：八月，高宗降諭，徹查違礙書籍[五]。

案：十一月，張燕昌攜其邑兩孝子詩卷來謁。《葆淳閣集》卷二《吳、顧兩孝子詩卷跋》有"甲午仲冬，鹽官張生芑堂攜其邑兩孝子詩卷來謁"之言。

據清潘衍桐《兩浙輶軒續録》卷十八所載，張燕昌，字芑堂，海鹽人，貢生，嘉慶元年，舉孝廉方正。芑堂屏居村落，孤介為懷，夙嗜金石，尤愛小品，搜奇採癖，凡釁缺零星，都為一集，名《金石契》，又撰《來飛白書考》。常往寧波，入范氏天一閣。在藏書中獲北宋石鼓文拓本，摹勒以歸，重刻之，因撰《石鼓文釋存》，證以篆籀，考其偏旁點畫，較薛、楊、潘、董諸家更為精審。

王杰門生阮元與芑堂亦有交往。阮元《定香亭筆談》卷二有言：海鹽張芑堂燕昌舉孝廉方正入省，有胥吏弄文阻之，欲其來解也。芑堂拂袖去，云：吾若與猾胥接一言，有負辟薦矣。予聞之，即徵來省，特列薦章中。芑堂本王韓城師所舉優行生，名望素符真士，無虛聲也。其風格品質可見一斑。王杰曾為

[一] 清官修《清高宗實録》卷九一九"乾隆三十六年十月戊寅"條，北京：中華書局，1987。
[二] 清官修《清高宗實録》卷九二六"乾隆三十八年二月庚午"條，北京：中華書局，1987。
[三] （清）段玉裁《戴東原先生年譜》"乾隆三十八年"條，經韻樓本。
[四] （清）章學誠《章學誠遺書》卷十四《記與戴東原論修志》，民國劉氏嘉業堂刻本。
[五] 清官修《清高宗實録》卷九六四"乾隆三十九年八月庚丙戌"條，北京：中華書局，1987。

其《金石契》做序，贊曰：徐閱終卷，搜採考訂，有補前人著作之所未及者，視束廣微之識竹簡，劉士深之辨犧尊，頗無愧焉。

乾隆四十年乙未五十一歲1775年

充會試副總裁，得士嚴福等一百六十一人。五月，主試八旗教習。

疏：乾隆四十年乙未科會試。考官：兵部尚書嵇璜，字尚佐，江南無錫人，庚戌進士；刑部侍郎王杰；副都御史阿肅，字敬之，滿洲鑲白旗人，甲戌進士。題：苟日新日三句，仲叔圉治三句，敢問何謂言也。賦得燈右觀書得風字。會元嚴福，字景純，江南吳縣人；狀元吳錫齡，字純甫，江南休寧人；榜眼汪鏞，字東序，山東歷城人；探花沈清藻，字魯泉，浙江仁和人[一]。

乾隆四十一年丙申五十二歲1776年

再任浙江學政。

補：三月，朱珪上書房行走，為仁宗嘉慶師[二]。

三月，戶部侍郎和珅軍機處行走[三]。

十一月，高宗命四庫全書館徹查違禁書籍[四]。

是年，和珅授戶部侍郎，為軍機大臣，兼內務府大臣。又兼步軍統領，充崇文門稅務監督，總理行營事務[五]。

是年，王杰延請洪亮吉校文，洪亮吉因母卒，未能成行[六]。

案：是年，王杰再督學浙江，汪輝祖攜其《雙節堂贈言》來謁，請王杰做序。《葆淳閣集》卷二有《雙節堂贈言序》，中有言：“丙申，余再督學浙江，煥曾謁余，請序以弁贈言首。”

據劉錦藻《清續文獻通考》卷二百六十一經籍考五、《清儒學案小傳》卷二十一、趙爾巽等《清史稿·汪輝祖傳》所載：汪輝祖，字煥曾，號龍莊，生於清雍正八年（1730）十二月十四日，卒於清嘉慶十二年（1807）三月二十四

[一] （清）法式善等撰，張偉點校《清秘述聞三種》第一冊（清）法式善《清秘述聞》卷七，頁二四七，北京：中華書局，1982。

[二] （清）朱賜經《朱珪年譜》"乾隆四十一年"條，清嘉慶九年（1883）阮元增修本。

[三] 趙爾巽等《清史稿》卷十四《本紀》十四《高宗本紀》，北京：中華書局，1977。

[四] 清官修《清高宗實錄》卷一零二一"乾隆四十一年十一月甲申"條，北京：中華書局，1987。

[五] 趙爾巽等《清史稿》卷三百十九《列傳》一百六《和珅傳》，北京：中華書局，1977。

[六] （清）吳錫麒《有正味齋集》卷六序六《駢體文續集》，清嘉慶十三年（1808）《有正味齋全集》增修本。

日，浙江蕭山人。少孤，繼母王、生母徐教之成立。嘗如州縣，掌書記，習刑名家言。乾隆乙未成進士，選授湖南寧遠縣知縣。治事廉平，尤善色聽，援據比附，律窮者，通以經術，證以古事。

是年冬，王杰為《跋恬波亭韻》。《葆淳閣集》卷三是文中有"丙申冬"之言。

是年，胡德銓卒，王杰為《胡敬亭傳》。《葆淳閣集》卷六是文言胡德銓"卒於乾隆丙申年六月十五日卯時"。

《葆淳閣集》卷二十一有《謝留浙江學政任摺》。

乾隆四十二年丁酉五十三歲1777年

督學浙江，選拔得士汪應紹等九十九人。八月，任滿，奉旨到京後，即署禮部侍郎。十月，轉吏部右侍郎，署禮部右侍郎，仍兼署禮部右侍郎，充四庫館、三通館、國史館副總裁。

補：五月二十七日，戴震卒[一]。

疏：據清阮元《兩浙輶軒錄》卷三十六所載：汪應紹，字賓士，號柳湖，錢塘人，乾隆丁酉□貢，官順天南路同知。

案：是年，官修《清高宗實錄》中並無王杰擔任國史館副總裁之記載，且根據《謝充四庫館全書及三通館副總裁摺》》，亦無"國史館副總裁"。王杰任此職當在乾隆四十四年十二月。

《葆淳閣集》卷二十一有《謝充四庫館全書及三通館副總裁摺》。

乾隆四十三年戊戌五十四歲1778年

充會試副總裁，得士繆祖培等一百五十六人。

疏：是年會試，考官：內閣大學士余敏中，字重常，江南金壇人，丁巳進士；吏部侍郎王杰；內閣學士嵩貴，字撫棠，蒙古正黃旗人，辛巳進士。題：子曰其言一節，反古之道一句，且子食志食志。賦得春服既成得鮮字。會元繆祖培，字敦川，江南泰州人[二]。

繆祖培，字晴嵐，號敦川，泰州人。乾隆戊戌會試第一，著《修月樓詩

[一]（清）段玉裁《戴東原先生年譜》"乾隆四十二年"條，經韻樓本。
[二]（清）法式善等撰，張偉點校《清秘述聞三種》第一冊（清）法式善《清秘述聞》卷七，頁二五三，北京：中華書局，1982。

稿》一卷。繆祖培後雖為會元，但不與館選[一]。

乾隆四十四年己亥五十五歲1779年

二月，轉吏部左侍郎。六月，奉旨添派閱看《大清一統志》。典試浙江，得士蔣師爚等九十四人。八月，埰時生子駉。十二月，充武英殿總裁，同辦《明史》。

補：十一月，高宗重申嚴查各省郡縣志書，禁除違礙內容[二]。

十二月，《遼史》《元史》，著添派和珅與曹文埴同辦。《明史》則王杰與寶光鼐同辦[三]。

疏：是年恩科，浙江考官：吏部侍郎王杰；侍講學士吳省欽，字沖之，江南南匯人，癸未進士。題升車必正一節，一撮土之二句，亟其乘屋一句。賦得經訓乃菑畬得鋤字。解元蔣師爚，字慕劉，仁和人，庚子進士[四]。

是年，盧文弨與朱緒論學，言及朱子學之衰敗[五]。

案：王杰二月轉吏部左侍郎，朱珪《王文端公墓志銘》同，《清史列傳》為"吏部右侍郎"[六]。

《葆淳閣集》卷二有《恭跋御製熱河文廟碑》。據《清高宗實錄》記載，是年五月丁未，高宗有《御制熱河文廟碑記》。

乾隆四十五年庚子五十六歲1780年

三月，奉命督學浙江。於是督學浙江三任矣。浙故人地，王杰歷任來校士，惟明惟慎，尤盡心，以律身持己相砥礪。試士日，必面諭諸生，勤勉殷切，如家人父子。浙中人士官大僚知名者，每言及，多感歎悅服，謂所以成就之者，在德器，不徒以文字知己，感慕不忘也。迎養吳夫人於學署。

補：正月至五月，高宗第五次南巡[七]。

[一]（清）阮葵生《茶餘客話》卷二，清光緒十四年（1888）刻本。
[二] 清官修《清高宗實錄》卷一零九五"乾隆四十四年十一月甲辰"條，北京：中華書局，1987。
[三] 清官修《清高宗實錄》卷一零九六"乾隆四十四年十二月辛酉"條，北京：中華書局，1987。
[四]（清）法式善等撰，張偉點校《清秘述聞三種》第一冊（清）法式善《清秘述聞》卷七，頁二五五，北京：中華書局，1982。
[五]（清）盧文弨《抱經堂文集》卷十九《答朱秀才理齋緒書》，清乾隆六十年（1795）刻本。
[六] 佚名編，王鐘翰點校《清史列傳》卷二六《大臣傳次編》一《王杰傳》，頁一九九三，北京：中華書局，1987。
[七] 趙爾巽等《清史稿》卷十四《本紀》十四《高宗本紀》，北京：中華書局，1977。

三月，和珅為戶部尚書。五月，和珅為正白旗領侍衛內大臣[一]。

八月，朱珪任福建学政[二]。

九月，高宗下諭，命編纂《欽定歷代職官表》，紀昀、陸錫熊、孫士毅、陸費墀為正總裁[三]，王杰任副總裁之一[四]。

是年，和珅擢戶部尚書、議政大臣。及復命，面陳雲南鹽務、錢法、邊事，多稱上意，並允行。授御前大臣兼都統。賜婚其子豐紳殷德為和孝公主額駙，待年行婚禮。又授領侍衛內大臣，充四庫全書館正總裁，兼理藩院尚書事，寵任冠朝列[五]。

案：三月，王杰奏陸費墀丟失編纂《四庫全書》所用底本四五百種。《葆淳閣集》卷二十一有《參奏四庫全書館提調短少底本摺》。後查明，此事僅因工作疏漏而起。官修《清高宗實錄》錄有高宗關於此事所發的兩道諭旨。

卷一一零三，三月乙未日一道。諭：王杰參奏武英殿提調陸費墀遺失各書底本四五百種，令謄錄捐書繕寫，以為拖延掩飾之計，請勒限追繳等語，所辦甚是。辦理《四庫全書》一事，卷帙浩繁，人員冗雜，瞻顧私情，自所難免。然以國家辦此大事，豈能徹底澄清，毫無瞻徇。至陸費墀專司提調，前後數年，事出一手，其從前倚恃大學士于敏中優待，假藉聲勢，朕非不知之。是以總司書局三員內紀昀、陸錫熊均經陞用，而陸費墀則久未遷擢。現據王杰查出伊短少底本，拖延掩飾緣由，則不可不嚴行查辦。陸費墀著解任，交與英廉、胡季堂、金簡、曹文埴秉公審訊。金簡久管武英殿事務，陸費墀所辦，雖與金簡無涉，自可毋庸迴護。且英廉等會同審訊，諒亦不能稍有徇隱。至董誥未及清查底本，雖與王杰商同派員查對，但亦有應得處分，俟結案時，一併交部議處。所請另派提調，並著英廉簡派，奏明充補。

卷一一零七，五月丙午日一道。諭：前因陸費墀經王杰參奏，遺失《四庫全書》底本及令謄錄捐書繕寫各情節。恐其中有私捐情弊，是以將陸費墀解任，交英廉等秉公查審。今既據查明，實因書卷浩繁，收發不清，以致遺失書

[一] 趙爾巽等《清史稿》卷十四《本紀》十四《高宗本紀》，北京：中華書局，1977。
[二] （清）朱錫經《朱珪年譜》"乾隆四十五年"條，清嘉慶九年（1883）阮元增修本。
[三] 清官修《清高宗實錄》卷一一一四"乾隆四十五年九月甲辰壬辰"條，北京：中華書局，1987。
[四] （清）永瑢等《歷代職官表》卷首，《文淵閣四庫全書》本第601—602冊。
[五] 趙爾巽等《清史稿》卷三百三十九《列傳》一百六《和珅傳》，北京：中華書局，1977。

籍三十余種，尚無別項情弊。陸費墀著從寬准其開復，仍交部議處。所遺各書，勒令購覓賠補。至幫辦提調劉種之及總裁董誥，俱著從寬免其交部。

《欽定歷代職官表》入《四庫全書》中，屬史部職官類，在文淵閣本第六零一至六零二冊。是書考證精當，采備豐贍，質量頗高。《四庫全書總目》認為是書："考證排次，輯綴是編，分目悉准今制。凡長貳僚屬具列焉，明綱紀也；其兼官無正員，而所掌綦重，如軍機處之類，亦別有專表，崇職守也；八旗及新疆爵秩，前所未有者，並詳加臚考，著聖代之創建，遠邁邃古也。或古有而今無，或先置而後廢，並為采掇，別附於篇，備參訂也。每門各冠以表，表後詳敘建置。首列國朝，略如《唐六典》之例。次以歷代，則節引諸書，各附案語，以疏證其異同。上下數千年分職率屬之制，元元本本，罔弗具焉。……是書發凡起例，悉稟睿裁。包括古今，貫串始末。旁行斜上，援古證今。經緯分明，參稽詳密。不獨昭垂奕祀，為董正之鴻模。即百爾臣工，各明厥職，用以顧名而思義，亦益當知所儆勖矣。"[一]乾隆年原修本六十三卷，道光年間黃本驥以為繁雜，遂刪去其中注釋文字，以成六卷本[二]。

《葆淳閣集》卷一有《聖駕五巡江浙恭紀頌八章謹序》

乾隆四十六年辛丑五十七歲1781年

督學浙江。

補：二月十六日，《四庫全書總目》二百卷成[三]。

案：正月二十八日，高宗賜王杰御製《古稀說》一冊。《葆淳閣集》卷二十二有《謝賜古稀說摺》。

五月二十五日，高宗賜王杰御製《改教詩石刻》一軸。《葆淳閣集》卷二十二有《謝賜改教詩摺》。

乾隆四十七年壬寅五十八歲1782年

四月，奉旨授都察院左都御史，回京供職。八月，充四庫館總裁。趨命召對，蒙恩詢太夫人年歲，御書"南陔承慶"匾額賜王杰。十一月，子壎時生。

補：正月二十九日，第一部《四庫全書》成，入藏文淵閣[四]。

[一]（清）永瑢等《四庫全書總目》卷七九史部三十五，頁六八六，北京：中華書局，1965。
[二]（清）黃本驥編《歷代職官表·出版説明》頁一，上海：上海古籍出版社，1980。
[三] 清官修《清高宗實錄》卷一一二五"乾隆四十六年二月己未"條，北京：中華書局，1987。
[四] 清官修《清高宗實錄》卷一一四九"乾隆四十七年正月丙寅"條，北京：中華書局，1987。

七月十九日，《四庫全書總目》改正本二百卷、《考證》一百卷、《簡明目録》二十卷均告成[一]。

八月，和珅加太子太保[二]。

九月二十一日，孫景烈卒，年七十七[三]。

案：四月二十九日，王杰補都察院左都御史。據《葆淳閣集》卷二十一有《補授都察院左都御史謝恩摺》，另有《謝充四庫館總裁摺》。

乾隆四十八年癸卯五十九歲1783年

五月，吳太夫人終於京邸。八月，垺時生子驌。九月，王杰奉吳太夫人喪回籍守制，謹謝客，而親知一二時往來相慰問，常謂人曰：吾官總憲且一年，賴主上聖明，海内乂安，朝廷無事，無所建白，然終自愧居言官，無補於國家。

案：《葆淳閣集》卷二有《恭跋御製君子小人論》。約在是年三月，高宗做《君子小人論》，因據官修《清高宗實録》是年五月有"朕近作君子小人論"之語。

乾隆四十九年甲辰六十歲1784年

在制。三月，授兵部尚書。聖駕南巡，王杰趨赴行在謝恩。召見，王杰不解憂戚之色。上曰：汝來甚好，君臣之情當如是。然汝儒者，朕不欲奪汝情，歸終制可也。王杰感泣陛辭。時大興朱文正公方扈從，遇於行帳，欷謂王杰曰：上之待公厚矣，勖哉！

補：正月至四月，高宗第六次南巡[四]。

三月，兵部尚書員缺，王杰補，在籍守制，俟服滿供職。王杰未到任以前，所有兵部尚書事務，劉墉兼署[五]。

十一月二十六日，内廷四閣《四庫全書》成[六]。

是年，和珅受賜雙眼花翎，充國史館正總裁、文淵閣提舉閣事、清字經館

[一] 張書才《纂修四庫全書檔案》下册，頁一六零二-一六零三，上海：上海古籍出版社，1997。

[二] 趙爾巽等《清史稿》卷三百十九《列傳》一百六《和珅傳》，北京：中華書局，1977。

[三] （清）錢儀吉《碑傳集》卷四八（清）張洲《徵仕郎翰林院檢討孫先生景烈行狀》，清道光（1821—1850）刻本。

[四] 清官修《清高宗實録》卷一一六九"乾隆四十七年十一月辛酉"條，北京：中華書局，1987。

[五] 清官修《清高宗實録》卷一二零零"乾隆四十九年三月己丑"條，北京：中華書局，1987。

[六] 清官修《清高宗實録》卷一二一九"乾隆四十九年十一月丁丑"條，北京：中華書局，1987。

總裁[一]。

乾隆五十年乙巳六十一歲1785年

在籍守制。八月，服闋，進京供職。十月，充三通館總裁。十一月，充經筵講官。

補：二月二十九日，四庫全書館補刊《通志堂經解》成[二]。

十月，諭曰：國史館總裁嵇璜年老，精力恐不能兼顧，王杰充三通館總裁[三]。

十一月，王杰以兵部尚書充經筵講官[四]。

十二月，王杰與劉墉、福長安、胡季堂、蘇淩阿、勒保逐細詳查四庫全書繕字總數[五]。

乾隆五十一年丙午六十二歲1786年

正月，奉旨在紫禁城騎馬。四月，直尚書房總師傅。十二月，直軍機處。

補：七月，和珅為文華殿大學士，管理戶部事[六]。

九月，阮元中鄉試第八名，朱珪為主考官[七]。

十一月，阮元抵京，拜謁學者名流[八]。

十二月，大學士梁國治卒，王杰以兵部尚書銜在軍機處行走。十二月，福建彰化縣賊匪林爽文作亂，陷縣城，知縣俞峻死之。常青、徐嗣曾等剿辦[九]。

疏：是年，軍機大臣六人：阿桂、梁國治、和珅、福長安、董誥、王杰[一○]。

乾隆五十二年丁未六十三歲1787年

[一] 趙爾巽等《清史稿》卷三百十九《列傳》一百六《和珅傳》，北京：中華書局，1977。
[二] 清官修《清高宗實錄》卷一二二四 "乾隆五十年二月己丑" 條，北京：中華書局，1987。
[三] 清官修《清高宗實錄》卷一二四零 "乾隆五十年十月戊寅" 條，北京：中華書局，1987。
[四] 清官修《清高宗實錄》卷一二四二 "乾隆五十年十一月庚申" 條，北京：中華書局，1987。
[五] 清官修《清高宗實錄》卷一二四四 "乾隆五十年十二月丁丑" 條，北京：中華書局，1987。
[六] 清官修《清高宗實錄》卷一二六一 "乾隆五十一年七月乙未" 條，北京：中華書局，1987。
[七] （清）張鑒等撰，黃愛萍點校《阮元年譜》卷一 "乾隆五十一年" 條，頁六，北京：中華書局，1995。
[八] （清）張鑒等撰，黃愛萍點校《阮元年譜》卷一 "乾隆五十一年" 條，頁七，北京：中華書局，1995。
[九] 趙爾巽等《清史稿》卷十五《本紀》十五《高宗本紀》，北京：中華書局，1977。
[一○] 錢實甫《清代職官年表》第一冊，頁一四二，北京：中華書局，1980。

正月，拜東閣大學士，兼管禮部事務。充會試正總裁，得士顧鈺等一百三十七人。賜花園住房各一所。

補：二月，林爽文復陷鳳山，犯臺灣府，柴大紀督兵民禦之[一]。

六月，授柴大紀福建陸路提督，兼管臺灣總兵事。七月，以海蘭察為參贊大臣，舒亮、普爾普為領隊大臣，率侍衛、章京等赴臺灣剿賊。八月，常青免，命福康安為將軍，赴臺灣督辦軍務。十一月，加李侍堯、孫士毅太子太保，柴大紀太子少保。賜臺灣廣東莊、泉州莊義民御書扁額。後以柴大紀固守嘉義，封一等義勇伯，世襲。免臺灣嘉義縣五十四年額賦[二]。

疏：官修《清高宗實錄》卷一二七二，正月丁亥日有諭：見在尚書中，王杰資俸亦深，在內廷行走有年，且見在大學士軍機處已有滿洲二人，亦不可無一漢大學士。王杰著補授大學士，所有兵部尚書員缺，著彭元瑞調補。其禮部尚書，著紀昀補授。德保、紀昀俱屬中材，王杰著管理禮部事務。

是年會試，考官：內閣大學士王杰；刑部侍郎姜晟，字光宇，江南元和人，丙戌進士；內閣學士瑞保，字執桓，滿洲鑲黃旗人，乙未進士。題：子路共之二句，故君子尊三句，《孟子》曰道全章。賦得四時為柄得乾字。會元顧鈺，狀元史致光，字葆甫，浙江山陰人。榜眼孫星衍，字淵如，江南陽湖人。探花董教增，字益其，江南上元人[三]。

顧鈺，字容莊，號式度[四]，江南無錫人。後進士及第，由吏部郎中考選福建道御史[五]。

是年，軍機大臣共六人：阿桂、和珅、慶桂、福長安、王杰、董誥[六]。

案：《清史紀事本末》卷三十三"臺灣林爽文之亂"條："五十二年春正月林爽文莊大田分水陸兩路犯臺灣府"，時間當誤。據清官修《臺灣紀略》卷五載："二月初七日乙巳，常青奏言，賊匪於十二月三十及正月初一等日分路攻逼郡城。"

[一] 趙爾巽等《清史稿》卷十五《本紀》十五《高宗本紀》，北京：中華書局，1977。
[二] 趙爾巽等《清史稿》卷十五《本紀》十五《高宗本紀》，北京：中華書局，1977。
[三] （清）法式善等撰，張偉點校《清秘述聞三種》第一冊，（清）法式善《清秘述聞》卷八，頁二七七，北京：中華書局，1982。
[四] （清）黃叔璥《國朝御史題名》"嘉慶二年"條，清光緒（1875—1908）刻本。
[五] 劉錦藻《清續文獻通考》卷八十七《選舉考》四，民國影十通本。
[六] 錢實甫《清代職官年表》第一冊，頁一四二，北京：中華書局，1980。

《葆淳閣集》卷二十一有《謝賜住房摺》。

乾隆五十三年戊申六十四歲1788年

平定臺灣，賜圖像紫光閣。御製贊曰：典學七閩，肅正士風。台灣民俗，頗悉心中。山海險夷，參畫具通。有佐樽俎，圖貌紀功。

補：二月，行仲春經筵，高宗論《大學》異於朱子[一]。

二月，獲林爽文，賞福康安、海蘭察御用佩囊，議敘將弁有差。大學士和珅晉三等伯爵。王杰與大學士阿桂、尚書福長安、董誥議敘[二]。

七月，廓爾喀據後藏濟嚨、聶拉木，成德與穆克登阿剿之[三]。

九月，緬甸番目細哈覺控等入覲，暹羅、緬甸均內附，二國應修好，不得構兵[四]。

疏：是年，軍機大臣共六人：阿桂、和珅、王杰、慶桂、董誥、福長安[五]。

據《御製平定臺灣二十功臣像贊》，此次入紫光閣平臺共五十功臣，前二十有御製贊，依次為：大學士阿桂、和珅、王杰，協辦大學士福康安，領侍衛內大臣海蘭察，尚書福長安、董誥，總督李侍堯、孫士毅，巡撫徐嗣曾，成都將軍鄂輝，護軍統領舒亮、普爾普，提督蔡攀龍、梁朝桂、許世亨，總兵穆克登阿、張芝元、普吉保，散秩大臣穆塔爾。

案：據清張紹南《孫淵如先生年譜》載，是年，孫星衍三十六歲，移居琉璃廠，官翰林院編修，充三通館校理。君在庶常館試詩賦，援筆立就，王杰與阿桂皆賞異之，每課必拔以冠。

乾隆五十四年己酉六十五歲1789年

充會試正總裁，得士錢楷等九十六人。平廓爾喀，再賜圖像紫光閣。御製贊曰：司學閩疆，臺灣事曉。海洋進退，頗亦了了。短詩長記，晝夜謄章。無暇贊策，人各用長。十一月，因師傅七日未到，免尚書房行走。

補：二月，行仲春經筵，高宗解《論語》異於朱子[六]。

[一] 清官修《清高宗實錄》卷一二九八"乾隆五十三年二月己亥"條，北京：中華書局，1987。
[二] 趙爾巽等《清史稿》卷十五《本紀》十五《高宗本紀》，北京：中華書局，1977。
[三] 趙爾巽等《清史稿》卷十五《本紀》十五《高宗本紀》，北京：中華書局，1977。
[四] 趙爾巽等《清史稿》卷十五《本紀》十五《高宗本紀》，北京：中華書局，1977。
[五] 錢實甫《清代職官年表》第一冊，頁一四三，北京：中華書局，1980。
[六] 清官修《清高宗實錄》卷一三二二"乾隆五十四年二月辛卯"條，北京：中華書局，1987。

三月，阮元中會試第二十八名，王杰為主考官。後殿試取二甲第三名，旋充國史館、武英殿纂修官[一]。

九月，廓爾喀貢使入覲[二]。

是年，章學誠撰《書朱陸篇後》，抨擊戴學[三]。

是年夏，紀昀著《灤陽消夏錄》，以漢、宋學術當兼采[四]。

疏：是年恩科會試。考官：內閣大學士王杰；禮部侍郎鐵保，字冶亭，滿洲正黃旗人，壬辰進士；工部侍郎管干珍，字陽復，江南陽湖人，丙戌進士。題：點爾何如之，撰溥博如天二句，苟為不熟二句，賦得草色遙看近卻無得夫字。會元錢楷，字宗範，浙江嘉興人。狀元胡長齡，字西庚，江南通州人；榜眼汪廷珍，字玉粲，江南山陽人；探花劉鳳誥，字丞牧，江西萍鄉人[五]。

據《聖製平定廓爾喀十五功臣圖贊序》，此次入紫光閣平廓爾喀十五功臣，依次為：大學士福康安、阿桂、和坤、王杰、孫士毅，領侍衛內大臣海蘭察，尚書福長安、董誥、慶桂、和琳，總督惠齡，護軍統領台斐英阿、額勒登保，副都統阿滿泰、成德。

是年，軍機大臣共七人：阿桂、和珅、慶桂、董誥、福長安、孫士毅、王杰[六]。

案：錢楷，字宗範，浙江嘉興人[七]。又字裴山[八]。據清法式善《清秘述聞》、清丁仁《八千卷樓書目》卷十七集部、清彭蘊璨《歷代畫史彙傳》卷十八所載，錢楷乾隆二十五年（1760）生，嘉慶十七年（1812）卒，年五十三。乾隆五十四年己酉會試第一名，是年授官止九十六人，是為最少之數。選翰林院庶吉士，五十五年八月，由戶部主事入直官，充軍機章京。嘉慶

[一]（清）張鑒等撰，黃愛萍點校《阮元年譜》卷一"乾隆五十四年"條，頁八，北京：中華書局，1995。

[二] 趙爾巽等《清史稿》卷十五《本紀》十五《高宗本紀》，北京：中華書局，1977。

[三]（清）章學誠《章學誠遺書》卷二《朱陸》附，民國劉氏嘉業堂刻本。

[四]（清）紀昀《灤陽消夏錄》卷首、卷一，清嘉慶五年（1800）望益書屋刻本。

[五]（清）法式善等撰，張偉點校《清秘述聞三種》第一冊（清）法式善《清秘述聞》卷八，頁二八三，北京：中華書局，1982。

[六] 錢實甫《清代職官年表》第一冊，頁一四三，北京：中華書局，1980。

[七]（清）法式善等撰，張偉點校《清秘述聞三種》第一冊（清）法式善《清秘述聞》卷十二，頁三七七，北京：中華書局，1982。

[八]（清）梁章鉅等撰，何英芳點校《樞垣記略》卷十八，頁二一一，北京：中華書局，1984。

三年，典四川鄉試，以戶部員外郎任廣西學政，回京，仍直軍機。遷禮部郎中，調刑部，甚被眷遇。截取京察當外用，予升銜留任。歷官廣西、湖北、安徽巡撫，廉清自守，每多德政，惠及黎庶。兼善分隸，工畫山水，得麓臺石穀神髓。有《綠天書舍存稿》六卷。

另有清阮元《揅經室集》二集卷二所載《安徽巡撫裴山錢公傳》，頗為詳細。趙爾巽等《清史稿》列傳一百四十六有《錢楷列傳》。

是年十一月，王杰免上書房行走一事，實乃王杰平生少有之疏漏。官修《清高宗實錄》收有高宗關於此事的兩道諭旨，從中可見此事經過。

其一，卷一三二四，三月甲子日有諭：朕閱內左門登載尚書房阿哥等師傅入直門單，自三十日至初六日，所有皇子皇孫之師傅，竟全行未到，殊出情理之外。因召見皇十七子，同軍機大臣，並劉墉等，面加詢問。如系阿哥等不到書房，以致師傅各自散去，則其咎在阿哥，自當立加懲責。今據皇十七子奏稱，阿哥等每日俱到書房，師傅們往往有不到者，曾經阿哥們面囑其入直，伊等連日仍未進內等語。皇子等年齒俱長，學問已成，或可無須按日督課。至皇孫、皇曾孫、皇元孫等，正在年幼勤學之時，豈可少有間斷。師傅等俱由朕特派之人，自應各矢勤慎，即或本衙門有應辦之事，亦當以書房為重。況現在師傅內，多系閣學翰林，事務清簡，並無不能兼顧者。何得曠職誤功，懈弛若此。皇子為皇孫輩之父叔行，與師傅等胥有主賓之誼，師傅等如此怠玩，不能訓其子侄，皇子等即當正詞勸諭，如勸之不聽，亦應奏聞，乃竟聽伊等任意曠職，皇子等亦不能無咎。至書房設有總師傅，並不專司訓課，其責專在稽查，與總諳達之與眾諳達等無異。師傅內有怠惰不到者，總師傅自應隨時糾劾，方為無忝厥職。今該師傅等竟相率不到至七日之久，無一人入書房，其過甚大。而總師傅復置若罔聞，又安用伊等為耶？此而不嚴加懲創，又復何以示儆。嵇璜年已衰邁，王杰兼軍機處行走，情尚可原，著從寬交部議處。劉墉、胡高望、謝墉、吉夢熊、茅元銘、錢棨、錢樾、嚴福、程昌期、秦承業、邵玉清、萬承風俱著交部嚴加議處。至阿肅、達椿身系滿洲，且現為內閣學士，毫無所事，其咎更重，均著革職，仍各責四十板，留在尚書房效力行走，以贖前愆而觀後效。

其二，卷一三二四，三月乙丑日有諭：昨因尚書房阿哥等師傅，自二月三十至本月初六七日之久，無一人入書房，殊出情理之外，已降旨將總師傅嵇璜、王杰交部議處，劉墉、胡高望交部嚴加議處矣。……朕曲賜優容，未加譴責。伊自當感激朕恩，亟思愧奮，益矢勤慎。今阿哥師傅等不到書房，至七日之久。劉墉身為總師傅，又非如嵇璜年老、王杰兼軍機處行走者可比，乃竟亦置若罔聞，似此事事辜負溺職。於國家則為不忠，于伊父則為不孝，其過甚大，豈可復邀寬宥。……其餘各師傅等統俟部議上時，再降諭旨。

上述兩道諭旨，可見盛怒之下的高宗措辭之嚴厲。關於此事的最終結果，官修《清高宗實錄》卷一三二四，三月庚午日有諭：吏部奏，尚書房曠班不到，毫無稽查之。總師傅大學士嵇璜等，照例分別降調。得旨，嵇璜、王杰著改為降三級，從寬留任。胡高望、吉夢熊、茅元銘、錢棨、錢樾、嚴福、程昌期、秦承業、邵玉清、萬承風，俱著改為革職從寬留任。胡高望等系專司訓課之員，其曠職誤公，非尋常玩誤可比，並著八年無過，方准開復。

又，關於廓爾喀動亂，乾隆五十四年僅暫作平息，乾隆五十七年才作徹底平定。因為征討廓爾喀有功，此次又有包括王杰在內的多位功臣圖像紫光閣。但關於此次圖像紫光閣具體日期說法多樣，如下：

其一，乾隆五十四年。朱珪所撰《東閣大學士文端王公杰墓誌銘》載："己酉，充會試正考官，平廓爾喀，再圖形閣中。"

其二，乾隆五十五年。清那彥成《阿文成公年譜》卷三十四"乾隆五十五年庚戌七十四歲"條下曰："十月，廓爾喀平，命交部議敘，平定廓爾喀紫光閣十五功臣圖像恭錄御製贊。"

其三，乾隆五十七年。據清穆彰阿《（嘉慶）大清一統志》卷四"京師四苑囿"條記載："五十七年平定廓爾喀圖功臣像上親製贊者十五人。"清穆彰阿《（嘉慶）大清一統志》卷二十八王昶所撰《太子太保武英殿大學士一等誠謀英勇公謚文成公阿桂行狀》載："五十七年，西藏廓爾喀平，上命圖福公康安等十五功臣象於紫光閣。"

其四，乾隆五十八年。據清穆彰阿《（嘉慶）大清一統志》卷三百四十五"武昌人物"條載彭承堯"五十八年，論平廓爾喀功，圖像紫光閣命儒臣製贊。"

王杰墓誌由其好友朱珪所撰，朱珪少文端六歲，二人於乾隆朝共事多年。以朱珪之身份地位及學術品端，當不至於將王杰圖像紫光閣時間弄錯。由上述可見，入繪像紫光閣功臣並無定例。或戰爭之時隨時評定功臣入紫光閣，待戰爭結束時再做最後排序審定亦未不可。

另，關於乾隆朝功臣圖像紫光閣次數，據清陳康祺《郎潛紀聞》卷十四載："乾隆朝詔繪功臣像凡三次：四十一年平金川五十功臣，五十三年平臺灣三十功臣，五十八年平廓爾喀十五臣。"趙爾巽等《清史稿》列傳一百五《阿桂列傳》末有："高宗圖功臣於紫光閣前後凡四舉列於前者親爲之贊。定伊犁回部五十人，定金川五十人，定臺灣二十人，定廓爾喀十五人"。而以上次數均誤。據清慶桂《國朝宮史續編》卷九十六所載《聖製平定廓爾喀十五功臣圖贊序》有言："西師、金川功臣各百，予親爲贊者各五十餘，命儒臣爲贊各五十，以成百數。臺灣功臣，予親贊者二十餘，命儒臣爲贊者三十，以成五十數。今平定廓爾喀之功臣，予親贊者十五餘，命儒臣爲贊者十五，以成三十數。"從而可知，乾隆朝圖像紫光閣有如下幾例：其一，乾隆二十年平定準部回部功臣，前後功臣個五十人，共一百人。其二，乾隆四十一年平定大小金川前後功臣各五十人，共一百人。其三，乾隆五十三年平定臺灣前功臣二十人，後功臣三十人，共五十人。其四，乾隆五十八年平定廓爾喀功臣前十五人，後功臣十五人，共三十人。又上述均少紫光閣落成一次。乾隆二十六年正月壬寅日，據官修《清高宗實錄》載："紫光閣落成。賜大學士公傅恒以下畫像諸功臣。"

此外，零星入紫光閣功臣圖者屢見不鮮。據趙爾巽等《清史稿》各自本傳記載，富德、兆惠便是在乾隆二十五年圖形紫光閣。亦有在卒後圖形紫光閣者，如薩賴爾。終乾隆一朝，紫光閣多爲高宗閱中式武舉騎射，或宴請蒙古、回部等外族王宮大臣之所，可見此處有崇武之習。

《葆淳閣集》卷二有《恭跋御製廓爾喀戰圖》。

乾隆五十五年庚戌六十六歲1790年

二月，埒時生子隮。充會試正總裁，得士朱文翰等一百二人。十一月，加太子太保。

補：七月，朱珪仼安徽巡撫[一]。

十一月，王杰加太子太保，尚書彭元瑞、董誥、胡季堂、福長安、將軍保寧加太子少保[二]。

[一] 趙爾巽等《清史稿》卷十五《本紀》十五《高宗本紀》，北京：中華書局，1977。
[二] 趙爾巽等《清史稿》卷十五《本紀》十五《高宗本紀》，北京：中華書局，1977。

是年，上八旬萬壽，和珅偕尚書金簡專司慶典事[一]。

疏：是年會試，考官：內閣大學士王杰；吏部侍郎朱珪，字石君，順天大興人，戊辰進士；內閣學士鄒奕孝，字念喬，江南無錫人，丁丑進士。題：皆自明也一句，君命召不二句，使數人要於朝，賦得老當益壯得方字。會元朱文翰。狀元石韞玉，字執如，江南吳縣人。榜眼洪亮吉，字君直，江南陽湖人。探花王宗誠，字中孚，江南青陽人[二]。

朱文翰，字屏兹[三]，又字見菴[四]，江南歙縣人，未與館選[五]。乾隆六十年以刑部主事任陝西考官，嘉慶三年以刑部員外郎任河南考官。歷官兩淮鹽運使。生平學優養醇，以闡明聖道為己任，著有《退思初稿》《名學類通》行世。又有《退思續稿》《舸齋經進文存》及詩集《省餘筆》《課藝餘錄》各種。歿，祀紫陽書院[六]。

是年，軍機大臣共六人：阿桂、和珅、王杰、慶桂、董誥、福長安[七]。

案：是年，據清嚴元照《柯家山館遺詩》卷四記載，嚴元照欲拜王杰，王杰不見。元照有詩："堂堂名相子，譬彼圭有瓚。如何託微痾，揮手謝三館。寥寥雲外宇，翔鷺自蕭散。冰山高際天，付之一笑莞。"後有注文說明：乾隆庚戌，先生入都，祝釐嵇文恭、王文端二公，勸謁時，相門先生終不應。

乾隆五十六年辛亥六十七歲1791年

奉命仍直尚書房總師傅。九月，堉時生子驌。十月，墫時生子篤。

補：正月，王杰又任尚書房總師傅[八]。

二月，行仲春經筵，高宗論《尚書》《論語》異於朱子[九]。

是年，大考在即，南書房需人。阮元為避嫌，尊王杰諭，避居內城。二

[一] 趙爾巽等《清史稿》卷十五《本紀》十五《高宗本紀》，北京：中華書局，1977。
[二] （清）法式善等撰，張偉點校《清秘述聞三種》第一冊（清）法式善《清秘述聞》卷八，頁二八九，北京：中華書局，1982。
[三] （清）法式善等撰，張偉點校《清秘述聞三種》第一冊（清）法式善《清秘述聞》卷八，頁二八九，北京：中華書局，1982。
[四] （清）何紹基（光緒）《重修安徽通志》卷二百十九，清光緒四年（1878）刻本。
[五] （清）阮葵生《茶餘客話》卷二，清光緒十四年（1888）刻本。
[六] （清）何紹基（光緒）《重修安徽通志》卷二百十九，清光緒四年（1878）刻本。
[七] 錢實甫《清代職官年表》第一冊，頁一四三，北京：中華書局，1980。
[八] 清官修《清高宗實錄》卷一三七一"乾隆五十六年正月戊戌"條，北京：中華書局，1987。
[九] 清官修《清高宗實錄》卷一三七二"乾隆五十四年二月庚戌"條，北京：中華書局，1987。

月,翰詹大考,高宗親擢元一等第一名,入南書房[一]。

七月,朱珪任安徽巡撫[二]。

十一月,王杰加太子太保[三]。

十一月,高宗命刻石經列辟雍。官修《清高宗實錄》卷一三九一,十一月壬辰日有諭:自漢唐宋以來,皆有石經之刻,所以考定聖賢經傳,使文字異同,歸於一是,嘉惠藝林,昭垂奕禩,甚盛典也。但歷年久遠,碑多殘缺,即間有片石流傳,如開成紹興年間所刊,今尚存貯西安、杭州等府學者,亦均非全經完本。我朝文治光昌,崇儒重道,朕臨御五十餘年,稽古表章,孜孜不倦,前曾特命所司創建辟雍,以光文教,並重排石鼓文,壽諸貞珉。而十三經雖有武英殿刊本,未經勒石。因思從前蔣衡所進手書十三經,曾命內廷翰林詳核舛訛,藏弆懋勤殿有年。允宜刊之石版,列於太學,用垂永久。著派和珅、王杰為總裁,董誥、劉墉、金簡、彭元瑞為副總裁,並派金士松、沈初、阮元、瑚圖禮、那彥成隨同校勘。但卷帙繁多,恐尚不敷辦理,著總裁等再行遴派三人,以足八員之數為校勘。諸臣等其悉心研辦,務臻完善,以副朕尊經右文至意。尋奏遵旨遴派翰林院侍讀學士劉鳳誥、祭酒汪廷珍、侍講邵晉涵留心經學,堪以並充校勘,報聞。

十一月,福康安為將軍,海蘭察、奎林為參贊,征廓爾喀[四]。

是年,《欽定秘殿珠林續編》八卷、《欽定石渠寶笈續編》八十八卷開始編纂[五]。

疏:是年,軍機大臣共六人:阿桂、和珅、王杰、慶桂、董誥、福長安[六]。

案:乾隆石經,計有《周易》六碑、《尚書》八碑、《詩》十三碑、《周禮》十五碑、《儀禮》十七碑、《禮記》十八碑、《春秋左氏傳》六十碑、《春秋公羊傳》十二碑、《春秋穀梁傳》十一碑、《論語》五碑、《孝經》一碑、《爾雅》三碑、《孟子》十碑,約六十三萬字。

[一] (清)張鑒等撰,黃愛萍點校《阮元年譜》頁一〇,北京:中華書局,1995。
[二] (清)朱賜經《朱珪年譜》卷一"乾隆五十六年"條,清嘉慶九年(1883)阮元增修本。
[三] (清)王先謙《東華續錄‧乾隆》一百十二,清光緒十年(1884)長沙王氏刻本。
[四] 趙爾巽等《清史稿》卷十五《本紀》十五《高宗本紀》,北京:中華書局,1977。
[五] (清)胡敬《胡氏書畫考三種‧西清劄記》卷一,清嘉慶(1796—1820)刻本。
[六] 錢實甫《清代職官年表》第一冊,頁一四三,北京:中華書局,1980。

乾隆五十七年壬子六十八歲1792年

補：八月，成德克多洛卡、隴岡等處。命孫士毅駐前藏督糧運。福康安等尋奏克噶勒拉、堆補木城卡，阿滿泰、墨爾根保陣亡。成德等克利底、大山賊卡。數日后，福康安奏廓爾喀酋拉特納巴都爾等乞降。上以其悔罪乞降，許之，班師[一]。

九月，論征廓爾喀功[二]。

十二月，清廷對科考《春秋》注文做出調整，不再用胡安國傳，改用《左傳》，參以《公羊》《穀梁》[三]。

是年，和珅兼翰林院掌院學士[四]。

疏：是年，軍機大臣共六人：阿桂、和珅、王杰、福長安、慶桂、董誥[五]。

乾隆五十八年癸丑六十九歲1793年

六月，瑊時生子□。

補：二月，仲春經筵，高宗論《中庸》異於朱子[六]。

四月，王杰與大學士阿桂、禮部尚書紀昀、左都御史竇光鼐、吏部侍郎金士松、禮部侍郎劉權之、兵部侍郎玉保、內閣學士瑚圖禮同為殿試讀卷官[七]。

四月，保和殿殿試，高宗倡導研究宋明學術[八]。

十二月，高宗嘉獎朱珪所輯御製經説[九]。

疏：是年，《欽定秘殿珠林續編》八卷、《欽定石渠寶笈續編》八十八卷編纂完成[一〇]。兩書始編於乾隆五十六年（1791），體例仿正編例，部首增法帖一門，仍詮列目次。首冠御筆，餘以冊卷軸爲序，列朝以朝代序，臣工以年代序，院畫次之，洋法番畫又次之。其合璧書畫刊本法帖緙繡書畫之類，另編於

[一] 趙爾巽等《清史稿》卷十五《本紀》十五《高宗本紀》，北京：中華書局，1977。
[二] 趙爾巽等《清史稿》卷十五《本紀》十五《高宗本紀》，北京：中華書局，1977。
[三] 清官修《清高宗實録》卷一四一九"乾隆五十七年十二月壬午"條，北京：中華書局，1987。
[四] 趙爾巽等《清史稿》卷三百十九《列傳》一百六《和珅傳》，北京：中華書局，1977。
[五] 錢實甫《清代職官年表》第一冊，頁一四三，北京：中華書局，1980。
[六] 清官修《清高宗實録》卷一四二二"乾隆五十八年二月己巳"條，北京：中華書局，1987。
[七] 清官修《清高宗實録》卷一四二七"乾隆五十八年四月壬午"條，北京：中華書局，1987。
[八] 清官修《清高宗實録》卷一四二七"乾隆五十八年四月癸未"條，北京：中華書局，1987。
[九] 清官修《清高宗實録》卷一四四二"乾隆五十八年十二月己巳"條，北京：中華書局，1987。
[一〇]（清）胡敬《胡氏書畫考三種·西清劄記》卷一，清嘉慶（1796—1820）刻本。

後，詳載題跋款識，各以分貯之所爲卷[一]。

《欽定西清續鑒》二十卷、附錄一卷，乾隆五十八年王杰奉敕撰[二]。乾隆五十年敕纂內府續藏諸器爲《西清續鑑》，五十九年校補，繕續集成綜著錄之器九百七十有五。書凡二十卷，附錄一卷，爲甲編，其藏盛京者釐爲乙編[三]。

是年，軍機大臣共七人：阿桂、和珅、王杰、福長安、慶桂、董誥、松筠[四]。

案：是年，孔子七十二世孫孔憲培薨，王杰爲其墓誌。《葆淳閣集》卷五有《誥授光祿大夫襲封七十二代衍聖公篤齋府君墓誌銘》。

是年，張玉樹薨，王杰爲其墓誌。《葆淳閣集》卷五有《臨安府知府張君墓誌銘》。

乾隆五十九年甲寅七十歲1794年

十月，王杰壽辰。恩賜御書"贊元錫嘏"匾額、"臚名芸館魁多士，耆福台階引大年"對聯、梵錫無量壽佛、鑲玉如意、珊瑚朝珠、上用絨結頂冠、皮裹褂蟒袍、鑲寶石黃文帶、大小荷包、小刀、飯菜、果酒十六件，欽差御前侍衛齎賜，以爲王杰壽。

補：二月，行仲春經筵，高宗論《易經》異於朱子[五]。

五月，朱珪任廣東巡撫[六]。

七月，諭曰：大學士行走班次。現在漢大學士無居前列者，嗣後行走班次，著阿桂居首，和珅居次，王杰居和珅之次，福康安居王杰之次，孫士毅居福康安之次[七]。

八月，因對李合和革職評價自相矛盾，王杰受察議。官修《清高宗實錄》卷一四五九，八月甲戌日有諭：向來部議革職人員，其中有因公掛誤，情節較輕者，內閣例票雙簽進呈，朕多施恩准其引見。至情節較重之員，俱用依議單簽。今平陽縣知縣李合和、於海洋行劫重案，並不親身查勘，輒違例擅委巡檢

[一]（清）慶桂《國朝宮史續編》卷九十三，清嘉慶十一年（1806）內府鈔本。
[二] 劉錦藻《清續文獻通考》卷二百七十四《經籍考》十八，民國影"十通"本。
[三]（清）慶桂《國朝宮史續編》卷九十三，清嘉慶十一年（1806）內府鈔本。
[四] 錢實甫《清代職官年表》第一冊，頁一四三，北京：中華書局，1980。
[五] 清官修《清高宗實錄》卷一四四六"乾隆五十九年二月壬戌"條，北京：中華書局，1987。
[六] 趙爾巽等《清史稿》卷十五《本紀》十五《高宗本紀》，北京：中華書局，1977。
[七] 清官修《清高宗實錄》卷一四五七"乾隆五十九年七月丙午"條，北京：中華書局，1987。

往查，非僅尋常玩忽可比，吏部照例議以革職，實屬咎所應得，已用依議簽發下矣。乃内閣既以李合和情節較重之處，夾單聲明，而於票擬依議之外，復擬送部引見之簽，辦理自相矛盾。所有票擬錯誤之在京大學士阿桂、及未經看出之行在大學士和珅、王杰，俱著交部分別察議。

十二月，王杰為正使，禮部左侍郎劉權之為副使，持節冊封循嬪伊爾根覺羅氏為循妃[一]。

是年，紀昀重申治學當漢宋持平[二]。

疏：是年，軍機大臣共六人：阿桂、和珅、王杰、福長安、董誥、松筠[三]。

案：二月，王杰因福康安徇私一案連帶受議處。官修《清高宗實錄》卷一四四七，二月甲申日有諭：昨據福康安等將查審吉林辦理參務虧缺庫項勒派民戶一案，分別定擬一摺。……至此案昨經福康安等奏到，經朕看出，詳細指斥，即令軍機大臣繕寫飭諭，而軍機大臣亦復意存瞻顧，遷延觀望，並未即日擬旨進呈。現距歸政之期，尚有二年，朕一日臨御，即一日倍加兢業，豈容大臣等顢頇從事。阿桂、和珅、王杰、福長安、董誥俱著交部議處。

四月因延誤設壇求雨一事，禮部眾多官員遭罰，王杰因在軍機處行走，並未受懲。官修《清高宗實錄》卷一四五零，四月甲申日有諭：昨因雨澤愆期，盼望縈切，於二十六日降旨，設壇祈禱。禮部於次日尚未將一切應辦事宜，具奏請旨。該堂官實有應得之咎，是以于伊等奏請議處摺上時，雖即發交部議，仍欲量加寬宥。但當此盼澤孔殷之際，朕宵旰焦勞，無時或釋，乃該堂官於此等祭祀鉅典，辦理遲誤，無論寬免與否，俱應趨赴宮門，伺候引咎。乃昨日系傳喚方到，今日又不即來。宴坐衙齋，于心何安，該堂官等不應糊塗錯謬至此。除王杰在軍機處行走，姑從寬宥外，德明、鐵保、多永武俱著拔去花翎。紀昀、劉權之、劉躍雲俱著各罰廉俸一年。以示懲儆。

乾隆六十年乙卯七十一歲1795年

二月，埳時生子骞。以足疾免軍機處、南書房、尚書房兼管禮部諸務。

[一] 清官修《清高宗實錄》卷一四六六"乾隆五十九年十二月壬午"條，北京：中華書局，1987。

[二] （清）紀昀撰，孫致中等點校《紀曉嵐文集》卷八《黎君易注序》頁一五五，石家莊：河北教育出版社，1995。

[三] 錢實甫《清代職官年表》第一冊，頁一四三，北京：中華書局，1980。

補：二月，行仲春經筵，高宗論《中庸》修正朱子説[一]。

四月，王杰與大學士和珅、吏部尚書劉墉、戶部尚書董誥、禮部尚書紀昀、吏部侍郎金士松、禮部侍郎鐵保、工部侍郎吳省欽同為殿試讀卷官[二]。

四月，朱珪為左都御史，仍留廣東巡撫任[三]。

十月，孝儀皇后神牌升祔奉先殿，王杰與大學士阿桂恭點神主[四]。

十二月十七日，《四庫全書總目》刊成[五]。

疏：是年，軍機大臣共六人：阿桂、和珅、王杰、福長安、董誥、台布[六]。

案：是年，衍聖公孔憲培葬，王杰為《誥授光祿大夫襲封七十二代衍聖公篤齋府君墓誌銘》。《葆淳閣集》卷五是文有言："乾隆五十八年十一月初五日，誥授光祿大夫七十二代襲封衍聖公篤齋府君疾薨，享年三十有八。以弟子之子慶鎔為嗣，既襲爵，以六十年三月二十二日禮葬祖塋之次。先事具行述來請銘，謹敘而銘之。"

嘉慶元年丙辰七十二歲1796年

補：正月，行千叟宴[七]。

六月，朱珪為兩廣總督[八]。

十月，以董誥為大學士。王杰以足疾疏辭軍機處、南書房、禮部事[九]。

是年恩科會試，主考官紀昀認為，制藝主於明義理，當以宋學為宗[一〇]。

疏：是年，軍機大臣共六人：阿桂、和珅、王杰、董誥、台布、沈初[一一]。

案：《葆淳閣集》卷八有《千叟宴恭紀》，詩中有"太上皇"語。

[一] 清官修《清高宗實錄》卷一四七零"乾隆六十年二月甲寅"條北京：中華書局，1987。
[二] 清官修《清高宗實錄》卷一四七七"乾隆六十年四月丙申"條北京：中華書局，1987。
[三] 趙爾巽等《清史稿》卷十五《本紀》十五《高宗本紀》，北京：中華書局，1977。
[四] 清官修《清高宗實錄》卷一四八九"乾隆六十年十月甲辰"條，北京：中華書局，1987。
[五] 清官修《清高宗實錄》卷一四九三"乾隆六十年十二月甲午"條，北京：中華書局，1987。
[六] 錢實甫《清代職官年表》第一冊，頁一四三，北京：中華書局，1980。
[七] 趙爾巽等《清史稿》卷十六《本紀》十六《仁宗本紀》，北京：中華書局，1977。
[八] 趙爾巽等《清史稿》卷十六《本紀》十六《仁宗本紀》，北京：中華書局，1977。
[九] 趙爾巽等《清史稿》卷十六《本紀》十六《仁宗本紀》，北京：中華書局，1977。
[一〇] （清）紀昀撰，孫致中等點校《紀曉嵐文集》卷八《丙辰會試錄序》頁一四八，石家莊：河北教育出版社，1995。
[一一] 錢實甫《清代職官年表》第一冊，頁一四三，北京：中華書局，1980。

嘉慶二年丁巳七十三歲1797年

補：是年，和珅調管刑部，尋以軍需報銷，仍兼管戶部[一]。

嘉慶三年戊午七十四歲1798年

二月，奉旨仍在軍機處行走。

補：三月，朱珪為兵部尚書[二]。

八月，阮元任兵部右侍郎、禮部右侍郎。《經籍籑詁》成。九月十二日，職滿回京[三]。

八月，川楚白蓮教首領王三槐被擒[四]。封賞諸臣，王杰雖未直軍機，軍興曾有贊畫功，並予優敘[五]。

十一月，高宗九旬萬萬壽，王杰與大學士和珅、蘇淩阿、劉墉、尚書福長安、彭元瑞總辦[六]。

嘉慶四年己未七十五歲1799年

正月，高宗純皇帝升遐，上親政。命總理喪儀。殫心竭誠，自梓宮在殯，及祇送園陵，朝夕寢寐，悲傷哀慕，未嘗頃刻忘。充實錄館總裁。八月，墇時卒。

補：正月，高宗崩，仁宗始親政。仁宗為料理高宗喪儀，命王杰與和珅等共同詳稽舊典，悉心酌議。當月，以和珅有罪，及尚書福長安俱下獄鞫訊。尋賜和珅死於獄，福長安論斬[七]。

二月，《高宗實錄》開修，協辦大學士慶桂為監修總裁官，王杰與前任大學士署尚書董誥、尚書朱珪、那彥成為總裁官。尚書布彥達賚、沈初、德明、紀昀、彭元瑞、侍郎豐紳濟倫為副總裁官[八]。

四月，王杰為殿試讀卷官[九]。

[一] 趙爾巽等《清史稿》卷三百十九《列傳》一百六《和珅傳》，北京：中華書局，1977。

[二] 趙爾巽等《清史稿》卷十六《本紀》十六《仁宗本紀》，北京：中華書局，1977。

[三] （清）張鑒等撰，黃愛萍點校《阮元年譜》卷一"嘉慶三年"條，頁一八，北京：中華書局，1995。

[四] 趙爾巽等《清史稿》卷十六《本紀》十六《仁宗本紀》，北京：中華書局，1977。

[五] 趙爾巽等《清史稿》卷十六《本紀》十六《仁宗本紀》，北京：中華書局，1977。

[六] 趙爾巽等《清史稿》卷十六《本紀》十六《仁宗本紀》，北京：中華書局，1977。

[七] 趙爾巽等《清史稿》卷十六《本紀》十六《仁宗本紀》，北京：中華書局，1977。

[八] 清官修《清仁宗實錄》卷三九"嘉慶四年二月丁酉"條，北京：中華書局，1987。

[九] 清官修《清仁宗實錄》卷四三"嘉慶四年四月戊申"條，北京：中華書局，1987。

九月，王杰恭奉高宗純皇帝神牌黃輿回京[一]。

十月，朱珪調戶部尚書[二]。

案：王杰在中樞多年，與和珅共事日久，以王杰剛直之性格，與和珅之矛盾在所難免。陳康祺《郎潛紀聞》卷六有言：海鹽陳太守溁精岐黃家言官禮曹時，樞相和珅召令視疾，太守咨於座主。韓城王文端公曰：此奸臣爾，必以藥殺之，否則毋見我。太守謝不往。和嫉之，時已保，御史乃出為鞏昌知府，復以事貶知州。按文端為乾隆朝名相，同官非人，何難臚列，奸私獨達天聽，明正其攬權誤國之罪，假手刀圭恐涉詭詐，然和珅當日，以上公懿戚手掌絲綸，久領朝班，非無小廉曲謹，而純皇擴寬大之度，屈耄期之年，政府相攻，懼傷聖意。王杰一時忠憤激，發嫉惡若仇容或偶為此語，揆其心術，仍不失為磊落光明，頃見太守族孫其元《庸閒齋筆記》述之，知非無稽之言矣。

而仁宗肅清和珅一事，相關敘述多矣。和珅以貪臣奸臣之名受誅，固為罪有應得之下場。仁宗雖恨和珅入骨，但治大國若烹小鮮，剛柔必須相濟。趙爾巽等《清史稿·和珅傳》有言：諸劾和珅者比於操、莽。直隸布政使吳熊光舊直軍機，上因其入覲，問曰：人言和珅有異志，有諸？熊光曰：凡懷不軌者，必收人心，和珅則滿、漢幾無歸附者，即使中懷不軌，誰肯從之？上曰：然則治之得無太急？熊光曰：不速治其罪，無識之徒觀望夤緣，別滋事端。發之速，是義之盡；收之速，是仁之至。上既誅和珅，宣諭廷臣：凡為和珅薦舉及奔走其門者，悉不深究，勉其悛改，咸與自新。有言和珅家產尚有隱匿者，亦斥不問。

和珅投高宗所好，確有仗高宗之寵攬政跋扈、貪賕枉法之行。第和珅才華橫溢，亦為不可否認之事實。

嘉慶五年戊申七十六歲1800年

二月，堞時生子馳。三月，孫騧生子德暉。四月，王杰患痾疾，蒙恩賜人參調治。當疾劇，常一夕數起，旋草奏乞休。奏就，將上者屢矣，而轉念先帝、今上恩，不忍去，旋止不上。九月，疾雖愈而氣體漸弱，不得已乞休。奉旨慰留，並命扶杖入內右門。十一月，堞時生子馴。

嘉慶六年辛酉七十七歲1801年

[一] 清官修《清仁宗實錄》卷五一"嘉慶四年九月辛酉"條，北京：中華書局，1987。
[二] 趙爾巽等《清史稿》卷十六《本紀》十六《仁宗本紀》，北京：中華書局，1977。

充順天鄉試正考官，得士胡開益等二百三十二人。

補：正月，阮元建詁經精舍[一]。

十一月，王杰與慶桂、劉墉、董誥同任會典館總裁官[二]。

疏：是年順天鄉試，考官：內閣大學士王杰；部侍郎初彭齡，字頤園，山東萊陽人，庚子進士；少詹事那彥成，字韶九，滿洲正白旗人，己酉進士。題：夫仁者己一節，忠恕違道一節，放勳日勞德之，賦得百川赴巨海得收字。解元胡開益，宛平人，壬戌進士[三]。

是年，京師大水，科場改九月。詩題：百川赴巨海。乃謝康樂擬建安七子陳思王一首，取天下歸仁意。闈中罕得解，前十本將進呈，王杰以通場無知出處為憾。房考高侍讀鶚搜遺卷，得定遠陳鱣卷，亟呈薦，遂得南元。他房落卷有署涉正意者，搜棄補薦，皆中式[四]。

嘉慶七年壬戌七十八歲1802年

復以疾固辭。蒙恩予告，在家食俸，加太子太傅。

補：八月，朱珪為協辦大學士[五]。

疏：是年七月，官修《清仁宗實錄》卷一百，七月辛未日有諭：內閣大學士王杰，自乾隆辛巳年，以廷對第一通籍供職詞垣，入直南書房，洊升卿貳。皇考高宗純皇帝知其持躬清介，植品端方，可資倚任，是以鄉會試掄才大典，及各省視學，疊次簡畀持衡。未經協辦大學士，即擢任綸扉，贊襄樞務，老成更事，揚歷多年。平定臺灣、廓爾喀，大功告成。曾圖形紫光閣，賜贊褒嘉，復命充上書房總師傅。朕在藩邸，曾資啟沃，自親政以來，常時召對，恩禮有加。見其年近八旬，精神尚未衰減，眷畀方殷。茲以夏閑屢嬰疾病，具摺乞休。朕念老成宿望，未肯令其驟離左右，當經召見，再四慰留。王杰以年衰氣弱，深恐戀職誤公，堅詞求退，情意懇誠。在公並非家有田園，思耽林泉之樂。而朕眷懷耆舊，纏綣彌深。豈忍恝然遽令歸去。王杰著不必開大學士缺，

[一]（清）張鑒等撰，黃愛萍點校《阮元年譜》卷二，頁四一"嘉慶六年"條，北京：中華書局，1995。

[二] 清官修《清仁宗實錄》卷九零"嘉慶六年十一月辛巳"條，北京：中華書局，1987。

[三]（清）法式善等撰，張偉點校《清秘述聞三種》第一冊（清）王家相《清秘述聞續》卷一，頁五三一，北京：中華書局，1982。

[四]（清）陳康祺《郎潛紀聞初筆二筆三筆》《郎潛紀聞二筆》卷一，頁三三三，北京：中華書局，1984。

[五] 趙爾巽等《清史稿》卷十六《本紀》十六《仁宗本紀》，北京：中華書局，1977。

毋庸票閱內閣本章，其各館所纂書籍，亦毋庸閱看，以便安心頤養。如調理即可就痊，自應照舊供職。儻一時未能即愈，自揣精力難勝，再行陳奏，另降諭旨。

嘉慶八年癸亥七十九歲1803年

三月，回籍。蒙恩賜高宗純皇帝鳩仗、內庫人參一觔。御製詩二首："名冠朝班四十年，清標直節永貞堅。樞庭久值宣綸綍，講幄昔從授簡編。歸里先參天上佛，杖鄉公仰地行仙。期頤福壽增康健，紫禁重來赴叟筵。""屢蒙恩旨秉文衡，藝苑羣瞻桃李榮。直道一身立廊廟，清風兩袖返韓城。先皇手澤常承福，東國靈參永衛生。西望渭川雲渺渺，鱗鴻時達慰離情。"對聯："詔宣恩禮崇耆宿，詩賁林泉養大年。"回籍後，早夜惓戀闕廷，屢奏請聖安，旨蒙恩旨欽慰。

五月初三日，奉硃批：覽奏俱悉，一切平安，實深欣慰。京中現望雨澤未能霑足，川楚軍務略有頭緒，亦未能全靖。特諭卿知，欽此。又恭賚到恩賜扇套一件、香袋六枚、各色藥錠六十包又六十五枚。

六月二十七日奉硃批：覽奏俱悉，卿在家頤養，努力加餐，益增健康矣。京中自四月半得雨，陸續霑足，麥收不過五六分，晚禾日見芃茂，之川楚軍情甚好，大約六月內可全靖矣。特諭。欽此。

八月初十日，奉硃批：卿在家頤養，想益康健，京中今夏雨暘時若，百穀繁茂。中元日，經略奏報，邪匪全靖。朕承天恩考佑，實深欽感，特諭卿知，同殷忻慰。二十日，啟程幸山莊，現駐兩間房，行宮遙望西秦，彌增想念。欽此。

十月二十五日，接奉九月十一日奏謝恩摺，內硃批：卿在家安善，覽奏欣慰。今賜卿糕餅如意，願永茂遐齡，長延福壽。欽此。

十二月初六日，接奉謝恩摺，內硃批：嚴寒沍凍，諸惟珍攝，用迓春祺，益綿福履。欽此。

嘉慶九年甲子八十歲1804年

正月十四日，接奉八年十二月初九日謝恩摺，內硃批：新春企祉，福履益綿，遙望關雲，曷勝想念。親書福字併荷包等物，付使帶去賜卿，以迓鴻禧，並增純嘏。欽此。公雖在里居，而眷慕天顏，繫心朝政，未嘗翌日去懷，且以川匪未淨，時有陳奏。蒙即於摺內降旨慰諭。

是歲，王杰與程夫人八裒齊眉。上命巡撫方公維甸親齎御製詩章："輝騰紫極耀韓城，海屋籌添鶴算嬴。地近西池增福祿，星明南斗燦晶瑩。兩朝調鼎文思被，八袠齊眉壽域宏。德業久敷俾戩穀，期頤雙慶衍長庚"御筆"福綏燕喜"匾額，並梵銅無量壽佛、鑲玉如意、蜜蠟朝珠、珊瑚頂冠、皮裹繡蟒袍、補褂紬鞋，以為王杰壽。

十一月，脂車進京謝恩。先是，上有廷寄，著自行酌量緩至，來春到京，蓋恐嚴冬遠道風霜致疾也。而王杰眷戀天顏，急促就道，以臘初到京。恩賜肩輿，進東華門，扶掖入內右門召見。後隨遣人到寓視問，並賜鹿尾、野雞等物。間日召見，欵語流連。復御製誌喜詩"西來紫氣滿都城，八袠仙翁數倍贏。趨禁仍隨鵷侶列，杖朝爭覿鳳墀瑩。願卿永享修齡慶，勗我當思治業宏。眉壽無涯益康健，千春旋轉樂同庚"以賜王杰。

補：十二月，王杰謝恩入京，仁宗命乘肩輿至隆宗門外，扶杖進內，以備召對[一]。

嘉慶十年乙丑八十一歲1805年

召見，謂：明日出城，爾不必到園子去，待二十後進城再相見也。初八日夜，王杰體微不快。次日，稍愈，仍對客坐語如常。初十日子時，無疾薨於京邸。上命榮郡王領侍衛十員奠酹茶酒，賞陀羅尼經被，廣儲司庫銀二千兩置辦喪事。奉上諭告：大學士王杰，先朝耆舊，久直內廷，忠清勁直，老成端謹。前年以老病乞休，經朕再三慰留，因累次陳懇肫切，勉從所請。朕曾親製詩章，優加錫賚，以寵其行。歸里以後，屢有批章。著加恩晉贈太子太師，入祀賢良祠。所有應得卹典，該部察例具奏。欽此。

尋賜諡文端，御賜祭葬。制曰：朕惟望隆柱石，勳猷不愧夫科名。身退林泉，眷禮倍深，於耆宿戀闕，而重趨紫闥。遽悲大雅之亡，飾終而載誌青瑤，彌念小心之素爾。予告大學士王杰，材成楨幹，學有本原，忠清與古，為期直勁，乃天所賦。自中年通籍，荷先皇特達之知，洎藝苑升華，裕經國大猷之用。早依殿值，泝長宮僚，俾奉綸言，遂躋卿秩。疊膺閩浙育才之任，屢掌春秋校士之司。歷試諸曹，聽履班崇特進；聿求一德，卜甌位躐參知。密勿親承，入黃閣而功垂紫閣；觀摩攸賴，侍講筵而職總胄筵。凡茲簡畀之殷，允副具瞻之重。逮朕躬纘承，自蘉眷老成，毗倚方隆，每當造膝，以論思時籍，沃心而勵翼。當三省慶敉寧之會，適元臣陳引退之章。慰留而未忍重違，惜別而載申誠欵。賜之祖餞，賁以詩章。驂騑俾適夫郵程，廩祿仍優於家食。里名通

[一] 清官修《清高宗實錄》卷一三八"嘉慶九年十二月辛酉"條，北京：中華書局，1987。

德，詎虬夙志於田園；賦擬遂初，彌矢純心於魏闕。昨以年齡八秩，佩紱雙榮。頒翰什以宣恩，命疆臣而賜賚。衝寒載道，攄藿悃以重來；接奏陳辭，喜梨顏之如昔。嘉茲矍鑠志以歌，賡乃加餐；方祝鳩杖而遺疏，俄驚鶴化。特加賜祭，即遣奠帷。內帑優頒，用佐治塋之事；宮銜晉錫，更留題旐之榮。崇入祀以録賢，示易名而壹惠。綜其始末，謚曰文端。嗚呼！台座星沉，褒録加隆於碩輔；靈輀日遠，恩施飭護夫歸途。爰當封鬣之期，式煥蟠螭之碣。昭茲來許，勿替引之。

大興朱文正公為王杰誌墓，其略曰：公可謂忠清上達矣。其少壯，備常辛苦。學品似王魯齋，甲第似康對山。三十七成名，洊歷魁台四十年，受兩朝知遇，始終無間。衡文柄者十二次，人不敢干以私。在軍機相位，和而不同，耿直清介，正色讜言，可謂有守矣。

銘曰：龍門之陽，黃河之西。寔生偉人，魁枕參觜。金華文憲，武功對山。品第兼之，三達孰班。蹇蹇危言，介介進退。不磷不緇，寡尤寡悔。兩朝知遇，八袠去來。篤實光輝，生榮死哀。夏陽北京，豐碑屹屹。何以表之？如綸如綍。

王杰子塽等述其行曰：先公立朝，恪謹持大體，而事有可否，未嘗不委曲陳奏。上以耆德，恩禮有加焉。在官歷中外，以至居禁近數十年。不苟許，以為直協恭之雅。與物無競，相與稱德，度無異辭。而孤立無黨人，亦無私附焉者。交際問餽，不苟絕人歡，而分辨極明，纖毫無苟取。所得士自外任歸，有餽金為壽者，先公曰：曩吾與若言何？如今受若餽，如所言何？服官四十年，貧如為諸生時。少嗜學，迨老益篤。官卿貳，及在台省，日勤勞機務，早朝宴歸，接賓僚酬應外，退息小齋，靜坐一二刻，即展卷批閱吟誦。嘗手點全史一過，晚年服習惟四書五經，循環玩索，更耽讀《易》。學務有裨身心政事，不以詞章記誦為能。然遇博學能文之士，愛之不啻自口出。嘗訓及門云：為政之道，當開誠布公，最不可有意除弊。此弊除，他弊興矣。性寬厚，屬吏有賢者，力薦達之，不能者戒飭之，未嘗輕劾一人。然世之漫無可否，以姑息為寬大者，極不然之，曰：縱惡以取名，如國家何？生平於浮屠老子法未嘗一言及，詩文中不涉一語，亦不事排斥。有道及者，輒不對，曰：吾未嘗習此也。性不自是，後生末子一言偶中，舍己從之。所守至堅，權勢威武，不為少奪。議論有不合者，不能少傅會。待門下士誼最篤，然無門戶，不稍涉私，亦無敢以私干人。有過必告之，無疾言遽色，而肫切誠懇，溢於詞氣之表。

所著有《讀易劄記》《讀論語孟子錄》。謂俟退閒，更行參訂，故未及刊。居恒慎筆墨，不喜作酬應文，故所留惟恭和御製詩若干卷。此外，雖尋常吟詠亦少。起居食息，動履日有常度，時刻不踰。至耄耋退休，體漸羸弱，而神智不衰。家居翼翼，衣冠儼然，嚴寒盛暑不少變。賓客見者，樂先公之和易可親，而未嘗不肅然生敬。又性簡淡，奉身有制，家人衣食，具有成規。嘗為所親誦先贈公家規曰：吾先人嚴謹節約如此，今幸霑國恩，予伊等以不飢，足矣。且吾亦無長物貽子孫，若不自檢制，吾不能斤斤為豢養計，亦非吾所能庇也。門內悉凜繩尺，而御子尤嚴，不少假顏色。待親族，任卹無不至於其能。自愛嗜讀書敦行者，尤格外栽培之。得告家居接人，無少長，務以禮不為，款曲而中心肫然。

王杰配程夫人，誥封一品夫人。側室姚氏、黃氏。子四：墥時，員外郎職銜。塀時，監生。堉時，恩蔭兵部武選司員外郎，擢御史，今任福建建寧府知府。壞時，廩生，選授寶雞教諭。女二：長適舉人批驗所大使同縣劉棟，次適朱文正公子恩蔭刑部廣西司員外郎大僕寺少卿大興朱賜經。孫九：駰、駒、䮄、驦、篤、□、騫、駋、馴。曾孫一，德暉。

疏：官修《清仁宗實錄》卷一三九，正月乙未日有諭：大學士王杰，先朝耆舊，久直內廷，宣力有年，忠清直勁，老成端謹。前年以老疾乞休，經朕再三慰留，因屢次陳懇肫切，勉從所請。朕曾親制詩章，優加錫賚，以寵其行。歸里以後，屢有批章詢問，知其起居無恙。上年十月間，為伊夫婦八十同庚，特製詩章扁聯，並賜以如意文綺等件，用迓福綏。嗣據王杰具奏謝恩摺，內有即日脂車詣闕之語。朕惟慮其沖寒遠涉，諭令自行酌量，緩程行走。旋於臘月初旬抵京，特令肩輿進朝，扶杖入對。察其精神尚健，賜詩志喜，並留俟春融後再行起程回籍。旬日以來，屢經召見，看其體氣稍形疲軟，疊經諭以在寓靜攝，方冀春和增健，安愈言歸，俾得頤養林泉，壽躋大耋。不料究以年高氣弱，不勝嚴寒凜冽，遽爾溘逝，聞之深為悼惜。著加恩晉贈太子太師，入祀賢良祠，賞給陀羅經被。派榮郡王綿億，帶領侍衛十員，前往奠醊茶酒，並賞給廣儲司庫銀二千兩經理喪事。所有應得恤典，著該部察例具奏。其靈柩回籍時，著沿途地方官照料，妥為護送。尋奏上，予祭葬加賜祭一壇，謚號文端。

嘉慶十二年丁卯王杰卒后二年1807年

補：三月，官修《清高宗實録》成，因修撰有功，仁宗以王杰曾在館四年，恪恭將事，著加恩賜祭一壇[一]。

嘉慶十九年甲戌王杰卒後九年1814年

補：因韓城人强克捷平定天理教起義有功，四月，仁宗下諭：前大學士王杰正色立朝，亦籍隸該縣，士風醇茂，宜示優旌。著加恩賜祭一壇，仍將韓城縣文武學額，各增五名，永著為例。用示朕獎忠勵俗之至意[二]。

嘉慶二十年己亥王杰卒後十年1815年

補：王杰門生阮元編輯刊刻《葆淳閣集》二十四卷。

[一] 清官修《清高宗實録》卷一七六"嘉慶十二年三月丁巳"條，北京：中華書局，1987。
[二] 清官修《清高宗實録》卷二八九"嘉慶十九年四月丁亥"條，北京：中華書局，1987。

附錄二

王杰資料選編

傳記資料三則

《清史稿·王杰傳》

王杰，字偉人，陝西韓城人。以拔貢考銓藍田教諭，未任，遭父喪，貧甚，為書記以養母。歷佐兩江總督尹繼善、江蘇巡撫陳宏謀幕，皆重之。初從武功孫景烈游，講濂、洛、關、閩之學；及見宏謀，學益進，自謂生平行己居官得力於此。

乾隆二十六年，成進士，殿試進呈卷列第三。高宗熟視字體如素識，以昔為尹繼善繕疏，曾邀宸賞，詢知人品，即拔置第一。及引見，風度凝然，上益喜。又以陝人入本朝百餘年無大魁者，時值西陲戡定，魁選適得西人，御制詩以紀其事。尋直南書房，屢司文柄。五遷至內閣學士。三十九年，授刑部侍郎，調吏部，擢左都禦史。四十八年，丁母憂，即家擢兵部尚書。車駕南巡，杰赴行在謝，上曰：汝來甚好。君臣久別，應知朕念汝。然汝儒者，不欲奪汝情，歸終制可也。服闋，還朝。五十一年，命為軍機大臣、上書房總師傅。次年，拜東閣大學士，管理禮部。臺灣、廓爾喀先後平，兩次圖形紫光閣，加太子太保。

杰在樞廷十餘年，事有可否，未嘗不委曲陳奏。和珅勢方赫，事多擅決，同列隱忍不言，杰遇有不可，輒力爭。上知之深，和珅雖厭之而不能去。杰每議政畢，默然獨坐。一日，和珅執其手戲曰：何柔荑乃爾！杰正色曰：王杰手雖好，但不能要錢耳！和珅赧然。嘉慶元年，以足疾乞免軍機、書房及管理部事，允之。有大事，上必諮詢，杰亦不時入告。

時教匪方熾，杰疏言：賊匪剿滅稽遲，由被賊災民窮無倚賴，地方官不能勞來安輯，以致脅從日眾，兵力日單而賊焰日熾。此時當安良民以解從賊之心,撫官兵以勵行間之氣。三年之內,川、楚、秦、豫四省殺傷不下數百萬,其倖存而不從賊者,亦皆鋒鏑之餘,男不暇耕,女不暇織。若再計畝徵輸,甚至分外加派,胥吏因緣勒索,艱苦情形無由上達聖主之前。祈將被賊地方錢糧蠲免,不令官吏舞弊重徵,有來歸者概勿窮治,賊勢或可漸孤矣。至於用兵三載未即成功,實由將帥有所依恃,怠玩因循,非盡士卒之不用命也。乞頒發諭旨,曲加憐恤,有驕惰不馴者,令經略概行撤回,或就近更調召募,申明紀律,鼓行勵戎,庶幾人有挾纊之歡,眾有成城之志。又言:教匪之蔓延,其弊有二:一由統領之有名無實。勒保雖為統領,而統兵大員名位相等,人人得專摺奏事,於是賊至則畏避不前,賊去則捏稱得勝。即如前歲賊竄興安,領兵大員有匪已渡江五日,地方官並不稟報之奏,此其畏避情形顯而易見。又如去歲賊擾西安城南,殺傷數萬,官兵既不近賊,撫臣一無設施;探知賊去已遠,然後虛張聲勢,名為追賊,實未見賊。近聞張漢潮蔓延商、雒,高均德屯據洋縣,往來衝突,如入無人之境。秦省如此,川省可知。實由統領不專、賞罰不明之所致也。一由領兵大員專恃鄉勇。鄉勇陣亡,無庸報部,人數可以虛捏;藉鄉勇為前陣,既可免官兵之傷亡,又可為異日之開銷,此所以耗國帑而無可稽核也。臣以為軍務緊要,莫急於去鄉勇之名而為召募之實,蓋有五利:一,民窮無依,多半從賊,苟延性命,募而為兵,即有口糧,多一為兵之人,即少一從賊之人;一,隔省徵調,曠日持久,就近召募,則旬日可得;一,徵兵遠來,筋力已疲,召募之人,不須跋涉;一,隔省之兵,水土不習,路徑不諳,就近之人,則不慮此;一,鄉勇勢不能敵,則逃散無從懲治,召募之兵退避,則有軍法。具此五利,何不增募,一鼓而殲賊?如謂兵多費多,獨不思一萬兵食十月之糧,與十萬兵食一月之糧,其費相等而功可早奏也。疏入,並被採用。

二年,復召直軍機,隨扈熱河。未幾,因服疾,詔毋庸入直,先行回京。三年秋,川匪王三槐就擒,封賞樞臣,詔:杰現雖未直軍機,軍興曾有贊畫功,並予優敘。

洎仁宗親政,杰為首輔,遇事持大體,竭誠進諫,上優禮之。五年,以衰病乞休,溫詔慰留,許扶杖入朝。七年,固請致仕,晉太子太傅,在籍食俸。八年春,瀕行上疏,略謂:各省虧空之弊,起於乾隆四十年以後,州縣營求餽送,以國帑為貪緣,上司受其挾制,彌補無期。至嘉慶四年以後,大吏知尚廉節,州縣仍形拮据,由於苦樂不均,賢否不分,宜求整飭之法。又,舊制,驛丞專司驛站，無可誅求。自裁歸州縣，濫支苛派，官民俱病。宜先清驛站，以杜虧空。今當軍務告竣，朝廷勤求治理，無大於此二者。請睿裁獨斷，以挽積重之勢。所言切中時弊，上嘉納之。陛辭日，賜高宗御用玉鳩杖、御制詩二章，以寵其行，有云：直道一身立廊廟，清風兩袖返韓城。時論謂足盡其生平。既歸，歲時頒賞不絕，每有陳奏，上輒親批答，語如家人。

九年，杰與妻程並年八十，命巡撫方維甸齎御制詩、額、珍物，於生日就賜其家。杰詣闕謝，明年正月，卒於京邸。上悼惜，賜金治喪，贈太子太師，祀賢良祠，諡文端。

杰體不逾中人，和靄近情，而持守剛正，歷事兩朝，以忠直結主知。當致仕未行，會有陳德於禁城驚犯乘輿，急趨朝請對曰：德庖廚賤役，安敢妄蓄逆謀？此必有元奸大憝主使行明張差之事，當除肘腋之患。至十八年林清逆黨之變，上思其言，特賜祭焉。

孫篤，道光二年進士，歷編修、禦史，出為汀州知府、廣東督糧道，署鹽運使。時林則徐為按察使，治海防，甚倚之。募廣州遊手精壯者備守禦，以機敏稱。擢山東布政使，署巡撫。失察家人、屬官受賂，連降罷職歸，襄理西安城工。卒，贈布政使銜[一]。

墓志銘

東閣大學士王文端公墓誌銘　朱珪

韓城王相國受兩朝恩遇，嘉慶七年七十有八矣，以老疾屢陳告休。上鑒其誠，俞所請。明年公歸，上存問不絕。甲子冬，公年八秩。先期，上命陝西巡撫方公維甸齎捧御制詩額、珍服，就賜其家。公拜受，驚寵。諏日啟行。及臘，抵京謁謝。命肩輿入朝，扶仗召見，賜以詩。乙丑正月七日，面對敷陳無隱。翌日之夕，珪猶就食於公。寓十日，以考終聞。上驚悼，加贈太子太師，齎白金二千兩治喪，諡文端。嗚呼，公可謂忠清上達矣。其孤埻時、壢時奉柩歸，嶸時以狀請珪為文表其墓，珪不得辭。案狀，公諱杰，字偉人，號惺園，晚號葆淳。王氏先自洪洞遷韓城，五傳至光祿公石門主簿諱廷詔，娶吳夫人，

[一] 趙爾巽等《清史稿》卷三四零《列傳》一二七《王杰傳》，北京：中華書局，1977。

生子三，公其季也。四歲，隨考至浙。八歲能書大字。十八入學，從武功孫西峰遊，聞關閩之學。癸酉，拔貢，引見，以教職用，丁父憂。尹文端公總制兩江，聘入幕，司書記。文端內召，薦之蘇撫桂林陳文恭公。聞性命躬行之說，益自信。己卯，中副榜。庚辰，舉於鄉。辛巳，成進士。殿試，高宗純皇帝擢第一。人見諸詩，受知之始也。壬午，充湖南鄉試副考官。甲申，督學福建。丁亥，授侍讀。戊子，晉左庶子。十月，擢侍讀學士。己丑，遷少詹士，充武會試主考官。辛卯，充日講官，直南書房，晉內閣學士，典江西鄉試，督學浙江。甲午，署工部右侍郎，授刑部右侍郎。乙未，充會試副考官。丙申，再視浙學。丁酉，署禮部右侍郎，轉吏部右侍郎，充四庫、三通、國史諸館副總裁。戊戌，充會試副考官。己亥，轉左侍郎，典浙江鄉試，充武英殿總裁。庚子，三視浙學。壬寅，授左都御史。癸卯，丁母憂。甲辰，即家擢兵部尚書。趨赴行在謝恩，高宗曰：汝來甚好，君臣之情當如是。然如儒者，朕不欲奪汝情，歸，終制可也。公感泣。時珪扈駕相遇於行帳，歎曰：上待公不薄哉。乙巳，服闋，充經筵講官。丙午，賜紫禁城騎馬。是夏，充尚書房總師傅。冬，直軍機。丁未，拜東閣大學士，總理禮部，充會試正考官，賜花園、住房各一所。戊申，台灣平，圖形紫光閣。己酉，充會試正考官，平廓爾喀，再圖形閣中。冬，罷尚書房行走。庚戌，充會試正考官，加太子太保。辛亥，仍直尚書房。甲寅，冬，賜聯額、如意、珊珠、冠服為之壽。丙辰，以足疾辭退兩書房、軍機、禮部事。戊午，仍直軍機處。己未，高宗升遐，上親政，命總理喪儀，充實錄館正總裁。以腹疾請休，奉旨慰留，命扶仗入朝。辛酉，充順天鄉試正考官。壬戌，再以疾固辭。予告在家食俸，加太子太傅。癸亥，回籍，賜御杖、人參、御製詩，寵其行。歸里後，奏摺批答如家人禮。明年，公與程夫人齊屆開秩，謝恩赴闕，兩旬而藁於邸。

公生於雍正三年乙巳十月二十七日寅時，終於嘉慶十年乙丑正月十日子時，壽八十有一。其少壯，備嘗辛苦，三十七成名，洊立魁臺四十年，受兩朝知遇，始終無間。持文柄者十二次，人不敢干以私。在軍機相位，和而不同，耿直清介，正色直言，可謂有守矣。珪於公忝先進而公洊九列，珪稍迴翔，故往來蹤跡頗疎。男賜經再喪偶，未斂，曹慕堂宗丞適為公女相攸，某氏不欲，曹曰：有一人遲則將為他姓得耳。公問為誰，曹曰：朱石君之子弦斷矣。公曰：石君前輩，我重其人，必有後君，其為我謀之。曹來弔曰：有一言，郎君必將續娶，作伐者待我可乎？予怪之已，而予妻弟陳奉璽至，其言與曹同，予益詫問，乃知出韓城。意予曰：姑待期年後再言可也。予感公之相知。明年，問名焉。嗚呼，公以夙心相質，重以婚姻，真直諒友也。嘗以為學品似王魯齋，甲第同康對山，著録若干藏於家。側室姚、黃。子四：嵥時主事銜；埩時監生；公卒，堉時蔭兵部武選司員外郎；堜時廩生。孫九：駧、駒、隰、驌、篤、□、騫、馳、馴。十一月十一日卜葬於縣北原高沙岸新阡。銘曰：

龍門之陽，黃河之西。實生偉人，魁枕參觜。金華文憲，武功對山。品第兼之，三達孰班。謇謇危言，介介進退。不磷不緇，寡尤寡悔。兩朝知遇，八裦去來。篤實光輝，生榮死哀。夏陽北京，豐碑屹屹。何以表之，如綸如綍[一]。

神道碑

光祿大夫東閣大學士王文端公神道碑文並序　姚鼐

公諱杰，字偉人。王氏先世居山西洪洞，遷陝西韓城，居五世，至石門縣主簿，諱廷詔。公之考也以公貴，贈光祿大夫、東閣大學士。公妣吳太夫人生三子：長潽、仲澈，公為季。端凝好學，見於幼稚。長以拔貢生，得教諭，未任，遭父喪。服終，貧甚，為書記以養母。所居幕府尹文端公繼善、陳文恭宏謀之為江南督府時也，兩公皆名知人，而最賢公為正士。乾隆庚辰，恩科，中鄉試。次年，恩科，中會試。殿試，讀卷官進列第三，純皇帝親拔為第一。引見，風度凝然，上益喜。授翰林院修撰，由修撰四轉得詹士府少詹士、日講起居注官，直南書房，旋晉內閣學士。歷工、刑、禮、吏四部侍郎，都察院左都御史。母喪回籍，在籍擢兵部尚書，詔服闋赴職，充經筵講官，賜紫禁城騎馬、上書房師傅，直軍機處。乾隆五十一年正月，拜東閣大學士。公為人廉靜質直，誠於奉職，其居位與和珅同列，公以大體接之，不為肚頒悻悻之事。遇所當執，終不與和珅附。公素行無疵瑕，純皇帝知公深，和珅雖厭公，亦不能去也。如是數年，及今上臨政，公意益得發攄矣。然公嘗念大臣所當為者，非盡於所能言獨居意，嘗邑邑深念而不怡。蓋公之心，人不能具識，而至其入陳

[一]（清）錢儀吉《碑傳集》卷二八《東閣大學士王文端公墓誌銘》，清道光（1821—1850）刻本。

禁陛裨益朝廷者，又非人所得聞，故不可得而述也。嘉慶七年，公以老病乞休，詔予在籍食俸，加太子太傅。御製詩送之，有云：直道一身立廊廟，清風兩袖返韓城。茲足矣盡公生平矣。嘉慶九年，公與夫人八十歲，又有御詩及頒賜物。公季冬如都謝恩，留至十年。正月十日，薨於京邸。命榮親王奠醊，賜銀二千兩治喪。又賜祭葬，贈太子太師，祀賢良祠，諡曰文端。公為乾隆庚戌科會試總裁官，又嘗為湖南、江西、浙江考官，一督福建學政，三督浙江學政，所進多佳士，其於門下士相愛甚篤，然未嘗少涉私，引教必為君子而已。夫人程氏四子，主事嶸時；監生㟒時；武選員外郎堉時；廩膳生堿時；孫九人。公葬於韓城北原，既立神道之碑，乃刻銘曰：

科第士首，爵位朝碩，德器優優，以居無怍，大臣之度，遠思邈邈，去名釋功，匪矯以激，事賴其休，物被其澤，惟其志宏，歉而不懌，天子知之，降予載赫，著厥儀形，紫光之閣，顧思德音，公逝弗作，過墓思敬，瞻此穹石[一]。

軼事四則

清李元度《國朝先正事略》卷二十：國朝二百年來，由大魁陟宰輔者凡數人。順治丙戌，則聊城傅公以漸。丁亥，則武進呂公宮。己亥，則崑山徐西元文。乾隆丁巳，則金壇于公敏中。己未，則番禺莊公有恭。戊辰，則會稽梁公國治。辛巳，則韓城王公杰也。繼王而起者，己亥，則大庾戴公衢亨。癸丑，則吳縣潘公世恩而已。數公相業皆可稱，而王文端公風節為尤著。蓋公在相位，實與和珅同列，凡不附己者輒齮齕之。公接以大體，不為悻悻壯頄之事，而遇所當執，汔不與和珅同。卒能密贊廟謨，明正其罪，此其所以尤難也。

公立朝四十餘年，凡五典會試，考前明三主禮部試者，王元美輒推為盛事。我朝范文肅、李文勤、陳文貞、朱文端、張文和、史文靖皆三主會試，諸城劉文正公、長白介受祉宗伯則四主會試，其五主會試者，自熊文端公、德定圃宗伯外，得公而三。然則公之楊立遭逢、疊司文枋，可謂獨際其盛已。

公字偉人，號惺園，一號畏堂，先世自山西洪洞遷陝西之韓城。生而端凝好學，由拔貢生得教諭。未任，遭父喪。服終，貧甚，為書記以養母。尹文

[一]（清）錢儀吉《碑傳集》卷二八《光祿大夫東閣大學士王文端公神道碑文並序》，清道光（1821—1850）刻本。

端、陳文恭爲江南督撫時，皆禮公入幕府。兩公皆名知人而最賢公，謂爲正士。乾隆庚辰，舉鄉試，次年，舉會試。先是，純皇帝嘗語近臣：本朝百餘年來，陝人無大魁者。至是，公應殿試，讀卷官進列第三，上親拔爲第一人。時值西陲戡定，魁選適得西人。比引見，風度凝然，上益喜，爲詩紀之。由修撰累遷侍讀右庶子、侍講學士、少詹事，入直南書房，充日講起居注官，旋晉内閣學士，歷工、刑、吏、禮四部侍郎，擢左都御史。上詢及母夫人年歲，御書南陔承慶額賜之。癸卯，母憂，歸。甲辰，即家擢兵部尚書。趨赴行在謝恩，高宗曰：汝來甚好，君臣久別，知汝應念我。然汝儒者，朕不欲奪汝情，歸終制可也。公感泣。時朱文正公扈蹕，相遇於行帳，歎曰：上待公不薄哉。乙巳，服闋，充經筵講官、軍機大臣、上書房總師傅，賜紫禁城騎馬。乾隆五十一年丁未春，拜東閣大學士，總理禮部事，賜居第、花園各一所。戊申，臺灣平，圖形紫光閣，上親爲製贊。明年，平廓爾喀，再圖形閣中，上製贊如初。庚戌，加太子太保。甲寅冬，公壽七十，御賜額曰贊元錫嘏，賜聯曰臚名芸館魁多士者福台階引大年，及珊珠冠服上珍爲之壽。丙辰，以足疾辭退兩書房、軍機、禮部事。戊午，仍值軍機。歷充四庫、三通、國史、實録諸館總裁。

公爲人廉靜質直，素行無瑕疵。在政府，誠於奉職，純皇帝知公深。和珅雖厭公，卒莫能去也。如此者十數年，及仁宗親政，和珅以罪誅，公意益得發攄矣。然公嘗念大臣所當爲者，非盡於所能言。獨居，意嘗邑邑，深念而不怡。

將告歸，復上疏，其略曰：竊權皇上親政以來，恩威並濟，内外臣工無不洗心滌慮，共砥廉隅。臣年齒既衰，智識愈鈍，更何有千慮之一得？惟是積弊相沿，有極重難返而又不可不亟加整飭者：一各省虧空之弊起於乾隆四十年以後，州縣有所營求，即有所餽送，往往以缺分之繁簡，分賄賂之等差，此豈州縣私財，以國帑爲夤緣之具。上官既甘其餌，明知之而不能問，且受其挾制，無可如何。間有初任人員，天良未泯，小心畏咎，不肯接收。上官轉爲説合，懦者千方抑勒，強者百計調停，務使受代而後已。一縣如此，各縣皆然。一省如此，天下皆然。於是大縣有虧空十餘萬者，一遇奏銷，橫征暴斂，挪新掩舊，小民困於追呼，而莫之或恤。靡然從風，恬不爲怪。名爲設法彌補，而彌補無期。清查之數，一次多於一次；寬繳之銀，一限不如一限。輾轉相蒙，年復一年，未知所底。竊謂嘉慶四年以前之州縣，此時或遷他處，或經物故，原難責之現任補償。然從前州縣用度不節，因而侵挪倉庫。今皇上整飭紀綱，大吏皆以廉節相尙，豈從前上司專講酬應，州縣反覺寬舒，今茲上司各矢清廉，州縣轉形拮据耶？乃州縣則任催罔應，上官亦莫展一籌，意或有苦樂不均，未之調劑歟？有賢否不分，因以觀望歟？固宜廣求整飭之法，以冀倉庫漸歸充實也。一各省驛遞設立驛丞專司，凡有差使，各按品級，乘騎之外，加增不過二三騎，多則驛丞不能派之民間也。照常給廩之外，一無使費，使臣及家人等知驛丞之位卑俸薄，無可誅求也。迨後裁歸州縣，百弊叢生，請先言其病民者。州縣管驛，可以調派里民，於是使臣乘騎之數日增一日。有增至數十倍者，任意隨帶多人，無可查詢。由是管號、長隨、辦差、書役乘間需索，差使未到，火票飛馳，需車數輛及十餘輛者。調至數十輛百餘輛不等，贏馬亦然。小民舍其農務，自備口糧草料，先期守候，苦不堪言。又慮其告發也，則按畝均攤，甚而過往客商之車贏，羈留賣放，無怪小民之含怨也。至於州縣之耗帑，又有無可如何者。差使一過，自館舍鋪設以及酒筵種種糜費，並有夤緣餽送之事。隨從家人有所謂抄牌禮、過站禮、門包、管廚等項，名目甚繁，自數十金至數百金，多者更不可知。大抵視氣燄之大小，以爲應酬之隆殺。其他如本省上司及鄰省大員往來住宿，亦需供應，其家人藉勢飽欲，不饜不止。而辦差丁胥，浮開冒領，本官亦無可稽核。凡此費用，州縣之廉俸，斷不能支。一皆取之庫帑，而虧空之風又以成矣。議者謂驛站裁歸州縣，當時係爲調劑郵政起見，每年一驛。錢糧自數百金至數千金，付之微員，既非愼重之道，且遇緊要差使及護送兵差之類，額馬不足，必須借資民力。是以定議裁改，不知驛站未歸州縣以前，豈無緊要差使？豈無護送兵差之類？當其時，必已另設臺站，或調撥營馬，或籌款購買，事竣各有報銷，與驛站兩無關礙。若州縣管驛，則平常供應亦有不可數計者。然則虧空之弊，大半因之。欲杜虧空，先清驛站，當亦轉移之要策也。況體恤民隱，尤爲急務。今軍務既竣，皇上勤求治理，似無大於此二者。但以積重之勢，不可不思至當之方，或改復舊章，或博稽眾論，斟酌盡善，斷自睿裁，從此倉庫盈而郵政肅，天下幸甚。疏入，上嘉納焉。

嘉慶四年，公以腹疾乞休。命公明安率太醫視之，並賜內府人參。九月，復請告。溫旨慰留，許扶杖入朝。七年秋，復請，詔予在籍食俸，加太子太傅。八年二月，陛辭，詔：將皇考御前陳設玉鳩杖一枝加恩賞給，俾得敬承遺澤。朕賦詩二章，親書條幅，並書聯語，以寵其行。再加賜人參一斤，用資頤養。並頒饌品賜餕，令馳驛回籍，所過地方官在二十里以內者，妥爲照料，以示朕優眷老成至意。賜詩有云：直道一身立廊廟，清風兩袖返韓城。足以概公生平矣。五月，公抵里，奏謝。手敕報云：一路平安，實深欣慰。京師見望雨澤，未能霑足；川楚軍務，略有端緒，亦未全靖也。特諭卿知之。又賜香袋、藥錠等物。六月，疏謝。手敕云：卿在家頤養，努力加餐，益增康健。京中自四月半得雨，麥收不過五六分，晚禾日見芃芃；川楚軍情甚好，大約五六月內可全靖矣。嗣是公每有陳奏，必奉手詔垂問。八月，奉敕云：卿在家頤養，想益康健。中元日，經略奏報，邪匪全靖。朕承天恩考佑，實深欽感。特諭卿知之。二十日，起程幸山莊，見住兩間房行宮。遙望西秦，彌增想念。十月，手敕云：卿在家安善，覽奏欣慰。今賜卿神糕並如意，願永茂遐齡，長延福壽。十二月，賜敕云：嚴寒沍凍，諸惟珍攝。用迓春祺，益綿福履。九年正月，奉手詔云：新春介祉，福履益綿。遙望關雲，曷深記念。親書福字，並荷包等物，附使帶去賜卿，以迓鴻禧。是月十日，公及程夫人壽皆八十。御書"福綏燕喜"額並壽佛、如意等珍物，命巡撫方維甸於其生日賫至家賜之，賜詩有云：兩朝調鼎文思被，八秩齊眉壽域宏。十二月，公入都叩謝，詔許乘肩輿至隆宗門外，扶杖入內朝。召見後，屢有食物之賜，並疊前韻賜之。

十年正月初十日，薨於京邸。優詔悼閔，贈太子太師，入祀賢良祠，賞陀羅經被。派榮郡王綿億帶侍衛十員往奠茶酒，並賞內庫銀二千兩治喪，賜祭葬如例，謚文端。

公既立典乾隆乙未、戊戌、丁未、己酉、庚戌禮部試，又嘗爲湖南、江南、浙江、順天考試官，一督福建學政，三督浙江學政，一典武會試，所進多佳士。其於門下士，相待甚篤，然未嘗少涉私引，教以必爲君子而已，嘗訓及門云：爲政之道，當開誠布公，不可有意除弊，此弊除，他弊興矣。性寬厚，然於世之以姑息爲寬大者，極不然之，曰：縱惡以取名，如國家何？少從武功孫酉峰游，聞關閩正學，及見陳文恭聞性命躬行之說，益自信。生平於浮屠、老子法未嘗言及，亦不加排斥，有語及者，輒不對，曰：吾未嘗習此也。所著有《葆淳閣集》《惺園易說》行於世。

又清閻湘蕙《國朝鼎甲徵信錄》卷三：王杰，陝西韓城人。先世嚴謹節約，著爲家規。杰恪遵遺訓，奉身有制，簡淡自處。少壯，備受辛苦，品學並進，人以王魯齋擬之。乾隆二十五年，鄉闈中，主司擬解首。本房爲寶雞令郭公元灝，特請改置第七。問其故，則曰：某家凡入鄉闈，所取七名門生，多種鼎甲者。某某皆然，請再以此試生，主司許之。果以明年狀頭。入詞館，累官東閣大學士。清節壁立，取與不苟。晚年在政府，恒典質貂裘自給。而性好施與，故交有貧而無以斂者，憐其困，賻以百緡，厚德多類此。於親族任卹尤周，其能自愛敦行者，格外栽培之。

又徐珂《清稗類鈔》五十一"正直類"：王文端公杰與和珅同朝，和而介。其子某工文藝，善書，恒為父代筆。高宗知之，以問王，輒以不才對。每屆秋闈，先期謂眾曰：誰薦中吾子者，吾即劾之。子無奈，回陝，欲應本省鄉試。時陝撫某，門下士也，亟致信，亦以是屬之。收卷時，中丞視其文可中，乃袖置己室，不發謄錄。蓋其子豪於飲，故不令仕，且懼其不免為和所陷也。

又徐珂《清稗類鈔》七十三"方伎類"：臨桂陳文恭公宏謀精易學，占休咎甚驗，然不輕卜。撫山西時，韓城王文端公杰客其幕中，乾隆己卯，將旋陝鄉試。文恭先夕潛為之卜，次晨，告文端曰：子此行必售，余已為子卜得佳兆，且知名次之高下矣。文端固請示之，文恭曰：余書諸箋，緘存某幕客手中，待君捷後驗之。文端就試，榜發，中副車，仍至館，謂卜不驗。文恭曰：息壤在彼，可證也。因問某幕客，索觀拆封，則有中式副榜第八名七字，文端大奇。次年庚辰，舉行恩科，復歸試，乞再卜。卜後告之曰：今科正榜無疑，但似元非元耳。迨榜發，中式第七。是科解元為雷爾杰。蓋文端名杰，與解元名稍雷同也。

紀念詩

王文端公輓詩

幾杖來朝日，驚看木稼霏。公於甲子十二月初七日抵京，是日木稼。豈知天意仕，竟為魏公歸。身自騎箕去，人言化鶴非。時有言公降，乩殊不可信。師門忍虛負，別有淚交揮[一]。

座師王文端公輓辭三十韻

宿列三台座，山鍾二華靈。拔茅占泰□，戴斗應文星。筆冢師羲獻，經畲

[一]（清）黃鉞《壹齋集》卷十九，古今體詩六十九首，清咸豐九年（1859）許文深刻本。

貫孔邢。辭霏梁苑雪，名辨楚江萍。清秘燃宫燭，慈寧寫佛經。不談温室樹，時聽木天鈴。輿論尊君實，皇衷識九齡。五番主棘院，三命上槐廳。執法官刑儆，箋詩御墨馨。讜言持政典，正色立朝廷。乘馬忘牝牡，知人別渭涇。衡平操玉尺，簡在卜金瓶。處世何崖岸，鉏奸似螣螏。鬢因憂國白，眼為愛才青。謇謇躬誠謇，惺惺意寓。兩朝重遇合，一老共儀型。妙手工調鼎，嘉謨善叩扃。籌邊頻補牘，薦士必書屏。黄□歸田里，丹心戀闕庭。甘盤推舊學，孔父守初銘。壽滿八旬秩，圖傳九老形。上方頒錦笥，中使騁雲軿。虎拜容仍肅，龍光詔載聆。殿頭前席對，門下小車停。麟倏來西野，鵬還反北溟。□榮授几杖，錫賚及參苓。美謐書惇史，崇祠享上鉶。室無餘粟廩，家有賜金亭。絳帳音塵寂，蒼生涕淚零。空留衣鉢在，蒿里不堪聽[一]。

哭座主大學士王文端公四首

盤鬱龍門勢，篤生為大賢。精神河壯潤，風骨鶴盤騫。伉直吾君諒，清貧衆口傳。歸應到天上，常作尾箕懸。

但抱孤忠在，常如福國遊。身寧憂虎尾，名不愧龍頭。經濟胸多裕，文章篋罕留。他年金鑒錄，定有史官收。

聞説東都餞，依依惜去程。蒼生心自繫，王室夢猶爭。詎起田間臥，翻勞日下行。飾終煩聖主，殊禮盡哀榮。

餘生焦爨在，塵外感知音。余壬辰歲試，以焦桐人聽賦受知。直接三條燭，如通一寸心。莊慚荒自昔，室負築於今。徒有羊曇淚，西風濕滿襟[二]。

送王文端公喪至長新店，吳編修□德、汪學士滋畹、費掌科錫章留宿店中，為經紀其家事感而賦之。

桃李徧四海，三實何離離。文端歸諸天，蔦敖遺孤羈。聖朝鑒清亮，飾終厚恩施。凡民尚匍匐，何況舊輔師。送者車百兩，三君獨後歸。歲寒知松柏，經理無憾遺。平生好獎善，感慨作此詩[三]。

[一]（清）石韞玉《獨學廬稿》二稿，卷三，清寫刻獨學廬全稿本。
[二]（清）吳錫麒《有正味齋集》詩集卷十六《東皐草堂集》，清嘉慶十三年（1808）有正味齋全集增修本。
[三]（清）朱珪《知足齋集》《知足齋詩續集》卷二，清嘉慶（1796—1820）增修本。

三師二友詩：韓城王文端公

韓城夙夜盟忠貞，人如太華當秋清。受知愈深意愈下，每思後世譏姓名。師常言獨恨二字為後世所譏，問之。即公之姓名也。繄予賞音出焦爨，不及東門疏傳餞。何期謝病更趨朝，倉卒鞭鸞死猶諫。師薨之五日，澄懷園諸老扶乩公降壇大書曰某事實在公等[一]。

許齋太守出示先師朱文正、王文端二公遺跡

循吏傳中君特卓，大賢門下我同登。諸天位業今何處，二老風流感不勝。展卷蹟珍丹鳳羽，愛才心在玉壺冰。焚香難得虛堂對，百本梅花一穗燈[二]。

檢尋座主王文端朱文正二公所寄手劄裝成一冊敬題於後

大雅扶輪齊北斗，斯文司命典南宮。祥金合受陶鎔益，小草尤資長養功。手蹟應題名相帖，宋曾宏父鳳墅帖首為名相帖心。期真有古人風。裝成留作書紳訓，漫與陳遵尺牘同[三]。

[一]（清）伊秉綬《留春草堂詩鈔》卷五，清嘉慶十九年（1814）秋水園刻本。
[二]（清）伊秉綬《留春草堂詩鈔》卷六，清嘉慶十九年（1814）秋水園刻本。
[三]（清）李賡芸《稻香吟館集詩藁》卷六，清道光（1821—1850）刻本。

御賜匾額

乾隆五十九年（1794年）十月御賜"贊元錫嘏"匾。（圖中乾隆四十九年，當為後世製作者訛誤）

嘉慶九年（1804年）九月二十四日，御賜"福綏燕喜"匾。

後　記

　　《陝西古代文獻集成》是陝西省自建國以來實施的最大的古籍整理項目。這一課題的任務是，將歷史遺留下來，而又沒有經今人整理過（或雖經今人整理，但是整理本有較多問題），並且具有很高歷史和文化價值的典籍，做成供中等文化程度以上讀者可以閱讀的整理本。工程浩大，任務繁重，時間緊迫，要求很高，需要課題組織者和參與者付出很大努力。將這項世紀工程做好，不僅爲當代，而且可以爲後世貢獻一份珍貴的精神遺産。

　　中國歷史上凡是經濟繁榮、富庶安泰的時代，執政者往往會在文化建設方面投入較多的精力和財力。宋初的四部大書《太平御覽》《太平廣記》《文苑英華》《册府元龜》，明初的《永樂大典》，清代康熙乾隆年間的《古今圖書集成》和《四庫全書》等，無不基于這種背景，這就是所謂"盛世修書"的傳統。

　　改革開放以來，陝西省在全國經濟發展方面長期居於中游甚至偏下，上一輩學者欲整理陝西古代文獻者不乏其人，但都因所需鉅資無法籌措而望洋興嘆。國家實施西部大開發的戰略以來，在國家扶持和陝西人民的努力之下，陝西經濟有了快速提升。陝西乃中華民族的發祥地，古長安又是十三朝古都，憑此地緣優勢，陝西省人民政府不失時機地提出了要將陝西省建設成中國的文化大省和文化強省的戰略目標。近年來陝西省在文化遺址的修復和文物保護方面，採取了大力度的措施，恢復和整修了相當多的文物古跡，例如目前已列入《世界遺産名錄》的漢長安城未央宮遺址、漢城湖公園以及漢昆明池遺址公園、唐長安城大明宮遺址、唐芙蓉園、曲江遺址公園等；文物的修護保護也取得很大成就，秦始皇陵兵馬俑的彩繪保護、古代紙質文獻的修復保護等，這些成就舉世矚目。但是這些成果，主要是從空間上展現文物和遺址的形貌，而這些文化遺產內在的精神支撐，也就是其產生的時代與背景、存在與湮毀等豐富的文化信息，更須依靠文獻的記述。正如本課題主持人所說："歷史上的文明，文物只是一端，而文獻則構成另外一端。無文物則不睹其容，無文獻則不知其故。文物爲體，文獻爲神，著此一睛，則飛龍在天。"更何況有些精神遺產是地面文物所無法負載的。例如，宋代以後，理學成爲中國官方的主要意識形態，而陝西關中理學即關學是其重要的組成部分。關學的代表人物張載、蕭斅、馬理、吕柟、馮從吾、康乃心、李顒、李因篤和王心敬等人的著作，不僅是陝西省的珍貴文化遺產，也是中華民族的精神財富。張載的"爲天地立心，爲生民立命，爲往聖繼絕學，爲萬世開太平"的豪言壯語，成爲世世代代立志爲國捐軀的有志之士的座右銘。而這些遺產，也到了搶救的時刻了。

陝西堪稱中國古代文獻的淵藪。產生於這塊土地上的古代經典文獻有《周易》《周禮》《史記》《漢書》等，《詩經》和《尚書》中亦有相當篇目與這一地域有關，而歷代這裏出現的文獻瑰寶，更是不勝枚舉。

有鑑於此，我們認爲編纂一套能比較全面反映陝西省古代文化輝煌成就的大型叢書時機已經成熟，並且刻不容緩。2011年初，我們向陝西省政府提出建議：抓住當前有利時機，傾省內外可以利用的學術資源，盡速啟動，用十年左右時間編纂一套全面反映陝西古代文獻成就的大型叢書《陝西古代文獻集成》。

陝西省人民政府主要領導迅速做出批示："對我省歷史上形成的，目前又沒有被整理出版的典籍，應下力氣投入，以傳承歷史文化和文明。"

項目組經過審慎的摸底調查，決定精選出三百種左右的典籍進行整理，在"十二五"和"十三五"期間各完成一百五十種左右，約需投入兩千萬元左右。經過以著名古籍整理專家周天游教授爲主任的陝西省古籍整理出版工作領導小組專家委員會的數次開會研究論證，認爲方案切實可行，上報省政府。陝西省發展和改革委員會、陝西省財政廳對這項工作非常重視，決定撥出專項資金予以支援，並立項爲陝西省"十二五"古籍整理重大項目。

其后，課題組精心落實了課題的實施。

一、成立《陝西古代文獻集成》編輯修纂工作班子。一是編修委員會，由陝西省省長任主任，中共陝西省委宣傳部部長和主管文化的副省長任副主任，各相關主要單位的領導任成員；二是成立專家委員會，由陝西省古籍整理出版工作領導小組（簡稱"省古籍整理領導小組"）專家委員會代行職責；三是成

後 記

立編纂委員會，設在項目直接承擔單位西北大學，負責項目的編纂實施工作。由一批在國內享有盛譽的專家擔任顧問，另由一批以陝西省內爲主的年富力強的古代文獻學者擔任委員會成員。編纂委員會確定了一期工程的具體進展計劃，並且提出，這一項目在省古籍整理領導小組統一領導下實施開展，省古籍整理出版辦公室負責項目的總體協調和日常行政事務工作，督促檢查項目的進展情況和經費使用情況。西北大學爲項目的第一承擔單位，負責項目的具體組織和實施。爲落實這些要求，省古籍整理領導小組於2012年9月下發文件，通知了各相關單位。

西北大學還在項目主持人賈三強教授所在的文學院成立了重大項目管理辦公室，從辦公場所、人員配備方面提供了必要條件，使項目順利啟動。

二、確定子課題。按照省政府文件精神，課題組決定先整理一批沒有經過近人整理，或雖有近人整理本，但整理本存在較多問題的典籍。爲了有利於今人閱讀，以便使這些文化資源成爲今天的經濟建設、文化建設、社會建設和環境建設的有用信息，我們決定不採用國內有些省市採取的古籍影印的方式，而是採用古籍點校本，並用繁體字橫排本的形式，這樣既尊重了古代文獻的原有形式，又便於今人閱讀。既然確定爲目前只做尚未有今人整理本的陝西古代典籍，課題組經過反覆研究論證，確定下來300多個子課題，依傳統古籍分類法，分成經、史、子、集四部。按前後兩期實施，"十二五"期間先行完成150多個子課題。在這些子課題的確定中，專家委員會意見得到了極大的重視。

三、開展項目的招標工作。根據專家委員會的建議，對於子課題的承擔，我們決定採用招標制和委託制結合的辦法，以招標制爲主，無人投標或投標者明顯不合要求者，再採用委託專家承擔的方法。省古籍整理領導小組在2012年9月下發文件，公開向省內徵集一期工程151個子課題的承擔者。以省內高校和科研單位爲主，學者踴躍申報，經編纂委員會初審，決定將74位學者申報的117項子課題交付專家委員會審查。2013年1月，專家委員會審定107項子課題合格。入選者絕大多數是近年來從事文獻研究已有成就的中青年學者，有一部分已對所申報的子課題有了相當深入的研究。對於無人申報或申報者不合要求的課題，還有專業性太強如中醫藥方面的子課題，我們採取了委託具有高水準的相關專家承擔的方式。因此，所有150余子課題都已先後確定了整理者。

四、多次召開相關會議，進行學術交流，互促互進，並及時解決實際問題。在項目規劃時，我們就提出了課題進行中，每年召開一次學術研討會、一次行政事務會的設想。前者主要交流課題研究中的學術問題，後者主要針對項目進行中出現的各種事務性問題，及時加以解決。2013年3月，東亞漢學研究學會（秘書處設日本長崎大學）、西北大學文學院和陝西省社會科學院古籍研究所聯合舉辦，西北大學文學院承辦了"陝西地方文獻國際學術研討會"。與會專家學者50余人，分別來自日本、中國大陸和臺灣地區，共提交論文41篇。論文專業性強，水準高，圍繞陝西古籍整理、古代文獻編年、宗教文獻的文學闡釋、陝西地方方言、域外漢學的開拓與發展等學術問題，進行了深入的交流。會議期間，舉行了"陝西古代文獻"課題開題報告會。與會專家一致認爲項目具有重大文化意義，並且對項目的各方面問題提出了許多好的意見和建議。對於這次會議，《中國社會科學報》2013年3月4日曾專發消息《"陝西古代文獻集成"項目啟動》予以報導。會議論文由東亞漢學研究學會會刊《東亞漢學研究》出版特別號《"陝西地方文獻國際學術研討會"論文集》。

2014年6月，西北大學文學院和陝西省社會科學院古籍研究所舉辦了"第二屆陝西地方文獻學術研討會"，會議的參加者全部是項目的承擔者，各位學者專家對自己承擔課題中的學術問題做了歸納研究，發表的論文有很強的現實針對性。對于項目的深入開展和將項目做成高品質的學術成果，這可謂是高調的集結號。會議論文集由商務印書館出版。

行政事務會議也力爭開成辦實事、解決實際問題、不務空談的交流會。雖然我們已給各位課題承擔者發了《工作手冊》，專門規定了體例，但是在實際操作中，仍然出現了一些問題。于是2013年10月召開的行政事務會議，專就體例不一展開了研討。集思廣益，將各位專家學者的意見建議分門別類做了梳理，又重新修訂了《工作手冊》，大家反映良好。

根據實際需要，從事編修編纂的單位建立了暢通的管道，問題一發生，就做出快速反應，及時溝通，及時解決。2015年年末，省政府主管文化的副省長過問了項目的進展，明確表示，這個項目是省上親自抓的重大文化項目，也是建國以來投資最多的軟文化工程，受到省委省政府主要領導的關注，必須抓緊、抓好。爲此，陝西省社會科學院、陝西省古籍整理辦公室、陝西省古籍整理專家委員會、西北大學四家單位的領導和項目主持人開會，對當前面臨的問題一一過濾，採取相應對策。如稿件完成後的審閱、成書的分集等具體問題均

後　記

有涉及，並且有了明確的應對之策。

五、利用電子信息時代的優勢，建立隨時應答的動態管理模式。項目日常的工作人員主要由在校博碩士生等組成。他們利用年輕上進、精通電子信息技術的優勢，提出了很多很好的建議。例如建立了全員電子通信網，隨時隨地可與各位項目承擔者進行聯繫，實現無紙交流、無紙辦公，並且建立了聯絡群，可以隨時發佈各種信息，對各種問題進行及時應答。具有普遍性的問題，還可由專門或專業人士進行解答。

與此同時，我們建設了"陝西古代文獻集成"信息終端，硬件軟件已經採購到位，待安裝調試成功後，計劃將一些共用的資源錄入，逐步建成課題組的大資料庫、大信息庫。這個終端的建成，必將爲課題的開展起到重要的促進作用。

陝西省古籍整理辦公室從項目的選題到項目的立項，從經費的管理到經費的監督，從督促項目的進展到聯絡出版、印刷等事宜，認真負責落實，先後召開了五次專家委員會會議、五次項目進展情況督促檢查會、六次專項出版印刷會，下發正式文件三次，認真組織實施，積極協調各方相關單位，使項目有序推進，對于項目按時間、保質量地完成，起到了重要的作用。

陝西人民出版社承擔項目的出版工作。從社領導到編輯均表現出了極強的責任心和專業素質，在此表示誠摯的謝意。

賈三强

丁酉年春日